Familie, Emotionen und Schulleistung

Stefan Fuß

Familie, Emotionen und Schulleistung

Eine Studie zum Einfluss des
elterlichen Erziehungsverhaltens
auf Emotionen und Schulleistungen
von Schülerinnen und Schülern

Waxmann Münster / New York
München / Berlin

Bibliografische Informationen Der Deutschen Bibliothek
Die Deutsche Bibliothek verzeichnet diese Publikation in
der Deutschen Nationalbibliografie; detaillierte bibliografische
Daten sind im Internet über http://dnb.ddb.de abrufbar.

Internationale Hochschulschriften, Bd. 471
Die Reihe für Habilitationen und sehr
gute und ausgezeichnete Dissertationen

ISSN 0932-4763
ISBN-10 3-8309-1696-5
ISBN-13 978-3-8309-1696-3

© Waxmann Verlag GmbH, 2006

www.waxmann.com
info@waxmann.com

Umschlaggestaltung: Christian Averbeck, Münster
Druck: Hubert & Co., Göttingen
Gedruckt auf alterungsbeständigem Papier,
säurefrei gemäß ISO 9706

Alle Rechte vorbehalten
Printed in Germany

*Der Mensch kann entweder
bloß dressiert, abgerichtet, mechanisch unterwiesen,
oder wirklich aufgeklärt werden.*

*Man dressiert Hunde, Pferde,
und man kann auch Menschen dressieren.*

*Mit dem Dressieren aber ist es noch nicht ausgerichtet,
sondern es kommt vorzüglich darauf an,
dass Kinder d e n k e n lernen.*

*Das geht auf die Prinzipien hinaus,
aus denen alle Handlungen entspringen.*

*Man sieht also,
dass bei einer echten Erziehung
sehr vieles zu tun ist.*

Immanuel Kant

Danksagung

Ein herzlicher Dank gilt insbesondere folgenden Personen:

Prof. Dr. Renate Müller (Pädagogische Hochschule Ludwigsburg) für die Betreuung der Arbeit sowie für die vielen hilfreichen Anregungen und die soziologische Diskussion.

Prof. Dr. Philipp Mayring (Universität Klagenfurt) für die Betreuung der Arbeit und für die hilfreichen Diskussionen zum Thema Emotionen und Lernen.

Prof. Dr. Elke Wild (Universität Bielefeld) für die anregende Diskussion und die freundliche Überlassung des Fragebogens zum elterlichen Verhalten und der Habilitationsschrift.

Prof. Dr. Christoph von Rhöneck (Pädagogische Hochschule Ludwigsburg) für die Unterstützung bei der Planung und der Durchführung der Studie.

Dr. Michaela Gläser-Zikuda (Pädagogische Hochschule Ludwigsburg) für die vielen hilfreichen Diskussionen sowie für die emotionale und soziale Unterstützung im Forschungsprozess.

Prof. Dr. Matthias Laukenmann (Pädagogische Hochschule Heidelberg) für die Teilnahme an der Erhebung der Daten und die anregenden Diskussionen.

Verena Zink, die als studentische Mitarbeiterin bei der Dateneingabe geholfen hat.

Den Schülerinnen und Schülern, die durch ihre Auskunftsbereitschaft entscheidend zum Gelingen der Untersuchung beigetragen haben.

Den Lehrerinnen und Lehrern sowie den Schulleitungen, die nicht nur Unterrichtsstunden für die Befragung zur Verfügung gestellt haben, sondern auch die Schülerinnen und Schüler zur Teilnahme motiviert haben.

Inhalt

1	**Einleitung**	**15**
2	**Theorie**	**21**
2.1	**Familie und Bildung**..	21
2.1.1	Einleitung in den Stand der Bildungsforschung.....................	22
2.1.2	Zusammenfassung des Forschungsstands	25
2.1.3	Theoretisches Rahmenmodell	31
2.1.3.1	Die berufliche Stellung des Familienvorstands und die Bildungsbeteiligung der Kinder	32
2.1.3.2	Exkurs über Intelligenz, Schulleistung und geschlechtsbezogene Leistungsunterschiede	43
2.1.4	Das Modell von Bourdieu	47
2.1.4.1	Ökonomisches Kapital	51
2.1.4.2	Kulturelles Kapital	52
2.1.4.3	Soziales Kapital	56
2.1.4.3.1	Extrafamiliales Sozialkapital..	56
2.1.4.3.2	Intrafamiliales Sozialkapital 1: Emotionales Kapital.............	59
2.1.4.3.3	Intrafamiliales Sozialkapital 2: Autonomie und Herrschaft....	65
2.1.4.4	Einfluss des familialen Kapitals auf das Bildungskapital des Kindes....	74
2.1.4.5	Die Reproduktionstheorie von Bourdieu................................	92
2.1.5	Das Modell von Coleman...	95
2.2	**Elterliches Erziehungsverhalten**	**96**
2.2.1	Einleitung..	96
2.2.2	Soziale Schicht und Erziehungsverhalten	100
2.2.3	Autoritäre Erziehung	102
2.2.4	Autoritative Erziehung	106
2.2.5	Empirische Befunde zur Entwicklung von Erziehungsformen in Deutschland..	117
2.2.6	Erziehungsstilforschung..	118
2.2.6.1	Ausgewählte Ansätze und Ergebnisse der amerikanischen Erziehungsstilforschung in der Tradition von Baumrind	121
2.2.6.2	Ansätze und Ergebnisse der Erziehungsstilforschung in Deutschland..	140
2.3	**Emotionen und Schulleistungen**...	**152**
2.4	**Hypothesen**..	**157**
3	**Methode**	**161**
3.1	**Stichprobe und Untersuchungsdurchführung**	**161**
3.1.1	Erhebungszeitpunkte, Stichprobenauswahl und Untersuchungsdurchführung	162

3.1.2	Basisstudie: Stichprobenwahl und Untersuchungsdurchführung	162
3.1.3	Elternstudie: Stichprobenwahl und Untersuchungsdurchführung	164
3.1.4	Stichprobenmerkmale	166
3.1.4.1	Regionale Verteilung	166
3.1.4.2	Geschlecht	167
3.1.4.3	Alter und Muttersprache	168
3.2	**Instrumente**	**169**
3.2.1	Die Skalen zum Verhalten der Eltern	169
3.2.1.1	Einleitung	170
3.2.1.2	Die Skalen zum bereichsübergreifenden Verhalten	171
3.2.1.2.1	Die theoretisch postulierten Skalen von Wild	172
3.2.1.2.1.1	Die Skala Stimulation	172
3.2.1.2.1.2	Die Skala Autonomieunterstützung	172
3.2.1.2.1.3	Die Skala Kontrolle	174
3.2.1.2.1.4	Die Skala Struktur	174
3.2.1.2.1.5	Die Skala Zuwendung	176
3.2.1.2.1.6	Faktoreninterkorrelationen	178
3.2.1.2.1.7	Testung der Originalfaktorenstruktur	178
3.2.1.2.2	Die modifizierten Skalen dieser Arbeit	180
3.2.1.2.2.1	Sekundärfaktorenanalysen	183
3.2.1.3	Die Skalen zum schulbezogenen Verhalten	185
3.2.1.3.1	Die theoretisch postulierten Skalen von Wild	186
3.2.1.3.1.1	Die Skala Zuwendung	186
3.2.1.3.1.2	Die Skala Autonomieunterstützung	187
3.2.1.3.1.3	Die Skala Kontrolle	190
3.2.1.3.1.4	Die Skala Struktur	192
3.2.1.3.2	Die modifizierten Skalen von Wild	192
3.2.1.3.2.1	Die Skala Zuwendung	192
3.2.1.3.2.2	Die Skala Autonomieunterstützung	193
3.2.1.3.2.3	Die Skala Kontrolle	194
3.2.1.3.2.4	Die Skala Struktur	194
3.2.1.3.2.5	Faktoreninterkorrelationen	196
3.2.1.3.2.6	Zusammenfassung	197
3.2.1.3.3	Die modifizierten Skalen dieser Arbeit	197
3.2.1.3.3.1	Die Skala Autoritative Unterstützung bei Misserfolg	197
3.2.1.3.3.2	Die Skala Autoritative Unterstützung im Lernprozess	198
3.2.1.3.3.3	Die Skala Autoritäre Reaktion bei Misserfolg	198
3.2.1.3.3.4	Die Skala Autoritärer Leistungsdruck	199
3.2.1.3.3.5	Zusammenfassung	200
3.2.1.3.3.6	Faktoreninterkorrelationen	202
3.2.1.3.4	Modelltestung	202
3.2.1.4	Allgemeines und schulbezogenes Verhalten der Eltern	204
3.2.1.5	Zusammenfassung	207
3.2.2	Die Skalen zu den Emotionen	208

3.2.2.1	Trait-Emotionen	208
3.2.2.2	State-Emotionen	209
3.2.3	Schulleistungsvariablen	210
3.2.3.1	Bereichsspezifische Vornoten	210
3.2.3.2	Schulleistungen in den Fächern Physik und Deutsch	210
3.3	**Design der Studie**	**212**
3.3.1	Design der Basisstudie	212
3.3.2	Unterrichtseinheiten in den Fächern Physik und Deutsch	213
3.3.2.1	Die Unterrichtseinheit zur Elektrizitätslehre	213
3.3.2.2	Die Unterrichtseinheit zur Inhaltsangabe	214
3.4	**Statistische Verfahren**	**215**
3.4.1	Die Verwendung von LISREL	215
3.4.1.1	Parameterschätzung und Beurteilung der Anpassungsgüte	217
3.4.1.2	Lineare Strukturgleichungsmodelle und Kausalmodelle	221

4 Ergebnisse   223

4.1	**Deskriptive Statistik**	**223**
4.1.1	Elternverhalten und Positive Lebenseinstellung	224
4.1.2	Schulleistungen	225
4.1.3	Emotionen im Fach Physik	227
4.1.4	Emotionen im Fach Deutsch	228
4.1.5	Zusammenfassung	229
4.2	**Vergleich der Gruppen**	**231**
4.2.1	Vergleich von Gymnasiasten mit Realschülern	231
4.2.1.1	Elternverhalten und Positive Lebenseinstellung	232
4.2.1.2	Schulleistungen	232
4.2.1.3	Emotionen im Fach Physik	234
4.2.1.4	Emotionen im Fach Deutsch	235
4.2.1.5	Zusammenfassung	236
4.2.2	Vergleich von Mädchen und Jungen	237
4.2.2.1	Elternverhalten und Positive Lebenseinstellung	237
4.2.2.2	Schulleistungen	238
4.2.2.3	Emotionen im Fach Physik	239
4.2.2.4	Emotionen im Fach Deutsch	240
4.2.2.5	Zusammenfassung	241
4.3	**Korrelationen**	**242**
4.3.1	Zeugnisnoten, Elternverhalten und Positive Lebenseinstellung	243
4.3.2	Elternverhalten, Klassenarbeiten und Positive Lebenseinstellung	245
4.3.3	Elternverhalten und fachbezogene Emotionen	246
4.3.4	Elternverhalten und Emotionen im Physikunterricht	247
4.3.5	Elternverhalten und Emotionen im Deutschunterricht	248
4.3.6	Positive Lebenseinstellung und Fachängste	249
4.3.7	Emotionen im Fach Physik	250

4.3.8	Emotionen im Fach Deutsch	251
4.3.9	Exkurs: Unterrichtsemotionen in den Fächern Deutsch und Physik	252
4.3.10	Emotionen und Klassenarbeiten	253
4.3.11	Zeugnisnoten, Emotionen und Klassenarbeit im Fach Physik	254
4.3.12	Zeugnisnoten, Emotionen und Klassenarbeit im Fach Deutsch	256
4.3.13	Zusammenfassung	258
4.4	**Ergebnisse der linearen Strukturgleichungsmodelle**	**263**
4.4.1	Konstruktion und Darstellung der LISREL-Modelle	263
4.4.2	Ergebnisse der LISREL-Modelle für das Fach Physik	267
4.4.2.1	Gesamte Stichprobe	267
4.4.2.2	Gymnasium	271
4.4.2.3	Realschule	275
4.4.2.4	Mädchen	278
4.4.2.5	Jungen	281
4.4.3	Ergebnisse der LISREL-Modelle für das Fach Deutsch	284
4.4.3.1	Gesamte Stichprobe	284
4.4.3.2	Gymnasium	288
4.4.3.3	Realschule	291
4.4.3.4	Mädchen	294
4.4.3.5	Jungen	297
4.4.4	Die Ergebnisse der LISREL-Modelle im Überblick	300
4.4.4.1	Modellanpassung	300
4.4.4.2	Effekte der Autoritativen Lernförderung	302
4.4.4.2.1	Autoritative Lernförderung und Positive Lebenseinstellung	302
4.4.4.2.2	Autoritative Lernförderung und Allgemeine Fachangst	303
4.4.4.2.3	Autoritative Lernförderung und Positives Unterrichtserleben	304
4.4.4.2.4	Autoritative Lernförderung und Angst im Unterricht	304
4.4.4.2.5	Autoritative Lernförderung und Schulleistung	305
4.4.4.3	Effekte der Autoritären Leistungskontrolle	305
4.4.4.3.1	Autoritäre Leistungskontrolle und Positive Lebenseinstellung	305
4.4.4.3.2	Autoritäre Leistungskontrolle und Allgemeine Fachangst	306
4.4.4.3.3	Autoritäre Leistungskontrolle und Positives Unterrichtserleben	307
4.4.4.3.4	Autoritäre Leistungskontrolle und Angst im Unterricht	308
4.4.4.3.5	Autoritäre Leistungskontrolle und Schulleistung	308
4.4.4.4	Effekte der Zeugnisnoten	309
4.4.4.4.1	Zeugnisnoten und Positive Lebenseinstellung	309
4.4.4.4.2	Zeugnisnoten und Allgemeine Fachangst	309
4.4.4.4.3	Zeugnisnoten und Positives Unterrichtserleben	310
4.4.4.4.4	Zeugnisnoten und Angst im Unterricht	310
4.4.4.4.5	Zeugnisnoten und Schulleistung	311
4.4.4.5	Effekte der Positiven Lebenseinstellung	311
4.4.4.5.1	Positive Lebenseinstellung und Allgemeine Fachangst	311
4.4.4.5.2	Positive Lebenseinstellung und Positives Unterrichtserleben	312
4.4.4.5.3	Positive Lebenseinstellung und Angst im Unterricht	312

4.4.4.5.4	Positive Lebenseinstellung und Schulleistung	313
4.4.4.6	Effekte der Allgemeinen Fachangst	314
4.4.4.6.1	Allgemeine Fachangst und Positives Unterrichtserleben	314
4.4.4.6.2	Allgemeine Fachangst und Angst im Unterricht	315
4.4.4.6.3	Allgemeine Fachangst und Schulleistung	315
4.4.4.7	Effekte des Positiven Unterrichtserlebens	315
4.4.4.7.1	Positives Unterrichtserleben und Angst im Unterricht	315
4.4.4.7.2	Positives Unterrichtserleben und Schulleistung	315
4.4.4.8	Effekt der Angst im Unterricht	316
4.4.4.8.1	Angst im Unterricht und Schulleistung	316

5 Diskussion — 317

5.1 Validitätshypothesen — 317
5.2 Einfluss des autoritativen Erziehungsverhaltens — 317
5.3 Einfluss des autoritären Erziehungsverhaltens — 322
5.4 Differenzielle Effekte des elterlichen Erziehungsverhaltens — 325
5.5 Einfluss der Vornoten — 326
5.6 Einfluss der Emotionen — 327

6 Zusammenfassung und Ausblick — 329

7 Anhang — 337

7.1 Abbildungsverzeichnis — 337
7.2 Tabellenverzeichnis — 337
7.3 Items der Skalen zu den Emotionen — 339
7.3.1 Die Skala Positive Lebenseinstellung — 339
7.3.2 Die Skalen zur Allgemeinen Fachangst — 340
7.3.3 Die Skalen zu den Emotionen im Unterricht — 340

8 Literatur — 343

1 Einleitung

Die vorliegende Studie untersucht den Einfluss des elterlichen Erziehungsverhaltens auf Emotionen und Schulleistungen von Schülerinnen und Schülern in der Sekundarstufe I. Im Zentrum steht die Frage, wie das *schulbezogene* Verhalten der Eltern mit fach- und unterrichtsrelevanten Emotionen sowie mit Klassenarbeitsergebnissen von Schülerinnen und Schülern zusammenhängt. Dieser Frage wird anhand einer quantitativen Untersuchung von Schülerinnen und Schülern der achten Klassenstufe aus Gymnasien und Realschulen des Landes Baden-Württemberg anhand der Schulfächer Physik und Deutsch nachgegangen.

Die vorliegende Arbeit ist im Rahmen eines interdisziplinären Forschungsprojekts der Pädagogischen Hochschule Ludwigsburg zum Einfluss emotionaler Faktoren auf das Lernen von Schülerinnen und Schülern in der Sekundarstufe I (*Emotionen und Lernen*)[1] entstanden, aus dem bereits eine Reihe von Publikationen hervorgegangen sind.[2]

Der Einfluss der Familie und der sozialen Herkunft auf die Bildung der Kinder ist seit der Veröffentlichung von PISA 2000 wieder einmal Gegenstand der öffentlichen und wissenschaftlichen Diskussion in Deutschland. Die Basiskompetenzen der 15-jährigen Schülerinnen und Schüler liegen in Deutschland sowohl im Lesen als auch in der Mathematik und in den Naturwissenschaften 10 bis 16 Punkte unterhalb des OECD-Mittelwerts von 500 Punkten (Deutsches PISA-Konsortium 2001, S. 106, S. 174, S. 230) und sind in deutlichem Maße abhängig von der sozialen Position der Familie in der Gesellschaft. In Deutschland ist das Ausmaß der Lesekompetenz in höherem Maße abhängig vom sozioökonomischen Status der Herkunftsfamilie als in allen anderen untersuchten OECD-Staaten (Baumert & Schümer 2001, S. 388 ff.). Aber auch die mathematischen und naturwissenschaftlichen Basiskompetenzen sind in Deutschland in einem erheblichen Ausmaß abhängig von der sozialen Herkunft (Baumert & Schümer 2001, S. 366 ff.). Der sozioökonomische Status der Herkunftsfamilie wird in der PISA-Studie vor allem durch die berufliche Stellung der Eltern bestimmt.

Der Wissenschaftliche Beirat für Familienfragen beim Bundesministerium für Familie, Senioren, Frauen und Jugend fordert aufgrund der Befunde von PISA 2000, die Reformdiskussion über die sogenannte *zweite deutsche Bildungskatastrophe* nicht allein auf die institutionelle Reform der Schule zu beziehen, sondern vor allem die Wechselwirkungen zwischen Familie und schulischen Bildungsprozessen zu berücksichtigen. Dabei sollen insbesondere die emotionalen und motivationalen Komponenten des Lernens von Schülerinnen und Schülern stärker in den Blick genommen werden (Wissenschaftlicher Beirat für Familienfragen beim BMFSFJ 2002, S. 10 ff.).

---

1 Das Projekt *Emotionen und Lernen* wurde vom Ministerium für Kultus, Jugend und Sport des Landes Baden-Württemberg und von der Pädagogischen Hochschule Ludwigsburg gefördert.
2 Fix 2000; Fix & Melenk 2000; Laukenmann, Bleicher, Fuß, Gläser-Zikuda, Mayring & Rhöneck 2000; Bleicher, Fix, Fuß, Gläser-Zikuda, Laukenmann, Mayring, Melenk & Rhöneck 2001; Fuß & Rhöneck 2001; Gläser-Zikuda 2001; Gläser-Zikuda & Laukenmann 2001; Gläser-Zikuda & Fuß 2003; Laukenmann, Bleicher, Fuß, Gläser-Zikuda, Mayring & Rhöneck 2003; Mayring & Rhöneck 2003.

Neben den Fragen nach dem Einfluss der sozialen Herkunft auf die Bildung der Kinder sind also auch Fragen nach der Qualität der elterlichen Erziehung und nach der Intensität der familialen Unterstützung in den Fokus der Diskussion gerückt. Die öffentliche Diskussion über die Rolle des Elternhauses für schulische Bildungsprozesse kumuliert in der Behauptung einer *familialen Erziehungskatastrophe* (Gaschke 2001). Eine Hypothese zur *familialen Erziehungskatastrophe* lautet, dass es einer zunehmenden Anzahl von Schülerinnen und Schülern – und zwar unabhängig von der sozialen Herkunft – sowohl an familialer Unterstützung als auch an notwendigen Leistungsanforderungen vonseiten der Eltern mangelt und dass diese Defizite in der Familie für die *schulische Bildungskatastrophe* mit verantwortlich sind.

Diese Position wird in der Soziologie vor allem von James S. Coleman (1987; 1996) vertreten, der den *Verlust des sozialen Kapitals* in der Familie unter anderem als Folge der Auflösung traditionaler Bindungen in modernen Gesellschaften betrachtet. Das bildungsrelevante Sozialkapital der Familie besteht nach Coleman einerseits aus leistungsbezogenen Werthaltungen der Eltern und andererseits aus dem Ausmaß an Zeit, die Eltern gemeinsam mit ihren Kindern verbringen. Eine zweite Hypothese zur familialen Erziehungskatastrophe geht davon, dass die Vorgabe von hohen elterlichen Leistungsanforderungen in vielen Familien verloren gegangen ist und dies zu negativen Folgen für die Anstrengungsbereitschaft und die Schulleistungen für das Kind führt. Die Vertreter dieser Hypothese gehen in der Regel davon aus, dass heteronome Leistungsvorgaben die Anstrengung des Kindes im Lernprozess fördern (*Fördern heißt Fordern*) und somit schulische Leistungen erhöhen und postulieren teilweise sogar eine „heimliche Sehnsucht der Schüler nach Drill" (Frech-Becker 1995).

Die bildungssoziologische Theorie von Pierre Bourdieu (sehr pointiert formuliert in Bourdieu 1998, S. 35 ff.) behauptet im Unterschied zu der von Coleman vertretenen Position, dass das *kulturelle Kapital der Familie* den entscheidenden Faktor für den Erfolg schulischer Bildungsprozesse darstellt. Das kulturelle Kapital der Familie wird in den meisten Studien durch den höchsten Bildungsabschluss der Eltern erfasst. Die Kinder gebildeter Eltern haben nach der Theorie von Bourdieu Vorteile im schulischen Bildungsprozess gegenüber Kindern, deren Elternhaus ein geringeres kulturelles Kapital bereitstellen kann. Bourdieu geht davon aus, dass Kinder aus kulturell reicherem Elternhaus nicht nur Vorteile hinsichtlich ihrer erlernten kulturellen Fähigkeiten haben, sondern sich auch von Haus aus durch höhere Bildungsaspirationen auszeichnen. Daher kann zum Beispiel davon ausgegangen werden, dass Kinder aus Akademikerfamilien häufig bereits in der Grundschule wissen, dass die Eltern in der Regel das Abitur als minimalen Bildungsabschluss von ihnen erwarten. Aufgrund sozialisationstheoretischer Überlegungen kann auch angenommen werden, dass erfolgreich sozialisierte Kinder die Bildungsaspirationen ihrer Eltern nicht nur kennen, sondern internalisiert haben, mit zunehmendem Alter selbstgesteuert lernen und somit nur in kritischen Situationen auf die soziale und emotionale Unterstützung ihrer Eltern angewiesen sind. Soziales Kapital hat als Unterstützungsressource die Funktion der Aufrechterhaltung der kindlichen Lern- und Leistungsmotivation in kritischen Situationen. Eine weitere Funktion des sozialen Kapitals der Familie ist die Übertragung des kulturellen Kapitals der Eltern an ihre Kinder.

Die dem Begriff des sozialen Kapitals zugrunde liegenden sozialen Sachverhalte sind allerdings in sozialisationstheoretischer Perspektive weder von Coleman noch von Bourdieu vollständig ausdifferenziert. Soziales Kapital wird in beiden Ansätzen als ein grundsätzlich positiv zu bewertender Faktor angesehen, da soziales Kapital als Ressource definiert wird, die das Individuum zur Lösung von Problemlagen mobilisiert. Soziales Kapital wird daher als eine freiwillig gewählte Ressource betrachtet, beruht auf *Vertrauen* (Coleman 1996, S. 99) und führt durch wechselseitiges Kennen und Anerkennen zu *Sicherheit* und *Solidarität* (Bourdieu 1983a, S. 191 f.). Soziales Kapital zeichnet sich durch eine emotionale Komponente aus, da Vertrauen auf einem Gefühl der Sicherheit beruht – und Solidarität auf einem Gefühl der Zusammengehörigkeit, wobei diese Gefühle durch die Wahrnehmung positiver Emotionen hervorgerufen werden. Diese emotionale Komponente des sozialen Kapitals der Familie kann als das *emotionale Kapital der Familie* bezeichnet werden.

Aus der Perspektive der psychologischen Bindungstheorie ist die positive emotionale Bindung zwischen Eltern und Kind entscheidend für den Sozialisationsprozess des Kindes (vgl. Bowlby 2001). Die psychoanalytisch orientierte Sozialpsychologie betrachtet diese emotional bindenden Kräfte sogar als *den Kitt* der Gesellschaft (Fromm 1932, S. 35). Bourdieu weist ebenfalls darauf hin, dass die dem sozialen Kapital zugrunde liegenden wechselseitigen Investitionen oder Austauschhandlungen nicht notwendig auf einem *bewussten Kalkül* beruhen, sondern in der *Logik affektiver Investitionen* als gleichzeitig notwendige und uneigennützige Verpflichtungen erlebt werden können (Bourdieu 1983a, S. 195). Wechselseitige Austauschhandlungen zur Erhaltung des Wohlbefindens tragen vermutlich einen wesentlichen Teil zur Aufrechterhaltung sozialer Beziehungen in kleinen Gruppen bei. Es ist zumindest eine primäre Funktion der Familie, zur Aufrechterhaltung eines emotionalen Gleichgewichts aller Familienmitglieder beizutragen (Parsons 1954, S. 77).

Das soziale Kapital der Familie bezieht sich aus sozialisationstheoretischer Perspektive nicht nur auf das emotionale Kapital, sondern auch auf die Sozialisationsfähigkeit der Familie, die Talcott Parsons als die zweite primäre Funktion der Familie bezeichnet. Die Sozialisationsfähigkeit der Familie beruht vor allem auf der Vermittlung von Normen und Werten. Die primäre Sozialisation in der Familie ist strukturell durch Ungleichheit gekennzeichnet. Ein zentrales Merkmal der Struktur der Kernfamilie ist die Differenzierung entlang einer Macht- oder Hierarchieachse (vgl. Parsons 1954, S. 77), die im Folgenden als Autoritätsdifferenz zwischen Eltern und Kindern bezeichnet wird. Diese Autoritätsdifferenz ist in der frühen Kindheit hoch und nimmt mit zunehmendem Alter des Kindes ab. Aus der Perspektive des Kindes zeichnet sich der Abbau der Autoritätsdifferenz im familialen Sozialisationsprozess durch einen Entwicklungsprozess aus, der von der Fremdbestimmung durch die Eltern zur Selbstbestimmung führt.

Durch den Akt der Zeugung und durch die Geburt wird „eine Person ohne ihre Einwilligung auf die Welt gesetzt und eigenmächtig in sie herüber gebracht" (Kant 1797, S. 394). Die Fremdbestimmung über das Kind ist also zum Zeitpunkt der Zeugung maximal. Spätestens mit der durch die Entbindung erzeugten Autonomie des Organismus beginnt die Selbstbestimmung des Kindes sich zu entfalten. Die Selbstbestimmungstheorie der Motivation von Deci und Ryan (1985) geht von einem angeborenen Bedürfnis nach Selbstbestimmung aus, da kindliche Neugier und kindliches Interesse an der Umwelt sowie das Interesse des Kindes an der Veränderung der Umwelt durch eigenen Antrieb bestimmt sind. Das intrinsisch motivierte explorative Verhalten des Kindes führt – vermittelt über Lernprozesse – zum Aufbau von autonomen Kompetenzen, die wiederum ein höheres Ausmaß an Selbstbestimmung erlauben (vgl. Deci & Ryan 1985, S. 38). Andererseits besteht der Sozialisationsprozess auch darin, elterliche Verhaltenserwartungen, also externale Ziele zu übernehmen, die nicht intrinsisch motiviert sind. Zum Beispiel die schulbezogene Leistungserwartung, den Lernprozess auch dann aufrecht zu erhalten, wenn die Hausaufgaben oder die Vorbereitung einer Klassenarbeit keine Freude bereiten und nicht als selbstbestimmt erlebt werden.

Aus lerntheoretischer Perspektive können die schulbezogenen Leistungserwartungen der Eltern – wie alle anderen Verhaltenserwartungen auch – dem Kind durch klassische Konditionierung (Angst vor Strafe), operante Konditionierung (kontingente Belohnungen) oder mit Hilfe des kognitiven Lernens (Lernen durch Einsicht) vermittelt werden (vgl. Nunner-Winkler 1999, S. 304 ff.). Im Folgenden wird davon ausgegangen, dass alle drei Formen des Lernens wirksam sind und im familialen Erziehungsprozess zum Tragen kommen. Die klassische Konditionierung bezieht sich auf die Vermeidung unerwünschten Verhaltens durch negative Sanktionen und die operante Konditionierung bezieht sich auf die Verstärkung erwünschten Verhaltens durch positive Sanktionen. Die Belohnung erwünschten Verhaltens in der Familie muss nicht eine materielle Form annehmen, sondern kann auch durch die Aufrechterhaltung des wechselseitigen Wohlbefindens in der Familie erfolgen. Beide Formen der Konditionierung von erwartetem Verhalten sind an Sanktionen gebunden und daher besteht das Risiko, dass das erwartete Verhalten nicht vollzogen wird, wenn keine Sanktionen zu erwarten sind. Lernen durch Einsicht ist dagegen nicht durch externe Strafen und Belohnungen gesteuert, sondern erfolgt durch einen internen Prozess, der das Kind dazu befähigt zu erkennen, dass bestimmte Regeln einzuhalten sind, weil sie als Handlungsmaximen generalisierbar sind und daher universale Gültigkeit beanspruchen können. Eine dementsprechende Form der Erziehung, die mit argumentativen Auseinandersetzungen operiert, wird nach Hoffmann und Saltzstein (1967) als induktive Erziehungstechnik bezeichnet (vgl. Nunner-Winkler 1999, S. 307) und steht in der Tradition der rationalen Erziehung im Sinne Kants, der die *Fertigkeit nach Maximen zu handeln* als höchstes Ziel der Erziehung betrachtet (vgl. Kant 1803, S. 741).

Im Rahmen einer Theorie der Erziehungsstile kann ein Erziehungsverhalten der Eltern, dass mit der Angst des Kindes vor Strafe operiert als ein typisches Merkmal der autoritären Erziehung angesehen werden. Autoritäre Erziehung kann einerseits im Hinblick auf die Ausbildung eines autoritären Charakters oder einer autoritären Persönlichkeit (Fromm 1936; Adorno 1999) betrachtet werden, die durch eine sadomasochistische Lust an Gehorsam und Unterwerfung gekennzeichnet ist. Andererseits sind autoritäre Verhaltensweisen der Eltern – insbesondere in Bezug auf schulbezogenes Verhalten der Kinder – nicht unbedingt mit einer autoritären Persönlichkeit der Eltern im klassischen Sinn verbunden. Auch Eltern ohne sadomasochistische

Triebstruktur können durchaus zu autoritären Erziehungsmitteln greifen, wenn das Verhalten des Kindes nicht ihren schulischen Leistungserwartungen entspricht.

Das Ausmaß der Verbreitung von autoritären Erziehungsmustern und der Untertanenmentalität ist in Deutschland – auch vor dem Hintergrund der politischen Entwicklung vom Obrigkeitsstaat zur Demokratie (vgl. Greiffenhagen 1984) – im Verlauf des 20. Jahrhunderts deutlich zurückgegangen. Seit Beginn der 1980er Jahre halten nur noch etwa 10 Prozent der westdeutschen Bevölkerung *Gehorsam und Unterordnung* für erstrebenswerte Ziele der familialen Erziehung, während autonomiefördernde Erziehungsziele wie *Selbstständigkeit und freier Wille* für knapp zwei Drittel der deutschen Bevölkerung erstrebenswert erscheinen (vgl. Cyprian & Franger 1995, S. 84 ff.). Daher kann angenommen werden, dass die autoritäre Erziehung als *Erziehungstypus* nur noch für eine Minderheit von deutschen Schulkindern eine bedeutsame Rolle spielt.

Andererseits kann angenommen werden, dass die Expansion des Bildungswesens seit den 1950er Jahren und die dadurch erfolgte regionale und soziale Mobilität nicht nur zu erhöhten Individualisierungschancen, sondern auch zu einer erhöhten Konkurrenz auf dem Bildungs- und Arbeitsmarkt geführt hat (vgl. Beck 1983; 1986), die durch die zunehmende Massenarbeitslosigkeit seit den 1970er Jahren zusätzlich verschärft wird. Die zunehmende Konkurrenz um Bildungstitel wird durch die Entwertung von Bildungstiteln auf dem Arbeitsmarkt gefördert (vgl. Bourdieu 1999a, S. 256) und hat zur Folge, dass Kinder in der Regel höhere Bildungsabschlüsse als ihre Eltern benötigen, um einen vergleichbaren Beruf auszuüben. Für kaufmännische Berufe reicht heute ein qualifizierter Hauptschulabschluss oft nicht mehr aus, sondern es wird ein überdurchschnittlicher Realschulabschluss oder das Abitur erwartet. Selbst für die Ausbildung in handwerklichen Berufen werden zum Teil Realschulabsolventen gegenüber Hauptschülern bevorzugt. Durch den seit 1973 eingeführten Numerus clausus oder andere Zulassungsbeschränkungen zu Hochschulen sind auch Gymnasiastinnen und Gymnasiasten von der Konkurrenz um besonders qualifizierte Bildungsabschlüsse betroffen.

Aufgrund dieses gesellschaftlich bedingten Bildungsdrucks, dem sich Familien mit Schulkindern ausgesetzt sehen, ist anzunehmen, dass sich auch Eltern ohne übersteigerte Bildungsaspirationen gezwungen fühlen, notfalls autoritäre Erziehungsmittel anzuwenden, wenn Kinder nachlassende Schulleistungen aufweisen oder motivationale Probleme in ihrem Lernverhalten erkennen lassen. Das Ziel des schulbezogenen autoritären Erziehungsverhaltens muss daher nicht die Unterwerfung des Kindes unter den elterlichen Willen sein, sondern kann – im Gegenteil – durch die potenzielle Maximierung der Individualisierungschancen des Kindes mit Hilfe eines höheren Bildungsabschlusses motiviert sein.

Die Emotion, die im Kontext des schulbezogenen autoritären Elternverhaltens eine zentrale Rolle spielen dürfte, ist auf der einen Seite die Angst der Eltern, dass ihre Kinder nicht den schulischen Leistungserwartungen genügen und keine adäquate soziale Position erreichen. Auf der anderen Seite steht die potenzielle Angst der Kinder, den elterlichen Leistungserwartungen nicht gerecht werden zu können. Soziales Kapital bedeutet in diesem Fall die Einbettung in ein Netz sozialer Verpflichtungen, die als Leistungszwang erlebt werden können. Das Sozialkapital der Familie kann also auch eine Belastung für das Kind darstellen. Das emotionale Kapital der Familie ist in diesem Fall ambivalent, weil es nicht nur durch wechselseitiges Wohlbefinden, sondern auch durch Angst gekennzeichnet ist.

Ein Erziehungsverhalten, dass sich durch Belohnung erwünschten Verhaltens und durch rationale Legitimierung elterlicher Gebote und Sanktionen auszeichnet, wird als autoritatives Erziehungsverhalten bezeichnet (vgl. Baumrind 1996, S. 410). Elterliche Autorität bedeutet im Kontext des autoritativen Erziehungsverhaltens allerdings nicht die bedingungslose Unterordnung des Kindes, sondern beinhaltet die mit der Autorität der Eltern verbundene, grundsätzliche Pflicht zur Legitimation des elterlichen Erziehungsverhaltens gegenüber dem Kind, die in Deutschland seit dem Jahr 1980 sogar gesetzlich gefordert wird (§§ 1626–1631, BGB). In Bezug auf schulbezogenes Erziehungsverhalten bedeutet Autorität im autoritativen Sinne, dass Eltern emotionale und soziale Unterstützung bei schulischen Problemen anbieten und dass sie ihre Achtung vor der Autonomie des Kindes auch bei nachlassenden Schulleistungen dadurch ausdrücken, dass sie gemeinsam mit dem Kind die problematische Situation erörtern und versuchen, autonome Verhaltensänderungen auf Seiten des Kindes durch rationale Argumentation zu fördern. Der zentrale Emotionsaspekt im Kontext des autoritativen Erziehungsverhaltens ist die Aufrechterhaltung des wechselseitigen Wohlbefindens in der Familie.

Die vorliegende Untersuchung soll einen Beitrag zur Klärung der Frage liefern, wie sich schulbezogenes Erziehungsverhalten der Eltern (autoritär vs. autoritativ) auf Emotionen und Schulleistungen der Kinder in der Sekundarstufe I auswirkt. Die Emotionen von Schülerinnen und Schülern stellen ein wichtiges Bindeglied zwischen dem elterlichen Erziehungsverhalten und den Schulleistungen dar, weil angenommen werden kann, dass das Erziehungsverhalten der Eltern emotionale Folgen für das Kind hat und Emotionen wiederum den schulbezogenen Lernprozess des Kindes beeinflussen. In dieser Hinsicht werden die Ergebnisse der PISA-Studie ergänzt, in der schulbezogenes Erziehungsverhalten der Eltern nicht untersucht wurde. Zudem wird durch die Einbeziehung emotionaler Faktoren in die Untersuchung der Forderung des Wissenschaftlichen Beirats für Familienfragen beim Bundesministerium für Familie, Senioren, Frauen und Jugend (2002) Rechnung getragen, den Fokus der Forschung nicht allein auf Schulleistungen zu legen.

Im folgenden, theoretischen Teil der Arbeit werden die hier skizzierten Perspektiven auf das schulbezogene elterliche Erziehungsverhalten bezogen und dessen Auswirkungen auf die Emotionen und Schulleistungen der Kinder im Einzelnen dargestellt und mit dem Stand der Bildungsforschung in Beziehung gesetzt (Kapitel 2). Der anschließende, methodische Teil stellt die Stichprobe, den Gang der Untersuchung sowie das verwendete Forschungs- und Auswertungsinventar vor (Kapitel 3). Die Ergebnisse der Studie werden in Kapitel 4 präsentiert. Die Arbeit schließt mit der Diskussion der Ergebnisse (Kapitel 5), einer kurzen Zusammenfassung und einem Ausblick (Kapitel 6). Danach folgen Anhang (Kapitel 7) sowie Literaturverzeichnis (Kapitel 8).

2 Theorie

Der theoretische Teil ist in vier Unterkapitel (Kapitel 2.1–2.4) gegliedert. Zunächst wird in Kapitel 2.1 der Stand der Bildungsforschung – bezogen auf die Bundesrepublik Deutschland – zusammengefasst. Die Darstellung des Forschungsstandes zum Einfluss von Bildung, Beruf und Einkommen der Eltern auf die Bildung des Kindes ist notwendig, um die Effekte des elterlichen Erziehungsverhaltens auf Emotionen und Schulleistungen der Kinder besser abschätzen zu können. Der Grund dafür ist, dass die Qualität des elterlichen Erziehungsverhaltens zum Teil von der sozialen Position der Eltern abhängig ist (vgl. Steinkamp 1998, S. 252 ff.; Wild & Hofer 2002, S. 227).

Der Stand der Bildungsforschung wird mit den kapitaltheoretischen Ansätzen von Bourdieu (Kapitel 2.1.4) und Coleman (Kapitel 2.1.5) in Beziehung gesetzt. Die bildungssoziologische Theorie von Bourdieu (vgl. zusammenfassend: Bourdieu 1983a; 1998) bietet einen allgemeinen theoretischen Rahmen zur Beschreibung von sozialen Herkunftseffekten auf die Bildung von Kindern, da sie alle familialen Ressourcen umfasst, die im Bildungsprozess genutzt werden können. Die potenzielle Nutzung familialer Ressourcen bezieht sich auf das *ökonomische Kapital*, das *kulturelle Kapital* und das *soziale Kapital* der Familie. Da Bourdieu vor allem das kulturelle Kapital der Familie als bedeutsam für den kindlichen Bildungsprozess herausstellt und das soziale Kapital der Familie entsprechend vernachlässigt, wird der Aspekt des sozialen Kapitals der Familie durch den Ansatz von Coleman ergänzt.

Der Stand der Forschung zum Einfluss des elterlichen Erziehungsverhaltens auf Emotionen und Schulleistungen der Kinder in der Bundesrepublik Deutschland wird in Kapitel 2.2 dargestellt. In Kapitel 2.2 werden nach Erörterung des Forschungsstandes erziehungsstiltheoretische Ansätze vor dem Hintergrund von sozialisationstheoretischen Überlegungen diskutiert und in den Kontext einer weiterentwickelten Theorie des familialen Sozialkapitals gestellt. Der Schwerpunkt liegt dabei auf dem schulbezogenen Erziehungsverhalten, das in eine autoritäre und in eine autoritative Dimension differenziert wird. Es wird angenommen, dass einerseits das autoritäre Erziehungsverhalten mit negativen Emotionen (vor allem Angst) und dass das autoritative Erziehungsverhalten andererseits mit positiven Emotionen des Kindes (Wohlbefinden) zusammenhängt.

In Kapitel 2.3 werden kurz der Stand der Emotionsforschung sowie die emotionstheoretischen Überlegungen zum Einfluss der Emotionen auf die Schulleistungen diskutiert. Zum Abschluss des theoretischen Teils (Kapitel 2.4) werden die Hypothesen zum Einfluss des elterlichen Erziehungsverhaltens auf die Emotionen und die Schulleistungen formuliert.

2.1 Familie und Bildung

Im folgenden Kapitel wird der Einfluss der Familie auf die Bildung des Kindes aus bildungssoziologischer Perspektive erörtert. Aus methodischer Sicht kann der Einfluss der Familie auf die Bildung der Kinder in zweierlei Hinsicht untersucht werden.

Der klassische bildungssoziologische Ansatz beschäftigt sich mit dem Einfluss der sozialen Herkunft auf die schulische Bildungsbeteilung der Kinder. Die Frage ist also, welche Faktoren der sozialen Herkunft nehmen Einfluss auf den Übergang der Kinder in die Sekundarstufe I und den tatsächlich erfolgten Bildungsabschluss? Als Indikatoren der sozialen Herkunft werden in den empirischen Untersuchungen in der Regel der Beruf des Vaters als Indikator des sozioökonomischen Status der Familie sowie der höchste Bildungsabschluss eines Elternteils als Indikator des kulturellen Kapitals verwendet. Beide Indikatoren sind Bestandteile der amtlichen Bildungsstatistik (Volkszählung, Mikrozensus). Der ökonomische Status der Familie wird dagegen selten untersucht, da die Frage nach dem Haushaltseinkommen und dem Vermögen der Familie heikel ist. In einzelnen Untersuchungen werden zwar die Bildungsaspirationen der Eltern als weiterer wichtiger Aspekt des kulturellen Kapitals der Familie berücksichtigt, der Einfluss des elterlichen Erziehungsverhaltens – als ein zentraler Aspekt des sozialen Kapitals der Familie – auf die Bildungsbeteiligung der Kinder ist bislang in Deutschland wohl nicht direkt untersucht worden. Der Einfluss der sozialen Herkunft auf *elterliches Erziehungsverhalten als abhängige Variable* wurde zwar in vielfältiger Weise untersucht (vgl. Steinkamp 1998) – der Einfluss des *elterlichen Erziehungsverhaltens als unabhängige Variable* auf den Bildungsübergang nach der Grundschule scheint dagegen bislang nicht untersucht worden zu sein. Im Rahmen einer Literaturrecherche zu dieser Arbeit konnte jedenfalls keine auf Deutschland bezogene Studie gefunden werden, die untersucht hat, ob das elterliche Erziehungsverhalten unabhängig von weiteren, konfundierenden Einflussfaktoren (z.B. die Bildung der Eltern) die Chance erhöht, eine Realschule oder ein Gymnasium zu besuchen.

Der zweite Typ von Forschungsansätzen untersucht den Einfluss der Indikatoren der sozialen Herkunft auf die Schulleistung *innerhalb* der einzelnen Stufen des Schulsystems. Innerhalb dieses Ansatzes finden sich vor allem Studien, die den Einfluss von Indikatoren des sozioökonomischen Status der Familie auf Schulleistungsvariablen der Kinder untersuchen. Studien zum Einfluss des elterlichen Erziehungsverhalten auf lern- und leistungsrelevante Merkmale der Kinder beschränken sich in der Regel auf die Untersuchung bereichsübergreifender Erziehungsstile. Wenn der Einfluss des schulbezogenen Verhaltens der Eltern auf schulleistungsrelevante Schülermerkmale untersucht wird, dann werden häufig keine Drittvariablen kontrolliert. Im Kontext der vorliegenden Arbeit wird der Einfluss des schulbezogenen Erziehungsverhaltens der Eltern auf Emotionen und Schulleistungen innerhalb der Sekundarstufe I untersucht.

2.1.1 Einleitung in den Stand der Bildungsforschung

Die erste breit angelegte empirische Analyse zur Bildungsbeteiligung in der Bundesrepublik Deutschland fand zu Beginn der 1960er Jahre mit Hilfe der Volkszählungsdaten des Jahres 1961 statt. Zuvor warnte Picht bereits seit Ende der 1950er Jahre vor der *Deutschen Bildungskatastrophe* (Picht 1964), wenn die Abiturientenquote in der Bundesrepublik Deutschland nicht erhöht werden würde.

Die Analyse der Volkszählungsdaten aus dem Jahr 1961 durch Peisert (1967) und Dahrendorf (1966) am soziologischen Seminar der Universität Tübingen gilt als ein Klassiker der Untersuchungen zu regionalen und sozialen Disparitäten in der Bildungsbeteiligung Jugendlicher (weiterführende Schule vs. Hauptschule). Aufgrund der von Peisert (1967) festgestellten Unterschiede in der Bildungsbeteiligung nach Geschlecht, Region (Stadt vs. Land; evangelische vs. katholische Region) und sozialer Herkunft wurde die Kunstfigur des *katholischen Arbeitermädchens vom Lande* zur Verkörperung der Summe aller sozial bedingten Bildungsnachteile. Dahrendorf bezeichnet den *Traditionalismus der Unmündigkeit* als die damals zentrale Ursache für das in vielen sozialen Bereichen nicht wahrgenommene Bürgerrecht auf Bildung (Dahrendorf 1966, S. 67). Die zentrale Aufgabe der Bildungsreform zur Förderung der Bildungsbeteiligung der vier Bevölkerungsgruppen in den weiterführenden Schulen sieht Dahrendorf einerseits in der Förderung der Bildungsmotivation der Eltern (Dahrendorf 1966, S. 78 f.). Andererseits verlangt diese Reform eine Entwicklung der Schule, die die ungleichen Bildungsvoraussetzungen der Kinder zum Beispiel durch gezielte Förderung der sprachlichen Fähigkeiten auszugleichen versucht. Die Schule darf sich dabei aber nicht auf elterliche Mithilfe oder auf Nachhilfestunden verlassen und „es geht sicher nicht in ein paar Stunden am Vormittag, nach denen die Kinder für den größten Teil des Tages in ihre traditionelle soziale Heimat entlassen werden" (Dahrendorf 1966, S. 80).

Die zu Beginn der 1960er Jahre festgestellten Bildungsnachteile von Katholiken, Mädchen und Kindern aus ländlichen Regionen sind durch eine Reihe gesellschaftlicher Entwicklungen in der Bundesrepublik Deutschland heute allerdings nicht mehr relevant. Bildungsreformmaßen, der Ausbau des staatlichen Bildungssystems sowie die sich entwickelnde Dienstleistungsgesellschaft und die fortschreitende Maschinisierung und Automatisierung in der industriellen Produktion und in der Landwirtschaft haben sowohl den Bedarf als auch das Angebot an höherer Bildung erhöht und zu einer generell zunehmenden Bildungsbeteiligung an Realschulen und Gymnasien geführt.

Der modernisierungstheoretische Ansatz nach Treiman (1970) betont diese ökonomischen und gesellschaftlichen Entwicklungen und folgert daraus, dass die Bildung in modernen Gesellschaften in abnehmendem Maße von der sozialen Herkunft und in zunehmendem Maße durch die individuellen Leistungen bestimmt wird (vgl. Müller & Haun 1994, S. 3 f.; Schimpl-Neimanns 2000a, S. 638 f.).

Im Gegensatz zu den modernisierungstheoretischen Schlussfolgerungen steht die bildungssoziologische Theorie der kulturellen Reproduktion sozialer Ungleichheit, die von Pierre Bourdieu in den 1960er Jahren formuliert (Bourdieu 1966a; 1966b) und bis zu seinem Lebensende im Kern unverändert aufrechterhalten wurde (Bourdieu 1998; 1999a; 1999b; 2000; vgl. auch Müller 1997, S. 239).

Bourdieu geht zwar – wie der modernisierungstheoretische Ansatz – davon aus, dass in modernen Gesellschaften die ökonomische Situation der Familie die Bildung des Kindes nicht mehr entscheidend beeinflusst. Bourdieu behauptet aber im Widerspruch zum modernisierungstheoretischen Modell, dass in modernen Gesellschaften die Ungleichheit in der Bildungsbeteiligung nicht aufgehoben wird, sondern durch das in der Familie tradierte kulturelle Kapital reproduziert wird. Das von der frühen

Kindheit an erworbene kulturelle Kapital in der Familie wird in der individuellen Lebensgeschichte durch die Vergabe von institutionalisierten Bildungstiteln im Bildungssystem gesellschaftlich legitimiert, wodurch das kulturelle Kapital der Familie in Zusammenwirkung mit dem Bildungssystem entscheidend zur ungleichen Verteilung der sozialen Positionen im sozialen Raum beiträgt (Bourdieu 1998, S. 35 f.).

Aufgrund der Bildungsexpansion seit den 1950er Jahren und der Erosion traditionaler gesellschaftlicher Milieus und Bindungen sowie den damit verbundenen Individualisierungsschüben (vgl. Beck 1983) stellt sich zunächst die Frage, ob die Reproduktionstheorie von Bourdieu für das deutsche Bildungssystem heutzutage noch Gültigkeit beanspruchen kann. Die Bildungsexpansion hatte in den alten Ländern der Bundesrepublik Deutschland zur Folge, dass sich der Anteil der 13-Jährigen, der Realschule und Gymnasium besucht, von 1952 bis 1989 mehr als verdoppelt hat, während sich der Anteil der 13-Jährigen, der die Hauptschule besucht, mehr als halbiert hat (vgl. Köhler 1992, S. 30). Diese starken Veränderungen in der Bildungsbeteiligung sprechen zumindest gegen eine deterministische Auffassung der intergenerationalen Reproduktion von Bildung und sind eher ein Indiz für die modernisierungstheoretische Position.

Zum Einfluss der sozialen Position der Eltern auf die schulischen Bildungsentscheidungen liegt teilweise auch repräsentatives Datenmaterial aus der amtlichen Statistik vor. Neben den Volkszählungsdaten sind vor allem die bildungsrelevanten Daten aus den Mikrozensus-Befragungen bis zum Jahr 1989 zu nennen, die repräsentativ für die bundesdeutschen Haushalte sind (vgl. Köhler 1992, S. 22 ff.; Lersch 2001, S. 147). Im Jahr 1989 wurden im Mikrozensus allerdings zum letzten Mal differenzierte Informationen über die besuchte Schulform der Kinder erhoben; seit 1990 wird lediglich der Besuch der gymnasialen Oberstufe direkt erfragt (Schimpl-Neimanns 2000a, S. 645).

Der Einfluss der sozialen Herkunft auf die Bildungsbeteiligung wird in den meisten Analysen ohne Berücksichtigung von Schulleistungsdaten untersucht, da in der Regel keine entsprechenden Daten vorhanden sind. Dies führt tendenziell zu einer Überschätzung der sozialen Effekte, da genetische Effekte in Bezug auf Intelligenz und Begabung die Zusammenhänge zwischen der sozialen Position der Eltern und der Bildungsbeteiligung des Kindes konfundieren können (vgl. zur Anlage-Umwelt-Diskussion: Klauer 1998; Rowe & Jacobson 2000). Die Berücksichtigung von Schulleistungsdaten oder anderen Leistungsindikatoren als Kontrollvariablen für die Effekte der sozialen Herkunft auf die Bildungsbeteiligung führt umgekehrt eher zu einer Unterschätzung des Einflusses der sozialen Herkunft, da anzunehmen ist, dass die Leistungen der Kinder wiederum durch differenzielle Entwicklungsmilieus in der Familie konfundiert sind (vgl. Spangler & Zimmermann 1999, S. 88 ff.).

Aufgrund dieser wechselseitigen Verschränkung von Anlage- und Umweltfaktoren führen Studien ohne Berücksichtigung von Leistungsvariablen als Kontrollvariablen zu einer Überschätzung der sozialen Effekte. Studien zur Bildungsbeteiligung, die Leistungsvariablen als Kontrollvariablen berücksichtigen, unterschätzen dagegen eher den Einfluss der sozialen Herkunft.

2.1.2 Zusammenfassung des Forschungsstands

In diesem Kapitel werden die wichtigsten Ergebnisse der Bildungsforschung in der Bundesrepublik Deutschland zusammengefasst.

Zu den Studien, die keine Leistungsvariablen als Kontrollvariablen berücksichtigen, gehören vor allem Studien, die umfangreiche Datensätze – zum Beispiel aus der amtlichen Bildungsstatistik – analysieren. Zu diesem Typus gehören die bereits als Klassiker zu bezeichnende Analyse der Mikrozensus- und ALLBUS-SOEP-Daten von Müller und Haun (1994), die Lebensverlaufsstudie des Max-Planck-Instituts für Bildungsforschung (Henz & Maas 1995), die Mikrozensus-Analysen von Köhler (1992) und Schimpl-Neimanns (2000a; 2000b) sowie die SOEP-Analyse von Lauterbach, Lange und Wüest-Rudin (1999).

Zu den Arbeiten, die Leistungsvariablen berücksichtigen, gehören die Studie von Meulemann (1985), die Gymnasialstudie von Roeder, Baumert, Sang und Schmitz (1986), die Gymnasialstudie von Lademann (1979a; 1979b), die Studie von Becker (2000)[3], die Grundschulstudie von Ditton (1992), die BIJU-Studie (Baumert & Köller 1998, Baumert, Köller & Schnabel 2000), TIMMS/III (Schnabel & Schwippert 2000) und PISA 2000 (Deutsches PISA-Konsortium 2001; 2002; 2003).

Zentrale Ergebnisse der Studien zum Einfluss sozialstruktureller Merkmale der Familie auf die Bildungsbeteiligung der Kinder in der Sekundarstufe sind im Folgenden dargestellt.

Die Bildung der Eltern und die berufliche Position des Familienvorstands sind in Deutschland entscheidende Indikatoren für die unterschiedliche Bildungsbeteiligung der Kinder in den weiterführenden Schulformen der Sekundarstufe. Laut den Daten der amtlichen Bildungsstatistik und weiteren umfangreichen Kohortenstudien gilt dieser Befund für alle untersuchten Kohorten im 20. Jahrhundert.[4]

Der Einfluss von Bildung und Beruf der Eltern auf die Bildungsbeteilung der Kinder kann auch bei Kontrolle von schulleistungsrelevanten Variablen belegt werden. Die Ergebnisse von Meulemann (1985) und Becker (2000) sowie von PISA 2000 (Baumert & Schümer 2001; 2002) zeigen, dass die soziale Herkunft nach Berufsklassen (Meulemann und PISA) oder elterlicher Bildung (Becker) – auch unabhängig von Zeugnisnoten (Meulemann), Grundschulempfehlungen (Becker) und Basiskompetenzen (PISA 2000) – einen signifikant positiven Einfluss auf den Übergang in die Sekundarstufe I ausübt. Diese Befunde stützen die Hypothese eines tatsächlichen so-

---

3 Die Datensätze von Becker (2000) beziehen sich auf den Übergang von der Primar- zur Sekundarstufe in den Jahren 1967, 1972 und 1983. Die erste Studie (n = 1.685) wurde in Baden-Württemberg (vgl. Baur 1972), die zweite Studie (n = 1.840) in Nordrhein-Westfalen (vgl. Fröhlich 1973) und die dritte Studie (n = 1.964) in Baden-Württemberg, Nordrhein-Westfalen, Niedersachsen und West-Berlin (vgl. Fauser 1983; Fauser 1984) durchgeführt. Die genannten Stichprobenumfänge beziehen sich auf die Datensätze, die Becker analysiert hat (vgl. Becker 2000, S. 453).

4 Müller und Haun (1994) können den Einfluss von Bildung und Beruf der Eltern auf die Bildungsbeteiligung der Kinder für die Mikrozensus-Daten der Kohorten 1920 bis 1950 (n = 183.917) und für die ALLBUS-SOEP-Daten der Kohorten 1919 bis 1969 (n = 28.205) belegen. Die Lebensverlaufsstudie von Henz und Maas (1995, S. 614 ff.) belegt die Effekte von Bildung und Beruf der Eltern für die Kohorten 1919 bis 1961 (n = 3.765) und die Mikrozensus-Analyse von Schimpl-Neimanns (2000a; 2000b) für die Kohorten 1932 bis 1975 (n = 175.227).

zialen Selektionseffektes beim Übergang von der Grundschule zu den weiterführenden Schulformen, der leistungsunabhängig ist.

Der soziale Selektionseffekt spielt insbesondere bei der relativen Chance ein Gymnasium zu besuchen eine wichtige Rolle. Nach den Ergebnissen von PISA 2000 haben vor allem die Kinder aus Arbeiterfamilien bei gleichen Grundfähigkeiten eine deutlich niedrigere Chance ein Gymnasium zu besuchen als Kinder aus höheren Schichten (vgl. Baumert & Schümer 2001, S. 357). Insbesondere die Kinder aus Familien der oberen Dienstklasse[5] (höhere Angestellte und Beamte, akademische Freiberufler) haben bei gleichen Fähigkeiten deutlich höhere Chancen auf den Besuch eines Gymnasiums als Arbeiterkinder. Diese Befunde gelten auch für Baden-Württemberg (vgl. Baumert & Schümer 2002, S. 169).

Der Einfluss der ökonomischen Situation der Familie auf die Bildungsbeteiligung der Kinder ist in Deutschland weitgehend unerforscht (Lauterbach, Lange & Wüest-Rudin 1999, S. 368). Lauterbach et al. (1999) finden vor allem einen signifikanten Effekt für Mädchen aus armen Familie, deren relative Chance auf eine weiterführende Schule zu wechseln in den Jahren 1985 bis 1995 fünfmal kleiner war als für Mädchen, deren Familie sich in gesicherter finanzieller Lage befanden. Der Effekt könnte allerdings auch durch traditionelle Geschlechtsrollenvorstellungen in den ökonomisch unterprivilegierten Familien konfundiert sein, da der Effekt bei den Jungen nicht nachweisbar ist.

Der Einfluss der beruflichen Position des Familienvorstands auf die Bildungsübergänge der Kinder nach der Grundschule ist im Verlauf des 20. Jahrhunderts erheblich gesunken, der entsprechende Einfluss der elterlichen Bildung ist dagegen nicht in einem vergleichbaren Ausmaß zurückgegangen. Dies belegen die Studien von Müller und Haun (1994), Henz und Maas (1995) und Schimpl-Neimanns (2000a; 2000b). Schimpl-Neimanns (2000a, S. 655) kann für die Bildungsbeteiligung 14- bis 18-Jähriger von 1950 bis 1989 belegen, dass der Nettoeffekt der Bildung der Eltern (d.h. bei Kontrolle der beruflichen Stellung des Vaters) von 1950 bis 1989 nicht zurückgegangen ist. Der Nettoeffekt der beruflichen Stellung des Vaters (d.h. bei Kontrolle der Bildung der Eltern) hat dagegen an Bedeutung verloren hat, bleibt aber dennoch signifikant.

Die Bildung der Eltern hat im Verlauf des 20. Jahrhunderts an relativem Gewicht für die Bildungsbeteiligung der Kinder gewonnen. Bei gemeinsamer Betrachtung der Bildungsübergänge der Kinder in den Jahren 1967, 1972 und 1983 findet Becker (2000) sogar eine Zunahme des Effekts der elterlichen Bildung auf den unterschiedlichen Sekundarstufenbesuch der Kinder. Die SOEP-Analyse des primären Bildungsübergangs der Kinder in den Jahren 1985 bis 1995 durch Lauterbach et al. (1999) zeigt einen generell positiven Nettoeffekt der elterlichen Bildung für den Übergang zu weiterführenden Schulen, der unabhängig von der ökonomischen Situation des Elternhauses und des Berufsprestiges des Vaters ist. Je gebildeter die Eltern also sind, desto höherwertiger ist die eingeschlagene Schullaufbahn der Kinder nach der Grundschule – und zwar unabhängig von der finanziellen Lage der Familie.

---

5 EGP-Klassifizierung der Berufe nach Erikson, Goldthorpe und Portocarero (1979).

Auf die Frage, wie die soziale Selektivität beim Übergang zur Sekundarstufe zustande kommt, gibt die Grundschulstudie von Ditton (1985) Auskunft. Die Studie liefert einerseits Hinweise, dass vor allem aufstiegsorientierte Eltern der Mittelschicht durch Sprechstundenbesuche versuchen, auf die Grundschulempfehlung der Schule Einfluss zu nehmen. Andererseits belegt die Studie, dass die Grundschulempfehlung durch die soziale Position der Eltern beeinflusst wird.

Zusammenfassend lässt sich feststellen, dass sich die Bildung der Eltern in der Bundesrepublik Deutschland zu einem zentralen Faktor für die sozial unterschiedliche Bildungsbeteiligung in der Sekundarstufe entwickelt hat, während der Einfluss der beruflichen Position der Eltern an relativer Bedeutung zu verlieren scheint. Diese Entwicklung kann durch die Auflösung traditioneller Bindungen und die zunehmende Individualisierung erklärt werden, die zu sozialen Auf- und Abstiegsprozessen im Hinblick auf die berufliche Position führen kann. Es kann aber angenommen werden, dass Eltern mit hohen Bildungsabschlüssen und hoher Wertschätzung individueller Autonomie – auch unabhängig von der eigenen sozialen Position – einen höchst möglichen Bildungsabschluss für ihr Kind anstreben, um die Individualisierungschancen des Kindes zu erhöhen.

Der Selektionsprozess beim Übergang von der Grundschule zu den weiterführenden Schulen, der nicht nur eine Auswahl nach Leistungen darstellt, sondern auch ein sozialer Selektionsprozess ist, hat Folgen für sozialstrukturelle Zusammensetzung der Schülerschaft in den einzelnen Schulformen der Sekundarstufe I.

Nach der Mikrozensus-Analyse von Köhler (1992) hat der selektive Übergang zur Folge, dass in der Hauptschule fast zwei Drittel der 13- bis 14-jährigen Kinder aus kulturell oder ökonomisch unterprivilegierten Familien[6] stammen, während es im Gymnasium nur knapp 16 Prozent sind. Im Gymnasium kommt fast jedes dritte Kind aus einer ökonomisch *und* kulturell privilegierten Familie.[7] In der Hauptschule zeichnet sich dagegen nur jedes fünfzigste Kind durch eine entsprechend privilegierte Herkunft aus. In der Realschule ist der Anteil der ökonomisch *und* kulturell privilegierten Kinder nur gut halb so hoch wie im Durchschnitt der Bevölkerung. Insgesamt ist die Sozialstruktur der Herkunftsfamilien der Schülerinnen und Schüler aus der Realschule dennoch am Besten vergleichbar mit der Sozialstruktur der Bevölkerung ins-

---

6 Zu dieser Gruppe werden in der vorliegenden Arbeit die Kinder von Arbeitern, Arbeitslosen und Sozialhilfeempfängern gerechnet, die in dieser Arbeit zusammengefasst werden. Da unter Arbeitslosen und Sozialhilfeempfängern die unteren Sozialschichten überrepräsentiert sind, kann davon ausgegangen werden, dass es sich speziell bei den Familien der Hauptschüler und zum Teil bei den Familien der Realschüler um eher bildungsferne Schichten handelt, bei denen manuelle Tätigkeiten im gelernten, ausgeübten oder ehemals ausgeübten Beruf dominierend sind und die körperliche Leistungsfähigkeit eine wesentliche Voraussetzung für die Berufsausübung darstellt

7 Zu dieser Gruppe werden in der vorliegenden Arbeit die Kinder von Angestellten und Beamten mit Abitur sowie die Kinder von selbstständigen Akademikern zusammengefasst. Hier handelt es sich also um eine Gruppe, in der geistige Tätigkeiten im Beruf des Familienvorstands dominierend sind und formale Bildungsabschlüsse wie Abitur und Studium eine zentrale Rolle für die Berufsausübung darstellen. Diese Gruppe kann der traditionellen Bildungsschicht zugerechnet werden und repräsentiert wohl auch in ökonomischer Hinsicht die Gruppe der gesellschaftlich privilegierten Herkunftsfamilien, da aufgrund der Klassifikation keine Arbeitslosigkeit des Familienvorstands vorliegen kann.

gesamt. Wie im Gymnasium stammt in der Realschule etwa jedes zweite Kind aus Herkunftsfamilien einer breiten sozialen Mittelschicht, die zwischen den privilegierten und den unterprivilegierten Familien liegen. Diese Ergebnisse zeigen einerseits die soziale Öffnung der weiterführenden Schulen an und belegen andererseits, dass die Kinder privilegierter Familien nur noch selten in der Hauptschule vorzufinden und selbst in der Realschule erheblich unterrepräsentiert sind.

PISA 2000 zeigt, dass fast zwei Drittel der bundesdeutschen Gymnasien und mehr als drei Viertel der baden-württembergischen Gymnasien zum Typus des bildungsbürgerlichen Gymnasiums gerechnet werden können, in dem etwa zwei Drittel der Schülerinnen und Schüler aus Familien stammen, in denen mindestens ein Elternteil selbst die Hochschulreife hat (Baumert, Trautwein & Artelt 2003, S. 276 ff.). Die Realschulen sind in Deutschland trotz regionaler Unterschiede relativ ähnlich und repräsentieren im Mittel die Sozialstruktur und die Schulleistungen in der Bundesrepublik Deutschland: „95 % aller Realschulen liegen in den sozialen und leistungsbezogenen Kennwerten nahe an den Populationsmittelwerten" (Baumert, Trautwein & Artelt 2003, S. 279).

Eine weitere zentrale Frage der Bildungsforschung ist, ob die sozialen Disparitäten innerhalb der Schulformen der Sekundarstufe noch eine Rolle spielen für die schulischen Leistungen von Schülerinnen und Schüler oder inwieweit andere Merkmale zur Erklärung schulischer Leistungsunterschiede in der Sekundarstufe herangezogen werden können.

Ingesamt deutet der Forschungsstand darauf hin, dass in Deutschland der sozioökonomische Status der Familie – gemessen an den Indikatoren Bildung, Beruf oder Einkommen der Eltern – nur eine geringe Bedeutung für schulische Leistungsunterschiede in der Sekundarstufe I und für nachfolgende Bildungsentscheidungen der Kinder hat. Müller und Haun (1994) können selbst in den älteren Kohorten 1920 bis 1950 (Mikrozensus-Daten), aber auch in den ALLBUS-SOEP-Daten der Kohorten von 1910 bis 1969 nur eine geringe soziale Selektivität beim Übergang von der Sekundarstufe I in die Sekundarstufe II feststellen. Müller und Haun stellen fest: „Je weiter fortgeschritten eine Person in der Bildungskarriere ist, umso weniger hängen die weiteren Schritte von Bedingungen der sozialen Herkunft ab" (Müller & Haun 1994, S. 19 f.). Henz und Maas (1995, S. 622) können bei der Analyse der schulischen Bildungsabschlüsse keine signifikanten Effekte belegen, die auf eine soziale Selektion innerhalb der Sekundarstufe I schließen lassen.

Meulemann (1985) findet am Ende der 1960er Jahre in der zehnten Klassenstufe des Gymnasiums keinen Effekt der sozialen Position der Familie auf die Zeugnisnoten. Die Gymnasialstudie von Roeder et al. (1986) kann zu Beginn der 1970er Jahre auf Schulklassenebene ebenfalls keinen Effekt zwischen sozialer Herkunft und Zeugnisnoten von Gymnasialklassen feststellen. Es waren auch keine Unterschiede bei Indikatoren der familialen Unterstützung und des kulturellen Kapitals (z.B. Nachhilfeunterricht, privater Musikunterricht und Fernsehkonsum) belegbar. Die Befunde von Roeder et al. (1986) stützen eher die Hypothese, dass die nicht unerheblichen Unterschiede in den Schulleistungen der einzelnen Gymnasialklassen durch unterschiedlichen Unterricht oder durch weitere innerschulische Kontextbedingungen bedingt sind. Ähnliche Ergebnisse liefert in den 1970er Jahren die Gymnasialstudie von Lademann (1979b), in der keine statistischen Effekte der beruflichen Position des Vaters auf Zeugnisnoten, Intelligenz und Werthaltungen der Kinder zu finden waren. Nur bei den Mädchen schien sich die positiv bewertete Familiensituation positiv auf die Mitarbeit im Unterricht auszuwirken. In der Gymnasialstudie von Lademann (1979b) erklärte selbst der Testwert der Intelligenz (CFT-Test) nur etwa vier Prozent der Unterschiede in der Mathematiknote und nicht einmal ein Prozent der Unterschiede in der Deutschnote.

Wie die Untersuchung von Roeder et al. (1986) belegt die Studie von Lademann (1979a, 1979b), dass die sozialstrukturellen Unterschiede der Herkunftsfamilien keine entscheidende Rolle für die Schulleistungen der Schülerinnen und Schüler im Gymnasium spielen. Auch die ansatzweise erfassten Indikatoren des sozialen und kulturellen Kapitals der Herkunftsfamilien der Gymnasiasten variierten nicht systematisch mit der sozialen Herkunft. Die Schlussfolgerung von Lademann (1979a, S. 44) und von Roeder, Baumert, Sang & Schmitz (1986, S. 218 f.) ist, dass die Eingangsselektion im Gymnasium zu relativ homogenen Leistungsgruppen führt und auch auf einer Selektion von Familien beruht, die den Kindern ein ähnlich hohes soziales und zum Teil auch ein ähnlich hohes kulturelles Kapital zur Verfügung stellen können. Dies kann als ein Beleg dafür gewertet werden, dass trotz zunehmender Bildungsbeteiligung von Kindern aus unteren und mittleren Schichten im Gymnasium die tatsächlichen soziokulturellen Unterschiede der Herkunftsfamilien von Schülerinnen und Schülern aus dem Gymnasium weniger hoch sind, als es die vergleichsweise rohen Indikatoren der sozialen Herkunft (berufliche Stellung des Vaters, Bildung der Eltern) andeuten. Ein Grund für diese Befunde könnte sein, dass es sich bei diesen Familien aus der Arbeiterschicht oder denjenigen Familien, in denen der Hauptschulabschluss den bislang höchsten schulischen Bildungsabschluss darstellte, um aufstiegsorientierte Familien handelt, die im Zuge des Modernisierungsprozesses bereits traditionale Bindungen abgelegt haben und die sich in ihren Werthaltungen und in ihrem Lebensstil an den Familien der Mittelschicht orientieren.

Dass die bundesdeutschen Befunde bis in die 1970er Jahre hinein nicht für eine Koppelung von sozialer Herkunft und Schulleistung im Gymnasium sprechen, kann zwei Gründe haben. Ein Grund könnte sein, dass die Selektion zu leistungshomogenen Gruppen führt, die sich nicht systematisch hinsichtlich der Kultur des Elternhauses unterscheiden. Ein anderer Grund könnte sein, dass die Wirkungen der primären Selektion im deutschen Bildungssystem so nachhaltig sind, dass nur relativ leistungsstarke Schülerinnen und Schüler aus den unteren sozialen Schichten mit geringem kulturellen Kapital den Übergang in das Gymnasium vollzogen haben, während aus den oberen Schichten mit höherem kulturellen Kapital auch Kinder mit nur ausreichenden Fähigkeiten auf das Gymnasium gewechselt sind. Wenn diese Annahme richtig ist, dann ist für diesen Teil der Population sogar ein negativer Zusammenhang zwischen sozialer Herkunft und Schulleistungen zu erwarten, während für den größeren Teil der Population durchaus ein schwach positiver Zusammenhang zwischen sozialer Herkunft und Schulleistungen möglich ist und zu einem linearen Gesamteffekt führt, der gegen Null tendiert. Ein Indiz für diese Überlegungen ist der Befund von Meulemann (1985), dass die Bildungsaspirationen (Abitur und Studium) von Gymnasiasten und deren Eltern – unabhängig von den Zeugnisnoten – mit der sozialen Position der Familie zusammenhängen; für die unterschiedlichen Bildungsaspirationen der Eltern sind die Unterschiede in den sozialen Positionen sogar wichtiger als die tatsächlichen Zeugnisnoten der Kinder.

Eine zentrale Frage ist nun, ob die seit den 1970er Jahren weiter angestiegene Bildungsbeteiligung in den weiterführenden Schulen dazu geführt hat, dass die Schulleistungen in der Sekundarstufe I oder die nachfolgenden Bildungsentscheidungen von der sozialen Herkunft abhängig sind.

Die Studie von Lauterbach et al. (1999) belegt, dass Armut der Familie zwar Einfluss nimmt auf die Entscheidung nach der Hauptschule eine Hilfstätigkeit aufzunehmen anstatt eine berufliche Ausbildung zu beginnen. Für Schülerinnen und Schüler jedoch, die nach der Grundschule auf eine Realschule oder ein Gymnasium wechseln, kann allerdings kein genereller Armutseffekt auf Bildungsübergänge nach der Sekundarstufe I belegt werden. Die BIJU-Studie (vgl. Baumert & Schümer 2001, S. 353) zeigt ebenfalls keinen erheblichen Einfluss der sozialen Herkunft auf die Leistungsentwicklung von der Klassenstufe 7 bis zur Klassenstufe 10. Nach den Ergebnissen von TIMMS/III (Schnabel & Schwippert 2000) spielt die soziale Herkunft für Bildungsentscheidungen in der Sekundarstufe I nur eine Rolle für die Entscheidung fachgebundenes Abitur versus allgemeine Hochschulreife. In PISA 2000 (Baumert & Schümer 2001) sind nur schwache Effekte der sozialen Herkunft auf die Basiskompetenzen der 15-Jährigen in Gymnasien, Haupt- und Realschulen zu finden (vgl. Tabelle 1).

Tabelle 1: Zusammenhang zwischen sozialer Herkunft (EGP-Klassen) und Kompetenzen innerhalb der Schulformen (kategorialer η-Koeffizient)

	Lesen	Mathematik	Naturwissenschaft
Hauptschule	.14	.20	.13
Realschule	.18	.17	.16
Gymnasium	.13	.14	.16
Integrierte Gesamtschule	.26	.29	.25

Quelle: Baumert & Schümer 2001, S. 371.

Der in PISA 2000 festgestellte Zusammenhang zwischen sozialer Herkunft und Basiskompetenzen in der gesamten Bundesrepublik Deutschland könnte aber auch durch regional unterschiedliche Bedingungen konfundiert und somit überschätzt sein, zum Beispiel durch das Nord-Südgefälle in der sozialstrukturellen Zusammensetzung und den Basiskompetenzen der Schülerschaft. Bedauerlicherweise lässt sich nicht entscheiden, ob und in welchem Ausmaß die Zusammenhänge zwischen sozialer Herkunft und Kompetenzen innerhalb der Schulformen auch in den einzelnen Bundesländern bestehen, da in der nationalen Ergänzungsstudie zu PISA 2000 (PISA-E) keine Angaben darüber gemacht werden (vgl. Baumert & Schümer 2002).

Zusammenfassend lässt sich feststellen, dass die entscheidende Weichenstellung im deutschen Bildungssystem beim Übergang von der Grundschule in die Sekundarstufe I stattfindet. Der Einfluss der sozialen Herkunft auf die Schulleistungen innerhalb der verschiedenen Schulformen der Sekundarstufe I scheint dagegen gering zu sein. Insbesondere im Gymnasium ist die kulturelle Homogenität der Schülerschaft deutlich höher als in den anderen Schulformen; und auch die Leistungen sind – wenn überhaupt – nur in einem geringen Ausmaß von der sozialen Herkunft abhängig.

Der Einfluss der sozialen Herkunft auf lern- und leistungsrelevante Aspekte in der Realschule ist dagegen weniger gut erforscht. Wenn leistungsrelevante Effekte der sozialen Herkunft in der Realschule gefunden werden, dann sind sie in der Regel gering. Ähnliches gilt für die Hauptschule, die im empirischen Teil der vorliegenden Arbeit allerdings nicht berücksichtig werden konnte (vgl. Kapitel 3.1.3).

Bei allen Studien ist allerdings zu berücksichtigen, dass die gefundenen Schulleistungsunterschiede auch in einem hohen Maß von der Qualität der Schule und der Qualität des Unterrichts abhängen können. Die Autoren von PISA 2000 fassen daher unter dem Eindruck der deutlichen Leistungsunterschiede zwischen den einzelnen Schulen den Forschungsstand wie folgt zusammen: „Die soziale und leistungsmäßige Zusammensetzung einer Schule – sieht man einmal von dem Sonderproblem eines hohen Anteils von Jugendlichen aus Zuwanderfamilien ab – sagt etwas über Eingangsselektivität, aber wenig über die pädagogische Qualität einer Schule aus. Selbst im Hinblick auf die Leistungsentwicklung werden die Effekte der Zusammensetzung der Schülerschaft immer wieder überschätzt" (Baumert, Trautwein & Artelt 2003, S. 291). Die Kompetenzen der Schülerinnen und Schüler in der Sekundarstufe I hängen also weniger von den sozioökonomischen Indikatoren der sozialen Herkunft ab, sondern eher von der Qualität von Schule und Unterricht.

2.1.3 Theoretisches Rahmenmodell

Im vorliegenden Kapitel 2.1.3 werden die einzelnen Indikatoren der sozialen Herkunft, deren Gehalt zur Vorhersage kindlicher Bildung im vorherigen Kapitel 2.1.2 dargestellt ist, auf ihren Erklärungswert für die Bildung von Schülerinnen und Schülern geprüft.

Zunächst wird in Kapitel 2.1.3.1 die Frage aufgeworfen, auf welche Weise die berufliche Stellung des Familienvorstands – als ein zentraler Indikator des sozioökonomischen Status der Herkunftsfamilie – die Bildungsbeteiligung der Kinder beeinflussen kann. Darauf folgt in Kapitel 2.1.3.2 ein kurzer Exkurs über Intelligenz, Schulleistungen und geschlechtsbezogene Leistungsunterschiede.

Danach wird in Kapitel 2.1.4 das kapitaltheoretische Modell von Bourdieu vorgestellt, das einerseits den theoretischen Rahmen zur Beschreibung von sozialen Herkunftseffekten auf die Bildung von Kindern darstellt und das andererseits die Bildung des Elternhauses (kulturelles Kapital der Familie) als einen entscheidenden Faktor für die Bildung der Kinder beschreibt.

Im abschließenden Kapitel 2.1.5 des Theorieteils wird die theoretische Position von Coleman kurz dargestellt, der nicht das kulturelle Kapital der Familie, sondern das soziale Kapital der Familie als den zentralen Faktor für unterschiedliche Bildungserfolge der Kinder betrachtet.

2.1.3.1 Die berufliche Stellung des Familienvorstands und die Bildungsbeteiligung der Kinder

Der Einfluss der sozialen Herkunft der Familie auf die schulische Bildung des Kindes wird in der klassischen bildungssoziologischen Forschung vor allem anhand der Indikatoren Beruf des Familienvorstands und elterliche Bildung untersucht. Diese Indikatoren der sozialen Position der Familie (sozioökonomischer Status) sind besonders prominent, weil sie Teil der amtlichen Bildungsstatistik sind.

Der sozioökonomische Status einer Familie wird theoretisch durch die Indikatoren Einkommen, Beruf und Bildung der Eltern bestimmt (vgl. Schäfers 2000, S. 299), forschungspraktisch aber häufig – wie in der PISA-Studie – allein durch den ausgeübten Beruf des Familienvorstands erfasst. Die heikle Frage nach dem Haushaltseinkommen wird nur selten gestellt und daher ist der Nettoeffekt der ökonomischen Situation der Familie auf die Bildung ihrer Kinder nur wenig untersucht.

Der ausgeübte Beruf setzt in der Regel ein bestimmtes Bildungsniveau als Zugangsberechtigung voraus und führt zu unterscheidbaren Einkommensklassen unter den Angehörigen verschiedener Berufsklassen. Der ausgeübte Beruf ist daher ein zwar grober, aber dennoch der beste Einzelindikator für den sozioökonomischen Status der Familie, weil formale Bildungsabschlüsse für einen großen Teil der Berufspositionen (z.B. im öffentlichen Dienst) notwendige Bedingungen darstellen und weil mit der beruflichen Position Einkommen, Prestige und Macht verbunden sind (Schäfers 2000, S. 380 f.).

Durch den seit den 1950er Jahren kontinuierlich anhaltenden Trend zu höherer Bildung in der Bundesrepublik Deutschland (vgl. Baumert & Schümer 2002, S. 160; Köhler 1992, S. 30) ist der Anteil von Schulabsolventen mit mindestens mittlerem Bildungsabschluss ständig gestiegen. Trotz steigender Bildungsbeteiligung ist die Nachfrage nach qualifizierten Arbeitskräften nicht dementsprechend gestiegen. Dies zeigt sich sowohl an den seit den 1970er Jahren im langfristigen Trend ständig gestiegenen Arbeitslosenquoten – auch von hoch qualifizierten Erwerbspersonen – in der Bundesrepublik Deutschland (vgl. Hradil 2001, S. 185 ff.) als auch an den sinkenden Bildungsrenditen der Arbeitnehmer in den Jahren 1976 bis 1993.

Das Nettoeinkommen von Personen mit beruflicher Ausbildung, Fachschulbildung und Hochschulbildung ist seit Mitte der 1970er Jahre im Vergleich zum Nettoeinkommen von Personen ohne berufliche Ausbildung relativ gesunken (vgl. Hradil 2001, S. 175). Da nicht angenommen werden kann, dass qualifizierte Berufe im Zeitverlauf relativ schlechter entlohnt worden sind als unqualifizierte Berufe, können die sinkenden Bildungsrenditen nur bedeuten, dass ein zunehmender Teil der Beschäftigten ihre Bildung nicht in eine adäquate Berufsposition umsetzen konnte.

Diese tendenzielle Entkopplung von Bildungsabschlüssen und beruflichen Positionen in den jüngeren Kohorten – die mit der Entkopplung von Bildung und Einkommen einhergeht (Statusinkonsistenzen) – führt zu der Hypothese, dass die Bildung der Eltern einen eigenständigen Erklärungswert für die Vorhersage kindlicher Bildung hat. Diese Annahme wird durch die Befunde der Mikrozensus-Analysen von Schimpl-Neimanns (2000a) gestützt, die zeigen, dass die Bildung der Eltern im Jahr 1989 mit 3,2 Prozent einen deutlichen Nettoeffekt auf die Bildungsbeteiligung der

Kinder hat, während sich für die berufliche Position des Familienvorstands nur ein Nettoeffekt von 1,2 Prozent ergibt.

Wie ist es vorstellbar, dass die berufliche Position des Familienvorstands unabhängig von der Bildung einen positiven Einfluss auf die Bildungsbeteiligung der Kinder hat? Der Befund von Schimpl-Neimanns (2000a) lautet: Mit steigender Höhe der beruflichen Position des Familienvorstands steigt die Wahrscheinlichkeit des Kindes eine höhere Schulform in der Sekundarstufe zu besuchen – und zwar unabhängig vom Bildungsniveau der Eltern.

Eine Erklärung ist, dass ein Teil der Familienvorstände eine im Vergleich zu ihrer Bildung höhere berufliche Position innehaben und aufgrund ihrer beruflichen Position oder der damit verbundenen gesellschaftlichen Stellung den Wert einer höheren Schulbildung schätzen gelernt haben und dadurch höhere Bildungsaspirationen in Bezug auf die eigenen Kinder entwickelt haben. Die Hypothese ist also, dass die elterlichen Bildungsaspirationen ein notwendiges Glied zur Erklärung des Zusammenhangs zwischen der beruflichen Position der Familie und der Bildungsbeteiligung des Kindes sind. Die erhöhten Bildungsaspirationen der Eltern können entweder direkt oder indirekt zu einer höheren Schulbildung der Kinder führen.

Der direkte Effekt der erhöhten elterlichen Bildungsaspirationen kann einerseits aufgrund bundeslandspezifischer Regelungen zustande kommen, die den Eltern ein entscheidendes Maß an Freiheit bezüglich der Wahl der Schulform erlauben. Aber auch in Bundesländern mit restriktiveren Zugangsregelungen zu weiterführenden Schulformen ist ein direkter Effekt erhöhter Bildungsaspirationen dann vorstellbar, wenn die Schulleistungen des Kindes auch ohne zusätzliche elterliche Maßnahmen bereits für eine höhere Schullaufbahn ausreichend sind, das Kind aber ohne die durch den gesellschaftlichen Aufstieg der Eltern erhöhten Bildungsaspirationen keine höhere Schullaufbahn eingeschlagen hätte.

Zu den klassischen Bildungshürden (die Beschränkung der Bildungsaspiration auf den Hauptschulbesuch), die durch den sozialen Aufstieg überwunden werden können, zählen traditionelle Berufs-, Familien- und Klassenbindungen und die damit verbundene emotionale und soziale Distanz der Familie zu den Institutionen höherer Bildung und der dort traditionell verankerten bildungsbürgerlichen Schicht (vgl. Dahrendorf 1966, S. 67 ff.).

Niedrige elterliche Bildungsaspirationen können in der Bundesrepublik Deutschland immer noch eine Rolle für die Bildungsbeteiligung der Kinder spielen, da der Elternwille zu niedrigerer Bildung de facto[8] wohl immer noch höher bewertet wird als die Grundschulempfehlung (vgl. Dahrendorf 1966, S. 77 f.). Die Eltern verfügen über das grundsätzliche Recht, staatliche Eingriffe in die Erziehung abzuwehren (vgl. Leschinsky 2003, S. 191 f.). Die „verbindliche Grundschulempfehlung" in Baden-

---

8 Obwohl § 1631a des BGB gebietet: „In Angelegenheiten der Ausbildung und des Berufes nehmen die Eltern insbesondere auf Eignung und Neigung des Kindes Rücksicht. Bestehen Zweifel, so soll der Rat eines Lehrers oder einer anderen geeigneten Person eingeholt werden" wird wohl in der Praxis dem laut Artikel 6, Absatz 2 GG verbrieften natürlichen Erziehungsrecht der Vorzug gegeben, auch wenn das GG auf die staatliche Kontrolle hinweist: „Pflege und Erziehung der Kinder sind das natürliche Recht der Eltern und die zuvörderst ihnen obliegende Pflicht. Über ihre Betätigung wacht die staatliche Gemeinschaft."

Württemberg ist zum Beispiel nur nach oben hin verbindlich. Die Eltern können die Grundschulempfehlung jedoch nach unten korrigieren und sie scheinen auch heute noch davon Gebrauch zu machen.[9]

Die emotionale und soziale Distanz der Arbeiterfamilien zum Gymnasium (Angst vor dem Versagen des Kindes im Konkurrenzkampf mit den Kindern aus gebildeten Familien, Angst vor Entfremdung des Kindes von der Familie durch sozialen Aufstieg, Angst vor dem Verlust der väterlichen Autorität etc.) spielt bei den Bildungsentscheidungen möglicherweise immer noch eine Rolle. Selbst Kinder aus Facharbeiterfamilien haben nach den Ergebnissen von PISA 2000 – bei gleichen Lesekompetenzen und kognitiven Grundfähigkeiten – eine signifikant niedrigere Chance auf den Gymnasialbesuch als die Kinder aus den höher liegenden Berufsklassen (vgl. Kapitel 2.1.2). Wenn hierfür die emotionale oder soziale Distanz der vorwiegend manuell arbeitenden Klassen eine Rolle spielt, dann handelt es sich eher um eine soziokulturelle als um eine sozioökonomische Distanz, da die Einkommensunterschiede und die damit verbundenen Lebenschancen zwischen Facharbeitern und einfachen Angestellten und Beamten – wenn sie überhaupt noch vorhanden sind – praktisch nicht relevant für die Bildungsbeteiligung der Kinder sein dürften.

Für die indirekten Effekte der – durch den beruflichen Aufstieg des Familienvorstands – höheren Bildungsaspirationen auf die Bildungsbeteiligung der Kinder, sind eine ganze Reihe familialer Interaktionsprozesse vorstellbar, die allerdings nicht nur für Familien im sozialen Aufstiegsprozess gelten. Zunächst ist denkbar, dass die höheren elterlichen Bildungsaspirationen – durch Internalisierungsprozesse vermittelt – zu höheren Bildungsaspirationen des Kindes führen, die über eine höhere Lern- und Leistungsmotivation zu einem intensiveren und leistungsorientierten Lernen und damit zu einem Schulleistungsniveau führen, das zum Besuch einer weiterführenden Schule berechtigt. Wenn die Internalisierung der Bildungsaspiration für die weiterführende Schule vollständig gelingt und die Intelligenz des Kindes für die Leistungsanforderungen der Grundschule ausreichend ist, dann sind im Idealfall keine weiteren elterlichen Maßnahmen notwendig und das Kind lernt selbstbestimmt den erforderlichen Schulstoff.

Für die Erklärung des Zusammenhangs zwischen dem beruflichen Status der Familie und der Bildungsbeteiligung der Kinder, der auf kindlichen Lernprozessen beruht und der über elterliche und kindliche Bildungsaspirationen vermittelt wird, ist die Annahme einer vollständig internalisierten Bildungsaspiration und einer konstanten Lern- und Leistungsmotivation des Kindes in der Grundschule wohl zu einfach.

---

9 Als Beispiel kann eine Realschule in einer Großen Kreisstadt am Rande des Ballungsraums Mittlerer Neckar (Region Stuttgart) genannt werden, in der ein Fünftel der für das Schuljahr 2005/2006 neu angemeldeten Fünftklässler (N = 40) eine Empfehlung für das Gymnasium erhalten hatten (vgl. Bietigheimer Zeitung v. 18.03.2005, S. 11). Bezogen auf die gesamte Bundesrepublik scheinen Eltern die Grundschulempfehlung allerdings sehr selten nach unten zu korrigieren (vgl. Cortina & Trommer 2003, S. 357). In Baden-Württemberg könnte der zweite Bildungsweg über die Realschule zum Abitur allerdings eine besondere Rolle spielen, da in Baden-Württemberg rund 30 Prozent der Schulabgänger mit Abitur oder fachgebundener Hochschulreife ihren Abschluss an einem Fachgymnasium erwerben, während es im Bundesdurchschnitt nur 9 Prozent sind (vgl. Baumert, Roeder & Watermann 2003, S. 499).

Einerseits ist anzunehmen, dass Grundschulkinder die Tragweite der Entscheidung für eine weiterführende Schule nicht vollständig abschätzen können. Andererseits ist durch die empirisch belegte Abnahme der Lernfreude während der Grundschulzeit in Deutschland (vgl. Helmke 1993, S. 82 f.) zu vermuten, dass die mit der Lernfreude verbundene Lern- und Leistungsmotivation von Grundschülern ebenfalls zurückgeht und dadurch elterliche Interventionen erforderlich sind, um die Lernfreude und die Lernmotivation des Kindes zu stützen. Der Verlust der Lernfreude in der Grundschule ist mit einem breiten Spektrum von negativen Einstellungen, Emotionen und Verhaltensweisen verbunden. Grundschüler mit geringer Lernfreude zeichnen sich nach der Studie von Helmke nicht nur durch erhebliche Defizite im motivationalen Bereich aus (mangelndes Fähigkeitsselbstbild, erhöhte Leistungsangst und Gefühl der Überforderung), sondern auch durch ein breites Spektrum von Defiziten im Verhaltensbereich, das von ineffizienteren Arbeitstechniken bei den Hausaufgaben, geringerer Mitarbeit im Unterricht bis zur generellen Anstrengungsvermeidung reicht (vgl. Helmke 1993, S. 80 f.).

Obwohl Kinder nach Helmke bereits im Kindergarten soziale Vergleiche für die Selbstbewertung der eigenen Leistung vornehmen, scheint die zunächst sehr hohe Lernfreude in der Grundschule erst am Ende der zweiten Klassenstufe deutlich abzusinken, wenn es „zu den ersten offiziellen, eindeutigen und folgenreichen Leistungsrückmeldungen in Form von Zeugnisnoten kommt" (Helmke 1993, S. 85).

Der tendenzielle Einbruch der Lernfreude in Mathematik ist nach den Ergebnissen eines linearen Strukturgleichungsmodells für das Fach Mathematik mit einer tendenziellen Verknüpfung der Mathematikleistung in der zweiten Klasse mit der Lernfreude in der dritten Klasse verbunden (vgl. Helmke 1993, S. 84). Das bedeutet, dass der partielle Rückgang der Lernfreude zum Teil mit negativen Leistungsrückmeldungen verbunden ist. Andererseits ist die Autokorrelation der Lernfreude im Fach Mathematik in der zweiten und dritten Klasse mit r = .46 relativ stabil (vgl. Helmke 1993, S. 81). Diese interindividuelle Stabilität der Lernfreude (gut 20 Prozent gemeinsame Varianz) kann zum Teil das Ergebnis einer im Zeitverlauf stabilen Lernfreude einzelner Schülerinnen und Schüler sein, aber diese Autokorrelation könnte auch das Ergebnis des kollektiven Absinkens der Lernfreude sein.

Interindividuell noch stabiler als die Lernfreude sind die Autokorrelationen der Zeugnisnoten (1. u. 2. / 2. u. 3. / 3. u. 4. Klassenstufe) und der standardisierten Leistungstests in Mathematik und Rechtschreiben (2. u. 3. / 3. u. 4. Klassenstufe) mit Werten von r = .70 bis r = .82. Dabei sind die insgesamt höchsten Werte beim Übergang von der dritten zur vierten Klassenstufe zu verzeichnen (vgl. Helmke 1993, S. 81). Von Klassenstufe zu Klassenstufe bleiben also jeweils mindestens knapp 50 Prozent der Leistungsunterschiede stabil. Die Testleistungen in Mathematik und die Zeugnisnoten in Mathematik und Deutsch hängen in der dritten und vierten Klassenstufe jeweils so eng zusammen, das etwa zwei Drittel (!) der jeweiligen Leistungsunterschiede stabil bleiben; nur im standardisierten Rechtschreibtest bleiben die Unterschiede lediglich zur Hälfte stabil. Die insgesamt sehr hohe Stabilität der Leistungsunterschiede lässt vermuten, dass vor allem interindividuell stabile Persönlichkeitsmerkmale der Kinder in der Grundschule dafür verantwortlich sind.[10] Ein wichtiges Persönlichkeitsmerkmal zur Erklärung der sehr hohen interindividuellen Stabilität der Grundschulleistungen ist die Intelligenz des Kindes.

Da nach den Ergebnissen der Münchner Grundschulstudie aber nur etwa 10 bis 25 Prozent der Leistungsvarianz durch den Testwert der Intelligenz erklärt wird (vgl. Helmke 1997, S. 211), muss davon ausgegangen werden, dass weitere interindividuell stabile Merkmale, die leistungsförderlich sind, zur Stabilität der Schulleistungsunterschiede beitragen. Einerseits könnten dies Persönlichkeitsmerkmale sein, wie die Lern- und Leistungsmotivation des Kindes, andererseits aber auch interindividuell stabile Familienbedingungen, wie elterliche Unterstützung oder familiale Leistungserwartungen. Elterliche Bildungsaspirationen sowie die kulturelle Praxis in der Familie sind Faktoren, die interindividuell sehr stabil sein dürften. Möglicherweise sind auch gezielte elterliche Maßnahmen zur Motivations- und Kompetenzförderung des Kindes interindividuell relativ stabil. Auf die Begründung der interindividuellen Stabilität gezielter elterlicher Interventionen wird am Ende des Kapitels eingegangen, da zunächst theoretisch geklärt werden muss, welche Handlungsoptionen Eltern unter welchen Bedingungen haben.

Spätestens zum Zeitpunkt der ersten offiziellen Leistungsrückmeldung in der Grundschule, der nach den Befunden von Helmke (1993, S. 82 f.) mit einem durchschnittlichen Abfall der Lernfreude verbunden ist, ist zu erwarten, dass Eltern mit Bildungsaspirationen für die weiterführenden Schulformen das für den Übergang notwendige Leistungsniveau und die dafür notwendigen häuslichen Lernhandlungen ihrer Kinder kontrollieren oder zumindest im Blick behalten (*Monitoring*). Die meisten Eltern werden auch mit dem dauerhaften oder zumindest mit einem temporären Rückgang der Lernfreude ihrer Kinder konfrontiert werden. Daher kann angenommen werden, dass die Eltern die – zunächst überwiegend intrinsische – Lernfreude und Lernmotivation der Kinder in der ersten Klassenstufe der Grundschule im Verlauf der Grundschulzeit zunehmend auch durch extrinsische Motive stützen müssen und gegebenenfalls unmittelbar in den Lernprozess den Kinder eingreifen, wenn die Schulleistungen nicht im Rahmen des für weiterführende Schulen notwendigen Leistungsniveaus bleiben.

Zu den extrinsischen Motivationsformen ist – neben den Konditionierungsformen *Strafe* und *Belohnung* – vor allem die Internalisierung von Bildungsaspirationen[11] auf argumentativem Wege als wirksames Mittel zu nennen, da ein selbstbestimmtes Lernen des Kindes hierdurch gefördert wird. Wenn das Kind aus *Einsicht* zu lernen beginnt, dass schulisches Lernen und schulische Leistungen seine eigenen Chancen auf eine freie Berufswahl und auf bessere Lebenschancen erhöhen, dann können Konditionierungsmaßnahmen weitgehend unterbleiben. Darüber hinaus bringt die In-

---

10 Ein Teil der stabilen Varianz könnte auch durch die unterschiedliche Schulklassenzugehörigkeit (z.B. Lehrereffekte) zustande kommen. Angaben zu den Schulklassenzugehörigkeitseffekten zur Erklärung der Leistungsunterschiede liegen nicht vor. Bei der Lernfreude liegen die Schulklassenzugehörigkeitseffekte zwischen etwa 10 und 13 Prozent (vgl. Helmke 1993, S. 85.)

11 Aus motivationspsychologischer Sicht wird das Anstreben eines externen Ziels (z.B. der Übergang auf eine weiterführende Schule) als extrinsische Motivation betrachtet, auch wenn ein Individuum das Motiv vollständig internalisiert hat.

ternalisierung der Bildungsmotivation den Vorteil, dass es dem Kind nur dadurch möglich werden kann, selbstbestimmt eigene aktuelle Belohnungen zurückzustellen (z.B. zuerst Hausaufgaben machen, dann spielen), weil es weiß, dass es ansonsten Gefahr läuft, auf spätere Belohnungen – wie die Erhöhung der Freiheitsgrade bei der Berufswahl – zu verzichten.

Die Internalisierung von schulbezogenen Verhaltenserwartungen ist eine entscheidende Voraussetzung für ein autonomes und erfolgreiches Lernen des Kindes, weil es das Kind dazu befähigt, die Ziele auch dann weiterzuverfolgen, wenn der Lernprozess mit situativ negativen Emotionen verbunden ist oder andere Tätigkeiten mit einem situativ höheren Wohlbefinden verbunden sind. Daher ist ein Lernen aus Einsicht in die Notwendigkeit des schulbezogenen Lernens zum Erreichen zukünftiger Ziele vermutlich erfolgreicher als ein Lernen, das nur dann erfolgt, wenn eine Belohnung oder eine Strafe zu erwarten ist. Ob diese schulbezogenen Internalisierungsprozesse erfolgreich vonstatten gehen, hängt von der Qualität der Eltern-Kind-Beziehung ab, die sich im Verlauf des gesamten familialen Sozialisationsprozesses herausbildet. Insbesondere die wechselseitige emotionale Bindung scheint eine wichtige Rolle für den erfolgreichen Sozialisationsprozess zu spielen, weil die emotionale Bindung eine notwendige Voraussetzung für die Identifikation des Kindes mit den Eltern ist. Die Identifikation des Kindes mit den Eltern ist wiederum notwendig für die Internalisierung elterlicher Normen, Werte und Verhaltenserwartungen im primären Sozialisationsprozess und die Ausbildung der kindlichen Identität. Die Bedeutung der Identifizierung für den kindlichen Sozialisationsprozess wurde zunächst von der psychoanalytischen Entwicklungstheorie (zusammenfassend: Laplanche & Pontalis 1986, S. 219 ff.) und der darauf basierenden Sozialisationstheorie von Parsons (vgl. Parsons & Bales 1955; Parsons 1958) betont und wird bis heute als ein Schlüsselkonzept der Sozialisationstheorie anerkannt (vgl. Hurrelmann 2002, S. 54). Der in dieser Argumentationskette vollzogene Rückbezug auf die primäre Sozialisation in der Familie soll verdeutlichen, weshalb angenommen werden kann, dass die unterschiedlichen Anlagen und Fähigkeiten zum autonomen und selbstgesteuerten Lernen auch von emotionalen Faktoren abhängen und Ausdruck eines langfristigen Interaktionsprozesses mit den Eltern sind. Daher ist zu vermuten, dass die Unterschiede zwischen Schülerinnen und Schülern im emotional-motivationalen Bereich – die auf der Geschichte der Eltern-Kind-Interaktionen beruhen – relativ stabil sind.

Obwohl zu vermuten ist, dass dieses – durch Internalisierung der elterlichen Bildungsaspirationen – auf Selbstbestimmung oder Selbststeuerung zielende Erziehungsverhalten eher mit der Bildung des Elternhauses verbunden ist als mit der beruflichen Position des Familienvorstands, kann es zur Erklärung des Nettoeffekts der beruflichen Position des Familienvorstands auf die Bildungsbeteiligung der Kinder herangezogen werden. Da der Nettoeffekt darauf beruht, dass der Familienvorstand eine relativ zur formalen Bildung erhöhte berufliche Position inne hat, könnten durch die mit der sozialen Position verbundenen Beziehungen zu Personen (soziales Kapital) mit höherer formaler Bildung nicht nur die Bildungsaspirationen erhöhen, sondern auch durch Akkumulation von kulturellem Kapital Einfluss auf den Erziehungsstil nehmen.

Andererseits ist auch die Annahme von Konditionierungsmaßnahmen (Strafe und Belohnung) für die Erklärung des Nettoeffekts der beruflichen Position auf die Bildungsbeteiligung der Kinder in besonderem Maße plausibel. Da Personen mit einer relativ zur Bildung erhöhten sozialen Position sich nicht nur durch erhöhte Leistungen aufgrund erhöhter Leistungsmotivation auszeichnen dürften, sondern sich in der Regel auch durch diese Leistungsmerkmale auszeichnen müssen, weil sie ihre berufliche Position nicht durch einen Bildungstitel legitimieren können. Daher ist anzunehmen, dass sie auch von ihren Kindern eine erhöhte Leistungsmotivation erwarten und diese auch durch die Erziehungsmittel der Strafe und der Belohnung zu erhöhen versuchen, wenn die Schulleistungen der Kinder nicht den elterlichen Bildungsaspirationen entsprechen und die Eltern die inadäquate Leistung auf eine mangelnde Leistungsmotivation zurückführen. Zu den Belohnungen können – neben materiellen Anreizen – Lob und Anerkennung für fortgeschrittene Kompetenzen und gut bewertete Schulleistungen auch das gezeigte Interesse und die Aufmerksamkeit der Eltern für den schulbezogenen Lernprozess der Kinder gezählt werden. Diese Teilhabe der Eltern am schulbezogenen Lernprozess wird auch als (psychologische) Involviertheit (*Involvement*) bezeichnet und dient auch der Aufrechterhaltung der internalisierten Lern- und Leistungsmotivation der Kinder. Zu dieser Involviertheit gehört auch die emotionale und soziale Unterstützung des Kindes durch die Eltern, wenn Motivations- und Leistungsprobleme oder andere schulbezogene Probleme auftreten.

Die Förderung selbstbestimmten Lernens ist ein positiver Faktor für den schulbezogenen Lernprozess, weil sich ein wichtiger Teil des Lernprozesses in der Grundschule – und in der Sekundarstufe wahrscheinlich sogar der entscheidende Teil des schulbezogenen Lernprozesses – im Klassenzimmer vollzieht, der sich der direkten elterlichen Kontrolle entzieht. Negative emotionale und motivationale Effekte sind vor allem bei zu enger Kontrolle und bei regelmäßigen negativen Sanktionen (Konditionierung durch Strafe) zu erwarten, da sie die intrinsische Motivation und die Lernfreude beeinträchtigen und zur Ausbildung von Schulangst beitragen können. In Bezug auf die Schulleistungen ist der Rückgang der intrinsischen Motivation und der Lernfreude eindeutig als negativ zu bewerten, während die Angst sowohl negative als auch positive Auswirkungen auf Schulleistungen haben kann. Die Angst vor Strafen, Schmerzen oder Liebesentzug scheint ein mächtiger Motivator für die Initiierung, Aufrechterhaltung oder Fortsetzung von Handlungsprozessen zu sein, wenngleich eine ganze Reihe negativ zu bewertender Effekte damit einhergehen. Auf die Rolle der Emotionen im Lernprozess wird in Kapitel 2.3 näher eingegangen. Die Beispiele deuten allerdings bereits an, dass Emotionen den Kern von schulbezogenen Motivationsprozessen ausmachen und durch eine Reihe elterlicher Verhaltensweisen beeinflusst werden können. Gezielte elterliche Handlungen sind nach dem Modell zu erwarten, wenn elterliche Bildungsaspirationen vorhanden sind und die Lernhandlungen des Kindes oder dessen Schulleistungen nicht den elterlichen Bildungsaspirationen entsprechen. Die elterlichen Interventionen zielen dann auf die Förderung der Kompetenz des Kindes oder dessen Motivation ab. Wenn die Förderung zu einer Verbesserung der Schulleistungen führt, dann sind auf Seiten des Kindes selbst dann positive Emotionen zu erwarten, wenn der Beginn des Prozesses von negativen

Emotionen begleitet ist. Problematisch werden elterliche Handlungen dann, wenn die Bildungsaspirationen der Eltern dauerhaft höher sind als das Fähigkeitspotenzial des Kindes und die Diskrepanz zwischen den elterlichen Bildungsaspirationen und den Schulleistungen des Kindes als motivationales Defizit gedeutet wird.

Wenn die höhere berufliche Position mit einer Akkumulation von kulturellem Kapital durch die Beziehungen zu entsprechenden sozialen Kreisen verbunden ist, dann könnten Eltern auch bereits von der frühen Kindheit an versuchen, die intrinsische Lernmotivation und das Interesse des Kindes zu unterstützen, indem sie bildungsförderliche Angebote machen (spezielles Spielzeug, Musik, Malerei etc.).

Zu den unmittelbaren Eingriffen der Eltern in den schulbezogenen Lernprozess gehören die inhaltliche Kontrolle von Hausaufgaben und Klassenarbeiten, gemeinsames Üben mit dem Kind (Probediktate, Rechenübungen) sowie die Organisation von Nachhilfestunden. Die inhaltliche Unterstützung durch die Eltern (kulturelle Arbeit) dürfte in der Grundschule höher sein als in der Sekundarstufe, da der Schulstoff der Grundschule in der Regel noch wenig Expertenwissen voraussetzt. Aufgrund der zunehmenden Spezialisierung und Ausdifferenzierung des Schulstoffs in der Sekundarstufe ist anzunehmen, dass die inhaltliche elterliche Unterstützung in der Sekundarstufe zunehmend durch professionellen Nachhilfeunterricht ersetzt werden muss, wenn die Leistungen des Kindes nicht den elterlichen Bildungsaspirationen genügen.

Weitere Maßnahmen, die Eltern mit erhöhten Bildungsaspirationen treffen können, um den Bildungsprozess ihrer Kinder zu fördern, ist die regelmäßige Teilnahme an schulischen Angeboten (Elternabend, Sprechstunden, Projektausstellungen, kulturelle Darbietungen), die als soziale Involviertheit der Eltern bezeichnet werden kann. Der Sprechstundenbesuch kann allerdings auch zur Kontrolle des Leistungsstands des Kindes genutzt werden, aber auch als Versuch, die Grundschulempfehlung zu beeinflussen. Letzteres konnte in der bayerischen Grundschulstudie von Ditton (vgl. Kapitel 2.1.2) gerade für aufstiegsorientierte Eltern der Mittelschicht belegt werden.

Ein weiterer Faktor, der zur Erklärung des Nettoeffekts der beruflichen Stellung des Familienvorstands auf die Bildungsbeteiligung der Kinder beitragen kann, ist der *subjektive Pygmalioneffekt* (vgl. Ludwig 1998, S. 417 f.). Der *subjektive Pygmalioneffekt* beruht auf der Erwartung der Lehrperson, dass mit steigender sozialer Stellung der Herkunftsfamilie des Kindes dessen Leistungsfähigkeit steigt und somit werden Schülerinnen und Schüler auch in Abhängigkeit ihrer sozialen Herkunft beurteilt. Die Studie von Ditton (1992, S. 132 f.) belegt darüber hinaus, dass die Grundschulempfehlung von der Sozialschichtzugehörigkeit abhängt. Dies kann auch auf der objektiven Erwartung der Lehrpersonen beruhen, dass Kinder mit knapp ausreichenden Leistungen für die weiterführenden Schulformen in Familien mit höherem sozioökonomischem Status zukünftig so weit gefördert werden können (z.B. durch Nachhilfeunterricht, Privatschule), dass ein erfolgreicher Abschluss möglich erscheint.

Da die berufliche Position des Familienvorstands eng mit dem Haushaltseinkommen (ökonomisches Kapital) der Familie verbunden ist, könnten auch sozialökologische Effekte (vgl. Vaskovics 1982), zum Beispiel die Wohn- und Wohnumweltbedingungen eine Rolle spielen für den Zusammenhang zwischen der beruflichen Position des Familienvorstands und der Bildungsbeteiligung des Kindes. Die Auswahl eines sozialstrukturell höheren Wohnviertels könnte sich zum Beispiel auf den

Freundeskreis der Kinder auswirken, der sich durch anspruchsvollere Bildungsaspirationen, erhöhte Lern- und Leistungsmotivation sowie durch kulturelle Interessen auszeichnet, die vorteilhaft für schulische Bildungsprozesse sind. Zu den lernförderlichen Wohnumweltbedingungen können – vor allem in urbanisierten Regionen – auch verkehrsberuhigte oder industrieferne Wohnlagen gerechnet werden, in denen Emissionen von Kraftfahrzeugen oder industriellen Anlagen (Lärm, Luftschadstoffbelastungen) nicht das häusliche Lernen beeinträchtigen.

Zu den lernförderlichen Wohnbedingungen gehört insbesondere die Verfügung über ein eigenes Kinderzimmer oder zumindest über einen Raum, in dem ungestörtes häusliches Lernen möglich ist. Umgekehrt dürfte eine mangelhafte Wohnqualität nicht nur das häusliche Lernen direkt, sondern auch indirekt beeinflussen, da das Wohlbefinden der Familie durch Wohnbelastungen beeinträchtigt sein kann. Insbesondere der Mangel an Raum, der vor allem in Ballungsräumen zu erwarten ist, könnte zu einer suboptimalen Bildungsbeteiligung des Kindes führen, da es sowohl im Interesse des Kindes als auch im Interesse der Eltern liegen könnte, dass das Kind sobald wie möglich ein eigenes Einkommen erzielt und damit eine eigene Wohnung finanzieren kann. Dies könnte eine Erklärung für den Befund aus der SOEP-Studie von Lauterbach et al. (1999) sein (vgl. Kapitel 2.1.2), dass Hauptschulabsolventen aus relativ armen Familien eine verminderte Chance auf eine betriebliche Ausbildung haben als Hauptschulabsolventen aus Familien in gesicherter ökonomischer Lage.

Zusammenfassend kann gesagt werden, dass für die Erklärung des Nettoeffekts der beruflichen Position des Familienvorstands auf die Bildungsbeteiligung der Kinder die Annahme von erhöhten elterlichen Bildungsaspirationen unverzichtbar ist. Elterliche Bildungsaspirationen sind zwar eine notwendige, aber keine hinreichende Bedingung für den Schulerfolg. Auf Seiten des Kindes sind vor allem die Fähigkeiten (z.B. Intelligenz) sowie die Lern- und Leistungsmotivation notwendige Voraussetzungen für den Besuch weiterführender Schulen. Alle drei Faktoren sind notwendige Voraussetzungen zur Erklärung von Schulleistung und Bildungsbeteiligung. Wenn die Eltern den Besuch einer weiterführenden Schule für ihr Kind anstreben, das Kind über die notwendige Fähigkeit und die Motivation zum Lernen des Schulstoffs verfügt und dadurch die erforderlichen Schulleistungen für den Besuch einer weiterführenden Schule erbringt, dann sind alle drei zentralen Bedingungen erfüllt, um den Besuch einer weiterführenden Schule in einem Minimalmodell hinreichend zu erklären.

Darüber hinaus sind eine ganze Reihe elterlicher Handlungsoptionen möglich, wenn die Schulleistungen des Kindes nicht den elterlichen Bildungsaspirationen entsprechen. Eine Handlungsoption betrifft die gezielte Kontrolle und Förderung der schulbezogenen Kompetenzen (Sprechstundenbesuch, inhaltliche Kontrolle von Hausaufgaben und Klassenarbeiten, gemeinsames Üben, professionelle Nachhilfe und Privatunterricht), die mit positiven oder negativen Emotionen einhergehen dürfte und daher Einfluss auf die Lern- und Leistungsmotivation nehmen kann. Eine weitere Handlungsoption besteht darin, dass Eltern versuchen, die Motivation des Kindes mehr oder weniger gezielt zu beeinflussen, da die Lern- und Leistungsmotivation des Kindes der Faktor des oben aufgestellten Minimalmodells ist, der am wenigsten stabil zu sein scheint. Grundsätzlich ist anzunehmen, dass alle elterlichen Handlungsoptionen, die auf ein selbstbestimmtes bzw. eigenmotiviertes Lernen des Kindes abzielen oder dies zumindest berücksichtigen (Internalisierung von Bildungsaspirationen, Interesse und Teilhabe am kindlichen Lernprozess, Unterstützungsangebote), einen nachhaltig positiven Effekt auf die Motivation und die Schulleistungen des Kindes haben.

Da der Nettoeffekt der beruflichen Position des Familienvorstands auf die Bildungsbeteiligung der Kinder nach der Mikrozensusanalyse von Schimpl-Neimanns (vgl. Kapitel 2.1.2) relativ klein ist (1,2 %), drängt sich allerdings die Hypothese auf, dass der Effekt eines gezielten elterlichen Verhaltens in Bezug auf die Schulleistungen des Kindes, der allein durch die berufliche Position vermittelt wird, eher schwach ist. Dabei ist zu berücksichtigen, dass in dem Nettoeffekt von 1,2 Prozent auch eine Reihe der oben genannten Faktoren – zumindest theoretisch – eine Rolle spielen, die zwar von der sozialen Position der Familie abhängig sind, aber nicht in den Bereich des erzieherischen Verhaltens fallen, wie zum Beispiel die sozialökologischen Einflüsse, die eher mit dem ökonomischen Kapital der Familie verbunden sind. Darüber hinaus ist zu beachten, dass in dem geringen Nettoeffekt der beruflichen Position auch Familien aus den Bundesländern enthalten sind, in denen die Eltern den Besuch einer weiterführenden Schule auch unabhängig von den Grundschulleistungen wählen können. Ein Teil des Effekts wird also allein auf die elterlichen Bildungsaspirationen zurückgehen.

Ein wichtiger Aspekt des sozioökonomischen Status der Familie zur Erklärung sozial ungleicher Bildungsbeteiligung – die Bildung der Eltern – wird im folgenden Kapital behandelt, in der die Kapitaltheorie von Bourdieu vorgestellt wird, weil in der Theorie von Bourdieu die *Bildungsvererbung* als ein zentraler Aspekt der kulturellen Reproduktion sozialer Ungleichheit herausgearbeitet wird.

Während elterliche Bildungsaspirationen und zum Teil auch die Fähigkeiten der Kinder in der Grundschule als relativ konstant angenommen werden dürfen, scheint insbesondere der emotional-motivationale Bereich stärkeren Schwankungen unterworfen zu sein. Um die Motivation des Kindes weniger anfällig für situative Schwankungen zu machen, ist die erfolgreiche Übernahme der elterlichen Bildungsaspirationen durch das Kind von besonderer Bedeutung, weil das Kind die Bildungsziele dann in seinem eigenen Interesse verfolgt. Die damit verbundene Steigerung der Autonomie ist auch deshalb vorteilhaft, weil die Schule eine Institution ist, in der die Trennung von Eltern und Kindern für alle Familien generell verpflichtend ist und das Lernen der Kinder in der Schule somit der direkten Kontrolle durch die Eltern entzogen wird. Aus sozialisationstheoretischen Überlegungen kann jedoch angenommen werden, dass dieser erfolgreiche Internalisierungsprozess elterlicher Bildungsaspirationen, der zu einer zunehmend autonomen Handlungssteuerung des Kindes führt, das Ergebnis eines längerfristigen kognitiven und emotional-motivationalen Entwicklungs- und Sozialisationsprozesses ist. Die durch Internalisierung der elterlichen Bildungsziele gestützte Lern- und Leistungsmotivation des Kindes wird zwar nicht immun gegen Störungen sein und muss daher prophylaktisch oder bei auftretenden Problemen auch durch situative Einflussnahme der Eltern gestützt werden. Es kann angenommen werden, dass auch in Bezug auf die erfolgreiche Internalisierung elterlicher Bildungsaspirationen die Unterschiede in der Grundgesamtheit der Schülerinnen und Schüler relativ stabil sind.

Auch die elterliche Involviertheit in den schulbezogenen Lernprozess des Kindes im Sinne elterlicher Anteilnahme dürfte interindividuell weitgehend stabil sein, weil sie einerseits Ausdruck der mehr oder weniger starken emotionalen Bindungen zwischen Eltern und Kind ist und andererseits durch die verfügbaren psychischen und zeitlichen Ressourcen der Eltern bestimmt wird. Die verfügbaren Ressourcen der Eltern hängen mit den unterschiedlichen Lebenssituationen der Eltern zusammen, die wiederum in hohem Maße interindividuell relativ stabil sein dürften und somit zur tendenziellen Determinierung des unterschiedlichen Ressourceneinsatzes der Eltern beitragen. Ebenso dürfte die soziale Involviertheit der Eltern im schulischen Bildungsprozess des Kindes – beispielsweise die Teilnahme an schulischen Veranstaltungen und Gesprächsangeboten – aufgrund des elterlichen Interesses und der elterlichen Ressourcen interindividuell relativ stabil sein, auch wenn ein Teil der Eltern zum Beispiel die Sprechstunden der Lehrkräfte nur dann nutzt, wenn schulische Probleme des Kindes erkennbar werden.

Alle weiteren Handlungen der Eltern sind mehr oder weniger Reaktionen auf kritische schulbezogene Situationen des Kindes und sind in diesem Sinne situationsbedingte Reaktionen. Allerdings kann auch für diese situationsbedingten Reaktionen angenommen werden, dass sie interindividuell relativ stabil sind, weil auch sie Teil der elterlichen Ressourcen sind, die interindividuell eher wenig variabel erscheinen, weil sie mit den unterschiedlichen Lebenssituationen der Eltern verbunden sind.

Die elterlichen Handlungsoptionen zur Förderung der Motivation und der Kompetenzen des Kindes können dem sozialen Kapital der Familie zugerechnet werden. In der Soziologie existieren zwei prominente kapitaltheoretische Ansätze, die sich mit dem sozialen Kapital der Familie und seinen Auswirkungen auf die Bildung der Kinder beschäftigen: der Ansatz von Bourdieu (1983a), der ökonomisches, kulturelles und soziales Kapital differenziert sowie der Ansatz von Coleman (1996), dessen bildungssoziologischer Schwerpunkt auf dem sozialen Kapital liegt. Die Theorie von Bourdieu steht im Zentrum dieser Arbeit, weil sie einen umfassenden Ansatz zur bildungssoziologischen Analyse bietet. Während Bourdieu das kulturelle Kapital der Familie als den zentralen Faktor für die Bildungsungleichheit in modernen Gesellschaften betrachtet (vgl. Kapitel 2.1.4), betont Coleman die Rolle des sozialen Kapitals, dessen Verlust er als ein Kennzeichen moderner Gesellschaften betrachtet. Aus dem Ansatz von Coleman lassen sich daher alternative Hypothesen ableiten, die in Kapitel 2.1.5 dargestellt werden.

Geschlechtsspezifische Teilleistungsunterschiede spielen ebenfalls eine Rolle für die Erklärung bereichsspezifischer Leistungsunterschiede. Da im empirischen Teil der vorliegenden Untersuchung sowohl Physik- als auch Deutschleistungen untersucht werden, wird im folgenden Kapitel auf geschlechtsbezogene Teilleistungsunterschiede eingegangen.

2.1.3.2 Exkurs über Intelligenz, Schulleistung und geschlechtsbezogene Leistungsunterschiede

Die Intelligenz des Kindes ist ein wichtiger Faktor zur Erklärung von Schulleistungsunterschieden und damit auch für die unterschiedliche Bildungsbeteiligung. Der allgemeine Testwert der Intelligenz erklärt etwa 25 Prozent der Varianz von Schulleistungen, die häufig durch Zeugnisnoten erfasst werden (Helmke & Schrader 1998, S. 60; Funke & Vaterrodt-Plünnecke 1998, S. 50). Die Münchner Grundschulstudie (SCHOLASTIK) konnte diesen hohen Zusammenhang zwischen Intelligenz (CFT-Testwert) und standardisierten Schulleistungstests allerdings nur für die Mathematikleistung belegen, während die Unterschiede in der Deutschleistung nur zu etwa 10 bis 13 Prozent vom CFT-Wert abhängen (Helmke 1997, S. 211).

Die Zusammenhänge zwischen Intelligenztestwerten und Zeugnisnoten könnten deshalb höher sein als die Zusammenhänge zwischen Intelligenztestwerten und Schulleistungstests, da in die Noten auch mündliche Leistungen sowie subjektive Leistungsurteile der Lehrpersonen einfließen und intelligentere Schülerinnen und Schüler möglicherweise bei gleichen Leistungen bessere Noten erhalten als weniger intelligente Schülerinnen und Schüler. Dieser empirisch belegte Effekt wird als *subjektiver Pygmalioneffekt*[12] bezeichnet und beruht auf der Erwartung der Lehrperson, dass mit steigender Intelligenz bessere Leistungen erbracht werden. Die Erwartung höherer Leistung durch die Lehrperson kann sich auch auf das Geschlecht, den Sozialstatus, die ethnische Zugehörigkeit oder auf die wahrgenommene Anstrengungsbereitschaft von Schülerinnen und Schülern beziehen und so die Leistungsbeurteilung verzerren (vgl. Ludwig 1998, S. 417 f.). Die Urteilsartefakte dürften aber nur eine untergeordnete Rolle spielen, wenngleich an der Validität von Zensuren Zweifel bestehen, die sich allerdings vor allem auf die objektive Vergleichbarkeit von Zensuren über den Klassenverband hinaus beziehen (Tent 1998, S. 583).

Der Einfluss der Intelligenz auf die Schulleistung ist in der Grundschule höher als in der Sekundarstufe, weil der Übergang von der Primar- auf die Sekundarstufe auch eine Selektion hinsichtlich der Intelligenz darstellt. In der Gymnasialstudie von Lademann (1979b) erklärt der CFT-Wert nur gut 4 Prozent der Unterschiede in der Mathematiknote und nicht einmal 1 Prozent der Unterschiede in der Deutschnote (vgl. Kapitel 2.1.2). Für ein Land wie Baden-Württemberg, in dem die Grundschulempfehlungen von den Schulleistungen abhängig sind und die Grundschulempfehlung nur durch eine Aufnahmeprüfung für den Zugang zu weiterführenden Schulen korrigiert werden kann, ist die Intelligenz des Kindes ein notwendiger Faktor zur Erklärung des Zusammenhangs zwischen sozialer Herkunft und Bildungsbeteiligung.

Dabei ist zu berücksichtigen, dass soziale und genetische Wechselwirkungen zwischen der sozialen Herkunft und dem Bildungserfolg bestehen, da die Intelligenztestwerte sowohl von der genetischen Anlage als auch von der sozialen Umwelt abhängen (Klauer 1998, S. 2 ff.) und die Intelligenztestwerte wiederum bedeutsame Zusammenhänge mit den Schulleistungen aufweisen (Helmke & Schrader 1998, S. 60;

---

12 In Abgrenzung zum *objektiven Pygmalioneffekt*, der darüber hinaus objektive Veränderungen der Personen beinhaltet, die durch unterschiedliche Erwartungen erzeugt werden.

Funke & Vaterrodt-Plünnecke 1998, S. 50). Das genetische Kapital der Familie darf aufgrund des Forschungsstands zu den Bereichen Intelligenz und Schulerfolg nicht unberücksichtigt bleiben, auch wenn die Probleme bei der Erfassung des erblichen Anteils der Intelligenz erheblich sind, da Intelligenztests nicht bei einem Ungeborenen durchgeführt werden können, sondern gelernte kulturelle Fähigkeiten voraussetzen. Darüber hinaus ist zu berücksichtigen, dass Intelligenztests mit Hilfe von Schulleistungsdaten validiert werden (Funke & Vaterrodt-Plünnecke 1998, S. 50).

Sowohl die oben genannte Gymnasialstudie von Lademann (1979b) als auch die SCHOLASTIK-Studie in der Grundschule (Helmke 1997) zeigen allerdings, dass die Deutschleistungen deutlich weniger abhängig sind vom Intelligenztestwert als die Mathematikleistungen. Diese auffällig niedrigeren Zusammenhänge könnten einerseits durch das Geschlecht konfundiert sein. Dafür sprechen die Befunde von PISA 2000, die zeigen, dass die Basiskompetenzen der Mädchen im Gesamttest Lesen in allen in PISA 2000 untersuchten Ländern signifikant höher sind als die der Jungen. Dagegen sind die Vorteile der Jungen im mathematischen Bereich nur in der Hälfte der Länder signifikant und die geschlechtsbezogenen Unterschiede sind im Gesamttest Lesen in der Regel höher als die geschlechtsbezogenen Unterschiede in den mathematischen Kompetenzen (vgl. Stanat & Kunter 2001, S. 252). Andererseits könnte die geringere Abhängigkeit der Deutschleistungen von den Werten des Grundintelligenztests CFT auch durch Unterschiede in der kulturellen Praxis der Familien zustande kommen, da einerseits anzunehmen ist, dass Kinder auch mit niedrigerem CFT-Wert durch häufiges Lesen eine angemessene Lesekompetenz erreichen können. Andererseits könnten Kinder aus Familien ohne Lesetradition (oder in denen sogar eine Abneigung gegenüber dem Lesen besteht) durch mangelnde Übung nicht die Lesekompetenz erreichen, die ihrem CFT-Wert entspricht.

Die familiale Lesetradition könnte in besonderem Maße die Jungen betreffen, da die Jungen nach PISA 2000 insgesamt und besonders in Deutschland weniger Freude am Lesen haben und seltener freiwillig lesen als Mädchen. Darüber hinaus scheinen das Interesse und insbesondere die Freude am Lesen in Deutschland besonders wichtige Faktoren für die geschlechtsbezogen unterschiedlichen Leistungen im Gesamttest Lesen zu sein, wenngleich der Faktor Geschlecht auch bei Kontrolle der Variable *Interesse am Lesen* immer noch einen signifikanten Effekt zur Vorhersage der Lesekompetenzen zeigt. Bei den mathematischen Leistungen führt die Kontrolle motivationaler Faktoren allerdings nur zu relativ geringen Veränderungen in der Vorhersage der Mathematikleistungen (vgl. Stanat & Kunter 2001, S. 262 ff.). Dies ist ein Hinweis darauf, „dass der Leistungsvorsprung der Mädchen im Lesen möglicherweise stärker durch motivationale Faktoren verursacht ist als der Vorteil der Jungen in Mathematik" (Stanat & Kunter 2001, S. 265). Diese Ergebnisse von PISA 2000 sprechen zunächst dafür, dass die Nachteile der Jungen in den Lesekompetenzen vor allem durch kulturelle Faktoren erzeugt werden, weil die Lesemotivation einen wichtigen Teil der Geschlechterunterschiede bei den Lesekompetenzen erklärt und die Lesemotivation ein kultureller Faktor zu sein scheint.

Die international ähnlichen Ergebnisse von PISA 2000 zu den Geschlechterunterschieden in den Leseleistungen lassen jedoch Zweifel aufkommen, dass die Differenzen allein durch kulturelle Faktoren zustande kommen. Im internationalen Vergleich ist beim Lesetestsieger Finnland der zweithöchste Unterschied zwischen den Geschlechtern festzustellen, der mit mehr als einer halben Standardabweichung eine halbe Kompetenzstufe ausmacht, während in Brasilien, dem Staat mit den geringsten Leseleistungen bei PISA 2000, der Vorsprung der Mädchen nicht einmal ein Fünftel einer Standardabweichung beträgt und Brasilien sich mit den zweitniedrigsten Leseleistungsunterschieden zwischen beiden Geschlechtern auszeichnet. Die Ursache für die geschlechtsspezifischen Differenzen in den Leseleistungen dürfte also nicht im Bildungssystem liegen. Gegen die Hypothese, dass die unterschiedlichen Lesekompetenzen durch geschlechtsrollenspezifische Sozialisationsmuster verursacht werden, spricht im internationalen Vergleich der Befund, dass in den meisten skandinavischen Ländern (Finnland, Norwegen, Schweden) die Unterschiede zwischen den Geschlechtern in den Leseleistungen höher sind als in Staaten mit traditionell ausgeprägten Männlichkeitskulturen, wie z.B. Spanien oder Mexiko (vgl. Stanat & Kunter 2001, S. 252).

Die soziokulturelle Hypothese, dass die geschlechtsbezogen unterschiedlichen Leseleistungen durch sozioökonomische Effekte der Herkunftsfamilien hinsichtlich der Leseleistungen konfundiert sein könnten, kann im internationalen Vergleich auch nicht Stand halten. Die Staaten mit den höchsten Unterschieden bei der geschlechtsbezogenen Lesekompetenz (Lettland, Finnland) gehören zu den drei europäischen Staaten, in denen die soziale Herkunft den geringsten Einfluss auf die Lesekompetenz hat (vgl. Baumert & Schümer 2001, S. 384 u. 390), wobei Lettland sich im Gegensatz zu Finnland durch eine sehr niedrige durchschnittliche Lesekompetenz auszeichnet.

Die Hypothese, dass Länder mit geringeren Herkunftseffekten höhere Geschlechterunterschiede bei den Lesekompetenzen aufweisen, kann allerdings auch nicht generell gelten, da Korea auf beiden Ungleichheitsdimensionen sehr niedrige Werte hat. Dies ist möglicherweise ein Hinweis darauf, dass es Bildungssystemen gelingen kann, die sozialen und geschlechtsbezogenen Leistungsunterschiede gering zu halten. Auf internationaler Ebene ist also kein klares Muster zu erkennen, das es erlaubt, die generellen Vorteile der Mädchen in der Lesekompetenz systematisch durch soziale oder kulturelle Kriterien zu erklären.

Auch die internationale Lesestudie der IEA *Study of Reading Literacy* stellte bei den 9-Jährigen, die sich in Deutschland in der dritten Klassenstufe befinden, in der Mehrzahl der über 30 untersuchten Staaten einen signifikanten Vorteil der Mädchen in der Leseleistung gegenüber den Jungen fest. Bei den 14-Jährigen, die in Deutschland die achte Klassenstufe besuchen, waren die Unterschiede zwischen den Geschlechtern jedoch deutlich geringer, wobei die Differenzen zwischen den beiden Untersuchungspopulationen auch durch unterschiedliche Testverfahren bedingt sein könnten, da bei den Tests für die 14-Jährigen Sach- und Gebrauchstexte stärker im Vordergrund standen als narrative Texte (vgl. Stanat & Kunter 2001, S. 249 f.). Diese Unterschiede in den Testverfahren sind deshalb zu betonen, weil Jungen in Deutschland nach den Ergebnissen von PISA 2000 in allen Schulformen der Sekundarstufe I (ohne Sonderschule) beim Heraussuchen von einzelnen Informationen aus Texten sowie beim Leseverständnis von nicht-kontinuierlichen Texten (z.B. Tabellen und

Grafiken) nicht schlechter als die Mädchen abschneiden (Stanat & Kunter 2001, S. 260).

Auf nationaler Ebene ist bemerkenswert, dass in allen Teilaspekten der in PISA 2000 untersuchten Leseleistung, in denen signifikante geschlechtsbezogene Unterschiede in den einzelnen Schulformen auftreten (textbezogenes Interpretieren, Reflektieren und Bewerten, Textverständnis kontinuierlicher Texte), sich die schwächeren Leistungen der Jungen auch für die Realschule und das Gymnasium belegen lassen. In der Hauptschule ist der Unterschied in den Lesekompetenzen zwischen den Geschlechtern nur bei einzelnen Teilleistungsaspekten signifikant, nicht jedoch im Gesamtwert der Lesekompetenz (Stanat & Kunter 2001, S. 258 ff.).

In einer eigenen Untersuchung (Gläser-Zikuda & Fuß 2003, S. 7 f.) konnten auch die schwächeren Schreibleistungen (zeugnisrelevanter Klassenaufsatz Inhaltsangabe) der Jungen in den weiterführenden Schulformen der achten Klassenstufe in Baden-Württemberg belegt werden. Für die Hauptschule konnte jedoch kein signifikanter Unterschied bei den Schreibleistungen gefunden werden, obwohl die Mädchen in der Hauptschule – wie in den beiden anderen Schulformen – im Abschlusszeugnis der siebten Klassenstufe signifikant bessere Deutschnoten erhielten als die Jungen. In der Teilstichprobe der vorliegenden Arbeit (Gymnasium und Realschule) sind die geschlechtsbezogenen Unterschiede in den Schreibleistungen im Klassenaufsatz Inhaltsangabe (vgl. Kapitel 4.2.2.2) sogar noch deutlich höher als die in PISA 2000 belegten schulformspezifischen Unterschiede in der Lesekompetenz. Diese Befunde widerlegen die Annahme, dass die – leistungsbezogene und soziale – Selektion am Ende der Grundschulzeit zu einer Abnahme des Vorteils der Mädchen in den weiterführenden Schulen sowohl bei den Lese- als auch bei den Schreibkompetenzen führt. Selbst im hochselektiven Gymnasium sind die Unterschiede bei den Schreibleistungen erheblich (vgl. Gläser-Zikuda & Fuß 2003, S. 8).

Als Erklärung für die nationalen und internationalen Unterschiede in den sprachlichen Fähigkeiten zwischen Mädchen und Jungen blieben im Grunde nur zwei Erklärungsmuster. Entweder handelt sich um einen ubiquitären Prozess ungleicher Sozialisation, der international über alle Kulturen hinweg und auch innerhalb Deutschlands über alle sozialen Schichten hinweg die sprachliche Entwicklung der Mädchen fördert oder die der Jungen behindert. Als zweites Erklärungsmuster bieten sich geschlechtsspezifische Intelligenzunterschiede für bestimmte Teilleistungen an. Überwiegende Anerkennung in der Intelligenzforschung scheint zu finden, dass Frauen bei Aufgaben, die die sprachliche Intelligenz und die Wahrnehmungsgeschwindigkeit erfassen, besser als Männer abschneiden. Männer haben dagegen Vorteile bei Aufgaben, die mathematische Schlussfolgerungen und ein räumliches Vorstellungsvermögen erfordern, wobei die Unterschiede im Verarbeiten räumlicher Informationen erst nach der Pubertät zu finden sind, wofür hormonelle Veränderungen eine Rolle spielen könnten (vgl. Funke & Vaterrodt-Plünnecke 1998, S. 94 ff.).

Unabhängig von der Frage nach den Ursachen dieser geschlechtspezifischen Teilleistungsunterschiede, deuten alle Untersuchungen daraufhin, dass geschlechtsbezogene Leistungsunterschiede bereits vor dem Eintritt in die Schule angelegt sind und sowohl in der Schulpraxis als auch in der Forschung entsprechend berücksichtigt werden müssen. Daher werden im empirischen Teil der vorliegenden Arbeit alle Modelle auch geschlechtsspezifisch gerechnet.

2.1.4 Das Modell von Bourdieu

Die Kapitaltheorie von Bourdieu (1999a, 1983a) geht davon aus, dass die bildungsrelevanten Ressourcen der Familien hinsichtlich ihres ökonomischen, kulturellen und sozialen Kapitals unterschieden werden können, wobei wechselseitige Beziehungen zwischen den drei Kapitalsorten bestehen. Mit dem Begriff des Kapitals der Familie ist also nicht allein der ökonomische Aspekt des materiellen Besitzes der Familie verbunden, sondern er umfasst darüber hinaus das gesamte kulturelle und soziale Vermögen der Familie, das für die Bildung der Kinder von Nutzen sein kann.

Der Ansatz von Bourdieu, das gesamte *Vermögen* der Familie als Kapital zu betrachten, unterscheidet sich deutlich von einem ökonomistischen Ansatz, wie er zum Beispiel in der Humankapitaltheorie von Becker (1964) vertreten wird, in der menschliches Kapital *(human capital)* – wie zum Beispiel die Bildung der Kinder – nur hinsichtlich der ökonomischen Verwertbarkeit behandelt wird (vgl. Bourdieu 1979, S. 112 f.). Das ökonomische Kapital steht bei Bourdieu nicht im Vordergrund der Analyse, sondern das kulturelle und das soziale Kapital der Familie (vgl. Bourdieu 1993a, S. 54).

Ausgangspunkt der bildungssoziologischen Kapitaltheorie von Bourdieu sind Ergebnisse der bildungsstatistischen Analyse der französischen Gesellschaft zu Beginn der 1960er Jahre (Bourdieu & Passeron 1964). Die Ergebnisse zeigen beispielsweise, dass Kinder privilegierter Eltern eine bis zu achtzigfach erhöhte Chance auf den Universitätsbesuch haben als zum Beispiel Kinder von Landarbeitern und dass die ranghöchsten Bildungseinrichtungen überwiegend von Kindern der sozial höchsten Schichten besucht werden (vgl. Bourdieu 1966b, S. 25). Als soziologische Erklärung für die sozial höchst unterschiedliche Bildungsbeteiligung in der modernen französischen Gesellschaft, die die demokratische Öffnung der höheren Bildungseinrichtungen proklamiert, entwickelte Bourdieu die Theorie der kulturellen Reproduktion sozialer Ungleichheit und bestimmt die Bildung als ungleichheitskonservierenden Faktor für alle modernen Gesellschaften (vgl. Bourdieu 2000, S. 167 f.).

Die Reproduktionstheorie gilt nach Bourdieu für moderne kapitalistische und sozialistische Gesellschaften (vgl. Bourdieu 1998, S. 28 ff.); sie ist also weitgehend unabhängig vom politischen System und von den gesellschaftlichen Verteilungsmodi des ökonomischen Kapitals. Die Reproduktionstheorie – die sich explizit nur auf die Reproduktion des kulturellen Kapitals bezieht – wird in Kapitel 2.1.4.5 ausführlich dargestellt.

Die bildungssoziologische Kapitaltheorie hat unter Verwendung der Dimensionen des kulturellen *und* ökonomischen Kapitals ihre Anwendung für die Analyse der Sozialstruktur der französischen Gesellschaft der 1960er und 1970er Jahre gefunden, die Bourdieu mit Hilfe statistischer Daten und Interviews durchgeführt hat (Bourdieu 1999a). Mit Hilfe von Korrespondenzanalysen hat Bourdieu in *Die feinen Unterschiede (La distinction)* alle Variationen der Kombination von ökonomischem und kulturellem Kapital in der französischen Gesellschaft aufgezeigt. Basierend auf den empirisch vorgefundenen Kombinationen von kulturellem und ökonomischem Kapital hat Bourdieu ein Modell entwickelt, in dem der *Raum der sozialen Positionen* mit dem *Raum der Lebensstile* verknüpft wird (vgl. Bourdieu 1999a, S. 212 f.).

Die einzelnen Klassen der Gesellschaft unterscheiden sich nicht nur durch ihr ökonomisches Kapital, sondern auch und vor allem durch ihr kulturelles Kapital und ihren damit verbundenen Lebensstil. Bei den Klassen an den vertikalen Polen des Modells korrespondieren das Ausmaß des kulturellen *und* das des ökonomischen Kapitals (akademische Freiberufler vs. Land- oder Hilfsarbeiter). Das kulturelle Interesse der beiden Gruppen unterscheidet sich deutlich entlang der Achse *klassische versus populäre Kultur*. An den horizontalen Polen des Modells des gesellschaftlichen Raums existieren sowohl Klassen mit eher niedrigem ökonomischen Kapital und relativ hohem kulturellen Kapital (z.B. Künstler, Studenten) als auch Klassen bei denen die *relativen Kapitalverhältnisse* eher umgekehrt sind (z.B. Kleinkaufleute, Unternehmer aus der Provinz). Das kulturelle Interesse der erstgenannten Klasse für zum Beispiel avantgardistische Kunst, exotisches Essen und Museumsbesuche unterscheidet sich erheblich vom kulturellen Interesse der zweitgenannten Klasse für zum Beispiel Folklore, traditionelles Essen und den Besuch von Varietés oder Boulevardtheatern (Bourdieu 1999a, S. 195 ff.). Selbst Katzenhalter – eher Intellektuelle – lassen sich nach diesem Schema von Hundehaltern – eher selbstständige Kaufleute – unterscheiden (Bourdieu 1998, S. 24).

Die soziale Position einer Person im sozialen Raum wird im zweidimensionalen Modell von Bourdieu also nicht durch eine einfache Einordnung in eine Hierarchie bestimmt – wie es in der klassischen sozialstrukturellen Analyse der Gesellschaft mit Hilfe von Ständen, Klassen oder Schichten der Fall ist, sondern durch die kulturelle Dimension des Lebensstils ergänzt. Der entscheidende Unterschied *(La distinction)* zwischen dem Universitätsprofessor aus Paris und dem mittelständischen Wurstfabrikanten aus der Provinz besteht nach Bourdieu nicht in der Verfügung über Produktionsmittel, wie in der Marx'schen Klassentheorie, sondern in der Verfügung über kulturelles Kapital, über Bildung.

Bourdieu hat schon zu Beginn der 1970er Jahre darauf hingewiesen, dass es nicht primär die quantitativ-ökonomischen Differenzen sind, die soziale Unterschiede manifestieren. Es sind die symbolischen Differenzen, wie die Kleidung, die Sprache oder der Akzent und vor allem die *Manieren*, der Geschmack und die Bildung, die am deutlichsten die Stellung in der Sozialstruktur repräsentieren, denn sie erscheinen als *qualitative* Differenzen, als „Wesenseigenschaften einer Person" (Bourdieu 1983b, S. 60).

Bildung, Sprache, kultureller Geschmack und Manieren werden vor allem im Sozialisationsprozess in der Familie erworben und werden zu einem Teil der Person, zu ihrem Habitus, der auch ein Klassenhabitus ist. Bourdieu spricht von sozialen Klassen, meint damit aber nicht Klassen im Marx'schen Sinne, sondern Klassen von Personen mit gemeinsamen Lebenslagen. Die sozialen Klassen im Sinne Bourdieus sind konstruierte Klassen von Personen, die über klassenspezifisch ähnliche Lebensstile und Interessen verfügen (Bourdieu 1999a, S. 174 ff.) und sich durch ihren Habitus voneinander abgrenzen.

Der Habitus besteht aus Kognitions- und Motivationsstrukturen (Bourdieu 1993b, S. 104) und repräsentiert die „einverleibte, zur Natur gewordene und damit als solche vergessene Geschichte" (Bourdieu 1993b, S. 105) und ist somit das Ergebnis der klassen- bzw. lebenslagenspezifischen Praxis in der Biografie des Individuums. Nach Bourdieu erscheint der Habitus – zumindest dem nicht sozialisationstheoretisch geschulten Betrachter – daher als natürlicher Unterschied, als gleichsam metaphysische Wesenseigenschaft einer Person oder einer Klasse. Der Habitus ist nicht nur das verkörperte Ausdrucksschema der Zugehörigkeit zu einer Klasse, der sich sowohl durch Bildung, Sprache, Geschmacksvorlieben und Manieren zeigt, aber auch durch die mitunter feinen Unterschiede in der gewohnten Art zu gestikulieren, sich zu bewegen oder sich zu setzen. Der Habitus bedingt – vermittelt über den Geschmack – auch ein mehr oder weniger bewusstes Wahrnehmungsschema, einen „gesellschaftlichen Orientierungssinn (sense of one's place)", der sich durch ein Gespür für soziale Unterschiede und die damit verbundenen Distinktionszeichen auszeichnet (Bourdieu 1999a, S. 727 ff.). In der deutschen Umgangssprache wird dieses scheinbar instinktive Erkennen der sozialen Zugehörigkeit einer Person als Wahrnehmung des richtigen (oder nicht richtigen) Stallgeruchs beschrieben. Bourdieu ist zum Beispiel der Ansicht, einem linkssozialistischen Gewerkschaftsführer auf einem Louis-XV-Stuhl sitzend sei es anhand der spezifischen Art des Sitzens und der Stellung der Hände anzusehen, dass der körperliche Stil nicht zum Stil des Mobiliars passt (vgl. Bourdieu 1993a, S. 42). Mit dem Begriff des Habitus wird also der gesamte kulturelle Bereich im Sinne eines umfassenden Bildungsbegriffs beschrieben, der die Person in ihrem gesamten Ausdruck und Erleben prägt.

Die Konzeption des Habitus als Ergebnis der erlebten Geschichte eines Individuums führt zu einer tendenziell deterministischen Auffassung, die vor allem den primären Sozialisationsprozess betrifft. Bourdieu vertritt die Auffassung, die er von Leibniz übernimmt, dass Menschen in Dreiviertel ihrer Handlungen Automaten sind (Bourdieu 1999a, S. 740). Die moderne Lernforschung betont demgegenüber die Fähigkeit und Notwendigkeit des lebenslangen Lernens (Gruber, Prenzel & Schiefele 2001, S. 129) – und daher ist anzunehmen, dass auch der Habitus prinzipiell veränderbar oder zumindest überformbar ist.

Andererseits belegt die moderne Hirnforschung, dass sozial angemessene Handlungen in der Regel nicht allein auf kognitiven Entscheidungsprozessen oder Kosten-Nutzen-Erwägungen beruhen, sondern aufgrund emotional relevanter sozialer Erfahrungen zumindest tendenziell prädisponiert sind. Die Qualität der sozialen Erfahrungen wird durch die damit verbundenen Emotionen in Form von neurophysiologischen oder somatischen Markern im Gehirn gespeichert, die bewirken, dass in vergleichbaren Situationen die gleichen Emotionen auftreten und damit vergleichbare Handlungsimpulse hervorgerufen werden, wobei das Bewusstsein im besten Fall die Ausführung der Handlung verhindern kann (vgl. Damasio 1997, S. 227 ff.). Der Forschungsstand lässt sich nach Bargh und Chartrand (1999) metaphorisch als die *unerträgliche Automatizität des Seins* („the unbearable automaticity of being") beschreiben (vgl. Spitzer 2004, S. 327), da fast alle Hirnvorgänge automatisch ablaufen. Auch der Großteil menschlicher Handlungen – selbst der moralischen Handlungen – wird durch eine Art von Autopilot (*automatic pilot*) gesteuert – und erst dann, „wenn die Dinge so kompliziert liegen, dass unser moralischer Autopilot versagt, kommt Einsicht ins Spiel" (Spitzer 2004, S. 344). Während der Begriff des Automaten die Vorstellung von kausal determinierten Handlungen begünstigt, kann das Konzept des Autopiloten mit der Freiheit des menschlichen Willens und der Fähigkeit zur Selbstbestimmung in Einklang gebracht werden. Der Autopilot ist gewissermaßen ein Hilfsmittel für den Piloten, um Situationen zu steuern, in denen keine neuen Reize auftreten und daher die Emotionen keine Gefahr oder die Aussicht auf neue Belohnungen signalisieren und somit diese Situationen als solche zu kennzeichnen, in denen keine neuen Entscheidungen erforderlich sind. In diesem Sinne ist der Habitus der soziale Autopilot für den Alltag.

Der Habitus spielt in der Reproduktionstheorie insofern eine Rolle, da Bourdieu davon ausgeht, dass in der Schule die Bewertungen der Lehrpersonen durch den Habitus von Schülerinnen und Schüler – im Sinne des obengenannten subjektiven Pygmalioneffekts – sowohl positiv als auch negativ beeinflusst werden (Bourdieu 1966b, S. 40 f.).

Verbunden mit der Perspektive, das gesamte *Vermögen* der Familie als Kapital zu definieren, ist eine – im erkenntnistheoretischen Sinne – materialistische Auffassung sozialer Tatbestände, die – im Gegensatz zur idealistischen Auffassung – Kultur, Ideen oder ganz allgemein symbolische Sinnwelten als *soziale Produkte* im Sinne einer *gesellschaftlichen Konstruktion der Wirklichkeit* (Berger & Luckmann 1984) begreift. Insofern steht der Ansatz von Bourdieu im Widerspruch zum idealistischen Bildungsbegriff, der in Anlehnung an die platonische Liebe zum Wahren, Guten und Schönen, Bildung als einen zweckfreien Prozess der Persönlichkeitsentwicklung versteht, als einen unendlichen „Weg der Individualität zu sich selber" (Blankertz 1982, S. 101). Aus soziologischer Perspektive ist keine Form der Bildung zweckfrei, weil sie im sozialen Sinne identitätsstiftend wirkt und als Funktion der sozialen Unterscheidung, als Distinktionszeichen dient. Zweckfrei kann Bildung nur in ökonomistischer Betrachtung sein, wenn Bildung – wie zum Beispiel Kenntnisse der *Kunst der Fuge* oder der ästhetischen Theorie – von einer Person nicht direkt beruflich genutzt werden, also nicht unmittelbar in ökonomisches Kapital getauscht werden können.

Bildung wird zum sozialen Unterscheidungsmerkmal, da Bildung weitere Klassifizierungsschemata erzeugt, die es ermöglichen, Unterschiede zu erkennen und anzuerkennen. Das durch Bildung erzeugte Unterscheidungsvermögen wird zum „Zeichen des Distinguierten" und erzeugt somit eine soziale Unterscheidung, die durch kulturelle Differenzierung ausgezeichnet ist (Bourdieu 1998, S. 22). Neben der Fähigkeit, Unterschiede zu erkennen, spielt die Legitimität der Bildungsinhalte und die Anerkennung der Legitimität eine wichtige Rolle. Wer die *Kunst der Fuge* für eine herausragende bauhandwerkliche Fähigkeit hält, sagt damit auch etwas über die soziale Herkunft seiner Person aus. Kenntnisse, die innerhalb des herrschenden Bildungsideals nicht als legitim anerkannt werden – zum Beispiel detaillierte Kenntnisse über die Kunst der Abseitsfalle im Fußballspiel oder Kenntnisse der Tieferlegung eines Automobilfahrwerks – sind dagegen nur in seltenen Fällen nützlich für die Erlangung oder Aufrechterhaltung einer gehobenen sozialen Position. Neben dem Kennen und

Erkennen der legitimen Kultur oder Bildung[13] ist das Anerkennen der Unterscheidung zwischen legitimer und illegitimer Kultur oder Bildung von zentraler Bedeutung.

Neben dem ökonomischen Kapital tritt nach Bourdieu in modernen Gesellschaften das kulturelle Kapital – insbesondere die Bildung – in den Vordergrund gesellschaftlicher Differenzierungs- und Statuszuweisungsprozesse.[14] Das soziale Kapital ist dagegen in modernen Gesellschaften nicht von primärer Bedeutung für die soziale Statusallokation einer Person, da die sozialen Positionen im Gegensatz zu feudalistischen Gesellschaften nicht unmittelbar erblich sind. Das soziale Kapital ist für die Analyse der Verteilung sozialer Positionen in modernen Gesellschaften aber insofern wichtig, als die mit dem sozialen Kapital verbundenen sozialen Ressourcen für den Wettbewerb um Titel und Stelle genutzt werden können.

In modernen Gesellschaften spielen nach Bourdieu nicht nur die Sozialisationsprozesse innerhalb der Familie eine Rolle für die Statusallokation einer Person. Erst im Zusammenspiel der Familie mit dem Bildungssystem – insbesondere mit der Schule – werden Familie und Schule zu zentralen Institutionen der Reproduktion des kulturellen Kapitals. In den folgenden Kapiteln werden zunächst die einzelnen Kapitalarten der Familie vorgestellt und mit weiteren theoretischen Ansätzen und empirischen Befunden verknüpft, um dann auf die wechselseitigen Einflüsse der Kapitalarten auf das Bildungskapital der Kinder einzugehen. Insbesondere das von Bourdieu in sozialisationstheoretischer Hinsicht wenig ausgearbeitete Konstrukt des sozialen Kapitals der Familie (vgl. Stecher 1998, S. 269) wird in dieser Arbeit weiter ausdifferenziert und durch sozialisationstheoretische Aspekte sowie durch emotions- bzw. bindungstheoretische und herrschaftssoziologische Ansätze erweitert.

2.1.4.1 Ökonomisches Kapital

Das ökonomische Kapital der Familie wird durch *Besitz* und *Einkommen* definiert und wird durch eigene oder fremde Arbeit (z.B. Zinsen) akkumuliert.

Besitz lässt sich differenzieren nach Land- und Immobilienbesitz, Besitz an Produktionsmitteln (Industrie-, Handwerks- und Dienstleistungsbetriebe oder land-, forst- und fischereiwirtschaftliche Produktionsmittel), Geldbesitz im weitesten Sinne

---

13 Alles, was man wissen muss – und alles, was man nicht wissen sollte – findet sich bei Schwanitz (2002).

14 In den jüngeren Darstellungen von Bourdieu werden das ökonomische Kapital und das kulturelle Kapital als die zwei großen „Herrschaftsprinzipien" moderner Gesellschaften bezeichnet, wobei das kulturelle Kapital als das „fundamentale Prinzip der Herrschaft" genannt wird (Bourdieu 2000, S. 167 f.; vgl. auch Bourdieu 1999, S. 175). In den älteren Darstellungen wird die Bedeutung des ökonomischen Kapitals als *Herrschaftsprinzip* entweder hinsichtlich der Bedeutung für die Akkumulation des kulturellen und sozialen Kapitals diskutiert (vgl. Bourdieu 1983a, S. 195 ff.) oder Bourdieu erklärt sich als Kultursoziologe für nicht zuständig (vgl. Bourdieu 1993a, S. 54). Die unterschiedliche Gewichtung der beiden Kapitalarten hängt vermutlich auch davon ab, ob der Prozess der Akkumulation des kulturellen Kapitals oder die makrosoziologische Herrschaftsanalyse der Gesellschaft im Vordergrund der Diskussion steht.

(Spareinlagen, Aktien, Fonds) und weiteren Privatbesitz (Gold, Schmuck, Kunstsammlungen oder Sammlungen anderer wertvoller Güter).

Das Einkommen kann durch selbstständige und unselbstständige Arbeit sowie durch Profite aus verwertbarem Besitz (Vermietung, Verpachtung, Vermögen) erzielt und akkumuliert werden.

Staatliche Transferleistungen sind eine weitere wichtige Einkommensquelle für einen Teil der Familien. Seit den 1970er Jahren hat die Zahl der Familien in Deutschland, die in relativer Armut leben, so weit zugenommen, dass heute etwa 20 Prozent aller Kinder und Jugendlichen davon betroffen sind; insbesondere Kinder von Langzeitarbeitslosen, Alleinerziehenden und Migranten sowie Kinder aus kinderreichen Familien sind überdurchschnittlich häufig von relativer Armut betroffen (Hurrelmann 2002, S. 182 ff.).

Mit Beck (1983) kann zu Recht argumentiert werden, dass die ökonomische Ungleichheit zwar geblieben ist, aber das durchschnittliche Niveau so weit angehoben ist, dass zumindest bei den Erwerbstätigen der relative Mangel an ökonomischen Kapital nicht mehr mit klassenspezifischen Verelendungsprozessen verbunden ist.

Der erste Armuts- und Reichtumsbericht der Bundesregierung stellt fest, dass sich die „Ungleichheit der Einkommen langfristig verstärkt hat. Die Ungleichheit der Vermögen hat zwar dank staatlicher Förderung im langfristigen Trend abgenommen, ist aber nach wie vor beträchtlich." (Bundesregierung 2001, S. XVIII) Die untere Hälfte der Haushalte verfügte 1998 über 4,5 Prozent des gesamten Privatvermögens, während die reichsten 10 Prozent der Haushalte über 42 Prozent (West) bzw. 48 Prozent (Ost) des Privatvermögens verfügten (vgl. Bundesregierung 2001, S. XVII).

2.1.4.2 Kulturelles Kapital

Das kulturelle Kapital kann in drei Formen vorliegen: als *objektiviertes* Kapital, als *inkorporiertes* Kapital (Bildungskapital) und als *institutionalisiertes* Kapital (Bourdieu 1979, S. 112 ff.; 1983a, S. 185 ff.).

Unter dem *objektivierten kulturellen Kapital* der Familie wird zunächst der Besitz von materiellen Kulturgütern verstanden. Kunstgegenstände, Bücher, Lexika, Musikinstrumente, Tonträger, Spielzeug, aber auch Maschinen und Produktionsmittel (z.B. Informationstechnologien) stellen objektiviertes kulturelles Kapital dar und sind das materiell objektivierte Ergebnis von kultureller Arbeit. Als reinste Form des objektivierten Kulturkapitals bezeichnet Bourdieu die Schrift (vgl. Bourdieu 1983a, S. 189). Der materielle Anregungsgehalt der häuslichen (Lern-) Umgebung ist zum Beispiel dem objektivierten kulturellen Kapital zuzurechnen.

Das *inkorporierte Kulturkapital* – oder Bildungskapital – repräsentiert das gesamte Wissen, alle kulturellen Fähigkeiten und Fertigkeiten, die Deutung, die Produktion und die praktische Verwendung von Symbolsystemen (zum Beispiel die Sprache und die Sprechweise, das Berechnen und die Logik sowie insbesondere das Lesen und das Schreiben der Schrift) sowie die kulturellen Anteile der Motive, Ziele, Einstellungen und Überzeugungen einer Person. Die Akkumulation des inkorporierten kulturellen Kapitals erfolgt durch kulturelle Arbeit der Person in Form eines *aktiven Aneig-*

nungsprozesses: die Inkorporation von Bildungskapital kann nicht durch dritte Personen vollzogen werden – das „Delegationsprinzip ist hier ausgeschlossen" (Bourdieu 1983a, S. 186).

Kulturelles Kapital in Form des inkorporierten Kapitals kann auch als Bildungskapital bezeichnet werden, da der französische Begriff *culture* in diesem Sinne mit dem Begriff *Bildung* übersetzt werden müsste (vgl. Bourdieu 1979, S. 113; 1983a, S. 186). In den deutschen Übersetzungen wird meist der Begriff *Kultur* gebraucht. Dafür scheint es zwei Gründe zu geben. Einerseits bleibt diese Übersetzung nahe am französischen Original, andererseits wird in der deutschen Sprache traditionell zwischen Kultur und Bildung unterschieden, wobei mit dem Begriff der Kultur eher das objektivierte Kulturkapital (die Verfügung über Kultur) verbunden ist, während mit dem Begriff der Bildung das Sein, und zwar das Gebildetsein verstanden wird.

Inkorporiertes kulturelles Kapital (Bildung) ist der nicht natürlich vorhandene, der nicht genetisch bedingte Anteil einer Person, der in der Regel im Sozialisationsprozess erarbeitet oder erlernt werden muss und nur in Ausnahmefällen durch reines Oktroyieren zustande kommt. Inkorporation setzt einen Verinnerlichungsprozess voraus, bedeutet aber mehr als der Begriff der Verinnerlichung andeutet. Inkorporation bedeutet, dass das akkumulierte kulturelle Kapital zu einem körpergebundenen Bestandteil, zum Habitus der eigenen Person wird und damit gewissermaßen einverleibt wird und in Fleisch und Blut übergeht: „Inkorporiertes Kapital ist ein Besitztum, das zu einem festen Bestandteil der *Person*, zum Habitus geworden ist; aus *Haben* ist *Sein* geworden" (Bourdieu 1983a, S. 187).

Das seit der frühen Kindheit akkumulierte Kulturkapital wird durch die Inkorporierung zu einem körpergebundenen Bestandteil der Person (Habitus). Die *Transmission des kulturellen Kapitals* innerhalb der Familie vollzieht sich dabei nach Bourdieu auf dem Wege der *sozialen Vererbung*, zum Teil auch ohne explizit geplante Erziehungsmaßnahmen (vgl. Bourdieu 1983a, S. 186 f.). Der „bedeutsamste und im Zusammenhang mit der Schule wirksamste Teil des kulturellen Erbes, die zweckfreie Bildung und die Sprache, wird auf osmotische Weise übertragen, ohne jedes methodische Bemühen und jede manifeste Einwirkung" (Bourdieu 1966b, S. 31). Die Vorstellung, dass die Übertragung des kulturellen Kapitals in der Familie sich „völlig unbewusst" (Bourdieu 1983a, S. 187) – im Sinne einer fehlenden elterlichen Erziehungsintention – vollziehen kann, impliziert die bereits oben genannte Annahme von Bourdieu, dass die Inkorporation von Bildungskapital in erster Linie durch einen *aktiven Aneignungsprozess* des Kindes geschieht. Die Metapher von der osmotischen Diffusion des kulturellen Kapitals in der Familie – an deren Ende die ursprünglichen Bildungsunterschiede zwischen Eltern und Kind ausgeglichen sind – kann auch durch die Metapher eines Schwammes ersetzt werden: „Kleine Kinder verhalten sich zur Welt wie Schwämme zum Wasser. Sie saugen alles begierig auf" (Spitzer 2004, S. 99).

Die mit der aktiven Inkorporierung verbundene Habitualisierung in der Kindheit kann zu einer Selbstkonzeption des erwachsenen Individuums führen, sein ursprünglich erarbeitetes kulturelles Kapital (z.B. die Manieren, der Geschmack oder auch die sprachlichen Fähigkeiten) als persönliches Begabungsmerkmal – als angeborene Wesenseigenschaft – aufzufassen (von Bourdieu als Begabungsideologie bezeichnet).

Weil die mit den Kompetenzen verbundenen Handlungen dem kulturellen Erben mühelos und scheinbar automatisch *von der Hand gehen,* erscheint die Leichtigkeit der Ausführung als ein natürliches und authentisches Verhalten, das – auch aus der Perspektive des Beobachters – als Beleg für die quasi-natürliche Autorität einer Person gedeutet werden kann. In den Biografien bedeutender Personen ist dann bei erfolgreicher intergenerationaler Transmission des kulturellen Kapitals in der Familie die Rede davon, dass die Person aus einer „alten" Künstler- oder sogar Beamtenfamilie stammt, der die entsprechenden Fähigkeiten in die Wiege gelegt zu sein scheinen. Vergleichbares gilt auch für die *nicht*-erworbene Kompetenz – auch sie kann dem Individuum selbst oder dem Betrachter als eine Wesenseigenschaft, in diesem Fall als persönlicher Begabungsmangel erscheinen.

Zentrale Voraussetzung für die Übertragung des kulturellen Kapitals ist allerdings nicht nur der investierte Aufwand an Zeit durch das Kind, sondern auch ein gewisses Maß an Zeitinvestition vonseiten der Eltern – also das soziale Kapital der Familie, das dem Kind zur Verfügung steht.

Als ein Bestandteil des inkorporierten kulturellen Kapitals sind insbesondere die Bildungsaspirationen zu nennen. Bildungsaspirationen betreffen im weitesten Sinne den Schulabschluss und die Qualität der Berufsausbildung, die Eltern für ihre Kinder anstreben sowie die Ansprüche an die dafür notwendigen Schulleistungen. Darüber hinaus können sich die Bildungsaspirationen der Eltern in Bezug auf Lern- und Leistungsmotive *idealtypisch* dahingehend unterscheiden, ob primär eine Lernhandlungsorientierung, also die Kontrolle der notwendigen Zeitinvestition für Lernhandlungen, oder ob primär eine Leistungsorientierung, also die Aneignung von Bildungstiteln, im Fokus elterlicher Erwartungen steht. Diese idealtypische Unterscheidung ist wichtig für eine Theorie des schulbezogenen elterlichen Erziehungsverhaltens, weil sie unterschiedliche Herrschaftsformen zur Folge hat (vgl. Kapitel 2.1.4.3.3).

Auch die Einstellung der Eltern zu musischer, geistes- oder naturwissenschaftlicher Bildung als Teil ihres Habitus beeinflusst vermutlich die Einstellungen und somit die angestrebten Bildungsgänge der Kinder. So neigen Studierende aus Familien mit geringerem kulturellen Kapital eher zu einem Fachhochschulstudium mit Praxisbezug als zu einem eher theoriebezogenen Universitätsstudium (vgl. Mayer 2003, S. 608). Hinzu kommt, dass der technisch-naturwissenschaftlichen Ausbildung in bildungsbürgerlichen Kreisen immer noch der gemeine Geruch des Zweckgebundenen anhaftet. „Naturwissenschaftliche Kenntnisse müssen zwar nicht versteckt werden, aber zur Bildung gehören sie nicht" (Schwanitz 2002, S. 618), weil sie nach Schwanitz nur wenig zum Verständnis der Kultur beitragen (vgl. zur Kritik dieses Bildungsbegriffs Fischer 2004, S. 10 ff.). Der traditionelle humanistische Bildungsbegriff, der vor allem die musische und die geisteswissenschaftliche Bildung als Bildung anerkennt, ist ein Distinktionszeichen des kulturellen Adels in Europa.

Auch Aspekte der Erziehung, wie Erziehungsziele oder allgemein die Erziehungsprogrammatik und deren Rationalisierung und Legitimierung, sind dem inkorporierten kulturellen Kapital zuzuordnen. Der gesamte normative Bereich der Erziehung ist also unter dem Begriff des inkorporierten Kapitals der Familie zu subsumieren.

Das *institutionalisierte Bildungskapital*, als dritte Form des kulturellen Kapitals, ist die letztendlich entscheidende Kapitalform zur Statusverteilung in modernen Gesellschaften, in denen die Leistungsselektion den zumeist staatlichen Bildungseinrichtungen überlassen wird. Die institutionalisierte Selektionsfunktion des Bildungssystems manifestiert sich durch die *Vergabe von legitimen Bildungstiteln*, die dem Inhaber einen zugeschriebenen Kompetenzausweis verleiht. Das inkorporierte Bildungskapital bekommt durch den institutionalisierten Titel eine objektivierte Form und einen Wert, der den Träger des Titels dazu berechtigt, sein Bildungskapital in Form von beruflichen Positionen zu verwerten, während das Bildungskapital des Autodidakten in vielen Bereichen der beruflichen Praxis praktisch wertlos ist – zum Beispiel im öffentlichen Dienst.[15]

Im Gegensatz zum Autodidakten muss der Inhaber des legitimen Bildungstitels sein inkorporiertes Bildungskapital nicht ständig unter Beweis stellen. Der Bildungstitel setzt einerseits einen qualitativen Unterschied zwischen Personen, da er einen Berechtigungsausweis für die Bewerbung um bestimmte berufliche Positionen darstellt. Durch eine Art *kollektiver Magie* wird nach Bourdieu auch bei minimalen quantitativen Leistungsunterschieden ein wesensmäßiger Unterschied zwischen dem letzten erfolgreichen und dem ersten durchgefallenen Prüfling erzeugt (vgl. Bourdieu 1983a, S. 190). Das magische Moment des institutionalisierten Bildungstitels liegt in der Macht, Menschen in den Glauben zu versetzen, dass die Inhaber der Bildungstitel über Kompetenzen verfügen, die sie von den Nicht-Inhabern unterscheiden.[16]

Auch wenn die kollektive Magie des Glaubens an die Unfehlbarkeit der Träger von akademischen Bildungstiteln sicherlich im Rückgang begriffen ist,[17] verschafft erst der Bildungstitel die institutionalisierte Form der *Anerkennung* des inkorporierten kulturellen Kapitals. Anderseits werden die Inhaber eines gleichwertigen Bildungstitels untereinander austauschbar. Durch die prinzipielle Austauschbarkeit von Personen mit gleichwertigem Bildungstitel sinkt der Wert von Bildungstiteln, wenn das Angebot auf dem Arbeitsmarkt höher ist als die Nachfrage.

Der als Inflation von Bildungstiteln bezeichnete Prozess der kollektiven Entwertung von Bildungsabschlüssen durch die anhaltende Bildungsexpansion bei nicht adäquater Entwicklung der Nachfrage auf dem Arbeitsmarkt hat den scheinbar paradoxen Effekt, dass auf individueller Seite die Nachfrage nach höherwertigen Bildungstiteln steigt.

---

15 Ein Nobelpreisträger ohne Staatsexamen hätte in Deutschland kaum eine Chance Lehrperson einer staatlichen Schule zu werden.
16 Die Magie des Titels zeigt sich vor allem bei Hochstaplern, die mit gefälschten Bildungstiteln auch mit relativ geringen Kompetenzen beruflich erfolgreich sind. Ende der 1990er Jahre war zum Beispiel ein ehemaliger Briefträger namens Postel knapp zwei Jahre als Oberarzt in einer deutschen psychiatrischen Klinik tätig, nachdem er sich im Auswahlverfahren auch gegen habilitierte Personen durchgesetzt hatte. Anderseits weisen alle Fälle von Hochstaplerei daraufhin, dass auch der Habitus einer höhergestellten Person auf autodidaktische Weise erlernt werden kann.
17 In den USA sind bereits Fälle aufgetreten, in denen medizinisches Personal sich geweigert hat, Rechtsanwälte und deren Angehörige zu behandeln (vgl. Coleman 1991, S. 393).

2.1.4.3 Soziales Kapital

Nach Bourdieu handelt es sich beim Sozialkapital um Ressourcen, die auf der *Zugehörigkeit zu einer Gruppe* beruhen. Per Definition repräsentiert das Sozialkapital „die Gesamtheit der aktuellen und potentiellen Ressourcen, die mit dem Besitz eines dauerhaften Netzes von mehr oder weniger institutionalisierten *Beziehungen* gegenseitigen Kennens oder Anerkennens verbunden sind" (Bourdieu 1983a, S. 190).

Soziales Kapital ist ein Begriff zur Benennung des „*Prinzips* der sozialen Wirkungen" (Bourdieu 1983a, S. 191) und somit kein dauerhaft individueller Besitz, sondern das Ergebnis sozialer Wechselwirkungen. Daher ist für die Reproduktion von sozialem Kapital eine „unaufhörliche *Beziehungsarbeit* in Form von ständigen Austauschakten erforderlich, durch die sich die gegenseitige Anerkennung immer wieder neu bestätigt" (Bourdieu 1983a, S. 193). Die Beziehungsarbeit kostet in jedem Fall Zeit und teilweise auch unmittelbar Geld (z.B. Fahrtkosten, Ausgaben für Telekommunikationsmittel und Geschenke) und macht damit – direkt oder indirekt – die Investition ökonomischen Kapitals notwendig (vgl. Bourdieu 1983a, S. 193).

Da das soziale Kapital von der Zugehörigkeit zu einer Gruppe abhängt, kann das soziale Kapital der Kernfamilie dahingehend differenziert werden, ob es sich um soziales Kapital handelt, welches die Familie mit anderen Gruppen bzw. Institutionen verbindet – oder ob es sich um ein intrafamiliales Kapital handelt.

Das soziale Kapital der Familie, welches die Familie mit weiteren Gruppen oder Institutionen verbindet, wird im Folgenden als extrafamiliales Sozialkapital bezeichnet, um es begrifflich vom intrafamilialen Sozialkapital zu unterscheiden. Extrafamiliales Sozialkapital bezeichnet die Ressourcen einer Familie, die auf der Zugehörigkeit zu Gruppen außerhalb der Kernfamilie beruhen, während intrafamiliales Kapital die Ressourcen innerhalb der Kernfamilie bezeichnet, zum Beispiel das emotionale Kapital. Qualitative und quantitative Aspekte des Sozialkapitals können mit dem von Georg Simmel stammenden Begriff der sozialen Kreise (vgl. Simmel 1890; Simmel 1992) näher bestimmt werden.

2.1.4.3.1 Extrafamiliales Sozialkapital

Simmel konzipiert Gesellschaft formal als einen sozialen Raum, in dem Individuen existieren, die durch soziale Kreise in Wechselwirkung miteinander stehen. Der Mensch als Individualwesen wird zum Kollektivwesen durch die sozialen Kreise, die ihn mit anderen Menschen in Wechselwirkung setzen. Die sozialen Kreise sind nicht als verbindende Ketten zu verstehen, sondern als *Kreise der sozialen Interessen*, die *konzentrisch* um das Individuum liegen. Weil das Individuum kein Bestandteil der sozialen Kreise ist, sondern in Wechselwirkung mit den sozialen Kreisen steht und sich dieser Wechselwirkung aber auch nicht vollständig entziehen kann, ist der Mensch „nie bloßes Kollektivwesen, wie er nie bloßes Individualwesen ist" (Simmel 1890, S. 175).

Der Kreis der Verwandten, die Freundeskreise und zum Teil auch die Nachbarschaftskreise sind relativ kleine Kreise mit einer begrenzten Anzahl von Individuen, deren Interessen primär partikular sind. Der Anteil des Individualinteresses am Gesamtinteresse ist in den kleinen Gruppen allerdings relativ hoch. Die sozialisierende Wirkung der kleinen Gruppe ist daher ebenfalls relativ hoch: „Freiwillig oder unfreiwillig amalgamiert der Angehörige einer kleinen Gruppe seine Interessen mit denen der Gesamtheit, und so werden nicht nur ihre Interessen die seinen, sondern auch seine Interessen die ihren" (Simmel 1890, S. 145). Ein hohes Maß an wechselseitiger sozialer Unterstützung ist daher ein besonderes Kennzeichen der kleinen Gruppe. Umgekehrt kann das Individualinteresse in engen sozialen Kreisen nicht beliebig stark vom Gruppeninteresse abweichen. So hoch, wie der wechselseitige Nutzen in einer kleinen Gruppe ist, so hoch ist auch die wechselseitige Verpflichtung. Daher kann das Interesse der kleinen Gruppe hoch individuell beziehungsweise partikular sein, aber die Mitglieder müssen sich in ihren Interessen ähnlen. Für abweichende Formen der Individualität bietet die kleine Gruppe in prototypischer Form also wenig Raum. Die Verhaltensvorschriften sind folglich eher rigide, die soziale Kontrolle unmittelbar; und die letztmögliche Sanktion ist der Ausschluss aus der Gruppe. Das soziale Kapital kleiner Gruppen zeichnet sich also sowohl durch ein hohes Maß an sozialer Unterstützung als auch durch ein hohes Maß an sozialer Kontrolle aus.

Die sozialen Interessen, die das Individuum mit Vereinen, Parteien, Unternehmen, Verbänden, Klassen oder Ständen, Ländern und Staaten, Kirchen oder der Menschheit als Ganzen verbindet, nehmen dagegen mit zunehmendem Umfang der sozialen Kreise einen zunehmend universalen Charakter an und sind – als meist institutionalisierte Interessen – weitgehend unabhängig von allen weiteren Interessen der einzelnen Individuen. Das kollektive Interesse repräsentiert daher nur einen kleinen Teil des Individualinteresses. Daher kann die soziale Unterstützung des Individuums durch die weiteren sozialen Kreise, aber auch die soziale Kontrolle nur partiell, aber in diesem Bereich hoch wirksam sein.

Mit der Ausdehnung der sozialen Kreise steigt die Wahrscheinlichkeit, dass das Individuum an einen Punkt kommt, an dem die sozialen Interessen sich kreuzen (vgl. Simmel 1890, S. 237 ff.; Simmel 1992, S. 456 ff.). Die Kreuzung der sozialen Interessen kann das Individuum dazu nötigen, sich aktiv mit den sich kreuzenden Interessen auseinanderzusetzen, da die Kreuzungspunkte der sozialen Interessen potenzielle Konfliktherde sind. Die Kreuzungspunkte beschreiben Punkte, an denen der Handelnde entweder sein Verhaltensrepertoire so verändern muss, dass er den sozialen Interessen der sich kreuzenden Kreise gerecht wird oder er muss versuchen, das kollektive Interesse eines sozialen Kreises zu verändern. Es ist aber klar, dass das soziale Interesse und die sozialen Regeln eines weiteren Kreises mit steigender Mitgliederzahl nicht einfach durch ein einzelnes Individuum zu verändern sind. Daher bleibt dem Individuum oft nur die Wahl, entweder den weiteren sozialen Kreis zu verlassen oder sein Verhalten zu ändern. Der Sachverhalt der konfligierenden sozialen Interessen, denen sich das Individuum in modernen Gesellschaften ausgesetzt sieht, wird von der soziologischen Rollentheorie als Rollenkonflikt beschrieben (vgl. Dahrendorf 1977). Simmel geht davon aus, dass das Individuum durch die Bezüge zu den weiteren sozialen Kreisen gerade wegen der potenziellen Konflikte auf die Bestimmung seiner eigenen Identität verwiesen wird (vgl. Simmel 1992, S. 468).

Die zunehmende Vergesellschaftung durch die Ausdehnung der sozialen Kreise – oder die Pluralisierung des extrafamilialen Sozialkapitals – führt also zu einer zunehmenden Individualisierung, da die Individualität oder Identität einer Person durch das Koordinatensystem bestimmt wird, das sich durch die individuelle Kreuzung der Kreise der sozialen Interessen ergibt (vgl. Simmel 1890, S. 240; Simmel 1992, S. 466). Durch die Ausdehnung der Kreise der sozialen Interessen erfolgt also eine zunehmende Individualisierung, die wiederum eine zunehmend universale Wert- und Handlungsorientierung des Individuums fördert. Die „Differenzierung und Individualisierung lockert das Band mit den Nächsten, um dafür ein neues – reales und ideales – zu den Entfernteren zu spinnen" (Simmel 1890, S. 172). Simmel geht davon aus, dass die sozialen Differenzierungen durch die Ausdehnung der sozialen Kreise in modernen Gesellschaften auch zu psychischen Differenzierungen führen. „So neigen auch Menschen, die in sich stark differenziert, vielfach ausgebildet und betätigt sind, eher zu kosmopolitischen Empfindungen und Überzeugungen, als einseitige Naturen, denen sich das allgemein Menschliche nur in dieser beschränkten Ausgestaltung darstellt, da sie sich in andere Persönlichkeiten nicht hineinzuversetzen und also zur Empfindung des allen Gemeinsamen nicht durchzudringen vermögen" (Simmel 1890, S. 250; Simmel 1992, S. 498).

Die Individualisierung durch den Modernisierungsprozess (wobei die Urbanisierung eine besonders wichtige Rolle spielt) hat nach Simmel also zwei Seiten. Einerseits verlieren die traditionellen Milieus – die engeren sozialen Kreise – zunehmend an Bedeutung und es kommt zu einem Verlust an sozialem Kapital und an unmittelbarer sozialer Kontrolle. Andererseits wird durch die Ausdehnung der sozialen Kreise auch wieder neues soziales Kapital gewonnen und die sozialen Differenzierungsprozesse führen zu psychischen Differenzierungsprozessen, da das Individuum die sozialen Interessen vieler Kreise integrieren muss. Dies führt weg von partikularen und hin zu universalen Wert- und Handlungsorientierungen. Um die Kosten der sozialen Differenzierung auf der Handlungsebene niedrig zu halten, ist ein Verhalten optimal, das die Verhaltenserwartungen möglichst vieler Kreise berücksichtigt. Der soziale Differenzierungsprozess erzeugt also eine Art Zivilisationsdruck, der ein universal orientiertes Verhalten erfordert. Da es im Sinne einer inhaltlichen Verhaltensbestimmung kein universales Verhalten gibt, kann nach Kant ein an universalen Werten orientiertes Verhalten nur formal bestimmt werden. Die formale Handlungsanweisung des *kategorischen Imperativs* lautet nach Kants erster Formulierung: „Handle nur nach derjenigen Maxime, durch die du zugleich wollen kannst, dass sie ein allgemeines Gesetz werde" (Kant 1786a, S. 51).

Die Individualisierung und die damit verbundene Entwicklung zu einem universal orientierten Verhalten erfolgt allerdings nicht zwingend durch die Ausdehnung der sozialen Kreise. Da die Individuen in der Regel auch in Beziehung zu einem engeren sozialen Kreis (Familie, Freunde) stehen, können diese engeren Kreise mit ihrem hohen sozialen Kapital und ihrer unmittelbaren sozialen Kontrolle auch hemmend auf eine universale Handlungsorientierung wirken. Dennoch kann angenommen werden, dass mit der Ausdehnung der sozialen Kreise generell die Chance wächst, dass partikulare Handlungsorientierungen durch universale Handlungsorientierungen ersetzt werden. Für die Familie bedeutet dies, dass angenommen werden kann, dass

Eltern mit zunehmender Ausdehnung ihrer sozialen Kreise ihre Kinder weniger autoritär und zunehmend autonomieorientiert im Sinne einer universalen Handlungsorientierung erziehen.

2.1.4.3.2 Intrafamiliales Sozialkapital 1: Emotionales Kapital

Das intrafamiliale Sozialkapital lässt sich in Anlehnung an Parsons' Funktionsbestimmung der Familie in ein emotionales Kapital und in ein sozialisatorisches oder erzieherisches Kapital der Familie differenzieren. Die primären Funktionen der Familie bestehen nach Parsons (1954, S. 77) erstens in der Aufrechterhaltung des emotionalen Gleichgewichts aller Familienmitglieder und zweitens in der überragenden Rolle der Familie für die Sozialisation der Kinder.

Während Sozialisation auf einem Ungleichgewicht in der sozialisatorischen Interaktion basiert, kann das emotionale Gleichgewicht in der Familie, das prinzipiell auf Gleichheit beruht, nur durch wechselseitige emotionale Bindungen aufrecht erhalten werden. Da die primäre Sozialisation auf der Identifikation des Kindes mit den Eltern basiert und jede Identifikation einer Person mit einer anderen auf einer grundsätzlich positiven emotionalen Bindung beruht, kann angenommen werden, dass das *emotionale Kapital der Familie* die grundlegende Form des familialen Sozialkapitals für das Kind darstellt.

Die wichtigste Komponente des emotionalen Kapitals der Familie scheint das *wechselseitige Wohlbefinden* zu sein, dessen Aufrechterhaltung nach Parsons die zentrale Binnenfunktion aller kleinen Gruppen (bzw. der engeren Kreise nach Simmel) ist. Das deutsche Wort *Freund* stammt zum Beispiel von einem germanischen Verb ab, das *lieben* bedeutet und das althochdeutsche Wort für *Freundschaft* bezeichnete ursprünglich die *Gesamtheit der Verwandten* (vgl. Duden Etymologie). Freundes- und Verwandtschaftskreise zeichnen sich also auch auf begrifflicher Ebene durch ihre gemeinsame sprachliche Herkunft aus, die auf den positiven Emotionsgehalt von kleinen Gruppen hinweisen.

Angst und Schrecken können zwar ebenfalls eine starke sozio-emotionale Bindungsfunktion in kleinen Gruppen wie der Familie, aber auch in ganzen Gesellschaften einnehmen. Der für die soziale Bindung durch Angst und Schrecken notwendige Terror (die grundlose Bestrafung einer Person) diktatorischer Tyrannen hat sich aber in der bisherigen Geschichte von Familien und Gesellschaften bislang noch nie als ein langfristig erfolgreiches Modell erwiesen. Die destruktiven Energien innerhalb eines solchen sozialen Systems können langfristig wohl auch nicht durch destruktive Handlungen gegenüber Außenstehende kompensiert werden, sondern führen in der Regel zur Auflösung des sozialen Systems. Dauerhafte Angst kann keine erfolgreiche soziale Bindungsemotion sein, da sie mit gesundheitlichen Belastungen und psychopathologischen Erscheinungen einhergeht und folglich zu einer Einschränkung des Wohlbefindens führt (vgl. Mayring 1991, S. 70).

Insbesondere bei autoritärer oder kontrollierender Erziehung, vor allem wenn sie mit negativen Sanktionen verbunden ist, können weitere Emotionen mit negativen Valenzen auftreten. Die Familie kann zwar aus der Sicht des Individuums als eine grundsätzlich ärgerliche Institution, als eine „Ansammlung vieler Menschen verschiedenen Geschlechts, die ihre Hauptaufgabe darin erblicken, ihre Nasen in deine Angelegenheiten zu stecken" (Tucholsky 1923, S. 239) definiert werden, dennoch kann davon ausgegangen werden, dass negative Emotionen wie Ärger, Wut und Zorn sich eher durch einen situativen Bezug auszeichnen. Ärger kann also kein konstitutives Merkmal des emotionalen Kapitals der Familie sein.

Dagegen kann Besorgtheit als eine Komponente von Angst oder Ängstlichkeit (vgl. Stöber & Schwarzer 2000, S. 193) als potenzielles (vielleicht sogar latentes) emotionales Strukturmerkmal der Familie und damit als eine mögliche Komponente des emotionalen Kapitals der Familie angesehen werden. Die psychologische Angsttheorie unterscheidet zwischen den Konzepten *Angst als Zustand* (state anxiety oder situative Angst) und *Ängstlichkeit als Persönlichkeitsmerkmal* (trait anxiety oder habituelle Angst), die Spielberger (1972) in seinem Trait-State-Angstmodell verknüpft, das vorhersagt, dass höher ängstliche Personen in selbstwertbedrohlichen Situationen mit einer höheren situativen Angst reagieren als weniger ängstliche Personen (vgl. Stöber & Schwarzer 2000, S. 190). Die Besorgtheit kann als konstitutiv für die Elternrolle angesehen werden, weil zumindest bis zum Kleinkindalter das Überleben des Kindes von der Besorgtheit der Elternpersonen und den damit verbundenen Vorsorge- oder Fürsorgemaßnahmen abhängt. Die Besorgtheit ist damit ein Merkmal einer sozialen Rolle und weniger ein Persönlichkeitsmerkmal im engeren Sinne, da die Elternpersonen in anderen Rollen durchaus unbesorgt sein können. Elterliche Besorgtheit kann daher als ein Element der elterlichen Fürsorge betrachtet werden und ist nur in übersteigerter Form als negativ für den Sozialisationsprozess zu bewerten, wenn die Selbstbestimmung und das Kompetenzerleben des Kindes durch elterliche Kontrolle eingeschränkt werden und dies im Extremfall zu einer erlernten Hilflosigkeit oder allgemein zu einer Einschränkung des kindlichen Wohlbefindens führt.

Zentraler Aspekt des emotionalen Kapitals in der Familie ist jedoch das wechselseitig erzeugte Wohlbefinden. Auch wenn nach der Argumentation von Kant der Hedonismus als ethisches Prinzip abzulehnen ist, weil Glück kein allgemeines Gesetz begründen kann, kann das individuelle Streben nach Wohlbefinden (hedonisches Prinzip) als eine zentrale Annahme moderner Motivations- und Emotionstheorien formuliert werden (vgl. Abele-Brehm & Gendolla 2000, S. 299; Zentner & Scherer 2000, S. 151). Das hedonische Motivationsprinzip wird auch von Kant vertreten: „Glücklich zu sein, ist notwendig das Verlangen jedes vernünftigen aber endlichen Wesens, und also ein unvermeidlicher Bestimmungsgrund seines Begehrungsvermögens" (Kant 1788, S. 133). Für die Erziehung des Kindes oder die sozialisatorische Interaktion innerhalb der Familie bedeutet die Ablehnung des Hedonismus als ethisches Prinzip, dass keine Person ihre Handlungen mit einem universalen Recht auf Glück legitimieren darf. Wie kann es dann aber zur Erzeugung oder Aufrechterhaltung wechselseitigen Wohlbefindens in der Familie kommen? Für Kant ist die Beantwortung der Frage einfach: Als ethisches Prinzip kann nur die „Liebespflicht gegen andere Menschen" formuliert werden, die als praktische „Maxime des Wohlwollens" verstanden wird und das „Wohltun zur Folge" hat (Kant 1797, S. 584 ff.).

Zur Aufrechterhaltung des emotionalen Gleichgewichts aller Familienmitglieder kann das normative und damit pädagogische Gebot des Wohltuns nur als wechselseitiges Gebot des Wohltuns in der Familie formuliert werden. Die Pflicht beschränkt sich also nicht nur auf die Eltern, sondern umfasst auch die Kinder, die im Sozialisationsprozess die emotionalen Wirkungen ihrer eigenen und damit selbstbestimmten Handlungen in Bezug auf andere Personen lernen müssen. Diese Erfahrung emotionaler Wechselwirkungen ist wohl auch eine Basis für die Perspektivenübernahme, die wiederum eine zentrale Voraussetzung für die Weiterentwicklung und Aufrechterhaltung moralischer Motivation ist. Dieser Modus moralischer Motivation wird auch als „freiwillige Selbstbindung aus Einsicht" bezeichnet (Nunner-Winkler 1999, S. 300).

Die von Bowlby (2001) entwickelte Bindungstheorie geht davon aus, dass die positive emotionale Bindung zwischen Eltern und Kindern zu einer freiwilligen Folgebereitschaft der Kinder führt, die wiederum positive Effekte sowohl auf die moralische Motivation im Allgemeinen, aber auch positive Effekte auf die Lern- und Leistungsmotivation von Kindern ausübt (vgl. Nunner-Winkler 2004, S. 148). In der frühen Kindheit ist das Explorationsverhalten des Kindes abhängig von der Sicherheit der emotionalen Bindung an Bezugspersonen und es werden grundlegende Lernerfahrungen gemacht, die zukünftige Erfolgs- oder Misserfolgsorientierungen beeinflussen (vgl. Pekrun 2000, S. 345; Spangler & Zimmermann 1999, S. 87 f.).

Die Bindungstheorie geht davon aus, dass die emotionale Bindung ein eigenständiges, primäres menschliches Bedürfnis ist und sich in einer angeborenen Bereitschaft ausdrückt, bei ausgewählten Bezugspersonen Schutz, Trost oder Beruhigung zu suchen (Gloger-Tippelt 2000, S. 52). Das emotionale Kapital der Familie oder jeder anderen durch emotionale Beziehungen aufrechterhaltenen Kleingruppe (z.B. Peer-Gruppe) besteht also – ganz allgemein gesagt – in der Erfüllung eines angeborenen emotionalen Bedürfnisses nach Wohlbefinden in einer sozialen Gruppe und ist damit auch eine wichtige Quelle der sozialen Anerkennung der eigenen Person.

Die Bindungstheorie unterscheidet mehrere Bindungstypen, die qualitativ unterschiedliche emotionale Beziehungen zwischen Eltern und Kindern beschreiben. Neben mehreren Formen der unsicheren Bindung, existiert in der Bindungstheorie nur eine Form der sicheren Bindung (vgl. Gloger-Tippelt 2000, S. 55). Dies steht im Einklang mit der oben genannten Annahme, dass dauerhafte Bindungsemotionen eine positive Valenz für soziale Beziehungen haben, während dauerhaft negative Emotionen potenziellen sozialen *Sprengstoff* (Fromm 1932, S. 59) repräsentieren. Tolstoj formulierte – in ähnlicher Weise wie die Bindungstheorie – die Hypothese, dass alle glücklichen Familien einander ähnlich sind, während jede unglückliche Familie auf ihre besondere Weise unglücklich ist (vgl. Tolstoj 1978, S. 5).

Aus soziologischer Perspektive kann das Bedürfnis nach Bindung auch als Abhängigkeitsbedürfnis (dependency need) bezeichnet werden (vgl. Parsons & Bales 1955). Das angeborene Bedürfnis nach Abhängigkeit ist in der frühesten Kindheit maximal und verwandelt sich in ein Bedürfnis nach sozialen Beziehungen im Erwachsenenalter. Das Bindungsbedürfnis bezieht sich aber nicht nur auf den Aspekt der Sicherheit, dessen emotionale Korrelate Wohlbefinden und Angst sind, sondern auch auf den libidinösen Aspekt, dessen emotionale Korrelate sich von der infantilen

Lust-Unlust-Relation zu einer Relation von Liebe und Hass im Erwachsenenalter entwickeln (vgl. Freud 1915, S. 99).

Befunde aus der Hormonforschung sprechen für eine biologische Basis des Bedürfnisses nach Bindung. Die Neuropeptide Oxytozin und Vasopressin stehen im Zusammenhang mit dem Bindungsverhalten und der Sexualität von sozial lebenden Säugetieren, bei denen die Mutter-Kind-Bindung" für die Reproduktion der Art notwendig ist. „Because oxytocin and vasopressin are released during social and sexual interactions, and under conditions that result in pair bonding, the neural systems that incorporate these neuropeptides are potential candidates for a role in the mediation of social behavior and especially social bonding" (Carter & Keverne 2002, S. 302).

Hohe Konzentrationen von Oxytozinrezeptoren liegen in denjenigen Bereichen des Gehirns (limbisches System, Amygdala), die auch für Emotionen relevant sind und in Verbindung mit Lernprozessen gebracht werden. Oxytozinrezeptoren finden sich auch in denjenigen Bereichen des limbischen Systems, die mit dem Geruchssinn in Verbindung stehen. Oxytozin steht nicht nur im Zusammenhang mit der Mutter-Kind-Bindung, der Paarbindung und positiv erlebten sozialen Interaktionen, sondern scheint sich auch im positiven Sinne auf Neugierverhalten, Stress- und Schmerzerleben auszuwirken (vgl. Carter & Keverne 2002, S. 303). Oxytozin beeinflusst Bindungsgefühle und vermutlich auch die Orgasmusstärke (vgl. Erdmann, Ising & Jahnke 2000, S. 443).

Aus den Ergebnissen von Tierexperimenten, die unter anderem die Dosisabhängigkeit von Oxytozin für das mütterliches Fürsorgeverhalten belegen, folgern Carter und Keverne zusammenfassend: „Altogether, these findings indicate that oxytocin itself is part of a positive feedback mechanism to controlling its own release in the brain" (Carter & Keverne 2002, S. 307). Diese Befunde sind Indikatoren dafür, dass Neuropeptide wie Oxytozin in Wechselwirkung mit sozialen Bindungen und Emotionen stehen: Oxytozin fördert Bindungsverhalten und Bindungsemotionen sowohl in der Mutter-Kind-Beziehung als auch in der Paarbeziehung – und Bindungsverhalten erzeugt Oxytozin, welches wiederum Bindungsverhalten verstärkt.

Die Neuropeptide scheinen also das somatische Korrelat sozialer Bindungen zu sein. Sie repräsentieren gewissermaßen das bislang fehlende somatische Glied für die Hypothese, dass Menschen von Natur aus sozial veranlagt sind und diese Veranlagung über soziale Wechselwirkungen mit dem Organismus dazu führt, dass das Soziale zur zweiten Natur des Menschen wird. Für die Bindung scheint es kritische Zeiten zu geben. Im Tierversuch nimmt die Mutter das Kind nicht mehr an, wenn es unmittelbar nach der Geburt eine gewisse Zeit von der Mutter getrennt wurde, weil die Mutter ihr Kind nicht mehr erkennt (vgl. Carter & Keverne 2002, S. 304). Umgekehrt erkennen oder anerkennen menschliche Kleinkinder bis zum Alter von zwei oder drei Jahren ihre Mutter nicht mehr als Mutter, wenn sie längere Zeit von ihr getrennt waren und reagieren feindselig (vgl. Bowlby 2001, S. 25). Die lebenslange Schädigung der sozialen Bindungsfähigkeit durch Hospitalisierungserfahrungen in der frühesten Kindheit spricht ebenfalls für die Hypothese der kritischen Zeit, in der die Grundlagen für soziale Bindungen ausgebildet werden.

Die Bindungserfahrungen in den ersten Jahren sind nach der Bindungstheorie von Bowlby prägend für das ganze Leben. Daraus folgt die hier vertretene Hypothese, dass interfamiliale Unterschiede in der Eltern-Kind-Interaktion auf den Bindungserfahrungen in der frühesten Kindheit beruhen und auch dauerhafte Unterschiede im zukünftigen elterlichen Erziehungsverhalten begründen. Die Qualität der frühen Eltern-Kind-Beziehung entscheidet über den Fortgang der weiteren Beziehungsgestaltung (vgl. Schneewind 1999, S. 141). Säuglinge mit sicheren Bindungserfahrungen bemühen sich aktiv um emotionale Zuwendung und zeigen zum Beispiel durch Lächeln ihre Freude und ihr Wohlbefinden, wenn sie ihre Bezugsperson erblicken und belohnen durch ihren Emotionsausdruck die erhaltene Zuwendung durch die Bezugsperson und stimulieren diese dadurch zu weiterer Zuwendung. In der Psychologie werden solche Selbstverstärkungszirkel positiver Emotionen auch als „Engelskreise" bezeichnet: Wenn sich die Elternperson einfühlsam verhält, dann fühlt sich das Kind akzeptiert und es verhält sich offen und kooperativ und folglich ist die Elternperson zufrieden und verhält sich wiederum einfühlsam (vgl. Schneewind 1999, S. 140).

Säuglinge oder Kleinkinder mit unsicheren Bindungserfahrungen zeigen dagegen ganz andere Reaktionen. Ihr Verhalten ist oft passiver, ängstlicher oder zeigt sogar Anzeichen depressiver Verstimmung. Starke Unterschiede bezüglich der Reaktion auf Trennungstraumata hängen von der Intensität vorausgegangener Bindungserfahrungen ab. Kinder mit intensiven Bindungserfahrungen reagieren heftiger und aggressiver auf Trennungen als Kinder mit eher schwachen Bindungserfahrungen. Als Reaktionen auf frühkindliche Trennungserfahrungen nennt Bowlby (2001, S. 25) vier unterschiedliche Phänomene: (1) eine feindselige Reaktion gegenüber der Bezugsperson, (2) exzessive Ansprüche an die Bezugsperson, verbunden mit extremer Bemächtigungshaltung, Eifersucht und Wut sowie (3) eine heitere, aber oberflächliche Anhänglichkeit an jede Person im Umkreis des Kindes und im Extremfall (4) das apathische Verweigern aller gefühlsmäßigen Beziehungen.

Die von Bowlby genannten vier Reaktionen auf starke frühkindliche Trennungserfahrungen lassen sich vereinfacht zwei Typen zuordnen: Einerseits sind starke und zumeist negative emotionale Verhaltensweisen zu beobachten und andererseits ist ein emotionales Rückzugsverhalten festzustellen. In allen Fällen besteht die Möglichkeit von Selbstverstärkungszirkeln negativer Emotionen, die auch „Teufelskreise" (Bowlby 2001, S. 26) genannt werden und in allgemeiner Form wie folgt beschrieben werden. Wenn sich die Elternperson abweisend verhält, dann fühlt sich das Kind nicht akzeptiert und es verhält sich verschlossen und aggressiv und folglich empfindet die Elternperson Ärger oder Hilflosigkeit und verhält sich wiederum abweisend (vgl. Schneewind 1999, S. 140). Neuere Befunde aus der endokrinologischen Forschung bestätigen die Annahmen von Bowlby: „Forced social separations or the absence of social attachments can trigger stress, anxiety, fear and even depression" (Carter & Keverne 2002, S. 327).

Zusammenfassend kann festgestellt werden, dass das emotionale Kapital der Familie auf positiven und negativen Emotionen beruhen kann. Dauerhaft negative Emotionen sind sozialer Sprengstoff und führen zu gesundheitlichen Beeinträchtigungen. Positive Bindungsemotionen beruhen auf der Wechselwirkung des hormonalen Systems mit dem sozialen System und führen zum Aufbau einer sicheren Bindung zwischen Eltern und Kindern. Die sichere Bindung des Kindes in der Familie führt zu positiven Effekten für die kindliche Entwicklung positiver Motivations- und Emotionsdispositionen, die einerseits günstig sind für die Bewältigung schulischer und beruflicher Leistungsanforderungen und andererseits wichtig sind für die Entwicklung von Autonomie, Selbstwertgefühl und Empathie (vgl. Spangler & Zimmermann 1999, S. 87 f.). Die Grundlagen des emotionalen Kapitals in der Familie werden also in der Kindheit geschaffen und stellen die Basis für die Qualität sozialer Beziehungen dar. Durch die enge Verknüpfung des hormonalen Systems mit dem sozialen System ist allerdings zu erwarten, dass interindividuelle Unterschiede in der Verfügung emotionalen Kapitals und der daraus folgenden Verfügung über soziale Ressourcen in der Familie (Unterstützung, Anerkennung) relativ stabil sind, auch wenn sie auf individueller Ebene nicht determiniert sein müssen.

Das emotionale Kapital der Familie ist – abgesehen von den psychoanalytisch orientierten Forschungstraditionen, wie zum Beispiel der Bindungstheorie – ein wenig erforschter Bereich. Der Begriff des emotionalen Kapitals wurde bislang vor allem von betriebswirtschaftlicher Seite gebraucht und dort als individuelles Merkmal von Führungskräften in Wirtschaft, Politik und öffentlicher Verwaltung verstanden (vgl. Haumer 1998).

Der Forschungsstand zur Rolle des emotionalen Kapitals der Familie – in dem sowohl die kindlichen als auch die elterlichen Emotionen berücksichtigt werden – weist in vielen relevanten psychologischen und soziologischen Forschungsbereichen erhebliche Lücken auf. So lassen zum Beispiel „bis heute die bedeutendsten psychologischen Emotions- und Motivationstheorien das Thema der elterlichen Fürsorge unbegreiflicherweise schlicht (aus)" (Euler 2000, S. 50). Auch im neuesten deutschsprachigen Handbuch zur Emotionspsychologie (Otto, Euler & Mandl 2000) wird die emotionsrelevante Rolle der Familie nicht systematisch, sondern allenfalls in Ansätzen erfasst. In der Wohlbefindensforschung wird das soziale Kapital einer Person (Partner- oder Paarbeziehungen, gesellschaftliche Partizipation) zwar als wichtiger Einflussfaktor für das individuelle Wohlbefinden angeführt (vgl. Mayring 2000, S. 227). Auch die Zufriedenheit mit der Familie wird als Korrelat von Belastungsfreiheit genannt (vgl. Mayring 1991, S. 160). Dennoch fehlen in den theoretischen Rahmenmodellen zur Erklärung des Wohlbefindens (Mayring 1991, S. 99, Mayring 2000, S. 228) die systematischen Bezüge sowohl zur Herkunftsfamilie als auch zur Fortpflanzungsfamilie. Im Lehrbuch zur *Familiensoziologie* werden Emotionen vor allem auf der Ebene der Paarbeziehung diskutiert (vgl. Hill & Kopp 2002, S. 218 ff.). Auch in der Einführung zur *Soziologie der Emotionen* wird die Rolle der Emotionen in der Familie nur marginal berücksichtigt und allenfalls auf der Ebene der Paarbeziehung erörtert (vgl. Flam 2002, S. 145 ff.).

Die Emotionen von Kindern werden vor allem in den theoretischen Ansätzen der psychologisch orientierten Erziehungsstilforschung berücksichtigt. Dieser Bereich der Forschung wird in Kapitel 2.2 dargestellt.

2.1.4.3.3 Intrafamiliales Sozialkapital 2: Autonomie und Herrschaft

Das Sozialisations- oder Erziehungskapital der Familie stellt gemeinsam mit dem emotionalen Kapital die wichtigste Quelle der Ressourcen des intrafamilialen Kapitals dar, auf die ein Kind im Bildungsprozess zugreifen kann. Ein Teil des Sozialisationskapitals der Familie – das Bildungskapital der Eltern – kann dem kulturellen Kapital der Familie zugerechnet werden. Dem kulturellen Kapital können auch die expliziten Erziehungsziele und die Legitimation der Erziehungsnormen zugeordnet werden. Die *Beziehungsarbeit* wird von Bourdieu jedoch dem Bereich des sozialen Kapitals zugeschrieben (vgl. Bourdieu 1983a, S. 193).

Die Beziehungsarbeit zur Reproduktion des sozialen Kapitals findet – auch in der Familie – in Form von ständigen Austauschakten mit dem Ziel der wechselseitigen Anerkennung statt. Neben der wechselseitigen Anerkennung des emotionalen Bedürfnisses nach Wohlbefinden kann die wechselseitige Anerkennung des Bedürfnisses nach personaler Selbstbestimmung (Autonomie) als ein zentraler Aspekt des intrafamilialen Sozialkapitals betrachtet werden.

Wenn Autonomie im Sinne Kants als ein menschliches Bedürfnis nach Selbstgesetzgebung betrachtet wird, dann bedeutet Autonomie nicht die individuelle Maximierung von Willkür, sondern das Recht und die Pflicht, sich „seines Verstandes ohne Leitung eines anderen zu bedienen" (Kant 1784, S. 53). Der menschliche Wille ist nach Kant nicht anders als frei zu denken, weil ein an Normen und Werten orientiertes Handeln – und somit ein vernünftiges und in diesem Sinne rationales Handeln – nicht möglich wäre, wenn der menschliche Wille der „Heteronomie der Natur" (Kant 1786a, S. 89) unterworfen und somit fremdbestimmt wäre. Die nach Freiheit strebende menschliche Vernunft unterwirft sich nach Kant keinem anderen Gesetz als dem der Vernunft selbst (vgl. Kant 1786b, S. 281) und die Fähigkeit des freien Denkens ist die Grundlage für das Bedürfnis der menschlichen Vernunft nach Selbstbestimmung. „Selbstdenken heißt den obersten Probierstein der Wahrheit in sich selbst (d.i. in seiner eigenen Vernunft) suchen; und die Maxime, jederzeit selbst zu denken, ist die Aufklärung" (Kant 1786b, S. 283). Auch nach der Selbstbestimmungstheorie der Motivation von Deci und Ryan wird Selbstbestimmung als ein zentrales menschliches Bedürfnis bestimmt (vgl. Deci & Ryan 1985, S. 38) und als eine grundlegende Voraussetzung für den Kompetenzerwerb betrachtet.

Elterliches Erziehungsverhalten (Erziehungsarbeit), welches das Bedürfnis nach Autonomie oder Selbstbestimmung berücksichtigt, zeichnet sich dadurch aus, dass die Prinzipien auf denen diese Handlungen beruhen einen universalen und in diesem Sinne vernünftigen Charakter haben und somit eine rationale Begründung zulassen, die das Kind selbstbestimmt durch ein Lernen aus Einsicht (in die Prinzipien) übernehmen kann. Kant formuliert diesen Sachverhalt so, dass es für die Erziehung notwendig ist, dass „Kinder denken lernen. Das geht auf die Prinzipien hinaus, aus denen alle Handlungen entspringen" (Kant 1803, S. 707).

Das Bedürfnis nach universaler Legitimation sozialer Regeln zeigt sich bei Kindern zum Beispiel dann, wenn sie ihre Rechte und Pflichten mit den Rechten und Pflichten anderer Kinder vergleichen. Auch wenn Kinder (und zum Teil auch Erwachsene) aus egoistischem Interesse dazu neigen, sich an den maximalen Rechten und den minimalen Pflichten von Mitgliedern der Peer-Gruppe zu orientieren, sind sie doch bei allgemeingültigen, universalen Regeln eher bereit, ihr Verhalten entsprechend zu regulieren, weil diese Regeln als gerecht empfunden werden.

Erziehung oder Sozialisation der minderjährigen Kinder ist prinzipiell durch elterliche oder staatlich delegierte Herrschaft oder Autorität sowie durch Kontrolle oder im Extremfall durch Macht (z.B. die Gewaltherrschaft als Form der illegitimen Herrschaft) gekennzeichnet. Auch Neill, als wohl bekanntester Protagonist der antiautoritären Erziehung, spricht von einer „natürlichen Autorität" der Erziehungspersonen und versteht darunter den Schutz, die Fürsorge und die Verantwortung der Erwachsenen: „Eine solche Autorität verlangt manchmal Gehorsam, doch bei anderer Gelegenheit gehorcht sie auch" (Neill 2004, S. 158).

Autorität oder Herrschaft als ein Aspekt der Erziehung oder Sozialisation beruht auch in modernen demokratischen Gesellschaften auf dem Kompetenzgefälle zwischen den mündigen Eltern und den noch nicht mündigen Kindern. Das Autoritäts- oder Kompetenzgefälle ist durch den unterschiedlichen Entwicklungsstand der Generationen in der Kernfamilie bedingt. Beziehungsarbeit im familialen Sozialisationsprozess ist neben der emotionalen Arbeit auch eine Erziehungsarbeit und somit eine Herrschaftsarbeit, die in modernen Gesellschaften mit der Mündigkeit des Kindes endet und daher eine besondere Form der Herrschaft auf Zeit ist, da deren Funktion die eigene Auflösung – im Sinne einer Erziehung zur Mündigkeit – ist.

Herrschaft bedeutet nach Weber – im Gegensatz zum Begriff der Macht – die „Chance, für einen Befehl bestimmten Inhalts bei angebbaren Personen Gehorsam" zu finden, während Macht jede Chance bedeutet, „innerhalb einer sozialen Beziehung den eigenen Willen auch gegen Widerstreben durchzusetzen, gleichviel worauf diese Chance beruht" (Weber 1980, S. 28). Herrschaft ist also ein soziales Phänomen der Über- und Unterordnung, das ein bestimmtes Maß an „Gehorchen wollen" bzw. ein „Interesse am Gehorchen" voraussetzt (vgl. Weber 1980, S. 122). Die *soziale Unterordnung* beinhaltet also immer auch einen Rest an Freiwilligkeit und wird erst dadurch zum Gegenstand einer soziologischen Analyse der Wechselwirkungen (vgl. Simmel 1992, S. 162).

Die empirisch feststellbare Tatsache, dass es Familien mit rechtlich unmündigen Kindern gibt, in denen die Eltern keine Herrschaft (mehr) ausüben oder die Eltern für die Kinder keine Autorität (mehr) darstellen, bedeutet in der Regel aber auch, dass keine Erziehung oder Sozialisation in der Familie (mehr) stattfindet. Im Extremfall werden den Eltern dann die formalen Herrschaftsrechte (Erziehungsrecht) durch staatliche Institutionen entzogen und auf andere Institutionen oder Personen übertragen. Herrschaftsfreie Sozialisation ist nur unter Gleichberechtigten möglich.

Autoritäts- oder Herrschaftsverhältnisse in Familien können in Anlehnung an Weber (1980, S. 124) hinsichtlich ihrer Legitimitätsgeltung in drei Typen unterteilt werden. Herrschaft kann auch in der Familie rational, traditional oder charismatisch legitimiert werden.

Die Legitimierung der elterlichen Herrschaft gegenüber den Kindern gehört prinzipiell zum kulturellen Kapital der Familie, während die Ausübung der Herrschaft dem sozialen Kapital zugerechnet werden kann. Die Schwierigkeit in der Zuordnung ist deshalb gegeben, weil das Modell der Kapitalformen von Bourdieu im Prinzip ein strukturales Modell ist, während das sozialisations- oder erziehungstheoretische Modell der Herrschaftsausübung ein Handlungsmodell darstellt. Daher muss zwischen der Ausübung der Handlung und der Legitimierung der Handlung unterschieden werden.

Eine Form der rationalen Legitimierung der Herrschaft in der Familie ist die legale Herrschaft. Legale Herrschaft wird allgemein durch Gesetz oder Vertrag (kraft Satzung) legitimiert und beruht nach Weber auf dem „Glauben an die Legalität gesatzter Ordnungen" (Weber 1980, S. 124). Der legale Herrscher kann als Vorgesetzter bezeichnet werden, der sich selbst der Rechtsordnung zu unterwerfen hat, wodurch der Gehorchende letztendlich nur dem Recht unterworfen wird, das der Vorgesetzte vertritt (Weber 1980, S. 125). Legale Herrschaft ist also verliehene Herrschaft und frei von jeder persönlichen Willkür.[18] Die legale Herrschaft der Eltern über ihre Kinder wird in der Bundesrepublik Deutschland durch das Grundgesetz (Art. 6) und durch das Bürgerliche Gesetzbuch (§§ 1626–1631) geregelt. Grundsätzlich haben Eltern mehr Rechte, aber auch mehr Pflichten ihren minderjährigen Kindern gegenüber als diese gegenüber ihren Eltern. Minderjährige Kinder haben zum Beispiel nicht das Recht den Aufenthaltsort der Familie zu bestimmen; dieses Recht obliegt seit Anfang der 1970er Jahre den Eheleuten gemeinsam.[19]

Mit der Sorgerechtsreform in der Bundesrepublik Deutschland (in Kraft seit 1980) wurde der missverständliche Begriff der elterlichen Gewalt abgeschafft und durch den Begriff der elterlichen Sorge ersetzt, wodurch auch die mit der legalen Herrschaft verbundenen Pflichten der Eltern im Erziehungsprozess stärker betont werden. So wird in § 1626, Abs. 2, Satz 1 BGB seit 1980 von den Eltern gefordert, die wachsende Fähigkeit und das wachsende Bedürfnis des Kindes zu selbstständigem und verantwortungsbewusstem Handeln bei der Pflege und der Erziehung des Kindes zu berücksichtigen. Im Jahr 2000 folgte das Recht des Kindes auf gewaltfreie Erziehung (§ 1631, BGB), das mit Wirkung zum 8.11.2000 in Kraft trat und jedem Kind das Recht auf eine Erziehung ohne körperliche Strafen, seelische Verletzungen und andere entwürdigende Maßnahmen zusprach – ohne allerdings eine unmittelbare Elternpflicht zur gewaltfreien Erziehung zu formulieren.

Die legale Herrschaft der Eltern wird in der Bundesrepublik Deutschland auch im schulbezogenen Bereich eingeschränkt. Nach § 1631a, BGB wird von den Eltern gefordert, Eignungen und Neigungen des Kindes in der schulischen Ausbildung des Kindes zu berücksichtigen und bei Zweifel über Eignungen und Neigungen des Kindes pädagogischen Rat einzuholen. Da nach § 1627 gegenseitiges Einvernehmen beider Elternteile in der Erziehung des Kindes gefordert wird, kann angenommen werden, dass der Gesetzgeber davon ausgeht, dass es zum Wohl des Kindes notwendig sein kann, dass die Eltern professionellen Rat einholen müssen, wenn sie sich nicht über Eignungen und Neigungen ihres Kindes einigen können.

---

18 Wenn der legale Herrscher persönliche Willkür in seine Handlungen einfließen lässt, dann verlässt er den Bereich der legalen Herrschaft und begeht zum Beispiel als Beamter einen Amtsmissbrauch, der bei Vorsatz oder im Wiederholungsfall mit dem Entzug des Amtes sanktioniert werden muss, weil ansonsten die Beherrschten den Glauben an die Legitimität der Behörde verlieren.

19 Bis zu Beginn der 1970er Jahre war es das alleinige Recht des Ehemanns über den Aufenthaltsort der Familie zu bestimmen.

Die gesetzlich geregelte Form der legalen Herrschaft der Eltern gegenüber den Kindern endet in der Bundesrepublik Deutschland – im Gegensatz zu patriarchalen Gesellschaften[20] – kraft Gesetz automatisch mit der Volljährigkeit des Kindes oder durch gerichtliche Anordnung einer Vormundschaft durch Dritte, wenn die Eltern ihrer Fürsorgepflicht nicht nachkommen. Im Gegensatz zu Beamten gibt es aber keine institutionelle Regelung, durch die Eltern auf ihre Dienstpflichten (z.B. im BGB) hingewiesen werden.

Nach Erreichen der Volljährigkeit ist die legale Herrschaft der Eltern über ihre Kinder (oder umgekehrt) nur kraft Vertrag (z.B. Arbeitsvertrag) oder durch gerichtlichen Beschluss (Anordnung einer Vormundschaft) möglich. Auch vor Erreichen der Volljährigkeit besteht die Möglichkeit, legale Herrschaft *per Vertrag* in der Familie auszuüben, indem Eltern und Kinder weitergehende Verträge – zumeist in mündlicher Form – aushandeln, die ihre wechselseitigen Rechte und Pflichten näher spezifizieren. Der Herrschaftsaspekt in der familialen Sozialisation kann sich allerdings nicht allein auf die legale Herrschaft beziehen, da die Erziehung in der Familie nur durch den groben Rahmen des Bürgerlichen Gesetzbuches vorgegeben ist.

Neben der rationalen Legitimierung der Herrschaft der Eltern über ihre Kinder kraft Satzung – im Sinne Webers – spielt die rationale Legitimierung der Herrschaft kraft Vernunft – im Sinne Kants – eine besondere Rolle für rationale Herrschaft im Bereich der Erziehung. Für eine rationale Legitimierung sind Erziehungshandlungen weniger von dem Glauben an die Legalität gesatzter Ordnungen abhängig, da die Kinder diese in der Regel nicht kennen, sondern ihre Legitimität beruht auf der Einsicht des Kindes, dass die Maximen (Prinzipien) dieser auf Herrschaft beruhenden Erziehungshandlungen grundsätzlich in der Form eines allgemeingültigen Gesetzes formuliert werden können. Rationale Herrschaft oder rationale Erziehung besteht also darin, dass das Individuum sich einem allgemeinen Gesetz unterwirft, von dem es sich selbst als Urheber betrachten könnte (vgl. Kant 1786a, S. 64), weil das Individuum selbst – kraft eigener Vernunft – zu keinem anderen Ergebnis gekommen wäre. Ein Beispiel für rationale – und in diesem Sinne – *gute Manieren* ist die Maxime, dass jede Person die andere Person in einem Gespräch ausreden lässt. Die Durchsetzung dieser Erziehungsnorm kraft elterlicher Autorität steht nicht in einem Widerspruch zur Autonomie des kindlichen Individuums. Autonomie im Sinne Kants (als Gegenpol zur heteronomen Willkür) und Autorität im Sinne rationaler Herrschaft oder rationaler Erziehung sind keine Antipoden, sondern können als wechselseitig abhängige Faktoren – oder sogar als die beiden Seiten einer Medaille – betrachtet werden.

Rationale Herrschaft in der familialen Erziehung wurde in Anlehnung an die frühe Führungsstilforschung (vgl. Lewin, Lippitt & White 1939) – und wahrscheinlich auch aufgrund der historisch bedingten Diskreditierung des Autoritätsbegriffs – als *demokratische Erziehung* oder zum Teil auch als *partnerschaftliches Beziehungsmodell* bezeichnet.

---

20 In der römischen Gesellschaft, die auf dem patriarchalen Herrschaftsprinzip beruhte, basierte die Mündigsprechung beziehungsweise die Aus-der-Hand-Gebung (Emanzipation) des Sohnes durch den Vater auf der willkürlichen Entscheidung des Patriarchen.

Der Begriff der *demokratischen Erziehung* ist zwar in Bezug auf das Erziehungsziel eines demokratischen und somit mündigen Bürgers (vgl. Adorno 1971, S. 107) durchaus angemessen, er beschreibt jedoch die Herrschaftsverhältnisse in der Familie in unangemessener Weise, da die minderjährigen Kinder nicht nur aus juristischen Gründen weder die gleichen Rechte noch die gleichen Pflichten wie ihre Eltern haben können. Die Kinder können zum Beispiel weder mit einfacher noch mit absoluter Mehrheit dafür votieren, dass die Hälfte des Haushaltseinkommens für Spielzeug ausgegeben wird. Ihre minderen Rechte über das Haushaltseinkommen zu verfügen korrespondieren allerdings auch mit ihren minderen Pflichten zum Einkommen der Familie beizutragen. Hinsichtlich der Vermögenssorge haben die Eltern das Recht und die Pflicht das Vermögen des Kindes zu verwalten, wenngleich ab dem 7. Lebensjahr eine beschränkte Geschäftsfähigkeit besteht. Erziehung kann nicht demokratisch sein, weil die minderjährigen Kinder nicht die gleichen Rechte wie die Eltern haben. Die Eltern stellen de jure und in der Regel auch de facto mit absoluter Mehrheit die Regierung in der Familie, während den Kindern allenfalls ein Platz auf den Oppositionsbänken zusteht, weil eine demokratische (allgemeine, freie und gleiche) Wahl zum Familienvorstand nicht vorgesehen ist. Von der Regierungspolitik in der Familie hängt es aber – wie im Parlament – davon ab, ob die Opposition zur Radikalisierung neigt oder nicht. Erziehung als ein *partnerschaftliches Beziehungsmodell* zu beschreiben ist ebenfalls eher als Erziehungsziel, denn als Erziehungsmodus vorstellbar, da partnerschaftliche Beziehungen auf Gleichberechtigung beruhen. Zur Beschreibung des nicht-autoritären Herrschaftsverhältnisses in der Familie hat sich der Begriff der autoritativen Erziehung durchgesetzt, der Autorität auf der Handlungsebene als eine spezifische Form der sozialen Kontrolle (Monitoring) beschreibt (vgl. Kapitel 2.2.4). Ein Beispiel für schulbezogenes Monitoring ist die Kontrolle des schulischen Leistungsstandes des Kindes durch die Eltern.

Herrschaft oder Autorität im Bereich der familialen Erziehung kann auch durch Charisma oder durch Tradition legitimiert werden. In der frühen Kindheit üben die Eltern wohl mehr oder weniger eine Form der charismatischen Herrschaft im Sinne Webers aus. Nach Weber muss der Träger des Charismas Handlungen vollziehen, die seinen Anhängern als außergewöhnlich – als Wunder oder Heldentaten – erscheinen; in jedem Fall muss der Träger des Charismas aber für das *Wohlergehen* seiner Gläubigen sorgen (vgl. Weber 1980, S. 140 u. 656). Charismatische Herrschaft ist daher auch in der Familie nur dann möglich, wenn die Herrscher (Eltern) positive Emotionen beziehungsweise Wohlbefinden bei den Beherrschten (Kindern) erzeugen.

Möglicherweise ist der für den weiteren Sozialisationsprozess entscheidende Prozess der primären Identifizierung des Kindes mit den Eltern – als ursprünglichste Form der Gefühlsbindung – (vgl. Freud 1921, S. 98; Freud 1933, S. 501 ff.) mit der wunderbaren charismatischen Herrschaft der Eltern verbunden. Bleiben die Wunder oder die Heldentaten (Kompetenzen) allerdings aus oder werden sie als solche nicht mehr anerkannt, dann ist die charismatische Herrschaft gefährdet. Für den Verlauf des kindlichen Sozialisationsprozesses ist anzunehmen, dass charismatische Herrschaft in der Familie zunehmend an Bedeutung verliert, unter anderem deshalb, weil das Ziel der Erziehung in der Regel nicht die Maximierung des kindlichen Wohlbefindens ist. Allerdings kann die gelungene frühkindliche Identifizierung mit den charismatisch erscheinenden Eltern bis in die Schulzeit hineinwirken, wenn das Kind die als Heldentaten erlebten Kompetenzen der Eltern nachahmen möchte und eine entsprechende Bildungsmotivation entwickelt, um selbst diese Kompetenzen (z.B. als Lokomotivführer oder als bewunderter Redner) zu erwerben. Genau genommen legitimieren die Eltern ihr Verhalten in der Regel allerdings nicht durch Charisma, sondern sie werden durch die Hilflosigkeit des Säuglings oder des Kleinkindes in die Rolle der charismatischen Herrscher gedrängt und werden so zu stolzen Eltern, die glückliche und kompetente Kinder hervorgebracht haben.

Traditionale Herrschaft beruht nach Weber auf der Legitimation der Herrschaft aufgrund der „Heiligkeit altüberkommener ... Ordnungen und Herrengewalten" und auf dem Glauben der Beherrschten daran. Der traditionale Herrscher ist nicht Vorgesetzter, sondern persönlicher Herr, dessen persönliche Willkür durch die traditionale Ordnung begrenzt ist (vgl. Weber 1980, S. 130).

Im Bereich des elterlichen Erziehungsverhaltens können traditional legitimierte Handlungen – der Stil des Hauses (ugs.: „das haben wir schon immer so gemacht") – in zwei Formen unterschieden werden. Einerseits in solche Handlungen, die nur traditional legitimierbar sind und andererseits in diejenigen Handlungen, die zwar durch Tradition legitimiert werden, aber deren Maximen durchaus rational begründbar sind in Form eines allgemeinen Gesetzes. Eine Reihe von religiös begründeten Handlungsmaximen – zum Beispiel ein Teil der zehn Gebote des Alten Testaments, vor allem das sechste Gebot – kann einen universalen Charakter haben und somit auch rational begründet sein.

Traditional begründete Erziehungshandlungen im engeren Sinne sind dagegen nicht rational legitimierbar. Die traditional legitimierten Handlungsmaximen haben in der Regel einen metaphysischen Charakter, weil sie auf Sätzen beruhen, die empirisch nicht falsifizierbar sind und daher geglaubt werden müssen. In diesem Sinne zeichnen sich traditional legitimierte Erziehungsmaximen durch religiöse oder heilige Züge aus, die als partikular bezeichnet werden können. Zu den partikularen Erziehungshandlungen gehört die Sozialisation von Sitten und Gebräuchen, die durch die Zugehörigkeit zu einer sozialen Gruppierung legitimiert werden. Diese partikularen Traditionen können sich auf ein Volk (z.B. deutsche Tradition), auf eine Volksgruppe (z.B. schwäbische Tradition), auf soziale Stände, Klassen oder Kreise (von Bourdieu zusammenfassend als *Klassenmoral* bezeichnet) sowie auf relativ weite Kulturkreise (z.B. abendländische oder christliche Traditionen) beziehen – und können sich auch wechselseitig beeinflussen.

Die Einhaltung dieser Traditionen steht in Wechselwirkung mit der Identifikation mit den entsprechenden sozialen Kreisen und führt zu einem positiven Gefühl sozialer Zugehörigkeit durch wechselseitige Anerkennung. Traditional begründete Verbindungen sind also selbst in relativ weiten sozialen Kreisen (im Sinne Simmels) immer auch mit positiven Emotionen verbunden – vor allem mit der Wertschätzung der Identität der eigenen Person (Stolz) durch die Zugehörigkeit zu einem sozialen Kreis, die durch die soziale Anerkennung der eigenen Person gestützt wird.

Der Umgang mit traditional legitimierten Handlungsvorschriften in der Familie ist ein wichtiger Prüfstein für die Qualität des elterlichen Erziehungsverhaltens. In Bezug auf das Verhältnis von Herrschaft und Autonomie spielen Erziehungshandlungen, die letztendlich nur traditional legitimierbar sind, eine wichtige Rolle, weil sie prinzipiell einen Eingriff in die Autonomie einer Person darstellen, da sie nicht rational im Sinne einer universalen Handlungsmaxime legitimierbar sind.

Es ist zum Beispiel kein vernünftiger Grund denkbar, warum die Art ein bestimmtes Besteck bei einer Mahlzeit zu benutzen einen allgemeingültigen Charakter haben sollte. Gleiches gilt nicht nur für eine Reihe weiterer Manieren, sondern auch zum Beispiel für den geforderten Bildungskanon. Die Handlungsvorschriften, die spezifische Manieren, Bekleidung oder einen bestimmten Bildungskanon fordern, sind in der Regel partikular und entstammen einer gesellschaftlichen *Klassenmoral* (z.B. die bürgerliche Bildungsbeflissenheit vs. eines utilitaristischen Handwerker- oder Arbeiterethos), der Moral bestimmter Milieus (z.B. die Bekleidungsvorschriften oder der Bildungskanon von Punkern) oder der Moral noch weiterer sozialer Kreise (Volk, Religion etc.). *Was man wirklich wissen muss*, hängt aus soziologischer Perspektive also von der Gruppen- und Klassenzugehörigkeit sowie der Anerkennung ihrer partikularen Moral durch das Individuum ab.

In modernen Gesellschaften hat sich die bürgerliche Moral im weitesten Sinne mitsamt ihrem Bildungskanon zur herrschenden Moral entwickelt, an der – trotz der Differenzierung und der Modernisierung bürgerlicher Traditionen (Traditionalisten vs. Modernisten) – die Legitimität von Bildung gemessen wird. Der Jazz hat sich beispielsweise von einer illegitimen Kunst (Swing als Tanz- und Unterhaltungsmusik) zu einer weitgehend legitimen Kunst (Bebop und Free Jazz als Kunstform) gewandelt, während sowohl Modernisten als auch Traditionalisten der bürgerlichen Kultur die sogenannte Trivialliteratur (z.B. Hedwig Courths-Mahler) wohl übereinstimmend ablehnen.

Der Erwerb von legitimer und illegitimer Kultur in der Familie hängt von der Klassenmoral im Bourdieu'schen Sinne ab, die vor allem durch traditionale Herrschaft in der Familie vermittelt wird. Die Familie ist der primäre soziale Ort, wo dem Kind vermittelt wird, *was man wirklich wissen muss*. Nach den Ergebnissen von PISA 2000 scheint die soziale Scheidelinie in der Bildungsbeteiligung in der Bundesrepublik Deutschland in der Bildungsentscheidung zwischen Realschule und Gymnasium zu liegen (vgl. Kapitel 2.1.2). Dies legt die Vermutung nahe, dass das Verhältnis zur theoretischen Bildung die bürgerliche Bildungsmoral – vor allem der oberen und unteren Dienstklasse (nach EGP-Klassifizierung) – von der Bildungsmoral der EGP-Arbeiterklassen unterscheidet. Die durch traditionale Herrschaft in der Familie vermittelte kulturelle, emotionale und soziale Distanz der Arbeiterfamilien zu den Institutionen höherer Bildung und den dort verankerten bürgerlichen Schichten, die Dahrendorf in den 1960er Jahren konstatierte (vgl. Dahrendorf 1966, S. 67 ff.), dürfte auch heute noch eine Rolle spielen. Die Unterscheidung zwischen Bürgertum und Arbeiterklasse ist insofern auch sozialisationstheoretisch begründbar, weil sie auch auf der historisch tradierten (und internalisierten) Unterscheidung der Berufe in Berufe mit vorwiegend manuellen und vorwiegend nicht-manuellen oder geistigen Tätigkeiten beruht. Ein Grund für die Aufrechterhaltung dieser Klassenunterschiede in Bezug auf den Gymnasialbesuch könnte auch die *Selbstselektion* der EGP-Arbeiterklassen sein, die durch die nicht ausreichende Wertschätzung – wenn nicht sogar durch Abwertung – der theoretischen Bildung (als ein Aspekt bürgerlicher Bildungsmoral) mit bestimmt sein könnte.

Bourdieu geht darüber hinaus von der Annahme aus, dass auch die scheinbar zweckfreie legitime Bildung und der *gute Geschmack* des Kindes für den Erwerb schulischer Bildungstitel von Vorteil ist. Die Rentabilität der *zweckfreien* Bildung und des *guten Geschmacks* ist in der Schule umso größer, je mehr diese der Begabung der Schüler zugerechnet werden (vgl. Bourdieu 1966b, S. 30). Die Kenntnisse im Bereich der legitimen und der illegitimen Kultur sind nicht nur Indikatoren für das Interesse des Kindes, sondern auch Indikatoren dafür, in welchen sozialen Kreisen die Schülerinnen und Schüler zukünftig anerkannt werden. Möglicherweise hängt also auch die Grundschulempfehlung von der Erwartung ab, ob das Kind aufgrund seiner kulturellen Herkunft in eine bestimmte Schulform passt oder nicht. Die soziale Herkunft könnte also auch – vermittelt über den prognostischen Anteil der Grundschulempfehlung – die soziale Zukunft beeinflussen.

Die in der Familie tradierte Bildungsmoral ist zwar inhaltlich dem kulturellen Kapital zuzuordnen, sie wird aber auch an dieser Stelle diskutiert, weil der Prozess der Sozialisation von Bildung sich auf das soziale Kapital bezieht, insbesondere auf die Aspekte von Herrschaft und Autonomie im Sozialisations- und Erziehungsprozess.

Die elterliche Forderung nach einer möglichst hohen Bildung des Kindes, wie sie dem bürgerlichen Bildungsethos zueigen ist, kann der rationalen Herrschaft zugeordnet werden, weil sie universal und somit rational legitimierbar ist und die Autonomie des Kindes dann nicht einschränkt, wenn sie rational legitimiert wird. Zu einer partikularen Bildungsmoral können traditional legitimierte Leistungserwartungen gerechnet werden, die einen bestimmten Bildungsabschluss oder ein bestimmtes Leistungsniveau fordern.

Patriarchale Herrschaft in der Familie ist ein typisches Beispiel für traditional legitimierte Herrschaft, die als Idealtypus notwendigerweise ein autoritäres Erziehungsverhalten der Eltern (beziehungsweise des Vaters) zur Folge hat. So kann zum Beispiel die Forderung der Eltern, dass das Kind den elterlichen Handwerksbetrieb oder die elterliche Zahnarztpraxis aus Gründen der Tradition übernimmt, als eine autoritäre Erziehungspraxis beschrieben werden, die die Autonomie des Kindes im Sinne Kants einschränkt, weil es keinen vernünftigen Grund dafür geben kann, dass ein Kind den Beruf seiner Vorfahren ausübt. Vergleichbares gilt auch für diejenigen Arbeiterkinder, die durch traditionelle Bindungen ihrer eigenen Familie oder ihres Milieus am Gymnasialbesuch gehindert werden, obwohl ihre Leistungen den Anforderungen genügen. Besonders problematisch werden traditional legitimierte Leistungsanforderungen oder Bildungsaspirationen dann, wenn diese den Interessen des Kindes widersprechen oder wenn die von den Eltern geforderten Leistungen höher als die Fähigkeiten des Kindes sind, weil dies zu einer andauernden Überforderung des Kindes und damit zu Stress und Angst führt (vgl. Schwarzer 1993, S. 14 ff.).

Zusammenfassend lässt sich sagen, dass charismatische Herrschaft in der Familie vor allem für die Zeit der (frühen) Kindheit anzunehmen ist und eng mit der positiv emotionalen Eltern-Kind-Bindung gekoppelt ist, weil charismatische Herrschaft nur funktionieren kann, wenn sie das Wohlergehen der Anhänger zur Folge hat. Für den Verlauf des weiteren Sozialisationsprozesses ist mit zunehmender Kompetenz und der Weiterentwicklung des Autonomiebedürfnisses auf Seiten des Kindes anzunehmen, dass elterliche Herrschaft entweder rational oder traditional legitimiert werden muss.

Traditional legitimierte Herrschaft in der Familie führt zu einer Einschränkung der Autonomie des Kindes und ist mit negativen Emotionen des Kindes verbunden, die zum sozialen Sprengstoff (vgl. Fromm 1932, S. 59) der Familie werden können. Der Begriff der Pflicht wird im Kontext traditional legitimierter Herrschaft denunziert und mit Heteronomie gleichgesetzt.

Rational legitimierte Herrschaft in der Familie scheint dagegen am Besten geeignet zu sein, um das emotionale Gleichgewicht aller Familienmitglieder aufrechtzuerhalten, weil die Autonomie des Kindes berücksichtigt wird und somit die Internalisierung sozialer Regeln durch eine „freiwillige Selbstbindung aus Einsicht" (Nunner-Winkler 1999, S. 300) begünstig wird. Im Kontext einer rational legitimierten Herrschaft in der Familie bekommt der Begriff der Pflicht einen reflexiven oder rationalen Charakter. Nach Kant (1797, S. 622 ff.) bedeutet Pflicht, die durch die Vernunft dem Menschen auferlegte Notwendigkeit nach einem Gesetz zu handeln. Die Befolgung der Pflicht erfolgt also durch Einsicht in die vernünftige oder universale Legitimation von Handlungsanweisungen und nicht durch Furcht. Für Kant sind daher die positiven emotionalen Beziehungen von entscheidender Bedeutung: „Alle moralische Verhältnisse vernünftiger Wesen, welche ein Prinzip der Übereinstimmung des Willens des einen mit dem des anderen enthalten, lassen sich auf Liebe und Achtung zurückführen" (Kant 1797, S. 629). Verbote und Strafen sind daher die Ultima Ratio für eine rationale Erziehung.

Weil die Herrschaftsverhältnisse in der Familie als ein zentraler Aspekt des sozialen Kapitals oder des Erziehungskapitals der Familie auch in einen soziohistorischen Kontext eingebettet sind, kann die Familie als Sozialisationsinstanz als die „psychologische Agentur der Gesellschaft" (Fromm 1932, S. 17) bezeichnet werden. Durch die Modernisierung der deutschen Gesellschaft im 20. Jahrhundert (Auflösung traditionaler Bindungen durch Industrialisierung, Urbanisierung und Demokratisierung, zunehmende Mobilität und Bildung) wurde die Legitimität traditionaler Herrschaft auch in der Familie zunehmend infrage gestellt. Moderne oder rationale Herrschaftsverhältnisse in demokratischen Gesellschaften erfordern und ermöglichen gleichermaßen einen Erziehungsprozess, der auf rational legitimierter Herrschaft auch in der Familie beruht. Anderseits beruht das soziale Kapital einer Gesellschaft auch auf dem emotionalen Kapital einer Gesellschaft (Aufrechterhaltung eines emotionalen Gleichgewichts bezüglich des Wohlbefindens aller Gesellschaftsmitglieder), zum Beispiel durch Wohltätigkeit (vgl. Kant 1797, S. 589 ff.). Das emotionale Kapital einer Gesellschaft steht in Wechselwirkung mit dem emotionalen Kapital der Familie. Daher stellen aus psychoanalytischer und bindungstheoretischer Perspektive die libidinösen, emotional bindenden Kräfte den *Kitt der Gesellschaft* und der Familie dar (Fromm 1932, S. 35) und sie sind eine Voraussetzung für rationale Erziehung in der Familie und demokratische Herrschaft in der Gesellschaft.

2.1.4.4 Einfluss des familialen Kapitals auf das Bildungskapital des Kindes

In diesem Kapitel wird der Frage nachgegangen, auf welche Weise das ökonomische, das kulturelle und das soziale Kapital der Familie Einfluss auf das Bildungskapital des Kindes nehmen. Für das Bildungskapital des Kindes ist nach der Unterscheidung von Bourdieu sowohl das inkorporierte Kulturkapital des Kindes als auch der Bildungstitel – als institutionalisiertes Kulturkapital des Kindes – zu berücksichtigen.

Da die in dieser Arbeit untersuchten Schülerinnen und Schüler der Sekundarstufe I noch keinen Bildungstitel erworben haben, der eine qualifizierte Zugangsberechtigung zum Arbeits- oder zum beruflichen Ausbildungsmarkt darstellt, werden die Wahl der Schulform der Sekundarstufe I und die erzielten Schulleistungen als Zwischenstufen auf dem Weg des Erwerbs des Bildungstitels in den Vordergrund gestellt.

Die Grundschulempfehlung, die zum Beispiel für die Schülerinnen und Schüler in Baden-Württemberg verbindlich ist und daher einen entscheidenden Einfluss auf die Wahl der Schulform der Sekundarstufe I hat, weil die Eltern die Grundschulempfehlung zwar aus freier Entscheidung nach unten, aber nur bedingt nach oben korrigieren können (Recht auf Durchführung eines Fähigkeitstests, Verwaltungsklage gegen die Grundschulempfehlung), stellt formal einen Bildungstitel dar. Obwohl die Grundschulempfehlung nicht nur in Baden-Württemberg eine besonders gewichtige Rolle für die Wahl der Schulform der Sekundarstufe I spielt (vgl. Cortina & Trommer 2003, S. 357), und die Wahl der Schulform nach dem Stand der Forschung (vgl. Kapitel 2.1.2) im deutschen Bildungssystem den folgenreichsten Bildungsübergang darstellt, wird die Grundschulempfehlung beziehungsweise das Grundschulzeugnis dennoch nicht als eigenständiger institutionalisierter Bildungstitel angesehen.[21]

Wie das Beispiel der Grundschulempfehlung bereits andeutet, sind verschiedene Faktoren für ein Kausalmodell zur Erklärung des Erwerbs von institutionalisierten Schulbildungstiteln zu berücksichtigen. Neben den Kompetenzen des Kindes (inkorporiertes Kapital) sind insbesondere die Einflüsse von Schule und Unterricht zu nennen, die in Wechselwirkung mit den Kompetenzen des Kindes stehen. Der direkte Einfluss des Elternhauses auf den Erwerb von Bildungstiteln beschränkt sich in modernen meritokratischen Gesellschaften, deren Leitbild das Leistungsprinzip ist, weitgehend auf die Akkumulation des inkorporierten Kapitals der Kinder. Bildungstitel sind in der Regel nicht durch ökonomisches Kapital käuflich – wie zum Beispiel Aktientitel – und sie können auch nicht unmittelbar aufgrund der Standes- oder der Klassenzugehörigkeit vererbt werden, wie zum Beispiel Adelstitel (vgl. Bourdieu 1983a, S. 197).

Ein einfaches Modell zur Erklärung des Erwerbs schulischer Bildungstitel besteht in einer wechselwirkungsfreien Erklärungskette, in der die Ressourcen des Elternhauses (z.B. die kulturelle Arbeit in der Familie) durch kindliche Lernprozesse – in Abhängigkeit von der kindlichen Bildungsmotivation und den Fähigkeiten des Kindes – zur Akkumulation des inkorporierten Bildungskapitals des Kindes führen.

---

21 Obwohl die prognostische Validität der Grundschulempfehlung besser als ihr Ruf ist (vgl. Einsiedler 2003, S. 295).

Das vorschulisch inkorporierte Bildungskapital des Kindes wird in der Grundschule – in Abhängigkeit von der kindlichen Motivation und den entsprechenden Fähigkeiten des Kindes sowie in Abhängigkeit von der Motivation und den Fähigkeiten der Lehrpersonen im Grundschulunterricht[22] (institutionalisierte Bildungsarbeit) – durch kindliche Lernprozesse weiter akkumuliert. Das durch den Grundschulunterricht weiter akkumulierte inkorporierte Bildungskapital des Kindes führt in Abhängigkeit von der Motivation des Kindes sowie in Abhängigkeit von den subjektiven Leistungseinschätzungen der Lehrpersonen zu interindividuell unterschiedlichen Grundschulleistungen. Die Grundschulleistungen sowie die subjektiven Leistungsprognosen der Lehrpersonen führen zu einer entsprechenden Grundschulempfehlung, die den Übergang auf eine weiterführende Schule entscheidend beeinflusst.

In der weiterführenden Schule wird das inkorporierte Bildungskapital des Kindes in Abhängigkeit von der kindlichen Motivation und den entsprechenden Fähigkeiten des Kindes sowie in Abhängigkeit von der Motivation und den Fähigkeiten der Lehrpersonen im Sekundarstufenunterricht durch kindliche Lernprozesse weiter akkumuliert. Das durch den Sekundarstufenunterricht weiter akkumulierte inkorporierte Bildungskapital des Kindes führt in Abhängigkeit von der Motivation des Kindes sowie in Abhängigkeit von den subjektiven Leistungseinschätzungen der Lehrpersonen zu interindividuell unterschiedlichen Schulleistungen in der Sekundarstufe. Die Schulleistungen führen letztendlich zu einem institutionalisierten Bildungstitel (Abgangszeugnis der Sekundarstufe I bzw. II), der über die Qualität des weiteren Bildungsweges entscheidet.

In dem Modell fehlen noch eine ganze Reihe von Einflussfaktoren – zum Beispiel die Emotionen des Kindes, die positive und negative motivationale Effekte auf den Lernprozess, aber auch Einfluss auf den kognitiven Aspekt des Lernprozesses (z.B. Informationsverarbeitung im Unterricht) haben können. Das oben genannte Modell deutet aber bereits darauf hin, dass das Verhalten der Eltern die Schulleistungen ihrer Kinder vor allem indirekt beeinflusst, da die Schulleistungen des Kindes in Wechselwirkung mit der Motivation und den Kompetenzen sowohl der Kinder als auch der Lehrpersonen stehen. Da die Schulleistungen wiederum von zentraler Bedeutung für die Vergabe von Bildungstiteln sind, kann angenommen werden, dass elterliches Verhalten keinen direkten Einfluss auf den Erwerb von schulischen Bildungstiteln ihrer Kinder hat, sondern indirekt über die Schulleistungen des Kindes erfolgt. Die Schulleistungen sind wiederum auch nur indirekt durch elterliches Verhalten beeinflussbar, weil das Delegationsprinzip bei schulischen und akademischen Prüfungen in modernen Gesellschaften ausgeschlossen ist. Die unmittelbare Einflussnahme elterlichen Verhaltens auf den schulischen Bildungsprozess bezieht sich daher vor allem auf die Akkumulation des inkorporierten Bildungskapitals der Kinder (Kompetenzen, Bildungsaspirationen, Lern- und Leistungsmotivation) sowie auf Versuche der elterlichen Einflussnahme auf die Motivation und die Leistungsbeurteilung der Lehrpersonen.[23] Weitere Effekte des ökonomischen, kulturellen und sozialen Kapi-

---

22 Und gegebenenfalls durch den Vorschulunterricht.
23 Einflussnahmen der Kunden (Eltern und Kinder) auf die Auswahl angebotener Kompetenzen von Lehrpersonen sind innerhalb des staatlichen Schulsystems der Bundesrepublik Deutschland prak-

tals der Familie auf den schulbezogenen Bildungsprozess der Kinder sind nach den ersten Überlegungen nur als indirekte Effekte vorstellbar. Bourdieu weist selbst darauf hin, dass die Übertragungsprozesse des kulturellen Kapitals durch ein hohes *Schwundrisiko* gekennzeichnet sind (vgl. Bourdieu 1983a, S. 197).

Das ökonomische Kapital der Herkunftsfamilie lässt sich nach Besitz (Vermögen) und Einkommen differenzieren (vgl. Kapitel 2.1.4.1).

Der Einfluss des Besitzes der Familie auf den Erwerb von Bildungstiteln wird von Bourdieu unter anderem deshalb als gering eingeschätzt, weil Bildungstitel in modernen Gesellschaften nicht käuflich sind (vgl. Bourdieu 1983a, S. 197). Der reine Besitz von Aktien, Fonds oder anderen nicht sichtbaren Formen des Geldvermögens der Eltern ist auch nicht direkt für den Erwerb von Schulleistungen des Kindes verwertbar. Der Besitz eines Unternehmens oder der Besitz von Immobilien kann zumindest indirekt einen Einfluss auf den Erwerb von Schulleistungen und die Vergabe von Bildungstitel nehmen.

Wenn eine Familie vor Ort zum Beispiel als Arbeitgeber oder Wohnungsvermieter auftritt, dann wird sie über ein höheres soziales Kapital verfügen als die Familie eines Arbeitnehmers oder die Familie eines Mieters – insbesondere wenn die Lehrperson des Kindes oder die Familie der Lehrperson als Mieter oder als Arbeitnehmer davon betroffen sind. Das soziale Kapital der Familie und das daraus gewonnene Ansehen der Familie, kann durchaus bei eher durchschnittlichen Schulleistungen eine positive Rolle zum Beispiel für die Grundschulempfehlung spielen. Zumindest wird es für Lehrpersonen einfacher sein, bei gleichen Kompetenzen einem Arbeiterkind eine Hauptschulempfehlung zu geben als einem Kind, dessen Vater Vorsitzender im Tennisclub der Lehrperson sowie Mitglied der gleichen politischen Partei ist und der darüber hinaus einmal wöchentlich mit dem Rektor der Schule Skat spielt. Aus zwei Gründen ist der indirekte Einfluss des ökonomischen Kapitals auf schulische Bewertungen, der über soziales Kapital vermittelt wird, aber als eher gering einzuschätzen. Einerseits schützt der Beamtenstatus der Lehrpersonen vor Einflussnahme durch Dritte und andererseits dürfte die Anzahl der Schülerinnen und Schüler, die dennoch von diesen sozialen Konstellationen profitieren, so gering sein, dass der statistische Effekt vergleichsweise marginal sein dürfte.

Der Besitz der Familie kann allerdings emotionale und motivationale Effekte auf den schulischen Lernprozess des Kindes ausüben, wenn die Kinder sich als zukünftige Erben begreifen. Die zukünftigen Erben könnten zwar einerseits eine geringere schulische Anstrengungsbereitschaft ausbilden, wenn zum Beispiel die Führungs-

---

tisch kaum möglich, weil sowohl das Angebot staatlicher Bildungskompetenzen (z.B. durch Berufsbeamtentum) als auch die Nachfrage nach schulischer Bildung (Einschränkung der freien Schulwahl) weitgehend staatlich reguliert sind. Weil das staatliche Schulsystem für die meisten Bürger de facto einen planwirtschaftlichen Monopolcharakter besitzt und die Qualität der angebotenen Bildungskompetenzen praktisch nicht durch Marktmechanismen beeinflussbar ist, wird der institutionelle Zwangscharakter des staatlichen Schulsystems (allgemeine Schulpflicht) weiter erhöht. Daher ist zu erwarten, dass mit zunehmender Bildung der Eltern und bei anhaltender Konkurrenz auf dem Arbeitsmarkt die Eltern versuchen werden, die Bildungsentscheidungen im staatlichen Schulsystem, das im Grunde keinen Bildungsmarkt darstellt, durch die Androhung oder den Einsatz von Rechts- oder anderen Gewaltmitteln zu beeinflussen.

position im geerbten Unternehmen unabhängig von einem Bildungstitel ausgeübt werden kann oder wenn das Vermögen so groß ist, dass es ein lebenslanges Einkommen ohne Arbeit garantiert. Dieses Argument der mangelnden Anstrengungsbereitschaft beruht allerdings auf einer vereinfachten, ökonomistischen Vorstellung, dass Individuen ausschließlich in Abhängigkeit von *externen* Nutzensaspekten in Lernprozesse oder Bildung investieren. Die moderne Lern- und Motivationsforschung nimmt dagegen – gestützt durch empirische Befunde – an, dass Menschen über ein angeborenes, intrinsisches Kompetenzbedürfnis verfügen: „From birth onwards, humans, in their healthiest states, are active, inquisitive, curious, and playful creatures, displaying a ubiquitous readiness to learn and explore, and they do not require extraneous incentives to do so" (Ryan & Deci 2000, S. 56). Daher ist für die zukünftigen Vermögenserben vielmehr anzunehmen, dass der schulische Leistungsdruck zum Erwerb von qualifizierten Bildungstiteln – der durch die hohe Konkurrenz auf dem Arbeitsmarkt erzeugt wird – und die damit verbundene Angst vor dem Scheitern geringer sein wird als bei Personen, deren Einkommen allein durch die berufliche Position und damit in einem hohen Maß vom erworbenen Bildungstitel abhängig ist. Da die intrinsische Lernmotivation weniger durch äußere Zwänge beeinträchtigt wird, sind Vorteile im Lernprozess (Akkumulierung des inkorporierten Kulturkapitals) zu erwarten. Dabei handelt es sich jedoch um relative Vorteile, da der Erfolg der Lernprozesse auch von kognitiven Fähigkeiten und den bisher erworbenen Kompetenzen abhängt. Es ist also nicht zu erwarten, dass potenzielle Vermögenserben sich generell durch hohe Vorteile in der Bildungsbeteiligung oder in den schulischen Lernprozessen auszeichnen.

Da materieller Besitz durch Veräußerung oder durch Beleihung mehr oder weniger schnell in Einkommen transformierbar ist, bedeutet Vermögen eine Absicherung gegenüber materiellen und finanziellen Notlagen der Familie. Tendenziell ist daher bei vermögenden Familien ein erhöhtes Wohlbefinden im Vergleich zu nicht vermögenden Familien zu erwarten. Ein Mindestmaß an Wohlbefinden der gesamten Familie ist nicht nur günstig für die häusliche Lernumgebung des Kindes, sondern verhindert auch, dass familiale Konflikte oder Ängste und Sorgen der Eltern den Lernprozess der Kinder stören. Allein der Besitz einer selbstgenutzten Immobilie kann, wenn der Wohnraum ausreichend groß und qualitativ hinreichend ist, positive Einflüsse auf das Wohlbefinden der Familie ausüben und darüber hinaus eine Sicherheit gegenüber den Wechselfällen des Alltags und des Arbeitsmarktes (Gefährdung des Wohlbefindens durch Einkommensverlust) bieten, da selbst bei geringem Einkommen oder bei Verlust des Arbeitsplatzes ein qualitativ angemessener Wohnraum zu Verfügung steht. Die Vorteile eines selbstgenutzten Immobilienbesitzes sind allerdings auch wieder nur relative Vorteile.

Insgesamt ist anzunehmen, dass das ökonomische Vermögen der Familie nur geringe Effekte auf das Bildungskapital des Kindes hat. Ein Grund dafür ist, dass es keine theoretische Begründung dafür gibt, weshalb in modernen Gesellschaften ein Vermögen, das weit über die materielle Absicherung von Krisensituationen hinausgeht, einen positiven Effekt auf die Akkumulation des inkorporierten kulturellen Kapitals und den Erwerb von Bildungstiteln der Kinder haben sollte.

Wichtiger als das ökonomische Vermögen der Familie ist – aus praktischen und theoretischen Gründen – das Einkommen der Familie, da einerseits für einen großen Teil der bundesdeutschen Haushalte ein eigenes Vermögen keine besondere Rolle spielt (vgl. Kapitel 2.1.4.1) und andererseits das Vermögen in vielerlei Aspekten erst dann nützlich ist, wenn es in Einkommen umgewandelt wird.

Das Einkommen der Familie, das in den meisten Haushalten der Bundesrepublik Deutschland vor allem durch das Einkommen aus unselbstständiger Arbeit erzielt wird, ist in weit höherem Maße für den Lebensstandard, das Wohlbefinden und die Gesundheit der Bevölkerung relevant als das Vermögen. Insbesondere die Wohnqualität als ein zentraler Aspekt der materiell abhängigen Lebensqualität ist abhängig vom Einkommen der Familie.

Größe und Qualität des Wohnraumes beeinflussen nicht nur das Wohlbefinden in der Familie, sondern auch die häusliche Lernumgebung der Schulkinder – z.B. Größe und Ruhe des Arbeitsplatzes. Die Größe des verfügbaren Wohnraums kann auch relevant für Bildungslaufbahnentscheidungen sein, da beengte Wohnverhältnisse den Wunsch von Eltern und Kindern nach einem frühzeitigen Auszug des Kindes aus dem Elternhaus verstärken und somit die Chance auf eine verkürzte Bildungslaufbahn erhöhen können.

Die wenigen empirischen Befunde zum Nettoeffekt des ökonomischen Kapitals der Familie auf das Bildungskapital der Kinder in Deutschland legen nahe, dass es vor allem Familien ohne Vermögen und mit einem geringen Einkommen sind (relative Armut), deren Kinder zumindest tendenziell zu einer verkürzten Bildungslaufbahn neigen. Relative Armutseffekte betreffen in der Sekundarstufe allerdings eher die beruflichen Ausbildungschancen von Hauptschülerinnen und Hauptschülern als die Bildungschancen von Schülerinnen und Schüler in Realschulen und Gymnasien (vgl. Kapitel 2.1.2). Daher ist für die in dieser Arbeit untersuchte Gruppe von baden-württembergischen Achtklässlern aus Realschulen und Gymnasien kein bedeutsamer Effekt des ökonomischen Kapitals der Familie auf die Schulleistungen der Kinder zu erwarten.

Das kulturelle Kapital der Familie ist nach der Theorie von Bourdieu die entscheidende Kapitalform der Familie für die Akkumulation des Bildungskapitals der Kinder. Kulturelles Kapital kann in Form von objektiviertem, inkorporiertem und institutionalisierten Kapital auftreten. Die elterlichen Bildungstitel repräsentieren das institutionalisierte kulturelle Kapital der Eltern und sind in empirischen Untersuchungen die gebräuchlichsten Indikatoren des kulturellen Kapitals der Familie.

Die elterlichen Bildungstitel sind allerdings nicht frei konvertierbar in kindliche Bildungstitel und elterliche Bildungstitel sind aus einer handlungs- oder arbeitstheoretischen Perspektive per se nutzlos für die Akkumulation des inkorporierten kulturellen Kapitals des Kindes. Das objektivierte Kulturkapital der Familie – Bücher, Musikinstrumente oder andere kulturelle Gegenstände – ist aus einer handlungstheoretischen Perspektive ebenfalls per se nutzlos für die Bildung des Kindes. Selbst Eltern, die über akademische Titel verfügen und einen Haushalt in großem Umfang mit objektiviertem kulturellem Kapital ausgestattet haben, sind für die Bildung des Kindes nutzlos, wenn sie physisch abwesend oder sozial nicht verfügbar sind.

Aus handlungstheoretischer Perspektive ist die Transmission des kulturellen Kapitals innerhalb der Familie primär als eine Übertragung von inkorporiertem Kapital von den Eltern auf die Kinder beziehungsweise sekundär als einen Aneignungsprozess durch die Kinder vorstellbar. Da es sich beim inkorporierten kulturellen Kapital um symbolisches Kapital handelt, muss für die Übertragung ein erhebliches Maß an Arbeit aufgewendet werden, und zwar sowohl vonseiten der Eltern als auch vonseiten des Kindes. Diese Kulturarbeit kann im weitesten Sinne als Erziehungsarbeit der Eltern beziehungsweise als Lernarbeit des Kindes bezeichnet werden. Selbst die einfachsten Formen der Lernarbeit, wie die Nachahmung, setzen die Existenz eines handelnden Subjekts voraus, welches nachgeahmt werden kann. Daher setzt der primäre Übertragungsprozess des kulturellen Kapitals in der Familie grundsätzlich handelnde Eltern voraus. Aus der Perspektive eines Handlungsmodells wird der aktive Aneignungsprozess des kulturellen Kapitals durch das Kind deshalb – im zeitlichen Sinne – als ein sekundärer Prozess betrachtet.

Der Erwerb der Sprache ist wohl die wichtigste Voraussetzung für die Übertragung des inkorporierten Kapitals in der Familie. Bis zum Erwerb der Sprache durch das Kind ist die Erziehungs- und die Lernarbeit durch relativ einfache Formen der Verhaltenssteuerung und der Verhaltensadaption gekennzeichnet. Hierzu kann die klassische und die operante Konditionierung[24] des kindlichen Verhaltens durch die Eltern, aber auch die Beobachtung und die Nachahmung des elterlichen Verhaltens durch das Kind gerechnet werden.

Neuere Forschungsergebnisse deuten zwar im Sinne eines aktiven Aneignungsprozesses des Kindes darauf hin, dass bereits Säuglinge Theorien über ihre physikalische und soziale Umwelt aufstellen. Insofern könnte der kulturelle Anregungsgehalt der häuslichen Umwelt (z.B. Spielzeug als objektiviertes Kulturkapital) und der soziale Anregungsgehalt (soziales Kapital) dazu führen, dass bereits Säuglinge physikalische Experimente zur Überprüfung physikalischer Hypothesen (z.B. die Hypothese, dass alle Gegenstände nach unten fallen) und möglicherweise auch soziale Experimente zur Überprüfung sozialer Hypothesen durchführen. Auch wenn die kognitiven Fähigkeiten des Säuglings bereits sehr komplex sein mögen, handelt es sich auf der vorsprachlichen Ebene noch nicht um eine direkte Übertragung des kulturellen Kapitals.

Die direkte Übertragung des inkorporierten kulturellen Kapitals in der Familie setzt den Spracherwerb im weitesten Sinne voraus, da soziale Normen, Werte und Verhaltenserwartungen sowie Wissen, Einstellungen und Deutungsschemata auf sprachlichem Wege vermittelt werden.

Ein Teil der Übertragung des kulturellen Kapitals basiert auf der kulturellen Praxis der Familie. Der Umgang der Eltern mit dem objektivierten kulturellen Kapital ist eine zentrale Voraussetzung für die kulturelle Bildung im weitesten Sinne und für die ästhetische Bildung im engeren Sinne. Dass die Eltern Bücher, Tageszeitungen und Zeitschriften lesen, Musik hören und machen, Fernsehen, Rundfunk und Internet als Informations- und Unterhaltungsquelle nutzen, Kunstwerke in der Wohnung aufstellen oder in Museen betrachten oder Sammlungen von kulturellen Artefakten aller

---

24 Bestrafung unerwünschten Verhaltens vs. Verstärkung erwünschten Verhaltens.

Art[25] aufbauen, ist eine wichtige Voraussetzung für die Übernahme des kulturellen Kapitals der Eltern durch die Kinder. Zum Umgang mit dem objektivierten kulturellen Kapital in der Familie kann auch der Umgang mit Sportgeräten und Verkehrsmitteln (Auto, Fahrrad) gerechnet werden.

Bourdieu scheint davon auszugehen, dass die Nachahmung des elterlichen Verhaltens durch die Kinder eine entscheidende Rolle für die Transmission des kulturellen Kapitals in der Familie spielt, weil er den Übertragungsprozess als *osmotisch* (vgl. Bourdieu 1966b, S. 31) – beziehungsweise als einen Prozess beschreibt, der sich „ohne ausdrücklich geplante Erziehungsmaßnahmen, also völlig unbewusst vollziehen" (Bourdieu 1983a, S. 187) kann.

Für die Transformation des kulturellen Kapitals in der Familie scheint der Umgang oder der Nichtumgang beziehungsweise der Besitz oder Nichtbesitz von objektiviertem Kulturkapital wichtiger zu ein als das Eigentum daran. Bücher, die von den Eltern aus öffentlichen Bibliotheken ausgeliehen und gelesen werden, demonstrieren dem Kind eine andere Form der kulturellen Praxis als der Besitz einer eigenen Bibliothek, die nur als Statussymbol genützt wird. Das Ausleihen von Büchern ist zwar auch mit einer Investition von ökonomischem Kapital verbunden, dennoch sind die ökonomischen Kosten deutlich geringer als beim Eigentumserwerb.

Generell ist das objektivierte kulturelle Kapital (z.B. in Form einer Bibliothek) weniger wertvoll, wenn es nicht durch inkorporiertes kulturelles Kapital (z.B. Lesefähigkeit) verwertet werden kann. Objektiviertes kulturelles Kapital – wie der Besitz von Büchern, Kunstgegenständen, Musikinstrumenten – ist unmittelbar vererbbar, während inkorporiertes kulturelles Kapital an die Person des Trägers gebunden ist. Für die Transmission des gesamten kulturellen Kapitals in der Familie ist daher die Übertragung des inkorporierten kulturellen Kapitals der Eltern auf die Kinder von entscheidender Bedeutung.

Die Übertragung des inkorporierten Kapitals der Eltern auf die Kinder kann nur auf symbolischem Wege – durch sprachliche oder nonverbale Handlungen – vollzogen werden, weil das inkorporierte kulturelle Kapital an die Person des Trägers gebunden ist. Der Prozess der Übertragung setzt daher Aktivitäten von Eltern und Kindern voraus. Aus der Perspektive des Kindes betrachtet, handelt es sich prinzipiell um einen aktiven Aneignungsprozess (Lernprozess), weil die Inkorporierung von symbolischem Kapital eine eigene Aktivität (z.B. Nachahmung) und eine Motivation zur Durchführung dieser Aktivität voraussetzt. Bourdieu scheint den aktiven Lernprozess des Kindes allerdings etwas einseitig als einen unbewussten (vgl. Bourdieu 1983a, S. 187) oder osmotischen Prozess (Bourdieu 1966b, S. 31) zu betrachten. Aber auch die Erziehungsarbeit der Eltern hängt nach seiner Auffassung weniger von den elterlichen Intentionen (vgl. Bourdieu 1983a, S. 187) ab. Die Übertragung des kulturellen Kapitals vollzieht sich daher in „größerer Heimlichkeit" als zum Beispiel

---

25 Dazu gehören nicht nur die Sammlung von originalen oder kopierten Kunstgegenständen aller Art (Gemälde, Drucke, Skulpturen, Bücher, Schallplatten, Spielfilme, Musikinstrumente, Porzellan, Puppen, Uhren, Schmuck etc.), sondern auch die Sammlung von weiteren Artefakten (Briefmarken, Bierdeckel, Auszeichnungen und Pokale für sportliche Leistungen, Comichefte, Überraschungseierspielzeug, Spielzeugeisenbahnen oder Kraftfahrzeugen, Yachten, Villen oder gar Schlösser.

die Übertragung des ökonomischen Kapitals: die „ständige diffuse Übertragung von Kulturkapital in der Familie entzieht sich dem Bewusstsein ebenso wie aller Kontrolle" (Bourdieu 1983a, S. 198).

Bourdieu betont zwar immer wieder die überragende Bedeutung der nichtintentionalen Aspekte des Sozialisationsprozesses, belegt diese Hypothese aber kaum durch empirische Untersuchungen. Wenngleich die bedeutsame Rolle der nichtintentionalen Sozialisation in der frühen Kindheit für den Spracherwerb, den Geschmack und die Manieren oder allgemein die Herausbildung des Habitus (vgl. Kapitel 2.1.4) an dieser Stelle auch nicht grundsätzlich bestritten werden soll, scheint es bereits auf der theoretischen Ebene fraglich zu sein, ob sich dieses Konzept auf den familialen Sozialisationsprozess von Schulkindern übertragen lässt. Mit zunehmender Entwicklung der Kompetenzen des Kindes ist demgegenüber anzunehmen, dass das kindliche Bedürfnis nach Autonomie zu wachsenden Ansprüchen hinsichtlich des Rechts auf Selbstbestimmung führt, wenn dieses Recht nicht autoritär unterdrückt wird oder durch pathologische Deformationen der Persönlichkeit (Masochismus) aufgegeben wurde. Bis in die Grundschulzeit hinein kann angenommen werden, dass die Folgebereitschaft des Kindes überwiegend durch die charismatisch erlebte Herrschaft der Eltern motiviert ist, wenn die Beziehung zu den Eltern durch ein Mindestmaß an wechselseitiger positiver Bindung gekennzeichnet ist.

Mit zunehmender Chance der Akkumulation des kindlichen Sozialkapitals durch die Ausdehnung der sozialen Kreise des Kindes über Familie und Verwandtschaft hinaus (Mitgliedschaft in Peer-Gruppen und gesellschaftlichen Institutionen wie dem Kindergarten und insbesondere der Schule) wächst das Risiko, dass das Kind die elterliche Autorität infrage stellt. Wenn das Kind zum Beispiel feststellen muss, dass traditional legitimierte Handlungsvorschriften des Elternhauses (wie zum Beispiel rigide Leistungserwartungen) keine universale Gültigkeit besitzen oder die elterlichen Handlungsvorschriften keine Anerkennung in den erweiterten sozialen Kreisen (z.B. in der Peer-Gruppe) finden, dann entstehen soziale Konflikte in der Familie, die zu einem Ungleichgewicht im familialen System führen. Auf diese Konflikte müssen Eltern entweder mit erzieherischen Handlungen oder mit der Adaption der konfligierenden Wertvorstellungen oder Maximen – die hinter den alternativen Handlungsvorschriften stehen – reagieren, um ein Gleichgewicht wiederherzustellen. Formal können diese Konflikte als Herrschaftskonflikte beschrieben werden, die das emotionale Gleichgewicht – insbesondere das wechselseitig erzeugte Wohlbefinden – in der Familie stören und zu Bindungskonflikten führen können, die wiederum in Wechselwirkung mit Herrschaftskonflikten stehen. Daher ist anzunehmen, dass im Vergleich zur traditional legitimierten Herrschaft, die rational legitimierte Herrschaft in der Familie, die an allgemeingültigen Erziehungsmaximen orientiert ist, in einem geringeren Ausmaß zu strukturellen Konflikten zwischen Kindern und Eltern führt, die durch die kindliche Erfahrung alternativer Handlungsmodelle in der Schule oder der Peer-Gruppe erzeugt werden. So führen zum Beispiel religiös motivierte Bekleidungsvorschriften von Migrantenkindern spätestens in der Schule durch die Erfahrung alternativer Handlungsmodelle (Bekleidungsvorschriften) zu Konflikten, die eine potenzielle Bedrohung für die dahinterstehenden partikularen Wertvorstellungen darstellen.[26]

Auch schulische Leistungserwartungen der Eltern können sich durch einen partikularen Charakter auszeichnen. Neben extremen Leistungsanforderungen, die zum Beispiel traditional legitimiert werden („Papa war auch Klassenbester"), sind insbesondere rigide Leistungsanforderungen zu nennen, zum Beispiel die Forderung nach einer Mindestnote oder die Forderung bestimmte Bildungsabschlüsse zu erreichen. Aufgrund der Selektionsvorschriften im deutschen Bildungssystem sind die genannten rigiden elterlichen Leistungsanforderungen als partikular zu bezeichnen, da sie nicht allgemeingültig sein können, weil in einem selektiv orientierten Bildungssystem nicht alle Kinder eine gute Note erhalten können und demzufolge ein Teil der Bevölkerung von der höheren Bildung ausgeschlossen wird. Spätestens in der Pubertät, also in der Sekundarstufe I, ist zu erwarten, dass mit dem Untergang der charismatischen Legitimität der Eltern, die partikularen Leistungsanforderungen zu Konflikten zwischen Eltern und Kinder führen. Der Untergang der charismatischen Legitimität der elterlichen Herrschaft beginnt dann, wenn die Kinder aufgrund ihres Entwicklungsstandes den *Mut* gewinnen, dem Wahlspruch der Aufklärung – sich seines eigenen Verstandes ohne Anleitung eines anderen zu bedienen (vgl. Kant 1784, S. 53) – zu folgen und damit beginnen, mündig zu werden. Partikulare Leistungsanforderungen sind dann nicht mehr durch elterliches Charisma legitimierbar, sondern müssen mit Hilfe von Sanktionen durchgesetzt werden, wenn die Kinder die Legitimität der elterlichen Forderungen infrage stellen.

Diese strukturellen Konflikte können nur durch eine Veränderung des elterlichen Verhaltens grundlegend gelöst werden. Ansonsten führen diese Konflikte zu einer dauerhaften Einschränkung des Wohlbefindens in der Familie, die von einer Einschränkung der intrinsischen Bildungsmotivation des Kindes aufgrund der Angst vor elterlichen Sanktionen begleitet ist oder im Extremfall zur schulischen Leistungsverweigerung des Kindes führen. Eine weitere Möglichkeit ist, dass die Eltern dem Kind aufgrund der Konflikte die Anerkennung verweigern und dem Kind oder dem Jugendlichen Sozialkapital entziehen, indem sie zwar auf Leistungsanforderungen verzichten, aber auch die emotionale und soziale Unterstützung des Kindes in schulischen Belangen reduzieren. Rigide elterliche Leistungsanforderungen können einerseits zu Leistungsängsten führen, wenn die geforderten Leistungen dauerhaft die erforderlichen Fähigkeiten übersteigen (Überforderung). Andererseits könnten rigide Leistungsanforderungen auch zu besseren Schulleistungen führen, wenn zum Beispiel die intrinsische Bildungsmotivation des Kindes durch schulische Bedingungen oder durch ungünstige Einflüsse vonseiten der Peer-Gruppe beeinträchtigt wird.

Bourdieu geht, unter Bezugnahme auf Webers Analyse der protestantischen Ethik (Weber 2000), von der Annahme aus, dass die Rigidität der Leistungsanforderungen

---

26 Da Bekleidungsvorschriften in der Regel nicht rational (universal) legitimierbar sind, sondern durch kulturspezifische Traditionen legitimiert werden, beschreibt das Beispiel einen Konflikt zwischen unterschiedlichen Traditionen, der zumindest für die Kinder der Tradition der Minderheit den Zweifel fördert, ob die von der Mehrheit abweichenden Handlungsvorschriften der eigenen Familie eine universale Gültigkeit haben können.

vor allem ein Phänomen der bürgerlichen Mittelschicht ist, weil die bürgerliche Mittelschicht die – aus der protestantischen Ethik stammenden – asketischen Ideale der kapitalistischen Leistungsorientierung (hohe Wertschätzung von Arbeit, Anstrengung, Ernsthaftigkeit, Mäßigkeit und Sparsamkeit) in besonderem Maße verinnerlicht hat. Weber ging in den 1920er Jahren davon aus, dass im Kleinbürgertum (und in den untersten sozialen Schichten) ein Erlösungsbedürfnis vorherrscht, das vom Christentum (als einer ursprünglichen „Handwerkerreligiosität") aufgenommen wird und dem Kleinbürgertum die Erlösung durch Pflichterfüllung verspricht (vgl. Weber 1980, S. 293 ff.).

Diese „Sittenstrenge der Mittelklassen" führt nach Bourdieu zu einer „unnachsichtigen und repressiven Kindererziehung" – und diese repressive Erziehung der Mittelschicht unterscheidet sich sowohl von der Permissivität der unteren Schichten als auch von der „Laxheit" der oberen Schichten in Bezug auf die Kindererziehung (vgl. Bourdieu 1983b, S. 52). Insbesondere das aufsteigende (Klein-) Bürgertum sucht sein „intellektuelles Heil" in der asketischen Erfüllung schulischer Leistungsanforderungen, die den sozialen Aufstieg im Sinne einer Heilserwartung garantieren soll, während im gehobenen Bürgertum die durch den Bildungstitel legitimierte soziale Position als „Gnadengeschenk der Begabung" aufgefasst wird (vgl. Bourdieu 1983b, S. 52).

Die empirischen Befunde in der Bundesrepublik Deutschland zeigen im Kern, dass die elterlichen Erziehungsziele mit zunehmender Bildung und höherem Sozialstatus der Eltern zunehmend autoritativer werden. So findet sich am Ende der 1960er Jahre die Zustimmung zu den elterlichen Erziehungszielen „Selbstständigkeit und freier Wille" vor allem bei der mittleren und oberen Mittelschicht. Die Zustimmung zu den Erziehungszielen „Ordnungsliebe und Fleiß" erfolgt dagegen eher bei der unteren Mittelschicht und der oberen Unterschicht, während die Erziehungsziele „Gehorsam und Unterordnung" vor allem bei der unteren Unterschicht Zustimmung finden (vgl. Neidhardt 1975, S. 91). Während Mittelschichtenfamilien generell „umweltoffener" sind, herrschen in Arbeiter- und Unterschichtenfamilien aufgrund des eingeschränkten extrafamilialen Sozialkapitals dagegen eher partikulare Orientierungen vor, die von Scheuch (1960) unter dem Schlagwort des „Familienprovinzialismus" subsumiert wurden (vgl. Neidhardt 1975, S. 87). Auch das Erziehungsverhalten der Eltern und die emotionalen Beziehungen zwischen Eltern und Kindern scheinen nach dem Stand der Forschung generell von der Sozialschichtzugehörigkeit abzuhängen (vgl. Steinkamp 1998, S. 252 ff.).

Mit steigendem Sozialstatus und steigender Bildung der Eltern nimmt zwar einerseits die Chance zu, dass Kinder zur Selbstbestimmung erzogen werden – andererseits steigen mit höherer Bildung der Eltern auch die Bildungsaspirationen der Eltern und ihre Leistungserwartungen an die Kinder (vgl. Neidhardt 1975, S. 75, Steinkamp 1998, S. 254). Mit steigenden Leistungserwartungen erhöht sich daher auch die Chance, dass die Eltern diese Forderungen – aus der Perspektive des Kindes betrachtet – heteronom durchsetzen, wenn die Fähigkeiten oder die Bildungsmotivation des Kindes nicht ausreichen, um die geforderten Schulleistungen zu erbringen. Dieser Widerspruch ist in verschiedener Weise zu erklären. Zunächst könnte vermutet werden, dass das allgemeine Erziehungsziel der Autonomie zu unterscheiden ist vom schulbezogenen Verhalten der Eltern. Es könnte also sein, dass mit dem steigenden kulturellen Kapital der Familie die Selbstbestimmungsrechte des Kindes in vielen Bereichen des Familienlebens gefördert werden, aber eben nicht, wenn der schulische Erfolg gefährdet zu sein scheint.

Andererseits deutet der Stand der Forschung (vgl. Steinkamp 1998, S. 252 ff.) darauf hin, dass der scheinbare Widerspruch zwischen Autonomieförderung und heteronomer Leistungskontrolle in Familien mit einem höheren kulturellen Kapital vor allem auf theoretischer Ebene besteht. Unterschiedliche Aspekte des Erziehungsverhaltens der Eltern (Kontrolle, Unterstützung, emotionale Beziehung) stehen zwar in einem signifikanten Zusammenhang mit der sozialen Position der Familie, die Zusammenhänge sind aber insgesamt nicht sehr hoch und übersteigen selten einen aufgeklärten Varianzanteil von zehn bis zwölf Prozent (vgl. Steinkamp 1998, S. 252 ff.). Dies bedeutet andererseits, dass mindestens 85 Prozent der Unterschiede im Erziehungsverhalten nicht von der sozialen Position der Familie und damit auch überwiegend nicht vom kulturellen Kapital der Familie abhängen.

Aufgrund der fremdbestimmten Mitgliedschaft des Kindes sowohl in der Familie als auch in der Schule und der damit verbundenen Mitgliedschaft in der Peer-Gruppe des Klassenverbands ist das Ausbleiben von sozialen Konflikten in der bereits sehr komplexen Beziehungswelt eines Schulkindes auf theoretischer Ebene kaum vorstellbar. Selbst bei oder gerade wegen einer perfekten Passung zwischen dem Kind, seinem Elternhaus und der Schule, können Konflikte mit der Peer-Gruppe des Klassenverbands entstehen, die das schulische Wohlbefinden und die Bildungsmotivation des Kindes beeinträchtigen können. Soziale Konflikte der Kinder mit den Lehrpersonen können ebenfalls das schulische Wohlbefinden und die Bildungsmotivation des Kindes einschränken. Neben den sozialen Konflikten im engeren Sinne sind auch Konflikte des Kindes mit der Qualität und der Quantität von schulischen Bildungsinhalten zu erwarten, die die Bildungsmotivation des Kindes beeinträchtigen können. Vor allem in der Sekundarstufe kann das Angebot von hoch spezialisierten Bildungsinhalten (zum Beispiel das Ohm'sche Gesetz)[27] zu einer mangelhaften Passung des angebotenen Lehrstoffs mit den Bildungsinteressen des Kindes führen.

Die schul- oder unterrichtsbezogenen Konflikte des Kindes, beziehungsweise allgemein die Konflikte, die durch eine Diskrepanz zwischen elterlichen Erwartungen und dem Verhalten des Kindes erzeugt werden – sind wichtige Anlässe für schulbezogenes elterliches Erziehungsverhalten. Aus forschungslogischer Perspektive ist die Reaktion der Eltern auf eine krisenhafte Situation ein zentraler Ansatzpunkt zur Entwicklung von standardisierten Befragungsinstrumenten zum schulbezogenen Sozialkapital des Kindes in der Familie, weil in einer solchen Situation das Verhältnis von kindlicher Autonomie und elterlicher Herrschaft besonders deutlich wird. Wenn zum Beispiel das Ergebnis eines schulischen Leistungstests nicht den Erwartungen der Eltern entspricht, dann können die Eltern entweder im heteronomen Sinne ihre

---

[27] In einem bekannten Schulbuch für die Mittelstufe lautet der Merksatz: „Die Stromstärke I ist bei Konstantandrähten der Spannung U proportional ($I \sim U$). Genau dann, wenn bei einem Leiter Spannung U und Stromstärke I einander proportional sind ($I \sim U$; U/I = konstant), sagt man, für diesen Leiter gelte das Ohm'sche Gesetz" (Dorn & Bader 1976, S. 215).

Verhaltenserwartungen an das Kind richten oder sie können die problematische Situation gemeinsam mit dem Kind erörtern und das Kind auffordern, eigene Lösungsvorschläge zu unterbreiten.

Aus theoretischer Perspektive ist zu vermuten, dass das Erziehungsverhalten der Eltern als Reaktion auf eine kritische Schulsituation des Kindes auch davon abhängt, ob ihre Leistungserwartungen partikular oder universal orientiert sind. Universale Leistungserwartungen – zum Beispiel die normative Erwartung, dass jede Person eine angemessene Menge an Arbeit (Lernarbeit) investieren soll, um einen möglichst hohen Profit (Schulleistungen) zu erzielen – sind für die Aufrechterhaltung eines emotionalen Gleichgewichts in der Familie weniger problematisch als partikulare Leistungserwartungen, die ein bestimmtes Leistungsziel beinhalten. Universale Leistungserwartungen berücksichtigen dagegen eher die Investition an Arbeit als den erzielten Profit.[28]

Daher ist zu erwarten, dass hohe elterliche Leistungserwartungen vor allem dann zu kindlichem Stress (Überforderung) beziehungsweise zu negativen Emotionen (z.B. Angst) führen, wenn sie partikular sind, da sich partikulare Leistungserwartungen durch ein gewisses Maß an Rigidität auszeichnen. Bei hohen partikularen Leistungserwartungen ist nach der Stress- bzw. Emotionstheorie von Lazarus (Lazarus & Folkman 1984; Lazarus 1991; vgl. Schwarzer 1993, S. 14 ff.) das Risiko höher einzuschätzen, dass die von den Kindern eingeschätzten Anforderungen höher sind als ihre eingeschätzten persönlichen Ressourcen (Kompetenzen) zur Bewältigung (*Coping*) dieser Anforderungen. Hohe universale Leistungsanforderungen können zwar ebenfalls zu Konflikten zwischen Eltern und Kindern führen, wenn die Einschätzungen über das Ausmaß der zu investierenden Lernarbeit differieren. Sie führen aber weniger zu einem dauerhaften Stresszustand, der Wohlbefinden, Gesundheit und Sozialverhalten anhaltend schädigen und Leistungsangst – definiert als Furcht vor Misserfolg angesichts von Leistungsanforderungen (vgl. Schwarzer 1993, S. 104 ff.) – fördern kann, weil die Anforderungen an die zu investierende Zeit (Lernarbeit) einfacher zu bewältigen sind als die Anforderungen bestimmte Leistungsziele zu erreichen.

Die Vermittlung und Aufrechterhaltung von Lern- und Leistungsmotivationen in der Familie ist ein zentraler Aspekt des sozialen Kapitals von schulpflichtigen Kindern. Partikulare Leistungsanforderungen sind im Kontext von Herrschaft und Autonomie als eine Form autoritärer Herrschaft oder Erziehung zu bezeichnen, weil sie auf heteronomen Handlungen beruhen. Universale Leistungsanforderungen stellen dagegen keinen Eingriff in die Autonomie des Kindes dar, weil sie durch Vernunft (im Sinne Kants) legitimierbar sind und daher als ein Ausdruck autoritativer Herrschaft oder Erziehung bezeichnet werden können.

Aufgrund der klassischen soziologischen Modernisierungs- bzw. Individualisierungstheorie von Simmel (1890; 1992) ist zu erwarten, dass mit der Ausdehnung der

---

28 Ein Beispiel dafür ist die Erziehung von Karl Jaspers, der in der achten Klassenstufe Nachhilfeunterricht bekam und dessen Vater ihn mit den Worten tröstete: „Mein Junge, wenn du deine Schuldigkeit getan hast und bleibst dann sitzen, so schadet das gar nichts – es kommt nur darauf an, dass man tut, was man kann – was man erreicht, das steht nicht in der eigenen Macht" (Jaspers 1999, S. 145)

sozialen Kreise (oder der Akkumulation von extrafamilialen Sozialkapital aus kapitaltheoretischer Sicht) universale Orientierungen in der Familie gefördert werden, weil die Individuen die unterschiedlichen sozialen Interessen der weiteren sozialen Kreise integrieren müssen (vgl. Kapitel 2.1.4.3.1). Daher ist anzunehmen, dass mit einem steigenden Bildungsniveau der Familie universale Orientierungen auch im Erziehungsverhalten zunehmen. Sehr hohe Zusammenhänge zwischen dem formalen Bildungsniveau und universalen Orientierungen im elterlichen Erziehungsverhalten sind allerdings nicht zu erwarten, weil einerseits Familien mit hohem Bildungsniveau sich zum Beispiel im Hinblick auf traditionelle Werthaltungen unterscheiden und auch unterschiedlichen sozialen Milieus zugerechnet werden können (vgl. Hradil 2001, S. 425 ff.). Andererseits kann auch der Erziehungsprozess in Familien mit einem geringen formalen Bildungsniveau durch universale Wertorientierungen – zum Beispiel durch religiöse Traditionen (z.B. im Sinne der Bergpredigt) – geleitet sein.

Aufgrund der Modernisierungs- bzw. Individualisierungstheorie von Beck (1983, 1986) ist als eine Folge der Bildungsexpansion zu erwarten, dass die zunehmende Konkurrenz auf dem Arbeits- und dem Bildungsmarkt gekoppelt mit der zunehmend individualisierten Zuschreibung von Leistungsattributen (*Risikogesellschaft*) zu Statusängsten bei denjenigen Familien führt, deren soziale Position und deren erfolgreiche soziale Reproduktion in erheblichem Maße von der erfolgreichen Investition in Bildung abhängt. Daher ist anzunehmen, dass ein Teil der Eltern mit höherer Bildung partikulare Leistungserwartungen – das Erreichen bestimmter Schulleistungen oder Bildungsabschlüsse – an ihre Kinder richten, die von den Kindern als Leistungszwänge erlebt werden können. Einerseits sind partikulare Leistungserwartungen in Familien mit einem hohen kulturellen Kapital zu erwarten, wenn von dem Kind, als Ausdruck einer eher traditionalen Herrschaft in der Familie, ein bestimmter Bildungsabschluss erwartet wird, damit das Kind das elterliche Erbe (z.B. eine Zahnarztpraxis) fortführt. Andererseits könnten aber auch die von Beck unter dem Begriff der *Risikogesellschaft* subsumierten sozialen Prozesse (Individualisierung als Folge von Bildung, Mobilität und Konkurrenz) bei Eltern mit einem hoch bildungsabhängigen sozialen Status zu einem subjektiv erlebten Leistungsdruck durch die Angst vor dem sozialen Abstieg des Kindes führen, der partikulare Leistungserwartungen der Eltern gegenüber den Kindern zur Folge hat.

Die von Beck konstatierte Individualisierung, die im Kern eine „*Arbeitsmarkt-Individualisierung*" (Beck 1983, S. 45) darstellt, hat nicht nur positive Folgen im Sinne höherer Selbstbestimmungsmöglichkeiten im Bereich der privaten Lebensführung, sondern kann auch im Bereich des Arbeits- und Bildungsmarktes mit erheblichen psychischen und gesundheitlichen Kosten verbunden sein. Durch den Prozess der Individualisierung im Sinne Becks steigt die Chance, dass gesellschaftliche Problemlagen (z.B. strukturelle Probleme auf dem Arbeitsmarkt) als individuell verantwortete Verluste gedeutet werden und so in „persönliches Ungenügen, Schuldgefühle, Ängste, psychische Konflikte und Neurosen" (Beck 1983, S. 59) umschlagen.

Da die Schule einen permanenten sozialen Krisenherd im Spannungsfeld von schulischen Leistungserwartungen, persönlichen Eigenschaften von Lehrpersonen und Mitgliedern der Peer-Gruppen darstellt, ist das schulbezogene Wohlbefinden und die Lern- und Leistungsmotivation auch von leistungsstarken Kindern krisenanfällig.

Insbesondere in der Sekundarstufe steigt die Gefahr von Schulkrisen, da der der überwiegende Teil der Kinder durch die Zuweisung in Haupt- oder Realschule bereits institutionell als weniger kompetent qualifiziert worden ist und auch die meisten Gymnasiastinnen und Gymnasiasten einem erheblichen Leistungsdruck durch Schule, Elternhaus und der zunehmenden gesellschaftlichen Leistungskonkurrenz in den Schulen ausgesetzt sind.[29] Aufgrund der sozialen Krisen im schulischen Alltag spielt die soziale und emotionale Unterstützung durch die Eltern zur Bewältigung von schulrelevanten Krisen eine wichtige Rolle für die Aufrechterhaltung der Bildungsmotivation der Kinder.

Die Theorie von Bourdieu berücksichtigt nicht einmal im Ansatz die differenziellen sozialen Konflikte in der Familie von Schulkindern, die durch Konflikte der Kinder in oder mit der Schule hervorgerufen werden. Bourdieu scheint implizit entweder von der Annahme auszugehen, dass die soziale und emotionale Unterstützung von Schulkindern in der Familie keine Rolle spielt oder dass die Bewältigung von Krisen klassenspezifisch in dem Sinne ist, dass den Kindern der unteren Schichten weniger soziales Kapital in der Familie zur Verfügung steht. Zumindest wird die Rolle des intrafamilialen Sozialkapitals zur Bewältigung von Krisen und zur Reproduktion des kulturellen Kapitals von Bourdieu nicht dezidiert behandelt.

Die Sprach- und Handlungsabhängigkeit der Transmission des kulturellen Kapitals in der Familie bedeutet, dass Erziehungs- und Lernarbeit in der Familie von der Beziehungsarbeit (soziales Kapital) abhängt. Aus handlungstheoretischer Perspektive kann generell die Transmission des kulturellen Kapitals im Sozialisations- oder Erziehungsprozess als Erweiterung oder als Ausdifferenzierung der Beziehungsarbeit betrachtet werden, da die Weitergabe des Bildungskapitals gewissermaßen den Wertschöpfungsprozess in der Nutzung der kulturellen Ressourcen darstellt, die auf der Basis der wechselseitigen Anerkennung in der Beziehungsarbeit zur Verfügung gestellt werden. Die Transmission des kulturellen Kapitals in der Familie basiert auf dem intrafamilialen Sozialkapital der Familie. Für die Akkumulation des kulturellen Kapitals der Kinder durch kulturelle Arbeit (Erziehungsarbeit) in der Familie und die Aufrechterhaltung des sozialen Kapitals durch intrafamiliale Beziehungsarbeit wird Zeit benötigt.

Bourdieu geht davon aus, dass das „beste Maß für kulturelles Kapital ... zweifellos die Dauer der für seinen Erwerb aufgewendeten Zeit (ist)" (Bourdieu 1983a, S. 196 f.). Die nutzbare Zeit der Eltern – meist immer noch in Form der freien Zeit der Mutter – setzt insofern ökonomisches Kapital voraus, da die für die Übertragungsarbeit des kulturellen Kapitals in der Familie investierte Zeit nicht zur unmittelbaren Akkumulation von ökonomischen Kapital genutzt werden kann. Daher muss ein gewisses ökonomisches Kapital vorhanden sein, um die freie Zeit für die Transmission des Bildungskapitals in der Familie zu gewinnen. Für die Übertragung des

---

29 Die Leistungskonkurrenz wird seit den 1970er Jahren durch die langfristig ständig zunehmende Anzahl von Arbeitslosen in der Bundesrepublik Deutschland strukturell gefördert. Auch die durch die Expansion des Bildungswesens erfolgten Zugangsbeschränkungen zu einzelnen Studiengängen seit den 1970er Jahren (Numerus clausus) haben zu einer zumindest objektiv verschärften Konkurrenzsituation beigetragen.

Bildungskapitals ist auch die freie Zeit der Kinder notwendig. Daher ist in modernen Gesellschaften die Kinderarbeit grundsätzlich verboten[30] und es besteht für die weitere Akkumulation von Bildungskapital die allgemeine Schulpflicht. Das verfügbare ökonomische Kapital der Familie spielt bei der institutionellen Akkumulation von Bildungskapital in höheren Bildungseinrichtungen eine entscheidende Rolle, weil es einen späteren Eintritt des Kindes in den Arbeitsmarkt ermöglicht (vgl. Bourdieu 1983a, S. 197).

In der Theorie von Bourdieu – wie auch in der Theorie von Coleman (vgl. Kapitel 2.1.5) – wird allerdings die Unterscheidung zwischen der *nutzbaren Zeit* und der *genutzten Zeit* in der Familie ein wenig vernachlässigt. Die potenziell nutzbare Zeit ist zwar eine notwendige, aber keine hinreichende Bedingung für die Akkumulation des kulturellen oder sozialen Kapitals in der Familie. Dies betrifft vor allem die viel diskutierte Frage der mütterlichen Erwerbstätigkeit.

Wird nur die potenziell nutzbare Zeit als Indikator des familialen Kapitals zugrunde gelegt, dann ist nach den Theorien von Bourdieu und Coleman zu erwarten, dass mit steigender Erwerbstätigkeit der Mutter das Bildungskapital der Kinder sinkt. Die Ergebnisse von PISA 2000 deuten allerdings eher auf das Gegenteil hin, und zwar sowohl in Bezug auf die Bildungsbeteiligung ihrer Kinder (nur in den neuen Ländern) als auch teilweise in Bezug auf die Lesekompetenzen ihrer Kinder. Die in PISA 2000 ermittelten Effektstärken sind bei Kontrolle aller Kovariaten (z.B. Sozialschicht und Bildung der Mutter) zwar niedrig, aber wenn signifikante Ergebnisse auftreten, dann sprechen sie – auch bei Kontrolle der Kovariaten! – eher für einen schwach positiven Nettoeffekt der mütterlichen Erwerbstätigkeit auf das Bildungskapital ihrer Kinder als für einen negativen Effekt (vgl. Tillmann & Meier 2003, S. 384 ff.). Der weitere Befund von PISA 2000, dass die Erwerbstätigkeit der Mütter in einem positiven Zusammenhang mit ihrem Bildungsabschluss steht (vgl. Tillmann & Meier 2003, S. 386), spielt hierfür keine Rolle, da die unterschiedlichen Bildungsabschlüsse der Mütter bei der Berechnung der Nettoeffekte berücksichtigt sind. Zur Interpretation der Ergebnisse von PISA 2000 ist allerdings zu berücksichtigen, dass es sich um Jugendliche im Alter von mindestens 15 Jahren handelt, bei denen der Spracherwerb praktisch vollständig und die Transmission des kulturellen Kapitals in der Familie weitgehend abgeschlossen ist.

Theoretisch lässt sich der positive Nettoeffekt der mütterlichen Erwerbstätigkeit auf das Bildungskapital der Jugendlichen durch zwei weitere Bedingungen erklären. Einerseits nimmt durch die Berufstätigkeit der Mütter zwar die nutzbare Zeit für Mutter-Kind-Interaktionen für Bildungsarbeit und Beziehungsarbeit quantitativ ab, die nutzbare Zeit gewinnt allerdings qualitativ (wie alle knappen Güter) an Wert und könnte dadurch weitaus besser – im Sinne einer erhöhten Produktivität – genutzt

---

30 Ausnahme ist die gelegentliche Mithilfe im elterlichen Betrieb. Dies spielte früher vor allem in der Landwirtschaft während der Erntezeit eine besondere Rolle. Heutzutage dürfte nur eine kleine Anzahl von Kindern (z.B. in kleineren Familienbetrieben) davon betroffen sein.

werden als bei Müttern, die nicht berufstätig sind.[31] Die Unterschiede in der genutzten Zeit dürften also kleiner sein als die Unterschiede in der nutzbaren Zeit.

Die Produktivität, also die genutzte Zeit für Bildungs- und Beziehungsarbeit in der Familie, ist andererseits vom emotionalen Kapital der Familie abhängig, das mit dem extrafamilialen Sozialkapital der Familie (soziale Netzwerke) zusammenhängt. Die mit dem extrafamilialen Sozialkapital verbundene soziale Anerkennung führt zu einer Erhöhung des individuellen Wohlbefindens, welches wiederum für die familiale Beziehungs- und Erziehungsarbeit genutzt werden kann. Wohlbefinden oder zumindest Belastungsfreiheit ist eine wichtige Voraussetzung für Beziehungs- und Erziehungsarbeit, die generell als Wiederherstellung von Gleichgewichtssituationen (Unterstützung bei Hausaufgaben, Trost bei misslungen Klassenarbeiten, Erklärung sozialer oder natürlicher Phänomene, Vermittlung von Verhaltensvorschriften etc.) bezeichnet werden können.

Erwerbstätigkeit bietet zumindest ein Mindestmaß an sozialer Anerkennung – selbst wenn es sich bei der sozialen Anerkennung nur um die Entlohnung für die geleistete Arbeit handelt – und stellt damit einen wichtigen Aspekt des extrafamilialen Sozialkapitals dar. Darüber hinaus ist Erwerbstätigkeit in der Regel auch mit der Möglichkeit der Akkumulation von sozialem Kapital durch Kollegen, Vorgesetzte oder Kunden verbunden – auch wenn es sich nur um die symbolische Anerkennung der geleisteten Arbeit handelt und selbst wenn die Arbeitsinhalte wenig erfreulich sind. Da Erwerbstätigkeit nicht nur mit symbolischen Profiten, wie der sozialen Anerkennung, verbunden ist, sondern auch mit ökonomischen Profiten, fördert sie Autonomie und Wohlbefinden des erwerbstätigen Elternteils und ermöglicht dadurch, dass die zwar knappere potenziell nutzbare Zeit für Bildungs- und Erziehungsarbeit in der Familie besser genutzt werden kann, weil sie als belastungsarme (oder hypothekenarme) Zeit zur Verfügung steht.

Dass die potenziell nutzbare Zeit kein Indikator für das Maß an Erziehungs- und Beziehungsarbeit sein kann, wird am Beispiel von arbeitslosen Eltern deutlich, deren Kinder wohl kaum von der verfügbaren Zeit der Eltern profitieren dürften, weil sie nicht als belastungsfreie Zeit vorliegt und auf dem Verlust oder dem Fehlen von sozialem und ökonomischem Kapital durch die Nichterwerbstätigkeit beruht. Aber auch die elterliche Rollenteilung, in der ein Elternteil überwiegend die häusliche Arbeit durchführt und der andere Elternteil erwerbstätig ist, führt in modernen Gesellschaften – die von der Gleichwertigkeit der Geschlechter ausgehen – zu einem strukturellen Ungleichgewicht in der elterlichen Beziehung, weil Hausarbeit im Vergleich zur Erwerbstätigkeit eine grundsätzlich entwertete Tätigkeit ist, wenn kein Anspruch auf Entlohnung besteht. Der Mangel an sozialer Anerkennung der Hausarbeit kann aber selbst durch Entlohnung nicht grundsätzlich ausgeglichen werden, weil viele hauswirtschaftliche Tätigkeiten (Reinigungs- und Instandhaltungsarbeiten) keine besonderen Qualifikationen voraussetzen und auch auf dem Arbeitsmarkt nur auf der untersten Stufe gratifiziert werden. Daher ist klar, dass aufgeklärte Mütter in moder-

---

31 Möglicherweise sind Hausmütter oder auch Hausväter im Vergleich zu erwerbstätigen Müttern und Vätern eher von dem Phänomen der mangelnden Strukturierung des Alltags betroffen, das ansonsten vor allem Arbeitslose und erwerbslose Ruheständler betrifft.

nen Gesellschaften, in denen die Vorstellung der Höherwertigkeit des Mannes nicht mehr als legitim gilt, mit zunehmendem Bildungs- und Ausbildungsniveau zumindest durch Teilzeitbeschäftigung versuchen, die adäquate soziale Anerkennung ihrer Arbeitskraft zu gewinnen.

Die Erwerbstätigkeit von Müttern hat in den alten Ländern der Bundesrepublik Deutschland seit den 1950er Jahren kontinuierlich zugenommen: gut die Hälfte der Mütter mit Kindern unter 6 Jahren und knapp zwei Drittel der Mütter mit Kindern unter 18 Jahren gingen im Jahr 2000 einer Erwerbstätigkeit nach (vgl. Nave-Herz 2002, S. 40). Seit den 1950er Jahren wird im Kontext der Forschung zu den Auswirkungen mütterlicher Erwerbstätigkeit immer wieder betont, dass selbst im Kleinkindalter das Ausmaß der Zeit, die Mütter und Kinder miteinander verbringen, nicht der zentrale Faktor für die Qualität der Erziehung ist (vgl. Nave-Herz 2002, S. 47). Die auch durch die Bildungsexpansion bedingte Zunahme der Erwerbstätigkeit von Frauen und Müttern hat zwar eine Einschränkung des Zeitbudgets zur Folge, aber sie führt auch zu einer Steigerung des Familieneinkommens, zu einer erhöhten (finanziellen) Autonomie, zu einer Stärkung des Selbstwertgefühls und zum Zugang zu extrafamilialen Erfahrungen und Wertschätzungen (vgl. Hill & Kopp 2002, S. 58).

Die Intensität der Erziehungs- und Beziehungsarbeit in der Familie hängt darüber hinaus vom dafür eingeplanten Zeitbudget in der elterlichen Biografie ab. Die Transmission des kulturellen Kapitals in der Familie hängt – wie oben beschrieben – von der tatsächlich investierten Zeit ab, da der entscheidende Teil der Transmission auf symbolischem Wege erfolgt. Der Bildungstitel der Eltern – als prominenter Indikator für das kulturelle Kapital der Familie in empirischen Untersuchungen – ist aus handlungstheoretischer Sicht zunächst nicht als hinreichender Grund für die erfolgreiche Transmission des kulturellen Kapitals in der Familie zu betrachten. Dennoch kann davon ausgegangen werden, dass mit dem steigenden kulturellen Kapital der Familie die Transmission erfolgreicher verläuft. Im Zuge der Bildungsexpansion konnte bereits in den 1990er Jahren in den Ländern der alten Bundesrepublik Deutschland eine zunehmende Altersstreuung bei der Geburt des ersten Kindes verzeichnet werden (vgl. Peuckert 2002, S. 117). Mit steigendem Bildungsniveau der Mütter nimmt also das Erstgeburtsalter zu. Dadurch kann angenommen werden, dass mit steigendem Bildungsniveau der Eltern die Wahrscheinlichkeit zunimmt, dass die Geburt der Kinder mehr oder weniger langfristig geplant ist und mit der biografischen Entwicklung der Eltern in Einklang steht. Mit zunehmendem Alter der Eltern bei der Erstgeburt und der Heirat ist daher zu vermuten, dass die Wahrscheinlichkeit einer optimalen Entwicklungsumgebung für das Kind steigt. Darüber hinaus scheint die spätere Erstgeburt auch mit einer stabileren Paarbeziehung der Eltern einherzugehen, da mit zunehmendem Heiratsalter das Scheidungsrisiko sinkt (vgl. Hill & Kopp 2002, S. 289). Daher ist die These plausibel, dass mit steigendem kulturellen Kapital der Eltern die Umweltbedingungen günstiger werden für eine erfolgreiche Transmission des kulturellen Kapitals von den Eltern auf die Kinder – und zwar trotz (oder wegen) der Bildungsabhängigkeit der mütterlichen Erwerbstätigkeit, die erneut in PISA 2000 festgestellt wurde (vgl. Tillmann & Meier 2003, S. 386).

Nach den Ergebnissen von PISA 2000 (vgl. Tillmann & Meier 2001, S. 478 ff.) wachsen mehr als drei Viertel aller 15-Jährigen in ihrer biologischen Herkunftsfamilie auf. Die Anteile sind in Gymnasien mit 81,4 Prozent und in Realschulen mit 79,4 Prozent etwas höher als in den anderen Schulformen, wie zum Beispiel in der Hauptschule, in der nur 71,0 Prozent der 15-Jährigen in ihrer biologischen Herkunftsfamilie aufwachsen. Weitere Analysen belegen die statistische Abhängigkeit des Familientyps (Familie mit leiblichen Eltern, Alleinerziehende, Stieffamilie) von der Sozialschichtzugehörigkeit der Eltern. Mit steigender Sozialschicht steigt die Wahrscheinlichkeit für 15-Jährige in Deutschland, dass sie gemeinsam mit den leiblichen Eltern aufwachsen. Dies ist ein weiteres Indiz für die oben genannte Hypothese, dass mit dem steigenden kulturellen Kapital der Eltern die Bedingungen für die Transmission des kulturellen Kapitals in der Familie günstiger werden. Eine multivariate Kovarianzanalyse belegt, dass die Basiskompetenzen der 15-Jährigen im Lesen und in der Mathematik zwar signifikant sowohl von der Sozialschichtzugehörigkeit als auch von der Schulformzugehörigkeit abhängen, aber nicht vom Familientyp. Dies entspricht den Ergebnissen der Studie zur Lernausgangslage von Hamburger Grundschülern der fünften Klassenstufe (Lehmann, Peek & Gänsfuß 1997), in der ebenfalls keine Testleistungsunterschiede zwischen Kindern aus „vollständigen" und Kindern aus „unvollständigen" Familien gefunden wurden. Für die Mehrheit der OECD-Staaten zeigten sich im Lesetest von PISA 2000 jedoch Leistungsnachteile für Kinder von Alleinerziehenden. Diese Unterschiede wurden allerdings nur bivariat, also ohne Kontrolle von Drittvariablen berechnet. Bohrhardt (2000, S. 192 ff.) konnte aber anhand einer deutschen Stichprobe die Hypothese belegen, dass ökonomische, kulturelle und soziale Ressourcen der Herkunftsfamilie den Zusammenhang zwischen elterlicher Trennung und dem Schulerfolg der Kinder überlagern (vgl. Tillmann & Meier 2001, S. 480). Die neueren Ergebnisse für Deutschland sprechen für die Hypothese, dass die relativen Abstände in den Schulleistungen aufgrund der Sozialschichtzugehörigkeit auch unabhängig von der Familienform aufrechterhalten werden. Diese Befunde widersprechen auch der Vorstellung, dass zwei Elternteile im Haushalt generell vorteilhafter für die Schulleistungen des Kindes sind als ein Elternteil im Haushalt, weil dadurch ein höheres Zeitbudget für das Kind zur Verfügung steht.

Die implizite Vermutung, dass das Zeitbudget der Eltern in einem engen Zusammenhang mit der tatsächlich investierten Zeit der Eltern für den Umgang mit ihren Kinder steht und daher die Kinder von alleinerziehenden oder erwerbstätigen Eltern Defizite nicht nur im schulischen Bereich aufweisen, muss nach den neueren Ergebnissen kritisch betrachtet werden. Es ist vielmehr zu vermuten, dass das extrafamiliale Sozialkapital – also die sozialen und emotionalen Unterstützungsressourcen, die mit Hilfe sozialer Netzwerke außerhalb der Kernfamilie genutzt werden können[32] – von entscheidender Bedeutung für das Zeitbudget insgesamt und insbesondere für die belastungsfreie Zeit sind, die Familien für die Transmission des kulturellen Kapitals und eine erfolgreiche Beziehungsarbeit zur Verfügung stehen.

---

32 Zum Beispiel die Betreuung der Kinder durch Verwandte, Freunde oder durch institutionelle Betreuung, aber auch die soziale und emotionale Unterstützung der Eltern oder des Elternteils durch Verwandte und Freunde, welche emotionale oder soziale Problemlösungskompetenzen oder die konkrete Mithilfe bei alltäglichen Arbeiten (Behördengänge, Einkäufe, Reparaturen etc.) anbieten können.

2.1.4.5 Die Reproduktionstheorie von Bourdieu

Die basale Annahme der Reproduktionstheorie von Bourdieu besteht darin, dass die Ungleichheit in der Verteilung sozialer Positionen in meritokratischen Gesellschaften ihre Grundlage in der ungleichen Verteilung des kulturellen Kapitals – insbesondere des Bildungskapitals – in den Familien hat. Die zentrale Funktion der Familie besteht in der intergenerationalen Transmission des kulturellen Kapitals, die bereits in der primären Phase der Sozialisation in der frühen Kindheit beginnt. Die Schule als sekundäre Instanz der Sozialisation legitimiert in der Folge des Sozialisationsprozesses die nach familialer Herkunft ungleiche Verteilung des kulturellen Kapitals durch die entsprechende Verleihung von Bildungstiteln und trägt somit zur Aufrechterhaltung sozialer Ungleichheit in modernen Gesellschaften bei. Die Theorie von Bourdieu kann daher als Theorie der kulturellen Reproduktion sozialer Ungleichheit bezeichnet werden.

Bourdieu entwickelte die Theorie der kulturellen Reproduktion sozialer Ungleichheit bereits in den 1960er Jahren (z.B. Bourdieu 1966a; 1966b) und behielt seine zentralen theoretischen Positionen bis zu seinem Lebensende bei (z.B. Bourdieu 1999b, S 175; 2000, S. 167 f.) – angesichts seiner umfangreichen Veröffentlichungen sogar mit überraschender Kontinuität (vgl. Müller 1997, S. 239). Das Reproduktionsmodell gilt nach Bourdieu für alle modernen Gesellschaften: „Von den Vereinigten Staaten über die Länder des Ostens bis nach Japan ist das kulturelle Kapital das fundamentale Prinzip der Herrschaft geworden" (Bourdieu 2000, S. 167 f.).

Das Reproduktionstheorem von Bourdieu basiert auf der Annahme, dass in allen modernen Gesellschaften Herrschaft weniger durch das ökonomische und das soziale Kapital, sondern durch das kulturelle Kapital bestimmt ist und die „Reproduktion der Distributionsstruktur des kulturellen Kapitals … sich in der Relation zwischen den Strategien der Familien und der spezifischen Logik des Bildungssystems" vollzieht (vgl. Bourdieu 1998, S. 35 f.). In verkürzter Form lautet das Reproduktionstheorem: Familien tradieren ihre gesellschaftliche Position im sozialem Raum, indem sie Zeit und Geld in das kulturelle Kapital ihrer Kinder investieren, um deren kulturelles Kapital (Bildungskapital) zu maximieren. Das Bildungssystem selektiert die Schülerinnen und Schüler dann nach der Höhe des mehr oder weniger ererbten Bildungskapitals und legitimiert durch den Bildungstitel die Aufrechterhaltung der ungleichen Verteilung sozialer Positionen im gesellschaftlichen Raum. Das Bildungssystem verfährt dabei wie ein *Maxwell'scher Dämon*[33] und trennt „mit Hilfe einer ganzen Reihe von Auslesevorgängen die Besitzer von ererbtem kulturellen Kapital von den Nichtbesitzern. Und da die Unterschiede der Befähigung von den durch das ererbte Kapital bedingten sozialen Unterschieden nicht zu trennen sind, trägt es zur Aufrechterhaltung der bestehenden sozialen Unterschiede bei" (Bourdieu 1998, S. 36).

---

33 Der Physiker Maxwell veranschaulichte mit der Metapher des Dämon, dass das zweite Gesetz der Thermodynamik, das den nicht umkehrbaren Energiefluss von den heißen zu den kalten Teilchen vorhersagt, nur durch einen Dämon verhindert werden könnte, der heiße und kalte Teilchen in verschiedene Gefäße umleitet.

Bourdieu betrachtet den kulturellen Reproduktionsprozess zwar nicht als einen deterministischen Prozess (vgl. Bourdieu 1998, S. 35; 1999b, S. 175), dennoch begünstigt die Schule die durch familiales kulturelles Kapital begünstigten Schülerinnen und Schüler, indem sie die faktisch Ungleichen als Gleiche behandelt (vgl. Bourdieu 1966b, S. 38; 1999b, S 175). Der demokratische Gleichbehandlungsgrundsatz der Schule – durch den die Gleichbehandlung der Ungleichen legitimiert wird – wird vor allem dann zum Problem, wenn einerseits große soziale Unterschiede im kulturellen Niveau der Herkunftsfamilien bestehen und wenn andererseits die schulischen Bildungsprozesse am Niveau der gebildeten Mittelschicht orientiert sind und keine oder nur ungenügende Formen kompensatorischen Unterrichts durchgeführt werden.

Bourdieu verweist darauf, dass ein kompensatorischer Unterricht als Ausdruck einer rationalen Pädagogik die durch die Familien tradierten Chancenungleichheiten vermindern kann. Eine rationale Pädagogik bedeutet eine „Pädagogik, die um all die Unterschiede weiß und *die den Willen hat, diese zu verringern.* Das ist das ganze Problem der Reform und insbesondere das Problem des Grundschulunterrichts. (…) Wenn der Lehrer die einfachsten Dinge als bekannt voraussetzt, ist es sehr gut möglich, dass viele Kinder (zumal die Kinder aus den kulturell benachteiligten Milieus) sie nicht kennen, was diese früher oder später zum Scheitern verurteilt. Um das Unterrichtswesen zu demokratisieren, ist es unabdingbar, immer so vorzugehen, als müsse man *allen alles* unterrichten. (…) Es geht nicht darum, die Erben[34] zu enterben, sondern darum, *allen* das zu geben, was einige ererbt haben (Bourdieu 1966a, S. 24).

Wie Bourdieu auf der Basis empirischer Studien zur Bildungsbeteiligung in den 1960er Jahren (Bourdieu & Passeron 1964 u. 1971) betont, ist im französischen Bildungssystem insbesondere der Übergang von der Grundschule zu den weiterführenden Schule durch eine sehr hohe, nachhaltige und teilweise irreversible soziokulturelle Selektion gekennzeichnet (Bourdieu 1966a, S. 24; 1966b, S. 35 ff.).

Bourdieu ist allerdings bereits in den 1960er Jahren der Auffassung, dass sich die soziale Selektion im französischen Schulsystem auch in der Sekundarstufe fortsetzt: „Von unten bis ganz nach oben funktioniert das Schulsystem, als bestände seine Funktion nicht darin, auszubilden, sondern zu eliminieren. Besser: in dem Maß, wie es eliminiert, gelingt es ihm, die Verlierer davon zu überzeugen, dass sie selbst für ihre Eliminierung verantwortlich sind. Nehmen wir den Fall der Kollegen aus dem technischen Unterricht, die vor allem Kinder einfacher Herkunft rekrutieren und sie für manuelle Tätigkeiten ausbilden. Am Ende ihrer Ausbildung gehen die Kinder mit der Überzeugung von der Schule ab, dass theoretische Studien höherwertig sind und dass sie unfähig sind, ihnen zu folgen: Zwei Fliegen mit einer Klappe. Diese Tatsache konnte auf allen Stufen des schulischen Systems bestätigt werden, das aufgrund seiner eliminatorischen Logik und seiner Überzeugungskraft als *ein Faktor sozialen Konservativismus erscheint, der die Ungleichheit auf kulturelle Weise legitimiert, anstatt sie zu zerstören*" (Bourdieu 1966a, S. 21).

---

34 Anm.: Gemeint sind die Erben des kulturellen Kapitals.

In den 1970er Jahren stellt Bourdieu in seiner breit angelegten empirischen Analyse der französischen Gesellschaft (*Die feinen Unterschiede*) wichtige Veränderungen im französischen Bildungssystem fest, die durch die Bildungsexpansion (Ausbau und soziale Öffnung der Gymnasien) hervorgerufen werden. Der „Ausschluss der großen Masse der Kinder aus den unteren und Mittelklassen" geschieht nicht mehr beim Übergang von der Primarstufe auf die Sekundarstufe, sondern durch „verleugnete Formen der Eliminierung" in der Sekundarstufe. Schülerinnen und Schülern ohne entsprechendes kulturelles Kapital wird zum Beispiel im Gymnasium ein Leistungsmangel („Rückstand oder Zurückgebliebenheit") bescheinigt, der zur „Zurückstufung auf zweitrangige Schulzweige" mit der abschließenden „Vergabe entwerteter Bildungstitel" führt (vgl. Bourdieu 1999a, S. 256).

Die Frage ist allerdings, ob diese Entwicklung der Verlagerung des Selektionszeitpunkts auch für das deutsche Bildungssystem gilt, denn die Verlagerung der Selektion in die Sekundarstufe ist sicherlich keine notwendige Folge der Bildungsexpansion, sondern hängt von einer Reihe unterschiedlicher Faktoren ab. Zum Beispiel hängt es vom Ausmaß der sozialen Selektion beim Übergang von der Primarstufe zur Sekundarstufe beziehungsweise vom Ausmaß der Öffnung der weiterführenden Schulen ab, ob sich für eine zusätzliche soziale Selektion in der Sekundarstufe empirische Belege finden lassen.

Für das deutsche Bildungssystem kann die Reproduktionstheorie von Bourdieu nur teilweise bestätigt werden. Stand der Forschung ist (vgl. Kapitel 2.1.2), dass in der Bundesrepublik Deutschland die soziale Herkunft und damit auch das kulturelle Kapital der Familie den Übergang von der Primarstufe auf die weiterführenden Schulen begünstigt. Für die Stützung der Hypothese einer ausgeprägten sozialen Selektion in der Sekundarstufe sind dagegen keine empirischen Befunde vorhanden. Wenn überhaupt signifikante Effekte der sozialen Herkunft auf Schulleistungen in der Sekundarstufe oder auf den Übergang von der Sekundarstufe I in die Sekundarstufe II ermittelt werden, dann sind sie eher schwach.

Die soziale Selektion im deutschen Bildungssystem erfolgt nach den Ergebnissen von PISA 2000 (vgl. Kapitel 2.1.2) auch bei den jüngsten untersuchten Jahrgängen fast vollständig am Ende der Grundschulzeit und betrifft vor allem den Übergang auf das Gymnasium. Die soziale Selektion am Ende der Grundschulzeit könnte zur Folge haben, dass Kinder unterer Schichten vor allem mit relativ guten oder sehr guten Schulleistungen auf weiterführende Schulen wechseln, während Kinder höherer Schichten auch mit knapp ausreichenden Schulleistungen das höchstmögliche Bildungsniveau anstreben. Daher könnte ein Teil der Extraprofite, die Kinder in weiterführenden Schulformen aus dem kulturellen Kapital der Familie erzielen, nicht ausreichend sein, um die relativen Fähigkeitsdefizite gegenüber der hoch selektiven Gruppe der Kinder aus Familien mit geringerem kulturellen Kapital zu kompensieren. Vor allem für das sozial selektive Gymnasium in Deutschland ist anzunehmen, dass Kinder aus Familien mit einem geringen kulturellen Kapital sich durch eine überdurchschnittliche Leistungsfähigkeit auszeichnen. Die geringen statistischen Herkunftseffekte innerhalb der weiterführenden Schulformen der Sekundarstufe I in der Bundesrepublik Deutschland könnten also auch durch eine besonders hohe Leistungsselektion bei Kindern aus Familien mit einem geringeren kulturellen Kapital zustande kommen.

Die Annahme von Bourdieu, dass eine soziale Selektion auf allen Stufen des Bildungssystems wirksam ist, kann für das deutsche Schulsystem nicht bestätigt werden. Die soziale Selektion findet im deutschen Bildungssystem beim Übergang von der Primarstufe auf die Sekundarstufe I statt. Innerhalb der Sekundarstufe sind im dreigliedrigen deutschen Schulsystem kaum noch Vorteile für Kinder aus Familien mit einem höheren sozialen Status und mit einem höheren kulturellen Kapital festzustellen. Möglicherweise spielt aber das soziale Kapital der Familie – das elterliche Erziehungsverhalten – eine Rolle für emotional-motivationale Unterschiede und für Schulleistungsunterschiede der Kinder in der Sekundarstufe. Hierzu lassen sich Hypothesen aus dem kapitaltheoretischen Ansatz von Coleman ableiten, der im folgenden Kapitel dargestellt wird.

2.1.5 Das Modell von Coleman

Coleman geht davon aus, dass in modernen Gesellschaften ein Verlust an sozialem Kapital in den Familien und in den sie umgebenden sozialen Kreisen (z.B. Verwandtschaft, Nachbarschaft) zu konstatieren ist, der sich negativ auf die schulbezogenen Bildungsprozesse von Kindern auswirkt. Das Defizit an sozialem Kapital in den Familien moderner westlicher Gesellschaften zeichnet sich nach Coleman dadurch aus, dass Kinder unabhängig von ihrer sozialen Herkunft in zunehmendem Maße ohne die notwendige schulbezogene Aufmerksamkeit ihrer Eltern auskommen müssen, die sich durch die Betonung schulbezogener Leistungsanforderungen und durch die entsprechende Unterstützung auszeichnet, um die schulischen Anforderungen zu erfüllen (Coleman 1996, S. 100).

Colemans Begriff des sozialen Kapitals basiert auf dem wechselseitigen Vertrauen der Mitglieder innerhalb einer Gruppe und dem Netz an Verpflichtungen, in die ein Individuum eingebunden ist. Folglich hat soziales Kapital „seinen *locus* in der unmittelbaren Familie, der Großfamilie oder Verwandtschaft, der ethnischen Gruppe, der Religionsgruppe, der Gemeinschaft" (Coleman 1996, S. 99). Der Verlust des Vertrauens, der den Verlust an sozialem Kapital nach sich zieht, zeigt sich auch in den veränderten Nachbarschaftsbeziehungen in urbanen Räumen. „Die Mitglieder einer Dorfgemeinschaft, die sich gegenseitig in den verschiedensten Fällen um Hilfe bitten können, haben beträchtliches soziales Kapital, während die Bewohner eines zerrütteten städtischen Wohnviertels, die den Menschen, die sie dort auf der Straße treffen, nicht trauen können, nur wenig soziales Kapital haben. Dies gilt auch für die Bewohner eines Luxusappartements, die keinen ihrer Nachbarn kennen" (Coleman 1996, S. 102 f.).

Auf der Ebene des Verhaltens konstatiert Coleman einen generellen Verlust an festen Beziehungen oder starken Bindungen in Familie und Gesellschaft („a move away from strong relations of any sort"). Auf der normativen Seite wird ein Verlust von lern- und leistungsorientierten Einstellungen in der familialen Erziehung – wie zum Beispiel die Bereitschaft zur Anstrengung („effort") – konstatiert, die für schulisches Lernen und den Schulerfolg notwendig sind (Coleman 1987, S. 35). Coleman sieht die Ursachen dieser Entwicklung unter anderem in einem fortgeschrittenen Individualismus, der das Interesse am Mitmenschen durch die narzisstische Pflege des eigenen Wohlbefindens ersetzt hat (Coleman 1987, S. 37).

Der egoistische Individualismus führt laut Coleman zu einer mangelhaften Erziehung in der Familie und zu einer sozialen Isolation von Kindern und Jugendlichen, die sich in einem Anstieg der Suizidraten von Jugendlichen in den USA zeigen soll: „This social isolation is not a result of oppressive parenthood; it is a result of relaxed and inattentive parenthood" (Coleman 1987, S. 35). Nach Coleman ist nicht mehr die autoritäre Erziehung das Problem moderner Gesellschaften, sondern der Verlust der elterlichen Autorität und der Aufmerksamkeit, der zur Folge hat, dass die – im egoistischen Sinne – individualisierten Eltern ihren Kindern im Entwicklungsverlauf zu früh Autonomie zugestehen oder zumuten.

Der von Coleman konstatierte Verlust des sozialen Kapitals in der Familie und in den sie umgebenden sozialen Netzwerken (z.B. Verwandtschaft oder Religionsgemeinschaften) ist unter anderem eine Folge der veränderten Lebensbedingungen und des veränderten Erziehungsverhaltens in modernen Gesellschaften, in denen – in höherem Maße als je zuvor – die Autonomie des handelnden Subjekts im Vordergrund steht. Coleman stellt den Verlust des sozialen Kapitals einerseits als allgemeine Folge der Individualisierung dar, von dem Kinder und Jugendliche aus allen sozialen Schichten betroffen sind (Coleman 1996, S. 100; Coleman 1987, S. 35). Andererseits betont Coleman, dass das soziale Kapital in der amerikanischen Gesellschaft unterschiedlich verteilt ist. Kinder und Jugendliche, die in traditionale Gemeinschaften eingebunden sind und konfessionell gebundene oder private Schulen besuchen – also über ein relativ hohes Maß an sozialem Kapital verfügen, zeigen bessere Schulleistungen als Kinder aus sozioökonomisch vergleichbaren Familien in staatlichen Schulen (Coleman 1996, S. 100; Coleman 1987, S. 36). Diese und ähnliche Befunde auf makrosoziologischer Ebene führt Coleman im kausalen Sinne auf die unterschiedliche Verfügung über soziales Kapital zurück.

Aus dem Ansatz von Coleman lassen sich die Hypothesen formulieren, dass mit steigendem Sozialkapital der Kinder in der Familie (Leistungsorientierung und soziale Unterstützung in schulbezogenen Lernprozessen) sowohl die Bildungsmotivation als auch die Schulleistungen der Kinder steigen.

2.2 Elterliches Erziehungsverhalten

2.2.1 Einleitung

Zwei Dimensionen elterlichen Erziehungsverhalten werden im Rahmen dieser Arbeit untersucht: die autoritäre und die autoritative Dimension elterlicher Erziehung. Die Differenzierung zwischen diesen beiden Typen elterlichen Erziehungsverhaltens oder Erziehungsstilen beruht vor allem auf ihrem unterschiedlichen Verhältnis zur Autorität zwischen Eltern und Kindern.

Autorität im engeren Sinne bezieht sich auf das Herrschaftsverhältnis zwischen den Eltern und den minderjährigen Kindern. Unter Herrschaft in der Familie werden die drei soziologischen Formen der *legitimen Herrschaft* nach Weber (1980, S. 124) verstanden – die rationale, die traditionale und die charismatische Form von Herrschaft (vgl. Kapitel 2.1.4.3.3).

Da legitime Herrschaft die Anerkennung der Untergeordneten voraussetzt, werden Formen der illegitimen Herrschaft innerhalb der Familie in dieser Arbeit nicht behandelt, insbesondere die totale und die willkürliche Gewaltherrschaft (Despotie und Tyrannei), die nach der Definition von Weber (1980, S. 28) auf Macht beruhen, also der Möglichkeit, den eigenen Willen auch gegen jedes Widerstreben durchzusetzen (vgl. Kapitel 2.1.4.3.3). Gewaltherrschaft in der Familie ist zwar ein real existierendes soziales Phänomen, sie stellt jedoch keine Form der Erziehung im engeren Sinne dar, weil Erziehung auf emotionaler Bindung beruht und Erziehung nur dann als erfolgreich bezeichnet werden kann, wenn eine aktive Internalisierung elterlicher Normen und Werte durch das Kind stattgefunden hat.[35]

Weitere soziale Phänomene – wie die Vernachlässigung von Kindern in der Familie – werden in dieser Arbeit ebenfalls nicht berücksichtigt, weil Vernachlässigung keine Qualität der Erziehung darstellt, sondern ein Fehlen von Erziehung. Auch auf psychopathologische Ursachen und Folgen gestörter Kommunikation in der Familie (einführend: Watzlawick, Beavin & Jackson 1985, S. 72 ff.) wird nicht eingegangen.

Während charismatische Herrschaft in der Familie vor allem ein Phänomen der frühen und mittleren Kindheit ist, weil die Herrschaft der Eltern noch durch das Vollbringen von Wundern als legitim betrachtet werden kann, wird mit zunehmender kognitiver und sozialer Entwicklung des Kindes die Herrschaft der Eltern infrage gestellt. Zur Stützung der Herrschaft und der Erziehungsfähigkeit der Eltern sind bereits in der Kindheit weitergehende Legitimierungen für elterliche Verbote und Gebote notwendig, die über die Person der Eltern hinausgehen. Die überpersönliche Legitimierung zur Aufrechterhaltung von *legitimer* Herrschaft oder Erziehung ist notwendig, weil das Kind aufgrund der Zugehörigkeit zu weiteren sozialen Kreisen, die über die Familie hinausgehen (typischerweise Gruppen von Gleichaltrigen in der Nachbarschaft oder im Klassenverband der Schule), zumindest alternative Regelauslegungen von sozialen Normen und Werten kennen lernt und mit seiner eigenen sozialen Lage vergleicht. Idealtypisch kann die überpersönliche Legitimierung elterlicher Herrschaft und Erziehung entweder rational oder traditional erfolgen (vgl. Kapitel 2.1.4.3.3).

Zentrale Voraussetzung für den Sozialisationsprozess insgesamt und die erfolgreiche Erziehung auch in der späten Phase der Kindheit und in der Adoleszenz ist – gemäß der Bindungstheorie von Bowlby – die emotionale Bindung zwischen den Elternpersonen und dem Kind. Die emotionale Ressource der Familie, auf die das Kind

---

35 Nach der Theorie von A. Freud können Kinder, die in einer aggressiv erlebten Sozialisation zur Übernahme elterlicher Verbote gezwungen werden, auf einer Vorstufe der moralischen Entwicklung bzw. der Über-Ich-Bildung stehen bleiben (Unvollständigkeit des Internalisierungsprozesses) und sich besonders aggressiv gegenüber der Außenwelt verhalten („Projektion der Schuld"), wobei das aggressive Verhalten paranoide Formen annehmen kann (vgl. A. Freud 1984, S. 92 f.).

zurückgreifen kann, wird aus kapitaltheoretischer Perspektive als emotionales Kapital der Familie bezeichnet. Das emotionale Kapital der Familie zeichnet sich in Anlehnung an die soziologische Funktionsbestimmung der Familie von Parsons durch die Aufrechterhaltung des wechselseitigen Wohlbefindens aller Familienmitglieder aus.

Zwei wichtige Differenzierungslinien hinsichtlich der theoretischen Beschreibung des elterlichen Erziehungsverhalten und seiner methodischen Erfassung sind im Kontext der schulbezogenen Lehr-Lernforschung zu berücksichtigen. Einerseits die methodische Frage, ob ein eindimensionaler Erziehungsstil der Familie oder ein zwei- oder mehrdimensionales elterliches Erziehungsverhalten untersucht wird – und andererseits die Frage nach der Unterscheidung zwischen einem bereichsübergreifenden autoritären oder autoritativen Elternverhalten und dem auf die schulbezogene Lernprozesse gerichteten bereichsspezifischen Elternverhalten.

Elterliches Erziehungsverhalten kann einerseits als familialer Erziehungsstil typisiert werden oder als mehrdimensionales Erziehungsverhalten beschrieben werden. Im ersten Fall wird die elterliche Erziehung als familialer Erziehungstyp betrachtet, wobei die untersuchten Familien (meistens post hoc) unterschiedlichen Erziehungsstiltypen zugeordnet werden. Die klassische Zuordnung geschieht meist auf der Basis von zwei Messwerten, von denen der eine Messwert das Ausmaß der elterlichen Zuwendung (emotionale und soziale Unterstützung) und der andere Messwert das Ausmaß der elterlichen Kontrolle erfasst. Auf der Basis der Ausprägungen dieser beiden Merkmalsmessungen werden in der Regel vier Erziehungsstiltypen gebildet.

Diese Vorgehensweise hat eine ganze Reihe von theoretischen und methodischen Nachteilen. Auf die theoretischen Nachteile wird in Kapitel 2.2.4 näher eingegangen. Wenn jeweils beide Messwerte hoch oder niedrig sind oder wenn ein Messwert hoch und der jeweils andere niedrig ist, wird die Familie einem der vier Typen zugeordnet. Die Entscheidung, ob ein Messwert hoch oder niedrig ist, kann aus unterschiedlichen Gründen nicht anhand von Mittelwerten getroffen werden, sondern wird post hoc durch die Zugehörigkeit der Familien zu den Enden der Messskalen (z.B. oberstes vs. unterstes Terzil, Quartil oder Quintil) – also durch empirisch vorgefundene Verteilungswerte – getroffen. Diese Vorgehensweise führt in ein methodisches Dilemma. Je schärfer die Extremgruppen getrennt werden, umso präziser lassen sich zwar die Erziehungsstiltypen voneinander trennen und folgen daher umso besser der theoretischen Klassifizierung, aber umso größer wird gleichzeitig der Anteil der nicht klassifizierbaren Familie mit Merkmalsausprägungen in den mittleren Bereichen. Aus methodischer Sicht stellt dieses Verfahren ein Extremgruppenvergleich dar, der nicht zu den hypothesenprüfenden, sondern zu den explorativen Verfahren gerechnet wird, da die linearen Effekte der unabhängigen Variablen (hier: Erziehungsstile) durch die Nichtberücksichtigung der mittleren Merkmalsausprägungen deutlich überschätzt werden können (vgl. Bortz & Döring 1995, S. 494).

In der vorliegenden Arbeit werden das autoritäre und das autoritative Elternverhalten als zwei getrennte Dimensionen des elterlichen Erziehungsverhaltens erfasst. Für alle Untersuchungspersonen liegen also Werte für das (perzipierte) autoritative Elternverhalten und für das (perzipierte) autoritäre Elternverhalten vor – und zwar sowohl bereichsübergreifend (als allgemeines Elternverhalten) als auch bereichsspezifisch (als schulbezogenes Elternverhalten). Dieser Ansatz hat zunächst den Vorteil der strikt hypothesenprüfenden Vorgehensweise, da keine Typisierung post hoc erfolgt. Zudem können die linearen Effekte beider Dimensionen des Elternverhaltens auf die Emotionen und die Schulleistungen der Kinder für die gesamte Stichprobe berechnet werden. Dieser Ansatz setzt voraus, dass das autoritative und das autoritäre Elternverhalten als relativ unabhängige Dimensionen beziehungsweise Faktoren theoretisch aufgefasst und methodisch erfasst werden können. Theoretisch können beide Dimensionen als relativ unabhängig aufgefasst werden, weil anzunehmen ist, dass neben den reinen Idealtypen des autoritativen und des autoritären Elternverhaltens unterschiedliche Mischformen existieren, in denen beide Erziehungsformen auftreten. Insbesondere für das schulbezogene Elternverhalten ist zu erwarten, dass Eltern sowohl autoritativ als auch autoritär auf krisenhafte Schulleistungen des Kindes reagieren können. Aufgrund des dimensionalen Ansatzes ist es allerdings prinzipiell nicht möglich, Hypothesen über die Wirkungen des vernachlässigenden Erziehungsstils zu testen. Dies ist für die vorliegende Arbeit allerdings kein Nachteil, da die Vernachlässigung von Kindern nicht Gegenstand der Fragestellung ist.

In den folgenden Kapiteln wird der Stand der Forschung zum autoritären und zum autoritativen Erziehungsverhalten dargestellt. Elterliches Erziehungsverhalten kann einerseits als abhängige und andererseits als unabhängige Variable untersucht werden. Die erste Fragestellung bezieht sich auf die Frage, von welchen Umweltbedingungen ein bestimmtes elterliches Verhalten abhängt, während die zweite Frage auf die Auswirkungen elterlichen Verhaltens auf Merkmale des Kindes abzielt. Die soziologisch orientierte Forschung hat sich in erster Linie mit den gesellschaftlichen Ursachen oder Bedingungen des elterlichen Erziehungsverhaltens und weniger mit den Folgen und Wirkungen unterschiedlichen Erziehungsverhaltens beschäftigt. Auf den Stand der Forschung zu den soziologischen Ansätzen, die elterliches Erziehungsverhalten vor allem als abhängige Variable (als Folge gesellschaftlicher Bedingungen) betrachten, wird in Kapitel 2.2.2 eingegangen. Als erster und immer noch wichtiger Ansatz zur Erklärung der autoritären Erziehung gilt der Theorieansatz des *Frankfurter Instituts für Sozialforschung*, der in den 1930er Jahren von Erich Fromm für die von Max Horkheimer herausgegebenen *Studien über Autorität und Familie* (Horkheimer 1936) entwickelt wurde (vgl. Kapitel 2.2.3).

Der Begriff des autoritativen Erziehungsverhaltens wurde in den 1960er Jahren von Diana Baumrind (Baumrind 1966) geprägt. Autoritatives Erziehungsverhalten wird in Kapitel 2.2.4 beschrieben. Die Erziehungsstilforschung hat neben dem autoritären und dem autoritativen Erziehungsstil weitere Erziehungsstile postuliert. Zentrale Richtungen der Erziehungsstilforschung, deren Methoden, Theorien und Ergebnisse werden in Kapitel 2.2.6 vorgestellt.

Die unterschiedlichen Ansätze in der Erziehungsstilforschung haben allerdings bislang noch nicht zu einer kumulativen Theoriebildung im Bereich des elterlichen Erziehungsverhaltens geführt (vgl. Schneewind & Pekrun 1994, S. 25). Eine übergreifende Theorie zum schulbezogenen elterlichen Erziehungsverhalten steht ebenfalls noch aus; die deutschen Befunde zu den einzelnen Aspekten des schulbezogenen elterlichen Erziehungsverhaltens werden in Kapitel 2.2.6.2 vorgestellt.

2.2.2 Soziale Schicht und Erziehungsverhalten

Steinkamp (1998) fasst den Forschungsstand der traditionellen, schichtenspezifischen Sozialisationsforschung zum Einfluss der sozialen Herkunft auf das elterliche Erziehungsverhalten zusammen und differenziert – in Anlehnung an Gecas (1979) – vier Dimensionen des elterlichen Erziehungsverhaltens: (1) Elterliche Kontrollstrategien, (2) affektive Beziehungen zwischen Eltern und Kind, (3) Betonung von Unabhängigkeit und Leistung sowie (4) Kommunikation und Sprachverhalten (vgl. Steinkamp 1998, S. 253 f.)

Elterliche Kontrollstrategien (Anwendung von Zwang, physische Strafen) hängen schwach negativ mit der Sozialschicht zusammen; die aufgeklärte Varianz beträgt etwa ein bis vier Prozent. Je höher also die Sozialschichtindizes der Eltern sind, umso weniger sind elterliche Kontrollstrategien im autoritären Sinne festzustellen. Etwas deutlicher hängen jedoch die Sanktionsanlässe vom sozioökonomischen Status der Familie ab. Während die Eltern der Mittelschicht stärker die Absicht des Kindes für Art und Ausmaß der Sanktionen berücksichtigen, orientieren sich die Eltern aus der Arbeiterschicht eher an den Folgen der Handlungen. Die autoritäre Erziehung, als ein Aspekt des sozialen Kapitals der Familie, scheint allerdings insgesamt nur in einem geringen Ausmaß von der Sozialschicht abzuhängen.

Die affektiven Beziehungen zwischen Eltern und Kind hängen nach Steinkamp schwach positiv mit den sozialen Schichtindizes zusammen. Je höher also die Sozialschichtindizes der Eltern sind, desto positiver werden die emotionalen Bindungen zwischen Eltern und Kindern eingeschätzt. Die aufgeklärte Varianz ist für Jungen mit sechs Prozent höher als die für Mädchen mit etwa zwei Prozent. Die Zusammenhänge zwischen sozialer Herkunft und emotionalen Beziehungen in der Familie sind insgesamt eher schwach. Für den deutlich höheren Zusammenhang bei den Jungen werden bei Steinkamp keine Angaben gemacht. Möglicherweise spielen klassische Geschlechtsrollenstereotype in den unteren sozialen Schichten beziehungsweise die häufigere Anwendung von physischen Strafen für Jungen aus den unteren sozialen Schichten eine Rolle für die etwas höhere Sozialschichtabhängigkeit der emotionalen Beziehungen der Jungen in der Familie. Dennoch gilt auch für die Jungen, dass mehr als neunzig Prozent der statistischen Unterschiede in den emotionalen Familienbeziehungen nicht durch die Sozialschicht erklärt werden.

Die emotionalen Beziehungen zwischen Eltern und Kindern können dem sozialen Kapital der Familie zugerechnet werden. Die Sozialschichtindizes hängen direkt oder indirekt von der Bildung des Elternhauses ab[36] und somit kann der sozioökonomische Status der Familie zumindest als ein grober Indikator für das kulturelle Kapital der Familie betrachtet werden. Aufgrund der Befundlage kann also davon ausgegangen werden, dass die Zusammenhänge zwischen dem sozialen Kapital und dem kulturellen Kapital der Familie nicht besonders hoch sind.

---

[36] Weil die Bildung entweder ein direkter oder ein indirekter Indikator für den Index ist, wenn der berufliche Status der Eltern verwendet wird, der wiederum in hohem Maße abhängig von der Bildung ist.

Die *Betonung von Unabhängigkeit und Leistung* hängt ebenfalls positiv mit der sozialen Schicht zusammen. Kinder der Mittelschicht sind im Vergleich zu Kindern aus unteren Schichten stärkeren schulischen Leistungsanforderungen ausgesetzt und werden stärker in Bezug auf ihre Unabhängigkeit gefördert.

Die Zusammenhänge zwischen Sozialschicht und Kommunikation und Sprachverhalten – im Sinne der soziolinguistischen Codes (elaboriert vs. restringiert) von Bernstein (z.B. Bernstein 1977, S. 205 ff.) – sind ebenfalls schwach.

Zusammenfassend lässt sich feststellen, dass die Beziehungen zwischen sozialer Schicht und elterlichem Erziehungsverhalten zwar erwartungskonform sind, aber die aufgeklärten Varianzen in den meisten Studien deutlich unter zehn Prozent liegen (Steinkamp 1998, S. 254).

Die neuere, sozialstrukturelle Sozialisationsforschung differenziert den älteren, schichtspezifischen Ansatz in methodischer und theoretischer Hinsicht weiter aus (vgl. Steinkamp 1998, S. 259 ff.). In den Arbeiten von Kohn (1969; 1981) wurde zum Beispiel davon ausgegangen, dass sich die Erfahrungen der Eltern im Arbeitsleben auf den familialen Sozialisationsprozess auswirken. Daher wurde der ausgeübte Beruf des Familienvorstands hinsichtlich seiner Möglichkeiten zu autonomer Entscheidungsfähigkeit oder umgekehrt hinsichtlich des Konformitätsdrucks am Arbeitsplatz näher erforscht und die Familien wurden in Bezug auf ihre erziehungsrelevanten Wertorientierungen (Selbstbestimmung vs. Konformität) untersucht. Die aufgeklärten Varianzen der elterlichen Wertorientierungen durch die soziale Schicht liegen bei etwa zwölf Prozent und die beruflichen Arbeitserfahrungen erklären unabhängig von der Sozialschicht nur etwa zwei Prozent der elterlichen Wertorientierungen (vgl. Steinkamp 1998, S. 260).

Steinkamp hat den Ansatz von Kohn weiter verfolgt und in einer deutschen Untersuchung zum Teil erheblich höhere Korrelationen zwischen sozialstrukturellen Variablen (Berufsstatus des Vaters, Bildung der Eltern und Haushaltsnettoeinkommen), Mitbestimmungsmöglichkeiten bzw. Kontrolle am Arbeitsplatz einerseits und elterlichen Erziehungszielen bzw. Einstellungsmustern (kulturelles Kapital) andererseits gefunden. Dabei ist zu berücksichtigen, dass die elterlichen Wertvorstellungen auf elterlichen Selbstberichten beruhen. Die aufgeklärten Varianzen der von den Eltern berichteten Erziehungspraktiken (induktiv vs. machtorientiert) durch die sozialstrukturellen Variablen und die Arbeitserfahrungen der Väter liegen allerdings auch nur zwischen sieben und maximal fünfzehn Prozent (vgl. Steinkamp 1998, S. 262).

Auch die Befunde von Allehoff (1985) und Mansel (1986) zeigen, dass ein durch Wärme und Unterstützung gekennzeichnetes Familienklima „weit weniger an die Schichtzugehörigkeit der Eltern gebunden (ist) als lange Zeit behauptet wurde" (Kracke & Hofer 2002, S. 99). In ähnlicher Weise zeigt die 14. Shell Jugendstudie, dass zwischen den sozialen Herkunftsgruppen der Jugendlichen nur geringe Unterschiede hinsichtlich des Ausmaßes der von den Jugendlichen berichteten Strenge der elterlichen Erziehung feststellbar sind (vgl. Jugendwerk der Deutschen Shell 2002, S. 59).

Es gibt allerdings Hinweise, dass spezifische Problemlagen in Familien – wie zum Beispiel in Familien mit hohen materiellen Sorgen und gleichzeitig niedrigem Einkommen – zu autoritärem Erziehungsverhalten oder zur Vernachlässigung von Kindern führen können. Materielle Knappheit in Familien scheint aber nicht per se zu problematischen Familien- und Erziehungssituationen zu führen. Das extrafamiliale Sozialkapital (emotionale und soziale Unterstützung durch Freunde und Verwandte) könnte eine soziale Schutzfunktion in armen Familien darstellen (vgl. Hofer 2002b, S. 60 f.). Das LBS-Kinderbarometer 2001 findet allerdings einen signifikant negativen Zusammenhang zwischen Wohlstand (Abwesenheit von Sparzwängen) in der Familie und autoritärem Erziehungsverhalten[37] der Eltern 9- bis 14-Jähriger, der gut sechs Prozent der Varianz des autoritären Erziehungsverhaltens aufklärt (vgl. Mayr & Ulich 2002, S. 68).

Zusammenfassend lässt sich feststellen, dass das Erziehungsverhalten der Eltern und die emotionalen Beziehungen in der Familie (soziales Kapital) nur zum Teil von der sozialen Herkunft abhängen. Der überwiegende Teil der Varianz des sozialen Kapitals der Familie (meist mehr als 90 Prozent) lässt sich weder durch die Sozialschichtzugehörigkeit der Familie noch durch die Arbeitserfahrungen des Familienvorstands erklären. Dass die sozialstrukturellen Variablen nicht das soziale Kapital der Familie beziehungsweise das elterliche Erziehungsverhalten determinieren, ist im Kontext dieser Arbeit von besonderer Bedeutung, da die sozialstrukturellen Variablen in der Bundesrepublik Deutschland nur in einem geringen Maß den Schulerfolg innerhalb der Sekundarstufe I vorhersagen (vgl. Kapitel 2.1.2). Der unterschiedliche Schulerfolg in der Sekundarstufe I kann also durchaus vom sozialen Kapital der Familie – vom elterlichen Erziehungsverhalten – abhängen.

2.2.3 Autoritäre Erziehung

Fromm beschreibt den autoritären Charakter – später als die autoritäre Persönlichkeit bezeichnet – in folgender Weise: „Die autoritäre Haltung bejaht, ja, erstrebt und genießt das Unterworfensein des Menschen unter höhere, außer ihm stehende Mächte, seien diese Mächte nun der Staat oder ein Führer, das Naturgesetz, die Vergangenheit oder Gott. Der Starke und Mächtige wird eben um dieser Eigenschaften willen bewundert und geliebt, der Schwache und Hilflose gehasst und verachtet. Nicht Lebensgenuss und Glück, sondern Opfer und Pflicht sind die leitenden Ziele der autoritären Haltung" (Fromm 1983, S. 230). Personen mit einem autoritären Charakter ordnen sich nicht nur höheren Mächten unter, sondern haben auch selbst den „tiefen Wunsch, über eine Person zu verfügen, die schwächer ist, ihnen gehorcht und sie bewundert" (Fromm 1983, S. 183).

Fromm betont bezugnehmend auf Simmel (vgl. Simmel 1992, S. 161 ff.), dass das autoritäre Verhältnis nicht allein durch äußeren Zwang zustande kommt, sondern auch ein Mindestmaß an Freiwilligkeit durch den Untergeordneten erfordert. Nach Fromm gehört daher zu jedem Autoritätsverhältnis nicht nur die Anerkennung von Über- und Unterordnung, sondern vor allem „die gefühlsmäßige Bindung einer untergeordneten zu einer übergeordneten Person oder Instanz" (Fromm 1936, S. 71). Die

---

[37] Die Skala wird zwar „Positives Erleben der Eltern – Autonomie" genannt; die Items fragen jedoch eindeutig autoritäres Verhalten ab, zum Beispiel die Forderung nach Gehorsam oder die Anwendung physischer Gewalt durch die Eltern etc. (vgl. Mayr & Ulich 2002, S. 53).

emotionalen Komponenten der autoritären Bindung, die sich im *Autoritätsgefühl* ausdrücken, können „Furcht, Ehrfurcht, Respekt, Bewunderung, Liebe und häufig auch Hass" sein (Fromm 1936, S. 71 f.).

Diese emotionalen Komponenten der autoritären Bindung können in unterschiedlicher Weise und in widersprüchlicher Mischung auftreten. Fromm beschreibt das emotionale Verhältnis der autoritären Vater-Sohn-Bindung im patriarchalisch-kleinbäuerlichen Kontext folgendermaßen: „Der Vater wird gefürchtet, und widerspruchs- und bedenkenlos wird ihm gehorcht; manchmal wird mehr das Gefühl der Ehrfurcht, manchmal mehr das des Hasses oder der Furcht beigemischt sein und dem Verhältnis seine besondere Farbe geben. Solange der Vater lebt, ist sein Wille einziges Gesetz, und die Hoffnung auf Selbständigkeit und Unabhängigkeit ist, bewusst oder unbewusst, mit der Hoffnung auf den Tod des Vaters verknüpft" (Fromm 1936, S. 69). Die autoritäre Bindung, die mit der Aufgabe persönlicher Entscheidungsfreiheit verbunden ist, beruht allerdings nicht unbedingt auf der „Macht des Führers" oder der „Angst vor den Folgen einer Pflichtverletzung", sondern vor allem auf der „Liebe zu ihm" und der „Angst vor dem Liebesverlust" (Fromm 1936, S. 70).

Die emotionalen Komponenten der autoritären Bindung sind also ambivalent. Die Angst kann als wichtiger Bindungsfaktor beschrieben werden, wobei allerdings weniger die Angst vor einer bestimmbaren Strafe im Vordergrund steht, sondern die unbestimmte Angst vor dem dauerhaften Verlust sozialer und emotionaler Bindung (Angst vor Liebesverlust), die möglicherweise auf einer tief verwurzelten, existenziellen Angst des Menschen vor dem sozialen Ausschluss aus der Bezugsgruppe beruht. Die Angst vor dem Bindungsverlust in der Familie kann aber nur dann als Sanktionsmittel genutzt werden, wenn in der frühen Kindheit bereits eine positiv bewertete emotionale Bindung bestanden hat. Im Kontext familialer Sozialisation setzt auch die autoritäre Erziehung eine primäre und positiv besetzte Bindung zwischen einer Elternperson und dem Kind voraus.

Nach der psychoanalytischen Auffassung wird das Verhältnis des Kindes zur elterlichen Autorität in der frühen Kindheit geprägt. Die psychoanalytische Entwicklungstheorie nimmt an, dass die sexuellen Wünsche des Kindes den Ausgangspunkt für die krisenhafte Entwicklung darstellen, die zum Aufbau einer moralischen Instanz in der Psyche des Kindes führt (Über-Ich), die das Kind zur Selbstkontrolle (Ich) über seine nach Lust strebenden Impulse (Es) befähigt. Das Über-Ich wird dabei als psychische Repräsentanz der elterlichen Forderungen, Verbote und Gebote angesehen und seine Funktionen sind die Selbstbeobachtung, das Gewissen und das Ichideal (Freud 1933, S. 504). Das Ichideal ist auch Ausdruck der positiven Identifizierung des Kindes mit den Eltern, es ist der „Niederschlag der alten Elternvorstellung, der Ausdruck der Bewunderung jener Vollkommenheit, die das Kind ihnen damals zuschrieb" (Freud 1933, S. 503). Im Gegensatz zur Freud'schen Auffassung über die Internalisierung der elterlichen Autorität (vgl. Freud 1933, S. 500 ff.) ist Fromm der Ansicht, dass es nicht der Kastrationskomplex ist, der das Kind zur Verdrängung seiner inzestuösen Wünsche in der ödipalen Phase veranlasst und damit zur Bildung des Über-Ichs beiträgt, sondern die Realangst vor sozialer Isolation und Ächtung (Fromm 1981a, S. 114). Nach der Auffassung von Freud ist diese reale Angst vor dem Verlust der elterlichen Liebe aber nur der „Vorläufer der späteren Gewissensangst" und bedarf noch weiterer Erklärungen, weil das Über-Ich „denselben Charakter unerbittlicher Härte erwerben kann, auch wenn die Erziehung milde und gütig war, Drohungen und Strafen möglichst vermieden hat" (Freud 1933, S. 500 f.).

In den Auffassungen von Freud und Fromm besteht Einigkeit darüber, dass die Identifizierung des Kindes mit den Eltern sowohl Grundlage für den Internalisierungsprozess als auch Ausdruck der emotionalen Bindung ist. Die Grundlage für die Umwandlung der Elternbeziehung in das kindliche Über-Ich ist „eine sogenannte Identifizierung, d.h. eine Angleichung eines Ichs an ein fremdes, in deren Folge dies erste Ich sich in bestimmten Hinsichten so benimmt wie das andere, es nachahmt, gewissermaßen in sich aufnimmt. (…) Die Identifizierung ist eine sehr wichtige Form der Bindung an die andere Person, wahrscheinlich die ursprünglichste" (Freud 1933, S. 501). Dass diese Bindung einen positiven emotionalen Charakter haben muss, lässt sich aus einer Bemerkung Freuds zum Minderwertigkeitsgefühl ableiten: „Das Kind fühlt sich minderwertig, wenn es merkt, dass es nicht geliebt wird, und ebenso der Erwachsene" (Freud 1933, S. 503). Freud stellt zusammenfassend fest, dass „die Einsetzung des Über-Ichs als ein gelungener Fall von Identifizierung mit der Elterninstanz beschrieben werden kann" (Freud 1933, S. 502).

Freud nimmt an, dass das Erziehungsverhalten der Eltern vor allem in der ödipalen Phase des Kindes weniger ein geplantes Handeln ist, sondern eher Ausdruck ihrer eigenen Erziehungserfahrungen ist: „In der Regel folgen die Eltern und die ihnen analogen Autoritäten in der Erziehung des Kindes den Vorschriften des eigenen Über-Ichs. Wie immer sich ihr Ich mit ihrem Über-Ich auseinandergesetzt haben mag, in der Erziehung des Kindes sind sie streng und anspruchsvoll. Sie haben die Schwierigkeiten ihrer eigenen Kindheit vergessen, sind zufrieden, sich nun mit voll mit den eigenen Eltern identifizieren zu können, die ihnen seinerzeit die schwersten Einschränkungen auferlegt haben. So wird das Über-Ich des Kindes eigentlich nicht nach dem Vorbild der Eltern, sondern des elterlichen Über-Ichs aufgebaut; es erfüllt sich mit dem gleichen Inhalt, es wird zum Träger der Tradition, all der zeitbeständigen Wertungen, die sich auf diesem Wege über Generationen fortgepflanzt haben" (Freud 1933, S. 505). Im weitesten Sinne ist die Familie damit die „psychologische Agentur der Gesellschaft" (Fromm 1932, S. 17), wenngleich Fromm eher als Freud die Ansicht vertritt, dass familiale Herrschaftsverhältnisse durch gesellschaftliche Herrschaftsverhältnisse bedingt sind. Die intergenerationale Transmission des normativen Kapitals in der Familie (als ein Aspekt des kulturellen Kapitals) wird in den Theorien von Freud und Fromm durch die – über die Identifizierung (als ein Aspekt des sozialen Kapitals) vermittelte – Weitergabe des Über-Ichs erklärt, die zudem weitgehend unbewusst erfolgen kann.

Die psychoanalytische Entwicklungstheorie betont den konservierenden Charakter der Familie und beschreibt den familialen Sozialisationsprozess generell in Form eines Reproduktionsmodells. Das Reproduktionsmodell gilt daher auch für den autoritären Charakter beziehungsweise die autoritäre Persönlichkeit. Allerdings weist Fromm darauf hin, dass die Lust an der Unterwerfung auf einer äußerst ambivalenten Gefühlsbasis beruht (Fromm 1936, S. 121) und autoritäre Herrschaft – auch aufgrund der potenziell notwendigen Angsterzeugung, die in Terror umschlagen kann (Fromm 1936, S. 125) – generell durch Rebellion oder Revolution gefährdet ist (Fromm 1936,

S. 128). Autoritäre Herrschaft führt zu ambivalenten Emotionen und zu einer ambivalenten Bindung zwischen Über- und Untergeordneten und ist daher in ihrem Fortbestand permanent gefährdet und neigt in der Krise zu Strafe und Terror, um Angst zum Zwecke der Aufrechterhaltung der autoritären Herrschaft erzeugen. Zum autoritären Syndrom gehören wegen der nicht verwandelten Aggression in der ödipalen Phase und der dadurch unvollständigen Über-Ich-Ausbildung die masochistische und die sadistische Reaktionsbildung, wobei letztere in Aggressionen gegen die Gruppen umschlägt, mit denen sich das Individuum *nicht* identifiziert (vgl. Adorno 1999, S. 323).

Autoritäres Erziehungsverhalten ist generell durch Heteronomie, durch Fremdbestimmung gekennzeichnet. Die Autorität im heteronomen Sinne wird nicht durch die autonome menschliche Vernunft im Sinne Kants legitimiert, sondern durch außerhalb der Vernunft liegende Mächte, wie zum Beispiel die Natur (z.B. das Recht des Stärkeren), Traditionen oder andere gesellschaftliche Anforderungen, die als Zwänge erlebt werden. Autoritäres Erziehungsverhalten der Eltern verletzt das Bedürfnis des Kindes nach Autonomie und Selbstbestimmung und führt daher zu kindlichen Konflikten zwischen den Anforderungen der Eltern und den eigenen Bedürfnissen. Eine Seite der ambivalenten emotionalen Bindung in der autoritären Erziehung ist die handlungsleitende Angst der Eltern, dass die Kinder diejenigen gesellschaftlichen Anforderungen (bestimmte Traditionen, fatalistische Religionsauslegungen) nicht erfüllen, die nicht rational legitimierbar sind und die die Eltern möglicherweise selbst als sozialen Zwang erleben. Zum Beispiel wenn das Kind keine Hosenträger tragen möchte, weil es in der Schule dafür verspottet wird, aber eine Hosenträgerreligion den Abweichlern und ihren Erziehungsberechtigten bei Nichteinhaltung der Bekleidungsvorschriften mit ewiger Verdammnis droht – oder weil das Tragen von Hosenträgern zur Familientradition gehört und das Abweichen von der Tradition mit dem Verlust der Familienehre verbunden ist.

Während die autoritäre Persönlichkeit (*general personality trait*) Lust an der eigenen und der fremden Unterwerfung im sadomasochistischen Sinne hat (Fromm 1936, S. 109), kann autoritäres Erziehungsverhalten auch ohne sadomasochistische Persönlichkeitszüge auftreten. So kann sich autoritäres Erziehungsverhalten als situationsabhängige Verhaltensdisposition nur auf bestimmte Teilbereiche der Erziehung oder auf bestimmte Situationen beziehen (*latent personality trait*) und muss daher nicht Ausdruck einer autoritären Persönlichkeit im generellen Sinne sein. Autoritäres Verhalten von Erziehern kann darüber hinaus auch in Form einer rein situativ bedingten Reaktion (*state*) auf ein nicht angemessenes Verhalten des Kindes auftreten. Zum Beispiel wenn das Kind eine allgemeingültige Regel nicht einsehen will und die Erzieher eine dementsprechende Anordnung zur Befolgung der Regel erteilen. Diese singuläre Form autoritären Verhaltens stellt allerdings keinen autoritären Erziehungsstil dar und somit keine typisch autoritäres Erziehungsverhalten, da es sich nicht um eine typische Reaktion der Erzieher zur kindlichen Verhaltensmodifizierung handelt.

Die Unterscheidung zwischen einem generellen autoritären Verhalten und einem situationsspezifischen autoritären Elternerhalten ist im Kontext des schulbezogenen elterlichen Erziehungsverhaltens von besonderer Bedeutsamkeit, weil Eltern durchaus autoritäres Verhaltensmuster zeigen können, wenn es um die schulischen Leistungen des Kinde geht, selbst wenn sie generell die Autonomie des Kindes in hohem Maße fördern. Wenn Eltern zum Beispiel schulbezogenen Leistungsdruck auf ihre Kinder ausüben, weil sie befürchten, dass ihre Kinder nicht ohne erhöhte Anstrengungen die notwendigen Bildungszertifikate für eine gewünschte Berufsposition erwerben können, dann ist das Handeln der Eltern durch Orientierung an Leistungsnormen und durch die Angst vor dem Scheitern an diesen Normen bestimmt. Die Angst der Eltern kann sich dabei auf das mögliche Scheitern eines gewünschten sozialen Aufstiegs beziehen, aber auch auf die Angst vor dem sozialen Statusverlust oder auf die Angst vor dem Verlust gesellschaftlicher Anerkennung durch soziale Gruppen, in die die Familien eingebunden sind. Ein autoritäres Erziehungsverhalten der Eltern ist in diesen Fällen durch eine mehr oder weniger bewusste Fremdbestimmung durch gesellschaftliche Anforderungen gekennzeichnet und durch Angst vor negativen Sanktionen, dem Verlust von sozialer Anerkennung (Verlust von sozialem Kapital) motiviert. Auch die Angst vor dem Ausschluss des Kindes aus Teilbereichen des Arbeitsmarktes durch fehlende Bildungszertifikate ist in diesem Sinne eine Angst vor dem Verlust von sozialem Kapital. Wenn die gesellschaftlichen Anforderungen als unausweichlich, als Zwänge wahrgenommen werden, erzeugen sie nach Auffassung von Fromm ein *Gefühl der Ohnmacht*, das zum Gefühl der ohnmächtigen Wut führt, die wiederum Angst erzeugt, wenn die Wut verdrängt wird (Fromm 1937, S. 146).

In der neueren Forschung wird autoritäres Erziehungsverhalten gekennzeichnet durch einseitiges und striktes Durchsetzen elterlicher Vorstellungen unter Einsatz negativer Sanktionen – wie zum Beispiel die Androhung und die Anwendung von Zwangsmitteln und Strafen (vgl. Papastefanou & Hofer 2002, S. 185). Rigidität, Konformitätsdruck und kritiklose Anerkennung elterlicher Autorität sind weitere Merkmale eines allgemeinen autoritären Erziehungsverhaltens (vgl. Wild & Hofer 2002, S. 230).

2.2.4 Autoritative Erziehung

Das Modell der elterlichen autoritativen Erziehung *(authoritative parenting)*[38] geht auf Diana Baumrind zurück, die im Jahr 1966 erstmalig den Begriff der autoritativen Kontrolle – in Abgrenzung zur autoritären Kontrolle – einführte (Baumrind 1966).

Das autoritative Modell entwickelte Baumrind in den 1960er Jahren vor dem Hintergrund der sich polarisierenden Auseinandersetzung in modernen Gesellschaften über angemessene Erziehungsmethoden. Die Kritik an der autoritären Erziehung führte in den USA zu einem kindzentrierten Permissivitätsmodell elterlicher Erziehung, das im deutschsprachigen Raum als anti-autoritäres Erziehungsmodell bezeichnet wird.

---

[38] Das Wort *parenting* ist eine Neuschöpfung und in Merriam Webster's Collegiate Dictionary erst seit dem Jahr 1958 verzeichnet. Da die Begriffe der Elternschaft (parenthood), der elterlichen Fürsorge (parental care), des elterlichen Verhaltens (parental behavior) bereits belegt sind, müsste der Begriff im Grunde mit Elternsein (im Sinne der nicht existierenden Substantivierung: *das Eltern*) übersetzt werden, um den Fallstricken der deutschen Begrifflichkeit (Erziehung vs. Aufwachsen – Erziehung als geplantes Handeln vs. Sozialisation als auch ungeplantes Verhalten) zu entgehen.

Das *kindzentrierte* Permissivitätsmodell zeichnet sich durch eine hohe elterliche Responsivität (responsiveness) – im Sinne einer emotionalen und sozialen Unterstützung der Kinder und der Erfüllung ihrer autonomen Bedürfnisse durch die Eltern – und durch einen geringen elterlichen Anforderungscharakter (demandingness) aus. Das *elternzentrierte* Modell der autoritären Erziehung lässt sich dagegen durch hohe und rigide Forderungen der Eltern nach kindlicher Verhaltensanpassung beschreiben (Baumrind 1996, S. 405). Baumrind beschreibt dagegen in ihrem *reziproken* Modell der autoritativen Erziehung das kindliche Bedürfnis nach Autonomie und die elterliche Forderung nach kindlicher Verhaltensanpassung nicht als einen Widerspruch. „Within the authoritative model, behavioral compliance and psychological autonomy are viewed not as mutually exclusive but rather as interdependent objectives: children are encouraged to respond habitually in prosocial ways *and* to reason autonomously about moral problems, and to respect adult authorities *and* learn how to think independently (Baumrind 1996, S. 405).

Autoritatives Erziehungsverhalten wird daher beschrieben durch ein „verhältnismäßig hohes Ausmaß an Kontrolle", das mit einem „warmen und auch die Selbstständigkeit förderndem Verhalten" kombiniert ist und Eltern daher „die Aktivitäten ihrer Kinder verfolgen (Monitoring), erwünschtes Verhalten bekräftigen, klare Regeln setzen und anwenden" (Papastefanou & Hofer 2002, S. 187 f.)

Der Begriff des Autoritativen verweist sowohl in der deutschen als auch in der englischen Sprache zunächst auf einen Herrschaftsaspekt. Der Begriff der Autorität wird im Deutschen im Kontext mehrerer Bedeutungsmuster verwendet. Häufig, besonders im alltagssprachlichen Gebrauch, wird Autorität als amorpher Machtbegriff im Sinne der Machtdefinition von Weber gebraucht (vgl. Kapitel 2.1.4.3.3). Macht bedeutet nach Weber jede Chance, „innerhalb einer sozialen Beziehung den eigenen Willen auch gegen Widerstreben durchzusetzen, gleichviel worauf diese Chance beruht" (Weber 1980, S. 28). Der Machtbegriff beinhaltet daher auch im Erziehungsbereich die Möglichkeit von Erziehungspersonen, den eigenen Willen gegenüber dem Kind mit physischer oder psychischer Gewalt durchzusetzen. Um die soziologisch relevanten Sachverhalte von Über- und Unterordnung in sozialen Beziehungen begrifflich zu fassen, verwendet Weber den Begriff der legitimen Herrschaft. Herrschaft ist dann legitim, wenn die Beherrschten sie als legitim anerkennen. Das bedeutet, dass die Herrscher – in diesem Fall die Erziehungspersonen – ihre Herrschaftsrechte in der Regel legitimieren müssen. Der Herrschaftsbegriff wird in dieser Arbeit – trotz negativer Konnotationen mit feudaler Herrschaft (Herr-Knecht-Verhältnis) und patriarchaler Herrschaft – beibehalten und im Kontext der elterlichen Erziehung synonym mit dem Autoritätsbegriff gebraucht.[39] Im Sinne von persönlicher Autorität wird der Autoritätsbegriff auch für persönliche Kompetenzen verwendet, wobei der Kompetenzbegriff sich sowohl auf erworbene und anerkannte Fähig- und Fertigkeiten[40] als

---

39 Auch Weber gebraucht den Autoritätsbegriff zum Teil synonym mit dem Herrschaftsbegriff (vgl. Weber 1980, S. 122).

40 Die meisten Kompetenzen im Sinne von Fähig- oder Fertigkeiten werden erst dann zu Kompetenzen, wenn sie als Kompetenzen von der sozialen Bezugsgruppe anerkannt werden. Eine Person mit vertieften Kenntnissen der Evolutionstheorie wird zum Beispiel in einer Kreationistenvereinigung nicht als kompetent anerkannt.

auch auf zugeschriebene Herrschaftsechte beziehen kann. In der englischen Sprache verweist *authority* ebenfalls auf zugeschriebene Herrschaftsrechte von Personen, Behörden oder Institutionen im Allgemeinen sowie auf erworbene Fähigkeiten von Personen, die über ein besonderes Wissen oder über spezielle Fähigkeiten verfügen.

Dass Eltern Herrschaftsrechte über ihre minderjährigen Kinder haben, ist im Grunde trivial und wird in Deutschland durch das Bürgerliche Gesetzbuch geregelt (vgl. Kapitel 2.1.4.3.3). Auch dass Eltern in der Regel über höhere oder zumindest weitreichendere persönliche Kompetenzen[41] im Sinne von Fähig- oder Fertigkeiten als ihre Kinder verfügen, ist bis zum Ende Kindheit ebenfalls zu erwarten. Der Begriff der autoritativen elterlichen Erziehung (authoritative parenting) bezieht sich also vor allem auf die Qualität des Herrschaftsverhältnisses zwischen Eltern und Kindern. Erziehung oder die Sozialisation des Kindes in der Familie bedeutet ganz allgemein – neben der Reproduktion des kulturellen Kapitals – die Reproduktion des normativen Kapitals (Normen, Werte, soziale Regeln) der Herkunftsfamilie und der Gesellschaft. Die Reproduktion des normativen Kapitals in der Familie wird durch positive und negative Sanktionen gestützt und insofern beruht Erziehung oder Sozialisation in der Familie immer auf einem geplanten oder auch auf einem ungeplanten Herrschaftsverhältnis. Die Reproduktion des normativen Kapitals ist ein zentraler Aspekt des sozialen Kapitals der Familie und erfolgt zum Teil durch Erziehungsarbeit inklusive geplanter Sanktionen und durch ungeplante Sanktionen. Zum anderen Teil erfolgt die Reproduktion des normativen Kapitals – insbesondere in der frühen Kindheit und wenn die elterliche Herrschaft in charismatischer Form erlebt wird – durch kindliche Beobachtung und Imitation der familialen Lebenspraxis aufgrund der Identifikation des Kindes mit den Eltern und den entsprechenden positiven Verstärkungen des regelgerechten Verhaltens durch die Eltern.[42]

Für den Zeitraum der frühen Kindheit ist anzunehmen, dass die Reproduktion des normativen Kapitels durch Erziehung und Sozialisation in der Familie vor allem durch elterliche Konditionierung kindlichen Verhaltens geprägt ist, durch Belohnung von erwünschtem Verhalten sowie durch Nichtbelohnung und Bestrafung von unerwünschtem Verhalten. Schon Kant hat aber darauf hingewiesen, dass eine reine Verhaltenskonditionierung nicht ausreichend für die normative Erziehung eines Kindes sein kann. „Bestraft man das Kind aber, wenn es Böses tut, und belohnt es, wenn es Gutes tut, so tut es Gutes, um es gut zu haben. Kommt es nachher in die Welt, wo es nicht so zugeht, wo es Gutes tun kann, ohne eine Belohnung, und Böses, ohne Strafe zu empfangen: so wird aus ihm ein Mensch, der nur sieht, wie er gut in der Welt fortkommen kann, und gut oder böse ist, je nachdem er es am zuträglichsten findet" (Kant 1803, S. 740).

---

41 Hochspezifische schulische Lerninhalte und Computerkenntnisse oder andere Teilbereichskompetenzen können eine Ausnahme darstellen.

42 Problematisch wird die Situation dann, wenn das Kind elterliches Verhalten nachahmt und *dafür* negativ sanktioniert wird, weil die Eltern oder ein Elterteil dieses Verhalten selbst als unerwünscht betrachten. Vor allem wenn es sich nicht nur um unterschiedliche Rechte von Erwachsenen und Kindern (bspw. Alkoholkonsum), sondern um universale Verhaltensnormen handelt – zum Beispiel das Gebot, keine physische Gewalt gegen Personen anzuwenden, dann wird das Kind daraus lernen, dass soziale Normen im Grunde wertlos sind.

Auf der Basis des handlungstheoretischen (praktischen) Teils der Philosophie Kants kann auf deduktivem Wege eine Theorie der rationalen Erziehung entwickelt werden, mit deren Hilfe die Phänomene der autoritativen Erziehung systematisch beschrieben werden können. Dies erscheint deshalb notwendig, weil der Begriff der autoritativen Erziehung induktiv entwickelt wurde und die Erziehungsstilforschung bis in die 1970er Jahre in hohem Maße datengeleitet war. „Daten werden zwar in kaum mehr zu überschauender Menge produziert und viel Papier wird beschrieben – Theorien, in deren Rahmen die Befunde zwingend einzuordnen wären, sind hingegen selten anzutreffen" (Lukesch 1980, S. 74). Aber auch in jüngerer Zeit wird das Fehlen einer kumulativen Theoriebildung im Bereich des elterlichen Erziehungsverhaltens konstatiert (Schneewind & Pekrun 1994, S. 25). Bezüglich des autoritativen Erziehungsverhaltens werden vor allem der Herrschaftsaspekt und seine Folgen – die Bewertung und Einordnung der Phänomene der sozialen Kontrolle und der Autonomieunterstützung – kontrovers diskutiert (Wild & Hofer 2002, S. 229). Zur Klärung dieser Kontroverse können die – von Kant erörterten – handlungstheoretischen Folgen der Autonomie des menschlichen Willens beitragen. Die normativen Aspekte des Erziehungsverhaltens (was sollen wir tun?) können außerdem nur auf theoretischem Wege geklärt werden, weil die Bewertung von erzieherischen Maßnahmen auf der Basis der Erfahrung sich nur an den Folgen der Erziehung orientieren kann. Wenn menschliche Erziehung nur durch ihre Wirkungen legitimiert wird, ist jede Form der Erziehung legitimierbar, weil die Bewertung der empirisch beobachtbaren Folgen letztendlich subjektiv ist. Die praktische Philosophie Kants liefert aus sozialisationstheoretischer Perspektive ein theoretisches Gerüst zur Erklärung und Beschreibung autoritativen Erziehungsverhaltens, das in den folgenden Absätzen dargestellt wird.

Das Lernen sozialer Regeln durch Gewöhnungsprozesse oder durch einfache Verhaltenskonditionierung kann nur eine Vorstufe für die ethische Didaktik einer rationalen, vernunftgesteuerten Erziehung im Sinne des Kant'schen Vernunftbegriffs sein, weil sich eine „Tugendmaxime" – eine universale soziale Regel, wie zum Beispiel das sechste Gebot (2. Mose 20, 13) – weder durch negative noch durch positive persönliche Vorbilder begründen lässt. Nicht das Verhalten anderer Menschen, sondern das „Gesetz" muss nach Kant als Motiv („Triebfeder") für normatives Handeln dienen (vgl. Kant 1797, S. 620). Das „Gesetz" im Sinne einer aus der Kant'schen Philosophie abgeleiteten, *rationalen Erziehung* ist der kategorische Imperativ und seine Ausführungsbestimmung ist der praktische Imperativ. Der *kategorische Imperativ* lautet nach Kants erster Formulierung: „Handle nur nach derjenigen Maxime, durch die du zugleich wollen kannst, dass sie ein allgemeines Gesetz werde" (Kant 1786a, S. 51). Da Kinder nach der Auffassung von Kant bereits als Person geboren werden, dürfen „Kinder nie als Eigentum der Eltern angesehen werden" (Kant 1797, S. 395). Eltern haben daher die Pflicht, ihre Kinder – und alle anderen Personen – so zu behandeln, dass die Maximen ihrer Handlungen jederzeit als allgemeines Gesetz gelten können. Kinder sollen daher auch gemäß dem *praktischen Imperativ*, den Kant aus dem kategorischen Imperativ ableitet, behandelt werden: „Handle so, dass du die Menschheit, sowohl in deiner Person, als in der Person eines jeden andern, jederzeit zugleich als Zweck, niemals bloß als Mittel brauchest" (Kant 1786a, S. 61). Gemäß dem praktischen Imperativ sollen also bei allen Handlungen die Zwecke der anderen und der eigenen Person berücksichtigt werden. Zu den Zwecken sind die Bedürfnisse von Personen zu rechnen (vgl. Störig 2000, S. 474).

Der praktische Imperativ (Pflicht) gebietet also, bei jeder Handlung gegenüber einer Person und somit auch bei der Erziehung des Kindes die Bedürfnisse der anderen und der eigenen Person zu berücksichtigen. Ein Bedürfnis vernünftiger Wesen ist der Gebrauch der autonomen Vernunft auch im praktischen (handlungsbezogenen) Sinne, also sich selbst als Urheber der eigenen Handlung – als selbstbestimmt – zu begreifen (vgl. Kant 1786a, S. 64). Aufgrund der Autonomie der Vernunft folgt die *Pflicht der Achtung jeder Person* (auch der eigenen). „Allein der Mensch als Person betrachtet, d.i. als Subjekt einer moralisch-praktischen Vernunft, ist über allen Preis erhaben; denn als ein solcher (homo noumenon) ist er nicht bloß als Mittel zu anderer ihren, ja selbst seinen eigenen Zwecken, sondern als Zweck an sich selbst zu schätzen, d.i. er besitzt eine Würde (einen absoluten innern Wert), wodurch er allen anderen vernünftigen Weltwesen Achtung für ihn abnötigt, sich mit jedem anderen dieser Art messen und auf dem Fuß der Gleichheit schätzen kann" (Kant 1797, S. 569). „Kriecherei" und „Demut in Vergleichung mit anderen Menschen" im Sinne von Unterwürfigkeit verletzten zum Beispiel die Pflicht zur Selbstschätzung der eigenen Person (vgl. Kant 1797, S. 570).

Verbunden mit der *Pflicht der Achtung* ist auch die *Liebespflicht gegen andere Menschen* (Kant 1797, S. 584). Sie muss als Maxime des Wohlwollens gedacht werden. „Die Maxime des Wohlwollens (die praktische Menschenliebe) ist aller Menschen Pflicht gegen einander; man mag diese nun liebenswürdig finden oder nicht" (Kant 1797, S. 587). Die Maxime des Wohlwollens muss Wohltun oder Wohltätigkeit im allgemeinen Sinn zur Folge haben. „Wohltätig, d.i. anderen Menschen in Nöten zu ihrer Glückseligkeit, ohne dafür etwas zu hoffen, nach seinem Vermögen beförderlich zu sein, ist jedes Menschen Pflicht" (Kant 1797, S. 589). Die Pflicht, anderen Menschen zu Glück zu verhelfen, muss aber die wechselseitige Autonomie des Willens berücksichtigen. „Was diese zu ihrer Glückseligkeit zählen mögen, bleibt ihnen selbst zu beurteilen überlassen; nur dass mir auch zusteht, manches zu verweigern, was sie dazu rechnen, was ich aber nicht dafür halte, wenn sie sonst kein Recht haben, es als das Ihrige von mir zu fordern" (Kant 1797, S. 518).

Für die Erziehung in der Familie bedeutet dies zum Beispiel, dass die Eltern keineswegs die Pflicht haben, dem Kind alle seine Wünsche erfüllen – auch wenn das Kind die neue Spielekonsole oder das neueste Mobiltelefon für unabdingbar für seine eigene Glückseligkeit hält, da es nach Kant kein Recht auf Glück geben kann, weil Glück stets etwas Subjektives ist. Aus diesem Grund ist nach Kant auch die Förderung der Glückseligkeit einer anderen Person gegen deren Willen nicht vereinbar mit der Pflicht der Achtung der Autonomie des Willens. Wenn das Kind allerdings aufgrund von Krisen oder Konflikten um elterliche Hilfe bittet, dann ist die emotionale und soziale Unterstützung durch die Eltern ein Handlungsgebot.

Aufgrund der Pflicht der Achtung und der Pflicht des Wohltuns folgt in der rationalen Erziehung von (älteren) Kindern und Jugendlichen die *Notwendigkeit der Kommunikation* über selbstbestimmte Handlungsziele und subjektive Glücksdefinitionen von Eltern und ihren Kindern im pragmatischen Sinne, damit die Autonomie und das Wohlbefinden aller Familienmitglieder aufrechterhalten werden kann. Autoritäre Anweisungen folgen daher nicht dem Prinzip der rationalen Erziehung, das sich durch vernünftige Legitimierung von Erziehungsmaßnahmen auszeichnet. In der wissenschaftlichen Literatur wird die Abnahme der Häufigkeit von autoritären Erziehungsverhältnissen und die Zunahme der Häufigkeit rationaler Legitimierungen im familialen Diskurs, die in der Entwicklung moderner Gesellschaften häufig zu beobachten ist, als Entwicklung vom „Befehls- zum Verhandlungshaushalt" beschrieben (vgl. Nave-Herz 2002, S. 69). Endlose und vor allem folgenlose Diskussionen über elterliche Erziehungsmaßnahmen sind keine notwendige Folge einer rationalen Erziehung im Sinne der Kant'schen Philosophie, weil die Pflicht zur Achtung und die Pflicht des Wohltuns nicht nur für die Eltern, sondern auch für die Kinder gelten und die Eltern zudem die Pflicht zur Selbstschätzung der eigenen Person haben.

Aufgrund der Pflicht der Achtung der Eltern gegenüber den Kindern ergibt sich die Notwendigkeit der Setzung klarer (eindeutiger und transparenter) Regeln, die als ein typisches Merkmal autoritativer Erziehung bezeichnet wird. Jede Handlungsregel, die das Kind betrifft, soll legitimiert werden, und zwar – wenn möglich – rational, also im Sinne des kategorischen Imperativs als allgemeines Gesetz. Zum Beispiel das Gebot, keine Person vorsätzlich körperlich zu verletzen, weil keine Person es vernünftigerweise wollen kann, dass vorsätzliche Körperverletzung generell gestattet ist. Handlungsregeln, die nicht rational legitimierbar sind, weil es keine allgemeine Vorschrift für die Menschheit als Ganzes geben kann,[43] sollten mit dem Hinweis auf die gesellschaftlichen Erwartungen und die entsprechenden sozialen Sanktionen bei Nichteinhaltung erklärt werden. Eine dementsprechende Form der Erziehung, die mit argumentativen Auseinandersetzungen operiert, wird nach Hoffmann und Saltzstein (1967) als induktive Erziehungstechnik bezeichnet (vgl. Nunner-Winkler 1999, S. 307). Der induktive Erziehungsstil kann der autoritativen Erziehung zugerechnet werden kann, weil die Autorität der Eltern und die Autonomie des Kindes berücksichtigt werden, obwohl der Ansatz von Hoffmann und Saltzstein auch als eigenständiger Ansatz gewertet werden kann (vgl. Wild 1999, S. 41). Lerntheoretisch kann dieser Modus moralischer Motivation – in Abgrenzung von den verschiedenen Formen der Verhaltenskonditionierung – als eine *Konformitätsmotivation durch Einsicht* bezeichnet werden (Nunner-Winkler 1999, S. 305).

So weit wie möglich soll das Kind bei einer rationalen Erziehung an familialen Entscheidungen beteiligt werden, weil Mitbestimmung ein wichtiger Aspekt der Achtung vor einer anderen Person ist und das Kind dabei lernt, selbstbestimmt Entscheidungen zu treffen – ein Sachverhalt, der von der Erziehungsstilforschung als Autonomieförderung bezeichnet wird und als zentrales Kennzeichen autoritativer Erziehung gilt. Jede Entscheidung der Eltern, die das Kind betrifft, sollte zumindest mit dem Kind besprochen werden, um die Achtung der Eltern gegenüber dem Kind aufrechtzuerhalten und dem Kind Gelegenheit zu geben, eigene Wünsche zu äußern, um mögliche Einflüsse der elterlichen Entscheidung auf das kindliche Wohlbefinden zu antizipieren. Wichtig ist, dass das Ziel einer rationalen Erziehung nicht die individuelle Maximierung des Wohlbefindens ist, sondern das Erlernen des Gebots, das

---

43 Zum Beispiel traditionelle Handlungsregeln wie das Gebot in westlichen Kulturkreisen, die meisten Speisen mit Löffeln oder Gabeln zu essen.

Wohlbefinden des anderen zu berücksichtigen und so weit wie möglich objektiv zu fördern, wenn es subjektiv zumutbar ist. Grundsätzlich haben Kinder auch die Pflicht, das Wohlbefinden ihrer Eltern zu fördern – diese Pflicht ist allerdings eingeschränkt und bezieht sich vor allem auf die Handlungen des Kindes, die das Wohlbefinden der Eltern beeinflussen und auf kindgerechte Anforderungen der Eltern bezüglich der Mithilfe des Kindes im Familienalltag. Als ein Ergebnis der rationalen Erziehung ist die wechselseitige Maximierung des Wohlbefindens zu sehen, die sich auch aufgrund der wechselseitigen Achtung ergibt. Autoritative Erziehung – deren Idealtypus die rationale Erziehung darstellt – führt zu einer Maximierung des emotionalen Kapitals der Familie. Daraus kann die Hypothese abgeleitet werden, dass das Ausmaß des Wohlbefindens von Kindern vom Ausmaß der autoritativen Erziehung in der Familie abhängt.

Das Wohltätigkeitsgebot (die Liebespflicht gegen andere Menschen) und die Pflicht zur Achtung des Willens vernünftiger Wesen sind nach Kant miteinander gekoppelt. „Vermöge des Prinzips der Wechselliebe sind sie (Anm.: die vernünftigen Wesen) angewiesen, sich einander beständig zu nähern, durch das der Achtung, die sie einander schuldig sind, sich im Abstande von einander zu erhalten" (Kant 1797, S. 585), wobei Kant die Wechselliebe und die Achtung als die großen sittlichen Kräfte betrachtet, deren Sinken jeweils in die Immoralität führe. Die Verschränkung dieser beiden Prinzipien wird in der modernen Sozialisationsforschung als Spannungsfeld „zwischen Autonomie und Verbundenheit" (Leu & Krappmann 1999) beschrieben.

Erziehung oder Herrschaft in der Familie muss in ihrer rationalen Form das Ziel haben, die Autonomie aller Familienmitglieder zu maximieren und Kinder müssen daher die Achtung vor anderen Personen erlernen. Die Maximierung der Autonomie des Kindes kann allerdings nur dann erreicht werden, wenn das Kind Einsicht die Prinzipien oder Maximen seiner eigenen Handlungen gewinnt und sich selbst mit der Frage kontrolliert, ob die eigenen Handlungen ein allgemeines Gesetz darstellen können. Kant formuliert das Lernen durch Einsicht im Kontrast zur Konditionierung des kindlichen Verhaltens. „Der Mensch kann entweder bloß dressiert, abgerichtet, mechanisch unterwiesen, oder wirklich aufgeklärt werden. Man dressiert Hunde, Pferde, und man kann auch Menschen dressieren. Mit dem Dressieren aber ist es noch nicht ausgerichtet, sondern es kommt vorzüglich darauf an, dass Kinder denken lernen. Das geht auf die Prinzipien hinaus, aus denen alle Handlungen entspringen. Man sieht also, dass bei einer echten Erziehung sehr vieles zu tun ist" (Kant 1803, S. 707).

Eine rationale oder autoritative Erziehung setzt also auf das Erlernen von Selbstkontrolle, die zunächst durch die Internalisierung elterlicher Verhaltenserwartungen geprägt ist und mit zunehmendem Alter des Kindes die unmittelbare elterliche Kontrolle durch den Aufbau einer moralischen Instanz in der Person des Kindes entbehrlich macht. Ein elterliches Monitoring, das als Kennzeichen autoritativen Erziehungsverhaltens beschrieben wird, muss daher differenziert betrachtet werden. Monitoring als unmittelbar beobachtbares Verhalten muss bei einer autoritativen Erziehung nicht unbedingt auftreten.

Ein Beispiel dafür ist die Antwort eines männlichen Hauptschülers (Einzelkind) der achten Klassenstufe, der im Ludwigsburger Forschungsprojekt *Emotionen und*

Lernen befragt wurde, ob seine Mutter (Alleinerziehende seit der Scheidung von seinem biologischen Vater, in Vollzeit berufstätig im mittleren Dienst und mit Migrationshintergrund) ihn am Abend fragt, ob er seine Hausaufgaben gemacht hat. Der Schüler (Fall 505, vgl. Gläser-Zikuda 2001, S. 188 ff.) antwortete: „Nein, meine Mutter weiß, dass sie sich auf mich verlassen kann. Dass ich meine Hausaufgaben mache." Obwohl der Schüler Träger einiger sozialer Merkmale ist, die als Gruppenmerkmale Risikofaktoren für Bildungsmotivation und Bildungserfolg darstellen (Scheidungskind, alleinerziehende und voll berufstätige Mutter mit Migrationshintergrund) und er als Einzelkind am Nachmittag vollständig auf sich selbst gestellt ist, ist er ein interessierter, schulisch erfolgreicher Schüler. Er berichtet über eine sehr gute Beziehung zu seiner Mutter, erledigt selbstbestimmt seine Hausaufgaben und bereitet sich zielgerichtet auf Klassenarbeiten vor – ohne unmittelbare Kontrolle durch seine Mutter. Darüber hinaus zeigte sich seine gute Erziehung auch im Rahmen des Interviews, da er mit ausgesprochen guten Manieren und einer vorbildlichen Höflichkeit aufgetreten ist. Das Beispiel zeigt, dass ein 14-Jähriger durchaus in der Lage ist, selbstgesteuert schulbezogenen Leistungserwartungen gerecht zu werden und elterliches Monitoring – in Form von unmittelbarer Kontrolle – nicht oder nur in geringem Maße notwendig ist. Die Beziehung zwischen Mutter und Sohn scheint in diesem Fallbeispiel auch durch Vertrauen gekennzeichnet zu sein.

Vertrauen ist nach Coleman (1991, S. 389 ff.) ein zentraler Aspekt des sozialen Kapitals und bedeutet, dass eine Person einer anderen Person einen Kredit, einen Vorschuss in dem Sinne gibt, dass die andere Person die in sie gesetzten Verhaltenserwartungen auch erfüllt.[44] Monitoring kann daher in einer Vertrauensbeziehung auch bedeuten, dass die Elternpersonen das Verhalten des Kindes zwar beobachten, dass sie achtsam sind und sich für das Kind und seine Aktivitäten interessieren, aber nicht in kontrollierender Weise gegenüber dem Kind auftreten, solange keine problematischen Anzeichen im Verhalten des Kindes erkennbar sind. Es kann auch sein, dass Kinder ihre Eltern über ihre Aktivitäten informieren (und umgekehrt), weil sie darauf vertrauen, dass die Eltern diese Informationen nicht zu einer Einschränkung der kindlichen Autonomie benutzen (vgl. Kracke & Hofer 2002, S. 111; Papastefanou & Hofer 2002, S. 186). Monitoring der Eltern hängt auch mit der Besorgtheit der Eltern um ihre Kinder zusammen, die konstitutionell für die Elternrolle ist (vgl. Kapitel 2.1.4.3.2). Aktives Monitoring – das Befragen der Kinder durch die Eltern – scheint vor allem im mittleren Jugendalter an Intensität zuzunehmen, wenn die Kinder sich von den Eltern abgrenzen und die Gefahr am höchsten ist, dass Jugendliche durch Gleichaltrige in abweichende Verhaltensmuster hineingezogen werden (vgl. Hofer & Pikowsky 2002, S. 249 f.).

---

44 In zivilisierten Gesellschaften besteht generell in ein relativ hohes Maß an Grundvertrauen, dass andere Personen Achtung vor dem Gesetz haben und soziale Regeln einhalten. Dies zeigt sich im Straßenverkehr (Achtung vor dem Gebot, an einer roten Ampel zu halten), im Geldverkehr (Vertrauen darauf, dass Geld als an sich wertloses Papier in wertvolle Güter zurückgetauscht wird) und in einem generellen Vertrauen in die Achtung von Personen, die es den meisten Menschen in zivilisierten Gesellschaften erlaubt, sich unbewaffnet und relativ angstfrei in der Öffentlichkeit zu bewegen.

Das gezielte Befragen der Kinder durch die Eltern kann allerdings auch Ausdruck einer rigiden Verhaltenskontrolle, eines autoritären Erziehungsverhaltens sein oder zumindest vom Kind als Einschränkung seiner Autonomie erlebt werden. Die Erziehungsstilforschung steht daher vor dem Problem, dass in standardisierten Befragungsinstrumenten die Zustimmung zu Monitoring-Items nach dem Muster „meine Eltern fragen mich, was ich tue" Ausdruck sowohl eines autoritären als auch eines autoritativen Erziehungsverhaltens sein kann. Auch die Nichtzustimmung zu diesem Item kann Ausdruck eines autoritativen Erziehungsverhaltens sein, wenn die Eltern keine Fragen stellen, weil sie durch die freiwillige Selbstauskunft des Kindes wissen, was das Kind tut.

Wild (1999) hat in Anlehnung an Grolnick und Ryan (1989) daher vorgeschlagen, den Aspekt der elterlichen Kontrolle bei einem autoritativen Erziehungsstil (also als Gegenentwurf zur autoritären Kontrolle) über das kinderperzipierte Vorhandensein transparenter Standards und Verhaltensregeln in der Familie abzufragen. Der Gedanke besteht darin, dass Familien sich auf einer Dimension einordnen lassen, in der sich der eine Pol durch eine hohe normative Strukturiertheit auszeichnet und der andere Pol durch Unordnung oder Inkonsistenz (vgl. Wild 1999, S. 47). Probleme gibt es aber bei der Operationalisierung der Items. Items, die den Sachverhalt der normativen Strukturiertheit erfassen sollen, fragen danach, ob das Kind die elterlichen Erwartungen kennt und ob es weiß, wie die Eltern in bestimmten Situationen reagieren. Damit ergeben sich ähnliche Probleme wie bei den genannten Items zum Monitoring, da eine hohe Zustimmung sowohl autoritäres als auch autoritatives Verhalten bedeuten kann. Bei einem typologischen Zugang zum elterlichen Erziehungsverhalten könnte diese Schwäche noch weitgehend kompensiert werden, da ein Kind nur dann dem Merkmal der autoritativen Erziehung zuzuordnen wäre, wenn es gleichfalls hohe Werte bei der emotionalen Komponente der Erziehung (Wärme o.Ä.) aufwiese. Für einen dimensionalen Zugang zum elterlichen Erziehungsverhalten – wie er in dieser Arbeit verwendet wird – ist diese Uneindeutigkeit allerdings problematisch und führt in dieser Arbeit zum Ausschluss der Skalen *Struktur* sowohl für den bereichsübergreifenden Aspekt des elterlichen Erziehungsverhaltens (vgl. Kapitel 3.2.1.2.1.4) als auch für den schulbezogenen Aspekt (vgl. Kapitel 3.2.1.3.2.4).

Negative Sanktionen (Tadel, Strafen) werden häufig nicht als ein Kennzeichen autoritativen Erziehungsverhalten betrachtet, weil sie in der Regel als ein Merkmal autoritären Erziehungsverhaltens gelten und bei regelmäßiger Anwendung die Internalisierung von Normen behindern und als sehr ungünstig für die Entwicklung des Kindes eingeschätzt werden (vgl. Wild 1999, S. 41). Aufgrund der notwendigen Achtung vor jeder anderen Person ist im Rahmen einer rationalen Erziehung die Anwendung physischer Strafen generell nicht geboten. Wenn negative Sanktionen erfolgen, dann sollten sie nicht die Folgen abweichenden Verhaltens, sondern vor allem die gezielte Normverletzung bestrafen – insbesondere wenn das Kind gegen das Gebot der Achtung anderer Personen verstößt. Negative Sanktionen sollen in jedem Fall legitimiert werden und eine Missachtung der Tat zum Ausdruck bringen, aber nicht eine Demütigung oder Verachtung der Person, da die Erziehung zur Achtung immer auch eine Erziehung zur Selbstachtung sein muss, da die Selbstschätzung nach Kant eine Pflicht gegen die eigene Person ist (vgl. Kant 1797, S. 570). „Kriecherei" als ausgeübte Unterwürfigkeit und als mögliche Folge demütigender Strafen verstößt gegen die menschliche Würde. Kant nennt die moralische Strafe als die beste Art der Strafe. „Moralisch straft man, wenn man der Neigung, geehrt und geliebt zu werden, die Hilfsmittel der Moralität sind, Abbruch tut" (Kant 1803, S. 742). Weil diese emotionale (Zu-) Neigung aber wiederum eine Voraussetzung oder zumindest ein Hilfsmittel für den Erwerb sozialer Normen und Werte (Moralität) ist, müssen „diese Neigungen ... so viel als möglich erhalten werden" (Kant 1803, S. 742). Die anti-autoritäre Erziehung ist dagegen davon ausgegangen, dass die Praxis einer liebevollen Erziehung ohne Furcht und Zwang (in der Schule) ethische Regeln und Strafen überflüssig werden lässt, weil allein die Praxis zur Entwicklung einer fürsorglichen Persönlichkeit führt, die andere Personen achtet, keinen Zwang gegen sie ausübt und keine Furcht verbreitet (vgl. Neill 2004, S. 166 ff. u. 188). Baumrind betont dagegen, dass der generelle Verzicht auf negative Sanktionen utopisch ist, weil die Wünsche von Eltern und Kindern oftmals in Konflikt miteinander treten (Baumrind 1996, S. 409), vor allem in bestimmten Phasen der Vorschulzeit, wenn Kinder besonders häufig körperliche Aggressionen und oppositionales Verhalten zeigen (vgl. Baumrind 1996, S. 411).

Die Pflicht der Achtung anderer Personen ist zentral für das normative Kapital der Familie, da die Achtung vor anderen Personen eine entscheidende Voraussetzung für den Aufbau einer selbstbestimmten Handlungskompetenz ist, die in weiteren sozialen Kreisen – wie zum Beispiel in der Schule – vor allem in kooperativer Form erfolgt.[45] Die Pflicht zur Achtung anderer Personen bezieht sich nicht nur auf das elterliche Erziehungsverhalten, sondern ist gleichfalls ein zentrales Erziehungsziel und verlangt ein kindliches Verhalten, das geprägt ist von der Einsicht, dass das Bedürfnis nach Selbstbestimmung universal ist und in sozialen Situationen als reziprokes Verhältnis zu betrachten ist. Daher ist die Vermittlung der Pflicht der Achtung vor anderen Personen ein grundlegender Aspekt elterlicher Herrschaft oder Erziehung. Die Missachtung der Würde anderer Personen ist die grundlegende Grenzüberschreitung in sozialen Beziehungen und muss daher auch gegebenenfalls negativ sanktioniert werden, wobei die Sanktionen legitimiert werden sollen und die Qualität der Sanktionen nicht die Selbstachtung des Kindes beinträchtigen darf. Wenn ein Kind im Kindergartenalter ein anderes Kind auf dem Spielplatz schlägt oder nötigt, dann können die anwesenden Eltern nicht tatenlos zusehen und argumentieren, sie würden nur erwünschtes Verhalten im positiven Sinne sanktionieren und damit verstärken, weil sie ihr Kind autoritativ erziehen und Strafen die Persönlichkeitsentwicklung des Kindes beinträchtigen. Im Sinn einer rationalen Erziehung stellen Strafen allerdings die *Ultima Ratio* im Sanktionsrepertoire dar.

Eltern, die selbst die Würde anderer Personen achten und auch sich selbst achten, repräsentieren gewissermaßen eine soziale Grenze, weil sie grenzenlose infantile Wünsche zurückweisen, wenn die Erfüllung dieser Wünsche die Achtung der Eltern vor sich selbst verletzt. Eine rationale Erziehung ist daher auch ohne eine explizite

---

45 Selbst der Frontalunterricht in der Schule stellt – wie jede Lehr-Lernsituation – eine kooperative Form des Erwerbs von Kompetenzen dar, der durch wechselseitige Achtung wesentlich erleichtert wird und im Idealfall dann auf autoritäre Disziplinierungsstrategien verzichtet werden kann.

Erziehungstheorie möglich. Sie setzt aber voraus, dass Eltern andere Personen achten und sich selbst achten. Daraus folgt einerseits die Annahme, dass der autoritative Erziehungsstil im familialen Sozialisationsprozess vererbt wird und damit weniger von situativen Umweltbedingungen abhängig ist. Andererseits folgt daraus die Annahme, dass der soziale Sachverhalt, der als Erziehungskatastrophe in der Familie bezeichnet wird, nur durch die Erhöhung des sozialen Kapitals des Kindes verändert werden kann – und zwar so früh wie möglich.

Der Aspekt der elterlichen Herrschaft oder Autorität, der auch bei einem autoritativen Erziehungsverhalten eine zentrale Rolle spielt, ist auf theoretischer Ebene relativ gut zu beschreiben. Zugrunde liegt sowohl eine rationale Herrschaft im Sinne Webers als legale Herrschaft und vor allem eine aus den praktischen Imperativen von Kant abgeleitete rationale, vernunftgesteuerte Erziehung. Die Autorität ist nach der Auffassung von Kant aber keine persönliche Autorität der Erziehungspersonen im engeren Sinne, sondern liegt im Potenzial der menschlichen Vernunft, die aus dem kategorischen Imperativ abgeleiteten praktischen Imperative, die Pflicht der Achtung und die Liebespflicht gegenüber anderen Personen, als vernünftige (allgemeingültige) Handlungsnormen zu erkennen und anzuerkennen. Daher sind die Pflichten für alle Menschen auch ohne Kenntnisse der Kant'schen Philosophie grundsätzlich erkennbar (vgl. Störig 2000, S. 467). Autoritative Herrschaft oder Erziehung in der Familie wird durch die Vernunft im Sinne Kants legitimiert und daher hat die soziale Kontrolle im Sozialisationsprozess nicht nur eine andere Funktion als die autoritäre Herrschaft (Selbstbestimmung vs. Fremdbestimmung), sondern zeichnet sich auch durch eine unterschiedliche Qualität der Erziehungsmittel und der negativen Sanktionen aus. Die mit standardisierten Befragungsinstrumenten arbeitende Erziehungsstilforschung hat allerdings immer noch das Problem, autoritative und autoritäre Formen der sozialen Kontrolle in der Familie durch geeignete Skalen und Itemformulierungen zu differenzieren. Da die Achtung nach Kant eine zentrale Voraussetzung für die Vermittlung von Normen und Werten in der Familie ist (normatives Kapital), könnte eine Achtungs-Skala (z.B. „meine Eltern legen sehr viel Wert darauf, dass ich die Meinung anderer Menschen respektiere, auch wenn ich anderer Meinung bin") wertvolle Informationen über das Maß der autoritativen Qualität des normativen Kapitals der Familie liefern.

Baumrind beschreibt den autoritativen Erziehungsstil ebenfalls im Sinne der Bereitstellung eines hohen emotionalen Kapitals und eines hohen sozialisatorischen oder normativen Kapitals, das im Sinne einer rationalen Erziehung dem Kind im familialen Sozialisationsprozess vermittelt wird. Das „rational-autoritative Modell" von Baumrind „balances control with warmth and judicious demands with responsiveness. Typically, authoritative parents value behavioral compliance not dispositional compliance. Authoritative parents remain receptive to the child's views but take responsibility for firmly guiding the child's actions, emphasizing reasoning, communication, and rational discussions in interactions that are friendly as well as tutorial and disciplinary" (Baumrind 1996, S. 412).

Autoritative Erziehung, die die emotionale Bindung oder Verbindung zwischen Eltern und Kindern aufrecht erhält und gleichfalls die Autonomie des Kindes durch die vermittelte Pflicht zur Achtung anderer Personen fördert, steht daher auch im

Gegensatz zu einer elterlichen Laisser-faire-Haltung. Ein Erziehungsstil, der auf dem Grundsatz beruht, dass ein Kind alles tun darf, was es will, würde bei konsequenter Anwendung bedeuten, dass auch die Eltern all das hinnehmen müssen, was das Kind will. Dies wäre aber nur dann möglich, wenn die Eltern keine Achtung vor sich selbst haben und würde zu einer illegitimen Herrschaft des Kindes über die Eltern führen (Diktatur des Kindes). Weitere Möglichkeiten sind, dass die Laisser-faire-Haltung entweder nur eine Legitimation für Nichterziehung ist (illegitime Vernachlässigung) oder dass das Kind nur gegenüber fremden Personen oder Gruppen tun und lassen kann, was es will (partielle Verachtung).

Wenn Kant mit seinen Annahmen und Ableitungen Recht hat, dann ist eine rationale Erziehung, die sich selbst den Prinzipien dieser Pflichten unterwirft, durch die Natur der menschlichen Vernunft bedingt. Andere Erziehungsstile – wie zum Beispiel der autoritäre Erziehungsstil oder die Nichterziehung (Vernachlässigung, die in grober Form als Verletzung der Fürsorge- und Erziehungspflicht nach § 170 StGB strafbar ist) – wären demnach abweichende Formen des Erziehungsverhaltens, weil sie entweder die Pflicht zur Achtung anderer Personen oder die Liebespflicht gegenüber anderen Personen oder beide Pflichten missachten. Wenn diese Annahme richtig ist, dann sind bei einem autoritativen Erziehungsstil ausschließlich positive Folgen für das Kind zu erwarten, während bei anderen Formen der Erziehung auch mit negativen Folgen zu rechnen ist.

Das Verlangen nach individueller Selbstbestimmung wird nach der Begründung durch Kant (1786a, S. 82 f.; 1786b, S. 281 f.) und gemäß der Annahme der Selbstbestimmungstheorie der Motivation von Deci und Ryan (1985, S. 38) als ein zentrales menschliches *Bedürfnis* bestimmt (vgl. Kapitel 2.1.4.3.3). Daher kann angenommen werden, dass eine rationale oder autoritative Erziehung positive Wirkungen auf das Wohlbefinden von Kindern und Jugendlichen hat, weil sie die Erfüllung des Bedürfnisses nach Selbstbestimmung fördert. Eine autoritäre Erziehung dagegen, die die Autonomie des Kindes eher beeinträchtigt, führt gemäß dieser Annahme zu einem eingeschränkten Wohlbefinden des Kindes, weil sie ein zentrales menschliches Bedürfnis nicht berücksichtigt oder sogar begrenzt.

Zusammenfassend kann gesagt werden, dass mit Hilfe der praktischen Imperative von Kant – die Pflicht zur Achtung anderer Personen und die Liebespflicht (die Pflicht das Wohlbefinden anderer Personen zu fördern) – eine rationale Erziehung beschrieben werden kann, die als Idealtypus des autoritativen Erziehungsstils bezeichnet werden kann. Das emotionale Kapital wird durch die Liebespflicht gefördert und das sozialisatorische oder normative Kapital der Familie durch die Pflicht der Achtung anderer Personen.

2.2.5 Empirische Befunde zur Entwicklung von Erziehungsformen in Deutschland

Die Ergebnisse von retrospektiven Befragungsdaten (Reuband 1992) deuten darauf hin, dass bereits ab dem Jahr 1910 die Strenge der familialen Erziehung in Deutschland kontinuierlich zurückgegangen ist und Kinder zunehmend an Familienentscheidungen beteiligt werden (vgl. Hofer 2002c, S. 78). Auch in der Geschichte der Bundesrepublik Deutschland ist seit den 1950er Jahren ein kontinuierlicher Rückgang des autoritären Erziehungsverhaltens und eine deutliche Zunahme des autoritativen Erziehungsverhaltens zu verzeichnen. Dies gilt einerseits für die elterlichen Erziehungsziele, da Eltern – zumindest laut demoskopischen Befunden – zunehmend weniger die Erziehungsziele Gehorsam und Unterordnung angeben, sondern Selbstständigkeit, freien Willen und Eigenverantwortung als zentrale Erziehungsziele betrachten (vgl. Cyprian & Franger 1995, S. 84 ff.). Autoritatives Erziehungsverhalten scheint nach den Ergebnissen weiterer, auch qualitativer Studien, zum mehrheitlichen Erziehungsstil in der Bundesrepublik Deutschland – insbesondere in den bürgerlichen Schichten – geworden zu sein (vgl. Nave-Herz 2002, S. 68 ff.).

Darüber hinaus zeigen die verschiedenen Kinder- und Jugendstudien der letzten Jahre, dass – nach den Angaben von Kindern und Jugendlichen zufolge – die Beziehungen zu den Eltern zunehmend positiver eingeschätzt werden. Die Mehrheit der Kinder und Jugendlichen berichtet von einem guten bis sehr guten Verhältnis zu ihren Eltern (vgl. Jugendwerk der Deutschen Shell 2000, S. 61; Jugendwerk der Deutschen Shell 2002, S. 61; Kreppner & Klöckner 2002, S. 220).

Der typische Generationenkonflikt scheint für die Mehrzahl der Jugendlichen in Deutschland am Ende des 20. Jahrhunderts kaum noch eine Rolle zu spielen (Nave-Herz 2002, S. 70). Von einer generellen Erziehungskatastrophe oder gar einem Krieg der Generationen kann daher keine Rede sein. Die Daten deuten sogar eher darauf hin, dass – gemeinsam mit den Veränderungen im familialen Erziehungsverhalten – die Beziehungen zwischen Eltern und Kindern in der Mehrheit der Familien in Deutschland heute so positiv eingeschätzt werden wie noch nie zuvor in der Geschichte des 20. Jahrhunderts.

2.2.6 Erziehungsstilforschung

Die Erziehungsforschung beschäftigt sich sowohl mit der Frage nach den gesellschaftlichen Ursachen oder Bedingungen für das Auftreten unterschiedlichen Erziehungsverhaltens in der Familie als auch mit den Wirkungen oder Folgen unterschiedlichen familialen Erziehungsverhaltens auf die in der Familie erzogenen Personen.

Die erstgenannte Fragestellung, die sich auf die gesellschaftlichen Bedingungen von Erziehung bezieht, wird vor allem von soziologischer Seite untersucht – zum Beispiel von der schichtspezifischen und sozialstrukturellen Sozialisationsforschung (vgl. Kapitel 2.2.2). Die Auswirkungen elterlichen Erziehungsverhaltens stehen in der soziologischen Forschungstradition nicht im Vordergrund. Implizit oder explizit geht die soziologische Forschung häufig von einem intergenerationalen Reproduktionsmodell aus, wobei die familiale Sozialisation an bestimmte gesellschaftliche Arbeits- und Lebensbedingungen geknüpft ist. Die Frage nach den Wirkungen unterschiedlichen Erziehungsverhaltens auf das erzogene oder zu erziehende Individuum ist – zumindest in Deutschland – überwiegend von psychologischen Forschungstraditionen geprägt. Die Forschung von psychologischer Seite wird in der Regel als Erziehungsstilforschung bezeichnet, während die soziologische Forschung meist unter der Rubrik Sozialisationsforschung firmiert.

Per Definition bezeichnet Erziehung ein geplantes Verhalten der Erziehungspersonen, während Sozialisation den umfassenderen Begriff darstellt, da unter anderem auch das ungeplante Verhalten von Erziehungsberechtigten berücksichtigt wird. In der Forschungspraxis ist allerdings oft nicht erkennbar, ob das beobachtbare Verhalten geplant oder ungeplant ist. In den meisten Fällen ist diese Frage zur Beantwortung der Forschungsfragen auch irrelevant. Die Forschung zu den Auswirkungen unterschiedlicher Erziehungsstile benutzt daher meist den Begriff der Erziehung im umfassenden Sinne und deshalb wird in dieser Arbeit auch an vielen Stellen der Begriff Erziehung benutzt, auch wenn nicht nur geplantes Verhalten damit gemeint ist.

Elterliche Erziehungsstile werden in der Erziehungsstilforschung entweder theoretisch postuliert oder induktiv durch Inspektion von Beobachtungs- oder Befragungsdaten und anschließender Klassifikation gebildet, wobei letzteres Verfahren auch als Dataismus bezeichnet wird (vgl. Lukesch 1980, S. 68) Je nach den theoretischen oder methodischen Zugängen schwankt die Anzahl der Erziehungsstile in den meisten Ansätzen zwischen zwei und vier qualitativ unterschiedlichen Erziehungsstilen. Auf induktivem Wege gebildet, könnte die Anzahl der elterlichen Erziehungsstile allerdings auch genau so hoch sein wie die Anzahl der untersuchten Familien, da angenommen werden kann, dass es keine Familie gibt, die einer anderen vollständig gleicht.

Für die Bestimmung der Anzahl elterlicher Erziehungsstile ist eine grundlegende Unterscheidung im methodischen Zugang zur Erfassung der Stile von besonderer Bedeutung. Grundsätzlich kann zwischen *typologischen Zugängen* und *dimensionalen Zugängen* unterschieden werden. Ein typologischer Zugang zeichnet sich dadurch aus, dass mehr oder weniger gezielt verschiedene Daten über das Erziehungsverhalten erhoben werden und danach jede Familie nach bestimmten Regeln (a priori oder post hoc) genau einem Erziehungsstil zugeordnet wird. In der typologischen Forschung hat sich ein Modell durchgesetzt (s.u.), das zu vier unterschiedlichen Erziehungsstilen führt. Bei einem dimensionalen Zugang werden a priori oder post hoc zwei oder mehr Dimensionen des elterlichen Erziehungsverhaltens festgelegt – und jede Familie zeichnet sich durch jeweils einen Wert auf jeder Dimension aus. Die vorliegende Untersuchung verwendet den dimensionalen Zugang und postuliert einen autoritären und einen autoritativen Erziehungsstil. Der dimensionale Ansatz beruht also darauf, dass mindestens zwei relativ unabhängige Dimensionen des Erziehungsverhaltens bestimmt werden. Die Überprüfung der Unabhängigkeit der Dimensionen kann nur mit statistischen Mittel vorgenommen werden und setzt daher quantifizierbare Beobachtungs- oder Befragungsdaten voraus, die der Annahme einer Ordinalskalierung oder – besser noch – der Annahme einer Intervallskalierung nicht widersprechen. Mehr als zwei unabhängige Dimensionen des elterlichen Erziehungsverhaltens lassen sich nur selten identifizieren. Der dimensionale Zugang führt daher nur zu zwei oder gelegentlich auch zu drei Erziehungsstilen.

In der Erziehungsstilforschung wird das elterliche Erziehungsverhalten sehr häufig durch schriftliche Befragung erhoben. Befragt werden meist Kinder und Jugendliche hinsichtlich ihrer Wahrnehmung des elterlichen Verhaltens. Die gewonnenen Daten repräsentieren daher den kinderperzipierten Erziehungsstil. Dieses Verfahren wird zum Teil als nicht objektiv kritisiert, weil Befragungsergebnisse von Eltern und Kindern in einigen Untersuchungen nicht übereinstimmen und daher Zweifel an der Validität von subjektiven Daten geäußert werden (Krohne & Hock 1998, S. 109).

Zweifel an der Validität subjektiver Daten zum elterlichen Verhalten lassen sich aber eher bei den Daten begründen, die auf *Selbstauskunft der Eltern* beruhen. Das zentrale Problem ist die soziale Erwünschtheit oder – genauer gesagt – die soziale Unerwünschtheit bestimmter Verhaltensweisen, die es Eltern sehr schwer macht, sich selbst und vor allem gegenüber Anderen eine suboptimale Erziehung ihrer eigenen Kinder einzugestehen. Größere Formen der Vernachlässigung dürften allein schon wegen der möglichen Strafbarkeit nicht von den Eltern mitgeteilt werden. Schwere Formen der Gewaltanwendung gegen Kinder sind Verbrechen, die in der Öffentlichkeit (selbst bei anderen Verbrechern) die meiste Abscheu hervorrufen – vor allem, wenn sie von den eigenen Eltern begangen werden. Aber auch mildere Formen der Vernachlässigung und elterlicher Gewaltanwendung gelten im öffentlichen Ansehen in der Regel als unvereinbar mit dem Ideal elterlichen Verhaltens. Daher ist zu erwarten, dass elterliches Erziehungsverhalten nur bei denjenigen Eltern mit einer sehr hohen Validität zu messen ist, die ein positiv bewertetes Erziehungsverhalten praktizieren (vgl. Fuß & Rhöneck 2001, S. 168).

Elterliches Erziehungsverhalten, das durch *Auskunft der Kinder* erhoben wird, scheint dagegen erheblich valider zu sein. So zeigen Kreuzvalidierungen von kindlichen Befragungsdaten und Beobachtungsdaten eine hohe Übereinstimmung zwischen den Befragungsdaten auf der subjektiven Erlebensebene des Kindes und den Beobachtungsdaten auf der Verhaltensebene der Eltern (A. Stapf 1975, S. 32; K.H. Stapf 1980, S. 113). Diese Ergebnisse entkräften auch ein wenig die pauschal klingende Kritik, dass es „noch weitgehend ungeklärt ist, wie sich das vom Kind ... erlebte und berichtete Erziehungsverhalten auf die tatsächlichen Erziehungspraktiken beziehen lässt" (Krohne & Hock 1998, S. 109).

Die Kombination aus teilnehmender Beobachtung von Forschern im Familienalltag und der Befragung des Kindes (und der Eltern sowie eventuell dritter Personen) gilt als eine Methode, die eine besonders valide Zuordnung der Familien zu Erziehungsstilen gestattet (Krohne & Hock 1998, S. 109). Die Befragung von Eltern und insbesondere die teilnehmende Beobachtung führt aber in der Regel zu relativ hohen Stichprobenfehlern, weil entweder die Rücklaufquoten niedrig sind oder kein Einverständnis zur Befragung und insbesondere zur teilnehmenden Beobachtung gegeben wird. Da aus ökonomischen Gründen die Stichprobengrößen bei teilnehmenden Beobachtungen in der Regel nicht sehr umfangreich sind, können Selbstselektionseffekte der nicht teilnehmenden Familien zu schwer abschätzbaren Stichprobenfehlern führen. Einerseits ist bei der Teilnahme ein Mittelschichtsbias zu erwarten, andererseits könnten auch Familien mit Erziehungsproblemen besonders motiviert sein an einer Studie teilzunehmen. Der Anspruch der validen Messung kollidiert also mit der Forderung nach einer probabilistischen Stichprobenziehung. Bei schriftlichen Gruppenbefragungen von Schulkindern aus mehreren vollständigen Schulklassen (Cluster Sampling) sinken dagegen die Stichprobenfehler und dafür können die systematischen Messfehler zunehmen. Aus pragmatischen Gründen kann allerdings argumentiert werden, dass nicht eine Methodendiskussion a priori über die Validität einer Studie entscheiden kann, sondern die Qualität der Ergebnisse im Vordergrund stehen muss. Bislang scheinen aber die Ergebnisse, die mit unterschiedlichen Methoden erzielt werden, eher übereinstimmend als widersprüchlich zu sein.

Eine weitere wichtige Unterscheidung in den Forschungsansätzen zum Einfluss des elterlichen Erziehungsverhaltens auf schulbezogene Emotionen, Motivationen und Leistungen ist die Differenzierung zwischen dem allgemeinen Erziehungsstil und dem schulbezogenen Erziehungsverhalten der Eltern. Diese Frage wird in den meisten Forschungsansätzen bislang wenig berücksichtigt und scheint auch theoretisch kaum fundiert zu sein. In der vorliegenden Arbeit wird dieser Unterschied im Befragungsinventar – das auf der Arbeit von Wild (1999) beruht – berücksichtigt und auf theoretischer Ebene damit begründet, dass ein schulbezogenes elterliches Erziehungsverhalten auch dann autoritäre Züge aufweisen kann, wenn der Erziehungsstil generell eher autoritativ ist und die Bildungsaspirationen der Eltern hoch sind.

Des Weiteren können Forschungsansätze und Studien dahingehend unterschieden werden, ob die frühkindliche Erziehung, die Erziehung von Grundschulkindern oder die Erziehung älterer Kinder und Jugendlicher im Fokus des Interesses steht, da anzunehmen ist, dass die Erziehungsstile je nach Entwicklungsstand des Kindes inhaltlich andersartig ausgeprägt sind und dementsprechend die Operationalisierung des Forschungsinventars andere Schwerpunkte setzen muss. Für bis zu 3-jährige Kinder ist in der Regel das Erkennen von allgemeinen Handlungsmaximen und Prinzipien wohl noch eine eher schwierige Aufgabe. Da die vorliegende Arbeit Schülerinnen und Schüler der achten Klassenstufe untersucht, wird der Schwerpunkt der Darstellung des Forschungsstands auf ältere Kinder und Jugendliche begrenzt.

Da die Erziehungsstilforschung ihren Ursprung in den USA hat und dort auch wichtige Weiterentwicklungen vorgenommen wurden, wird neben den Befunden aus Deutschland auch über den Stand der amerikanischen Forschung zum Einfluss der elterlichen Erziehung auf Schulleistungen und auf schulleistungsrelevante emotional-motivationale Merkmale von Schülerinnen und Schüler berichtet.

Aus pragmatischen Gründen folgt die Darstellung des Forschungsstands in den nächsten beiden Kapiteln entlang der groben historischen Entwicklungslinien der Erziehungsstilforschung – und zwar zunächst für die amerikanische Forschung und danach für die Forschung im deutschsprachigen Raum.

2.2.6.1 Ausgewählte Ansätze und Ergebnisse der amerikanischen Erziehungsstilforschung in der Tradition von Baumrind

Die Erziehungsstilforschung hat sich in den 1960er Jahren in den USA, vor allem durch die Arbeiten von Baumrind (1966; 1971; 1991; 1996), zu einem eigenständigen Forschungszweig entwickelt. Ein wichtiger Vorläufer für die Erziehungsstilforschung war die Forschung zur Wirkung unterschiedlicher Führungsstile von Lehrpersonen auf Kinder.

Kurt Lewin und Mitarbeiter haben bereits in den 1930er Jahren in einer Reihe von Experimenten die Wirkungen unterschiedlicher Führungsstile auf die Aggression von 10-jährigen Schülerinnen und Schülern in Arbeitsgruppen (Basteln, Malen etc.) außerhalb des regulären Unterrichts untersucht. Unterschieden wurden dabei drei

Führungsstile: ein autoritärer, ein demokratischer und ein Laissez-faire-Führungsstil (Lewin, Lippitt & White 1939, S. 273). Der autoritäre Leiter diktierte in den Arbeitsgruppen sämtliche Vorgehensweisen, während der demokratische Leiter Autonomie zuließ und die Gruppen zur Mitbestimmung aufforderte. Der Laissez-faire-Leiter bot zwar anfangs auch seine Hilfe an, hielt sich aber ansonsten im Verlauf vollkommen zurück bei den Aktivitäten seiner Gruppen. Die Laissez-faire-Gruppen zeigten im Durchschnitt etwas häufiger ein aggressives Verhalten als die demokratisch geleiteten Gruppen. Die Ergebnisse der autoritär geführten Gruppen waren gegensätzlich: ein Teil zeigte relativ hohe Aggressionswerte, während der andere Teil sehr niedrige Aggressionswerte aufwies. Dies führte zu der neuen Hypothese, dass ein autoritärer Führungsstil nicht nur zu Aggressionen, sondern auch zu Apathie führen kann, wobei die beobachtete Apathie wohl auf unterdrückten Spannungen beruhte, da die aggressiven Handlungen anstiegen, wenn der autoritäre Leiter den Raum verließ (Lewin, Lippitt & White 1939, S. 283).

In der Rezeption durch die Erziehungsstilforschung werden die experimentellen Ergebnisse von Lewin et al. als ein zentraler Beleg dafür gedeutet, dass ein demokratischer Führungsstil allen anderen Führungsstilen überlegen ist. Besonders deutlich war vor allem der Unterschied zwischen dem demokratischen und dem autoritären Führungsstil. In einem der Experimente gaben 19 von 20 Jungen im anschließenden Interview an, den demokratischen Leiter zu bevorzugen. Nur ein Junge – Sohn eines Offiziers der Armee – gab dem autoritären Leiter den Vorzug gegenüber dem demokratischen Leiter, weil der autoritäre Leiter „was the strictest, and I like that a lot" (Lewin, Lippitt & White 1939, S. 284). In sieben von zehn Fällen wurde aber auch dem Laissez-faire-Leiter gegenüber dem autoritären Leiter der Vorzug gegeben. Am Laissez-faire-Leiter wurde von den drei Jungen, die dem autoritären Leiter den Vorzug gaben, vor allem der geringe Anforderungscharakter der Unterrichtsstunde bemängelt (Lewin, Lippitt & White 1939, S. 285).

Die von Baumrind (vgl. Kapitel 2.2.4) beschriebenen drei elterlichen Erziehungsstile (autoritativ, autoritär und permissiv) entsprechen in ihren Herrschaftsaspekten den drei Führungsstilen von Lewin (demokratisch, autoritär und laissez-faire), sind aber deutlich differenzierter hinsichtlich der emotionalen Komponente der Beziehungen, da die emotionale Bindung in der Familie eine wichtigere Rolle spielt als in einem institutionellen Umfeld. Das emotionale Kapital der Familie wird bei Baumrind durch das Ausmaß der Responsivität (*responsiveness*) bestimmt und das sozialisatorische oder normative Kapital der Familie durch das Ausmaß der Anforderungen der Eltern (*demandingness*) an das Kind.

In der Erziehungsstilforschung ist es weitgehend unbestritten, dass sich die familiale Sozialisation oder die elterliche Erziehung durch *mindestens zwei Dimensionen* beschreiben lässt, die einerseits eine emotionale Komponente und andererseits den Herrschaftsaspekt (Herrschaft im Sinne Webers – vgl. Kapitel 2.1.4.3.3) der familialen Sozialisation oder Erziehung beinhalten (vgl. Maccoby & Martin 1983, S. 37 ff.; Wild 1999, S. 67 ff.).

Die emotionale Komponente wird in den verschiedenen angloamerikanischen Ansätzen, auf die hier nicht näher eingegangen werden kann, auch als *love vs. hostility, acceptance vs. rejection, warmth vs. hostility, acceptance/involvement, connected-*

ness oder *support* beschrieben. Der Herrschaftsaspekt wird unter anderem beschrieben als *control vs. autonomy, autonomy granting vs. psychological control, firm vs. lax control, restrictiveness vs. permissiveness, demanding/controlling, behavior control, firm control, strictness* und *supervision* (Wild 1999, S. 67 ff.). Trotz der Vielschichtigkeit der Begriffe und der zugrunde liegenden Theorien können die Begrifflichkeiten zwei Grundmustern zugeordnet werden. Auf emotionaler Seite ist dies die Förderung des Wohlbefindens und auf sozialisatorischer Seite das Verhältnis von Herrschaft und Autonomie.

Die Erziehungsstilforschung bestätigt damit die Definition der primären Funktionen der Familie durch Parsons, der die primären Funktionen der Familie erstens in der Aufrechterhaltung des emotionalen Gleichgewichts aller Familienmitglieder und zweitens in ihrer überragenden Rolle für die Sozialisation der Kinder sieht (Parsons 1954, S. 77).

Nach Baumrind lassen sich – auf analytischem Wege – vier Erziehungsstile durch die Kombinationen der Ausprägungen der Dimensionen elterliche Responsivität und elterliche Anforderungen identifizieren (vgl. Tabelle 2). „Authoritative parents are both highly demanding and highly responsive, by contrast with authoritarian parents, who are highly demanding but not responsive; permissive parents, who are responsive but not demanding; and unengaged parents who are neither demanding nor responsive" (Baumrind 1996, S. 412). Der neu hinzugekommene Stil (*unengaged*) beschreibt im Grunde den Sachverhalt der Vernachlässigung und ist daher kein Erziehungsstil im engeren Sinne.

Tabelle 2: Struktur der Erziehungsstile nach Baumrind

Responsiveness	*Demandingness*	
	hoch	niedrig
hoch	Autoritativ	Permissiv
niedrig	Autoritär	Vernachlässigung

Dieses strukturelle Vierfeldermodell hat teilweise zu einem konzeptionellen Missverständnis geführt. Insbesondere die Dimension der elterlichen Anforderungen darf nicht in dem Sinne interpretiert werden, dass hohe autoritäre und hohe autoritative Anforderungen (demands) inhaltlich das Gleiche bedeuten. Wie in Kapitel 2.2.4 bereits ausgeführt, hat Baumrind deutlich herausgearbeitet, dass bei einer autoritativen Erziehung die rationale Legitimation elterlicher Entscheidungen und der Diskurs zwischen Eltern und Kindern im Vordergrund stehen, aber auch negative Sanktionen möglich sind, die aber wiederum normativ legitimiert werden müssen (Baumrind 1996, S. 412). Autoritäres Erziehungsverhalten zeichnet sich dagegen durch Rigidität aus, weil die Gültigkeit der Legitimationsgrundlage (z.B. die Tradition) nicht diskutierbar ist. Das Modell von Baumrind ist daher im inhaltlichen Sinne kein zweidimensionales typologisches oder klassifikatorisches Modell, sondern ein dreidimensionales Modell, weil die elterlichen Anforderungen in autoritärer und in autoritativer

Form gegenüber dem Kind geäußert werden können. Die autoritative Form elterlicher Anforderungen oder Verhaltenskontrollen wird in den Forschungsansätzen, die sich auf Baumrind berufen, zum Teil als Monitoring (vgl. Kapitel 2.2.4) – im Gegensatz zu autoritärer Kontrolle – und zum Teil als ein autonomieförderndes Verhalten oder zumindest als ein Verhalten beschrieben, das die Autonomie des Kindes nicht einschränkt.

Das typologische Modell in der Tradition von Baumrind, welches die vier Erziehungsstile – *autoritativ*, *autoritär*, *permissiv* und *vernachlässigend* – beschreibt, gilt als ein anerkanntes Modell in der Erziehungsstilforschung (vgl. Hofer 2002a, S. 17; Rheinberg, Bromme, Minsel, Winteler & Weidenmann 2001, S. 290).

Der permissive Erziehungsstil wird allerdings bereits auf theoretischer Ebene in vielschichtiger Weise beschrieben. Baumrind weist explizit darauf hin, dass die Beschreibungen aller Erziehungsstile unter anderem von der Entwicklungsstufe des Kindes abhängen (Baumrind 1991, S. 750). So kann angenommen werden, dass geringe elterliche Anforderungen an das Verhalten ihres 3-jährigen Kindes, das versucht seine Handlungsspielräume zu maximieren und Grenzen zu testen, eine ganz andere Qualität der Erziehung darstellt als die geringe Häufigkeit von Äußerungen elterlicher Verhaltensanforderungen an ihr 12-jähriges Kindes, das die elterlichen Verhaltenserwartungen weitgehend internalisiert hat. Baumrind, die selbst einen wichtigen Teil ihrer Forschungen in Familien mit Vorschulkindern durchgeführt hat, beschreibt den permissiven Stil folgendermaßen. „Permissive or nondirective parents are more responsive than they are demanding. They are nontraditional and lenient, do not require mature behavior, allow considerable self-regulation, and avoid confrontation" (Baumrind 1991, S. 750).

Ein permissiver Erziehungsstil, der sich dadurch auszeichnet, dass Eltern nachgiebig sind und Konflikte vermeiden, könnte – je nach Perspektive – auch als eine Form von Vernachlässigung (Regellosigkeit, keine Forderung nach Achtung anderer Personen) oder als Verwöhnung (als Folge der Diktatur des Kindes) betrachtet werden. Ein permissiver Erziehungsstil, der nicht traditionell ist, auf direkte Anweisungen weitgehend verzichtet und ein hohes Maß an Selbstregulation erlaubt, könnte allerdings auch ein radikal humanistischer Erziehungsstil sein – wie er zum Beispiel in der Reformschule *Summerhill* angestrebt wurde.

Neill geht davon aus, dass Kinder in der Praxis des humanen Umgangs mit ihren Beziehungspersonen Grenzen ihres eigenen Verhaltens erfahren und daher explizite Verhaltensregeln weitgehend überflüssig sind, weil die Achtung vor der anderen Person in der Praxis gelernt wird (vgl. Neill 2004, S. 155 ff. u. 188): „Freie Kinder sind nie unverschämt" (Neill 2004, S. 190). Wenn es Verbote in *Summerhill* gibt, dann gelten sie sowohl für Kinder und Erwachsene – zum Beispiel das Verbot, das Eigentum anderer Personen zu beschädigen oder ohne Erlaubnis zu benutzen (vgl. Neill 2004, S. 27). Die Erziehung in Summerhill ist ein Beispiel für eine Erziehung mit hoher Responsivität bei gleichzeitigem Verzicht auf direktive Gebote und Verbote und hat das Ziel, Menschen ohne Angst und Furcht zu glücklichen Menschen zu erziehen, die andere Personen achten und nicht in ihrem Glück beeinträchtigen. Allerdings bedeutet das nicht den Verzicht auf unmittelbare negative Sanktionen oder den Verzicht auf Notwehr und Nothilfe. Neill beschreibt in einem Beispiel, dass ein verhaltensauffälliger, gewalttätiger Schüler, der neu nach Summerhill gekommen war, eine Gruppe von Kindern mit einem Hammer in der Hand bedrohte und Neill bei dessen Einschreiten mit den Worten „Gib's auf! Wir haben keine Angst vor dir" getreten und gebissen hatte. Neill gab dem Schüler aber keine Anweisung sein Verhalten zu ändern, sondern sagte im ruhigen Ton: „Jedes Mal, wenn du mich beißt oder schlägst, werde ich zurückschlagen" – und Neill tat dies auch, bis der Schüler den Kampf aufgab (vgl. Neill 2004, S. 168). Ansonsten verzichtet die Erziehung in Summerhill aber auf Strafen und Strafenandrohungen. Das Kind lernt soziale Regeln überwiegend durch die Erfahrung unmittelbarer positiver und negativer Reaktionen auf sein Handeln. Außer den Prinzipien, das Glück und die Achtung der Mitmenschen nicht zu verletzen (die zentralen Pflichten gegen andere Menschen nach Kant), haben die Kinder in ihren Handlungen im Alltag in einem sehr hohen Ausmaß die freie Wahl. Jede Konvention und alle Sitten und Gebräuche, die allein durch Traditionen legitimiert werden können (Kleidung, Tischsitten etc.), können beachtet, müssen aber nicht eingehalten werden. Die im Vergleich zur bürgerlichen Erziehung sehr hohe Permissivität der sogenannten anti-autoritären Erziehung hat nach der Idee von Neill auch nichts mit Verwöhnung zu tun. „Wenn man nämlich einem Kind seinen Willen auch *auf Kosten eines anderen lässt*, dann ist das schlecht für das Kind. Es wird verwöhnt, und ein verwöhntes Kind ist ein schlechter Mitmensch" (Neill 2004, S. 168).

Weil Baumrind die Permissivität im typologischen Modell *formal* über die Höhe der elterlichen Anforderungen bestimmt, entsteht auf inhaltlicher Ebene das Problem, dass vollkommen unterschiedliche Formen der Erziehung dem Phänomen der Permissivität zugeordnet werden können. Von einer nachgiebigen, konfliktvermeidenden Erziehung, für die der Begriff der Verwöhnung im Extremfall sogar noch eine euphemistische Beschreibung der illegitimen Herrschaft des Kindes über die Eltern darstellt, bis zu einer nicht-traditionalen Erziehung, in der viele Konventionen der bürgerlichen Gesellschaft zur Disposition stehen, aber nicht die Achtung vor anderen Menschen (Selbstbestimmung) und deren Glück – wie im Beispiel *Summerhill*. Aus diesem Grund scheint es *nicht* sinnvoll zu sein, Permissivität inhaltlich als ein einheitliches Konstrukt aufzufassen.

Im Kontext der Forschung zum Einfluss des elterlichen Erziehungsverhaltens auf schulbezogene Merkmale der Kinder könnte auch ganz auf das Konzept der Permissivität verzichtet werden, wenn anstatt eines typologischen Zugangs ein zweidimensionaler Zugang gewählt wird, bei dem autoritatives und autoritäres Erziehungsverhalten als unabhängige Dimensionen berücksichtigt werden. Insbesondere im Kontext des schulbezogenen Elternverhaltens kann auf den permissiven Erziehungsstil verzichtet werden, weil er weitgehend identisch mit der Vernachlässigung ist, die als Nicht-Handeln in einem dimensionalen Modell durch niedrige Merkmalsausprägungen auf der autoritativen und der autoritären Dimension mit erfasst wird.

Wenn ein Kind Probleme mit dem Lernen für die Schule hat oder wenn die Leistungen des Kindes schlechter sind als von den Eltern erwartet, dann können die Eltern entweder handeln oder nicht handeln. Wenn sie handeln, können sie zum Beispiel in autoritativer Weise eigene oder fremde Unterstützung anbieten, Trost spenden und die Folgen des Lernens und der damit verbundenen zur Erreichung bestimmter Ziele darlegen oder sie handeln in autoritärer Weise, indem sie zum Beispiel Lernzeiten und Leistungsziele vorgeben. Es ist auch durchaus vorstellbar, dass Eltern mit hohen Bildungsaspirationen auf beide Arten versuchen, das Lernverhalten ihrer Kinder zu beeinflussen.

Da die Kinder die Leistungen in der Schule persönlich erbringen müssen, ist das Delegationsprinzip ausgeschlossen. Eltern können ihre Kinder nicht verwöhnen, indem sie ihnen das Schreiben einer Klassenarbeit abnehmen. Sowohl Permissivität als auch Vernachlässigung zeichnen sich handlungstheoretisch durch fehlende Bildungsanforderungen der Eltern gegenüber den Kindern aus und unterscheiden sich möglicherweise hinsichtlich der Reaktion auf nachgefragte Unterstützung vonseiten der Kinder. Permissive Eltern stellen zwar nach dem Modell von Baumrind keine Anforderungen an Leistungen oder Lernverhalten ihrer Kinder, reagieren aber zumindest auf die Bedürfnisse ihrer Kinder mit sozialer und emotionaler Unterstützung. Die Frage ist allerdings, ob diese Form des permissiven Verhaltens in nennenswerter Häufigkeit empirisch zu erwarten ist. Wenn Eltern am Wohlbefinden ihrer Kinder interessiert sind, dann ist zu erwarten, dass sie sich auch für schulische Lernprozesse und schulische Leistungen ihrer Kinder interessieren, weil sie nicht wollen können, dass ihr Kind sich in der Schule als inkompetent erfährt und sie zumindest ein gewisses Interesse daran haben müssen, dass ihr Kind einen regulären Schulabschluss erzielt. Daher ist zu erwarten, dass responsive, am Wohlbefinden ihrer Kinder interessierte Eltern zumindest grundlegende Anforderungen an das Lernverhalten ihres Kindes stellen (regelmäßiger Schulbesuch, Hausarbeiten, Vorbereitung von Klassenarbeiten), damit das Kind durch das Erlangen eines regulären Schulabschlusses die Chance auf eine qualifizierte Berufsausbildung bekommt, die auch die Chance des zukünftigen Wohlbefindens der Kinder erhöht. Allenfalls in Familie von ungelernten Arbeitern, die keinerlei Bildungsaspirationen aufweisen, wäre ein permissives schulbezogenes Verhalten – mit hoher Responsivität und niedrigen Anforderungen – vorstellbar. Generell gilt aber wohl: Wenn Eltern keine schulischen Anforderungen an ihr Kind stellen, dann ist dies meist Ausdruck eines vernachlässigenden Verhaltens, das auch nicht responsiv ist.

Aufgrund dieser Überlegungen kann angenommen werden, dass ein zweidimensionales Modell des schulbezogenen Erziehungsverhaltens, das autoritative und autoritäre Dimensionen erfasst, das Handlungsrepertoire zur intendierten Lern- und Leistungsförderung zumindest auf der erziehungsstiltheoretischen beziehungsweise der sozialkapitaltheoretischen Ebene ausreichend beschreibt. Weil anzunehmen ist, dass Eltern sowohl autoritative als auch autoritäre Verhaltensmuster aufzeigen können, ist der dimensionale Zugang – ohne eine anschließende Typisierung – besser geeignet zur Überprüfung der Frage, inwieweit die beiden Erziehungsstile mit Schulleistungen und mit Emotionen verbunden sind. Bei einem typologischen Zugang müsste jede Familie genau einem Typ zugeordnet werden und zudem gehen durch die Typisierung Informationen über die Intensität des Erziehungsverhaltens verloren. Zumindest als bereichsspezifischer Zugang scheint der dimensionale Ansatz dem typologischen Ansatz überlegen zu sein.

Auch wenn in dieser Arbeit der dimensionale Zugang gegenüber dem typologischen bevorzugt wird, wird im folgenden Abschnitt noch ein weiteres typologisches

Modell vorgestellt. Ein dimensional ähnliches Modell wie das Modell von Baumrind hat Heilbrun (1973) entwickelt (vgl. Tabelle 3), das als zweidimensionales Kontrollmuster-Modell bezeichnet wird und durch die Ausprägungen der beiden Dimensionen *Zuwendung* (nurturance) und *Kontrolle* (control) ebenfalls zu vier Erziehungsstilen führt (vgl. Krohne & Hock 1994, S. 45 f.).

Tabelle 3: Erziehungsstile nach dem Kontrollmuster-Modell von Heilbrun

Zuwendung (nurturance)	*Kontrolle (control)*	
	hoch	niedrig
hoch	überbehütend (overprotective)	akzeptierend (accepting)
niedrig	zurückweisend (rejecting)	vernachlässigend (ignoring)

Quelle: Krohne & Hock 1994, S. 46.

Obwohl die Dimensionen dem Modell von Baumrind scheinbar ähneln, kommt das Modell nach Heilbrun bei den Erziehungsstilen mit hoher Zuwendung – in der ersten Zeile des Vierfelderschemas – zu inhaltlich differierenden Erziehungsstilen. Der autoritative Erziehungsstil wird zu einem überbehütenden Erziehungsstil, der permissive Erziehungsstil zu einem akzeptierenden Erziehungsstil. Der Grund dafür ist, dass Heilbrun das Kontrollmuster-Modell dezidiert auf die Form der autoritären Kontrolle beschränkt – und zwar insbesondere auf die mütterliche Kontrolle („aversive maternal control"). Die Beschränkung auf die autoritäre Form der Kontrolle ist vor dem Hintergrund des Forschungsinteresses von Heilbrun zu sehen, welches sich auf „die Erziehungsstilbedingungen psychopathologischer Merkmale" wie zum Beispiel Schizophrenie und Paranoia bezieht (Krohne & Hock 1994, S. 47). Zudem wird der emotionale Aspekt der Erziehung nicht – wie im Modell von Baumrind – durch die elterliche Responsivität in Bezug auf kindliche Bedürfnisse bestimmt, sondern durch Zuwendung oder Fürsorglichkeit (nurturance), die auch Formen der emotionalen Zuwendung der Elternpersonen beinhalten können, die dem kindlichen Bedürfnis nach Selbstbestimmung widersprechen.

Daher ist nachvollziehbar, dass hohe autoritäre Kontrolle im Verbund mit hoher Zuwendung eine Form der Mutter-Kind-Beziehung darstellt, die als überbehütend bezeichnet werden kann und im Extremfall zu pathologischen Folgen für das Kind führen kann, wenn die emotionale Abhängigkeit des Kindes zur Aufrechterhaltung elterlichen Herrschaft maximiert wird und damit die Chancen des Kindes auf ein selbstbestimmtes Leben zunehmend minimiert werden. Der überbehütende Stil gehört daher zum autoritären Formenkreis und stellt als Idealtypus eine Form der illegitimen Herrschaft dar, deren Aufrechterhaltung zum Beispiel dadurch erreicht werden kann, dass das Kind psychisch krank wird und so dauerhafter mütterlicher Pflege und Kontrolle bedarf. Das Kontrollmuster-Modell ist also ein Modell, das kritische Entwicklungsbedingungen der frühen Kindheit beschreibt, die zu massiven Persönlichkeitsstörungen führen können.

Weil Heilbrun nur die autoritäre, fremdbestimmende Form der mütterlichen Kontrolle untersucht, wird auch klar, dass sich die einzig positive Form der Eltern-Kind-Beziehung im Kontrollmuster-Modell durch hohe Zuwendung und niedrige Kontrolle auszeichnet und als akzeptierender Erziehungsstil bezeichnet wird. Weil keine Form der autoritativen Kontrolle berücksichtigt wird, gibt es auch keinen autoritativen Erziehungsstil im Kontrollmuster-Modell von Heilbrun. Das Modell von Heilbrun ist also ein Teilbereichsmodell und lässt sich – auch aufgrund der unterschiedlichen Bedeutungen der Dimension – nicht in das Modell von Baumrind integrieren.

Überbehütung als konsistenter Erziehungsstil stellt – wie die autokratische Herrschaft eines Diktators oder Tyrannen – keine legitime Herrschaft im Sinne Webers dar, sondern beruht auf einer amorphen Form der personenbezogenen Machtausübung – auf persönlicher Willkür. Daher wird in dieser Arbeit vorgeschlagen, auf theoretischer Ebene zwischen legitimen und illegitimen Formen der Herrschaft in der Familie zu unterscheiden, auch wenn auf methodischer Ebene noch große Probleme bei der Operationalisierung der Variablen bestehen und die erhobenen Messwerte oft keine Unterscheidung zwischen legitimen und illegitimen Formen der elterlichen Herrschaftsausübung erlauben. Erst eine umfassende Erziehungsstiltheorie könnte alle beobachtbaren Formen elterlichen Erziehungsverhaltens beschreiben und würde zu einer höheren Anzahl von Erziehungsstilen führen. So wird zum Beispiel in vielen Ansätzen nicht die autokratische Herrschaft von der legitimen autoritären Herrschaft unterschieden. Der gewalttätige Haustyrann, der illegitime Herrschaft qua personaler Willkür ausübt, wird dann gleichfalls dem autoritären Typus zugeordnet wie eine Familie, die einer fundamentalistischen religiösen Sekte angehört und ihre rigiden Verhaltensvorschriften durch die Maximen ihrer Religion legitimiert.

In den folgenden Abschnitten wird der Stand der amerikanischen Forschung zum Einfluss des Elternverhaltens auf schulbezogene Merkmale der Kinder dargestellt. Da Baumrind vor allem Kleinkinder und Grundschulschulkinder untersucht hat, werden vor allem diejenigen Studien vorgestellt, die sich auf ältere Kinder oder Jugendliche beziehen, weil die vorliegende Untersuchung sich ebenfalls auf Kinder und Jugendliche der achten Klassenstufe bezieht. Insbesondere werden die Ergebnisse der Forschungsgruppe um Laurence Steinberg dargestellt, da diese besonders prominent ist bezüglich der Untersuchung des Einflusses des autoritativen Erziehungsverhaltens auf Schulleistungen (vgl. Wild & Hofer 2002, S. 228).

Zunächst wird eine Studie von Dornbusch, Ritter, Leiderman, Roberts & Fraleigh (1987) vorgestellt, die bis Ende der 1980er Jahre zu einer der sehr wenigen Studien gehörte, die den Zusammenhang zwischen Elternverhalten und Schulleistungen bei Adoleszenten untersucht hatte, da der größte Teil der früheren Forschung sich auf jüngere Kinder bezog (vgl. Steinberg, Elmen & Mounts 1989, S. 1424 f.). Ältere Forschungsergebnisse, die in englischer Sprache publiziert wurden, finden sich in dem Übersichtsartikel von Maccoby und Martin (1983).

Dornbusch, Ritter, Leiderman, Roberts & Fraleigh (1987) haben 14- bis 18-jährige Schülerinnen und Schüler aus kalifornischen High Schools (n = 7.836) in den Jahren 1983 und 1985 zum Erziehungsverhalten ihrer Eltern und zu ihren eigenen Schulleistungen in Form eines Selbstberichts befragt. In einem dimensionalen Ansatz wurden das autoritative und das autoritäre Erziehungsverhalten der Eltern sowie das permissive Verhalten der Eltern mit jeweils einer Skala erfasst, wobei innerhalb jeder Skala sowohl Items zum allgemeinen als auch Items zum schulbezogenen Verhaltensweisen der Eltern abgefragt wurden.

Das autoritative Verhalten wurde zum Beispiel durch Items erfasst, die eine gleichberechtigte Kommunikation, Selbst- und Mitbestimmungsmöglichkeiten in der Familie, aber auch Lob bei guten Zensuren sowie emotionale und soziale Unterstützung bei schlechten Zensuren abfragten. Autoritäres Verhalten wurde auf einer Skala erfasst, die eine strikt hierarchische Diskussion in der Familie abbildet (Eltern dürfen nicht kritisiert werden, Kinder haben kein Recht auf Legitimation des Verhaltens Erwachsener ihnen gegenüber) sowie durch negative Rückmeldungen und Strafen bei schlechten Zensuren und hoher Leistungsdruck selbst bei guten Zensuren. Die permissive Skala wurde durch Items gebildet, die die Gleichgültigkeit der Eltern gegenüber schulbezogenen Angelegenheiten des Kindes (gute oder schlechte Noten, Hausarbeiten, Elternabende) und fehlende Regeln zum Beispiel bei der Fernsehnutzung abfragen. Die permissive Skala wird hier allein über das Fehlen von Regeln definiert und erfasst damit auch vernachlässigendes Verhalten.

Die Reliabilitätskoeffizienten der drei Skalen lagen zwischen $\alpha = .60$ und $\alpha = .70$ bei acht bis neun Items pro Skala. Den niedrigsten Zuverlässigkeitswert erreichte die Skala zum permissiven Verhalten. Die Autoren vermuten, dass hohe Werte auf der Permissivitätsskala – geringe elterliche Kontrolle – sowohl durch ein vernachlässigendes Elternverhalten zustande kommen können, aber auch durch ein fürsorgliches Verhalten von denjenigen Eltern, die möglicherweise aus ideologischen Gründen auf einschränkende Kontrollen verzichten. Die Autoren selbst äußern daher Zweifel an der Validität ihrer Permissivitätsskala (Dornbusch, Ritter, Leiderman, Roberts & Fraleigh 1987, S. 1247). Die Selbstkritik an der Permissivitätsskala kann noch durch einen Punkt ergänzt werden. Niedrige Werte – hohe elterliche Kontrolle – können sowohl auf eine autoritäre als auch auf eine autoritative Erziehung hinweisen. Zudem ist unklar, ob der dreidimensionale Ansatz in dieser Untersuchung überhaupt gerechtfertigt ist, da keine Korrelationen zwischen den drei Erziehungsstilen mitgeteilt werden und daher nicht überprüft werden kann, inwieweit die drei Dimensionen voneinander abhängig sind.

Die korrelativen Befunde zeigen für beide Geschlechter, dass der autoritäre und der permissive Erziehungsstil signifikant negativ mit der Schulleistung (mit Werten zwischen $r = -.09$ und $r = -.23$) zusammenhängt und dass der autoritative Erziehungsstil signifikant positiv mit der Schulleistung korreliert ($r = .08 / .15$). Die Zusammenhänge zwischen dem autoritären Erziehungsstil und den Schulleistungen sind bei beiden Geschlechtern ($r = -.18 / -.23$) die jeweils höchsten. Auch in zehn Untergruppen (differenziert nach Geschlecht und den fünf Altergruppen) waren 29 von 30 Korrelationskoeffizienten signifikant – und zwar in der erwarteten Richtung (Dornbusch, Ritter, Leiderman, Roberts & Fraleigh 1987, S. 1249).

Ein multiples Regressionsmodell zur Vorhersage der Schulleistungen, das zusätzliche sozialstrukturelle Merkmale (Alter, Geschlecht, ethnische Herkunft) und Familienmerkmale (Bildung der Eltern, Alleinerziehende, Stiefeltern) enthält, bestätigt die korrelativen Befunde. Der autoritäre Erziehungsstil ist mit einem Regressionsgewicht von β = -.23 der stärkste Prädiktor der Schulleistung im gesamten Modell. Der permissive Erziehungsstil (β = -.09) und der autoritative Erziehungsstil (β = .04) spielen dagegen nur eine geringe Rolle, sind aber aufgrund der hohen Fallzahl beide signifikant (p < .05). Neben der asiatischen Herkunft (β = .19) und der Bildung der Eltern (β = .17) besitzt nur noch die Variable Alleinerziehende mit (β = -.11) einen Nettoeffekt, der mehr als ein Prozent an gemeinsamer Varianz mit der Schulleistung aufweist (Dornbusch, Ritter, Leiderman, Roberts & Fraleigh 1987, S. 1252).

Die Befunde bestätigen, dass der autoritäre Stil negativ und der autoritative Stil positiv mit den Schulleistungen zusammenhängen, und zwar unabhängig von der Bildung der Eltern und anderen Merkmalen der Familien und der Schülerinnen und Schüler. Als Nettoeffekt erklärt der autoritäre Stil immerhin gut fünf Prozent der Varianz der Schulleistungen, während der Nettoeffekt der autoritativen Erziehung praktisch gegen Null tendiert. Die drei Erziehungsstile (soziales Kapital) klären zusammen mit gut sechs Prozent mehr als doppelt so viel Varianz der Schulleistungen auf als die Bildung der Eltern (kulturelles Kapital) mit knapp drei Prozent.

Steinberg, Elmen und Mounts (1989) habe in einer Längsschnittsstudie versucht, den Einfluss des autoritativen elterlichen Erziehungsverhaltens auf Schulleistungen (gemittelte Zeugnisnoten der Fächer Englisch und Mathematik) von 11- bis 16-jährigen Schülerinnen und Schülern aus Wisconsin (n = 120) zu untersuchen.

Das autoritative Erziehungsverhalten wurde dimensional durch drei Skalen erfasst. Zwei Skalen (*acceptance* und *psychological control*) wurden dem *Child Report of Parent Behavior Inventory* (CRBPI) entnommen, der elterliche Sanktionen (Disziplinierungstechniken) abfragt. Die Werte der Skala *psychological control*, die autoritäre Kontrolle erfasst, wurden rekodiert und die Skala wurde in *psychological autonomy* umbenannt. Möglicherweise steht dahinter die Vorstellung aus dem Modell von Heilbrun (s.o.), dass die Abwesenheit autoritärer Kontrolle als günstig zu bewerten ist. In jüngster Zeit wird die Angemessenheit dieser nicht unüblichen Erfassung von Autonomieunterstützung über die Abwesenheit von psychischer Kontrolle (autoritäre Disziplinierungsstrategien) zunehmend kritisiert (vgl. Wild & Hofer 2002, S. 230).

Die dritte Skala (*parents' use of behavioral control*) wurde durch Rekodierung einer Skala gewonnen, die ursprünglich zur Messung von Permissivität gebraucht wurde. Abgefragt wurden die Entscheidungsmöglichkeiten der Kinder in 17 Bereichen (z.B. Taschengeld ausgeben, Hausaufgaben machen, Freizeitbeschäftigungen, abendliche Ausgangszeiten) auf drei Stufen (freie Entscheidung – Diskussionsmöglichkeit unter elterlichem Vorbehalt des letzten Wortes – autoritäre, diskussionslose elterliche Entscheidung). Summiert wurde für die ursprüngliche Permissivitätsskala die Anzahl der Bereiche, in denen die Kinder freie Entscheidungen treffen (vgl. Steinberg, Elmen & Mounts 1989, S. 1426).[46] Die rekodierte Skala zur Erfassung der Verhaltenskontrolle (*parents' use of behavioral control*) misst also die Anzahl der Bereiche, in denen die Kinder keine freie Entscheidung haben. Daher kann bei hohen Werten

---

46 Die ursprüngliche Permissivitätsskala erfasst daher nur den Mangel an elterlichen Anforderungen und erfasst daher nach dem Modell von Baumrind auch vernachlässigendes Verhalten, weil die zweite Anforderung für ein permissives Verhalten, die hohe Responsivität nicht erhoben wurde.

dieser Skala keine Unterscheidung zwischen autoritärer und autoritativer Kontrolle getroffen werden.

Auf bivariater Ebene korreliert die Skala Verhaltenskontrolle nicht signifikant mit den beiden anderen Skalen zum elterlichen Erziehungsverhalten, die wiederum nur mit r = .19 zusammenhängen (vgl. Steinberg, Elmen & Mounts 1989, S. 1428). Die drei Skalen variieren also weitgehend unabhängig voneinander und können daher nicht ein konsistentes autoritatives Erziehungsverhalten abbilden. Angesichts der inhaltlichen Heterogenität der drei Skalen (*acceptance* als Indikator der autoritativen Erziehung, *autonomy* als Indikator der Abwesenheit autoritärer Erziehung und *control* als Mischkonstrukt) ist dieser Befund allerdings auch nicht überraschend.

Trotz dieser Kritik an der inhaltlichen Beschreibung der Skalen, liefert die Längsschnittsstudie von Steinberg, Elmen und Mounts (1989) wichtige Hinweise für den Zusammenhang zwischen dem elterlichen Erziehungsverhalten und den Schulleistungen (Zeugnisnoten Englisch und Mathematik).

In einem ersten Pfadmodell wurden die linearen Effekte der drei elterlichen Erziehungsvariablen auf die Schulleistungen der Jahre 1985 und 1986 berechnet. Kontrolliert wurden in dem Modell die Variablen Alter, Geschlecht, sozioökonomischer Status der Familie, Familienstruktur (z.B. Erwerbstätigkeit der Mutter) sowie das Ergebnis eines standardisierten Leistungstests (Mittelwert sprachlicher und mathematischer Fähigkeiten).

Ein signifikanter Effekt auf die Schulleistungen des Jahres 1985 ist nur für die Autonomieskala festzustellen, die etwa dreieinhalb Prozent der Varianz erklärt. Die Autonomieskala hat zusätzlich auch einen direkten und einen indirekten Effekt auf die Schulleistungen des Jahres 1986 und erklärt insgesamt gut zweieinhalb der Varianz der Schulleistungen des Jahres 1986 auf. Die Akzeptanzskala (nur auf dem Zehnprozentniveau signifikant!) und die Skala zur Verhaltenskontrolle erklären gut eineinhalb bis zwei Prozent der Varianz der Schulleistungen des Jahres 1986, sind aber beide nicht signifikant in Bezug auf die Schulleistungen des Jahres 1985. Im Längsschnitt sagen die im Jahr 1985 erhobenen Elternvariablen insgesamt gut sechs Prozent der Schulleistungsunterschiede des Jahres 1986 voraus.

Nur die Autonomieskala, die tatsächlich allerdings autoritäres Verhalten (*psychological control*) abfragt, hat generell signifikante Effekte auf die Schulleistungswerte, die negativ sind, wenn sie im Sinne der Originalskala interpretiert werden. Die Kontrollskala liefert noch einen bescheidenen positiven Beitrag zur Vorhersage der Leistungen des Jahres 1986, wobei inhaltlich aber nicht entschieden werden kann, welche Form der Kontrolle oder der Nicht-Kontrolle die Messwerte erfassen; der Effekt könnte daher auch durch ein vernachlässigendes Verhalten zustande kommen. Da die Akzeptanzskala, die als einzige inhaltlich valide im Sinne eines autoritativen Erziehungsverhaltens ist, nur auf dem Zehnprozentniveau signifikant ist und dies auch nur auf die Schulleistungen des Jahres 1986 bezogen, kann die Studie nur als ein schwacher Beleg für positive Effekte des autoritativen Erziehungsverhaltens auf Schulleistungen aufgefasst werden. Dabei ist allerdings anzuerkennen, dass durch die Vielzahl an Kontrollvariablen sehr konservativ getestet wurde. Das zentrale Ergebnis des ersten Modells ist, dass autoritäre Kontrolle konsistent negativ mit Schulleistungen verbunden ist – und zwar unabhängig vom sozioökonomischen Status der Familie und anderer Variablen.

In einem zweiten Pfadmodell haben Steinberg, Elmen und Mounts (1989) eine Variable der kindlichen Persönlichkeit als Mediatorvariable zwischen den Variablen zum Elternverhalten und den Zeugnisnoten des Jahres 1986 berücksichtigt. Die Persönlichkeitsvariable *Psychosoziale Reife* (*psychosocial maturity*) erfasst die Arbeitseinstellung der Schüler (z.B. Fertigkeiten, Anstrengungsbereitschaft, intrinsische Arbeitsmotivation), ihr Selbstvertrauen und ihre Selbstwertgefühle. Der Zeugnisnotenwert des Jahres 1985 wurde als zusätzliche Kovariate zu den bereits im ersten Modell verwendeten Kontrollvariablen berücksichtigt.

Als Ergebnis konnte festgestellt werden, dass keine direkten Effekte der Elternvariablen auf die Schulleistungen nachweisbar sind. Alle Effekte der Erziehungsvariablen auf den Zeugnisnotenwert des Jahres 1986 werden im Modell durch die Mediatorvariable *Psychosoziale Reife* vermittelt. Das Modell bestätigt die Hypothese der Autoren, dass der Einfluss der elterlichen Erziehung auf die Schulleistung des Kindes über die Persönlichkeitsentwicklung des Kindes zustande kommt (vgl. Steinberg, Elmen & Mounts 1989, S. 1430). Dieser Befund bedeutet, dass die Zusammenhänge zwischen dem Erziehungsverhalten der Eltern und den Schulleistungen durch dispositionale Persönlichkeitsmerkmale der Schülerinnen und Schüler, durch ihren Habitus, vermittelt werden. Allerdings ist der gesamte Mediatoreffekt mit gut einem Prozent an gemeinsamer Varianz zwischen den Variablen zum Elternverhalten, zur psychosozialen Reife und zur Schulleistung nicht sehr hoch. Da in diesem Modell auch die Schulleistungen des Jahres 1985 kontrolliert werden (die wiederum mit dem Elternverhalten zusammenhängen), ist das Modell aber *kein* Beleg dafür, dass die Variablen zum Elternverhalten *ausschließlich* durch einen Mediatoreffekt über eine dispositionale Variable zu erklären sind. Der Grund dafür ist, dass in dem Mediatormodell die aufgeklärte Varianz der Schulleistungen durch die Variablen zum Elternverhalten mit einem Prozent erheblich geringer ist als im ersten Modell mit sechs Prozent.

Die wichtigsten Prädiktoren der *Psychosozialen Reife* sind die autoritäre Kontrollskala mit einer Varianzaufklärung von 10,7 Prozent und die Skala zur Verhaltenskontrolle mit einer Varianzaufklärung von 6,7 Prozent, während die Akzeptanzskala nur 3,4 Prozent der Varianz der *Psychosozialen Reife* aufklärt. Es sind also sowohl autoritäre Disziplinierungstechniken als auch diejenigen Familienverhältnisse besonders ungünstig für die Persönlichkeitsentwicklung, in denen die Kinder tun und lassen können was sie wollen. Daraus kann indirekt die Hypothese formuliert werden, dass ein autoritatives Erziehungsverhalten günstig für die Persönlichkeitsentwicklung und die Schulleistungen der Kinder ist, obwohl die Autoren eher Belege für negative Effekte des autoritären Erziehungsverhaltens und wohl auch des vernachlässigenden Erziehungsverhaltens gefunden haben.

Steinberg, Mounts, Lamborn & Dornbusch (1991) haben im Schuljahr 1987/1988 rund 10.000 Schülerinnen und Schüler unterschiedlicher ethnischer, familienstruktureller und sozioökonomischer Herkunft der 9. bis 12. Klassenstufe (von neun High Schools aus Wisconsin und Kalifornien) in Bezug auf elterliches Verhalten, Schulleistungen und zu weiteren Merkmalen befragt.

Die Schulleistung wurde durch Selbstbericht auf einer fünfstufigen Skala erfasst. Die Klassifikation des autoritativen Elternverhaltens erfolgte post hoc durch drei zwar theoretisch postulierte Skalen, die allerdings erst durch eine Faktorenanalyse gebildet wurden, da kein geprüftes Instrument verwendet wurde, sondern sowohl bereits existierende, aber auch neu entwickelte Items verwendet wurden. Die drei gefundenen Skalen bilden die emotionale Bindung in der Familie (*acceptance/involvement*) und zwei Herrschaftsaspekte elterlicher Erziehung ab (*firm control* und *psychological autonomy*).

Die einzelnen Skalen zeichnen sich allerdings durch die Verwendung von zum Teil inhaltlich heterogenen Items aus. Bei der Skala zur emotionalen Bindung werden allgemeine und schulbezogene Sachverhalte miteinander vermengt. Einerseits wird zum Beispiel die elterliche Unterstützung bei Hausaufgaben und andererseits die Häufigkeit abgefragt, wie oft die Familie etwas Gemeinsames unternimmt, das Spaß macht. Die Kontrollskala fragt zum Beispiel einerseits ab, in welchem Ausmaß die Eltern versuchen zu erkunden, wohin die Jugendlichen am Abend ausgehen (im Sinne von Monitoring) und andererseits, wie lange sie am Abend ausgehen dürfen, wenn am nächsten Tag Schule ist (im Sinne von grenzensetzendem Verhalten). Hohe Werte auf der Kontrollskala sollen zwar autoritatives Verhalten messen, hohe Werte können allerdings auch ein autoritäres Verhalten bedeuten.[47] Die Skala zur Gewährung von Autonomie vermischt nicht nur Elemente des allgemeinen und des schulbezogenen Erziehungsverhaltens, sondern fragt im Grunde ein autoritäres Erziehungsverhalten ab, das durch Umkodierung der Itemantworten ein autoritatives Erziehungsverhalten abbilden soll. Zwei Beispiele dafür sind die Fragen, wie häufig die Eltern sagen, die Jugendlichen sollen die Ansichten der Eltern nicht infrage stellen und ob die Eltern versuchen, den Jugendlichen „die Hölle heiß zu machen" („try to make your life miserable"), wenn sie eine schlechte Schulnote bekommen. Niedrige Werte auf der Autonomieskala können allerdings auch Vernachlässigung bedeuten.

Alle Jugendliche, deren Werte sich auf allen drei Skalen in der oberen Hälfte der empirisch vorgefundenen Häufigkeitsverteilung befinden, werden als autoritativ erzogen klassifiziert und alle anderen als nicht-autoritativ. Autoritative Erziehung liegt daher – inhaltlich interpretiert – dann vor, wenn Responsivität und Verhaltenskontrolle über dem Schnitt liegen und autoritäres Verhalten unter dem Schnitt liegt. Die zunächst merkwürdig anmutende Konstruktion ist also auf inhaltlicher Ebene in Bezug auf das Modell von Baumrind (s.o.) durchaus plausibel. Aufgrund der rigiden Anforderungen an die Zuordnung zum autoritativen Typus werden in den 16 Untergruppen (differenziert nach vier Gruppen ethnischer Herkunft sowie nach jeweils zwei Gruppen sozialer Herkunft und familienstruktureller Merkmale) nur zwischen sechs und fünfundzwanzig Prozent der Jugendlichen als autoritativ eingestuft (Steinberg, Mounts, Lamborn & Dornbusch 1991, S. 25).

Für Kinder mit weißer Hautfarbe (n = 4.871) ergab sich ein eindeutiges Bild. In allen vier Untergruppen, die nach Schichtzugehörigkeit (Arbeiterschicht vs. Mittel-

---

47 Dieses Problem ist allerdings im klassifikatorischen Ansatz nicht besonders virulent, da die Zuordnung zum autoritativen Typus nur dann erfolgt, wenn gleichfalls hohe Werte auf der emotionalen Skala vorliegen.

schicht) und biologischer Vollständigkeit der Familie (vollständig vs. unvollständig) differenziert wurden, sind die Schulleistungswerte für diejenigen Jugendlichen signifikant höher, die eine autoritative Erziehung angaben als für diejenigen, die keine autoritative Erziehung angaben. Die Effektstärken sind allerdings eher klein bis mittel und liegen zwischen $r = .11$ und $r = .22$ (vgl. Steinberg, Mounts, Lamborn & Dornbusch 1991, S. 29).

Zusätzlich wurden noch Variablen zum Selbstvertrauen (*self-reliance*) und zur psychischen Belastung (Anspannung, Angst, Depressionen, Müdigkeit, Schlaflosigkeit etc.) sowie zur Häufigkeit delinquenten Verhaltens (Diebstahl, Waffenbesitz, Vandalismus etc.) abgefragt. Für Kinder mit weißer Hautfarbe zeigte sich in drei der vier Untergruppen ein konsistent signifikantes Bild. Autoritativ erzogene Kinder berichteten über mehr Selbstvertrauen, geringere psychische Belastung und weniger häufig über delinquentes Verhalten. Die Effektstärken sind klein bis mittel und liegen zwischen $r = .10$ und $r = .18$. Bei den unvollständigen Familien der Arbeiterklasse sind die Unterschiede nicht konsistent signifikant (zum Teil auch wegen der geringeren Fallzahl), gehen aber in die gleiche Richtung.

Lamborn, Mounts, Steinberg und Dornbusch (1991) analysieren die gleiche Stichprobe wie die vorhergehende Studie von Steinberg, Mounts, Lamborn und Dornbusch (1991) und verwenden wohl dieselben Skalen zur Erfassung des Elternverhaltens. Die Skala *firm control*, welche die elterliche Verhaltenskontrolle über das Freizeitverhalten der Jugendlichen abfragt, wird hier allerdings als *strictness/supervision* bezeichnet.

Aus den Messwerten der Skalen *acceptance/involvement* (Responsivität) und *strictness/supervision* (als Maß für elterliche Anforderungen) werden über Terzil-Aufteilung die vier von Baumrind beschrieben Erziehungsstile gebildet. Die Skala Autonomie, die autoritäres Verhalten abfragt, wird hierzu nicht verwendet. Autoritatives Erziehungsverhalten wird angenommen, wenn eine Person Werte im obersten Drittel sowohl bei der Skala *acceptance/involvement* als auch bei der Skala *strictness/supervision* aufweist. Relativ hohe Kontrolle des Freizeitverhaltens und relativ hohe positive emotionale Beziehungswerte kennzeichnen also autoritatives Verhalten (n = 1.320). Ebenfalls hohe Kontrolle, aber relativ niedrige Werte auf der emotionalen Ebene (unterstes Drittel) werden zur Typisierung autoritären Verhaltens (n = 627) gebraucht. Permissives Erziehungsverhalten (n = 613), das hier als nachgiebig (indulgent) bezeichnet wird, zeichnet sich durch relativ hohe Werte auf der emotionalen Ebene und relativ niedrige Werte auf der Ebene der Kontrolle des Freizeitverhaltens aus. Vernachlässigendes Erziehungsverhalten (n = 1.521) wird dann angenommen, wenn sich die Werte auf beiden Dimensionen im untersten Drittel befinden. Von den 10.000 untersuchten Schülerinnen und Schülern konnten nur knapp 4.100 – also nicht einmal 41 Prozent – typisiert werden. Die Autoren begründen diese methodische Schwäche damit, dass ihr Forschungsansatz nur heuristischen Zwecken dient (Lamborn, Mounts, Steinberg & Dornbusch 1991, S. 1053).

Zusätzlich zu den Variablen, die bereits bei Steinberg, Mounts, Lamborn und Dornbusch (1991) Verwendung fanden (selbstberichtete Schulleistung, Selbstvertrauen, psychische Belastung, Delinquenz), wird eine motivationale Skala zur allgemeinen Anstrengungsbereitschaft (*work orientation*), eine Skala zum schulbezogenen

Selbstkonzept der eigenen Leistungsfähigkeit – akademisches Selbstkonzept (*academic competence*) – sowie eine Skala zur positiven Schuleinstellung (*school orientation*) verwendet, die vor allem emotionale Aspekte erfasst. Neben weiteren Ausdifferenzierungen der Variablen zu den psychischen Belastungen und zur Delinquenz wird noch eine Skala zum abweichenden Verhalten in der Schule (*school misconduct*) gebraucht, die zum Beispiel ein Item zum unerlaubten Abschreiben von Hausaufgaben enthält. Schließlich wird noch über eine Variable zum extrafamilialen Kapital der Schülerinnen und Schüler berichtet, in der die Anzahl von Freunden und die Beliebtheit im Freundeskreis abgefragt wird, die als Sozialkompetenz (*social competence*) bezeichnet wird.

Das erste auffällige Ergebnis der Analyse der Daten ist, dass sich die Gruppen in fast allen Dimensionen nicht in extremer Weise unterschieden. Mit Ausnahme einer Variablen liegen die maximalen Gruppendifferenzen bei dem Wert einer halben Standardabweichung oder bei einer Effektstärke von $r = .14$ (t = 8.4). Der größte Unterschied war bei der *positiven Schuleinstellung* zwischen der autoritativen Gruppe und der vernachlässigten Gruppe festzustellen, der etwa zwei Drittel einer Standardabweichung ausmachte. Dies entspricht einer Effektstärke von $r = .18$ (t = 10.4). Die maximalen Effektstärken sind damit sogar kleiner als die maximalen Effektstärken im Vergleich der autoritativen Gruppe mit der nicht-autoritativen Gruppe bei Steinberg, Mounts, Lamborn und Dornbusch (1991).

Zentrales Ergebnis ist, dass die autoritativ erzogene Gruppe sich im positiven Sinne in allen Untersuchungsdimensionen signifikant von der vernachlässigend erzogenen Gruppe unterscheidet, aber auch die autoritär erzogene Gruppe unterscheidet sich im positiven Sinne signifikant von der vernachlässigend erzogenen Gruppe in der Mehrzahl der untersuchten Dimensionen. Da die vernachlässigend Erzogenen auch im Vergleich mit den nachgiebig Erzogenen keine signifikanten Vorteile, sondern allenfalls signifikante Nachteile aufweisen, scheint die Vernachlässigung die negativste Form der Erziehung zu sein.

Die vorteilhafteste Form der Erziehung scheint die autoritative Erziehung zu sein, weil sie sich gegenüber allen anderen Erziehungsformen nur durch solche signifikante Unterschiede auszeichnet, die positiv zu bewerten sind. Die autoritär Erzogenen unterscheiden sich in vielen Bereichen von autoritativ Erzogenen im negativen Sinne und von vernachlässigend Erzogenen im positiven Sinne, aber nur in zwei Dimensionen relativ deutlich von nachgiebig Erzogenen. Autoritär Erzogene geben weniger häufig Drogenkonsum an als nachgiebig Erzogene, scheinen aber auch weniger Freunde zu haben.

Im Einzelnen sind folgende Befunde zur Unterscheidung zwischen autoritativ und autoritär Erzogenen bemerkenswert. Die autoritative Gruppe gibt unter anderem signifikant höhere Werte an beim Selbstvertrauen, bei der Anstrengungsbereitschaft, bei der positiven Einstellung zur Schule und beim akademischen Selbstkonzept, nicht aber bei den selbstberichteten Schulleistungen, die bei den autoritativ Erzogenen zwar auch etwas höher sind, aber nicht signifikant. An dieser Stelle ist aber noch einmal darauf hinzuweisen, dass die beiden Gruppen sich vor allem bei der Qualität der positiven Eltern-Kind-Beziehung unterscheiden, aber beide in ihrem Freizeitverhalten hoch kontrolliert werden und keine Unterscheidung zwischen autoritativer und autoritärer Kontrolle getroffen wird. Daher wird vor allem die positive Wirkung einer hohen emotionalen Eltern-Kind-Bindung belegt, die sich vor allem durch die günstigeren Werte im emotional-motivationalen Bereich auf Seiten der Kinder ausdrückt.

Die Studie von Steinberg, Lamborn, Dornbusch und Darling (1992) bezieht sich auf die gleiche Ausgangsstichprobe wie die beiden Studien von Steinberg, Mounts, Lamborn und Dornbusch (1991) und von Lamborn, Mounts, Steinberg und Dornbusch (1991), die bereit dargestellt wurden. Zusätzlich zu den im Schuljahr 1987/88 befragten Schülerinnen und Schüler wurden im Schuljahr 1988/89 noch einmal rund 11.000 Schülerinnen und Schüler befragt, wobei 6.357 bereits zum ersten Messzeitpunkt an der Untersuchung teilgenommen hatten und somit Analysen im Längsschnitt möglich wurden.

Für die Typisierung des elterlichen Erziehungsstils wurden – wie in der ersten Studie von Steinberg, Mounts, Lamborn und Dornbusch 1991 – alle drei erhobenen Dimensionen zum elterlichen Erziehungsverhalten berücksichtigt. Aus den Messwerten der Skalen *acceptance/involvement* (Responsivität), *strictness/supervision* (als Maß für elterliche Kontrolle des Freizeitverhaltens) und *psychological autonomy granting*[48] (rekodierte Kontrollskala, die autoritäre Kontrolle erfasst) werden in dieser Studie nicht die vier Erziehungsstile nach Baumrind gebildet, sondern vier Stufen des autoritativen Erziehungsstils konstruiert. Ausgehend von einem Mediansplit auf allen drei Dimensionen wird die oberste Stufe (1) des autoritativen Erziehungsverhaltens dann gebildet, wenn die Werte einer Person in allen Dimensionen über dem Median liegen (*authoritative*). Die entspricht der Vorgehensweise der ersten Studie. Die unterste Stufe (4) des autoritativen Erziehungsverhaltens (*nonauthoritative*) wird dann gebildet, wenn sich die Messwerte aller drei Dimensionen unterhalb des Medians befinden. Dieses Muster wurde in der ersten Studie als vernachlässigendes Erziehungsverhalten bezeichnet. Stufe 2 des autoritativen Erziehungsverhaltens (*somewhat authoritative*) wird dann gebildet, wenn die Werte einer Person in zwei von drei Dimensionen über dem Median liegen und Stufe 3 (*somewhat nonauthoritative*), wenn sie nur in einer Dimension Werte über dem Median aufweist. Dieses Verfahren ist aus theoretischer Sicht nicht zu legitimieren, weil auf den beiden mittleren Stufen jeweils drei inhaltlich heterogene Mischformen zusammengefasst werden und vier dieser insgesamt sechs Mischformen keinen Bezug zur Theorie haben. Das Ziel dieses Verfahrens liegt in der Bildung einer eindimensionalen Rangskala, wobei im strengen Sinne nur eine Nominalskala vorliegt. Die Studie verfolgt daher – wie die vorhergehende Studie auch – einen eher heuristischen Ansatz.

Die Schulleistung wird in dieser Studie allerdings nicht allein durch die selbstberichteten Zeugnisnoten, sondern durch einen Index erfasst (*school performance*), in den sowohl die selbstberichteten Leistungen, die aufgewendete Zeit für Hausaufgaben, die Bildungsaspirationen und das akademische Selbstkonzept der Jugendlichen einfließen. Des Weiteren werden noch zwei Variablen zum schulbezogenen elterlichen Verhalten vorgestellt, die in den vorhergehenden Veröffentlichungen nicht erwähnt werden. Die erste Variable (*parental involving in schooling*) fragt die elterliche Eingebundenheit oder Beteiligung an schulrelevanten Dingen ab, wie zum Bei-

---

[48] In den vorhergehenden Studien wurde die gleiche Skala *psychological autonomy* genannt.

spiel das prinzipielle Angebot von elterlicher Unterstützung bei den Hausaufgaben, den Besuch öffentlicher schulischer Veranstaltungen sowie das Interesse der Eltern für den schulischen Bildungsprozess ihrer Kinder im generellen Sinne. Die zweite Variable (*parental encouragement to succeed*) erfasst elterliche Leistungsanforderungen – wie zum Beispiel die Forderung nach hoher Anstrengungsbereitschaft und die Anforderung von Mindestnoten – und zeichnet sich daher eher durch autoritäre Züge aus, während die elterliche Eingebundenheit (*involvement*) eher in autoritativer Weise eine soziale und emotionale Unterstützung durch die Eltern ausdrückt.

Erstes Ergebnis im Längsschnitt ist, dass das rangskalierte „autoritative" Erziehungsverhalten (erhoben im Jahr 1987) mit dem Schulleistungsindex des Jahres 1988 mit $r = .27$ signifikant zusammenhängt (sieben Prozent an gemeinsamer Varianz). Um Wechselwirkungen zwischen Schulleistungen und Erziehungsverhalten so weit wie möglich auszuschließen, wird der Schulleistungsindex aus dem Jahr 1987 kontrolliert. Der Zusammenhang zwischen dem „autoritativen" Erziehungsverhalten (1987) und dem Schulleistungsindex des Jahre 1988 sinkt zwar bei Kontrolle des Schulleistungsindexes aus dem Jahr 1987 auf $r = .10$, bleibt aber signifikant, obwohl die beiden Schulleistungsindizes, die mit einem Jahr Abstand erhoben wurden, mit $r = .73$ sehr hoch korrelieren.

Ein Pfadmodell zeigt unter anderem, dass der Zusammenhang zwischen dem „autoritativen" Erziehungsverhalten (1987) und dem Schulleistungsindex (1988) vor allem durch die elterliche Eingebundenheit in schulische Angelegenheiten (*involvement / 1987*) vermittelt wird. Die elterliche Eingebundenheit kann als ein Aspekt des schulbezogenen autoritativen Erziehungsverhaltens gesehen werden, weil das hierdurch angezeigte Interesse der Eltern an den schulischen Belangen des Kindes zumindest implizit ein Interesse der Eltern an schulischen Erfolgen des Kindes beinhaltet. Daher ist die Mediatorrolle der elterlichen Eingebundenheit ein erster wichtiger Hinweis dafür, dass das schulbezogene Erziehungsverhalten der Eltern nicht nur theoretisch, sondern auch empirisch den Schulleistungsvariablen näher ist als das allgemeine Erziehungsverhalten.

Eine Untergruppenanalyse zeigt darüber hinaus, dass die elterliche Eingebundenheit in schulische Angelegenheiten (*involvement / 1987*) ein deutlich wichtigerer Prädiktor für die Schulleistungsindizes der Jahre 1987 und 1988 ist als die elterlichen Leistungsanforderungen (*encouragement to succeed / 1987*). Die elterliche Eingebundenheit erklärt in drei von vier Untergruppen relativ konsistent zwischen viereinhalb und knapp acht Prozent der Varianz der Schulleistungsindizes; in der nicht-autoritativen Gruppe der vernachlässigend Erzogenen liegt der aufgeklärte Varianzanteil bei nur etwa einem Prozent. Die elterlichen Leistungsanforderungen korrelieren in den Untergruppen nur in der Hälfte der Tests signifikant mit den Leistungsindizes, und zwar ebenfalls positiv, erklären aber maximal nur ein Prozent der Leistungsvarianz. Dies ein erster Hinweis darauf, dass (autoritatives) Fördern erfolgreicher ist als (autoritäres) Fordern.

Wild (1999) hat in ähnlicher Weise Variablen zum schulbezogenen Erziehungsverhalten der Eltern konstruiert, die in der vorliegenden Arbeit in leicht modifizierter Weise verwendet werden und die hier in dieser Arbeit in einem zweidimensionalen Modell als *autoritative Lernförderung* und *autoritäre Leistungskontrolle* bezeichnet werden, die mit jeweils zwei Indikatoren gemessen werden (vgl. Kapitel 3.2.1.3.3). Die Studie von Steinberg, Lamborn, Dornbusch und Darling (1992) ist daher ein wichtiger Vorläufer zur Entwicklung eines Instruments zum schulbezogenen elterlichen Erziehungsverhalten, das sowohl autoritative als auch autoritäre Aspekte des Erziehungsverhaltens berücksichtigt.

Steinberg, Lamborn, Darling, Mounts & Dornbusch (1994) haben dieselbe Stichprobe der oben dargestellten Längsschnittsstudie von Steinberg, Lamborn, Dornbusch und Darling (1992) untersucht. Die Typisierung erfolgt, wie bei der Studie von Lamborn, Mounts, Steinberg und Dornbusch (1991), über die Terzile der Responsivitätsskala und der Skala zur Kontrolle/Monitoring des Freizeitverhaltens, die zu den Erziehungsstilen autoritativ, autoritär, nachgiebig (permissiv) und vernachlässigend führt. Untersucht wird die Frage, ob die Schülervariablen sich im Zeitverlauf (1987–1988) in Abhängigkeit vom jeweiligen Erziehungsstil verändern. Diese Prüfung der Veränderung ist in der familialen Sozialisationsforschung einer der härtesten Prüfsteine zur Testung kausaler Hypothesen, weil experimentelle Untersuchungen zu familialen Sozialisationsbedingungen aus ethischen Gründen nicht möglich sind. Die verwendeten Variablen sind in der Darstellung der Studie von Lamborn, Mounts, Steinberg und Dornbusch (1991) bereits beschrieben (s.o.).

Veränderungen in Abhängigkeit vom Erziehungsstil können unter anderem für die Variablen zum Selbstvertrauen, zur Anstrengungsbereitschaft (*work orientation*), zur positiven Einstellung zur Schule und zum akademischen Selbstkonzept nachgewiesen werden, nicht jedoch für die selbstberichteten Schulleistungen, die im Zeitverlauf allerdings sehr stabil geblieben sind. Im Einzelnen gilt Folgendes. Die Selbstvertrauenswerte der autoritativ Erzogenen stiegen etwas an, während sie bei den vernachlässigend Erzogenen leicht abnahmen und bei den anderen beiden Gruppen stabil blieben. Die Anstrengungsbereitschaftswerte blieben bei den autoritativ und bei den nachgiebig Erzogenen relativ stabil, sanken aber bei den autoritär und den vernachlässigend Erzogenen. Die Werte der positiven Einstellung zur Schule sind innerhalb eines Jahres bei allen Gruppen zurückgegangen, insbesondere aber bei der vernachlässigten Gruppe. Die Werte des akademischen Selbstkonzepts stiegen in allen Gruppen an, insbesondere aber bei den autoritativ und den nachgiebig Erzogenen.

Im Vergleich der autoritativen mit der autoritären Erziehung, die in der vorliegenden Arbeit von besonderem Interesse sind, sprechen die Ergebnisse der Veränderungen für die Hypothese, dass das Selbstvertrauen und das akademische Selbstkonzept von Jugendlichen aus autoritativen Familien zunehmen und die Anstrengungsbereitschaft von Jugendlichen aus autoritären Familien abnimmt.

Gray und Steinberg (1999) haben den Ursprungsdatensatz der oben dargestellten Studien der Forschungsgruppe von Steinberg aus dem Jahre 1987 noch einmal im Querschnitt analysiert (n = 8.700) – und zwar auf dimensionaler Ebene.

Als unabhängige Variablen wurden die drei Dimensionen des elterlichen Erziehungsverhaltens *acceptance/involvement* als Maß für die emotionalen Eltern-Kind-Beziehungen (Responsivität), *strictness/supervision* als Maß für elterliche Kontrolle/Monitoring des Freizeitverhaltens und *psychological autonomy granting* (rekodierte autoritäre Kontrolle) als weitere Variable elterlicher Kontrolle (oder Herrschaft) verwendet. Die Autonomieskala wird im Folgenden in ihrem ursprünglichen Sinne als Maß der autoritären Kontrolle interpretiert. Vier Sekundärfaktoren, die mit Hilfe einer schiefwinkligen Faktorenanalyse gebildet wurden, stellen abhängige Variablen dar. Der erste Faktor repräsentiert Verhaltensprobleme (z.B. Drogen- und Alkoholkonsum, antisoziales Verhalten) und der zweite Faktor die (günstige) psychosoziale Entwicklung (z.B. Selbstvertrauen, Anstrengungsbereitschaft und Selbstwertgefühl). Der dritte Faktor ist ein Stressfaktor (psychische und physische Symptome) und der vierte Faktor repräsentiert die akademische Kompetenz (selbstberichtete Zensuren und das akademische Selbstkonzept).

Ein zentrales Ergebnis eines multiplen Regressionsmodells ist, dass die Kontrolle des Freizeitverhaltens vor allem negativ mit Verhaltensproblemen – bei mittlerer bis hoher Effektstärke ($d = -.63$) – und schwach positiv mit der akademischen Kompetenz ($d = .14$) zusammenhängt. Responsivität hängt schwach negativ mit dem Verhaltensproblemfaktor ($d = -.14$) zusammen, positiv dagegen mit dem Faktor der (günstigen) psychosozialen Entwicklung ($d = .35$) und mit der akademischen Kompetenz ($d = .30$). Die autoritäre Kontrolldimension zeigt negative lineare Effekte auf die Faktoren der (günstigen) psychosozialen Entwicklung ($d = -.37$) und auf die akademischen Kompetenz ($d = -.30$) sowie positive lineare Effekte auf den Stressfaktor ($d = .32$). Alle Effekte zwischen $d = .30$ und $d = .37$ werden von den Autoren als schwach bis mittel bezeichnet.

Die Ergebnisse belegen die Annahme, dass vor allem die emotionale Komponente des elterlichen Erziehungsverhaltens und die Komponente der autoritären Kontrolle umfassende – und zwar gegensätzliche – Wirkungen auf die Persönlichkeit und die Schulleistungen der Kinder haben. Daher zielt der von Wild (1999) entwickelte und in dieser Arbeit modifizierte Fragebogen darauf ab, die Dimension der emotionalen und sozialen Unterstützung von der Dimension der autoritären Kontrolle besonders deutlich zu trennen (vgl. Kapitel 3.2.1). Die Dimension der elterlichen Kontrolle des Freizeitverhaltens Jugendlicher ist in dieser Form kein geeignetes Instrument zur dimensionalen Unterscheidung zwischen autoritärer und autoritativer Kontrolle, weil nur die Quantität oder Intensität der elterlichen Kontrolle abgefragt wird, nicht aber deren Legitimation.

Zusammenfassend kann festgestellt werden, dass die Forschungsgruppe um Steinberg, die in der amerikanischen Erziehungsstilforschung als prominent bezüglich der Untersuchung des Einflusses des autoritativen Erziehungsverhaltens auf Schulleistungen gilt (vgl. Wild & Hofer 2002, S. 228), folgende Ergebnisse erzielt hat.

Die Hypothese eines positiven Effekts der autoritativen Erziehung auf die Persönlichkeit und die Schulleistungen und auch die Hypothese eines negativen Effekts der autoritären Erziehung auf die Persönlichkeit des Kindes konnten belegt werden. Bezogen auf die Schulleistung des Kindes scheint die autoritäre Erziehung zwar der autoritativen Erziehung unterlegen, aber allen anderen Erziehungsformen überlegen zu sein. Dabei ist allerdings darauf hinzuweisen, dass alle Effekte schwach bis mittel sind. Die aufgeklärte Varianz liegt in der Regel bei unter zehn Prozent.

Auf methodologischer Seite ist allerdings einzuwenden, dass sich die Studien, in denen der typologische Ansatz verwendet wird, eher durch einen heuristischen Charakter auszeichnen. Auch das Problem der Operationalisierung der theoretisch einfachen Unterscheidung zwischen autoritärer und autoritativer Kontrolle ist noch ungelöst. Positiv hervorzuheben ist auch der Ansatz in der Arbeit von Steinberg, Lamborn, Dornbusch und Darling (1992), in der *auch* das schulbezogene Verhalten der Eltern mit Hilfe eigenständiger Skalen erfasst wird.

2.2.6.2 Ansätze und Ergebnisse der Erziehungsstilforschung in Deutschland

Im deutschsprachigen Raum lassen sich die Anfänge einer dezidierten Erziehungsstilforschung auf die Mitte der 1960er Jahre datieren, die vor allem von psychologischer Seite ausgeführt wurde. Bis zu Beginn der 1980er Jahre wurde eine Vielzahl empirischer Studien durchgeführt, in denen eine große Bandbreite möglicher Auswirkungen von unterschiedlichen Erziehungsstilen auf Persönlichkeitsmerkmale sowie auf Verhaltensweisen von Erzogenen untersucht wurden.[49] In den 1980er Jahren ging das Interesse an Fragen der Erziehungsstilforschung generell zurück (vgl. Krohne 1988, S. 157), nahm in den 1990er Jahren aber wieder zu.

Grundsätzlich lassen sich – wie in der amerikanischen Erziehungsstilforschung auch – zwei Forschungstraditionen unterscheiden. Einerseits sind Beobachtungsstudien zu nennen, in denen die Eltern-Kind-Interaktionen untersucht werden und die daher einen Schwerpunkt auf die Beschreibung und Erklärung von Wechselwirkungen legen. Dabei werden meist jüngere Kinder in der Interaktion mit einer Elternperson (vor allem mit der Mutter) beobachtet und die Fragestellung bezieht sich häufig auf die Entstehungsbedingungen von kindlichen Persönlichkeitsmerkmalen. Die zweite große Traditionslinie besteht in der Analyse von Befragungsdaten zum erlebten elterlichen Erziehungsverhalten, die auf statistischem Wege mit einer Reihe von Variablen zu den angenommenen Auswirkungen elterlicher Erziehung in Beziehung gesetzt werden. Die Befragung von Kindern und Jugendlichen hat den Vorteil, dass die Stichprobengrößen meistens ausreichend hoch sind und Selbstselektionseffekte nur eine untergeordnete Rolle spielen. Die vorliegende Arbeit steht in dieser Traditionslinie und daher beschränkt sich die Darstellung des Forschungsstands weitgehend auf den Zugang mit Befragungsdaten.

Im Bereich der Lehr-Lernforschung wurde seit Beginn der 1990er Jahre wiederholt gefordert, die Rolle der Eltern für schulbezogene Lernprozesse von Kindern in den Fokus der Forschung zu nehmen (vgl. Krumm 1990; Krumm 1996). Die klassische Lehr-Lernforschung (vgl. Niegemann 1998) hat allerdings immer noch in ihren zentralen theoretischen Ansätzen den Fokus auf der Qualität des Unterrichts (Lehren) und auf kognitive Merkmale von Schülerinnen und Schülern zur Rezeption der angebotenen Inhalte (Lernen).

Mit der Forderung nach zunehmender Berücksichtigung von emotionalen und motivationalen Faktoren des Lernens, die über die Erforschung der Auswirkungen von Prüfungsängstlichkeit hinausgehen (vgl. Pekrun 1998), hat auch die Erziehungsstilforschung an Bedeutung für die Erklärung von Unterschieden bei emotionalen und motivationalen Bedingungen des Lernens gewonnen. Und emotionale und motivatio-

---

49 Übersichten finden sich vor allem bei Lukesch (1975), Lukesch, Perrez und Schneewind (1980) sowie bei Schneewind und Herrmann (1980).

nale Faktoren des Lernens spielen – neben der unumstrittenen Bedeutung kognitiver Faktoren – eine nicht zu vernachlässigende Rolle zur Erklärung von Schulleistungsunterschieden (vgl. Pekrun & Schiefele 1996, S. 153). Wichtige emotions- und motivationsrelevante Faktoren elterlichen Verhaltens sind hohe elterliche Leistungsanforderungen durch hohe Leistungserwartungen (Leistungsdruck) sowie die emotionale und soziale Unterstützung der Kinder in Bezug auf schulbezogene Lernprozesse, wie zum Beispiel Lob nach Erfolg, Unterstützung und Trost nach Misserfolg (vgl. Pekrun 1998, S. 242 f.). Elterliche Anforderungen und die Responsivität der Eltern sind – wie im Modell von Baumrind – also auch aus Sicht der Emotionspsychologie zentrale Dimensionen des schulbezogenen elterlichen Verhaltens.

Bevor die jüngeren empirischen Befunde zum Einfluss des elterlichen Erziehungsverhaltens auf Emotionen und Schulleistungen aus dem deutschsprachigen Raum dargestellt werden, werden zunächst einige theoretische Ansätze vorgestellt.

Auch die Erziehungsstilforschung im deutschsprachigen Raum verwendet die Typologie von Baumrind zur Klassifikation der Erziehungsstile, die zunächst mehr oder weniger induktiv entwickelt wurde. Im deutschsprachigen Raum wurde und wird allerdings immer wieder kritisiert, dass die Erziehungsstilforschung sich in weiten Teilen durch ein mehr oder weniger großes Defizit an theoriegeleiteter Forschung auszeichnet (vgl. Herrmann, Stapf & Deutsch 1975, S. 176; Lukesch 1980, S. 68; Krohne 1988, S. 158; Schneewind & Pekrun 1994, S. 25; Krohne & Hock 1998, S. 109; Wild 1999, S. 63).

Trotz der wiederholten methodologischen Kritik scheint sich in der Erziehungsstilforschung das Konzept von Baumrind zu bewähren, zwei *strukturelle* Grunddimensionen des elterlichen Erziehungsverhaltens zu unterscheiden, die sich einerseits auf den elterlichen Herrschaftsaspekt der normativen Sozialisation (*demandingness*) und andererseits auf Aspekte der emotionalen Bindungen (*responsiveness*) beziehen. Auch die Unterscheidung zwischen einem autoritativen und einem autoritären Erziehungsstil hat sich nicht nur empirisch als tragfähig erwiesen, sondern kann auch theoretisch durch unterschiedliche Formen der Verhaltenskontrolle begründet werden, die auf verschiedenen Formen der Legitimierung elterlicher Herrschaft oder Erziehung beruhen. Ein typisches Kennzeichen der autoritären Verhaltenskontrolle ist die rigide Durchsetzung von Normen und die damit verbundene Tendenz zur negativen Sanktionierung unerwünschten Verhaltens, während ein typisches Kennzeichen der autoritativer Erziehung die Aufrechterhaltung einer freiwilligen Folgebereitschaft ist und daher die positive Sanktionierung des erwünschten Verhaltens im Vordergrund steht. Diese unterschiedlichen Sanktionsweisen wurden in der Erziehungsstilforschung bereits zu Beginn der 1970er Jahre im Zweikomponenten-Konzept der elterlichen Bekräftigung lerntheoretisch begründet.

Das Marburger Zweikomponenten-Konzept der elterlichen Bekräftigung von Stapf und Mitarbeitern (Stapf, Herrmann, Stapf & Stäcker 1972) stellt einen ersten Versuch dar, Erziehungsstilkonzepte lerntheoretisch zu begründen. Unterschieden werden zwei Qualitäten elterlichen Erziehungsverhaltens. Positive Bekräftigungen gewünschter Verhaltensweisen durch die Eltern, die vom Kind als elterliche Unterstützung erlebt werden sowie negative Bekräftigungen unerwünschter Verhaltensweisen durch die Eltern, die als elterliche Strenge erlebt werden. Auf der Ebene des subjektiven Erlebens des elterlichen Erziehungsverhaltens durch das Kind werden also zwei Dimensionen – *elterliche Unterstützung* und *elterliche Strenge* – postuliert, von denen angenommen wird, dass sie unabhängig voneinander variieren (vgl. A. Stapf 1975, S. 30).

Elterliche Strenge führt nach dem *Marburger Modell* unter anderem zu Angst, Furcht vor Misserfolg, negativen Zukunftserwartungen und geringem Selbstvertrauen (auch in die eigene Leistung), weil durch elterliche Strenge die Neigung zur Vermeidung negativ sanktionierter Situationen gefördert wird und daher zu einer allgemeinen Verhaltenshemmung führt. Im Gegensatz dazu führt elterliche Unterstützung zur Erhöhung der Aktivitäten, zu positiven Zukunftserwartungen und zur Hoffnung auf Erfolg in Bezug auf die eigenen Leistungen, weil durch elterliche Unterstützung und positive Bekräftigung die Neigung zum Aufsuchen positiv sanktionierter Situationen gefördert wird (vgl. A. Stapf 1975, S. 31). Wird elterliche Strenge als Kernelement des autoritären Erziehungsverhaltens und elterliche Zuwendung als Kernelement des autoritativen Erziehungsverhaltens betrachtet, dann passen die Befunde der Forschungsgruppe um Steinberg (vgl. Kapitel 2.2.6.1) gut zu den Vorhersagen des Zweikomponenten-Modells.

Krohne hat das *Marburger Zweikomponenten-Modell* unter anderem mit Annahmen des *Kontrollmuster-Modells von Heilbrun* (vgl. Kapitel 2.2.6.1, Tabelle 3) zu einem eigenständigen Modell weiterentwickelt, das als *Zweiprozess-Modell elterlicher Erziehungswirkung* bezeichnet wird und eine Teilbereichstheorie zur Erklärung der Entwicklung kindlicher Ängstlichkeit und bestimmter Angstbewältigungsdispositionen darstellt (vgl. Krohne & Hock 1994, S. 48 f.). Wie das Kontrollmuster-Modell von Heilbrun (1973), das insbesondere zur Vorhersage der Entwicklung von Schizophrenie entwickelt wurde, lässt sich auch das Zweiprozess-Modell von Krohne nicht unmittelbar in das Modell von Baumrind zu integrieren, da es auch Formen der elterlichen (v.a. mütterlichen) Erziehung im Vorschulalter beschreibt, die in dieser Arbeit als illegitime Formen elterlicher Herrschaft oder Erziehung bezeichnet werden.

Autoritäre Formen der emotionalen Bindung (Überbehütung) oder hoch inkonsistente negative Sanktionen, die bei einer autokratisch-diktatorischen Erziehung auftreten können, sind Beispiele für illegitime, willkürliche Machtanwendungen der Eltern im Erziehungsprozess. In dieser Arbeit wird daher vorgeschlagen, elterliche Erziehungsstile, die auf legitimer Herrschaft im Sinne Webers beruhen – zumindest zum gegenwärtigen Stand der Theoriebildung – von denjenigen Erziehungsstilen zu unterscheiden, die auf illegitimer Herrschaft, auf personaler Machtausübung beruhen. Dies scheint vor allem für die verschiedenen Formen der autoritären Erziehung nützlich zu sein.

Hurrelmann hat zum Beispiel ein zweidimensionales Modell zur Typisierung der elterlichen Erziehungsstile vorgestellt (vgl. Tabelle 4), das Elemente des Modells von Baumrind mit Elementen des Kontrollmuster-Modells von Heilbrun zu kombinieren scheint (vgl. Hurrelmann 2002, S. 161).

Die emotionale Dimension, die im Modell von Baumrind als Responsivität und im Modell von Heilbrun als Zuwendung (*nurturance*) bezeichnet wird, bezeichnet Hurrelmann als *Berücksichtigung kindlicher Bedürfnisse* und den Herrschaftsaspekt als

Einsatz elterlicher Autorität, der bei Baumrind als *demandingness* im Sinne des Maßes elterlicher Anforderungen bezeichnet wird und bei Heilbrun ausschließlich als Maß für autoritäre Kontrolle gilt. Aufgrund dieser Fassung der Dimensionen kommt Hurrelmann zu dem Ergebnis, dass hohe Ausprägungen auf beiden Dimensionen – wie im Modell von Heilbrun – zu einem überbehütenden Stil führen, während Baumrind mit hohen Ausprägungen auf beiden Dimensionen den autoritativen Erziehungsstil kennzeichnet.

Tabelle 4: Typisierung der Erziehungsstile nach Hurrelmann

Berücksichtigung kindlicher Bedürfnisse	*Einsatz elterlicher Autorität*	
	hoch	niedrig
hoch	überbehütender Stil	permissiver Stil
niedrig	autoritärer Stil	vernachlässigender Stil

Ein Problem scheint in dem Modell von Hurrelmann zu bestehen, dass autoritative und autoritäre Formen elterlicher Verhaltenskontrolle nicht unterschieden werden und daher führt das Modell zu dem gleichen Ergebnis wie das Modell von Heilbrun, der sich allerdings explizit auf die Form der autoritären Kontrolle beschränkt. Auch die Fassung der emotionalen Dimension der Zuwendung oder *Responsivität* (Baumrind) als *Berücksichtigung kindlicher Bedürfnisse* ist problematisch, da angenommen werden kann, dass die Bedürfnisse eines Kindes nicht eindimensional sind, sondern mindestens zweidimensional als Bedürfnisse nach Autonomie und Bindung beschrieben werden können. Das Modell von Hurrelmann scheint sich allerdings auf das Bedürfnis nach emotionaler Bindung zu beschränken und fasst elterliche Herrschaft vor allem im Sinne autoritärer oder heteronomer Kontrolle auf. Daher bewertet Hurrelmann alle vier Erziehungsstile an den Polen der Dimensionen als *negativ* (!) und führt einen *autoritativ-partizipativen Erziehungsstil als fünften Erziehungsstil* ein, der sich als Mittelweg auf beiden Dimensionen auszeichnet und „Elemente aller vier extremen Erziehungsstile" (Hurrelmann 2002, S. 162) enthält.

Das Modell von Hurrelmann ist daher *nicht* vereinbar mit dem Modell von Baumrind, welches auch in der Erziehungsstilforschung im deutschsprachigen Raum als weithin anerkanntes Modell gilt (vgl. Hofer 2002a, S. 17; Rheinberg, Bromme, Minsel, Winteler & Weidenmann 2001, S. 290). Das Problem scheint darin zu bestehen, dass das Modell von Baumrind für alle Formen legitimer Herrschaft oder Erziehung anwendbar ist, aber nicht für alle Erscheinungsformen abweichenden Erziehungsverhaltens, wie zum Beispiel extreme Formen der Überbehütung, die eine illegitime Form elterlicher Machtausübung darstellen. Auch die Darstellung von Hurrelmann, dass körperliche Züchtigung zum „typischen Verhalten" autoritärer Eltern gehört (Hurrelmann 2002, S. 160), verweist darauf, dass im Modell von Hurrelmann auch illegitime Formen der Erziehungspraxis mitberücksichtigt werden. Körperliche Züchtigung ist sicherlich ein typisches Merkmal für den autokratisch-diktatorischen Stil (wie er auch in der Theorie des autoritären Charakters mit seinen sadomasochistischen Zügen beschrieben wird; Fromm 1936), aber nicht notwendigerweise typisch für legitime Formen autoritärer Erziehung, die sich beispielsweise auf Traditionen berufen. Auch bei Eltern mit autoritären schulischen Leistungsvorgaben ist keineswegs zu erwarten, dass sie nicht erreichte Zielvorgaben typischerweise mit körperlicher Züchtigung bestrafen.

Bis auf das Marburger Zweikomponenten-Modell hat die Erziehungsstilforschung im deutschsprachigen Raum bislang keine weitere Theorie entwickelt, welche die Wirkungsweise der Erziehungsstile nach dem Modell von Baumrind differenziert beschreibt. Wild hat daher vorgeschlagen, die Selbstbestimmungstheorie der Motivation von Deci und Ryan (Deci & Ryan 1985; Deci & Ryan 1993; Ryan & Deci 2000) zur Erklärung der Wirkungen unterschiedlichen Erziehungsverhaltens heranzuziehen (Wild 1999). Da Deci und Ryan davon ausgehen, dass die Erfüllung der drei psychischen Grundbedürfnisse von Menschen – die Bedürfnisse nach Autonomie, sozialer Eingebundenheit und nach Kompetenzerleben – positive Effekte auf die Lernmotivation hat, kann angenommen werden, dass autoritative Erziehung günstig für die Lernmotivation ist, weil sie alle Bedürfnisse berücksichtigt. Autoritäre Erziehung ist dagegen eher als ungünstig zu beurteilen, vor allem weil das Bedürfnis nach Autonomie eher beschränkt als gefordert wird und somit selbstbestimmte Formen der Lernmotivation und die Freude am Lernen nicht optimal sein können.

Auch wenn die autoritative Erziehung auf der Ebene der Lernmotivation der autoritären Erziehung überlegen zu sein scheint, bedeutet dies nicht unbedingt, dass die Vorteile in der Lernmotivation auch mit besseren Schulleistungen verbunden sind. Ein Grund dafür könnte im Schulsystem liegen, das in Deutschland – wie in vielen anderen Ländern auch – nach der Typologie von Baumrind als autoritär zu bezeichnen ist, weil es relativ hohe Anforderungen durch die Vorgabe rigider Leistungsgrenzen stellt, aber vergleichsweise wenig responsiv ist und individuelle Bildungsdefizite zwar ständig bewertet, aber diese Defizite (noch) zu wenig durch Fördermaßnahmen zu kompensieren versucht. Daher könnten autoritäre Leistungsanforderungen der Eltern auch deshalb mit höheren Schulleistungen verbunden sein, weil die Eltern bei Unterschreiten der Leistungsanforderungen auch professionelle Fördermaßnahmen außerhalb der Schule einleiten. Auch darf nicht vergessen werden, dass Angst vor Strafe ein mächtiges Leistungsmotiv sein kann, vor allem in einem autoritären Bildungssystem.

Die theoretische Erörterung ist an dieser Stelle abgeschlossen und es werden im Folgenden empirische Befunde zum Einfluss des elterlichen Erziehungsverhaltens auf Emotionen und Schulleistungen in Deutschland dargestellt. Weitere Kriterien für die Auswahl der dargestellten Studien sind, dass autoritatives oder autoritäres Verhalten zumindest im Ansatz untersucht wird und dass die Stichprobe Kinder und Jugendliche umfasst, die dem Grundschulalter entwachsen sind.

Helmke und Väth-Szusdziara (1980) haben im Rahmen einer umfangreichen Studie aus dem Jahr 1977 den Einfluss des elterlichen Erziehungsverhaltens auf schulbezogene Leistungsangst und generelle Selbstakzeptierung (Selbstwertgefühl) von Schülerinnen und Schülern der sechsten Klassenstufe (n = 1.437) und der neunten Klassenstufe (n = 1.135) aus allen Schulformen in Nordrhein-Westfalen und Hessen untersucht. Den Schülerinnen und Schülern wurde eine ganze Batterie von Instrumenten und Einzelitems zum allgemeinen und schulbezogenen Erziehungsverhalten vorgelegt, die sich nach dem Ergebnis einer Faktorenanalyse einer autoritären und einer „egalitären" (autoritativen) Dimension zuordnen ließen.

Generell zeigen die korrelativen Ergebnisse der einzelnen Variablen (Helmke & Väth-Szusdziara 1980, S. 210), dass die Variablen zur autoritären Erziehung signifikant positiv mit der schulbezogenen Leistungsangst und signifikant negativ mit dem allgemeinen Selbstwertgefühl zusammenhängen – und zwar in einem vergleichbaren Ausmaß. Die aufgeklärte Varianz liegt zwischen drei und neun Prozent. Die höchsten Zusammenhänge mit der schulbezogenen Leistungsangst zeigen Variablen, die Items zu negativen Sanktionspraktiken (allgemein sowie bei schlechten Schulleistungen), zum erlebten schulbezogenen Leistungsdruck („Auch wenn ich mich sehr anstrenge – ganz zufrieden sind meine Eltern mit mir selten") und zur elterlichen Forderung nach Unterordnung abfragen (r = .21 bis r = .27).

Die Variablen zur autoritativen Erziehung hängen positiv mit dem Selbstwertgefühl zusammen und negativ mit der schulbezogenen Leistungsangst, wobei die linearen Zusammenhänge mit dem Selbstwertgefühl deutlich höher sind (zwischen drei und zwölf Prozent an aufgeklärter Varianz) als die Zusammenhänge mit der Angst (maximal drei Prozent gemeinsame Varianz). Der positive Effekt des autoritären Verhaltens auf die schulbezogene Leistungsangst ist also deutlich ausgeprägter als der negative Effekt des autoritativen Erziehungsverhaltens. Der höchste Zusammenhang der Studie (r = .34/.35 – 6./9. Klasse) besteht zwischen der Skala zum Selbstwertgefühl („Ich finde mich okay" – „Manchmal komme ich mir nutzlos vor") und der Skala zum emotionalen und sozialen Kapital der Familie (Responsivität), die in der Studie *Vertrauen* genannt wird („Ich habe das Gefühl, dass ich mit ihnen über alles reden kann"). Nennenswerte Unterschiede zwischen den allgemeinen und den schulbezogenen Variablen zum elterlichen Erziehungsverhalten sind – im Hinblick auf die Vorhersage der emotionalen Variablen – nicht feststellbar. Systematische Unterschiede zwischen der sechsten und der neunten Klassenstufe bestehen nicht.

Eine weitere Analyse belegt, dass sich „besonders negative Auswirkungen auf Leistungsangst und Selbstakzeptierung ... bei solchen Kindern (zeigen), deren Eltern relativ hohe Leistungserwartungen (Anm.: „Meine Eltern glauben, dass ich in der Schule immer noch ein bisschen mehr leisten könnte") mit negativen Sanktionsformen in Bezug auf Leistungsversagen verbinden" (Helmke & Väth-Szusdziara 1980, S. 215). Diese Kombination aus subjektiv erlebtem Leistungsdruck und negativen Sanktionen bei schlechten Schulleistungen wird im empirischen Teil der vorliegenden Arbeit als „autoritäre Leistungskontrolle" bezeichnet und genau durch diese beiden Indikatoren erfasst (vgl. Kapitel 3.2.1.3.3), die wohl den Kern des schulbezogenen autoritären Erziehungsverhaltens darstellen.

Kohlmann und Krohne (1988) haben bei Schülerinnen und Schüler der sechsten und siebten Klassenstufe (n = 180) aus mittelstädtischen Ober- und Gesamtschulen den Zusammenhang zwischen elterlichem Erziehungsverhalten, Prüfungsängstlichkeit und Schulnoten untersucht. Das elterliche Erziehungsverhalten wurde mit Hilfe des *Erziehungsstil-Inventars* (Krohne, Kiehl, Neuser & Pulsack 1984) und die Prüfungsängstlichkeit mit Hilfe des *Test Anxiety Inventory* (TAI) in deutscher Fassung

(Hodapp, Laux & Spielberger 1982) erhoben. Die Noten sind ein Mittelwert aus selbstberichteten Zeugnisnoten der Fächer Mathematik, Deutsch, Englisch und Biologie. Die beiden wichtigsten Befunde sind, dass inkonsistente Sanktionen mit erhöhten Prüfungsängstlichkeitswerten einhergehen und dass elterliche Unterstützung nur bei Mädchen mit höheren Schulleistungen verbunden ist (Kohlmann & Krohne 1988, S. 277).

Wild und Wild (1997) haben, anhand von Daten aus dem DFG-Schwerpunktprojekt *Kindheit und Jugend in Deutschland vor und nach der Vereinigung*, den Einfluss des familialen Erziehungsverhaltens auf die schulische Lernmotivation von Schülerinnen und Schülern (n = 503/318) aus Mannheim und Leipzig untersucht, die sich zum ersten Erhebungszeitraum (1992/93) in der neunten Klassenstufe aller Schulformen befanden.

Nach einer faktoriellen Überprüfung des Messinstruments zum Erziehungsverhalten[50] werden zwei Faktoren identifiziert: *Autoritatives Erziehungsverhalten* vs. *Autoritäres Erziehungsverhalten*. Die Skala *Autoritatives Erziehungsverhalten* umfasst die elterliche Unterstützung zu selbstständigem Denken und Handeln des Kindes, die Informiertheit der Eltern über Interessen und Aktivitäten des Kindes sowie die Einbeziehung des Kindes in familiale Entscheidungsprozesse. Die Skala *Autoritäres Erziehungsverhalten* ist gekennzeichnet durch erwartete Gehorsamkeit und Unterordnung sowie durch negative Sanktionen ohne sachliche Begründung. Als weiterer Aspekt der familialen Situation wird die Skala *Harmonisches Familienklima* erhoben, die ein starkes Zusammengehörigkeitsgefühl sowie intensive Zuwendung und Unterstützung innerhalb der Familie beschreibt. Als weitere Dimension des Elternverhaltens wird eine an Zinnecker (1992) angelehnte Skala erhoben, die als *Elterliches Schulinvolvement* bezeichnet wird und die sich auf die Häufigkeit der elterlichen Nachfrage bezüglich schulischer Leistungen und leistungsbezogenen Anstrengungen bezieht. Die *Lernmotivation* wird durch die Anstrengungsbereitschaft des Kindes erfasst. Alle Dimensionen werden aus der Perspektive des Kindes erfasst (Wild & Wild 1997, S. 63 f.).

Auf bivariater Ebene zeigt sich, dass das *Autoritative Erziehungsverhalten* sehr hoch mit dem *Harmonischen Familienklima* korreliert (r = .72) und somit eine unabhängige Erfassung beider Merkmale nicht möglich ist. Dies wird damit erklärt, dass in der subjektiven Wahrnehmung der Heranwachsenden ein unterstützendes Elternverhalten und ein generell gutes Familienklima praktisch nicht zu trennen sind (Wild & Wild 1997, S. 65 f.). Dieser Befund von Wild und Wild wird durch Ergebnisse aus der Forschung zum *Social Support* gestützt (Sarason, Pierce & Sarason 1990), die Hinweise dafür liefern, dass die subjektive Wahrnehmung sozialer Unterstützung weniger von einzelnen Situationen abhängt, sondern vor allem auf der generellen Überzeugung beruht, als Person akzeptiert zu werden (vgl. Schwarzer & Leppin 1994, S. 181).

---

50 Übersetzte und gekürzte Erziehungsstilskalen der Forschungsgruppe von Steinberg (Steinberg, Elmen & Mounts 1989, S. 1426; Steinberg, Mounts, Lamborn & Dornbusch 1991, S. 24 f.; Lamborn, Mounts, Steinberg & Dornbusch 1991, S. 1063 f.).

Sowohl die bivariaten Korrelationen (r) als auch die multivariaten Pfadkoeffizienten (p) in einem linearen Strukturgleichungsmodell zeigen im Querschnitt, dass die *Lernmotivation* vor allem vom *Autoritativen Erziehungsverhalten* (r = .38 / p = .42) und vom *Harmonischen Familienklima*[51] (r = .28) abhängt. Dagegen ist der Einfluss des *Schulinvolvements* (r = .19 / p = .16) und des *Autoritären Erziehungsverhalten* (r = -.15 / p = -.11) auf die *Lernmotivation* geringer (Wild & Wild 1997, S. 66 ff.).

Der Befund von Wild und Wild (1997, S. 66 ff.), dass die Lernmotivation in höherem Maße von der autoritativen Dimension des elterlichen Verhaltens abhängt als von der autoritären Dimension, kann durch eine eigene Studie (Fuß 2003) bestätigt werden. In dieser – ebenfalls querschnittlichen – Studie zeigt sich in zwei LISREL-Modellen für die Schulfächer Physik (n = 360) und Deutsch (n = 324), dass das schulbezogene autoritative Verhalten der Eltern in einem signifikanten Zusammenhang mit der Lernmotivation[52] von Schülerinnen und Schülern der achten Klassenstufe aus Gymnasien und Realschulen steht (p = .26 / p = .21). Der entsprechende Zusammenhang mit dem schulbezogenen autoritären Verhalten der Eltern ist dagegen nicht signifikant (Fuß 2003, S. 94 ff.).

Da in der Studie von Wild und Wild die Lernmotivation (Anstrengungsbereitschaft) der Schülerinnen und Schüler ein Jahr später noch einmal erhoben wurde, kann der Einfluss des elterlichen Erziehungsverhaltens auf die Lernmotivation im Längsschnitt untersucht werden. Die korrelativen Befunde (Wild & Wild 1997, S. 72) zeigen einen positiven Effekt des autoritativen Erziehungsverhaltens (r = .29) und einen negativen Effekt der autoritären Erziehungsverhaltens (r = -.26) auf die ein Jahr später erhobene Lernmotivation. Bei Kontrolle der Lernmotivation zum ersten Erhebungszeitpunkt ist der Zusammenhang zwischen autoritativer Erziehung und Lernmotivation zum zweiten Messzeitpunkt nicht mehr signifikant, der Effekt der autoritären Erziehung bleibt dagegen signifikant (r = -.15) – selbst bei zusätzlicher Kontrolle von Schulleistungen (Deutsch- und Mathematiknote) zum ersten Messzeitpunkt (r = -.13). Die spricht für einen zusätzlich negativen Effekt der autoritären Erziehung auf die Lernmotivation im einjährigen Untersuchungszeitraum.

Des Weiteren zeigen die Befunde von Wild und Wild, dass weder das *Autoritative Erziehungsverhalten* noch das *Autoritäre Erziehungsverhalten* generell mit der sozialen Herkunft (Bildung und Berufsstatus von Mutter und Vater) zusammenhängt; nur der Berufsstatus der Mutter hängt schwach negativ mit dem *Autoritären Erziehungsverhalten* zusammen (r = -.13). Dieser Befund ist eine weitere Bestätigung der Annahme, dass das soziale Kapital der Familie weitgehend unabhängig ist vom ökonomischen und kulturellen Kapital der Familie.

Ettrich, Krause, Hofer & Wild (1996) haben im Rahmen des DFG-Schwerpunktprojekts *Kindheit und Jugend in Deutschland vor und nach der Vereinigung* den Einfluss des familialen Erziehungsverhaltens auf Schulleistungen von Schülerinnen

---

51 Die Skala *Harmonisches Familienklima* wird wegen dem zu hohen Zusammenhangskoeffizienten mit der Skala *Autoritatives Erziehungsverhalten* (Problem der Multikollinearität) nicht im Strukturgleichungsmodell berücksichtigt.

52 Deutsche Fassung der Skala *Motivation* (Metzger 1994) aus dem Lernstrategien-Inventar (LASSI) von Weinstein (1987), die vor allem über die schulbezogene Anstrengungsbereitschaft operationalisiert ist.

und Schülern der neunten Klassenstufe aus Mannheim und Leipzig (n = 156) untersucht (vgl. die oben dargestellte Arbeit von Wild & Wild 1997). Im Querschnitt und im Längsschnitt konnten weder für den demokratisch-autoritativen Erziehungsstil noch für das harmonische Familienklima ein signifikanter Zusammenhang mit den Schulnoten (Mittel aus Deutsch-, Englisch- und Mathematiknote) festgestellt werden. Der autoritäre Erziehungsstil hängt allerdings mit den (nicht rekodierten) Schulnoten in positiver Weise zusammen und erklärt im Querschnitt und im Längsschnitt etwa drei bis vier Prozent der Varianz der Schulnoten auf.

Zinnecker und Georg (1998) kommen im Rahmen des *Kindersurveys 1993* anhand einer bundesdeutschen Stichprobe von 10- bis 13-jährigen Kindern (n = 703) zu folgenden Ergebnissen.

In einem ersten linearen Strukturgleichungsmodell wird der Einfluss des kulturellen und sozialen Kapitals der Familie auf die positive *Schuleinstellung des Kindes* (Lernfreude – Wohlbefinden im Unterricht – Kind geht gern in die Schule) und den *Schulerfolg der Kinder*[53] untersucht (Zinnecker und Georg 1998, S. 306). Als unabhängige Einflussfaktoren werden die *kulturelle Praxis* in der Familie (gemeinsames Lesen und Musizieren), die elterliche *Schulaufmerksamkeit* (Fragen der Eltern nach Schule und Noten) und die elterliche *Empathie* (Gespür der Eltern für negative Befindlichkeiten des Kindes) berücksichtigt.

Die Pfadkoeffizienten (p) der nach Elternteilen getrennt berechneten Modelle zeigen, dass die *Empathie* der Mutter (p = .29) und des Vaters (p = .30) sowie die *Kulturelle Praxis* der Mutter (p = .19) und des Vaters (p = .25) signifikant positiv die *Schuleinstellung* der Kinder beeinflussen. Die *Empathie* der Eltern (als ein Aspekt des sozio-emotionalen Kapitals) erklärt also etwas mehr Varianz der positiven *Schuleinstellung* der Kinder als die *Kulturelle Praxis* in der Familie (als ein Aspekt des kulturellen Kapitals). Die *Schulaufmerksamkeit* der Mutter, als ein Aspekt des schulbezogenen Sozialkapitals, zeigt dagegen einen geringeren Effekt auf die positive *Schuleinstellung* der Kinder (p = .15), während die *Schulaufmerksamkeit* des Vaters keinen signifikanten Effekt hat.

Der *Schulerfolg* der Kinder wird in beiden Modellen durch die *Schuleinstellung* der Kinder positiv beeinflusst (p = .38/.39). Da in den Modellen keine direkten Effekte der Elternvariablen auf den *Schulerfolg* vorhanden sind, können die indirekten Effekte der Elternvariablen auf den *Schulerfolg* durch einfache Multiplikation der jeweiligen Pfadkoeffizienten bestimmt werden.[54] Die stärksten indirekten Effekte sind demnach der Effekt der *Empathie des Vaters* (p = .12) und der Effekt der *Empathie der Mutter* (p = .11) auf den *Schulerfolg* der Kinder. Die indirekten Effekte der

---

53 Der Schulerfolg wird auf einer sechsstufigen Skala danach bemessen, ob das Kind die Hauptschule (Schulerfolgswerte von 1 bis 3) oder eine weiterführende Schule (Schulerfolgswerte von 4 bis 6) besucht und sich innerhalb der jeweiligen Schulform in der unteren, mittleren oder oberen Leistungsgruppe befindet (vgl. Zinnecker und Georg 1998, S. 305). Dies ist eine relative grobe Schulleistungsvariable, da sie einerseits die Ebenen des Bildungsübergangs und der Schulleistung in der Sekundarstufe I miteinander vermischt und andererseits zu Messfehlern führen wird, da leistungsstarke Hauptschüler einen niedrigeren Wert erhalten als leistungsschwache Schüler auf weiterführenden Schulen.

54 Zinnecker und Georg (1998) machen keine Angaben zu den indirekten Effekten.

Kulturellen Praxis auf den *Schulerfolg* liegen mit p = .07 (Muttermodell) und p = .10 (Vatermodell) etwas niedriger als die Effekte der *Empathie*. Die *Schulaufmerksamkeit* der Mutter hat noch einen indirekten Effekt von p = .06 auf den *Schulerfolg* der Kinder.

Die Ergebnisse zeigen sehr deutlich, dass *Empathie*, *Kulturelle Praxis* und *Schulaufmerksamkeit* in der Familie in weit höherem Maße mit der positiven *Schuleinstellung* der Kinder zusammenhängen als mit dem *Schulerfolg* der Kinder. Die *Empathie* der Eltern ist – als indirekter Effekt – der relativ wichtigste Faktor für den *Schulerfolg*.

Zinnecker und Georg berücksichtigen in einem zweiten Strukturgleichungsmodell zusätzlich den sozioökonomischen Status der Familie (Zinnecker und Georg 1998, S. 310). Die als *Ressourcen* bezeichnete latente Variable wird durch die Indikatoren Bildung von Mutter und Vater, Berufsstatus von Mutter und Vater sowie durch den Indikator Haushaltseinkommen der Familie gebildet. Das Modell für die Mutter zeigt, dass die *Ressourcen* die *Kulturelle Praxis* der Mutter positiv beeinflussen (p = .31). Es sind aber überhaupt keine positiven Effekte der familialen *Ressourcen* auf die *Schulaufmerksamkeit* der Mutter (p = -.02) und auf die *Empathie* der Mutter (p = -.05) festzustellen. Dieses Ergebnis ist ein weiterer Hinweis für die relative Unabhängigkeit des Sozialkapitals vom sozioökonomischen Status der Familie, während das kulturelle Kapital erwartungsgemäß in einem signifikanten Zusammenhang mit den familialen Ressourcen steht. Die *Ressourcen* der Familie haben darüber hinaus einen direkt positiven Effekt auf den *Schulerfolg* der Kinder (p = .18), der unabhängig von der *Empathie*, der *Schulaufmerksamkeit* und der *Kulturellen Praxis* der Mutter ist.

Da der *Schulerfolg* der Kinder im Kindersurvey 1993 aber nicht nur anhand der Schulleistung, sondern auch dadurch gemessen wird, ob das Kind eine weiterführende Schule oder eine Hauptschule besucht, kann nicht geklärt werden, in welchem Ausmaß die einzelnen Varianzanteile des *Schulerfolgs* durch den sozioökonomischen Status der Familie beeinflusst werden. Aufgrund der Forschungsstands zur Bildungsbeteiligung (vgl. Kapitel 2.1.1) ist anzunehmen, dass ein großer Teil der gemeinsamen Varianz von *Schulerfolg* und sozioökonomischen Status der Familie im Kindersurvey 1993 durch die Wahl der Schulform zustande kommt, da in allen Untersuchungen die Bildungsbeteiligung an weiterführenden Schulen vom sozioökonomischen Status der Familie abhängt. Wenn dieser Effekt auch auf den repräsentativen Kindersurvey 1993 zutrifft, dann bedeutet dies, dass der Einfluss des sozioökonomischen Status der Familie auf die Schulleistung in der Sekundarstufe I deutlich geringer ist als es der Pfadkoeffizient (p = .18) vermuten lässt.

Zusammenfassend kann festgestellt werden, dass die Variable des emotionalen Kapitals der Familie (Empathie) besonders bedeutsam für die Ausprägung der *positiven Schuleinstellung* der Kinder ist. Die gemeinsame Varianz liegt bei etwa neun Prozent.

Wild hat anhand von Daten aus dem LBS-Kinderbarometer[55] (n > 5.548), die in den Jahren 1998 bis 2000 bei 9- bis 14-jährigen Schülerinnen und Schülern erhoben wurden, den Zusammenhang zwischen elterlichem Erziehungsverhalten und der positiven Einstellung der Kinder zur Schule untersucht. Elterliches Erziehungsverhalten wurde einerseits durch die Skala *elterliche Responsivität* (emotionale Zuwendung und soziale Unterstützung der Eltern), die als Indikator eines autoritativen Erziehungsverhaltens betrachtet werden kann, und andererseits durch die Skala *autoritäre Erziehungspraktiken* (autoritäre Kontrolle, Strafen) erfasst. Die Skala *positive Einstellung zur Schule und zum Lernen* wurde durch drei Items zum Wohlbefinden in der Schule, zum Spaß am Unterricht und zum (generellen) Interesse an Unterrichtsthemen ermittelt (vgl. Wild 2002, S. 248).

Wild konnte einerseits einen signifikant positiven Zusammenhang (r = .28) zwischen der Skala *elterliche Responsivität* und der Skala *positive Einstellung zur Schule und zum Lernen* ermitteln. Dieser Zusammenhang lag in der Sekundarstufe I (4. bis 7. Klassenstufe) in der Hauptschule mit r = .20 (n > 975) deutlich niedriger als in der Realschule mit r = .30 (n > 1.234) und als im Gymnasium mit r = .33 (n > 1.377). Etwa vier bis elf Prozent der Unterschiede in der *positiven Einstellung zur Schule und zum Lernen* hängen also von der *elterlichen Responsivität* ab.

Als zweiter Aspekt des elterlichen Erziehungsverhaltens wurde die Skala *autoritäre Erziehungspraktiken* (autoritäre Kontrolle, Strafen) mit der *positiven Einstellung zur Schule und zum Lernen* in Beziehung gesetzt. Der Zusammenhang ist erwartungsgemäß signifikant negativ und klärt in der gesamten Stichprobe mit r = -.24 etwa sechs Prozent der Varianz der *positiven Einstellung zur Schule und zum Lernen* auf. Im Gymnasium und in der Realschule ist der Zusammenhang zwischen *autoritären Erziehungspraktiken* und der *positiven Einstellung zur Schule und zum Lernen* mit jeweils r = -.28 deutlich höher als in der Hauptschule mit r = -.17. Die gemeinsame Varianz liegt also zwischen knapp drei und knapp acht Prozent.

Insgesamt hängt die *positive Einstellung zur Schule und zum Lernen* etwas stärker von dem Indikator des autoritativen Erziehungsverhaltens (vier bis elf Prozent gemeinsame Varianz) ab als von dem Indikator des autoritären Erziehungsverhaltens (drei bis acht Prozent gemeinsame Varianz). Überraschend ist, dass die Variablen zum elterlichen Erziehungsverhalten in der Realschule und im Gymnasium mit acht bis elf Prozent mehr als doppelt so viel Varianz der Variablen zu den positiven Schulemotionen aufklären als in der Hauptschule mit drei bis vier Prozent.

Wild hat noch weitere Variablen mit der *positiven Einstellung zur Schule und zum Lernen* korreliert. Die *Qualität der Lehrer-Schüler-Beziehung* (3 Items zum Grad der Mitbestimmung durch die Schüler und zur Hilfe der Lehrer bei Lernschwierigkeiten) und die *Schule als Sozialraum* (3 Items zum Wohlbefinden in der Klassengemeinschaft, zu Spiel- und Freizeitmöglichkeiten auf dem Schulhof und zum Umfang der Hausaufgaben) haben sich dabei als wichtigste Prädiktoren erwiesen. In der gesamten Stichprobe erklärt die *Qualität der Lehrer-Schüler-Beziehung* 24 Prozent und die

---

55 Das LBS-Kinderbarometer wird seit 1997 als querschnittliche Langzeitstudie jährlich durchgeführt und beruht auf einer Stichprobe zufällig ausgewählter Schulen in Nordrhein-Westfalen (vgl. Klöckner, Beisenkamp & Schröder 2002, S. 23)

Schule als Sozialraum 21 Prozent der Varianz der *positiven Einstellung zur Schule und zum Lernen*. Die schulischen Variablen sind damit von höherer Bedeutung für das positive Erleben von Schule als die Variablen zum Elternverhalten, die insgesamt 6 bis 8 Prozent der Varianz der Variablen zum positiven Erleben der Schule erklären (vgl. Wild 2002, S. 249).

Eine Längsschnittsuntersuchung von Kracke (2001) an baden-württembergischen Realschülerinnen und Realschülern (n = 240) zum berufsbezogenen Explorationsverhalten zeigte, dass Schülerinnen und Schüler, die zu Beginn der neunten Klassenstufe über mehr autoritatives Erziehungsverhalten der Eltern berichteten, über die neunte Klassenstufe hinweg ihre Aktivitäten steigerten, sich über einen zukünftigen Beruf zu informieren (vgl. Kracke & Hofer 2002, S. 99 f.).

Papastefanou und Hofer fassen die Ergebnisse zur Wirkung elterlicher Erziehungsstile auf Kinder und Jugendliche zusammen: „Über alle Altersstufen hinweg konnten Zusammenhänge zwischen Erziehungsstilen und Variablen der kindlichen Persönlichkeit, wie Selbstkonzept, Moralentwicklung, Aggression, soziale Kompetenz, Attributionsmuster, Übernahme von Verantwortung gefunden werden. Die Ergebnisse weisen dabei durchweg auf eine Überlegenheit autoritativen Verhaltens der Eltern hin" (Papastefanou & Hofer 2002, S. 185).

Dem ist allerdings hinzuzufügen, dass die Effekte in der Regel nicht sehr hoch sind. Die aufgeklärte Varianz der untersuchten Erziehungsstilvariablen in den dargestellten Studien liegt sehr selten höher als zehn Prozent; auch andere verwendete Effektstärkenmaße deuten auf eher schwache bis mittlere Effekte hin, die von Variablen zur autoritativen und zur autoritären Erziehung ausgehen. Dies gilt sowohl für die Befunde aus den USA als auch für die Befunde aus Deutschland.

Die schulbezogenen Befunde deuten zum Teil auf die Möglichkeit hin, dass der Einfluss des elterlichen Erziehungsverhaltens auf Emotionen und Schulleistungen von Schülerinnen und Schülern nach Geschlecht und Schulform variieren könnte. Aufgrund dieser bislang noch nicht systematisch untersuchten Frage, werden die Zusammenhänge in der vorliegenden Arbeit getrennt nach Geschlecht und Schulform durchgeführt.

Insgesamt gibt es Hinweise, dass autoritatives Erziehungsverhalten etwas stärker mit positiven Emotionen und autoritäres Erziehungsverhalten etwas stärker mit negativen Emotionen verbunden ist. Der Einfluss der elterlichen Erziehungsstile auf Schulleistungen von Schülerinnen und Schüler der Sekundarstufe ist – zumindest in Deutschland – bislang eher selten untersucht worden. Dass ein sozial unterstützendes Verhalten der Eltern zu besseren Schulleistungen der Kinder führt, ist eine weitgehend unbestrittene Annahme, obwohl die Befunde nur dürftige Hinweise liefern (vgl. Pekrun & Jerusalem 1996, S. 16). Die höheren Schulleistungen von autoritativ erzogenen Kindern und Jugendlichen gegenüber autoritär Erzogenen, die bei den typologischen Analysen der Forschungsgruppe von Steinberg in den USA festgestellt werden können, lassen allerdings die Frage offen, ob die Differenzen eher durch positive Effekte des autoritativen Erziehungsverhaltens oder eher durch negative Effekte des autoritären Erziehungsverhaltens zustande kommen. Die meisten dimensionalen Befunde aus den USA und aus Deutschland sprechen eher für die negativen Schulleistungseffekte des autoritären Erziehungsverhaltens.

Das autoritäre Erziehungsverhalten wurde allerdings in diesen Untersuchungen nicht oder nur zum Teil auf schulbezogener Ebene erhoben (Mischkonstrukt). Da angenommen werden kann, dass auch generell autoritativ erziehende Eltern mit hohen Bildungsaspirationen – zumindest dosiert – zu autoritären schulbezogenen Maßnahmen greifen können, wenn die Schulleistungen der Kinder nicht ausreichend erscheinen, um die erwarteten Bildungsziele zu erreichen, ist davon auszugehen, dass eine bereichsübergreifende autoritäre Erziehung nicht identisch mit einer schulbezogenen autoritären Erziehung ist. Daher ist nicht auszuschließen, dass eine schulbezogene autoritäre Erziehung auch positive Effekte auf die Schulleistung haben kann.

2.3 Emotionen und Schulleistungen

Aufgrund der bisherigen Erörterungen ist davon auszugehen, dass elterliches Erziehungsverhalten das positive und negative Befinden der Kinder sowie deren Schulleistungen beeinflusst. Im Einzelnen wird in dieser Arbeit davon ausgegangen, dass autoritatives Erziehungsverhalten Wohlbefinden fördert und vor Ängsten schützt, während autoritäres Erziehungsverhalten Ängste fördert und Wohlbefinden beeinträchtigt.

Im folgenden Kapitel wird kurz auf die zusätzliche Fragestellung eingegangen, wie Emotionen Schulleistungen beeinflussen können. Die Darstellung wird allerdings beschränkt, weil sie weit über die zentrale Forschungsfrage nach dem Einfluss des elterlichen Erziehungsverhaltens auf Emotionen und Schulleistungen hinausgeht und die Emotionsforschung ein noch junges, aber eigenständiges Forschungsfeld darstellt, in dem nicht unumstritten ist, was überhaupt unter Emotionen zu verstehen ist, wie viele es gibt und welche Funktionen sie haben (vgl. Otto, Euler & Mandl 2000).

Grundsätzlich lassen sich wohl soziale und individuelle Funktionen von Emotionen unterscheiden. Der Emotionsausdruck eines Individuums hat eine wichtige soziale Funktion, weil er die Gruppenmitglieder unmittelbar über die Befindlichkeit eines Mitglieds informiert. In diesem Sinne hat Darwin in seinem 1872 erschienenen Werk *The expression of emotions in man and animals* die Universalitätshypothese menschlicher und tierischer Emotionen aufgeworfen. Darwins Theorie wurde von Ekman (1973) zu einer Theorie der evolutionär entstandenen und kulturuniversalen Basisemotionen von Menschen weiterentwickelt, zu denen Freude, Ärger, Traurigkeit, Ekel, Furcht und Überraschung zählen (vgl. Euler 2000, S. 45 ff.).

Insbesondere für die Aufrechterhaltung des Wohlbefindens in der Familie oder in anderen kleinen Gruppen spielen die Wahrnehmung des individuellen Emotionsausdrucks (Empathie) von Gruppenmitgliedern und die darauf folgenden Reaktionen (Responsivität) eine besondere Rolle. Dennoch sind nach Damasio die Basisemotionen im Alltag – zumindest quantitativ betrachtet – nicht von überragender Bedeutung, „was sicherlich ein Segen ist, da vier von ihnen unerfreulich sind" (Damasio 2002, S. 343).

Neben der sozialen Funktion des Emotionsausdrucks haben Emotionen mehrere Funktionen auf individueller Ebene. Emotionen dienen einerseits dazu, Erfahrungen oder Wahrnehmungen zu bewerten und zu speichern, um andererseits zukünftiges

Verhalten zu regulieren. In diesem Sinne kann das theoretische Konstrukt Emotion nach Scherer ganz allgemein beschrieben werden als ein „multikomponentieller Prozess, der sich primär durch Anpassungsreaktionen auf Ereignisse oder Objekte auszeichnet, die ein Organismus als wichtig für sein Wohlbefinden einschätzt" (Zentner & Scherer 2000, S. 151). Daher kann ein Organismus Erfahrungen, Wahrnehmungen oder potenzielle Ziele entweder als positiv oder als negativ für sein Wohlbefinden einschätzen oder als irrelevant. Aus funktionaler Sicht ist es deshalb zunächst ausreichend zwischen positiv und negativ bewerteten Emotionen zu unterscheiden.

Die aus der Hirnforschung entwickelte Theorie der somatischen Marker von Damasio nimmt sogar an, dass vernünftige Entscheidungsprozesse nicht allein auf kognitiven Kosten-Nutzen-Relationen beruhen, sondern mit emotional relevanten Erfahrungen verbunden sind, die in Form von neurophysiologischen oder somatischen Markern im Gehirn gespeichert sind (vgl. Damasio 1997, S. 227 ff.). Es handelt sich dabei um ein „automatisches System zur Bewertung von Vorhersagen", das die Entscheidungsfindung unterstützt (Damasio 1997, S. 239). Da aus der Hirnforschung eindeutige Belege dafür vorliegen, dass Emotionen auch auf subcortikalem Wege Verhalten steuern können, spricht sehr viel für ein „Primat des Affekts" (Pauli & Birbaumer 2000, S. 77) im Verhältnis von Emotion und Kognition.

Emotionen sind aber nicht nur an der alltäglichen Entscheidungsfindung beteiligt, sondern es sind auch „psychische Kräfte, die in basale Motivationssysteme eingebettet sind" (Pauli & Birbaumer 2000, S. 78). Die Leistungsmotivationsforschung nimmt zum Beispiel an, dass das Erleben von Erfolg oder Misserfolg aufgrund der Bewertung von erbrachten Leistungen zu emotionalen Reaktionen führt, zum Beispiel zur *Hoffnung auf Erfolg* oder zur *Furcht vor Misserfolg*, die als zentrale Leistungsmotive wiederum das Lern- und Leistungsverhalten positiv oder negativ beeinflussen. Idealtypisch kann zwischen Erfolgszuversichtlichen und Misserfolgsängstlichen unterschieden werden (vgl. Rheinberg 1997, S. 69 ff.).

In Zusammenhang mit dem elterlichen Erziehungsverhalten kann angenommen werden, dass autoritatives Erziehungsverhalten die Hoffnung auf Erfolg fördert, weil erwünschtes Verhalten durch hohe Responsivität verstärkt wird und die elterlichen Anforderungen auf ein selbstbestimmtes Lernen abzielen. Autoritäres Erziehungsverhalten führt dagegen zur Furcht vor Misserfolg, weil die Leistungsziele vorgegeben sind und der Misserfolg negativ sanktioniert wird. Bereits in der frühen Kindheit werden diese grundlegenden Lernerfahrungen gemacht, die zukünftige Erfolgs- oder Misserfolgsorientierungen beeinflussen, wobei sich die emotionale Bindungen zwischen dem Kind und den Elternpersonen als besonders bedeutsam erweisen haben (vgl. Pekrun 2000, S. 345; Spangler & Zimmermann 1999, S. 87 f.).

Die klassische Einteilung in *Erfolgsmotivation* und *Misserfolgsmotivation* kann auch auf Emotionen übertragen werden, die analog als *Erfolgsemotionen* oder *Misserfolgsemotionen* klassifiziert werden (Spangler & Zimmermann 1999, S. 86). Daher kann angenommen werden, dass sich die Erfolgsemotionen im Ausmaß an der *Lernfreude* und die Misserfolgsemotionen im Ausmaß an der *Leistungsangst* empirisch überprüfen lassen.

Während in den Anfängen der schulbezogenen Emotionsforschung die negativen Emotionen, vor allem die Prüfungsangst, im Vordergrund standen, spielen in den neueren Ansätzen auch positive Emotionen eine wichtige Rolle. In Interviewstudien werden die Emotionen Freude und Angst – im Vergleich mit anderen Lern- und Leistungsemotionen – besonders häufig genannt (Pekrun & Hofmann 1999, S. 249). Bei den Lernemotionen (von Studierenden / n = 251) zeigt sich darüber hinaus, dass Angst und Freude nur relativ schwach (r = -.20) miteinander korrelieren, während Ärger und Langeweile deutlich höher untereinander sowie mit Angst und Freude korrelieren (Pekrun & Hofmann 1999, S. 254).

Angst und Freude können daher als zwei Emotionen erfasst werden, die relativ unabhängig voneinander sind, während dies bei anderen Lernemotionen (z.B. Ärger und Langeweile) schwieriger zu sein scheint.[56] Bradburn (1969) hatte bereits darauf hingewiesen, dass positives und negatives Befinden relativ unabhängig voneinander sind (vgl. Mayring 1991, S. 69). Es ist zwar zu erwarten, dass hohe Freude mit niedrigen Angstwerten und hohe Angst mit niedrigen Freudewerten einhergeht; niedrige Angst- oder Freudewerte müssen aber nicht mit hohen Werten der jeweils anderen Dimension einhergehen, sondern können auch gemeinsam auftreten.

Die Emotionen Freude (oder Wohlbefinden) und Angst können sowohl als Persönlichkeitseigenschaften (*personality traits*) betrachtet werden, aber auch als situationsabhängiger Zustand (*state*). Diese Unterscheidung, die in der Emotionsforschung zunächst für die Emotion Angst getroffen wurde, lässt sich auch auf positives Befinden (Wohlbefinden, Freude) übertragen (vgl. Mayring 1991, S. 87 ff.). Eine Person kann einerseits unabhängig vom Grad ihrer generellen Ängstlichkeit oder ihrer Lebensfreude (*trait*) in einzelnen Situationen (*state*) ängstlich oder freudig sein.

Andererseits ist zu erwarten, dass Ängstliche in bedrohlichen Situationen ängstlicher reagieren als weniger Ängstliche und dass Personen mit hoher Lebensfreude in weniger erfreulichen Situationen mehr Freude empfinden als Personen mit niedrigerer Lebensfreude. Dies scheint zunächst eine triviale Behauptung zu sein. Sie ist aber von Bedeutung für die empirische Überprüfung der Hypothese, dass schulbezogene Emotionen die Schulleistungen von Schülerinnen und Schülern beeinflussen, da in der Messung von Unterrichtsemotionen Varianzanteile von emotionalen Dispositionen enthalten sein können. Die aus der Perspektive der Lehr-Lernforschung entscheidende Frage der Wirkungen von Emotionen im Unterricht auf Schulleistungen kann präziser beantwortet werden, wenn aus den Messungen der Unterrichtsemotionen die Varianzanteile der emotionalen Dispositionen auspartialisiert werden.

In der vorliegende Untersuchung wird daher neben den Unterrichtsemotionen *Positives Unterrichtserleben* und *Angst im Unterricht* ein Indikator für die Lebensfreude (oder das allgemeine Wohlbefinden) sowie ein Indikator für die fachbezogene Ängstlichkeit berücksichtigt, wodurch die linearen Zusammenhänge zwischen Unterrichtsemotionen und Schulleistungen unter Kontrolle von Aspekten der Lebensfreude und der fachbezogenen Ängstlichkeit geschätzt werden können. Da die Unterrichtsemotionen am Ende der Unterrichtsstunden erhoben wurden, werden sie vereinfacht

---

[56] Vergleichbare Ergebnisse konnten in einer unveröffentlichten Pilotstudie der Ludwigsburger Forschungsgruppe festgestellt werden.

als State-Emotionen bezeichnet, da sie sich zeitlich sehr nahe an den emotionsauslösenden Situationen befinden. Die Aspekte der Lebensfreude und der fachbezogenen Ängstlichkeit werden vereinfacht als Trait-Emotionen bezeichnet.

Auf welche Weise wirken Emotionen auf Schulleistungen? Wird die Lebensfreude als Ausdruck der Freude am produktiven und selbstbestimmten Tätigsein (vgl. Fromm 1993, S. 185 ff.; Fromm 1981b, S. 115) mit einem hohen Maß an Kompetenzerleben, als eine optimistische Erfolgszuversichtlichkeit durch soziale und emotionale Eingebundenheit und hohes Autonomieerleben gefasst, dann sind ausschließlich positive Wirkungen auf Leistungsanforderungen jeder Art zu erwarten. Das gleiche gilt für die Lernfreude oder das Wohlbefinden im Unterricht. Allerdings können optimistische Erwartungen auch durchaus höher sein als die tatsächliche Leistungsfähigkeit im Sinne von „positiven Illusionen" (vgl. Schwarzer 1993, S. 197) und können somit zu gegenläufigen Effekten bei der empirischen Überprüfung führen.

Als weithin akzeptierte Definition von Leistungsangst gilt: „Leistungsangst ist die Besorgtheit und Aufgeregtheit angesichts von Leistungsanforderungen, die als selbstwertbedrohlich eingeschätzt werden" (Schwarzer 1993, S. 105). Die Emotion Angst hat einerseits Einfluss auf die Informationsaufnahme, weil ängstliche Personen Teile ihrer Aufmerksamkeit auf aufgabenirrelevante Bereiche richten (Schwarzer 1993, S. 105 f.). Angst wird jedoch andererseits auch als funktional notwendig für Lernprozesse gesehen: „Ohne die Erfahrung von Angst scheint ... der Erwerb von Regulationskompetenzen nicht möglich zu sein" (Schwarzer 1993, S. 103). Im Kontext der Leistungsmotivationsforschung betrachtet, stellt Ängstlichkeit als Misserfolgsängstlichkeit einen Faktor dar, von dem ausschließlich negative Wirkungen auf Leistungen zu erwarten sind. Möglicherweise ist es die temporäre Angst auf State-Ebene, die Angst im Unterricht, von der positive Effekte auf Schulleistungen ausgehen können, weil die Angst im Unterricht – als ein Signal für nicht ausreichende Kompetenzen gedeutet – zu zusätzlichen Lernaktivitäten führen kann.

Die empirischen Befunde zum Einfluss von Emotionen auf Schulleistungen beziehen sich vor allem auf die Emotion Angst und weniger auf die Freude, das Wohlbefinden oder verwandte emotionsrelevante Konstrukte.

Bei der Untersuchung der Emotion Angst wurde in erster Linie Prüfungsangst oder Prüfungsängstlichkeit untersucht. Während allgemeine Ängstlichkeitsskalen nur in geringem Maße mit Leistungen zusammenhängen, zeigt eine Metaanalyse zur Prüfungsangst eine negative Korrelation von durchschnittlich $r = -.21$ (vgl. Rost & Schermer 1998, S. 302). Die wenigen Studien zu Entwicklungsverläufen zeigen, dass die Prüfungsangst vor allem in den Grundschuljahren konsistent zunimmt, interindividuell stabiler wird und dass der negative Zusammenhang mit schulischen Leistungen ansteigt (vgl. Pekrun 1999, S. 24 f.). Ergebnisse der Ludwigsburger Forschungsgruppe belegen jedoch auch schwach positive Effekte der Angst im Unterricht auf Schulleistungen, vor allem dann, wenn die (negativen) Effekte der fachbezogenen Ängstlichkeit auspartialisiert werden (Laukenmann, Bleicher, Fuß, Gläser-Zikuda, Mayring & Rhöneck 2000; Bleicher, Fix, Fuß, Gläser-Zikuda, Laukenmann, Mayring, Melenk & Rhöneck 2001; Fuß & Rhöneck 2001; Laukenmann, Bleicher, Fuß, Gläser-Zikuda, Mayring & Rhöneck 2003).

Die Wirkung positiver Emotionen auf Schulleistungen ist bislang kaum untersucht worden (vgl. Pekrun 2002, S. 71). Wichtige Hinweise für positive Effekte der Lernfreude auf Schulleistungen ergeben sich aus den Forschungen zur intrinsischen Motivation, da die Lernfreude ein zentrales Motiv der intrinsischen Lernmotivation ist. Schiefele und Schreyer zeigen in einem Übersichtsartikel, dass die intrinsische Lernmotivation im Durchschnitt mit r = .21 mit Schulnoten und mit r = .23 mit Leistungstests zusammenhängt (vgl. Schiefele & Schreyer 1994, S. 6). Ähnliche Ergebnisse zeigen sich in einer eigenen Untersuchung (vgl. Fuß 2003), in der zusätzlich die Zeugnisnoten des Vorjahres und weitere Variablen kontrolliert werden.

Jerusalem und Mittag (1999) haben anhand einer Stichprobe von Schülerinnen und Schülern (n = 3.072) aus den siebten bis zwölften Klassenstufen (neun Schulen unterschiedlicher Schulformen aus neun Bundesländern) den Zusammenhang zwischen schulischer Selbstwirksamkeit (im Sinn der Erfolgszuversicht), fachbezogener Lernfreude und Schulnoten (Mathematik, Deutsch, Englisch) erfasst. Die Skala zur Selbstwirksamkeit findet sich bei Schwarzer und Jerusalem (1999). Lernfreude wurde fachbezogen, aber im generalisierten Sinne durch ein vierstufiges Item abgefragt („Wie sehr magst Du das Fach ...").

Die Ergebnisse zeigen, dass Schülerinnen und Schüler mit höherer schulischer Selbstwirksamkeit (eher Erfolgszuversichtliche / Mediansplit) mehr Lernfreude und bessere Schulnoten aufwiesen als diejenigen mit niedrigerer Selbstwirksamkeit. Auf korrelativer Ebene kann – über alle Klassenstufen und alle Fächer hinweg – ein positiver Zusammenhang zwischen Lernfreude und Schulnoten belegt werden (r = .16 bis r = .68), der im Trend mit höherer Klassenstufe enger wurde. In der achten Klassenstufe, die in der vorliegenden Arbeit untersucht wird, liegen die korrelativen Zusammenhänge zwischen r = .28 und r = .38. Über alle Klassenstufen hinweg sind die Zusammenhänge im Fach Mathematik konsistent höher als im Fach Deutsch (vgl. Jerusalem & Mittag 1999, S. 232).

In eigenen Untersuchungen der Ludwigsburger Forschungsgruppe konnten signifikant positive Zusammenhänge zwischen dem Wohlbefinden im Unterricht und den Schulleistungen in unterschiedlichen Strukturgleichungsmodellen ermittelt werden (Laukenmann, Bleicher, Fuß, Gläser-Zikuda, Mayring & Rhöneck 2000; Bleicher, Fix, Fuß, Gläser-Zikuda, Laukenmann, Mayring, Melenk & Rhöneck 2001; Fuß & Rhöneck 2001; Laukenmann, Bleicher, Fuß, Gläser-Zikuda, Mayring & Rhöneck 2003). Die gemeinsame Varianz beträgt allerdings selten mehr als vier Prozent und bewegt sich damit im gleichen Rahmen wie die Befunde zur intrinsischen Motivation. Ähnlich wie die Untersuchung von Jerusalem und Mittag (1999) zeigen die Ludwigsburger Befunde, dass die Zusammenhänge in einem mathematisch-naturwissenschaftlichen Fach (hier: Physik) höher sind als im Fach Deutsch. Das zusätzlich untersuchte allgemeine Wohlbefinden (*positive Lebenseinstellung*) hat im Vergleich zu den Unterrichtsemotionen nur einen schwach positiven Effekt auf die Schulleistung im Fach Physik (etwa ein Prozent gemeinsamer Varianz), nicht aber im Fach Deutsch.

Insbesondere bei dem Einfluss von positiven Emotionen auf Schulleistungen scheint es weitgehend unklar zu sein, ob geschlechtsspezifische Effekte eine Rolle spielen. Da nicht nur bei den Ängsten, sondern auch bei den positiven Emotionen und den Schulleistungen in den Fächern Physik und Deutsch erhebliche Unterschiede zwischen Mädchen und Jungen in der achten Klassenstufe auftreten (vgl. Gläser-Zikuda & Fuß 2003), werden in dieser Arbeit alle linearen Strukturgleichungsmodelle auch geschlechtsspezifisch berechnet.

Zusammenfassend kann festgestellt werden, dass schulbezogene Ängste in der Regel negative – und schulbezogene positive Emotionen generell positive Zusammenhänge mit Schulleistungen aufweisen, wobei die aufgeklärten Varianzen im Durchschnitt kaum höher als vier Prozent sind. Pekrun erklärt die tendenziell schwachen Effekte emotionaler und motivationaler Variablen auf Schulleistungen damit, dass aufgrund des Pflichtcharakters der Schule insbesondere die Bedeutung positiver Emotionen und Motivationen nicht so sehr zum Tragen kommt wie bei freiwilligen Lernprozessen (vgl. Pekrun 2002, S. 71). Nach Rheinberg kann zumindest die Überraschung über die schwachen Effekte motivationaler Variablen auf Schulleistungen damit erklärt werden, dass die Annahme, Schulleistung sei ein Produkt aus Fähigkeit/Begabung und Motivation/Anstrengung, so plausibel war, dass sie viel zu selten untersucht wurde (Rheinberg 1999, S. 190).

2.4 Hypothesen

Aufgrund der Vielzahl einzelner Hypothesen, werden die Hypothesen nach sachlogischen Kriterien zu Hypothesenbündeln zusammengefasst. Zunächst wird eine Validitätshypothese aufgestellt, die sich auf das Verhältnis zwischen dem allgemeinen, bereichsübergreifenden Erziehungsverhalten und dem schulbezogenen, bereichsspezifischen Erziehungsverhalten bezieht und die im Methodenkapitel überprüft wird.

Alle weiteren Hypothesen zu den Wirkungen elterlichen Erziehungsverhalten beziehen sich ausschließlich auf das schulbezogene Erziehungsverhalten und sind im zweiten Hypothesenblock dargestellt. Im dritten Hypothesenblock werden die angenommenen Einflüsse von bisherigen Schulleistungen und im vierten Block die angenommenen Effekte der Emotionen dargelegt.

Validitätshypothesen bezüglich des Zusammenhangs zwischen allgemeinen und schulbezogenen Erziehungsverhalten (V)

V   Das schulbezogene autoritative Erziehungsverhalten der Eltern hängt in hohem Maße vom bereichsübergreifenden Erziehungsverhalten ab, während schulbezogenes autoritäres Erziehungsverhalten nicht in gleichem Ausmaß vom bereichsübergreifenden autoritären Erziehungsverhalten abhängt.
Theoretische Begründung: Es kann angenommen werden, dass auch eher autoritativ erziehende Eltern mit hohen Bildungsaspirationen zu schulbezogenen autoritären Erziehungsmitteln greifen können, wenn die Schulleistungen ihrer (hier: pubertierenden) Kinder nicht den Anforderungen für das Erreichen eines erwünschten Bildungsziels genügen.

Hypothesenbündel zum Einfluss des elterlichen Erziehungsverhaltens (ERZ) auf Emotionen und Schulleistungen

ERZ H1 Autoritatives Erziehungsverhalten fördert die Lebensfreude und das positive Erleben des Unterrichts und die Schulleistungen.
Theoretische Begründung: Autoritatives Erziehungsverhalten führt zu erhöhter Erfolgszuversichtlichkeit im Leben und in der Schule und diese positiven Emotionen führen zu einer erhöhten Lernmotivation und damit zu besseren Schulleistungen.

ERZ H2 Autoritatives Erziehungsverhalten schützt vor der Ausbildung von schulbezogenen Ängsten.
Theoretische Begründung: Mit zunehmender autoritativer Erziehung nehmen Kinder schulische Leistungskrisen – vor allem durch die emotionale Unterstützung in der Familie – weniger als Selbstwertbedrohung wahr und bilden daher weniger Ängste aus.

ERZ H3 Autoritäres Erziehungsverhalten wirkt negativ auf die Lebensfreude und das positive Erleben des Unterrichts und die Schulleistungen.
Theoretische Begründung: Autoritäres Erziehungsverhalten führt zu niedrigerer Erfolgszuversichtlichkeit im Leben und in der Schule und diese geringeren positiven Emotionen führen zu einer geringeren Lernmotivation und damit zu schlechteren Schulleistungen.

ERZ H4 Autoritäres Erziehungsverhalten fördert die Ausbildung schulbezogener Ängste und senkt die Schulleistungen.
Theoretische Begründung: Mit zunehmender autoritärer Erziehung nehmen Kinder schulische Leistungskrisen – vor allem durch die dauerhaft überhöhten Leistungsanforderungen, aber auch durch die mangelnde emotionale Unterstützung in der Familie – zunehmend als Selbstwertbedrohung wahr und bilden daher verstärkt Ängste und Misserfolgserwartungen aus, die wiederum zu schlechteren Schulleistungen führen.

ERZ H5 Autoritäres Erziehungsverhalten fördert Schulleistungen dann, wenn keine Ängste erzeugt werden und keine positiven Emotionen beeinträchtigt werden.
Theoretische Begründung: Autoritäre Leistungsvorgaben der Eltern können die Anstrengungsbereitschaft der Kinder und die Schulleistungen auch erhöhen, wenn die elterlichen Leistungsvorgaben nicht die Lebens- und die Lernfreude beeinträchtigen und auch nicht zu Ängsten und Misserfolgserwartungen führen.

ERZ H6 Der Einfluss des elterlichen Erziehungsverhaltens auf fachspezifische Emotionen und Schulleistungen ist im Fach Deutsch geringer als im Fach Physik.
Theoretische Begründung: Emotionen und Schulleistungen im Fach Physik hängen stärker vom elterlichen Erziehungsverhalten ab als im Fach Deutsch, da im Fach Physik das Lernen und somit die Leistungen in höherem Ausmaß von der Motivation und ihren emotionalen Komponenten abhängen, während Emotionen und Leistungen im Fach Deutsch eher vom kulturellen Kapital der Familie abhängen.

ERZ Der Einfluss des elterlichen Erziehungsverhaltens auf Emotionen und Schul-
H7 leistungen ist im Schulformvergleich (Gymnasium vs. Realschule) unterschied-
    lich hoch.
    Theoretische Begründung: Da es möglich ist, dass das Erziehungsverhalten der
    Eltern und auch die Emotionen der Kinder – zum Beispiel durch Unterschiede
    in der sozialen Herkunft – in den beiden Schulformen unterschiedlich ist und
    damit zu unterschiedlichen Effekten führt, wird die Schulform-Hypothese un-
    gerichtet formuliert. Hierfür werden zunächst alle relevanten Variablen einem
    Gruppenvergleichstest unterzogen.

ERZ Der Einfluss des elterlichen Erziehungsverhaltens auf Emotionen und Schul-
H8 leistungen ist im Vergleich der Geschlechter unterschiedlich hoch.
    Theoretische Begründung: Da es innerhalb der Fächer Physik und Deutsch zum
    Teil erhebliche Unterschiede bei den Emotionen und Schulleistungen zwischen
    Mädchen und Jungen gibt und es auch nicht auszuschließen ist, das ge-
    schlechtsspezifische Unterschiede im Erziehungsverhalten vorliegen, können
    die Zusammenhänge zwischen Erziehungsverhalten, Emotionen und Schulleis-
    tungen auch geschlechtsspezifisch unterschiedlich ausgeprägt sein.

*Hypothesen zum Einfluss vorhergehender Schulnoten (NOT) auf aktuelle Schul-
leistungen und Emotionen*

NOT Die Schulnoten des Vorjahres sind der beste Prädiktor für aktuelle Schulleis-
H1 tungen.
    Theoretische Begründung: Schulleistungsunterschiede scheinen sich bereits in
    der Grundschule zu stabilisieren und sind in Längsschnittstudien daher in der
    Regel der erklärungskräftigste Prädiktor der Varianz von Schulleistungen.

NOT Die Schulnoten des Vorjahres sind mit erhöhter Lebens- und Lernfreude ver-
H2 bunden und gehen mit niedrigeren schulbezogenen Angstwerten einher.
    Theoretische Begründung: Hier wird die Alltagvermutung überprüft, dass die
    Emotionen von Schülerinnen und Schülern von ihren Schulleistungen abhängig
    sind.

Hypothesen zu den Wirkungen von Emotionen (EMO)

EMO Mit zunehmender Lebensfreude sinken die schulbezogenen Angstwerte.
H1 Theoretische Begründung: Die höhere generelle Erfolgszuversichtlichkeit im
    Leben schützt bei schulischen Leistungskrisen, weil diese nicht als Selbstwert-
    bedrohung wahrgenommen werden und daher nicht zur Ausbildung von
    Ängsten führen.

EMO Mit zunehmender Lebensfreude steigen die Schulleistungen und das Wohlbe-
H2 finden im Unterricht.
   Theoretische Begründung: Die höhere generelle Erfolgszuversichtlichkeit im Leben führt allgemein zu einer erhöhten Lern- und Leistungsbereitschaft und damit nicht nur zu besseren Schulleistungen, sondern auch zu einem erhöhten Wohlbefinden in Lern- und Leistungssituation (Hoffnung auf Erfolg).

EMO Mit zunehmender Fachangst (Trait) steigt die Angst im Unterricht und es sin-
H3 ken die Wohlbefindenswerte im Unterricht und die Schulleistungen.
   Theoretische Begründung: Fachbezogene Ängstlichkeit behindert die Informationsaufnahme, mindert die Erfolgszuversichtlichkeit und die Freude am Lernen und wirkt daher negativ auf Schulleistungen.

EMO Positives Unterrichtserleben fördert Schulleistungen und die Angst im Unter-
H4 richt mindert Schulleistungen.
   Theoretische Begründung: Als Nettoeffekte in den Strukturgleichungsmodellen sind die linearen Beziehungen zwischen den emotionalen Unterrichtsvariablen und den Schulleistungsvariablen wohl in hohem Maß von der Qualität des Unterrichts der beteiligten Lehrkräfte abhängig, weil die linearen Effekte aller anderen Variablen im Modell (Elternvariablen, Zeugnisnoten des Vorjahres und die Trait-Emotionen) auspartialisiert sind. Daher lautet die Hypothese im Grunde, dass ein autoritativer Unterricht (als nicht erhobene Drittvariable) zu mehr Lernfreude im Unterricht und zu besseren Schulleistungen führt, während ein autoritärer Unterricht (als nicht erhobene Drittvariable) zu höheren Ängsten und zu schlechteren Schulleistungen führt. Die Überprüfung dieser Hypothese ist jedoch nur eingeschränkt möglich, da in der vorliegenden Untersuchung nur 16 Schulklassen untersucht werden. Die Ergebnisse sind daher mit Vorsicht zu beurteilen.

3 Methode

Im methodischen Teil wird in Kapitel 3.1 die Stichprobe und die Durchführung der Untersuchung beschrieben. In Kapitel 3.2 werden die Erhebungsinstrumente und die Variablen zum elterlichen Erziehungsverhalten, zu den Emotionen und den Schulleistungen vorgestellt.

Die verwendeten Skalen zum elterlichen Erziehungsverhalten von E. Wild (1999) werden in Kapitel 3.2.1 sehr ausführlich – auch hinsichtlich der Entwicklung des Instruments – dargestellt, weil es bislang kein weiteres Instrumentarium zu geben scheint, bei welchem bereichsübergreifendes und schulbezogenes elterliches Erziehungsverhalten auf theoretischer Grundlage parallel konzipiert wurde. Im deutschsprachigen Raum lag vor der Arbeit von Wild (1999) kein mehrdimensionales Instrument zum schulbezogenen elterlichen Erziehungsverhalten vor, das im Sinne der Theorie der Erziehungsstile interpretiert werden kann. In der vorliegenden Studie haben sich bei der empirischen Überprüfung des Instruments – hauptsächlich beim Instrument zum schulbezogenen Elternverhalten – Hinweise auf Modifizierungen ergeben, die auch theoretisch begründet werden.

In der vorliegenden Arbeit werden die von Wild entwickelten Skalen als Indikatoren des autoritativen und des autoritären Elternverhaltens betrachtet. Diese zweidimensionale Struktur des elterlichen Erziehungsverhaltens (autoritativ vs. autoritär) konnte sowohl für den bereichsübergreifenden als auch für den schulbezogenen Teil des Instruments von Wild (1999) herausgearbeitet werden. Die Modifikationen des Instruments zum schulbezogenen Elternverhalten, die in dieser Arbeit vorgeschlagen werden, haben sich bereits in einer eigenen, bislang noch unveröffentlichten Replikationsstudie (n > 900) im Rahmen der Ludwigsburger ECOLE-Studie bewährt.

In Kapitel 3.3 wird das Design der Studie vorgestellt. Da die vorliegende Studie eine Erweiterung der Ludwigsburger Studie *Emotionen und Lernen* ist, wird vor allem das Design der Studie *Emotionen und Lernen* dargestellt, weil aus dieser Studie die Daten zu den Emotionen und den Schulleistungen stammen, die in der vorliegenden Arbeit um die Untersuchung der Effekte des elterlichen Erziehungsverhaltens auf Emotionen und Schulleistungen erweitert wurde.

Die verwendeten statistischen Verfahren, insbesondere die LISREL-Technik, werden in Kapitel 3.4 beschrieben.

3.1 Stichprobe und Untersuchungsdurchführung

Im den folgenden Kapiteln 3.1.1 bis 3.1.3 wird die Durchführung der Erhebungen beschrieben, aus denen die Daten zum familialen Verhalten der Eltern sowie die Daten zu den Emotionen und den Schulleistungen stammen. Danach wird in Kapitel 3.1.4 die Stichprobe beschrieben, für die Daten über die regionale Verteilung sowie Daten über die Verteilung der Stichprobe nach Geschlecht, Alter und Muttersprache vorliegen.

3.1.1 Erhebungszeitpunkte, Stichprobenauswahl und Untersuchungsdurchführung

Die Erhebungen zu dieser Untersuchung fanden innerhalb von zwei Zeiträumen statt. In der zweiten Hälfte des Schuljahrs 1997/1998 wurde die Hauptstudie *Einfluss emotionaler Faktoren auf das Lernen in den Fächern Physik und Deutsch* (Kurztitel: *Emotionen und Lernen*) durchgeführt (vgl. Bleicher, Fix, Fuß, Gläser-Zikuda, Laukenmann, Mayring, Melenk & Rhöneck 2001; Laukenmann, Bleicher, Fuß, Gläser-Zikuda, Mayring & Rhöneck 2003), die im Folgenden auch *Basisstudie* genannt wird. Im Herbst 1999 fand die Nacherhebung zum Verhalten der Eltern statt.

3.1.2 Basisstudie: Stichprobenwahl und Untersuchungsdurchführung

Für die Basisstudie wurden jeweils acht vollständige Schulklassen der achten Klassenstufe aus Gymnasien, Realschulen und Hauptschulen im nördlichen Baden-Württemberg mit insgesamt 652 Schülerinnen und Schülern untersucht. Da die Studie aus methodischen Gründen auf der Basis von einheitlichen Unterrichtseinheiten in den Fächern Physik und Deutsch (vgl. Kapitel 3.3.2) und unter möglichst realistischen Bedingungen im Klassenverband durchgeführt werden sollte, kam als Methode der Stichprobenziehung nur die Methode der Klumpenauswahl infrage.

Die Auswahl der Schulklassen konnte allerdings nicht zufällig erfolgen, da sie von der Bereitschaft der jeweiligen Lehrkräfte zur Teilnahme an der Studie abhing. Pro Schulklasse sollte jeweils eine Lehrkraft aus dem Fach Physik und aus dem Fach Deutsch gewonnen werden, da durch diese Untersuchungsanlage die Daten aus den Fächern Physik und Deutsch miteinander verglichen werden können.

Die Auswahl der Lehrkräfte erfolgte zum Teil in zwei Stufen. Zunächst wurden in Schulen, mit denen die PH Ludwigsburg in Kontakt steht, interessierte Lehrkräfte der Klassenstufe 8 sowohl im Fach Physik als auch im Fach Deutsch angesprochen, um dann gegebenenfalls in einem zweiten Schritt eine zweite Lehrkraft aus dem jeweils anderen Fach zu finden. Voraussetzung für die Auswahl der Lehrkräfte und die davon abhängige Auswahl der Schulklassen war, sowohl eine Lehrkraft im Fach Physik als auch eine Lehrkraft im Fach Deutsch zu finden, die in der achten Klassenstufe dieselbe Klasse unterrichten. Aufgrund des Kriteriums der Freiwilligkeit für die Teilnahme der Lehrkräfte an der Studie ist von einer erhöhten, positiven Selektivität hinsichtlich fachlicher, didaktischer und pädagogischer Fähigkeiten auszugehen. So sollen freiwillige Untersuchungsteilnehmer im Allgemeinen intelligenter und weniger autoritär sein als Verweigerer (vgl. Bortz & Döring 1995, S. 71). Da die Studie vom baden-württembergischen Kultusministerium gefördert wurde, sprachen einzelne Teilnehmer direkt oder indirekt die Frage an, ob Testwerte auf Klassenebene dem Kultusministerium mitgeteilt werden. Diese Befürchtungen konnten zwar ausgeräumt werden, sie sind aber ein Hinweis darauf, dass derartige Befürchtungen für die Nichtteilnahme eine Rolle gespielt haben könnten. Die intensive Mitarbeit der beteiligten Lehrerinnen und Lehrer an der Studie wurde zwar vom baden-württembergischen Kultusministerium mit einer Stunde Deputatsreduktion gefördert, dennoch ist davon auszugehen, dass die Lehrkräfte, die an der Untersuchung teilgenommen haben, insgesamt überdurchschnittlich motiviert waren.

Die Auswahl der Schulklassen erfolgte also nach dem Selektionskriterium, dass jeweils eine Lehrkraft pro Schulfach bereit war an der Studie teilzunehmen. Von den insgesamt sechs teilnehmenden Schulen im Gymnasial- und Realschulbereich konnten jeweils zwei Schulen mit drei Schulklassen und jeweils eine Schule mit zwei Schulklassen für die Studie gewonnen werden. Da diese sechs Schulen in ihren jeweiligen Gemeinden bezogen auf ihre Schulform keine Konkurrenz haben und in Baden-Württemberg in der Regel das Wohnortprinzip bei der Schulwahl gilt, kann die lokale Ausschöpfung der Population von Schülerinnen und Schülern der achten Klassenstufe abgeschätzt werden. In vier Schulen wurde knapp die Hälfte bis etwa drei Viertel der jeweiligen Achtklässler erfasst und in einer ländlichen Kleinstadt mit großem Einzugsgebiet wurden sogar alle Achtklässler aus Realschule und Gymnasium erfasst. Durch dieses Verfahren ist gesichert, dass in der gesamten Stichprobe nicht ausschließlich bevorzugte Schulklassen berücksichtigt sind und keine massiven Probleme hinsichtlich der Varianz der untersuchten Variablen zum Elternverhalten, den Emotionen und der Schulleistung zu erwarten sind.

Dank des engagierten Einsatzes und der Überzeugungskraft der Lehrkräfte und der Schulleitungen wurde die Teilnahme der Schülerinnen und Schüler an der Studie nur in einem Fall aus einer Gymnasialklasse von Elternseite und in zwei Fällen aus einer Hauptschulklasse von Schülerseite grundsätzlich verweigert. Im Verlauf der Untersuchung schien bei einigen Schülerinnen und Schülern die Testmotivation nachzulassen. Indikatoren für die nachlassende Testmotivation waren zum Beispiel, dass ausschließlich extreme Werte angekreuzt wurden oder dass die Fragebögen im Zick-Zack-Muster ausgefüllt wurden. Da alle Fragebögen einer zeitintensiven Endkontrolle per Augenschein unterzogen wurden und bis zum Abschluss der Datenprüfung die Fragebögen namentlich zuordenbar waren, konnten extreme Antwortmuster durch indirekte Rückfrage bei den Fachlehrkräften auf Plausibilität überprüft werden und führten zum Ausschluss der betreffenden Fragebögen von der Untersuchung. Für die vorliegende Stichprobe spielen Testverweigerungen keine bedeutsame Rolle, da von den 392 Schülerinnen und Schülern aus der Hauptstudie, für die Daten aus der Nacherhebung zum Elternverhalten vorliegen, 389 gültige Fälle zu den Emotionen im Fach Physik und 361 gültige Fälle zu den Emotionen im Fach Deutsch zu verzeichnen sind. Die 22 fehlenden Fälle bei den Emotionen im Fach Deutsch sind durch den Ausfall einer Klasse bei den Unterrichtsemotionen zu erklären. Die gesamte Non-Response-Rate bei den Befragungen zu den Emotionen in der hier untersuchten Teilstichprobe liegt also zwischen knapp einem Prozent im Fach Physik und gut zwei Prozent im Fach Deutsch, wobei auch fehlenden Daten berücksichtigt sind, die nicht in Zusammenhang mit einer Testverweigerung stehen. Fehlende Daten bei den Schulleistungsvariablen sind nicht auf direkte Testverweigerung zurückzuführen, da die Schulleistung in den Fächern Physik und Deutsch in Form einer zeugnisrelevanten Klassenarbeit erhoben wurden und die Zeugnisnoten den Klassenlisten entnommen wurden.

Die Durchführung der Klassenarbeiten und die Erhebung der Unterrichtsemotionen am Ende ausgewählter Unterrichtsstunden mit einem Kurzfragebogen wurden von den beteiligten Lehrkräften eigenständig durchgeführt. Alle weiteren Fragebögen wurden von den Mitgliedern des Forschungsteams mit Hilfe der Methode der schriftlichen Gruppenbefragung in den Klassenräumen erhoben, wie zum Beispiel der Fragebogen zu den Trait-Emotionen, dessen Daten auch in dieser Untersuchung verwendet werden. Um eine möglichst breite Akzeptanz bei den befragten Schülerinnen und Schülern zu erreichen, wurde pro Fragebogen eine Unterrichtsstunde von den beteiligten Lehrkräften zur Verfügung gestellt, damit die Befragten nicht ihre freie Zeit für die Erhebung einsetzen mussten.

Die Befragungen fanden im vertrauten Klassenzimmer und in der Regel unter Ausschluss der beteiligten Lehrkräfte statt. Die Schülerinnen und Schüler wurden von den Mitgliedern des Forschungsteams zunächst über Sinn und Zweck der jeweiligen Befragung sowie über die Ziele des Forschungsprojekts aufgeklärt und damit zur Teilnahme an der Befragung motiviert. Des Weiteren wurde ihnen zugesichert, dass die am Ende der Stunde eingesammelten Fragebögen direkt an die PH Ludwigsburg zur Auswertung mitgenommen und weder Fragebögen noch Daten auf Personenebene an die beteiligten Lehrkräfte und Schulen oder gar an Dritte weitergegeben werden. Zudem bestand die Möglichkeit, auf Rückfragen bei Verständnisschwierigkeiten zu reagieren und am Ende der Befragungsstunde in einer offenen Gruppendiskussion, Anregungen und Kritik der Befragten zum Test zu sammeln. Durch diese Maßnahmen sollte ein hohes Maß an Testmotivation und Durchführungsobjektivität gesichert sein.

Aus dieser Studie stammen die hier verwendeten Daten zu den Emotionen und die Daten zu den Schulleistungen. Da für die Hauptstudie keine Daten zur Familie der Schülerinnen und Schüler vorlagen, wurde im Sommer des Jahres 1999 der Entschluss gefasst, in einer Nacherhebung alle Schülerinnen und Schüler der Hauptstudie mit einem Fragebogen zum Verhalten der Eltern zu untersuchen.

3.1.3 Elternstudie: Stichprobenwahl und Untersuchungsdurchführung

Die Nacherhebung zum Verhalten der Eltern wurde in allen Gymnasial- und Realschulklassen der Hauptstudie im Herbst 1999 durchgeführt (vgl. Fuß & Rhöneck 2001). Auf die Befragung der acht Hauptschulklassen musste verzichtet werden, da ein großer Teil der ursprünglich Befragten im Sommer 1999 nach Vollendung des neunten Schuljahrs von der Hauptschule abgegangen war und somit nicht oder nur schwer erreichbar gewesen wäre. Die Nacherhebung wurde daher in allen Gymnasial- und Realschulklassen mit dem Ziel durchgeführt, alle ursprünglich Befragten mit dem Fragebogen zum wahrgenommenen Verhalten der Eltern zu untersuchen. Zusätzlich wurden Skalen zur fachspezifischen Motivation erhoben, die in der vorliegenden Arbeit nicht berücksichtigt werden, da sie bereits veröffentlicht wurden (vgl. Fuß 2003).

Dank der Mithilfe der beteiligten Lehrkräfte und der Schulleitungen ist es gelungen, etwa 90 Prozent der ursprünglich befragten Schülerinnen und Schüler aus den Gymnasien und den Realschulen (n = 392) erneut zu befragen. Nur ein einziger Schüler aus der Basisstudie verweigerte seine Teilnahme an der Nacherhebung. Die

Befragung fand in Form einer schriftlichen Gruppenbefragung im Klassenraum der jeweiligen Schulklasse während der regulären Unterrichtszeit statt und wurde vom Autor mit einer Ausnahme selbst geleitet; eine parallel stattfindende Befragung einer Schulklasse wurde dankenswerterweise von Christoph von Rhöneck und Matthias Laukenmann vorgenommen. Die Lehrkräfte der Schulklassen haben sich während der Befragung außerhalb des Klassenraums aufgehalten.

In der standardisierten Untersuchungsdurchführung wurden den Befragten die Ziele und Motive der Untersuchung dargelegt und die Einhaltung des Datenschutzes zugesichert, um eine möglichst hohe Testmotivation zu erzielen. Der Einwand einer Schülerin – *„ich kann doch meine Eltern nicht verraten"* – konnte im persönlichen Gespräch ausgeräumt werden. Danach wurden die Teilnehmer gründlich instruiert, bei der Beantwortung der Befragung nicht an das aktuelle Verhalten der Eltern zu denken, sondern primär daran, wie sich die Eltern im Allgemeinen verhalten. Da die Nacherhebung zum Verhalten der Eltern knapp eineinhalb Jahre nach der Basisstudie stattfand, wurden die Schülerinnen und Schüler auf die Möglichkeit hingewiesen, dass sich das Elternverhalten seit der achten Klassenstufe verändert haben könnte. Für diesen Fall sollten die Schülerinnen und Schüler versuchen, sich an das generelle Elternverhalten bis zur achten Klassenstufe zu erinnern und dementsprechend die Fragen zu beantworten. Die Instruktionen sollten sicherstellen, dass sich die Antworten nicht auf spezifische Zeitpunkte, sondern auf überdauernde und grundlegende Verhaltensweisen der Eltern beziehen. Da erfahrungsgemäß nicht alle Schülerinnen und Schüler den mündlichen Instruktionen folgen, befanden sich die Hinweise auch in schriftlicher Form auf dem Fragebogen. Während der Erhebung waren jederzeit Rückfragen möglich.

Da sich ein kleiner Teil der ursprünglich Befragten nicht mehr an den jeweiligen Gymnasien und Realschulen befand, haben die Schulleitungen den Fragebogen an alle Abgänger, bei denen die Postadresse bekannt war, weitergeleitet. Alle Fragebögen der angeschriebenen Schulabgänger sind zurückgekommen und konnten ausgewertet werden. Dies kann als ein Indiz für die hohe Testmotivation gewertet werden, die in der gesamten Untersuchung angestrebt wurde.

In den befragten Schulklassen befanden sich zum Zeitpunkt der Nacherhebung im Herbst des Jahres 1999 insgesamt 48 neue Schülerinnen und Schüler, die nicht an der Basisstudie teilgenommen haben, wobei ein Schüler die Auskunft verweigerte. Die verbleibenden 47 Befragten wurden in die Stichprobe zur Testung des Fragebogens zum Elternverhalten mit aufgenommen, um die Datenbasis auf $n = 439$ zu verbreitern.

Zusammenfassend kann festgehalten werden, dass sich die Nacherhebung zum Verhalten der Eltern aufgrund der einheitlichen Befragung durch eine hohe Durchführungsobjektivität auszeichnet und eine hohe Testmotivation angenommen werden kann, da nur zwei Schüler die Teilnahme verweigert haben und die übrigen 439 Fragebögen keinerlei Auffälligkeiten zeigten und daher für die Untersuchung verwertbar waren. Dem methodischen Problem der zeitlich späteren Erhebung der unabhängigen Variable *Elternverhalten* wurde dadurch begegnet, dass das Elternverhalten im habitualisierten Sinne abgefragt wurde und die Befragten dahingehend sorgfältig instruiert wurden.

3.1.4 Stichprobenmerkmale

3.1.4.1 Regionale Verteilung

An der Untersuchung beteiligt waren insgesamt sechs Schulen aus vier kleineren Städten (ca. 6.000 bis 15.000 Einwohner) aus dem nördlichen Baden-Württemberg. Die vier Städte befinden sich in drei Landkreisen der Regionen Stuttgart, Franken und Unterer Neckar, die den Regierungsbezirken Stuttgart und Karlsruhe angehören. Die vier Städte befinden sich nach der amtlichen Raumordnung[57] in drei unterschiedlichen Kreistypen:
- Zwei Städte in einem hochverdichteten Landkreis in einem Agglomerationsraum (Typ A) mit ca. 300 bis ca. 800 Einw./km²
- Eine Stadt in einem verdichteten Landkreis in einem verstädterten Raum (Typ B) mit ca. 250 Einw./km²
- Eine Stadt in einem verdichteten Landkreis in einem Agglomerationsraum (Typ C) mit ca. 130 Einw./km²

Tabelle 5: Regionale Verteilung der Schulen und Klassen

Landkreis Typ	Gesamt Schulen	Klassen	Gymnasium Schulen	Klassen	Realschule Schulen	Klassen
A	3	7	1	2	2	5
B	1	3	1	3	0	0
C	2	6	1	3	1	3
Gesamt	6	16	3	8	3	8

Tabelle 5 zeigt die Anzahl der untersuchten Schulen und Klassen in den drei Kreistypen. In dem Landkreis vom Typ A, dem hochverdichteten Landkreis in einem Agglomerationsraum, sind drei Schulen aus zwei Städten vertreten, während die geringer verdichteten Landkreise durch jeweils eine Stadt repräsentiert werden.

Aus Tabelle 6 ist die regionale Verteilung der befragten Schülerinnen und Schüler zu entnehmen. Mit Sample 1 wird die gesamte Stichprobe bezeichnet, für die Daten zum Verhalten der Eltern vorliegen, während in Sample 2 nur die Teilmenge der Befragten eingeht, für die zusätzlich Daten aus der Basisstudie zu den Emotionen und den Schulleistungen in den Fächern Physik und Deutsch vorhanden sind.

Die regionale Verteilung der Stichprobe berücksichtigt wichtige Aspekte der regionalen Vielfalt des nördlichen Baden-Württembergs, da einerseits schwäbische, badische und zum kleineren Teil auch fränkische Bevölkerungsteile und andererseits urbanisierte wie ländliche Gebiete untersucht wurden; unberücksichtigt bleiben allerdings Schulen aus Großstädten.

---

57 Gemäß Bundesforschungsanstalt für Landeskunde und Raumordnung (BfLR) bzw. seit 1998: Bundesamt für Bauwesen und Raumordnung (BBR). http://www.bbr.bund.de/raumordnung/raumbeobachtung/gebietstypen2.htm.

Tabelle 6: Regionale Verteilung der Schülerinnen und Schüler

Landkreis Typ	Gesamt		Gymnasium		Realschule	
	Sample 1	Sample 2	Sample 1	Sample 2	Sample 1	Sample 2
A	188	171	44	44	144	127
B	86	74	86	74	0	0
C	165	147	89	79	76	68
Gesamt	439	392	219	197	220	195

Die Teilstichprobe aus der Realschule scheint auf den ersten Blick urbanisierter zu sein als die Teilstichprobe aus dem Gymnasium, da die Anteile vom Landkreistyp A höher sind. Dies ist allerdings nicht der Fall, da die Stadt vom Landkreistyp B (nur Gymnasium) vergleichbar ist mit der kleineren und weniger verdichteten Stadt aus dem Landkreistyp A (nur Realschule). Da beide Städte nur wenige Kilometer voneinander entfernt sind und die beiden anderen Städte sowohl mit einem Gymnasium als auch mit einer Realschule in der Stichprobe vertreten sind, kann von einer regionalen Vergleichbarkeit der Schulformen in dieser Untersuchung ausgegangen werden. Die Untersuchung erhebt zwar nicht den Anspruch repräsentativ für das nördliche Baden-Württemberg zu sein, dennoch ist die relativ breite regionale Streuung der Stichprobe von Vorteil für die Varianzmaximierung der untersuchten Variablen.

3.1.4.2 Geschlecht

In der vorliegenden Stichprobe sind die Mädchen mit einem Anteil von gut 54 Prozent überrepräsentiert, was durch einen signifikant (Chi²-Test bei angenommener Gleichverteilung) höheren Mädchenanteil im Gymnasium zu erklären ist, während in der Realschule ein annähernde Gleichverteilung zu konstatieren ist, wie Tabelle 7 zeigt. Die Erhöhung der Stichprobe aus der Basisstudie (Sample 2) um 47 Schülerinnen und Schüler hat zu keiner praktisch relevanten Veränderung der Geschlechteranteile geführt.

Tabelle 7: Verteilung der Geschlechter

Geschlecht	Gesamt				Gymnasium				Realschule			
	Sample 1		Sample 2		Sample 1		Sample 2		Sample 1		Sample 2	
	N	%	N	%	N	%	N	%	N	%	N	%
weiblich	239	54,4	213	54,3	127	58,0	115	58,4	112	50,9	98	50,3
männlich	198	45,1	179	45,7	91	41,6	82	41,6	107	48,6	97	49,7
fehlend	2	0,5	0	0	1	0,5	0	0	1	0,5	0	0
Gesamt	439	100	392	100	219	100	197	100	220	100	195	100

Der erhöhte Mädchenanteil im Gymnasium und die annähernde Gleichverteilung der Geschlechter in der Realschule in dieser Stichprobe sind auch in der bundesweiten Verteilung der Geschlechter nach Schulformen im Schuljahr 1997/98 feststellbar: In Gesamtdeutschland lag nach Daten des Statistischen Bundesamts der durchschnittliche Mädchenanteil aller Klassenstufen in Gymnasien bei 54,3 Prozent und in Realschulen bei 51,0 Prozent. Der signifikant höhere Mädchenanteil in den Gymnasien dieser Stichprobe (58 %) entspricht also dem bundesweiten Trend, dass die Mädchen zu den Gewinnern der Bildungsexpansion geworden sind und die Jungen in der durchschnittlichen Qualität der schulischen Bildungsabschlüsse sogar überholt haben (vgl. Henz & Maas 1995, S. 605). Die annähernd repräsentative Verteilung der Geschlechter in den Schulformen belegt die Güte der gesamten Stichprobenauswahl, da der Mädchenanteil in einzelnen Klassen zwischen 36 und 81 Prozent schwankt.

3.1.4.3 Alter und Muttersprache

Das Alter der Schülerinnen und Schüler wurde in der Zusatzerhebung zum Verhalten der Eltern nicht erfasst. Für den größten Teil der Stichprobe, der Teilstichprobe der Schülerinnen und Schüler, die in der Basisstudie untersucht wurden, wurde der Geburtstag jedoch erfasst, in Rangdaten umgewandelt und diese einzelnen Schuljahrgängen zugeordnet. Aus Datenschutzgründen wurden die Originaldaten gelöscht, damit keine personenbezogenen Daten im Datensatz vorhanden sind. Daher lässt sich kein Durchschnittsalter der Schülerinnen und Schüler berechnen, wohl aber eine Häufigkeitsverteilung nach Schuljahrgängen. Dem regulären Schuljahrgang 1983/1984 gehören insgesamt 76,5 Prozent der Schülerinnen und Schüler an, wie Tabelle 8 zeigt. Im Schuljahr 1997/1998, aus dem die Daten zu den Emotionen und den Schulleistungen in den Fächern Physik und Deutsch stammen, vollendeten also etwa drei Viertel der Schülerinnen und Schüler ihr 14. Lebensjahr. Insgesamt 20,7 Prozent der Teilstichprobe gehören älteren Schuljahrgängen in der 8. Klassenstufe an. Deutliche Unterschiede zeigen sich hierbei im Vergleich der Schulformen: während der Anteil „höherer Semester" im Gymnasium nur 9,7 Prozent beträgt, liegt der Anteil in der Realschule mit 31,8 Prozent gut dreimal so hoch.

Tabelle 8: Alter der Schülerinnen und Schüler nach Schuljahrgang

Schul-jahrgang	Gesamt		Gymnasium		Realschule	
	N	%	N	%	N	%
1981/82	10	2,6	0	0,0	10	5,1
1982/83	71	18,1	19	9,6	52	26,7
1983/84	300	76,5	172	87,3	128	65,6
1984/85	6	1,5	4	2,0	2	1,0
fehlend	5	1,3	2	1,0	3	1,5
Gesamt	392	100	197	100	195	100

Da in dieser Stichprobe fast jeder Dritte in der Realschule zu den älteren Schülerinnen und Schüler gehört und nur knapp zwei Drittel dem regulären Schuljahrgang 1983/84 angehören, während im Gymnasium mehr als drei Viertel zu dieser Gruppe zählen und nur etwa jeder Zehnte zur Gruppe der Älteren gehört, ist zu vermuten, dass Realschüler älter sind als Gymnasiasten. Diese Hypothese wird durch einen Vergleich der zentralen Tendenz der Altersränge (U-Test nach Mann-Whitney) bestätigt: Realschüler sind signifikant älter als Gymnasiasten.

Zum Migrationsstatus liegen zwar keine direkten Daten vor, es zeigen sich jedoch deutliche Unterschiede bei der Muttersprache: während im Gymnasium nur 2 von 196 Schülerinnen und Schüler nicht die deutsche Sprache als Muttersprache angeben, sind es in der Realschule 15 von 186 Schülerinnen und Schülern, für die Angaben zur Muttersprache vorliegen. Der Anteil der Nicht-Muttersprachler ist in dieser Stichprobe mit knapp acht Prozent der gültigen Werte in der Realschule fast achtmal höher als der Anteil im Gymnasium mit gut einem Prozent.

3.2 Instrumente

3.2.1 Die Skalen zum Verhalten der Eltern

Der Fragebogen zum Verhalten der Eltern wurde von Elke Wild (1999) entwickelt, die den Fragebogen für die vorliegende Untersuchung zur Verfügung gestellt hat. Es wurden sowohl Skalen zum allgemeinen, *bereichsübergreifenden Verhalten der Eltern* als auch Skalen zum schulbezogenen, *bereichsspezifischen Verhalten der Eltern* entworfen; ein Teil der schulbezogenen Items wurde dem *Problems-of-School-Questionnaire* von Grolnick und Ryan (1989) entnommen. Die Skalen geben Auskunft über die subjektive Wahrnehmung der Schülerinnen und Schüler hinsichtlich des Verhaltens der Eltern.

Der Fragebogen von Wild ist bisher – mit Ausnahme des Instruments von Helmke und Väth-Szusdziara (1980) – das einzige Messinstrument im deutschsprachigen Raum, mit dem allgemeines und schulbezogenes Verhalten der Eltern auf quantitativer Ebene erfasst werden kann.

Die Entwicklung der Skalen durch Wild beruht auf einem facettentheoretischen Ansatz auf der Basis der Selbstbestimmungstheorie von Deci und Ryan (1985). Die ersten empirischen Überprüfungen der Skalen durch Wild zeigten, dass Modifikationen der Items und Skalen notwendig waren.

In der vorliegenden Arbeit wurde versucht, mit Hilfe der modifizierten Items die Skalen von Wild anhand einer umfangreicheren Stichprobe zu replizieren. Die exakte Replikation der Skalen mit Hilfe der konfirmatorischen Faktorenanalyse ist in der vorliegenden Studie aber nur zum Teil gelungen. Daher werden in dieser Arbeit für einige Skalen erneute Modifikationen vorgeschlagen und theoretisch begründet. Die vorgeschlagenen Modifikationen führen insgesamt zu einer leichten Verbesserung der Anpassungswerte der Messmodelle. Die Ergebnisse der konfirmatorischen Faktorenanalysen und die Werte der Reliabilitätskoeffizienten zeigen, dass das weiterentwickelte Instrument insgesamt akzeptabel ist. Um eine weitere, zukünftige Optimierung des Instruments zu fördern, wird in den folgenden Kapiteln ausführlich auf den Prozess der Skalenentwicklung eingegangen und auch auf die bereits falsifizierten Messhypothesen.

Ein weiteres Ziel der in dieser Arbeit vorgenommenen Weiterentwicklung des Messinstruments ist die Reproduktion der theoretisch postulierten latenten Dimensionen des elterlichen Verhaltens in Form einer *autoritativen* und einer *autoritären* Dimension des subjektiv wahrgenommenen Elternverhaltens. Das von Wild entwickelten Messinstrument erschien für diese Aufgabe besonders geeignet, da die Items zum elterlichen Verhalten auf der Selbstbestimmungstheorie von Deci & Ryan (1985) beruhen. Die Selbstbestimmungstheorie basiert zu einem wesentlichen Teil auf der idealtypischen Unterscheidung von Selbstbestimmung und Fremdbestimmung („*self-determined behaviors*" versus „*control-determined behaviors*"; Deci & Ryan 1985, S. 149 ff.). Daher ist die Annahme gerechtfertigt, dass sich durch eine Sekundärfaktorenanalyse der Skalen (Primärfaktoren) eine zweifaktorielle Lösung aufzeigen lässt, mit der die autoritative und die autoritäre Dimension des elterlichen Verhaltens abgebildet werden kann. Dieses Ziel ist sowohl für die Skalen zum allgemeinen als auch für die Skalen zum schulbezogenen Verhalten der Eltern erreicht worden.

Somit liegt – zumindest in deutschsprachiger Form – erstmalig ein Messinstrument vor, mit dem die latenten Dimensionen des autoritativen und des autoritären Verhaltens der Eltern nicht nur allgemein, sondern auch schulbezogen erfasst werden können. In der Arbeit von Wild (1999) ist der hier vorgeschlagene Ansatz der Identifizierung latenter Dimensionen nicht verfolgt worden, da dort zunächst die Abschätzung der Stärke der Zusammenhänge der *einzelnen* Skalen des elterlichen Verhaltens zu motivationalen Variablen im Vordergrund stand.

3.2.1.1 Einleitung

Die empirische Überprüfung und Weiterentwicklung des Fragebogens durch Wild selbst erfolgte auf der Basis von drei Studien, die in den Jahren 1996 und 1997 in Baden-Württemberg und Rheinland-Pfalz durchgeführt wurden. In Studie I von Wild wurden in sieben Schulklassen der sechsten und siebten Klassenstufe eines großstädtischen Gymnasiums (n = 169) die theoriegeleitet entwickelten Skalen zum allgemeinen, *bereichsübergreifenden Verhalten der Eltern* getestet. Studie II von Wild wurde mit vier Klassen der sechsten und siebten Klassenstufe eines kleinstädtischen Gymnasium (n = 98) durchgeführt und diente einerseits der Überprüfung der Replizierbarkeit der Ergebnisse aus Studie I und andererseits der Testung der theoriegeleitet entwickelten Skalen zum schulbezogenen, *bereichsspezifischen Verhalten der Eltern*. In der dritten Studie von Wild wurden acht Klassen der sechsten und siebten Klassenstufe eines ländlichen Gymnasiums (n = 161) mit dem Ziel befragt, die Replizierbarkeit der bereichsspezifischen Ergebnisse aus Studie II zu untersuchen.

Bei allen drei Stichproben handelt es sich um Klumpenstichproben, die mit der Methode der schriftlichen Gruppenbefragung untersucht wurden, wobei in der Regel ein Mitglied des Forschungsteams anwesend war. Die Beschränkung der Studien auf

Gymnasiasten, die mehrheitlich aus strukturell intakten Familien der Mittelschicht stammen (Wild 1999, S. 87) dürfte zu einem Mittelschichtsbias der Stichproben führen.

Im Folgenden wird getrennt für die beiden Bereiche des elterlichen Verhaltens zunächst die theoriegeleitete Entwicklung der Skalen von Wild skizziert sowie die von Wild veröffentlichten Skalen- und Itemkennwerte mit den Ergebnissen der hier vorgestellten Untersuchung verglichen. Besonderes Gewicht wird dabei auf die Ergebnisse der konfirmatorischen Faktorenanalysen gelegt, die sowohl in den Studien von Wild mit dem Programm EQS von Bentler (1989) als auch in der hier vorgestellten Untersuchung mit dem Programm LISREL durchgeführt wurden.[58]

Die Überprüfung der Skalen verfolgt zwei Ziele. Einerseits soll überprüft werden, ob sich die Ergebnisse von Wild anhand einer größeren Stichprobe (n = 439) replizieren lassen, in der zusätzlich Schülerinnen und Schüler aus der Realschule berücksichtigt sind. Andererseits wird hier mit dem Mittel der Sekundärfaktorenanalyse das Ziel verfolgt, auf der Grundlage der bestehenden Skalen von Wild die hypothetischen Konstrukte des autoritativen und des autoritären elterlichen Verhaltens in Form von latenten Variablen mit möglichst trennscharfen Skalen und Items abzubilden.

Die Überprüfung des Messinstruments erfolgt – wie bei Wild – getrennt für die Skalen zum allgemeinen und zum schulbezogenen Verhalten der Eltern. Da beide Bereiche getrennt betrachtet werden, wird jeweils eine konfirmatorische Faktorenanalyse mit dem Ziel durchgeführt, die Faktorenstruktur aus den Studien von Wild zu reproduzieren. Die in den Tabellen angegebenen Werte der Faktorladungen stammen – wenn nicht anders angegeben – aus der hier vorgestellten Untersuchung. Da die Skalen von Wild nicht immer vollständig reproduziert werden konnten, waren teilweise Modifikationen notwendig, die hypothesengeleitet durchgeführt wurden und mit Hilfe der Parameter zu den Modellanpassungen daraufhin geprüft wurden, ob die neu postulierten Modelle zu besseren Anpassungswerten der Daten an das Modell führen.

3.2.1.2 Die Skalen zum bereichsübergreifenden Verhalten

Der Fragebogen zum allgemeinen, bereichsübergreifenden Verhalten der Eltern basiert bei Wild auf fünf Skalen, die durch insgesamt neunzehn Items abgebildet werden. Die Skalen werden als *Stimulation*, *Autonomieunterstützung*, *Kontrolle*, *Struktur* und *Zuwendung* bezeichnet. Im Folgenden werden die fünf Skalen kurz beschrieben und es wird versucht, die Skalen anhand der eigenen Stichprobe exakt zu reproduzieren. Hierzu wird *eine* konfirmatorische Faktorenanalyse durchgeführt, in der die neunzehn Items die fünf Skalen abbilden sollen. Die in den folgenden Tabellen angegebenen Faktorladungen beziehen sich auf diese *eine* Faktorenanalyse, die auf einer gültigen Fallzahl von n = 431 basiert.

---

58 Da in LISREL seit der Version 8 alle in EQS enthaltenen Gütekriterien (goodness-of-fit statistics) zur Überprüfung der Modellanpassung implementiert sind (vgl. Jöreskog & Sörbom 1996, S. 342), können LISREL- und EQS-Modelle umfassend miteinander verglichen werden.

3.2.1.2.1 Die theoretisch postulierten Skalen von Wild

3.2.1.2.1.1 Die Skala Stimulation

Die Skala *Bereichsübergreifende Stimulation* soll den familialen Anregungsgehalt zur Aneignung kulturellen Kapitals abbilden und damit einen Bedingungsfaktor für kindliches Kompetenzerleben herausarbeiten. Die Items sollen drei Aspekte des elterlichen Verhaltens erfragen (Wild 1999, S. 96 f.):
- Die Anregung zu neuen Interessen (Item 1)
- Die Mitwirkung bei gemeinsamen kulturellen Aktivitäten (Item 2)
- Die Unterstützung bei der Weiterverfolgung von Interessen (Item 3)

Tabelle 9: Items der Skala Stimulation (Anregung)

1	Wenn ich Lust habe, ein neues Hobby anzufangen, unterstützen mich meine Eltern dabei.	.63
2	Wenn ich will, besuchen meine Eltern mit mir kulturelle Veranstaltungen (z.B. Kino, Theater, Konzerte).	.62
3	Wenn mir etwas großen Spaß macht, unterstützen meine Eltern, dass ich das weitermache.	.74

Der Reliabilitätskoeffizient der Skala ist angesichts der Kürze der Skala in beiden Studien von Wild sehr zufriedenstellend. Sowohl Studie I mit $\alpha = .68$ als auch die Replikationsstudie von Wild (Studie II) ergeben mit $\alpha = .75$ keinen Anlass an der Zuverlässigkeit der Skala zu zweifeln. Dementsprechend hoch sind auch die Faktorladungen der Items. Die konfirmatorische Faktorenanalyse ergab in Studie I von Wild folgende Ladungen: Item 1 = .61, Item 2 = .72 und Item 3 = .63 (vgl. Wild 1999, S. 104 f. u. 112).

In der eigenen Untersuchung konnte ein vergleichbarer Reliabilitätskoeffizient von $\alpha = .69$ (n = 437) festgestellt werden und die Faktorladungen (vgl. Tabelle 9) bewegen sich in einem ähnlichen Rahmen wie bei Wild. Da auch keine Argumente gegen die inhaltliche Validität der Items und der Skala zu finden waren, kann davon ausgegangen werden, dass die Skala geeignet ist, Aspekte des kulturellen und sozialen Kapitals der Familie im Sinne der Unterstützung und der Anregung zu kulturell bedeutsamen Aktivitäten zu messen.

Die Skala stellt gleichzeitig auch einen Indikator der positiven emotionalen Bindung zwischen Eltern und Kindern dar, da die abgefragten Verhaltensweisen zur Aufrechterhaltung des emotionalen Gleichgewichts in der Familie dienen. Daher ist davon auszugehen, dass die Skala ein Indikator für autoritatives Verhalten der Eltern ist. Als Fazit kann festgehalten werden, dass die Skala sich in allen drei Studien bewährt hat und unverändert eingesetzt werden kann.

3.2.1.2.1.2 Die Skala Autonomieunterstützung

Die Skala *Bereichsübergreifende Autonomieunterstützung* wurde in der modifizierten Version aus der Replikationsstudie von Wild übernommen. Die ursprüngliche Ver-

sion bestand aus den Items 2 und 4 sowie aus einer Modifikation von Item 1, das in seiner ursprünglichen Formulierung (*„Meine Eltern finden es gut, wenn ich meine Meinung sage"*) eher einen Einstellungsaspekt als einen Verhaltensaspekt berücksichtigt. Die Items 3 und 5, welche die Gewährung eigener Entscheidungsspielräume erfassen sollen, sind bei Wild erst in die modifizierte Fassung eingegangen sind (vgl. Wild 1999, S. 98 f. u. 111). Mit Hilfe der fünf Items sollen folgende Aspekte des Verhaltens der Eltern abgebildet werden:
- Ermutigung zu eigenständigem Denken und Handeln (Item 1)
- Disziplinierungsstrategien auf rationaler bzw. induktiver Basis (Item 2)
- Gewährung eigener Entscheidungsspielräume (Item 3 und 5)
- Mitbestimmung bei gemeinsamen Entscheidungen (Item 4)

Tabelle 10: Items der Skala Autonomieunterstützung

1	Meine Eltern fragen mich oft nach meiner Meinung.	.69
2	Wenn ich mir etwas wünsche und es nicht bekomme, erklären mir meine Eltern warum.	.51
3	Meine Eltern lassen mich selbst entscheiden, wie oft ich mein Zimmer aufräume.	.17
4	Wenn wir zu Hause beratschlagen, was wir am Wochenende oder im Urlaub machen, gehen meine Eltern auf meine Vorschläge ein.	.70
5	Meine Eltern überlassen es mir, wofür ich mein Taschengeld ausgebe.	.18

Der Reliabilitätskoeffizient der modifizierten Skala fiel in der Replikationsstudie von Wild mit $\alpha = .74$ recht gut aus; Angaben zu Faktorladungen sind nicht vorhanden (vgl. Wild 1999, S. 112). In der eigenen Untersuchung erreichte der Reliabilitätskoeffizient einen nicht befriedigenden Wert von $\alpha = .55$ (n = 436). Die konfirmatorische Faktorenanalyse zeigt für die Items 3 und 5 sehr niedrige Faktorladungen, die mit Werten unter .20 nicht akzeptabel sind.

Erhebliche Zweifel bestehen an der inhaltlichen Validität dieser beiden Items. Wenn Eltern es dem Kind selbst überlassen, wie oft es sein Zimmer aufräumt und wofür es sein Taschengeld ausgibt, dann kann dies sowohl ein Indikator für ein autonomieunterstützendes, autoritatives Verhalten der Eltern als auch ein Indikator für ein vernachlässigendes Verhalten der Eltern sein. Eine niedrige Zustimmung zu den Items kann darüber hinaus auch bei verbindlichen elterlichen Regeln über die Verwendung des Taschengelds und die Häufigkeit des Aufräumens erfolgen. Ein Mangel an freier Entscheidung in diesen Bereichen ist daher nicht notwendig Ausdruck einer fehlenden Autonomieunterstützung. Entscheidender wäre vielmehr, wie die Regeln legitimiert und die Verstöße sanktioniert werden. Aufgrund der Zweifel an der inhaltlichen Validität werden diese Items aus der Skala herausgenommen.

Nach Ausschluss der Items 3 und 5 ergibt sich für die Skala in der vorliegenden Studie ein sehr befriedigender Reliabilitätskoeffizient von $\alpha = .67$ (n = 436). Die verbleibenden drei Items erreichten nach der Gesamtmodifikation des Fragebogens zum allgemeinen Verhalten der Eltern höhere Faktorladungen, die zwischen .62 und .74 liegen (vgl. Tabelle 16). Da nach Ausschluss der beiden Items keine Zweifel an der inhaltlichen Validität der Skala bestehen, kann davon ausgegangen werden, dass die Skala ein autonomieunterstützendes, autoritatives Verhalten der Eltern misst.

3.2.1.2.1.3 Die Skala Kontrolle

Die Skala *Bereichsübergreifende Kontrolle* wurde ebenfalls in einer von Wild modifizierten Version übernommen. In der ursprünglichen Version (Studie I) wurde das Item *„Meinen Eltern rutscht manchmal die Hand aus"* verwendet, das aufgrund einer schwachen Faktorladung gegen Item 3 (*„Wenn ich etwas tun möchte, was meinen Eltern nicht gefällt, dann verbieten sie es mir einfach"*) ausgetauscht wurde (Wild 1999, S. 99 f. u. 111).

Dieser Austausch erscheint sinnvoll, da ein autoritäres Verhalten der Eltern nicht unbedingt mit physischer Gewaltanwendung verbunden sein muss. Zu vermuten ist vielmehr, dass die Anwendung physischer Gewalt einen eigenständigen Faktor im Bereich des elterlichen Verhaltensrepertoires darstellt. Wenn diese Annahme richtig ist, dann führt die Verwendung dieses Items zur Messung autoritären Verhaltens der Eltern zu einer Verletzung der zweiten Annahme der *Klassischen Testtheorie*, da der Messfehlerausgleich nur durch Eindimensionalität des zu messenden Sachverhalts zu gewährleisten ist. Die schwache Faktorladung des Items in Studie I von Wild ist ein Indiz für die Annahme, dass physische Gewaltanwendung einen eigenständigen Faktor darstellt.

Folgende Aspekte des Verhaltens der Eltern sollen durch die Items zur *Bereichsübergreifenden Kontrolle* abgebildet werden:
- Verlangen von Gehorsamkeit (Item 1)
- Zurückgreifen auf harte Strafen (Item 2)
- Autoritäre Durchsetzung des eigenen Willens (Item 3)

Tabelle 11: Items der Skala Kontrolle

1	Meine Eltern bestehen darauf, dass ich gehorche, wenn sie mir etwas sagen.	.63
2	Wenn ich nicht sofort tue, was meine Eltern wollen, dann gibt's ein Donnerwetter.	.69
3	Wenn ich etwas tun möchte, was meinen Eltern nicht gefällt, dann verbieten sie es mir einfach.	.60

Der Reliabilitätskoeffizient der modifizierten Skala, die in der Replikationsstudie von Wild getestet wurde, fiel mit $\alpha = .75$ recht gut aus; Angaben zu Faktorladungen sind nicht vorhanden (vgl. Wild 1999, S. 112). In der eigenen Untersuchung erreichte der Reliabilitätskoeffizient angesichts der Kürze der Skala einen befriedigenden Wert von $\alpha = .67$ (n = 437) und auch die Faktorladungen geben ebenfalls keinen Anlass an der Zuverlässigkeit der Skala zu zweifeln. Da die Items auf klassischen Indikatoren des autoritären Verhaltens der Eltern basieren, besteht auch kein Zweifel an der inhaltlichen Validität. Es kann also davon ausgegangen werden, dass die Skala ein autoritäres, kontrollierendes Verhalten der Eltern misst.

3.2.1.2.1.4 Die Skala Struktur

Die Skala *Bereichsübergreifende Bereitstellung von Struktur* wurde in einer von Wild vollständig überarbeiteten Fassung übernommen. Die Skala wurde zur Messung der Kenntnisse der elterlichen Verhaltenserwartungen konzipiert. Begründet wird dies zunächst mit der Schädlichkeit einer Familienstruktur, in der dem Kind keine verbindlichen Regeln vermittelt werden. Die Forderung nach einer Struktur im familialen Normen- und Wertesystem lässt sich mit der Notwendigkeit der sozialen Einbindung des Kindes in die Familie begründen.

Der Faktor *Struktur* wird von Wild in Anlehnung an Grolnick und Ryan (1989) *formal* in Bezug auf die „Schaffung eines geregelten und vorhersagbaren Umfeldes" konzipiert. *Inhaltlich* ist der Faktor *Struktur* bei Wild aber nur mit dem Ausschlusskriterium verbunden, dass diese strukturgebenden Maßnahmen zu unterscheiden seien von einer (autoritären) Kontrolle mit rigider Regeldurchsetzung (Wild 1999, S. 101). Diese Fassung verweist auf ein konzeptionelles Grundproblem bei der Itemformulierung zur Erfassung einer autoritativ strukturierten Erziehung, da der theoretisch klar formulierte *formale* Sachverhalt der Vorhersagbarkeit des elterlichen Verhaltens durch das Kind *inhaltlich* nur schwer allgemeingültig zu operationalisieren ist.

In der ursprünglichen Version wurde die Kenntnis elterlicher Verhaltenserwartungen mit zwei Items *("Ich weiß, dass meine Eltern es gut finden, wenn ich meine Freunde mit nach Hause bringe, damit sie sie kennen lernen können"* – *"Meine Eltern wären sicher enttäuscht, wenn ich sie belügen würde")* abgefragt. Die Kenntnis elterlicher Wertvorstellungen wurde mit Hilfe eines Items (*"Ich denke, ich weiß ganz gut, was meine Eltern gut finden und was nicht"*) erhoben (Wild 1999, S. 100 f. u. 110 f.).

Die Skala zeigte in ihrer ursprünglichen Version eine sehr niedrige Reliabilität; selbst nach Entfernung des schwach ladenden *Lüge*-Items korrelierten die beiden verbleibenden Items nur schwach (Wild 1999, S. 105). Es ist also nicht gelungen, unter Verwendung dieser Items eine zuverlässige Skala zu konstruieren.

Die neu formulierten Items sollen weniger die inhaltliche Perspektive betonen, sondern eher Auskunft über die „Klarheit oder Transparenz der elterlichen Werte und Erwartungen" bringen (Wild 1999, S. 110). Die Items sind den folgenden Aspekten des antizipierten Verhaltens der Eltern zugeordnet:
- Klarheit der elterlichen Wertvorstellungen (Item 1)
- Klarheit der an die Kinder gerichteten Verhaltenserwartungen (Item 2 und 3)

Tabelle 12: Items der Skala Struktur

1	Ich weiß ganz gut, wie viel Mithilfe im Haushalt meine Eltern von mir erwarten.	.30
2	Wenn ich etwas getan habe, was meine Eltern nicht gut finden, weiß ich schon vorher, wie sie reagieren werden.	.66
3	Wenn ich später als verabredet nach Hause komme, weiß ich schon vorher, was meine Eltern sagen würden.	.69

Der Reliabilitätskoeffizient der modifizierten Skala *Struktur*, die in der Replikationsstudie von Wild getestet wurde, fiel mit $\alpha = .67$ befriedigend aus; Angaben zu Faktorladungen sind nicht vorhanden (vgl. Wild 1999, S. 112).

In der eigenen Untersuchung erreichte der Reliabilitätskoeffizient einen nicht befriedigenden Wert von $\alpha = .51$ (n = 438). Ein Grund für die niedrige Reliabilität ist in der schwachen Faktorladung von Item 1 zu sehen, das nur mit a = .30 auf den Faktor *Struktur* lädt. Durch Ausschluss von Item 1 steigt die Reliabilität der Skala auf einen akzeptablen Wert von $\alpha = .64$.

Item 1, das die Intention der Skala – das Wissen um familiale Regeln – eigentlich gut abbilden sollte, misst also etwas anderes als die Items 2 und 3, die wiederum etwas Gemeinsames messen, und zwar das Wissen des Kindes bezüglich des Sanktionsverhaltens der Eltern. Da anzunehmen ist, dass das Sanktionsverhalten von Eltern mit einem autoritären Erziehungsstil eher rigide und somit einfacher vorhersagbar ist, stellt sich die Frage, ob diese beiden Items nicht eher Indikatoren für ein autoritäres Verhalten der Eltern darstellen.

Darüber hinaus ist auch anzunehmen, dass Eltern mit einem autoritativen Erziehungsstil ihre Sanktionen weniger vom Regelverstoß an sich abhängig machen, sondern eher von den Motiven des Kindes, die zu diesem Regelverstoß geführt haben. Es ist daher anzunehmen, dass vor allem das autoritär erzogene Kind sehr genau weiß, wie seine Eltern auf Regelverstöße reagieren, da das Sanktionierungsrepertoire der Eltern rigider und weniger differenziert ist.

Diese Überlegungen legen die Hypothese nahe, dass mit der Skala *Struktur* eher ein autoritäres Verhalten der Eltern als ein autoritatives Verhalten erfasst wird. Diese Hypothese kann durch die Faktoreninterkorrelationen aller Skalen zum allgemeinen Verhalten der Eltern bestätigt werden (vgl. Tabelle 14), da der Faktor *Struktur* mit dem autoritären Faktor *Kontrolle* mit r = .51 korreliert, während alle anderen Skalen mit dem Faktor *Struktur* mit r < .18 deutlich weniger hoch korrelieren.

In der Untersuchung von Wild weisen die Faktoreninterkorrelation eine ähnliche Tendenz auf, wenngleich dort die Faktoren *Kontrolle* und *Struktur* nur mit r = .33 korrelieren und die anderen Skalen mit dem Faktor *Struktur* mit r < .25 etwas höher korrelieren als in der hier vorgestellten Untersuchung (Wild 1999, S. 115). Der *autoritäre* Faktor *Kontrolle* ist jedoch in allen Untersuchungen der beste Prädiktor für den Faktor *Struktur*.

Aufgrund folgender Argumente wird die Skala *Struktur* von der weiteren Untersuchung ausgeschlossen: (1) Die interne Konsistenz der Skala ist in der eigenen Untersuchung nicht zufriedenstellend. (2) Erhebliche Zweifel an der inhaltlichen Validität der Skala (vor allem Items 2 u. 3) bestehen aufgrund der theoretischen Überlegungen. (3) Die Zweifel an der Validität der Skala *Struktur* werden durch einen erhöhten Zusammenhang (r = .51) mit der Skala zur (autoritären) *Kontrolle* gestützt.

3.2.1.2.1.5 Die Skala Zuwendung

Die Skala *Bereichsübergreifende Zuwendung* wurde nach der ersten Testung von Wild vollständig modifiziert (Wild 1999, S. 101 f. u. 110 f.). Die neu formulierten Items decken folgende Aspekte des Verhaltens der Eltern ab:
- Das Ausmaß des Interesses an den Freunden und Wünschen des Kindes (Item 1)

- Das Ausmaß der Fähigkeit zur Einschätzung der Wünsche und Ziele des Kindes (Item 2)
- Das Ausmaß der Eltern, sich als zuverlässiger Ansprechpartner zu erweisen (Item 3)
- Das Ausmaß der Eltern, sich um das Wohlbefinden des Kindes zu bemühen (Item 4)
- Das Ausmaß der Eltern, sich Zeit für das Kind zu nehmen (Item 5)

Tabelle 13: Items der Skala Zuwendung

1	Meine Eltern freuen sich, wenn sie meine Freunde kennen lernen.	.58
2	Meine Eltern merken oft, wie mich fühle und was mich beschäftigt.	.68
3	Meine Eltern sind immer für mich da, wenn ich sie brauche.	.82
4	Meine Eltern machen sich Gedanken darüber, wie sie mir eine Freude bereiten können.	.62
5	Meine Eltern haben immer Zeit für mich.	.78

Der Reliabilitätskoeffizient der modifizierten Skala, die in der Replikationsstudie von Wild getestet wurde, fiel mit $\alpha = .87$ gut aus; Angaben zu Faktorladungen sind keine vorhanden (vgl. Wild 1999, S. 112). In der eigenen Untersuchung erreichte der Reliabilitätskoeffizient ebenfalls einen guten Wert in Höhe von $\alpha = .82$ (n = 438).

Die konfirmatorische Faktorenanalyse (vgl. Tabelle 13) ergab hohe Faktorladungen der Items 3 und 5, während die anderen drei Items deutlich geringere Ladungen aufweisen. Daraus ergab sich die Hypothese, dass die beiden hoch ladenden Items etwas Gemeinsames messen könnten – und zwar einen Zeitaspekt. Die Zustimmung zu den Items, ob die Eltern immer für das Kind da sind und immer Zeit für das Kind haben, setzt – zumindest in gewissem Maß – voraus, dass die Eltern auch tatsächlich Zeit zur Verfügung haben, während die anderen Items eher zeitunabhängige Indikatoren für das soziale und emotionale Kapital der Familie sind.

Wie sich aus Tabelle 18 ergibt, führt die Trennung der Skala *Zuwendung* in zwei Faktoren (Modell 7) zu etwas besseren Anpassungswerten der Daten an das Modell als das Modell mit einem einzigen Zuwendungsfaktor (Modell 6). Die Skala *Zuwendung* wird also in zwei Faktoren zerlegt: Der erste Faktor wird als *Allgemeine Zuwendung* und der zweite Faktor als *Zuwendung (Zeit)* bezeichnet.

Die Aufspaltung der Skala in zwei Faktoren ist theoretisch gut begründbar, beruht empirisch aber auf nur geringfügig besseren Modellanpassungswerten bei der hier untersuchten Stichprobe, so dass dieses Ergebnis möglicherweise nicht anhand jeder Stichprobe replizierbar ist. Die Faktoreninterkorrelation zwischen beiden Faktoren liegt mit $r = .91$ auch sehr hoch, wie Tabelle 17 zeigt. Zweifel an der inhaltlichen Validität beider Faktoren konnten nicht gefunden werden.

Beide Faktoren können als Indikatoren für das soziale und emotionale Kapital der Familie betrachtet werden, wobei der *Zeit*-Faktor ein stärkerer Indikator für das soziale Kapital im quantitativen Sinne sein dürfte. Beide Faktoren werden als Indikatoren für ein autoritatives Verhalten der Eltern betrachtet.

3.2.1.2.1.6 Faktoreninterkorrelationen

Tabelle 14 stellt die Faktoreninterkorrelationen des von Wild postulierten 5-Faktoren-Modells dar, die in der hier vorgestellten Stichprobe ermittelt wurden. Zur Berechnung der Faktoreninterkorrelationen wurden die Originalskalen mit allen Items von Wild verwendet.

Tabelle 14: Faktoreninterkorrelationen des 5-Faktoren-Modells von Wild (n = 431)

	Zuwendung	Autonomie-unterstützung	Kontrolle	Struktur	Stimulation
Zuwendung	1.00				
Autonomieunterstützung	0.87	1.00			
Kontrolle	-0.43	-0.36	1.00		
Struktur	0.00	0.17	0.51	1.00	
Stimulation	0.80	0.89	-0.38	0.14	1.00

Wie in der Darstellung der Skala *Struktur* bereits angesprochen, korreliert der Faktor *Struktur* erwartungswidrig am höchsten mit dem Faktor *Kontrolle* und eher niedrig mit den übrigen Faktoren, was zum Ausschluss dieser Skala von der weiteren Untersuchung führte.

Die Faktoren *Zuwendung*, *Autonomieunterstützung* und *Stimulation* korrelieren wechselseitig mit mindestens r = .80, so dass angenommen werden kann, dass sie Indikatoren für ein autoritatives Verhalten der Eltern darstellen. Der Faktor *Kontrolle* korreliert mit diesen drei Faktoren mit maximal r = -.43 und kann daher als ein eigenständiger Indikator für ein autoritäres Verhalten der Eltern betrachtet werden. Es zeigt sich also, dass sich aufgrund der Korrelationen der Originalskalen von Wild die Hypothese für ein Sekundärfaktorenmodell mit zwei Faktoren aufrechterhalten lässt.

3.2.1.2.1.7 Testung der Originalfaktorenstruktur

Die Testung der Faktorenstruktur mit Hilfe der konfirmatorischen Faktorenanalyse wird zunächst mit den von Wild verwendeten Originalskalen durchgeführt, um die Ergebnisse der konfirmatorischen Faktorenanalysen mit den Ergebnissen von Wild vergleichen zu können. Den fünf Faktoren (*Stimulation*, *Autonomieunterstützung*, *Kontrolle*, *Struktur*, *Zuwendung*) liegen also die von Wild verwendeten Items zugrunde. Die konfirmatorische Faktorenanalyse mit den Originalskalen werden in derselben Weise wie bei Wild (1999, S. 111 f.) durchgeführt. Die konfirmatorische Faktorenanalyse, deren Faktorladungen bereits (Tabelle 9 bis Tabelle 14) dargestellt sind, beruht auf der Annahme, dass die Faktoren nicht wechselseitig unabhängig sind, sondern miteinander korrelieren. Um die Annahme korrelierter Faktoren zu prüfen, wird dieses Modell gegen ein Modell mit fünf unkorrelierten Faktoren getestet. Um darüber hinaus die Frage zu prüfen, ob die Items zum allgemeinen Verhalten der Eltern möglicherweise nur die beiden Pole einer einzelnen Dimension darstellen, wird zusätzlich ein Generalfaktormodell getestet.

Tabelle 15 liefert die Werte für die Anpassungsgüte der Daten an das Generalfaktormodell (Modell 1), an das unkorrelierte 5-Faktoren-Modell (Modell 2) sowie an das korrelierte 5-Faktoren-Modell (Modell 3). In der jeweils ersten Zeile werden die Werte der vorliegenden Studie angegeben, während die Werte der jeweils zweiten Zeile aus der Untersuchung von Wild (1999, S. 112) stammen. Bei guten Anpassungswerten der Daten an das Modell sollten die Populationsschätzer (Chi-Quadrat-Wert der Maximum-Likelihood-Statistik und der RMSEA) möglichst niedrig sein und der jeweils dazugehörige Wahrscheinlichkeitswert (p) sollte möglichst nicht auf dem Fünfprozentniveau signifikant sein. Die weiteren Fit-Indizes (CFI, GFI und AGFI) sollten dagegen möglichst hoch sein (vgl. Kapitel 3.4.1.1).

Tabelle 15: Testung der theoretisch postulierten Faktorenstruktur

		N	χ^2	df	p_{χ^2}	RMSEA	p*	CFI	GFI	AGFI
1	Generalfaktormodell	431	968	152	.000	.112	.000	.74	.81	.76
	Vergleich: Studie Wild	98	375	152	-	-	-	.65	.66	.57
2	5 Faktoren, unkorreliert	431	1060	152	.000	.118	.000	.63	.79	.74
	Vergleich: Studie Wild	98	316	152	-	-	-	.74	.73	.66
3	5 Faktoren, korreliert	431	379	142	.000	.062	.004	.90	.92	.89
	Vergleich: Studie Wild	98	197	142	-	-	-	.91	.81	.75

* Wahrscheinlichkeit für RMSEA $\varepsilon < 0.05$ – keine Angaben über RMSEA bei Wild
Anm.: Die χ^2-Werte sind linear abhängig von der Fallzahl

Alle angeführten Gütekriterien belegen, dass sowohl das Generalfaktormodell als auch das unkorrelierte 5-Faktoren-Modell in beiden Untersuchungen nicht nur relativ zum korrelierten 5-Faktoren-Modell, sondern auch absolut keine akzeptablen Anpassungswerte liefern. Der geschätzte Wert des RMSEA liegt in der vorliegenden Studie deutlich über der als akzeptabel geltenden Grenze von $\varepsilon = .08$ und die weiteren Fit-Indizes liegen in beiden Studien deutlich unterhalb von .85 und sind somit ebenfalls nicht akzeptabel.

Das korrelierte 5-Faktoren-Modell liefert in der vorliegenden Untersuchung zufriedenstellende Anpassungswerte, die im Vergleich zur Untersuchung von Wild insgesamt sogar etwas besser sind. Die in allen Modellen höheren Chi-Quadrat-Werte der eigenen Studie gegenüber der Studie von Wild lassen sich durch die deutlich höhere Fallzahl erklären. Da die Chi-Quadrat-Werte in linearer Abhängigkeit zur Fallzahl stehen, sind die Werte der eigenen Stichprobe sogar positiver zu bewerten als die Werte von Wild. Die insgesamt besseren Anpassungswerte der hier untersuchten Stichprobe können als ein erster Hinweis auf die Validität der vorgestellten Studie gewertet werden, da die Daten der vorliegenden Stichprobe auf das theoretisch postulierte Modell sogar etwas besser passen als die Daten der Studie von Wild.

Dennoch führen die teilweise unbefriedigenden Faktorladungen der Items und die daran anschließenden theoretischen Überlegungen dazu, die Faktoren teilweise neu zu postulieren. Im folgenden Abschnitt werden die neu postulierten Faktoren dargestellt.

3.2.1.2.2 Die modifizierten Skalen dieser Arbeit

In Tabelle 16 sind die Faktorladungen der verbleibenden 14 Items dargestellt, die sich aus der konfirmatorischen Faktorenanalyse der neu postulierten Skalen ergeben haben. Zusätzlich werden für diese fünf Skalen die Reliabilitätskoeffizienten nach Cronbach angegeben. Die Faktorenladungen der Items und die Reliabilitätskoeffizienten der Skalen können insgesamt als zufriedenstellend bis gut bewertet werden. Einzig das zweite Item der Skala *Autonomieunterstützung* lädt mit einer Faktorladung von a = .52 deutlich geringer als die anderen Items.

Tabelle 16: Faktoren- und Reliabilitätsanalyse des neuen Instruments (n = 431)

	Zuwendung I (emotionaler Aspekt) (α = .68)	
Z2	Meine Eltern merken oft, wie mich fühle und was mich beschäftigt.	.69
Z4	Meine Eltern machen sich Gedanken darüber, wie sie mir eine Freude bereiten können.	.63
Z1	Meine Eltern freuen sich, wenn sie meine Freunde kennen lernen.	.59
	Zuwendung II (sozialer Aspekt) (α = .82)	
Z3	Meine Eltern sind immer für mich da, wenn ich sie brauche.	.86
Z5	Meine Eltern haben immer Zeit für mich.	.81
	Autonomieunterstützung (α = .67)	
A1	Meine Eltern fragen mich oft nach meiner Meinung.	.70
A4	Wenn wir zu Hause beratschlagen, was wir am Wochenende oder im Urlaub machen, gehen meine Eltern auf meine Vorschläge ein.	.69
A2	Wenn ich mir etwas wünsche und es nicht bekomme, erklären mir meine Eltern warum.	.52
	Stimulation (Anregung) (α = .69)	
S3	Wenn mir etwas großen Spaß macht, unterstützen meine Eltern, dass ich das weitermache.	.74
S1	Wenn ich Lust habe, ein neues Hobby anzufangen, unterstützen mich meine Eltern dabei.	.63
S2	Wenn ich will, besuchen meine Eltern mit mir kulturelle Veranstaltungen (z.B. Kino, Theater, Konzerte).	.62
	Kontrolle (α = .67)	
K2	Wenn ich nicht sofort tue, was meine Eltern wollen, dann gibt's ein Donnerwetter.	.70
K1	Meine Eltern bestehen darauf, dass ich gehorche, wenn sie mir etwas sagen.	.63
K3	Wenn ich etwas tun möchte, was meinen Eltern nicht gefällt, dann verbieten sie es mir einfach.	.59

Zusammenfassend kann festgestellt werden, dass die in dieser Arbeit vorgenommenen Modifikationen des Instruments (Ausschluss der Skala *Struktur*, Kürzung der

Skala *Autonomieunterstützung* und die Aufteilung der Skala *Zuwendung* in zwei Skalen) zu reliablen Skalen geführt haben, deren Items auch einer ersten Prüfung des gesamten Instruments Stand halten, die mit Hilfe der konfirmatorischen Faktorenanalyse durchgeführt wurde. Die ersten Ergebnisse sprechen also nicht nur für die Zuverlässigkeit der einzelnen Skalen, sondern auch für die Zuverlässigkeit des gesamten Instruments.

Zur ersten Einschätzung der Validität des Instruments sind in Tabelle 17 die Faktoreninterkorrelationen der neu postulierten Skalen aufgeführt. Da die Skalen nur geringfügig modifiziert wurden, korrelieren die Faktoren ähnlich wie die von Wild postulierten Faktoren. Die vier Skalen *Zuwendung I u. II*, *Autonomieunterstützung* und *Stimulation*, die die autoritative Dimension des Verhaltens der Eltern abbilden sollen, korrelieren wechselseitig mit hohen Werten, die zwischen r = .73 und r = .96 liegen. Die Skala *Kontrolle*, die die autoritäre Dimension des Verhaltens der Eltern abbilden soll, korreliert mit den Skalen zur autoritativen Dimension mit eher niedrigen Werten, die zwischen r = -.32 und r = -.45 liegen.

Tabelle 17: Faktoreninterkorrelationen des neuen 5-Faktoren-Modells

	Zuwendung I	Zuwendung II	Autonomie-unterstützung	Kontrolle	Stimulation
Zuwendung I	1.00				
Zuwendung II	0.91	1.00			
Autonomieunterstützung	0.96	0.78	1.00		
Kontrolle	-0.34	-0.45	-0.32	1.00	
Stimulation	0.86	0.73	0.88	-0.38	1.00

Die hohen Faktoreninterkorrelationen des neu postulierten 5-Faktoren-Modells (vgl. Tabelle 17) legen die Möglichkeit einer sparsameren Modellstruktur nahe. Daher wird im Folgenden mit Hilfe konfirmatorischer Faktorenanalysen das neu postulierte 5-Faktoren-Modell gegen Modelle mit geringerer Faktorenanzahl mit der Hypothese getestet, dass die sparsameren Modelle bessere Anpassungswerte ergeben (vgl. Tabelle 18). Aufgrund der hohen Faktoreninterkorrelationen und dem Ergebnis der Testung der Originalfaktorenstruktur (vgl. Tabelle 15) wird im Folgenden darauf verzichtet, unkorrelierte Modelle zu testen.

Ausgangspunkt der Modelltestung ist das Generalfaktormodell (Modell 1) als sparsamste Lösung, in dem alle 14 Items auf einen Faktor laden (vgl. Tabelle 18). Die Anpassungswerte dieses Modells sind schlecht: der RMSEA liegt mit einem Wert von ε = .10 deutlich über dem noch akzeptablen Wert von ε = .08 und die weiteren Fit-Indizes CFI, GFI und AGFI befinden sich mit einem maximalen Wert von .87 deutlich unter dem Wert von .90, der als Untergrenze für eine befriedigende Anpassung der Daten an das Modell angesehen werden kann. Gute Anpassungswerte des Generalfaktormodells waren allerdings auch nicht zu erwarten, da der Faktor *Kontrolle* mit den übrigen Faktoren nur etwa 10 bis 20 Prozent an gemeinsamer Varianz besitzt (vgl. Tabelle 17). Das Generalfaktormodell kann also zurückgewiesen werden.

Tabelle 18: Testung der neu postulierten Faktoren

		N	χ^2	df	p	RMSEA	p	CFI	GFI	AGFI
1	Generalfaktormodell	431	440	77	.000	.100	.000	.84	.87	.83
2	2 Faktoren, korreliert	431	273	76	.000	.078	.000	.91	.92	.89
3	3 Faktoren, korreliert	431	242	74	.000	.073	.000	.92	.93	.89
4	3 Faktoren, korreliert	431	197	74	.000	.062	.029	.94	.94	.91
5	4 Faktoren, korreliert	431	172	71	.000	.058	.120	.95	.95	.92
6	5 Faktoren, korreliert	431	157	67	.000	.056	.190	.95	.95	.92

Da alle Faktoren mit positiven Valenzen (*Autonomieunterstützung*, *Stimulation*, *Zuwendung I u. II*) ein autoritatives Verhalten der Eltern indizieren und zudem hoch miteinander korrelieren, liegt die Hypothese nahe, die Faktoren mit positiven Valenzen zu einem Faktor zusammenzufassen und ein 2-Faktoren-Modell mit dem *autoritären* Faktor *Kontrolle* als zweiten Faktor zu testen. Die Anpassungswerte des 2-Faktoren-Modells (Modell 2) sind an der Grenze des Akzeptablen, aber deutlich besser als das Generalfaktormodell (Modell 1), das damit endgültig abgelehnt werden kann.

Im Modell 3 wird die Hypothese getestet, dass die Faktoren *Autonomieunterstützung* und *Zuwendung I u. II* ein gemeinsames Konstrukt darstellen, da diese Faktoren wichtige Indikatoren des sozialen Kapitals der Familie sind, während der Faktor *Stimulation* stärker das kulturelle Kapital berücksichtigt und daher als eigenständiger Faktor in Modell 3 getestet wird. Als dritter Faktor wird in diesem 3-Faktoren-Modell der Faktor *Kontrolle* berücksichtigt, der auch in den folgenden Modelltestungen aufgrund der theoretischen Annahmen und den Ergebnissen der empirischen Korrelationsmatrix (Tabelle 17) immer als eigenständiger Faktor modelliert wird. Die Anpassungswerte von Modell 3 sind gegenüber dem 2-Faktoren-Modell geringfügig besser, wie Tabelle 18 zeigt. Die Annahme, den Faktor *Stimulation* als eigenständigen Indikator des kulturellen Kapitals zu modellieren, scheint also auch empirisch plausibel zu sein.

Als Modell 4 wird ein weiteres 3-Faktoren-Modell getestet, dass die Skala *Zuwendung II* als einen eigenständigen Faktor erfasst und die weiteren Indikatoren des autoritativen Verhaltens (*Zuwendung I*, *Autonomieunterstützung* und *Stimulation*) als zweiten Faktor fasst. Die Skala *Kontrolle* als Indikator des autoritären Verhaltens wird als dritter Faktor berücksichtigt. Grund für die Isolierung des Faktors *Zuwendung II* ist, dass die Skala als zeitlicher Aspekt einen eigenständigen Faktor darstellen kann, da hier auch objektiv unterschiedliche Bedingungen im Zeitbudget der Familie Einfluss auf die Messung nehmen können, worauf auch die vergleichsweise niedrigen Korrelationskoeffizienten mit den Faktoren *Autonomieunterstützung* und *Stimulation* hinweisen.

Die Anpassungswerte von Modell 4 sind insgesamt sehr befriedigend und deutlich besser als die des ersten 3-Faktoren-Modells (Modell 3), wie Tabelle 18 zeigt. Dies deutet darauf hin, dass die Herauslösung des zeitlichen Aspekts der *Zuwendung* nicht revidiert werden sollte und sogar etwas wichtiger zu sein scheint als die Isolierung des Faktors *Stimulation* als eigenständigen Indikator für das autoritative elterliche

Verhalten der Eltern. Nach den Ergebnissen von Modell 4 kann nun auch eindeutig das 2-Faktoren-Modell (Modell 2) verworfen werden.

Für Modell 5 wird eine 4-Faktoren-Lösung getestet, in der die Skala *Zuwendung II* als zeitlicher Aspekt des sozialen Kapitals, die Skala *Stimulation* als Indikator des kulturellen Kapitals und die Skala *Kontrolle* als Indikator der autoritären Erziehung jeweils als eigenständige Faktoren behandelt werden. Die Skalen *Zuwendung I* und *Autonomieunterstützung* werden zu einem Faktor zusammengefasst. Nach der theoriegeleiteten Entwicklung von Wild sollten beide Skalen unterschiedliche Faktoren repräsentieren, in der vorliegenden Stichprobe korrelieren beide Faktoren jedoch mit dem hier gemessenen Höchstwert von $r = .96$, wie Tabelle 17 zeigt. Dieser extrem hohe Korrelationskoeffizient könnte durch einen emotionalen Bias konfundiert sein, da sowohl die Items der Skala *Autonomieunterstützung* als auch die Items der Skala *Zuwendung I* eine positive emotionale Bindung zwischen Eltern und Kindern indizieren können und somit als emotionaler Bindungsaspekt des sozialen Kapitals aufgefasst werden können. Wie Tabelle 18 zu entnehmen ist, stellt das Modell 5 eine weitere Verbesserung der Anpassungsgüte dar.

Im Modell 6 wird schließlich das neu postulierte 5-Faktoren-Modell getestet, das die besten Werte der Anpassungsgüte aufweist. Der Quotient aus dem Chi-Quadrat-Wert und den Freiheitsgraden ist mit 2,34 der niedrigste aller Modelle. Der geschätzte Wert des RMSEA liegt mit $\varepsilon = .056$ am niedrigsten und die Wahrscheinlichkeit, dass der wahre Wert des RMSEA ε unter .05 liegt, ist mit neunzehn Prozent im absoluten Maßstab zwar nicht hoch, stellt aber den höchsten Wert unter den getesteten Modellen dar. Die weiteren Fit-Indizes zeigen mit Werten von .92 bis .95 eine gute Anpassung der Daten an das Modell.

Alle fünf Alternativmodelle können zurückgewiesen werden, da die sparsameren Modelle keine besseren Anpassungswerte als das neu postulierte 5-Faktoren-Modell (Modell 6) liefern. Das neu postulierte 5-Faktoren-Modell zeigt nach Tabelle 18 auch gegenüber dem von Wild postulierten Modell (vgl. Modell 3 in Tabelle 15) die besseren Werte der Anpassungsgüte.

Zusammenfassend kann festgestellt werden, dass die Modifikationen des Instruments zum allgemeinen Verhalten der Eltern erfolgreich sind.

3.2.1.2.2.1 Sekundärfaktorenanalysen

Die bisherige Analyse hatte das Ziel, präzise Indikatoren des allgemeinen Verhaltens der Eltern herauszuarbeiten. Im Folgenden wird die Annahme geprüft, dass sich die fünf gemessenen Indikatoren den hypothetischen Konstrukten *Autoritatives Verhalten der Eltern* und *Autoritäres Verhalten der Eltern* zuordnen lassen.

Wie aus Tabelle 17 (s.o.) zu ersehen ist, sind die 5 Faktoren zum allgemeinen Verhalten der Eltern nicht unabhängig voneinander. Die Zuwendungsfaktoren und der Faktor *Autonomieunterstützung* korrelieren wechselseitig sehr hoch. Der Faktor *Stimulation* steht ebenfalls – allerdings nicht ganz so stark – mit den genannten Faktoren in Zusammenhang. Einzig der Faktor *Kontrolle* korreliert mit allen anderen Faktoren deutlich weniger stark. Dieses Korrelationsmuster bestätigt die Annahme einer dichotomen Struktur. Daher liegt es nahe, eine konfirmatorische Sekundärfaktorenanalyse mit zwei Konstrukten durchzuführen, um zu einer einfacheren Struktur zu gelangen.

Dem ersten Faktor werden alle vermuteten Indikatoren des autoritativen Verhaltens der Eltern (*Zuwendung I u. II*, *Autonomieunterstützung* und *Stimulation*) zugeordnet. Dem zweiten Faktor wird der vermutete Indikator des autoritären Verhaltens der Eltern (*Kontrolle*) zugeordnet. Die erste Prüfung dieses Modells ergab inakzeptable Gütewerte; die Modifikationsindizes von LISREL zeigten aber die Lösung des Problems an: Der Faktor *Zuwendung II*, der den zeitlichen Aspekt der Zuwendung repräsentiert, muss auch als Indikator des Konstrukts *Autoritäres Verhalten der Eltern* im Modell zugelassen werden. Theoretisch lässt sich dies mit der Hypothese begründen, dass autoritäres Verhalten der Eltern auch durch einen Mangel an Zeit erzeugt wird. Tabelle 19 zeigt das dementsprechend modifizierte Modell.

Tabelle 19: Faktorladungen und Anpassungswerte von Sekundärfaktorenanalysen

	2-Faktoren-Modell		3-Faktoren-Modell		
	Faktor 1 Autoritativ	Faktor 2 Autoritär	Faktor 1 Autoritativ kult. Kapital	Faktor 2 Autoritativ soz. Kapital	Faktor 3 Autoritär
Zuwendung I	.83			.86	
Zuwendung II	.73	-.13		.74	-.14
Autonomieunterstützung	.78		.22	.58	
Stimulation	.73		1.00		
Kontrolle		1.00			1.00

		N	χ^2	df	p	RMSEA	p	CFI	GFI	AGFI
Modell 1	2-Faktoren-Modell	439	16.87	4	.002	.085	.068	.99	.98	.94
Modell 2	3-Faktoren-Modell	439	0.77	2	.680	.000		.870	1.00	1.00	.99

Die Werte der Chi-Quadrat-Statistik und des RMSEA entsprechen aber nicht akzeptablen Gütekriterien: Der Quotient aus Chi-Quadrat-Wert und Freiheitsgraden liegt mit einem Wert, der größer als 4 ist, in einem relativ hohen Bereich und der geschätzte Wert des RMSEA liegt über dem als befriedigend angesehenen Wert von $\varepsilon = .08$. Das 2-Faktoren-Modell ist also nicht zufriedenstellend.

Da der Faktor *Stimulation* auch Aspekte des kulturellen Kapitals der Familie erfassen soll, wird im Folgenden die Hypothese geprüft, dass der Faktor *Stimulation* einen Indikator für den eher kulturellen Aspekt des autoritativen Verhaltens der Eltern darstellt (Sekundärfaktor 1), während die Faktoren *Zuwendung I u. II* und *Autonomieunterstützung* den eher sozialen Aspekt des autoritativen Verhaltens der Eltern (Sekundärfaktor 2) abbilden. Als dritter Sekundärfaktor wird im 3-Faktoren-Modell das Konstrukt des *Autoritären Verhaltens der Eltern* durch die Faktoren *Kontrolle* und *Zuwendung II* modelliert.

Die erste Prüfung des 3-Faktoren-Modells ergab inakzeptable Werte für die Güte der Anpassung; die Modifikationsindizes von LISREL zeigten aber die Lösung des Problems an: Der Faktor *Autonomieunterstützung* sollte zusätzlich als Indikator für den kulturellen Aspekt des autoritativen Verhaltens der Eltern (Sekundärfaktor 1) dienen, wie in Tabelle 19 dargestellt. Theoretisch lässt sich dies damit begründen, dass nicht nur der Faktor *Autonomieunterstützung*, sondern auch der Faktor *Stimulation* einen Indikator für autonomieförderndes Verhalten der Eltern darstellt, da die Skala *Stimulation* den familialen Anregungsgehalt zur selbstbestimmten Aneignung kulturellen Kapitals messen soll. Da die Förderung der Selbstbestimmung dem kulturellen Kapital zugeordnet werden kann, ist es weiterhin plausibel, den ersten Sekundärfaktor als Konstrukt des kulturellen Aspekts des autoritativen Verhaltens der Eltern zu bezeichnen. Die Skala *Autonomieunterstützung* beschreibt aber andererseits auch nicht ausschließlich autonomieförderndes Verhalten der Eltern, sondern auch die soziale Bindung des Kindes innerhalb der Familie, die wiederum ein Maß für die positive emotionale Beziehung zwischen Eltern und Kind darstellt. Daher ist es auch theoretisch plausibel den Faktor *Autonomieunterstützung* gemeinsam mit den Faktoren *Zuwendung I u. II* als Indikatoren des eher sozialen Aspekts des autoritativen Verhaltens der Eltern zu verwenden. Die Anpassungswerte des 3-Faktoren-Modells sind hervorragend, wie aus Tabelle 19 zu entnehmen ist.

Zusammenfassend kann festgehalten werden, dass sich die fünf primären Faktoren drei Sekundärfaktoren zuordnen lassen, die einerseits autoritäres Verhalten der Eltern abbilden und andererseits autoritatives Verhalten der Eltern differenzieren hinsichtlich des sozialen und kulturellen Kapitals der Familie.

3.2.1.3 Die Skalen zum schulbezogenen Verhalten

Die Überprüfung der Skalen zum schulbezogenen Elternverhalten verläuft in drei Schritten. Im ersten Schritt werden die theoretisch begründeten Skalen dargestellt und alle Items *einer* konfirmatorischen Faktorenanalyse mit der hier vorgestellten Stichprobe (N=432) unterzogen. Das Instrument zum schulbezogenen Verhalten der Eltern wurde von Wild (1999) nach dem Instrument zum allgemeinen Verhalten der Eltern entwickelt und erstmalig in ihrer Studie II eingesetzt. Die theoriegeleitet entwickelten Skalen erwiesen sich in der ersten Stichprobe von Wild als nicht zuverlässig und wurden zum Teil datengeleitet modifiziert. Daher werden im zweiten Schritt die von Wild modifizierten Skalen anhand der vorliegenden Stichprobe getestet. Die modifizierten Skalen erweisen sich in der hier durchgeführten Untersuchung als nicht optimal und werden daher neu postuliert. In einem dritten Schritt werden dann die neu postulierten Faktoren getestet.

3.2.1.3.1 Die theoretisch postulierten Skalen von Wild

3.2.1.3.1.1 Die Skala Zuwendung

Die Skala *Zuwendung* soll das „generelle Interesse der Eltern an schulischen Fragen und ein empathisches Verhalten im Umgang mit Lern- und Leistungsanforderungen" erfassen. Das empathische Verhalten der Eltern zeichnet sich einerseits dadurch aus, dass die Heranwachsenden nicht durch „überzogene Lern- und Leistungsanforderungen" entmutigt werden; andererseits zeichnet es sich aber auch durch elterliche „Maßnahmen zur Stärkung des Gefühls von sozialer Einbindung und Wertschätzung" aus (Wild 1999, S. 159 f.). Von Wild werden also aufgrund dieser theoretischen Überlegungen positive und negative Aspekte des elterlichen Verhaltens zur Beschreibung des Konstrukts der schulbezogenen Zuwendung herangezogen.

Aus theoretischer Perspektive ist die Vermeidung von negativ besetzten Aspekten des elterlichen Verhaltens – wie zum Beispiel die von Wild genannte generelle Überforderung der Fähigkeiten des Kindes durch überzogenen Lern- und Leistungsanforderungen – eindeutig eine *notwendige* Voraussetzung für das positiv bewertete Konstrukt Zuwendung. Die Vermeidung negativer Verhaltensaspekte ist zwar eine *notwendige* Bedingung, aber keine *hinreichende* Bedingung zur Beschreibung des Konstrukts Zuwendung. Eltern, die keine überzogenen Lern- und Leistungsanforderungen an das Kind stellen, handeln nicht notwendig emphatisch. Es handelt sich – wie bei den positiven und negativen Emotionen – um das Grundproblem, dass die Abwesenheit von Ängsten und die Belastungsfreiheit zwar notwendige Bedingungen für das Wohlbefinden sind, aber umgekehrt fehlende Belastungen oder die Abwesenheit von Ängsten nicht notwendig mit Wohlbefinden einhergehen. Zur Operationalisierung der Skala *Zuwendung* dürfen also nur positiv bewertete Aspekte des Verhaltens verwendet werden, da die negativ bewerteten Verhaltensaspekte eine separate Dimension erfassen und die Vermischung beider Dimensionen die Annahme des Messfehlerausgleichs der *Klassischen Testtheorie* gefährdet. Folgende Aspekte des Verhaltens der Eltern sollen erfasst werden:

- Das Ausmaß von Äußerungen zu angemessenen lernbezogenen Erwartungen der Eltern (Item 1: rekodiert)
- Das Ausmaß von Äußerungen zu angemessenen leistungsbezogenen Erwartungen der Eltern (Item 2, 3, 5, 7, 8: jeweils rekodiert)
- Das Ausmaß der Ermutigung des Kindes bei schweren Lernaufgaben (Item 4)
- Das Ausmaß des Interesses der Eltern an schulischen Belangen des Kindes (Item 6)
- Das Ausmaß an Mitgefühl der Eltern bei enttäuschenden Lernerfahrungen des Kindes (Item 9)

Nach der ersten Testung der Skala *Zuwendung* in Studie II von Wild wurden die Items 4 und 9 aufgrund ihrer Faktorladungen der Skala *Autonomieunterstützung* (s.u.) zugeordnet. Beide Items sind Indikatoren der emotionalen Zuwendung und sollen Ermutigung durch die Eltern bei schweren Lernaufgaben und Mitgefühl der Eltern bei enttäuschenden Lern- bzw. Leistungserfahrungen messen. Das Item 6, das das

Interesse der Eltern für schulische Lerninhalte messen sollte, wurde von der weiteren Untersuchung ausgeschlossen, da es auf keinen Faktor lud (vgl. Wild 1999, S. 162). Aus der Skala *Zuwendung* sind also alle Items entfernt worden, die eine positive Bindung zwischen Eltern und Kindern anzeigen.

Tabelle 20: Items der Skala Zuwendung (α = .78 / n = 438)

Z1	Wenn ich eine viel schlechtere Klassenarbeitsnote bekommen habe als sonst, dann werfen mir meine Eltern vor, zu viele andere Dinge im Kopf zu haben und mich nicht genug um die Schule zu kümmern. (-)	.62
Z2	Selbst wenn ich mich verbessert habe, sind meine Eltern erst dann mit mir zufrieden, wenn ich mindestens so gut bin wie die anderen in meiner Klasse. (-)	.56
Z3	Meine Eltern wollen gute Leistungen sehen, egal wie sehr ich mich dafür anstrengen muss. (-)	.65
Z4	Meine Eltern ermutigen mich weiterzumachen, wenn ich bei schwierigen Aufgaben nahe dran bin, aufzugeben.	.47
Z5	Meinen Eltern ist es wichtig, dass ich besser bin als die meisten in meiner Klasse. (-)	.44
Z6	Meine Eltern interessieren sich für das, was ich in der Schule lerne.	.27
Z7	Meine Eltern sind oft unzufrieden mit meinen Leistungen, egal wie sehr ich mich anstrenge. (-)	.67
Z8	Meine Eltern erwarten Leistungen von mir, die ich kaum schaffen kann. (-)	.63
Z9	Wenn ich über das Ergebnis einer Klassenarbeit enttäuscht bin, machen mir meine Eltern Mut für das nächste Mal.	.57

Den Kern der modifizierten Skala *Zuwendung* (vgl. Tabelle 24) bilden sechs Items, die im Sinne eines Mangels an Zuwendung formuliert wurden und elterlichen Leistungsdruck (Items 2, 3, 5, 7 u. 8) sowie eine autoritäre Reaktion auf Leistungsprobleme (Item 1) indizieren. Die Items zum elterlichen Leistungsdruck beziehen sich überwiegend auf autoritäre (Items 2, 3, 7 u. 8) und erhöhte Leistungsanforderungen (Item 5) im Allgemeinen, während Item 1 sich auf eine autoritäre Reaktion der Eltern auf eine unerwartet schlechte Klassenarbeitsnote bezieht. Die inhaltliche Analyse der Items der modifizierten Skala *Zuwendung* spricht dafür, dass mit dieser Skala ein autoritäres Verhalten der Eltern gemessen wird.

Die Ergebnisse der konfirmatorischen Faktorenanalyse über alle Items und Skalen des Instruments (vgl. Tabelle 24 u. Tabelle 29) bestätigten in der hier untersuchten Stichprobe die von Wild vorgeschlagenen Modifikationen.

3.2.1.3.1.2 Die Skala Autonomieunterstützung

Die Skala *Autonomieunterstützung* soll allgemeine schulbezogene Aktivitäten der Eltern sowie Reaktionen der Eltern auf schulische Lern- und Leistungsprobleme erfassen, die geeignet sind, selbstgesteuertes Lernen der Kinder zu fördern und zu unterstützen. Für die Konstruktion der Items wurden die Art der Autonomieunterstützung, der Kontext in dem diese stattfindet und die Qualität der gegebenenfalls folgenden Disziplinierungsstrategien unterschieden. Es werden drei Arten der Autonomieunterstützung abgefragt: das Anbieten von prozessorientierter Hilfe bei Lernschwierigkeiten, die Ermunterung zu eigenständigem Lernen auch angesichts von

Lernschwierigkeiten sowie der Ausdruck der Wertschätzung von selbstgesteuertem Lernen. Die autonomieunterstützenden Einstellungen und Verhaltensweisen können in einem allgemeinen (unbestimmten) Kontext oder im Kontext absinkender schulischer Leistungen stehen. Drei Qualitäten der bestimmbaren Disziplinierungsstrategien werden erfasst: das Interesse der Eltern an der Problemrepräsentation der Kinder, das Suchen nach einer gemeinsamen Lösung von Problemen sowie das Aufzeigen von Konsequenzen der Handlungen der Kinder (vgl. Wild 1999, 155 f.). Folgende Aspekte der autonomieunterstützenden Instruktion sollen abgebildet werden:
- Das Ausmaß des Angebots von prozessorientierter Hilfe bei Lernschwierigkeiten als Reaktion auf ein Absinken schulischer Leistungen mit unbestimmten Disziplinierungsstrategien (Item 1)
- Das Ausmaß des Angebots von prozessorientierter Hilfe bei Lernschwierigkeiten als Reaktion auf ein Absinken schulischer Leistungen mit einer Disziplinierungsstrategie, die an der Problemrepräsentation des Kindes interessiert ist (Item 2, 3)
- Das Ausmaß des Angebots von prozessorientierter Hilfe bei Lernschwierigkeiten als Reaktion auf ein Absinken schulischer Leistungen mit einer Disziplinierungsstrategie, die die Konsequenzen der Handlungen des Kindes aufzeigt (Item 4)
- Das Ausmaß des Angebots von prozessorientierter Hilfe bei Lernschwierigkeiten mit unbestimmten Disziplinierungsstrategien (Item 5, 6,7)
- Das Ausmaß der Ermunterung zu eigenständigem Lernen auch angesichts von Lernschwierigkeiten mit unbestimmten Disziplinierungsstrategien (Item 8)
- Das Ausmaß der Wertschätzung des selbstgesteuerten Lernen des Kindes mit unbestimmten Disziplinierungsstrategien (Item 9, 10, 11)

Die Items 09 bis 11 wurden nach dem ersten Einsatz der Skala in Studie II von Wild ausgeschlossen, da sie auf keinen der vier Faktoren hohe Ladungen aufwiesen. Vermutet wird, „dass Eltern eine lernorientierte Haltung als Ziel einer (bereichsspezifischen) Selbständigkeitserziehung begrüßen können, ebenso aber auch aufgrund ihrer (vermuteten) Instrumentalität für die Erreichung extrinsischer Ziele befürworten können" (Wild 1999, S. 162). In der eigenen Untersuchung konnte dieses Ergebnis vollständig repliziert werden: Die Items 09 bis 11 konnten ebenfalls keinem Faktor zugeordnet werden.

Wie Tabelle 21 zeigt, lädt das Item 04, das Hinweise der Eltern auf negative Konsequenzen unregelmäßigen Lernens messen soll, in der hier untersuchten Stichprobe nur gering auf den Faktor *Autonomieunterstützung*. Zweifel an der inhaltlichen Validität des Items lassen sich folgendermaßen begründen: Erstens beinhaltet der Hinweis der Eltern auf negative Konsequenzen unregelmäßigen Lernens weder eine konkrete Unterstützungshandlung noch ein Angebot dazu. Zweitens wird das negative Ereignis einer schlechteren Klassenarbeitsnote dem nicht regelmäßigen Lernen des Kindes zugeschrieben und gleichzeitig wird vorhergesagt, dass es dem Kind immer schwerer fallen wird mitzukommen, wenn es nicht regelmäßig lernt. Das Kind wird also als alleiniger Verursacher der schlechteren Schulleistung betrachtet und es wird versucht, Angst vor zunehmendem Misserfolg zu erzeugen. Dass der so formulierte Hinweis auf negative Konsequenzen gleichzeitig ohne Druckausübung vonseiten der

Eltern erfolgen soll, scheint eher artifiziell zu sein und deutet daraufhin, dass bei der Formulierung dieses Items die mögliche Ambivalenz des Statements befürchtet wurde. Hinweise auf negative Konsequenzen selbstgesteuerten Handelns sind zweifellos Bestandteil einer autoritativen Erziehung. Die Formulierung des Items 04 der Skala *Autonomieunterstützung* lässt aber auch die Interpretation zu, dass die Zustimmung zu dieser Aussage auch autoritäres Verhalten der Eltern indizieren kann. Die Testung der modifizierten Skalen von Wild anhand der hier untersuchten Stichprobe (vgl. Tabelle 24) zeigt ebenfalls eine sehr geringe Faktorladung des Items 04 an. Die theoretischen Überlegungen und die empirische Überprüfung führen zum Ausschluss des Items 04 in der vorliegenden Untersuchung.

Tabelle 21: Items der Skala Autonomieunterstützung (α = .82 / n = 436)

A01	Wenn ich eine viel schlechtere Klassenarbeitsnote bekommen habe als sonst, dann fragen mich meine Eltern, wie sie mir helfen können.*	.56
A02	Wenn ich eine viel schlechtere Klassenarbeitsnote bekommen habe als sonst, dann versuchen meine Eltern gemeinsam mit mir den Grund für die schlechte Note herauszufinden.*	.60
A03	Wenn ich eine viel schlechtere Klassenarbeitsnote bekommen habe als sonst, dann sagen mir meine Eltern nicht gleich, was ich machen soll, sondern hören sich in Ruhe an, wie ich selbst mit dieser Situation umgehen will.*	.51
A04	Wenn ich eine viel schlechtere Klassenarbeitsnote bekommen habe als sonst, dann erklären mir meine Eltern ohne Druck zu machen: wenn ich nicht regelmäßig lerne, wird es mir immer schwerer fallen mitzukommen.*	.38
A05	Meine Eltern helfen mir, wenn ich in der Schule mal nicht klar komme.	.79
A06	Wenn ich allein nicht mit den Hausaufgaben klar komme, nehmen sich meine Eltern immer Zeit für mich.	.72
A07	Wenn ich in der Schule etwas nicht verstehe, kann ich mit meinen Eltern darüber reden.	.78
A08	Wenn mir meine Eltern bei den Hausaufgaben helfen, ermuntern sie mich immer, erst mal selbst die richtige Lösung zu finden.	.65
A09	Meine Eltern erwarten, dass ich mich bei den Hausaufgaben wirklich mit den Aufgaben auseinandersetze.	.27
A10	Meine Eltern erwarten, dass ich im Unterricht Fragen stelle, wenn ich etwas nicht verstanden habe.	.14
A11	Meine Eltern legen Wert darauf, dass ich im Unterricht aufpasse, damit ich alles verstehe.	.16

* Diese Items sind dem *Problems-of-School-Questionnaire* von Grolnick & Ryan (1989) entnommen

Das Item 08 stellt den Idealtypus autoritativer elterlicher Instruktion der Kinder im häuslichen Lernprozess dar und lädt auch zufriedenstellend auf den Faktor *Autonomieunterstützung*.

Die Items 01–03 und die Items 05–07 beziehen sich auf das Angebot von prozessorientierter Hilfe bei Lernschwierigkeiten. Die Items 01–03 stehen dabei im Kontext absinkender schulischer Leistungen, während die Items 05–07 sich auf eher allgemeine Angebote der Eltern bei schulbezogenen Lernschwierigkeiten der Kinder beziehen. Da diese Items im Zentrum der Skala stehen und sich eher auf die soziale Unterstützung der Kinder durch die Eltern als auf autonomieunterstützende Instruktionen beziehen, kann die Skala als autoritative Unterstützung bezeichnet werden.

3.2.1.3.1.3 Die Skala Kontrolle

Die Skala *Kontrolle* wird bei Wild auch als *Ergebnisorientierte direktive Instruktion* bezeichnet. Um die Analogie zur bereichsübergreifenden *Kontrolle* zu wahren, wird die Skala im Folgenden als *Kontrolle* bezeichnet. Die Kontrolle des schulischen Verhaltens der Kinder durch ihre Eltern wird – analog zur bereichsübergreifenden Kontrolle – nur in ihrer negativen Form begriffen: als autoritäre Kontrolle. Daher kann postuliert werden, dass sich „Kontrolle im wesentlichen auf die Kontrolle der Hausaufgaben und die Art und Weise des Umgangs mit Schwierigkeiten in der schulischen Entwicklung" beschränkt (Wild 1999, 157 f.). Folgende Aspekte des Verhaltens der Eltern werden berücksichtigt:

- Das Verhalten der Eltern in Reaktion auf ein Absinken schulischer Leistungen (schulischer Misserfolg) mit einer Disziplinierungsstrategie, bei der Vorwürfe an das Kind gerichtet oder Drohungen ausgesprochen werden (Item 1 und 2)
- Das Verhalten der Eltern in Reaktion auf ein Absinken schulischer Leistungen (schulischer Misserfolg) mit einer Disziplinierungsstrategie, bei der Strafe (negative Verstärkung, Entzug von positiver Verstärkung) eingesetzt wird (Item 3)
- Das Verhalten der Eltern in Reaktion auf ein Absinken schulischer Leistungen (schulischer Misserfolg) mit einer Disziplinierungsstrategie, bei der extrinsische Motivierungsstrategien eingesetzt werden (Item 4)
- Die Betonung der Bedeutung von Lern- und Leistungsergebnissen in einem unbestimmten Kontext mit einer unbestimmten Disziplinierungsstrategie (Item 5)

Tabelle 22: Items der Skala Kontrolle ($\alpha = .71$ / n = 437)

K1	Wenn ich eine viel schlechtere Klassenarbeitsnote bekommen habe als sonst, dann halten mir meine Eltern einen Vortrag und verlangen von mir, mehr zu lernen.*	.78
K2	Wenn ich eine viel schlechtere Klassenarbeitsnote bekommen habe als sonst, dann drohen mir meine Eltern Strafen (z.B. Fernsehverbot …) an, wenn ich in der nächsten Zeit nicht hart arbeite und meine Noten verbessere.*	.64
K3	Wenn ich eine viel schlechtere Klassenarbeitsnote bekommen habe als sonst, dann lassen mich meine Eltern solange zu Hause lernen, bis ich alle meine Aufgaben erledigt habe.*	.50
K4	Wenn ich eine viel schlechtere Klassenarbeitsnote bekommen habe als sonst, dann versprechen mir meine Eltern mein Taschengeld zu erhöhen, wenn sich meine Leistungen in Zukunft verbessern.*	.28
K5	Meine Eltern legen großen Wert darauf, dass ich gute Noten heimbringe.	.63

* Diese Items sind dem *Problems-of-School-Questionnaire* von Grolnick & Ryan (1989) entnommen

Die schwache Faktorladung des Items 4 (.28) in der vorliegenden Untersuchung spricht dafür, dieses Item aus der Skala *Kontrolle* zu entfernen. Wie Tabelle 24 (s.u.) zeigt, lädt dieses Item auch in der Untersuchung von Wild nur schwach (.29). Eine Erklärung für die schwache Ladung könnte sein, dass ein Verhalten der Eltern, bei dem eine extrinsische Motivierungsstrategie (Taschengelderhöhung) eingesetzt wird, nicht gleichbedeutend mit einem autoritären Verhalten der Eltern ist, das in den anderen vier Items zum Ausdruck gebracht wird; dort stehen die eher negativen Valenzen im Verhalten der Eltern, wie Strafe, Vorwürfe, Drohungen und Leistungsdruck im Vordergrund. Eine zweite Erklärung für die schwache Ladung könnte sein, dass sich ein Teil der Eltern eine Taschengelderhöhung bei ansteigenden Schulleistungen nicht leisten kann und daher diese Motivierungsstrategie nicht einsetzt. Während der Erhebung haben zudem einzelne Schüler angegeben, dass sie kein Taschengeld von ihren Eltern erhalten. Eine niedrige Zustimmung zur Taschengelderhöhung bei steigenden Schulleistungen bedeutet also letztendlich nur, dass die Eltern diese Form der Motivierungsstrategie nicht als Belohnungsinstrument einsetzen. Die theoretischen Überlegungen und die empirischen Überprüfungen sprechen eindeutig für den Ausschluss des Items aus der Skala.

Während die verbleibenden Items 1 bis 3 ein autoritäres Verhalten der Eltern in Reaktion auf ein Absinken schulischer Leistungen abfragen, soll mit Item 5 das Ausmaß der Betonung der Bedeutung von Lern- und Leistungsergebnissen gemessen werden. Aus der Perspektive der Selbstbestimmungstheorie der Motivation von Deci und Ryan (1985) handelt es sich bei der Betonung von hohen elterlichen Bildungserwartungen zweifellos um eine extrinsische Form der Zielsetzung. Dennoch ist es theoretisch kaum plausibel, dass Eltern mit steigenden Bildungsaspirationen bei absinkenden schulischen Leistungen zunehmend zu autoritären Erziehungsmaßnahmen greifen (wie sie in den Items 1 bis 3 abgefragt werden), da – vermittelt über die soziale Schichtzugehörigkeit der Familie – mit höheren familialen Bildungsaspirationen eine geringere Häufigkeit von autoritären Erziehungspraktiken einhergehen sollte.

Die relativ hohe Ladung des Items 5 auf den Faktor *Kontrolle* spricht allerdings dafür, dass hier nicht zu vernachlässigende Zusammenhänge bestehen. Eine Erklärung für diesen Zusammenhang könnte sein, dass Eltern mit erhöhten autoritären Erziehungspraktiken und gleichfalls erhöhten Bildungsaspirationen ihre Bildungserwartungen besonders explizit betonen. Wenn diese Annahme richtig ist, dann misst das Item 5 nicht ausschließlich Bildungsaspirationen, sondern auch autoritäres Verhalten. Andererseits ist es auch vorstellbar, dass Eltern mit sehr hohen Bildungsaspirationen – selbst bei einem grundsätzlich autoritativen Erziehungsstil – auf ein Absinken schulischer Leistungen ihrer Kinder mit autoritären Erziehungspraktiken reagieren. Wenn diese Annahme richtig ist, dann messen die Items 1 bis 3 nicht nur Aspekte autoritärer Kontrolle, sondern teilweise auch Bildungsaspirationen.

Die genannten Überlegungen sind zwar mögliche Erklärungen für die empirisch feststellbaren Zusammenhänge zwischen dem Item 5 (Bildungsaspiration) und den Items 1 bis 3 (autoritäre Reaktion bei Misserfolg), aus theoretischer Sicht ist es aber nicht befriedigend Item 5 in dieser Skala zu belassen. Da sich in der Skala *Zuwendung* (vgl. Tabelle 20) fünf Items befinden, die ebenfalls das Ausmaß von leistungsbezogenen Erwartungen der Eltern messen sollen, wird das Item 5 den genannten Items zugeordnet (vgl. Tabelle 27).

Nach Ausschluss der Items 4 und 5 in die hier vorgestellten Untersuchung verbleiben *die* Items in der Skala *Kontrolle*, die klassische autoritäre Erziehungsmaßnahmen bei nachlassender schulischer Leistung repräsentieren: Vorwurf, Drohung und Strafe. Die Skala *Kontrolle* sollte also eine autoritäre Reaktion bei Leistungsproblemen messen.

3.2.1.3.1.4 Die Skala Struktur

Analog zur Skala zur bereichsübergreifenden *Struktur* sollen die Items die Klarheit der elterlichen Werte und Erwartungen messen. Drei Bereiche werden hierfür als relevant angesehen: das kindliche Lernverhalten, die erzielte Schulleistung und das Verhalten im Schulkontext (vgl. Wild 1999, S. 158 f.). Die Items sind den folgenden Aspekten des antizipierten Verhaltens der Eltern zugeordnet:

- Die Klarheit der elterlichen Erwartungen an die Anstrengungsbereitschaft des Kindes (Item 1)
- Die Klarheit der elterlichen Leistungserwartungen an das Kind (Item 2)
- Die Klarheit der elterlichen Erwartungen an das Verhalten des Kindes im Schulkontext (Item 3)

Tabelle 23: Items der Skala Struktur ($\alpha = .61$ / n = 437)

S1	Wenn ich für eine Arbeit lerne, weiß ich ganz genau, wie viel Anstrengung meine Eltern von mir erwarten.	.49
S2	Wenn ich eine Klassenarbeit mit nach Hause bringe, weiß ich schon vorher, ob meine Eltern enttäuscht sind.	.73
S3	Wenn ich in der Schule etwas angestellt habe, weiß ich schon vorher, wie meine Eltern reagieren.	.58

Item 1, das sich explizit auf die Erwartung der Eltern bezieht, lädt in der vorliegenden Untersuchung relativ gering auf den Faktor *Struktur*. Die beiden anderen Items können zwar als Indikatoren des Wissens um elterliche Erwartungen angesehen werden, beziehen sich aber ähnlich wie die Items zur bereichsübergreifenden *Struktur* in erster Linie auf das Wissen um elterliches Sanktionsverhalten. Das Item 3 bezieht sich wieder explizit auf die Sanktionierung abweichenden Verhaltens. Ähnlich wie bei der Skala zur bereichsübergreifenden *Struktur* (vgl. S. 174) ist zu vermuten, dass Eltern mit autoritären Erziehungspraktiken engere Verhaltensgrenzen ziehen und eher rigide und mit einem weniger ausdifferenzierten Sanktionsrepertoire auf die Nichteinhaltung ihrer Rollenerwartungen reagieren und ihre Kinder daher genau wissen, wie ihre Eltern reagieren. Diese Überlegungen legen wiederum die Hypothese nahe, dass mit dieser Skala eher ein autoritäres als ein autoritatives Verhalten der Eltern erfasst wird.

3.2.1.3.2 Die modifizierten Skalen von Wild

3.2.1.3.2.1 Die Skala Zuwendung

Da aus der theoretisch postulierten Skala *Zuwendung* drei Items entfernt wurden und die verbleibenden sechs Items sich vor allem auf die tatsächlichen Fähigkeiten des Kindes beziehen, wurde die Skala von Wild in *Responsivität* umbenannt (vgl. Wild 1999, S. 162). Die modifizierte Skala *Zuwendung* bzw. *Responsivität* (vgl. Tabelle 24) wies in den Untersuchungen von Wild eine gute bis akzeptable Reliabilität auf: In Studie II erreichte der Reliabilitätskoeffizient mit $\alpha = .85$ (n = 98) einen guten Wert, in Studie III mit α = .76 (n = 161) einen zufriedenstellenden Wert (vgl. Wild 1999, S. 164 u. 173). In der eigenen Untersuchung fiel der Reliabilitätskoeffizient mit α = .78 (n = 439) ebenfalls zufriedenstellend aus. Da die verbleibenden sechs Items der Skala autoritäre Erziehungspraktiken der Eltern erfassen, wird die Skala im weiteren Fortgang der Untersuchung als *Autoritärer Leistungsdruck* bezeichnet. Daher werden die Items im Folgenden auch nicht mehr rekodiert, da sie ein elterliches Verhalten mit negativer Valenz messen sollen. Item 1, das eine autoritäre Reaktion der Eltern bei nachlassenden Schulleistungen abfragt, wird von dieser Skala ausgeschlossen und der Skala *Kontrolle* zugeordnet, in der ebenfalls autoritäre Reaktionen der Eltern bei Leistungsproblemen abgefragt werden.

3.2.1.3.2.2 Die Skala Autonomieunterstützung

Die Modifikation der Skala *Autonomieunterstützung* (vgl. Tabelle 25) beruht nicht nur auf dem Ausschluss von drei Items, sondern auch auf der Hinzunahme von zwei Items aus der Skala *Zuwendung*, die sich weniger auf selbstgesteuertes Lernen beziehen, sondern die emotionale Unterstützung bei Lernschwierigkeiten thematisieren (vgl. Wild 1999, 162). Die Entscheidung über die Aufnahme dieser Items beruht nicht auf theoretischen Überlegungen, sondern wurde aufgrund der empirischen Überprüfung getroffen. Die Faktorladungen der Items 4 und 9 aus der Skala *Zuwendung* auf den Faktor *Autonomieunterstützung* sprechen auch in der vorliegenden Studie für einen engen Zusammenhang zwischen den Items zur emotionalen Unterstützung (*Zuwendung*) und den Items zur sozialen Unterstützung (*Autonomieunterstützung*).

Die modifizierte Skala *Autonomieunterstützung* mit allen 10 Items erzielte in den Studien II (n = 98) und III (n = 161) von Wild gute Reliabilitätskoeffizienten mit α = .89 bzw. α = .85 (vgl. Wild 1999, S. 164 u. 173). Die Zuverlässigkeit der Skala konnte in der vorliegenden Stichprobe (n = 437) mit α = .85 zwar bestätigt werden, obwohl das Item A4 auch nach der Modifikation der Skala keine zufriedenstellende Faktorladung aufweist. Die theoretischen Überlegungen (vgl. Kap. 3.2.1.3.1.2) gaben jedoch den Anlass, das Item A4 von der weiteren Untersuchung auszuschließen.

Die Ergebnisse weiterer Faktorenanalysen gaben auch einen Hinweis für eine Trennung der Skala *Autonomieunterstützung* in zwei Faktoren, die einerseits elterliche Unterstützung bei Leistungsproblemen bzw. Misserfolg abfragen (Items A1–A3) und sich andererseits auf elterliche Unterstützung bei Problemen im schulbezogenen Lernprozess beziehen (Items A5–A7). Die Unterstützung bei Leistungsproblemen und die Unterstützung bei Lernproblemen sind in der theoretischen Begründung der Skalenentwicklung von Wild als abgrenzbare Aspekte elterlichen Unterstützungsverhaltens definiert (vgl. Kap. 3.2.1.3.1.2), obwohl von Wild nicht intendiert war, dass beide Aspekte als einzelne Faktoren isolierbar sein könnten. Die Trennung dieser beiden Aspekte führte jedoch dazu, dass die Items Z4 und Z9, die die emotionale Unterstützung bei Lern- und Leistungsproblemen abfragen, nicht eindeutig dem einen oder dem anderen Faktor der sozialen Unterstützung zugeordnet werden können. Da die beiden Items zur emotionalen Unterstützung auch nicht einen gemeinsamen dritten Faktor bilden, wurden sie von der weiteren Untersuchung ausgeschlossen.

3.2.1.3.2.3 Die Skala Kontrolle

Die Skala *Kontrolle* wurde von Wild nicht modifiziert (vgl. Tabelle 24), obwohl Item 4 eine nicht zufriedenstellende Faktorladung aufweist. Dies konnte in der vorliegenden Studie reproduziert werden. Die Reliabilitätskoeffizienten der Skala *Kontrolle* erzielten in den Studien II (n = 98) und III (n = 161) von Wild zufriedenstellende Werte mit α = .72 bzw. α = .77 (vgl. Wild 1999, S. 164 u. 173).

Die Zuverlässigkeit der Skala konnte in der vorliegenden Stichprobe (n = 437) mit α = .71 zwar bestätigt werden, die schwache Faktorladung in allen Studien und die theoretischen Überlegungen (vgl. Kap. 3.2.1.3.1.3) führen aber zum Ausschluss von Item 4 von der weiteren Untersuchung. Zur Verbesserung der inhaltlichen Validität wird im Fortgang der Untersuchung geprüft werden, ob Item 5, das die Betonung der Bedeutung von Lern- und Leistungsergebnissen messen soll, der Skala *Zuwendung* zugeordnet werden kann, da fünf dieser Items das Ausmaß von Äußerungen zu angemessenen leistungsbezogenen Erwartungen messen sollen. Im Gegenzug wird das Item 1 der Skala *Zuwendung* der Skala *Kontrolle* zugeordnet, das ebenfalls eine elterliche Reaktion mit negativer Verstärkung (hier: Vorwürfe) auf schulischen Misserfolg messen soll. Dies verbessert die inhaltliche Validität der Skala *Kontrolle*, da alle Items eine autoritäre Reaktion auf schulischen Misserfolg abfragen.

3.2.1.3.2.4 Die Skala Struktur

Die Skala *Struktur* wurde von Wild nicht modifiziert und erreichte in der Studie II (n = 98) und in der Studie III (n = 161) von Wild einen zufriedenstellenden Reliabilitätskoeffizienten in Höhe von α = .76 bzw. α = .72 (vgl. Wild 1999, S. 164 u. 173), der in der vorliegenden Stichprobe (n = 437) mit α = .61 etwas geringer ausfällt.

Die Zweifel an der inhaltlichen Validität wurden bereits in Kapitel 3.2.1.3.1.4 formuliert und werden durch die Ergebnisse der Faktoreninterkorrelationen bestätigt, die in Tabelle 26 aufgeführt sind. Die Skala *Struktur* korreliert entgegen der eigentlichen Intention nicht mit dem *autoritativen* Faktor *Autonomieunterstützung*, sondern substanziell mit den *autoritären* Faktoren *Zuwendung* und *Kontrolle*, wodurch die Annahme aus Kapitel 3.2.1.3.1.4 gestützt wird, dass die Skala *Struktur* eher autoritäres als autoritatives Verhalten der Eltern misst. Da die Höhe der Koeffizienten in Studie III von Wild genau die gleichen Tendenzen wie in der vorliegenden Studie aufzeigen, wird die Skala *Struktur* aus dem Instrument zum schulbezogenen Verhalten der Eltern herausgenommen, da begründete Zweifel an der Validität der Skala bestehen.

Tabelle 24: Modifizierte Skalen von Wild (Teil 1)

	Zuwendung (Responsivität) (α = .78, n = 439)	Wild	Fuß
Z1	Wenn ich eine viel schlechtere Klassenarbeitsnote bekommen habe als sonst, dann werfen mir meine Eltern vor, zu viele andere Dinge im Kopf zu haben und mich nicht genug um die Schule zu kümmern.	.71	.65
Z2	Selbst wenn ich mich verbessert habe, sind meine Eltern erst dann mit mir zufrieden, wenn ich mindestens so gut bin wie die anderen in meiner Klasse.	.77	.57
Z3	Meine Eltern wollen gute Leistungen sehen, egal wie sehr ich mich dafür anstrengen muss.	.76	.70
Z5	Meinen Eltern ist es wichtig, dass ich besser bin als die meisten in meiner Klasse.	.68	.48
Z7	Meine Eltern sind oft unzufrieden mit meinen Leistungen, egal wie sehr ich mich anstrenge.	.59	.67
Z8	Meine Eltern erwarten Leistungen von mir, die ich kaum schaffen kann.	.76	.64

	Kontrolle (ergebnisorientierte-direktive Instruktion) (α = .71, n = 437)		
K1	Wenn ich eine viel schlechtere Klassenarbeitsnote bekommen habe als sonst, dann halten mir meine Eltern einen Vortrag und verlangen von mir, mehr zu lernen.*	.89	.77
K2	Wenn ich eine viel schlechtere Klassenarbeitsnote bekommen habe als sonst, dann drohen mir meine Eltern Strafen (z.B. Fernsehverbot ...) an, wenn ich in der nächsten Zeit nicht hart arbeite und meine Noten verbessere.*	.55	.63
K3	Wenn ich eine viel schlechtere Klassenarbeitsnote bekommen habe als sonst, dann lassen mich meine Eltern solange zu Hause lernen, bis ich alle meine Aufgaben erledigt habe.*	.47	.50
K4	Wenn ich eine viel schlechtere Klassenarbeitsnote bekommen habe als sonst, dann versprechen mir meine Eltern mein Taschengeld zu erhöhen, wenn sich meine Leistungen in Zukunft verbessern.*	.29	.28
K5	Meine Eltern legen großen Wert darauf, dass ich gute Noten heimbringe.	.74	.64

	Struktur (α = .61, n = 437)		
S1	Wenn ich für eine Arbeit lerne, weiß ich ganz genau, wie viel Anstrengung meine Eltern von mir erwarten.	.75	.51
S2	Wenn ich eine Klassenarbeit mit nach Hause bringe, weiß ich schon vorher, ob meine Eltern enttäuscht sind.	.74	.71
S3	Wenn ich in der Schule etwas angestellt habe, weiß ich schon vorher, wie meine Eltern reagieren.	.67	.58

* Diese Items sind dem *Problems-of-School-Questionnaire* von Grolnick & Ryan (1989) entnommen

Tabelle 25: Modifizierte Skalen von Wild (Teil 2)

	Autonomieunterstützung (α = .87, n = 437)	Wild	Fuß
A1	Wenn ich eine viel schlechtere Klassenarbeitsnote bekommen habe als sonst, dann fragen mich meine Eltern, wie sie mir helfen können.*	.80	.57
A2	Wenn ich eine viel schlechtere Klassenarbeitsnote bekommen habe als sonst, dann versuchen meine Eltern gemeinsam mit mir den Grund für die schlechte Note herauszufinden.*	.67	.60
A3	Wenn ich eine viel schlechtere Klassenarbeitsnote bekommen habe als sonst, dann sagen mir meine Eltern nicht gleich, was ich machen soll, sondern hören sich in Ruhe an, wie ich selbst mit dieser Situation umgehen will.*	.62	.55
A4	Wenn ich eine viel schlechtere Klassenarbeitsnote bekommen habe als sonst, dann erklären mir meine Eltern ohne Druck zu machen: wenn ich nicht regelmäßig lerne, wird es mir immer schwerer fallen mitzukommen.*	.67	.39
A5	Meine Eltern helfen mir, wenn ich in der Schule mal nicht klar komme.	.79	.78
A6	Wenn ich allein nicht mit den Hausaufgaben klar komme, nehmen sich meine Eltern immer Zeit für mich.	.68	.69
A7	Wenn ich in der Schule etwas nicht verstehe, kann ich mit meinen Eltern darüber reden.	.60	.75
A8	Wenn mir meine Eltern bei den Hausaufgaben helfen, ermuntern sie mich immer, erst mal selbst die richtige Lösung zu finden.	.57	.65
Z4	Meine Eltern ermutigen mich weiterzumachen, wenn ich bei schwierigen Aufgaben nahe dran bin, aufzugeben.	.61	.72
Z9	Wenn ich über das Ergebnis einer Klassenarbeit enttäuscht bin, machen mir meine Eltern Mut für das nächste Mal.	.80	.62

* Diese Items sind dem *Problems-of-School-Questionnaire* von Grolnick & Ryan (1989) entnommen

3.2.1.3.2.5 Faktoreninterkorrelationen

Tabelle 26 zeigt die Faktoreninterkorrelationen der modifizierten Faktoren von Wild anhand der vorliegenden Stichprobe und der Studie III von Wild. Die Werte beider Studien sind tendenziell vergleichbar und unterscheiden sich nur darin, dass die Zusammenhänge zwischen den Faktoren in der Studie von Wild teilweise etwas geringer ausfallen. Ein Grund dafür könnte sein, dass in der vorliegenden Studie auch Realschulklassen berücksichtigt sind, während die Studien von Wild nur in Gymnasien durchgeführt wurden. Die unterschiedlichen Vorzeichen der Koeffizienten zwischen dem Faktor *Zuwendung* und den anderen Faktoren sind darin begründet, dass die Items in der Studie von Wild rekodiert wurden, da die Skala *Zuwendung* durch Items gemessen werden sollte, die einen Mangel an Zuwendung abfragen, während die Skala *Zuwendung* im Folgenden als Indikator für autoritäres Verhalten der Eltern dienen soll.

Die *autoritären* Faktoren *Zuwendung* und *Kontrolle* korrelieren in beiden Studien so hoch (mindestens 52 % gemeinsame Varianz), dass angenommen werden kann, dass sie Indikatoren des hypothetischen Konstrukts eines schulbezogenen autoritären Verhalten der Eltern repräsentieren, der als Faktor zweiter Ordnung *Autoritäre Leistungskontrolle* genannt wird.

Der *autoritative* Faktor *Autonomieunterstützung* korreliert dagegen deutlich geringer mit den *autoritären* Faktoren *Zuwendung* und *Kontrolle* (maximal 23 % gemeinsame Varianz) als diese untereinander. Dies spricht für die Hypothese, dass sich auch im Instrument zum schulbezogenen Verhalten der Eltern autoritative und autoritäre Aspekte als relativ unabhängige Faktoren isolieren lassen.

Der Faktor *Struktur* korreliert dagegen erwartungswidrig nicht mit dem Faktor zum autoritativen Verhalten der Eltern, sondern ausschließlich und substanziell mit den *autoritären* Faktoren und wird daher, wie bereits in Kapitel 3.2.1.3.2.4 angesprochen, von der weiteren Untersuchung ausgeschlossen.

Tabelle 26: Faktoreninterkorrelationen des modifizierten 4-Faktoren-Modells

	Autonomieunterstützung	Zuwendung	Kontrolle	Struktur
Autonomieunterstützung	-			
Zuwendung	-.48 (.42)	-		
Kontrolle	-.36 (-.39)	.94 (-.72)	-	
Struktur	-.04 (-.04)	.58 (-.46)	.62 (.46)	-

* Die Werte in Klammern stammen aus Studie III von Wild (Wild 1999, S. 173)

3.2.1.3.2.6 Zusammenfassung

Die weitgehende Vergleichbarkeit der Faktorladungen der Items und der Faktoreninterkorrelationen der hier untersuchten Stichprobe mit der Studie III von Wild ist einerseits ein Indiz für die Messgenauigkeit der Items und andererseits ein Hinweis darauf, dass in beiden Studien keine gravierenden Stichprobenfehler aufgetreten sein können. Die bisherigen Ergebnisse bestätigen zunächst die von Wild vorgenommenen Modifikationen des theoretisch postulierten Instruments, dennoch deuten die Ergebnisse der vorliegenden Untersuchung mit der deutlich umfangreicheren Stichprobe auf weitergehende Modifikationen des Instruments hin, die in den Kapiteln 3.2.1.3.2.1 bis 3.2.1.3.2.4 vorgeschlagen wurden. Im folgenden Kapitel werden die verschiedenen Modelle mit Hilfe der Testgütekriterien der konfirmatorischen Faktorenanalyse auf die Güte der Anpassung der Daten an die Modelle geprüft.

3.2.1.3.3 Die modifizierten Skalen dieser Arbeit

3.2.1.3.3.1 Die Skala Autoritative Unterstützung bei Misserfolg

Die Skala *Autoritative Unterstützung bei Misserfolg* wird aus den Items A1 bis A3 der Skala *Autonomieunterstützung* gebildet (vgl. Tabelle 27). Die Items sollen – wie von Wild theoretisch postuliert – das „Ausmaß des Angebots von prozessorientierter Hilfe bei Lernschwierigkeiten als Reaktion auf ein Absinken schulischer Leistungen" messen (vgl. Kapitel 3.2.1.3.1.2).

Die Zuverlässigkeit der Skala kann mit einem Reliabilitätskoeffizienten von $\alpha = .66$ (n = 438) angesichts der Kürze der Skala als zufriedenstellend eingeschätzt werden. Die geringste Faktorladung zeigt das Item A3, zu dessen Zustimmung zwei Bedingungen gleichzeitig erfüllt sein müssen: Erstens sollen die Eltern als unmittelbare Reaktion auf eine schlechtere Klassenarbeit keine Vorschläge oder Vorschriften an das Kind richten, sondern sich zweitens in Ruhe – also ohne negativen Emotionsausdruck – mit den Vorschlägen des Kindes auseinandersetzen. Beide Bedingungen setzen die Abwesenheit des Ausdrucks negativer Emotionen vonseiten der Eltern voraus, was sich insbesondere auf den Ärgerausdruck beziehen dürfte. Es ist daher zu erwarten, dass das Item A3 in größerem Ausmaß die emotionale Verbundenheit zwischen Eltern und Kindern misst als die beiden anderen Items. Das Item Z9, das die Ermutigung des Kindes durch die Eltern bei einer enttäuschenden Klassenarbeit abfragt, lädt zwar auf diesen Faktor und würde als emotionale Komponente autoritativen Verhaltens der Eltern auch von der inhaltlichen Validität zu dieser Skala passen, verursacht aber Probleme bei der Faktorenanalyse des Instruments in einer laufenden Replikationsstudie (n > 900). Item Z4, dass sich auf die Ermutigung des Kindes, bei schwierigen Aufgaben nicht aufzugeben, bezieht und von der inhaltlichen Validität besser zur Skala *Autoritative Unterstützung im Lernprozess* (vgl. Kapitel 3.2.1.3.3.2) passen würde, lädt in dieser Stichprobe und in der laufenden Replikationsstudie ebenfalls auf den Faktor *Autoritative Unterstützung bei Misserfolg* und verursacht vergleichbare Probleme wie das Item Z9. Beide Items beziehen sich auf die emotionale Komponente des autoritativen Verhaltens der Eltern, verursachen aber Probleme bei den Faktorenanalysen und werden daher von der weiteren Untersuchung ausgeschlossen.

3.2.1.3.3.2 Die Skala Autoritative Unterstützung im Lernprozess

Die Items A5 bis A7 der ursprünglichen Skala *Autonomieunterstützung* bilden hier die Skala *Autoritative Unterstützung im Lernprozess* (vgl. Tabelle 27). Wie von Wild theoretisch postuliert, sollen die Items das „Ausmaß des Angebots von prozessorientierter Hilfe bei Lernschwierigkeiten" messen (vgl. Kapitel 3.2.1.3.1.2). Während in der Skala *Autoritative Unterstützung bei Misserfolg* das Hilfeangebot der Eltern als Reaktion auf nachlassende Schulleistungen abgefragt wird, beziehen sich die Items A5 bis A7 auf die allgemeine Unterstützung bei Lernschwierigkeiten beziehungsweise auf Probleme bei der Anfertigung von Hausaufgaben – daher wird die Skala hier als *Autoritative Unterstützung im Lernprozess* bezeichnet. Die Skala zeichnet sich durch einen sehr guten Reliabilitätskoeffizienten von $\alpha = .84$ (n = 439) aus. Das Item A8 (vgl. Tabelle 25), das von der inhaltlichen Validität gut zu dieser Skala passen würde, wird von der weiteren Untersuchung aber ausgeschlossen, da es auf beide Skalen zur autoritativen Unterstützung lädt und sich daher als nicht genügend trennscharf erwiesen hat.

3.2.1.3.3.3 Die Skala Autoritäre Reaktion bei Misserfolg

Die Skala *Autoritäre Reaktion bei Misserfolg* (vgl. Tabelle 27) wird im Kern aus den Items K1 bis K3 aus der Skala Kontrolle gebildet. Die Items K1 und K2 sollen – als

Reaktion auf eine schlechtere Klassenarbeit – eine Disziplinierungsstrategie der Eltern messen, bei der „Vorwürfe an das Kind gerichtet oder Drohungen ausgesprochen" werden. Item K3 soll dagegen konkrete Strafmaßnahmen der Eltern als Reaktion auf eine schlechtere Klassenarbeit erfassen (vgl. Kapitel 3.2.1.3.1.3).

Zusätzlich wird in die Skala *Autoritäre Reaktion bei Misserfolg* das Item Z1 aus der Skala *Zuwendung* mit aufgenommen (vgl. Kapitel 3.2.1.3.1.1), das ebenfalls eine Vorwurfsreaktion der Eltern bei schlechter ausgefallenen Klassenarbeiten erfasst. Das Item passt nicht nur aufgrund der inhaltlichen Validität zu dieser Skala, sondern zeigt anhand der vorliegenden Stichprobe bei allen Faktorenanalysen stets bedeutsame Ladungen auf diesen Faktor. Theoretisch sollte das Item Z1 „Äußerungen zu angemessenen lernbezogenen Erwartungen der Eltern" messen, was auch von der inhaltlichen Analyse her plausibel ist, da der Vorwurf „zu viele andere Dinge im Kopf zu haben" und sich „nicht genug um die Schule zu kümmern" den Vorwurf impliziert, zu wenig gelernt zu haben. Andererseits scheint bei dem Item Z1 die Vorwurfsreaktion der Eltern auf eine schlechtere Klassenarbeit der Hauptanker für die Zustimmung zu dem Item zu sein. Dafür spricht, dass es gemeinsam mit dem Item K1, das ebenfalls eine Vorwurfsreaktion der Eltern abfragt, die höchsten Ladungskoeffizienten auf den Faktor aufweist. Das Statement von Item K1 „dann halten mir meine Eltern einen Vortrag" schien einigen Schülerinnen und Schülern sehr vertraut zu sein, wie wir bei der Erhebung feststellen konnten. Einige haben beim (lauten) Lesen des Items geschmunzelt und eine Schülerin sagte: „ja, ja, meine Mutter sagt immer: das wird Konsequenzen haben!". Das Item K2, welches eine Strafandrohung abfragt, lädt noch gut auf den Faktor *Autoritäre Reaktion bei Misserfolg*, während das Item K3, das sich auf eine konkrete Strafmaßnahme bezieht, eine vergleichsweise geringe Faktorladung mit a = .48 aufweist. Der Reliabilitätskoeffizient in Höhe von α = .76 (n = 438) ist bei einer Skala mit vier Items noch als gut zu bewerten.

3.2.1.3.3.4 Die Skala Autoritärer Leistungsdruck

Den Kern der Skala *Autoritärer Leistungsdruck* (vgl. Tabelle 27) bilden fünf Items aus der theoretisch postulierten Skala *Zuwendung*, die nach der Modifikation von Wild in *Responsivität* umbenannt wurde. Wie von Wild theoretisch postuliert, sollen diese fünf Items (Z2, Z3, Z5, Z7, Z8) in rekodierter Form das „Ausmaß von Äußerungen zu angemessenen leistungsbezogenen Erwartungen der Eltern" messen (vgl. Kapitel 3.2.1.3.1.1) und bilden mit dem Item Z1, das hier der Skala *Autoritäre Reaktion bei Misserfolg* (vgl. Kapitel 3.2.1.3.3.3) zugeordnet wird, bei Wild die modifizierte Skala *Zuwendung (Responsivität)*.

Zusätzlich wird hier das Item K5 aus der Skala *Kontrolle* aufgenommen, das die „Betonung der Bedeutung von Leistungsergebnissen" messen soll (vgl. Kapitel 3.2.1.3.1.3), da es nicht nur von der inhaltlichen Validität besser zur Skala *Autoritärer Leistungsdruck* als zur Skala *Autoritäre Reaktion bei Misserfolg* passt, sondern auch in der vorliegenden Untersuchung (bei zusätzlichen Faktorenanalysen) eher auf den erstgenannten Faktor lädt. Dass das Item K5 ebenfalls gut auf den ursprünglichen

Faktor *Kontrolle* (Kern der Skala *Autoritäre Reaktion bei Misserfolg*) lädt, wie Tabelle 24 zeigt, ist damit zu erklären, dass die ursprünglichen Faktoren *Kontrolle* und *Zuwendung* (Kern der Skala *Autoritärer Leistungsdruck*) in der vorliegenden Stichprobe wenig trennscharf sind und mit r = .94 sehr hoch korrelieren, wie aus Tabelle 26 zu entnehmen ist. Die Zuverlässigkeit der Skala *Autoritärer Leistungsdruck* kann mit einem Reliabilitätskoeffizienten von α = .80 (n = 438) als hoch eingeschätzt werden.

3.2.1.3.3.5 Zusammenfassung

Die vorgenommenen Modifikationen des Instruments von Wild zur Erfassung des schulbezogenen Verhaltens der Eltern sind inhaltlich als valide und empirisch als zuverlässig einzuschätzen. Die von Wild theoretisch postulierte Skala *Autonomieunterstützung* wurde nach der von Wild vorgenommenen Kürzung (vgl. Kapitel 3.2.1.3.1.2) um zwei weitere Items gekürzt und in zwei Faktoren des autoritativen Verhaltens der Eltern zerlegt. Der erste Faktor bezieht sich auf elterliche Unterstützung als Reaktion auf ein Absinken schulischer Leistung und wird daher als *Autoritative Unterstützung bei Misserfolg* bezeichnet. Der zweite Faktor des autoritativen Verhaltens der Eltern rekurriert auf elterliche Unterstützung im Lernprozess und wird folglich *Autoritative Unterstützung im Lernprozess* genannt. Bei der theoriegeleiteten Entwicklung wurden beide Faktoren als unterschiedliche Aspekte des autoritativen Verhaltens der Eltern bzw. der Autonomieunterstützung formuliert.

Wie Tabelle 28 zeigt, korrelieren die beiden Faktoren mit r = .72 (n = 439) so hoch, dass angenommen werden kann, dass beide Faktoren etwas Gemeinsames messen. Die gemeinsame Varianz von knapp 52 Prozent deutet aber darauf hin, dass beide Faktoren nicht identisch sind, sondern als getrennte Indikatoren des schulbezogenen autoritativen Verhaltens der Eltern verwendet werden dürfen. Die Korrelationskoeffizienten der autoritativen Faktoren mit den autoritären Faktoren liegen mit Werten von r = -.32 bis r = -.39 deutlich niedriger. Die sich daraus ergebende, gemeinsame Varianz von etwa 10 bis 15 Prozent deutet darauf hin, dass die autoritativen Faktoren als relativ unabhängig von den autoritären Faktoren anzusehen sind.

Die von Wild modifizierten Skalen *Zuwendung* und *Kontrolle* (vgl. die Kapitel 3.2.1.3.2.1 und 3.2.1.3.2.3) wurden jeweils um ein Item gekürzt und jeweils ein Item des einen Faktors dem anderen Faktor zugeordnet. Alle Items des ersten Faktors beziehen sich nun auf mehr oder weniger unangemessene elterliche Leistungserwartungen und der Faktor wird daher *Autoritärer Leistungsdruck* genannt.

Die Items des zweiten Faktors beschreiben nach dieser Modifikation ausschließlich autoritäre elterliche Reaktionen auf ein Absinken schulischer Leistung und folglich wird dieser Faktor als *Autoritäre Reaktion bei Misserfolg* bezeichnet. Wie Tabelle 28 zeigt, korrelieren beide Faktoren mit r = .78 (n = 439) und zeichnen sich daher durch eine gemeinsame Varianz von knapp 61 Prozent aus.

Tabelle 27: Modifizierte Skalen in dieser Arbeit

	Autoritäre Reaktion bei Leistungsproblemen bzw. Misserfolg (α = .76, n = 438)	
K1	Wenn ich eine viel schlechtere Klassenarbeitsnote bekommen habe als sonst, dann halten mir meine Eltern einen Vortrag und verlangen von mir, mehr zu lernen.*	.86
Z1	Wenn ich eine viel schlechtere Klassenarbeitsnote bekommen habe als sonst, dann werfen mir meine Eltern vor, zu viele andere Dinge im Kopf zu haben und mich nicht genug um die Schule zu kümmern.	.74
K2	Wenn ich eine viel schlechtere Klassenarbeitsnote bekommen habe als sonst, dann drohen mir meine Eltern Strafen (z.B. Fernsehverbot …) an, wenn ich in der nächsten Zeit nicht hart arbeite und meine Noten verbessere.*	.61
K3	Wenn ich eine viel schlechtere Klassenarbeitsnote bekommen habe als sonst, dann lassen mich meine Eltern solange zu Hause lernen, bis ich alle meine Aufgaben erledigt habe.*	.48

	Autoritative Unterstützung im Lernprozess (α = .84, n = 439)	
A7	Wenn ich in der Schule etwas nicht verstehe, kann ich mit meinen Eltern darüber reden.	.83
A5	Meine Eltern helfen mir, wenn ich in der Schule mal nicht klar komme.	.80
A6	Wenn ich allein nicht mit den Hausaufgaben klar komme, nehmen sich meine Eltern immer Zeit für mich.	.77

	Autoritärer Leistungsdruck (α = .80, n = 438)	
Z3	Meine Eltern wollen gute Leistungen sehen, egal wie sehr ich mich dafür anstrengen muss.	.74
K5	Meine Eltern legen großen Wert darauf, dass ich gute Noten heimbringe.	.66
Z7	Meine Eltern sind oft unzufrieden mit meinen Leistungen, egal wie sehr ich mich anstrenge.	.65
Z8	Meine Eltern erwarten Leistungen von mir, die ich kaum schaffen kann.	.65
Z2	Selbst wenn ich mich verbessert habe, sind meine Eltern erst dann mit mir zufrieden, wenn ich mindestens so gut bin wie die anderen in meiner Klasse.	.59
Z5	Meinen Eltern ist es wichtig, dass ich besser bin als die meisten in meiner Klasse.	.54

	Autoritative Unterstützung bei Leistungsproblemen bzw. Misserfolg (α = .66, n = 438)	
A2	Wenn ich eine viel schlechtere Klassenarbeitsnote bekommen habe als sonst, dann versuchen meine Eltern gemeinsam mit mir den Grund für die schlechte Note herauszufinden.*	.72
A1	Wenn ich eine viel schlechtere Klassenarbeitsnote bekommen habe als sonst, dann fragen mich meine Eltern, wie sie mir helfen können.*	.66
A3	Wenn ich eine viel schlechtere Klassenarbeitsnote bekommen habe als sonst, dann sagen mir meine Eltern nicht gleich, was ich machen soll, sondern hören sich in Ruhe an, wie ich selbst mit dieser Situation umgehen will.*	.53

* Diese Items sind dem *Problems-of-School-Questionnaire* von Grolnick & Ryan (1989) entnommen

Die Trennschärfe beider Faktoren ist durch die Modifikation deutlich besser geworden, da die ursprünglichen, von Wild modifizierten Faktoren *Zuwendung* und *Kon-*

trolle in der vorliegenden Stichprobe mit r = .94 korrelieren, was eine gemeinsame Varianz von gut 88 Prozent bedeutet (vgl. Tabelle 26).

3.2.1.3.3.6 Faktoreninterkorrelationen

Wie aus Tabelle 28 zu entnehmen ist, korrelieren sowohl die postulierten Faktoren zum autoritativen Verhalten der Eltern (*Autoritative Unterstützung bei Misserfolg* und *Autoritative Unterstützung im Lernprozess*) mit r = .72 als auch die postulierten Faktoren zum autoritären Verhalten der Eltern (*Autoritäre Reaktion bei Misserfolg* und *Autoritärer Leistungsdruck*) mit r = .78 hoch. Die jeweils gemeinsame Varianz der Indikatoren von knapp 52 bzw. 61 Prozent deutet darauf hin, dass die Indikatoren jeweils etwas Gemeinsames messen.

Tabelle 28: Faktoreninterkorrelationen des neuen 4-Faktoren-Modells (n = 439)

	Unterstützung beim Lernen	Unterstützung bei Misserfolg	Autoritäre Reaktion bei Misserfolg	Autoritärer Leistungsdruck
Unterstützung beim Lernen	1.00			
Unterstützung bei Misserfolg	0.72	1.00		
Autoritäre Reaktion bei Misserfolg	-0.32	-0.36	1.00	
Autoritärer Leistungsdruck	-0.39	-0.36	0.78	1.00

Die Indikatoren des autoritativen Verhaltens der Eltern korrelieren mit den Indikatoren des autoritären Verhaltens der Eltern minimal mit r = -.32 und maximal mit r = -.39. Die gemeinsame Varianz der Indikatoren des autoritativen Verhaltens der Eltern mit den Indikatoren des autoritären Verhaltens der Eltern beläuft sich also auf etwa 10 bis 15 Prozent. Dies bedeutet einerseits, dass die Messwerte des autoritativen Verhaltens der Eltern nicht unabhängig von den Messwerten des autoritären Verhaltens der Eltern sind, andererseits sind die Zusammenhänge aber nicht so hoch, um von einer Eindimensionalität der Messung des Verhaltens der Eltern mit einem positiven und einem negativen Pol ausgehen zu müssen. Daher wird im Folgenden von einer relativen Unabhängigkeit der Indikatoren des autoritativen Verhaltens der Eltern von den Indikatoren des autoritären Verhaltens der Eltern ausgegangen.

3.2.1.3.4 Modelltestung

Die maximale Höhe der Korrelationskoeffizienten von r = .78 zwischen den vier neu postulierten Faktoren spricht für die Annahme, dass sich die vier Faktoren auch empirisch trennen lassen. Im Folgenden wird der Frage nachgegangen, ob das neu postulierte Faktorenmodell anhand der vorliegenden Stichprobe bessere Modellanpassungswerte bei der konfirmatorischen Faktorenanalyse liefert als das theoretische Modell (vgl. Kapitel 3.2.1.3.1) und als das modifizierte Modell von Wild (vgl. Kapitel 3.2.1.3.2). Auf die Testung eines Generalfaktormodells kann aufgrund der

Höhe der Faktoreninterkorrelationen ebenso verzichtet werden wie auf die Testung eines Modells mit unkorrelierten Faktoren.

Als Modell 1 wird das theoretische Modell von Wild getestet. Der geschätzte RMSEA liegt mit einem Wert von $\varepsilon = .11$ über dem maximalen Konventionswert von $\varepsilon = .08$ und die weiteren Fit-Indizes (CFI, GFI, AGFI) liegen mit Werten von .67 bis .73 ebenfalls deutlich unter allen Akzeptanzgrenzen. Wie aufgrund vieler schwacher Faktorladungen (vgl. Kapitel 3.2.1.3.1) bereits zu vermuten war, muss das theoretisch postulierte Modell zurückgewiesen werden; in der Studie von Wild (1999) sind Modellanpassungswerte zum theoretischen Modell nicht angegeben, aber vermutlich ähnlich schlecht, da die meisten Probleme bei der empirischen Überprüfung des theoretischen Modells vergleichbar waren.

Tabelle 29: Testung der Modelle

		N	χ^2	df	p_{χ^2}	RMSEA	p*	CFI	GFI	AGFI
Modell 1	Theoretisches Modell	432	2272	344	.00	.110	.00	.67	.73	.68
	Studie Wild	-	-	-	-	-	-	-	-	-
Modell 2	Modifiziertes Modell	432	873	246	.00	.077	.00	.84	.86	.82
	Studie Wild	98	314	243	-	-	-	.92	.78	.73
Modell 3	Neues Modell	432	344	98	.00	.076	.00	.90	.91	.87

* P-Value for Test of Close Fit (RMSEA < 0.05)
Anm.: Die χ^2-Werte sind abhängig von der Fallzahl; für RMSEA liegen bei Wild keine Angaben vor

Das modifizierte Modell von Wild, das hier als Modell 2 getestet wird, zeigt in der vorliegenden Studie deutlich bessere Anpassungswerte als Modell 1. Der Quotient aus Chi-Quadrat-Wert und den Freiheitsgraden beträgt nur noch 3,55 und ist damit deutlich geringer als der Quotient im theoretischen Modell mit 6,61. Ein unmittelbarer Vergleich des Chi-Quadrat-Werts der vorliegenden Studie mit der Studie von Wild ist aufgrund der unterschiedlichen Stichprobengröße nicht möglich. Unter der Annahme, dass der Chi-Quadrat-Wert annähernd proportional mit dem Stichprobenumfang zunimmt (vgl. Backhaus, Erichson, Plinke & Weiber 2000, S. 483), scheint die vorliegende Stichprobe jedoch zu besseren Werten in der ML-Statistik zu führen. Weshalb die Anzahl der Freiheitsgrade in der Studie von Wild niedriger ist, ist unklar. Der geschätzte RMSEA von Modell 2 liegt mit einem Wert von $\varepsilon = .077$ im akzeptablen Bereich, aber die weiteren Fit-Indizes (CFI, GFI, AGFI) liegen mit Werten von .82 bis .86 immer noch nicht in einem zufriedenstellenden Bereich, obwohl sie mit Ausnahme des CFI höher sind als in der Studie von Wild. Obwohl das modifizierte Modell von Wild anhand der vorliegenden Stichprobe überwiegend sogar bessere Anpassungswerte als in der Studie von Wild erzielt, sollte es zurückgewiesen werden, falls das hier neu postulierte Modell 3 zu besseren Anpassungswerten führt.

Das in dieser Arbeit neu postulierte Modell 3 zeichnet sich insgesamt durch bessere Anpassungswerte aus. Der Quotient aus Chi-Quadrat-Wert und den Freiheitsgraden verbessert sich von 3,55 im Modell 2 zu 3,51 im Modell 3. Der geschätzte

Wert des RMSEA ist mit ε = .076 ebenfalls etwas besser. Die weiteren Fit-Indizes liegen im neuen Modell mit Werten von .87 bis .91 um mindestens 5 Prozent höher als im modifizierten Modell und können als noch akzeptabel gelten.

Zusammenfassend kann gesagt werden, dass das in dieser Arbeit neu postulierte Modell 3 die besten Anpassungswerte aufweist, inhaltlich valide ist und weitgehend mit den theoretischen Annahmen von Wild kompatibel ist. Im Vergleich mit dem Modell zum allgemeinen Verhalten der Eltern (vgl. Tabelle 18) sind die Anpassungswerte allerdings weniger gut. Der Hauptgrund dürfte in der kürzeren Entwicklungszeit des Instruments zum schulbezogenen Verhalten der Eltern liegen. Die theoretisch postulierten Skalen mussten von Wild in größerem Ausmaß modifiziert werden und erreichten nach der Modifizierung nur wenig befriedigende Anpassungswerte. Die in der vorliegenden Untersuchung vorgenommenen Modifikationen führen zu einer besseren Anpassung der Daten an das Modell, wobei noch bessere Anpassungswerte wünschenswert sind, die aber nur mit einer Weiterentwicklung des Instruments zu erzielen sind. Dafür sollten vor allem die *autoritativen* Skalen, die jeweils nur aus drei Items bestehen, weiter ausgebaut werden.

Nach der Darstellung der Faktoreninterkorrelationen und der Modelltestung des 4-Faktoren-Modells zum schulbezogenen Verhalten der Eltern stellt sich die Frage, ob sich in einer Sekundärfaktorenanalyse – wie beim allgemeinen Verhalten der Eltern (vgl. Kapitel 3.2.1.2.2.1) – die Dimensionen des autoritativen und des autoritären Verhaltens der Eltern identifizieren lassen. Die Beantwortung dieser Frage ist Teil des nächsten Kapitels.

3.2.1.4 Allgemeines und schulbezogenes Verhalten der Eltern

In diesem Kapitel wird einerseits der Frage nachgegangen, in welchem Verhältnis das allgemeine Verhalten der Eltern mit dem schulbezogenen Verhalten der Eltern steht, andererseits soll untersucht werden, ob das 4-Faktoren-Modell zum schulbezogenen Verhalten der Eltern geeignet ist, die hypothetischen Konstrukte des autoritativen und des autoritären Verhalten der Eltern abzubilden. Ein geeignetes Instrument zur gleichzeitigen Beantwortung beider Fragen ist ein vollständiges lineares Strukturgleichungsmodell, in dem im Messmodell die Faktoren als Messindikatoren zur Schätzung der jeweiligen hypothetischen Konstrukte verwendet werden und gleichzeitig im Strukturmodell die Pfadkoeffizienten zwischen den hypothetischen Konstrukten geschätzt werden.

Aus den Faktoreninterkorrelationen des 4-Faktoren-Modells zum schulbezogenen Verhalten der Eltern (vgl. Tabelle 26) kann auf der einen Seite die Hypothese abgeleitet werden, dass die Faktoren *Autoritative Unterstützung bei Misserfolg* und *Autoritative Unterstützung beim Lernen* Messindikatoren des hypothetischen Konstrukts der schulbezogenen autoritativen Erziehungsdimension darstellen, das im Folgenden *Autoritative Lernförderung* genannt wird. Auf der anderen Seite kann postuliert werden, dass die Faktoren *Autoritäre Reaktion auf Misserfolg* und *Autoritärer Leistungsdruck* das hypothetische Konstrukt einer schulbezogenen autoritären Erziehungsdimension abbilden, das im Weiteren als *Autoritäre Leistungskontrolle* bezeichnet wird.

Wie aus Abbildung 1 zu entnehmen ist, lädt sowohl der Indikator *Autoritative Unterstützung bei Misserfolg* mit einem Koeffizienten von .86 als auch der Indikator *Autoritative Unterstützung beim Lernen* mit einem Koeffizienten von .79 hoch auf den Faktor *Autoritative Lernförderung*. Auf den Faktor *Autoritäre Leistungskontrolle* lädt der Indikator *Autoritäre Reaktion auf Misserfolg* mit einem Koeffizienten von .78 und der Indikator *Autoritärer Leistungsdruck* mit einem Koeffizienten von .80 ebenfalls hoch.

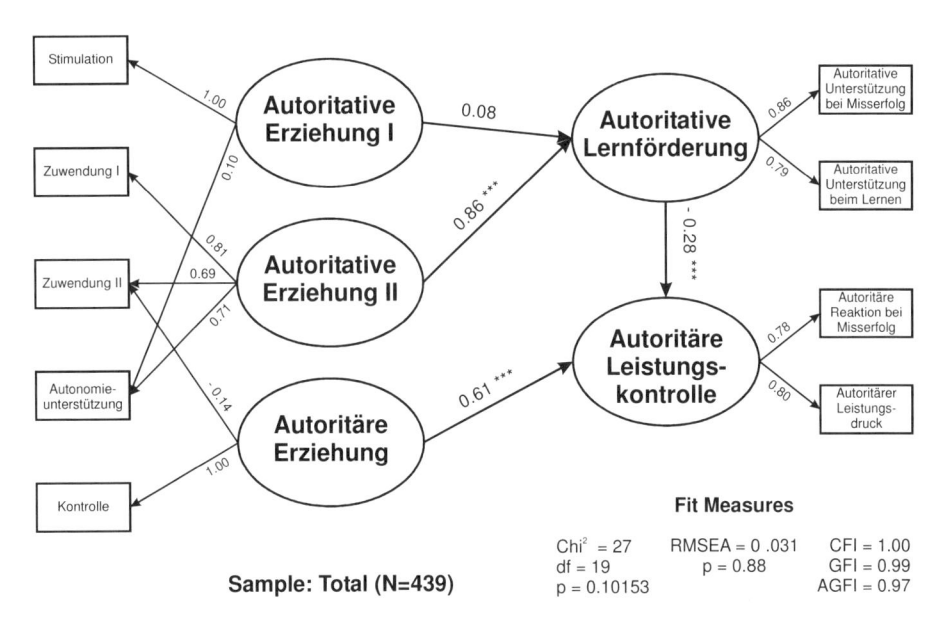

Abbildung 1: Allgemeines und schulbezogenes Verhalten der Eltern

Da im Teilmodell zum schulbezogenen Verhalten der Eltern keine Querladungen von den Indikatoren zu den Konstrukten sowie keine Korrelationen zwischen den (nicht abgebildeten) Fehlertermen der Indikatoren zugelassen sind, kann davon ausgegangen werden, dass die vier Indikatoren die beiden hypothetischen Konstrukte des schulbezogenen Verhaltens der Eltern gut abbilden. Bestätigt wird diese Annahme durch die sehr guten Anpassungswerte des Gesamtmodells, da gute Anpassungswerte des Gesamtmodells nur möglich sind, wenn auch die Messmodelle im linearen Gleichungssystem passen.

Alle angeführten Parameter für die Anpassungsgüte des Gesamtmodells sind mit gut bis sehr gut zu bewerten. Die Irrtumswahrscheinlichkeit der zentralen Chi-Quadrat-Statistik liegt mit einem Wert von zehn Prozent in einem akzeptablen Bereich, der geschätzte Wert des RMSEA liegt mit $\epsilon = 0.03$ unterhalb der Fünfprozentmarke und der wahre Wert des RMSEA liegt mit einer Wahrscheinlichkeit von 88 Prozent ebenfalls unterhalb dieses Niveaus. Die weiteren Fit-Indizes zeigen mit Werten > .97 eine gute Berücksichtigung der Ausgangsvarianz im Modell an.

Das Messmodell für die hypothetischen Konstrukte zum allgemeinen Verhalten der Eltern ist nach den Ergebnissen der Sekundärfaktorenanalyse konstruiert (vgl. Tabelle 19). Die Koeffizienten zwischen den Messindikatoren und den Konstrukten zum allgemeinen Verhalten der Eltern weichen von den Ergebnissen der Sekundärfaktorenanalyse aus Tabelle 19 leicht ab, da in vollständigen Strukturgleichungsmodellen alle Pfade simultan geschätzt werden. Die exogenen Konstrukte sind – wie in allen hier berechneten Modellen – korreliert und die Fehlerterme der Indikatoren *Zuwendung I* und *Zuwendung II* werden für dieses Modell ausnahmsweise korreliert. Im Strukturmodell werden alle nicht-signifikanten Pfade fixiert; das Modell hat daher eher explorativen Charakter.

Das Konstrukt *Autoritative Erziehung I* repräsentiert mit dem Hauptindikator *Stimulation* eher Aspekte des kulturellen Kapitals des allgemeinen Verhaltens der Eltern, während *Autoritative Erziehung II* mit den Indikatoren *Autonomieunterstützung* und *Zuwendung I u. II* eher Aspekte des sozialen und emotionalen Kapitals widerspiegelt. Das Konstrukt *Autoritäre Erziehung* wird von dem Hauptindikator *Kontrolle* sowie in geringem Ausmaß von dem Indikator *Zuwendung II* (zeitlicher Aspekt der Zuwendung) gebildet. Da der Indikator *Kontrolle* in prototypischer Weise autoritäres Verhalten der Eltern abbildet (vgl. Kapitel 3.2.1.2.1.3), repräsentiert das Konstrukt *Autoritäre Erziehung* überwiegend autoritäres Verhalten der Eltern im klassischen Sinne und – zu einem sehr geringen Anteil – auch einen von den Kindern subjektiv wahrgenommenen Mangel an Zeit.

Wie aus Abbildung 1 zu entnehmen ist, besteht kein signifikanter Zusammenhang zwischen dem Konstrukt *Autoritative Erziehung I* und den Konstrukten zum schulbezogenen Verhalten der Eltern. Es gibt also keinen Hinweis auf den Einfluss des kulturellen Kapitals der Familie (z.B. Unterstützung von Hobbys oder Begleitung zu kulturellen Veranstaltungen) auf das schulbezogene Verhalten der Eltern. Hoch signifikant und mit einem Pfadkoeffizienten von p = .86 hoch erklärungskräftig ist jedoch der Zusammenhang zwischen dem Konstrukt *Autoritative Erziehung II* (soziales und emotionales Kapital der Familie) und dem schulbezogenen Konstrukt *Autoritative Lernförderung*. In diesem Modell werden also 74 Prozent der Varianz der *Autoritativen Lernförderung* durch die *Autoritative Erziehung II* erklärt. Dies bedeutet, dass dem bereichsübergreifenden sozialen und emotionalen Kapital der Familie die zentrale Rolle für das Ausmaß der elterlichen Unterstützung bei schulbezogenen Lern- und Leistungsproblemen zukommt.

Ebenfalls hoch signifikant ist der Zusammenhang zwischen dem Konstrukt *Autoritäre Erziehung* und dem schulbezogenen Konstrukt *Autoritäre Leistungskontrolle*. Mit einem Pfadkoeffizienten von p = .61 werden aber nur 37 Prozent der Varianz der *Autoritären Leistungskontrolle* durch die *Autoritäre Erziehung* im Modell aufgeklärt. Auch unter Berücksichtigung der bereichsübergreifenden Konstrukte zur autoritativen Erziehung (vermittelt über den indirekten Pfad) kann in diesem Modell maximal 44 Prozent der Varianz der *Autoritären Leistungskontrolle* aufklärt werden. Dies bedeutet zunächst ganz allgemein, dass eine oder mehrere wichtige Variablen zur Erklärung des schulbezogenen autoritären Elternverhaltens im Modell fehlen. Umgekehrt bedeutet dieser Sachverhalt, dass das schulbezogene autoritäre Elternverhalten nur zum kleineren Teil durch autoritäres Verhalten der Eltern im allgemeinen Sinne erklärt werden kann. Der Faktor *Autoritäre Leistungskontrolle* scheint also nur zum Teil autoritäres Verhalten zu messen, das durch autoritäre Persönlichkeitsmerkmale der Eltern erklärt werden könnte, wie es für den Faktor *Autoritäre Erziehung* zu erwarten ist. Aufgrund theoretischer Überlegungen (vgl. Kapitel 2.2.3) ist zu erwarten, dass schulbezogenes autoritäres Verhalten der Eltern in stärkerem Maße ein eher bewusstes Erziehungsmittel darstellen kann als autoritäres Verhalten im Allgemeinen. Als ein zusätzlicher Faktor zur Erklärung des schulbezogenen autoritären Verhaltens der Eltern könnten die Bildungsaspirationen der Eltern eine gewichtige Rolle spielen.

3.2.1.5 Zusammenfassung

Mit geringfügigen Modifikationen und einer Reihe von Kürzungen ist es gelungen, das von Wild (1999) nach der Selbstbestimmungstheorie von Deci und Ryan (1985) entwickelte Instrument zum elterlichen Verhalten weiterzuentwickeln und es in einen theoretischen Rahmen zu stellen, der es erlaubt, mit wenigen Grundannahmen wichtige Aspekte des sozialen Kapitals der Familie zu erfassen. Die Modifizierung des Instruments wurde mit Hilfe konfirmatorischer Faktorenanalysen anhand einer umfangreicheren Stichprobe empirisch überprüft. Im Gegensatz zu den Studien von Wild werden in der vorliegenden Stichprobe nicht nur Gymnasiasten, sondern auch Realschüler berücksichtigt. Ohne Verletzung der theoretischen Grundannahmen von Wild bei der Itementwicklung konnten sowohl für das allgemeine, bereichsübergreifende als auch für das schulbezogene, bereichsspezifische Verhalten der Eltern Faktoren zweiter Ordnung identifiziert werden, die die theoretisch postulierten Konstrukte des autoritativen und des autoritären Verhalten der Eltern abbilden.

Im Zentrum der empirischen Arbeit stehen die Konstrukte zum schulbezogenen Verhalten der Eltern, die als *Autoritative Lernförderung* und als *Autoritäre Leistungskontrolle* bezeichnet werden; beide Konstrukte konnten durch jeweils zwei eindeutige Messindikatoren abgebildet werden. Zur Validierung der Konstrukte zum schulbezogenen Verhalten der Eltern wurde abschließend ein lineares Strukturgleichungsmodell aufgestellt, das die Zusammenhänge zwischen den Konstrukten zum allgemeinen Verhalten der Eltern und den Konstrukten zum schulbezogenen Verhalten der Eltern überprüft.

Mit diesem Modell konnte gezeigt werden, dass das Konstrukt *Autoritative Lernförderung*, das die Unterstützung der Eltern bei leistungsbezogenen Misserfolgserlebnissen und die allgemeine Unterstützung im Lernprozess misst, in sehr hohem Maße von dem Konstrukt *Autoritative Erziehung II* abhängt, das das emotionale und das soziale Kapital der Familie misst. Die schulbezogene Unterstützung des Kindes durch die Eltern hängt also stark von dem allgemeinen emotionalen und sozialen Klima in der Familie ab.

Das Konstrukt *Autoritäre Leistungskontrolle* hingegen, das sozialen Druck der Eltern bei leistungsbezogenen Misserfolgserlebnissen und erhöhten Leistungsdruck misst, hängt nur zum Teil mit dem Konstrukt *Autoritäre Erziehung* zusammen, das auf klassischen Indikatoren autoritären Verhalten der Eltern beruht. Dies bedeutet, dass das schulbezogene autoritäre Verhalten der Eltern nur teilweise auf ein autoritäres Elternverhalten im allgemeinen Sinne zurückzuführen ist. Erhöhte elterliche Bildungsaspirationen, die eine wichtige Rolle zur Erklärung schulbezogenen autoritären Elternverhaltens spielen dürften, wurden – wie weitere Aspekte des kulturellen Kapitals der Familie – in der vorliegenden Studie nicht erfasst.

3.2.2 Die Skalen zu den Emotionen

3.2.2.1 Trait-Emotionen

Die Skala *Positive Lebenseinstellung* stammt aus dem *Berner Fragebogen zum Wohlbefinden Jugendlicher* (vgl. Grob, Lüthi, Kaiser, Flammer, Mackinnon & Wearing 1991) und stellt einen wichtigen Indikator des allgemeinen Wohlbefindens dar. Das Instrument zum Wohlbefinden Jugendlicher besteht im Original aus insgesamt sieben Skalen, wobei fünf Skalen das Konstrukt *Zufriedenheit* (positive Befindlichkeit) und zwei Skalen das Konstrukt *Negative Befindlichkeit* abbilden. Aus ökonomischen Gründen wurde in unserer Untersuchung nur die Skala *Positive Lebenseinstellung* erhoben, da sie die höchste Varianzaufklärung des Instruments aufweist. Die Items werden im Anhang (Kapitel 7.3.1) dargestellt.

Tabelle 30: Skalen der Trait-Emotionen

Skala	N (Fälle)	N (Items)	Alpha
Positive Lebenseinstellung	383	8	.84
Fachangst Physik: Aufgeregtheit	380	8	.91
Fachangst Physik: Besorgtheit	382	10	.91
Fachangst Deutsch: Aufgeregtheit	382	8	.87
Fachangst Deutsch: Besorgtheit	384	10	.89

Die Skalen zur Fachangst wurden von Hodapp und Mitarbeitern für das *Test-Anxiety-Inventory* entwickelt (vgl. Hodapp 1991) und sind zur Messung von Prüfungsängstlichkeit vorgesehen. Für unsere Untersuchung wurde das Instrument zur Messung von habitualisierter Fachangst eingesetzt, d.h. die Schülerinnen und Schüler wurden nicht danach gefragt, wie sie sich bei dem Gedanken an eine Prüfung im jeweiligen Fach fühlen, sondern danach gefragt, wie sie sich allgemein beim Gedanken an den Unterricht im Fach fühlen. Das Originalinstrument besteht aus vier Skalen: *Aufgeregtheit*, *Besorgtheit*, *Interferenz* und *Mangel an Zuversicht*. Für die vorliegende Untersuchung wurden die klassischen Angstindikatoren *Aufgeregtheit* und *Besorgtheit* verwendet, um die Vergleichbarkeit mit den Skalen zur State-Angst zu gewährleisten, da diese *Aufgeregtheit* und *Besorgtheit im Unterricht* messen. Die Items werden im Anhang (Kapitel 7.3.2) dargestellt.

Wie Tabelle 30 zeigt, sind die Reliabilitätskoeffizienten der Skalen zu den Trait-Emotionen mit Werten von $\alpha = .84$ bis $\alpha = .91$ hoch bis sehr hoch. Die Zuverlässigkeit der Skalen ist also auch in dieser Stichprobe gewährleistet und an der inhaltlichen Validität der Skalen bestehen keine Zweifel, da es sich um Skalen aus bewährten Befragungsinstrumenten handelt.

3.2.2.2 State-Emotionen

Zur Messung der Emotionen im Unterricht wurden im Forschungsprojekt *Emotionen und Lernen* von Mayring und Mitarbeitern Skalen zum *Interesse*, zum *Wohlbefinden* und zur *Angst* theoriegeleitet entwickelt und auf ihre Faktorenstruktur getestet (noch unveröffentlicht). Die Darstellung des Instruments beschränkt sich in diesem Kapitel auf eine kurze Beschreibung der Skalen und die Angabe der Reliabilitätskoeffizienten der Skalen für die vorliegende Stichprobe; die Skalen mit allen Items werden im Anhang (Kapitel 7.3.3) dargestellt. Da der Fragebogen zum emotionalen Erleben des Unterrichts in den letzten Minuten der jeweiligen Unterrichtsstunden ausgefüllt werden soll, war es für die Entwicklung des Fragebogens notwendig, mit einer geringen Anzahl von Items pro Skala auszukommen.

Tabelle 31: Reliabilität der Skalen zu den State-Emotionen

Skala	N (Fälle)	N (Items)	Alpha
Interesse im Physikunterricht	391	3	.90
Wohlbefinden im Physikunterricht	391	5	.95
Aufgeregtheit im Physikunterricht	391	2	.82
Besorgtheit im Physikunterricht	391	2	.93
Interesse im Deutschunterricht	364	3	.89
Wohlbefinden im Deutschunterricht	364	5	.93
Aufgeregtheit im Deutschunterricht	364	2	.75
Besorgtheit im Deutschunterricht	364	2	.86

Die Skala zum *Interesse* bezieht sich auf Fragen zum Thema der Unterrichtsstunde (z.B.: „Ich möchte noch mehr über das Thema erfahren") und berücksichtigt kognitive und wertende Aspekte des Interesses. In die Skala zum *Wohlbefinden in der Unterrichtsstunde* fließen Aspekte der Freude (z.B.: „Die Stunde hat mir Freude gemacht") und Aspekte der Zufriedenheit (z.B.: „Ich war mit der Stunde zufrieden") ein. Die korrelativen Zusammenhänge zwischen den Faktoren *Interesse im Unterricht* und *Wohlbefinden im Unterricht* sind regelmäßig so hoch, dass sie sich in Sekundärfaktorenanalysen zu einem Konstrukt zusammenfassen lassen, das wir *Positives Unterrichtserleben* genannt haben.

Aufgeregtheit und Besorgtheit in der Unterrichtsstunde (z.B.: „Der Unterricht hat mir Angst gemacht" – „In der Stunde haben mich einige Dinge beunruhigt") werden in dem Konstrukt zur *Angst im Unterricht* berücksichtigt.

Angesichts der Kürze der Skalen zum subjektiven Erleben des Unterrichts sind die Reliabilitätskoeffizienten mit Werten von α = .75 bis α = .95 als gut bis sehr gut zu bewerten. Die Anzahl der Fälle für die Emotionen im Deutschunterricht ist mit n = 364 niedriger als im Physikunterricht mit einer Fallzahl von n = 391, da im Deutschunterricht einer Realschulklasse die Erhebungen zu den Unterrichtsemotionen durch den Fachlehrer nicht zu vergleichbaren Zeitpunkten durchgeführt wurde und damit für die ganze Klasse keine Werte zu den Emotionen im Deutschunterricht berücksichtigt werden können.

3.2.3 Schulleistungsvariablen

3.2.3.1 Bereichsspezifische Vornoten

Als bereichsspezifische Vornoten werden die Zeugnisnoten der Fächer Mathematik, Biologie, Deutsch und Englisch aus dem Abschlusszeugnis der Klassenstufe 7 verwendet. Die Zeugnisnoten wurden von den Schulen freundlicherweise zur Verfügung gestellt, um Messfehler, die bei Befragungen entstehen, zu vermeiden. Die Zuverlässigkeit dieser non-reaktiv erhobenen Daten kann folglich als sehr hoch eingeschätzt werden. Nach den Ergebnissen einer Faktorenanalyse mit obliquer Rotation (o.Abb.) ließen sich – wie theoretisch erwartet – zwei Sekundärfaktoren identifizieren: Die Noten aus den Fächern Mathematik und Biologie bilden ein Konstrukt, das im Folgenden *Mathematisch-naturwissenschaftliche Vornoten* genannt wird und die Noten aus den Fächern Deutsch und Englisch bilden das als *Sprachliche Vornoten* bezeichnete Konstrukt. Die bereichsspezifischen Vornoten werden in den linearen Strukturgleichungsmodellen dieser Arbeit als unabhängige Variablen im Sinne von Kontrollvariablen benutzt, um den Einfluss des Elternverhaltens unabhängig vom Schulerfolg des Kindes untersuchen zu können. Daher werden die aus den Noten gebildeten Konstrukte nicht als bereichsspezifische Leistungen im Sinne von fachlichen Fähigkeiten, sondern als *Bereichsspezifische Vornoten* in ihrer Bedeutung als Indikatoren schulischen Erfolgs bezeichnet. In diesem Sinne bestehen auch keine Zweifel an der inhaltlichen Validität der Konstrukte.

3.2.3.2 Schulleistungen in den Fächern Physik und Deutsch

Die Schulleistungen in den Fächern Physik und Deutsch wurden mit Hilfe von zeugnisrelevanten Klassenarbeiten gemessen, die am Ende der Unterrichtseinheiten (vgl. Kapitel 3.3.2) geschrieben wurden. Die Klassenarbeiten waren angekündigt und wurden von den Fachlehrern unter normalen Klassenarbeitsbedingungen in der vorgegebenen Zeit von 45 Minuten durchgeführt. In den Klassenarbeiten werden die Kenntnisse und Fähigkeiten geprüft, die in den lehrplankonformen Unterrichtseinheiten vermittelt wurden.

Die Klassenarbeit zur Inhaltsangabe im Fach Deutsch wurde anhand einer einheitlichen Textgrundlage von Irmela Brender (*Caroline, über Wiesen laufend*) durchgeführt. Die Bewertung erfolgte aufgrund von vier Einzelkriterien (Bewertung von Einleitung, Inhaltsangabe, Stellungnahme und Sprache) einheitlich für alle Schulformen nach standardisierten Vorgaben der PH Ludwigsburg durch den jeweiligen Fachlehrer sowie in der Regel durch einen weiteren Fachlehrer, der als Zweitkorrektor die zu bewertenden Schülerinnen und Schüler nicht kannte (vgl. Fix & Melenk 2000). Für 14 der 16 Schulklassen dieser Stichprobe liegen Bewertungen von Erst- und Zweitkorrektor vor, die gemittelt wurden. Die Bewertung des Zweitkorrektors lag in dieser Stichprobe (n = 323) mit einer Abweichung von 0,38 Punkten zwar signifikant niedriger als die Bewertung des Erstkorrektors, dennoch ist die durchschnittliche Abweichung von 0,38 Punkten auf einer 30-Punkte-Skala (vgl. Tabelle 32) als gering einzuschätzen. Die Reliabilität der Bewertungen von Erst- und Zweitkorrektor ist mit einem Korrelationskoeffizienten von r = .87 (n = 323) als zufriedenstellend zu bewerten. Da durch die einheitliche Bewertung der Schulformen die unterschiedlichen Leistungsniveaus der Schulformen nicht berücksichtigt sind, werden für alle schulformübergreifende Zusammenhangsanalysen die Werte der Klassenarbeiten pro Schulform z-transformiert, um Gymnasium und Realschule in dieser Stichprobe auf ein einheitliches Leistungsniveau zu setzen.

Tabelle 32: Bewertungspunkte der Klassenarbeiten

Schulform	Klassenarbeit Physik	Klassenarbeit Deutsch
Realschule	0–14 Punkte	0–30 Punkte
Gymnasium	0–18 Punkte	0–30 Punkte

Die Bewertung der Klassenarbeit zur Elektrizitätslehre im Fach Physik wurde an der Pädagogischen Hochschule Ludwigsburg von einem wissenschaftlichem Mitarbeiter durchgeführt und erfolgte nach standardisierten Vorgaben der physikdidaktischen Abteilung der PH Ludwigsburg unter Leitung von Christoph von Rhöneck. Die Klassenarbeiten zur Elektrizitätslehre waren lehrplankonform für jede Schulform von der physikdidaktischen Abteilung der PH Ludwigsburg entwickelt worden und den Physiklehrpersonen in gedruckter Form vor Beginn der standardisiert strukturierten Unterrichtseinheit mit weiterem Unterrichtsmaterial zur Verfügung gestellt. Dieses Verfahren garantiert eine hohe externe Validität der Schulleistungsmessung nicht nur durch eine möglichst realistische Strukturierung der Situation für alle Beteiligten, sondern auch dadurch, dass in allen Schulklassen gleicher Schulform die gleiche lehrplankonforme und zeugnisrelevante Klassenarbeit als Messgrundlage zur Verfügung stand. Da die Lehrpläne für Gymnasien und Realschulen der Klassenstufe 8 in Baden-Württemberg sich in einzelnen Aspekten zur Einführung in die Elektrizitätslehre unterschieden, wurden die Leistungstests schulformspezifisch entwickelt, um sie als zeugnisrelevante Klassenarbeiten einsetzen zu können. Wie aus Tabelle 32 zu entnehmen ist, lag die Maximalpunktzahl der Klassenarbeiten in der Realschule bei 14 Punkte und im Gymnasium bei 18 Punkten; die Klassenarbeit in der Realschule ist insgesamt aber etwas schwieriger ausgefallen als die Klassenarbeit im Gymnasium (vgl. Kapitel 4.1.2).

Zusammenfassend kann gesagt werden, dass aufgrund der Vorbedingungen und der Durchführung der Messung der Schulleistungsvariablen in den Fächern Physik und Deutsch davon ausgegangen werden kann, dass die Kriterien der Objektivität, Reliabilität und Validität der Tests so weit wie möglich erfüllt werden. Überhöhte Messfehleranteile sind nicht zu erwarten, da die Schulleistungstests in Form einer Klassenarbeit durchgeführt wurden. Eine Testverfälschung aufgrund mangelnder Testmotivation in Richtung niedrigerer Werte als die *wahren* Leistungswerte ist wegen der Zeugnisrelevanz der Klassenarbeiten weitgehend ausgeschlossen und eine willentliche Testverfälschung nach oben ist bei Leistungstests ohnehin nicht möglich, da man sich nicht leistungsfähiger stellen kann als man ist (vgl. Rost 1996, S. 44 f.). Eine Testverfälschung durch Raten ist bei der Klassenarbeit zur Inhaltsangabe praktisch ausgeschlossen und bei der Klassenarbeit zur Elektrizitätslehre nur sehr eingeschränkt möglich, da Multiple-Choice-Aufgaben sehr sparsam verwendet wurden.

Auf eine Normierung der Leistungstests konnte verzichtet werden, da es in dieser Untersuchung nicht um die Testung von allgemein vergleichbaren sprachlichen oder naturwissenschaftlichen Fähigkeiten von Schülerinnen und Schülern geht, sondern um die kriteriumsorientierte Testung von Schulleistung, die sich auf spezifische und lehrplankonforme Unterrichtseinheiten bezieht. Der Geltungsbereich dieser Schulleistungstests ist daher zu Gunsten hoher inhaltlicher Validität sehr eingeschränkt (vgl. Lienert & Ratz 1998, S. 41 f.). Die Leistungstests sollen, vereinfacht gesagt, die in den Unterrichtseinheiten erworbenen Kenntnisse und Fähigkeiten messen – und sonst nichts. Das Kriterium der Normierung wird oft überbewertet (vgl. Lienert & Raatz 1998, S. 272) und ein normierter Test ist auch keine Garantie dafür, dass ein Test auch etwas Sinnvolles misst (vgl. Rost 1996, S. 41). Besonderes Gewicht wurde daher in unserer Studie auf das Kriterium der inhaltlichen Validität gelegt und das Kriterium der Normierung eher vernachlässigt.

3.3 Design der Studie

Das Design der vorliegenden Arbeit beruht im Wesentlichen auf der Basisstudie *Emotionen und Lernen*, die im Folgenden kurz dargestellt wird. Die vorliegende Studie ist im Grunde eine Erweiterung der Basisstudie um die Frage, wie schulbezogenes elterliches Verhalten die Emotionen und Schulleistungen von Schülerinnen und Schülern beeinflussen.

3.3.1 Design der Basisstudie

Im Forschungsprojekt *Emotionen und Lernen* stand die Frage im Vordergrund, in welchem Ausmaß emotionale Faktoren die Schulleistungen in den Fächern Physik

(Elektrizitätslehre) und Deutsch (Inhaltsangabe) beeinflussen. In dieser Feldstudie wurden Schülerinnen und Schüler der achten Klassenstufe in baden-württembergischen Schulen untersucht (vgl. Kapitel 3.1.2). Die Untersuchung wurde im realen Unterricht durchgeführt und die Schulleistung wurde mit Hilfe einer versetzungsrelevanten Klassenarbeit erfasst. Die Emotionen der Schülerinnen und Schüler wurden unter anderem am Ende ausgewählter Unterrichtsstunden abgefragt. Damit der Einfluss von Emotionen auf Schulleistung über unterschiedliche Klassen hinweg untersucht werden kann, war es zunächst einmal notwendig, vergleichbare Unterrichtseinheiten und dazugehörige kriteriumsorientierte Klassenarbeiten zu konstruieren (vgl. Kapitel 3.3.2). Die Unterrichtseinheiten und die Klassenarbeiten mussten darüber hinaus den baden-württembergischen Lehrplänen entsprechen, damit die Unterrichtseinheiten in den normalen Unterrichtsalltag eingebettet und mit einer zeugnisrelevanten Klassenarbeit abgeschlossen werden konnten. Die vorliegende Analyse kann aus diesem Grund nur die Variablen zu den Emotionen berücksichtigen, die in der Basisstudie verwendet wurden.

Die im Ludwigsburger Forschungsprojekt *Emotionen und Lernen* gewonnen Daten sind von maximaler externer Validität, weil sich die Emotionen auf vergleichbare, reale Unterrichtsstunden beziehen und die Schulleistungsdaten in echten Prüfungssituation gewonnen werden konnten. Die hoch validen Daten zu den Emotionen und den Schulleistungen wurden daher für die vorliegende Arbeit entnommen.

3.3.2 Unterrichtseinheiten in den Fächern Physik und Deutsch

3.3.2.1 Die Unterrichtseinheit zur Elektrizitätslehre

Der Unterricht zur Elektrizitätslehre (vgl. Laukenmann, Bleicher, Fuß, Gläser-Zikuda, Mayring & Rhöneck 2001) wurde in den einzelnen Schulformen zwar nach den jeweils unterschiedlichen baden-württembergischen Lehrplänen für Gymnasien und Realschulen, jedoch nach verbindlichen und übergreifenden Gesichtspunkten erteilt: In der ersten Phase wurden zunächst zentrale Begriffe der Elektrizitätslehre, wie Stromkreis, Stromstärke und elektrische Spannung eingeführt. Da die physikalischen Begriffe anders gefasst sind als in der Alltagssprache, wurden insbesondere Konflikte thematisiert, die entstehen, wenn die Alltagsvorstellung mit den physikalischen Begrifflichkeiten kollidiert. So ist es zum Beispiel aus physikalischer Sicht falsch, von Stromverbrauch zu reden, da im geschlossenen Stromkreis der elektrische Strom zur Quelle zurückfließt. Danach wurden die physikalischen Begriffe voneinander abgegrenzt und in Beziehung gesetzt. Diese Erarbeitungsphase wurde mit einem unbenoteten Zwischentest abgeschlossen, mit dem das Verständnis der verschiedenen Begriffe und das Entstehen eines Systemdenkens überprüft wurden. In der darauf folgenden Übungsphase wurde dann versucht, die im Zwischentest diagnostizierten Defizite mit möglichst vielfältigen und zunehmend offeneren Anwendungen vor der benoteten und zeugnisrelevanten Klassenarbeit aufzuarbeiten. In der vorliegenden Untersuchung wird nur das gesamte Leistungsmaß am Ende der Unterrichtseinheit verwendet, da die Differenzierung in Erarbeitungsphase und Übungsphase in dieser Arbeit nicht berücksichtigt wird.

Da in baden-württembergischen Gymnasien und Realschulen der Physikunterricht erst in der achten Klassenstufe beginnt, können die Schülerinnen und Schüler in der Regel auf kein fundiertes Vorwissen zurückgreifen. Einfache Lernstrategien – wie Auswendiglernen – sind zum Verstehen der eher abstrakten Sachverhalte in der Elektrizitätslehre ebenfalls nur wenig geeignet. Der notwendige Wechsel von den Alltagsvorstellungen zu den physikalischen Begriffen, der in der Fachdidaktik als Konzeptwechsel (*conceptual change*) bezeichnet wird, erfordert weniger eine Erweiterung und Anhäufung von Wissen, sondern vielmehr eine Umstrukturierung der Alltagsvorstellungen zu physikalisch akzeptablen Perspektiven. Das Phänomen des Konzeptwechsels wurde zunächst als vorwiegend kognitiver Prozess angesehen, wobei in der theoretischen Weiterentwicklung die Theorie des Konzeptwechsels um emotionale, motivationale und soziale Faktoren ergänzt wurde (vgl. Laukenmann, Bleicher, Fuß, Gläser-Zikuda, Mayring & Rhöneck 2003).

3.3.2.2 Die Unterrichtseinheit zur Inhaltsangabe

Im Gymnasium und in der Realschule wird die Inhaltsangabe meist schon in der siebten Klassenstufe eingeführt und – als Vorübung zur Textinterpretation und zur Erörterung – in der achten Klassenstufe wiederholt und um die Stellungnahme erweitert. Lernziele der Unterrichtseinheit mit 8 bis 11 Unterrichtsstunden waren die wichtigsten Textsortenmerkmale der Inhaltsangabe, wie *Reduktion der Textgrundlage auf wesentliche Elemente*, die *Zeitstufe im Präsens* sowie der *Verzicht auf Stilimitation*, *Ich-Form* und *wörtliche Rede*. Zur formalen Struktur gehören neben der eigentlichen Inhaltsangabe, die kurze Darstellung des Sachverhalts in einer Einleitung und die Bewertung des Sachverhalts in einer abschließenden Stellungnahme. Bewertet wurden die Einleitung (0 bis 5 Punkte), die Inhaltsangabe (0 bis 10 Punkte), die Stellungsnahme (0 bis 5 Punkte) und die Sprache nach den Kriterien Ausdrucksweise, Rechtschreibung und Zeichensetzung (0 bis 10 Punkte). Die vier Bewertungsdimensionen Einleitung, Inhaltsangabe, Stellungnahme und Sprache wurden durch weitere Unterkriterien differenziert und durch inhaltliche Vorgaben fixiert (vgl. Fix & Melenk 2000), um zu einem einheitlichen Bewertungsmuster und damit zu einer hohen Auswertungsobjektivität zu gelangen. Nach der Einführung in die Grundlagen der Inhaltsangabe mit Stellungnahme wurde die Unterrichtseinheit mit den gleichen Texten für alle Schulformen durchgeführt. Obligatorisch für diese zweite Phase des Unterrichts war die Inhaltangabe über die „Geschichte vom jungen Krebs" von Rodari, deren Bewertung als Zwischentest diente, der in der vorliegenden Untersuchung nicht berücksichtigt wird. Nach der Besprechung dieser Übungsarbeit und weiteren Übungen wurde die zeugnisrelevante Klassenarbeit auf der Textgrundlage „Caroline, über Wiesen laufend" von Brender geschrieben. Die Bewertung dieser Klassenarbeit mit maximal 30 Punkten bildet die Grundlage für die Leistungsmessung im Fach Deutsch, die Gegenstand dieser Untersuchung ist. Die Kriterien zur

Vergabe der zeugnisrelevanten Schulnoten waren den Lehrerinnen und Lehrern – wie im Fach Physik – freigestellt.

Im Gegensatz zum Fach Physik können die Schülerinnen und Schüler in der Unterrichtseinheit zur Inhaltsangabe in umfangreicher Weise auf ihr akkumuliertes kulturelles Kapital zurückgreifen. Nicht nur allgemeine, auch durch soziale Herkunft bedingte Sprach- und Lesefähigkeiten beeinflussen das Lernen der Techniken der Inhaltsangabe, sondern auch der mögliche Rückgriff auf das schulische Vorwissen zur Inhaltsangabe, das in der Regel in der siebten Klassenstufe erworben wurde. Für das Verstehen der Grundprinzipien der Inhaltsangabe muss kein Konzeptwechsel – wie in der Unterrichtseinheit zur Einführung in die Elektrizitätslehre – durchgeführt werden und es kann auf bewährte Lernstrategien zurückgegriffen werden.

3.4 Statistische Verfahren

Zur Prüfung der Hypothesen werden in der vorliegenden Untersuchung bivariate und multivariate Verfahren der schließenden Statistik eingesetzt. Bivariate Zusammenhangshypothesen werden mit dem Korrelationskoeffizienten nach Pearson (Produkt-Moment-Korrelation) und Hypothesen über Gruppenunterschiede zwischen Mädchen und Jungen beziehungsweise zwischen Realschülern und Gymnasiasten werden mit dem t-Test für unabhängige Stichproben geprüft. Die bivariaten Berechnungen werden mit dem Programm SPSS in der Version 10.07 durchgeführt. Die multivariaten Analysen werden mit dem Programm LISREL in der Version 8.30 durchgeführt (vgl. Jöreskog & Sörbom 1993; 1996).

3.4.1 Die Verwendung von LISREL

Mit LISREL werden einerseits die konfirmatorischen Faktorenanalysen durchgeführt, mit deren Hilfe die Skalen zum Verhalten der Eltern getestet werden (vgl. Kapitel 3.2). Nach Jöreskog und Sörbom (1993, S. 112 f.) sollen Studien mit linearen Strukturgleichungsmodellen bereits in der Planungsphase und bei der Auswahl der Variablen darauf ausgerichtet sein, dass bei den unabhängigen Konstrukten keine korrelierten Messfehler auftreten, um Effekte von nicht erhobenen Drittvariablen („*omitted variables bias*") zu vermeiden. Aus diesem Grund wird in dieser Arbeit auf die Modelltestung der Skalen zum elterlichen Erziehungsverhalten mit Hilfe konfirmatorischer Faktorenanalysen großer Wert gelegt. Die Indizes zur Beurteilung der Güte der Modelle werden in Kapitel 3.4.1.1 vorgestellt.

Andererseits werden mit LISREL die linearen Strukturgleichungsmodelle berechnet, in denen die linearen Effekte der Variablen zum Elternverhalten auf die Variablen zu den Emotionen und den Schulleistungen geschätzt werden.

Die Technik der linearen Strukturgleichungsmodelle ist – aus zwei Gründen – in besonderer Weise geeignet für die Überprüfung kausaler Hypothesen in der Erziehungsstilforschung.

Erstens ist es mit Hilfe dieser Technik möglich, die Beziehungen zwischen hypothetischen Konstrukte zu überprüfen, die nicht unmittelbar beobachtbar oder messbar sind.[59] Daher werden in den LISREL-Modellen aus den beobachtbaren (manifesten) Variablen sogenannte latente Variablen gebildet. In der vorliegenden Arbeit werden die beiden latenten Variablen zum schulbezogenen elterlichen Erziehungsverhalten (*Autoritative Lernförderung* und *Autoritäre Leistungskontrolle*) durch jeweils zwei manifeste Variablen gebildet. Die beiden latenten Variablen repräsentieren im Modell – so gut wie möglich – die hypothetischen Konstrukte des autoritativen und des autoritären Erziehungsverhaltens auf schulbezogener Ebene. Die latenten Variablen werden im linearen Strukturgleichungsmodell durch konfirmatorische Faktorenanalysen gebildet und sind daher als Faktoren zweiter Ordnung zu betrachten, während die manifesten Variablen (Testwerte) die Faktoren erster Ordnung darstellen. Die LISREL-Technik ermöglicht nicht nur die Einbeziehung latenter Variablen, sondern auch die Überprüfung der messtheoretischen Frage, ob die Konstruktion der latenten Variablen durch die manifesten Variablen angemessen ist (korrelierte Fehlerterme etc). Die Koeffizienten zwischen den manifesten Variablen (in den Grafiken rechteckig umrahmt) und den latenten Variablen (in den Grafiken oval dargestellt) entsprechen den Ladungskoeffizienten einer Faktorenanalyse. Die Indizes zur Beurteilung der Güte der gesamten Modelle werden in Kapitel 3.4.1.1 vorgestellt.

Der zweite Grund, weshalb die Technik linearer Strukturgleichungsmodelle ein besonders geeignetes Verfahren in der Erziehungsstilforschung ist, liegt darin, dass die Beziehungen zwischen mehreren latenten Variablen geschätzt werden können. Wie in der Pfadanalyse[60] können dabei die Effekte mehrerer unabhängiger Variablen auf eine Vielzahl abhängiger Variablen mit Hilfe multipler Regressionstechniken geschätzt werden (vgl. Bortz 1999, S. 456).

Die unabhängigen (latenten) Variablen werden in LISREL-Modellen als exogene Variablen (KSI) und die abhängigen Variablen als endogene Variablen (ETA) bezeichnet. Per Konvention erscheinen die exogenen Variablen in der grafischen Darstellung immer auf der linken Seite, während die endogenen Variablen rechts davon abgebildet werden. Die endogenen Variablen können im Modell auch als Mediatorvariablen fungieren und sind damit sowohl abhängig als auch unabhängig. Daher ist es mit Hilfe von linearen Strukturgleichungsmodellen möglich, Bedingungsketten zwischen latenten Variablen zu untersuchen. Die Koeffizienten zwischen den latenten Variablen werden Pfadkoeffizienten genannt. Zur Berechnung der einzelnen Pfadkoeffizienten ist es notwendig, dass die Varianzen von weiteren Variablen im Modell auspartialisiert werden, damit die jeweiligen Nettoeffekte bestimmt werden können. Da es sich bei den Pfadkoeffizienten um Nettoeffekte handelt, können indirekte Effekte (Mediatoreneffekte) im Modell dadurch berechnet werden, dass die Koeffizienten aufeinander folgender Pfade miteinander multipliziert werden. Neben

---

59 Dieses Problem betrifft viele theoretische Konstrukte in den Sozial- und Verhaltenswissenschaften. Beispiele dafür sind: Motivationen, Einstellungen aber auch Konstrukte wie der sozioökonomische Status einer Person, der aus den beobachtbaren Indikatoren wie Bildung, Beruf und Einkommen gebildet werden kann.
60 Lineare Strukturgleichungsmodelle sind im Grunde eine Erweiterung der Pfadanalyse unter Einbeziehung latenter Variablen durch konfirmatorische Faktorenanalysen.

den indirekten Effekten können auch direkte lineare Effekte zwischen zwei Variablen geschätzt werden.

Durch die Zerlegung der Varianzen im Modell in einen direkten und einen oder mehrere indirekte lineare Effekte ist es auch möglich, dass eine latente Variable positive *und* negative Effekte auf eine andere latente Variable aufweist. Daher können mit LISREL-Modellen auch komplexere Hypothesen geprüft werden. Ein Beispiel dafür sind die Hypothesen, dass schulbezogenes autoritäres Erziehungsverhalten der Eltern zu besseren Schulleistungen der Kinder führt, wenn es nicht mit steigenden Ängsten der Kinder oder negativen Effekten auf positive Emotionen verbunden ist (direkter Effekt), während ein autoritäres Verhalten, das mit steigenden Ängsten oder sinkenden positiven Emotionen verbunden ist (indirekter Effekt), zu sinkenden Schulleistungen führt (vgl. Kapitel 2.4).

Wie in der multiplen Regressionsanalyse können mehrere unabhängige Variablen verwendet werden, deren Effekte wechselseitig voneinander unabhängig sind. In der vorliegenden Arbeit sind dies die latenten Variablen zum autoritativen und zum autoritären Elternverhalten auf schulbezogener Ebene sowie eine latente Variable zu den bereichsspezifischen Vornoten, die durch zwei Zeugnisnoten des vorhergehenden Schuljahres gebildet wird. Dadurch können alle weiteren Effekte im Modell unabhängig von der schulischen Leistungsfähigkeit der Schülerinnen und Schülern geschätzt werden.

Mit Hilfe von linearen Strukturgleichungsmodellen ist es also möglich, kausale Hypothesen komplexer sozialwissenschaftlicher Theorien zu prüfen, die unter Verwendung hypothetischer Konstrukte formuliert sind. In linearen Strukturgleichungsmodellen können zudem messtheoretische Annahmen (bei der Bildung latenter Variablen) und Zusammenhangshypothesen zwischen latenten Variablen anhand empirischer Daten simultan geprüft werden (vgl. Diekmann 2000, S. 233). Da experimentelle Studien[61] zum elterlichen Erziehungsverhalten allein aus ethischen Gründen nicht durchführbar sind, weil dies hieße, Kinder nach der Geburt per Zufall unterschiedlichen Erziehungspersonen – aber mit standardisierten Erziehungsmethoden und unter kontrollierten Umweltbedingungen – zuzuordnen, kann die Technik der linearen Strukturgleichungsmodelle als eine hervorragende Methode zur Falsifikation von Hypothesen zum elterlichen Erziehungsverhalten betrachtet werden. Positivistische Interpretationen linearer Strukturgleichungsmodelle als empirisches Relativ theoretischer Kausalmodelle sind jedoch mit Skepsis zu betrachten. Auf die wissenschaftstheoretischen Probleme der Überprüfung von Kausalmodellen mit Hilfe linearer Strukturgleichungsmodelle wird in Kapitel 3.4.1.2 eingegangen.

3.4.1.1 Parameterschätzung und Beurteilung der Anpassungsgüte

Zur Schätzung der Parameter im Modell (Pfadkoeffizienten, Ladungskoeffizienten, Fehlerterme) wird in der vorliegenden Arbeit die Maximum-Likelihood-Methode (ML) sowohl für die konfirmatorischen Faktorenanalysen als auch für die linearen

---
61 Die besonders geeignet sind für die Überprüfung kausaler Hypothesen.

Strukturgleichungsmodelle verwendet. Die ML-Methode liefert bei genügend großem Stichprobenumfang (n = 200) die zuverlässigsten Schätzwerte der Parameter, wenn die Voraussetzungen erfüllt sind – wie zum Beispiel die Annahme der Multinormalverteilung und die Verwendung einer Eingabematrix in Form einer Kovarianzmatrix (vgl. Backhaus, Erichson, Plinke & Weiber 2000, S. 493). Es existieren zwar auch andere Methoden zur Parameterschätzung, die zum Beispiel keine Normalverteilung voraussetzen, dafür aber wesentlich höhere Stichprobenumfänge verlangen oder keine Prüfstatistiken ausgeben. In der Praxis ist die ML-Methode daher besonders häufig anzutreffen (vgl. Backhaus, Erichson, Plinke & Weiber 2000, S. 451).

Die Schätzung der Parameter mit Hilfe der ML-Methode verläuft vereinfacht dargestellt so, dass zunächst aus den manifesten Variablen eine Kovarianzmatrix (oder eine Korrelationsmatrix) erzeugt wird – also eine *empirische Matrix*. Danach werden eine konfirmatorische Faktorenanalyse für die exogenen Variablen (*Messmodell 1*) und eine konfirmatorische Faktorenanalyse für die endogenen Variablen (*Messmodell 2*) durchgeführt, um Werte für die latenten Variablen (Faktoren) zu erzeugen. Da nun Werte für die latenten Variablen vorliegen, können die linearen Beziehungen zwischen den latenten Variablen in einem ersten *Strukturmodell* geschätzt werden. Mit Hilfe dieser Startwerte wird eine *modelltheoretische Matrix* erzeugt, die Informationen darüber liefert, wie die gesamte empirische Matrix für alle manifesten Variablen aussehen müsste, um alle geschätzten Werte im Modell zu reproduzieren. Bei Verwendung von iterativen Verfahren – wie bei der ML-Methode – werden dann die Parameter im Modell verändert, um die Modellanpassung so zu optimieren, dass die Messfehler der manifesten Variablen so gering wie möglich ausfallen und damit ein Maximum an Varianz der manifesten Variablen in das Modell einfließt.

Durch den Vergleich der modelltheoretischen Matrix mit der empirischen Matrix können auch Aussagen darüber getroffen werden, ob das Modell auf die Daten passt. Die Güte der Anpassung wird nach dem Prinzip *Data = Model + Error* geprüft (vgl. Hox & Bechger 1998). Da von der Nullhypothese ausgegangen wird, dass die empirische Matrix mit der modelltheoretischen Matrix übereinstimmt (vgl. Backhaus, Erichson, Plinke & Weiber 2000, S. 466), kann ein lineares Strukturgleichungsmodell nur falsifiziert werden, da – wie bei allen Signifikanztests – die Nullhypothese nur widerlegt werden kann. Die vorläufige Annahme eines Modells wird also allein durch die Nicht-Falsifikation des Modells legitimiert.

Die Prüfung, ob sich die modelltheoretische Matrix von der empirischen Matrix signifikant unterscheidet, wird mit einem Chi-Quadrat-Anpassungstest durchgeführt. Als Prüfwert des Anpassungstests wird ein Chi-Quadrat-Wert (χ^2) ausgegeben, der im Vergleich zu den Freiheitsgraden relativ klein sollte. Aus der Relation von Chi-Quadrat-Wert und der Anzahl der Freiheitsgrade (df) wird die Irrtumswahrscheinlichkeit (p) berechnet, die mit der Zurückweisung der Nullhypothese verbunden ist. Ein signifikantes Ergebnis bedeutet, dass die Annahme der Gleichheit der Matrizen mit einer kleinen Irrtumswahrscheinlichkeit (in der Regel fünf Prozent) zurückgewiesen werden kann. Der Chi-Quadrat-Wert kann minimal den Wert Null annehmen, was bedeuten würde, dass Modell und Daten perfekt miteinander übereinstimmen und die Daten auf fehlerfreien Messungen beruhen.

Die Beurteilung der Güte eines Modells mit der Maximum-Likelihood-Methode stellt hohe Ansprüche an die Daten und die Modelle. Die Chi-Quadrat-Statistik reagiert sehr empfindlich auf Verletzungen der Normalverteilungsannahme und sie beruht auf der Annahme, dass das Modell in der Population vollständig gültig ist. In der vorliegenden Arbeit sind zum Beispiel die Variablen zum autoritären Verhalten der Eltern und die Angstvariablen erwartungsgemäß nicht normalverteilt. Zudem hat die Methode die Eigenart, dass bei höherem Stichprobenumfang die Chi-Quadrat-Werte zunehmen und Modelle aufgrund hoher Fallzahlen abgelehnt werden müssen. Die Annahme der vollständigen Gültigkeit des Modells in der Population ist nach Ansicht von Jöreskog und Sörbom (1993, S. 122) jedoch in der sozialwissenschaftlichen Forschung meist unrealistisch und führt dazu, dass Modelle, die annähernd in der Population gültig sind, bei großen Stichprobenumfängen zurückgewiesen werden müssen. Jöreskog und Sörbom halten es daher für sinnvoll, die Chi-Quadrat-Statistik in der Praxis weniger als eine echte Teststatistik zu betrachten, sondern die Chi-Quadrat-Werte eher als Maße der Anpassungsgüte (Goodness-of-Fit) in dem Sinne anzusehen, dass niedrige Werte auf eine gute Anpassung und hohe Werte auf eine schlechte Modellanpassung hinweisen. Aufgrund dieser neueren Auffassung führen signifikante Werte der Chi-Quadrat-Statistik nicht automatisch zur Falsifikation der Modelle. Von der Falsifikation eines Modells wird erst nach Überprüfung weiterer Anpassungsmaße ausgegangen.

Der Chi-Quadrat-Wert ist ein Maß für die Güte der gesamten Modellanpassung und kann daher auch dann hohe Werte annehmen, wenn nur Teile der empirischen Matrix nicht mit dem postulierten Modell übereinstimmen (vgl. Backhaus, Erichson, Plinke & Weiber 2000, S. 467). Es kann auch nicht ausgeschlossen werden, dass die Daten genau so gut oder vielleicht sogar noch besser mit anderen Modellen vereinbar sind (vgl. Jöreskog & Sörbom 1993, S. 114). Insbesondere wenn die Daten oder Teile der Daten aus Querschnittserhebungen stammen, kann die Umkehrung der Richtung der postulierten Pfade im Strukturmodell zu einer modelltheoretischen Matrix führen, die ebenfalls nicht unvereinbar mit der empirischen Matrix ist. Ein Modell, das nicht schlecht auf die Daten passt, ist generell kein Beleg für eventuell postulierte Kausalrichtungen im Modell: „The direction of causation and the causal ordering of the constructs cannot determined by data" (Jöreskog & Sörbom 1993, S. 114).

Eine weitere Eigenart der Chi-Quadrat-Statistik besteht in zwei unterschiedlichen Reaktionen auf die Manipulation der Komplexität der Modelle. Ein erster Nachteil der Chi-Quadrat-Werte für den Modellvergleich ist, dass sie mit zunehmender Anzahl signifikanter Parameter kleiner werden und somit zu besseren Anpassungswerten führen (Jöreskog & Sörbom 1993, S. 124). Diese erste Problematik betrifft einerseits die Hinzunahme signifikanter Parameter, die manche Anwender veranlasst, nicht postulierte Pfade im Strukturmodell zu berechnen oder weitere Variablen in das Modell aufzunehmen. Dieser Fall tritt in der vorliegenden Arbeit allerdings nicht auf. In den konfirmatorischen Faktorenanalysen, die ebenfalls mit der ML-Methode geschätzt werden, tritt in dieser Arbeit bei der Überprüfung der Fragebögen zum Verhalten der Eltern jedoch das umgekehrte Problem auf, dass durch das Entfernen signifikant querladender Items die Modellgüte sinkt (vgl. Kapitel 3.2). Daher kann als Regel für die konfirmatorische Faktorenanalyse gelten, dass bei Modellen mit gleichen Anpassungswerten der ML-Statistik das sparsamere Modell mit weniger Items vorzuziehen ist.

Eine zweite Form der Reaktion der Chi-Quadrat-Werte auf Komplexitätsmanipulationen im Modell bezieht sich auf das Entfernen nicht-signifikanter Pfade zwischen latenten Variablen im Strukturmodell. Das Entfernen nicht-signifikanter Pfade führt in der Regel zu niedrigeren Chi-Quadrat-Werten, vor allem wenn die Koeffizienten gegen Null tendieren. Die Strategie, durch Entfernen nicht-signifikanter Pfade bessere Anpassungswerte des Modells an die Daten zu erreichen, ist allerdings problematisch, da hierdurch postuliert wird, dass kein Zusammenhang zwischen den Variablen in der Population besteht und somit der Koeffizient exakt den Wert Null annehmen muss. Das Entfernen nicht-signifikanter Pfade muss in jedem Fall theoretisch begründet sein und wird in dieser Arbeit nur in einem linearen Strukturgleichungsmodell (vgl. Abbildung 1) vorgenommen, in welchem die Zusammenhänge zwischen dem allgemeinen und dem schulbezogenen Elternverhalten geschätzt werden. Bei allen anderen linearen Strukturgleichungsmodellen in dieser Arbeit werden keine der hier beschriebenen Manipulationen an der Komplexität der Modelle vorgenommen.

Wie bereits angesprochen, beruht die Überprüfung der Güte des Modells mit Chi-Quadrat-Werten auf der Annahme, dass das Modell exakt gültig ist in der Population: „The use of chi-square as a central χ^2-statistics is based on the assumption that the model holds exactly in the population. As already pointed out, this may be an unreasonable assumption in most empirical research" (Jöreskog & Sörbom 1993, S. 123). Daher schließen sich Jöreskog und Sörbom dem Vorschlag von Browne und Cudeck (1993) an, den von Steiger (1990) entwickelten *Root Mean Square Error of Approximation* (RMSEA) als Populationsschätzer zu verwenden, der nur eine approximative Geltung des Modells in der Population voraussetzt. Nach Browne und Cudeck weisen Werte des RMSEA (ε) bis 0,05 auf einen gute Anpassung und Werte bis 0,08 auf tolerierbare Schätzfehler in der Population hin (vgl. Jöreskog & Sörbom 1993, S. 124). Da der vom Programm ausgegebene Wert ε ein geschätzter Fehlerwert ist, wird in der vorliegenden Arbeit noch die Wahrscheinlichkeit (p) angegeben, mit der der wahre Wert von ε unter 0,05 liegt. Je höher der Wert von p, desto höher ist die Wahrscheinlichkeit, dass ε kleiner als 0,05 ist und desto höher ist dann die Wahrscheinlichkeit, dass das Modell zumindest annähernd in der Population gültig ist.

Neben der Chi-Quadrat-Statistik und dem RMSEA, die zur Schätzung der Gültigkeit des Modells in der Population herangezogen werden, existieren eine Vielzahl von Gütekriterien, von denen drei in dieser Arbeit berücksichtigt werden.

Zwei prominente Kriterien zur Beurteilung der Güte eines Modells sind der *Goodness-of-Fit-Index* (GFI) und der *Adjusted-Goodness-of-Fit-Index* (AGFI) als Maße für die im Modell berücksichtigte Varianz. Beide Indizes sind weniger abhängig vom Stichprobenumfang als die Chi-Quadrat-Werte und relativ robust gegenüber Verletzungen der Multinormalverteilungsannahme (vgl. Backhaus, Erichson, Plinke & Weiber 2000, S. 467). Der AGFI unterscheidet sich nur durch die Einbeziehung der Freiheitsgrade vom GFI. Je näher sich beide Werte 1 annähern, umso besser ist die Anpassung des Modells an die Daten, der Fit, zu beurteilen. Werte über 0,90 repräsentieren eine gute Modellanpassung und Werte über 0,80 gelten bei einigen

Autoren noch als zufriedenstellende Werte. Ein Wert von zum Beispiel 0,90 gibt an, dass 90 Prozent der gemessenen Ausgangsvarianz im Modell berücksichtigt sind.

Als letztes Maß zur Gütebestimmung wird in dieser Arbeit der *Comparative Fit Index* (CFI) verwendet, der die Anpassungsgüte des Modells über einen Vergleich mit einem unabhängigen Modell bestimmt. Wie bei GFI und AGFI kann der maximale Wert 1 und der minimale Wert 0 sein.

Eine exakte Grenze zur Gütebestimmung mit Hilfe von GFI, AGFI und CFI existiert allerdings nicht, daher werden bei Jöreskog & Sörbom (1993, S. 122 ff.) keine Grenzwerte angegeben. Die Beurteilung der Güte des Gesamtmodells wird daher in einer Gesamtschau über alle Gütekriterien (Chi-Quadrat, RMSEA, GFI, AGFI und CFI) vorgenommen.

3.4.1.2 Lineare Strukturgleichungsmodelle und Kausalmodelle

Menschliches Denken bezieht sich sowohl im Alltag als auch bei der Formulierung von wissenschaftlichen Theorien im Wesentlichen auf kausale Ursache-Wirkungsverhältnisse (vgl. May & Oestermayer 1999). Eine Kultusministerin oder ein Kultusminister wäre sicherlich hoch unzufrieden mit der Aussage von Bildungsforschern, dass eine neu entwickelte Unterrichtsmethode statistisch signifikant mit besseren Schulleistungen zusammenhängt, es aber nicht klar sei, ob der Einsatz der neuen Methoden zu besseren Schulleistungen führt oder nicht. Daher ist der pragmatische menschliche Wunsch verständlich, mit Hilfe von wissenschaftlichen Methoden, kausale Faktoren zu bestimmen.

Da die Technik der linearen Strukturgleichungsmodelle auch in den Methodenbüchern als Methode zur Überprüfung von Kausalhypothesen genannt wird, werden im Folgenden kurz die Voraussetzungen diskutiert, da zu den häufigsten Kritikpunkten am Einsatz linearer Strukturgleichungsmodelle die Interpretation der Ergebnisse im kausalen Sinne gehört (vgl. Hox & Bechger 1998).

Mit Hilfe von linearen Strukturgleichungsmodellen lassen sich grundsätzlich theoretisch postulierte Kausalmodelle empirisch falsifizieren, wenn alle relevanten Variablen im Hypothesensystem erfasst sind (Backhaus, Erichson, Plinke & Weiber 2000, S. 405). Dafür müssen zwei Bedingungen erfüllt sein: Erstens müssen alle Einflussfaktoren zur kausalen Erklärung des Untersuchungsgegenstands bekannt und in ihren Wirkungsrichtungen theoretisch beschrieben sein und zweitens müssen alle Variablen vollständig messbar sein.

Aufgrund der Möglichkeit von Suppressionseffekten durch Drittvariablen kann das *Fehlen einer einzigen Variablen* im Modell dazu führen, dass die in der Population vorhandene kausale Wirkung eines Einflussfaktors in einem unvollständigen Modell nicht nachweisbar ist oder dass im umgekehrten Fall signifikante Pfadkoeffizienten im unvollständigen Modell auftreten, obwohl in der Population keine kausalen Effekte bestehen. Das Problem falscher Schätzungen der Pfadkoeffizienten durch fehlende Variablen ist kein exklusives Problem linearer Strukturgleichungsmodelle, sondern es stellt sich bereits in der multiplen Regressionsanalyse (Bortz 1999, S. 438).

Aufgrund der Komplexität der Untersuchungsgegenstände in der Erziehungsstilforschung und der Lehr-Lernforschung sowie zum gegenwärtigen Stand der jeweiligen Theorieentwicklung ist anzunehmen, dass zu Beginn des 21. Jahrhunderts noch keine vollständigen theoretischen Kausalmodelle im Forschungsbereich existieren, deren Variablen vollständig und messfehlerarm gemessen werden können.

Zudem ist zu berücksichtigen, dass lineare Strukturgleichungsmodelle – wie alle linearen Modelle – auf interindividuellen Unterschieden beruhen und daher die Wirkungen von Konstanten nicht berücksichtigen. Wenn alle Schülerinnen und Schüler in Deutschland im Unterricht relativ viel Freude hätten und deshalb kaum noch schlechten Schulleistungen erzielten, dann stünde bei Untersuchungen in Deutschland die Freude im Unterricht nur in einem schwachen Zusammenhang mit der Schulleistung, obwohl auf individueller Ebene eine starke kausale Beziehung besteht.

Die genannten Überlegungen deuten an, dass die Untersuchung von komplexen Sachverhalten in den Sozial- und Verhaltenswissenschaften in der Regel weder theoretisch noch messtechnisch die Annahme eines vollständig empirisch überprüfbaren Kausalmodells gerechtfertigt.

Lineare Strukturgleichungsmodelle werden daher in der vorliegenden Arbeit als eine Technik definiert, die es gestattet, komplexe Zusammenhangshypothesen zwischen hypothetischen Konstrukten simultan mit der Gültigkeit von Messhypothesen zur Abbildung dieser hypothetischen Konstrukte in Form latenter Variablen zu überprüfen. Empirische Daten können nach Popper (1994) kausale Hypothesen allenfalls falsifizieren, aber nicht verifizieren. Dies gilt selbstverständlich auch für lineare Strukturgleichungsmodelle: „There is of course nothing in structural equation modeling that magically transforms correlational data into causal conclusions" (Hox & Bechger 1998).

4 Ergebnisse

Der Ergebnisteil ist in vier Kapitel aufgeteilt. In Kapitel 4.1 werden die Werte der deskriptiven Statistik dargestellt. In Kapitel 4.2 folgt der Vergleich der Mittelwerte nach Geschlecht und Schulform. Die bivariate Analyse der Zusammenhänge ist in Kapitel 4.3 dargestellt und die multivariate Zusammenhangsanalyse mit Hilfe der linearen Strukturgleichungsmodelle folgt in Kapitel 4.4.

In den Kapiteln des Ergebnisteils werden nur die Daten derjenigen Schüler verwendet, für die sowohl Angaben aus dem Elternfragebogen als auch Emotions- und Schulleistungsdaten aus der Basisstudie ($n = 392$) vorliegen. Die Werte der 47 Schüler, die bei der Erhebung des Elternfragebogens (n = 439) zusätzlich erfasst wurden, werden also nicht dargestellt, da sie nicht in die linearen Strukturgleichungsmodelle einfließen.

Grundsätzlich sind alle Skalen- und Leistungswerte so kodiert, dass ein hoher Wert einer hohen Ausprägung des Merkmals entspricht. Nur die Zeugnisnoten aus der Klassenstufe 7 sind in der Darstellung der deskriptiven Statistik (Kapitel 4.1) und im Vergleich der Mittelwerte (Kapitel 4.2) nicht rekodiert, um die Einschätzung der dargestellten Werte zu erleichtern.

Die deskriptive Statistik und die bivariaten Berechnungen werden auf der Ebene der gemessenen Indikatoren durchgeführt. Aus den Messindikatoren werden in den linearen Strukturgleichungsmodellen latente Variablen gebildet, welche die hypothetischen Konstrukte repräsentieren. In den linearen Strukturgleichungsmodellen werden die Beziehungen zwischen den latenten Variablen analysiert, während sich die deskriptiven Statistiken und die bivariaten Analysen ausschließlich auf die beobachteten Messwerte beziehen. Um die Vergleichbarkeit der Analyseebenen zu erleichtern, ist in den ersten Kapiteln die Zuordnung der psychometrischen Skalen zu den latenten Variablen in den jeweiligen Kapiteln mit aufgeführt.

In den Kapiteln zu den bivariaten Ergebnissen (Kapitel 4.2 u. 4.3) werden bereits erste Bezüge zu den Hypothesen aufgestellt, da dadurch einfacher nachvollziehbar ist, wie die Ergebnisse der bivariaten Zusammenhangsanalysen aus der Perspektive der multivariaten Analyse mit Hilfe der linearen Strukturgleichungsmodelle bewertet werden können. Aufgrund der Komplexität dieser Modelle wird sich dagegen das zentrale und umfangreiche Kapitel 4.4 zur Analyse der linearen Strukturgleichungsmodelle im Wesentlichen auf die reine Darstellung der Ergebnisse beschränken. Die erste Diskussion der Ergebnisse erfolgt dann in einer Zusammenschau in Kapitel 4.4.4.

4.1 Deskriptive Statistik

Im Folgenden werden die Werte der deskriptiven Statistik (Minimum, Maximum, arithmetisches Mittel und Standardabweichung) für alle Skalen und Leistungswerte dargestellt, die in die weiteren Analysen einfließen. Für alle Messwerte wird „Perfiat" (vgl. Bortz 1999, S. 27 f.) Intervallskalierung angenommen.

Die Minimal- und Maximalwerte liefern die Information über den Ausschöpfungsgrad der Skalen und der Leistungstests und sind somit erste Hinweise zur Beurteilung der Güte der Messungen. Zur Beurteilung der Verteilung der Messwerte werden das arithmetische Mittel (Mittelwert) als Maß der zentralen Tendenz und der Wert einer Standardabweichung (SD) als Maß der Streuung der Daten dargestellt. Die Streuung der Messwerte ist die zentrale Voraussetzung für inferenzstatistische Analysen, da nur bei ausreichender Varianz der interindividuellen Unterschiede signifikante Gruppenunterschiede oder Zusammenhänge auftreten können (Bortz 1999, S. 41).

Auf die Darstellung weiterer Maße der zentralen Tendenz (Median und Modalwert) und weiterer Verteilungsmaße (Schiefe und Exzess) zur Beurteilung der Normalverteilungsannahme wird ebenso verzichtet wie auf einen expliziten Test auf Normalverteilung (z.B. Kolmogoroff-Smirnov-Test). Mit Ausnahme der Messwerte zu den Ängsten und zum autoritären Verhalten der Eltern kann von einer annähernden Normalverteilung der Messwerte in der Grundgesamtheit ausgegangen werden.

Die deskriptive Statistik wird ausschließlich für die gesamte Stichprobe durchgeführt. Die Mittelwerte für die Gymnasiasten und Realschüler sowie für die Jungen und Mädchen sind bei den Gruppenvergleichen (Kapitel 4.2) aufgeführt.

Zur Einschätzung der Mittelwerte ist zu beachten, dass die erhobenen Skalen und Leistungswerte nicht normiert sind und daher nur mit Vorsicht zur Schätzung der absoluten Ausprägung eines Merkmals dienen können. Dennoch ist die Annahme plausibel, dass sehr hohe oder sehr niedrige Werte für eine eher hohe oder eine eher niedrige Ausprägung des Merkmals sprechen. Die Mittelwerte der deskriptiven Statistik werden daher nur bei auffälligen Tendenzen zur Erklärung der Höhe der Merkmalsausprägungen herangezogen.

4.1.1 Elternverhalten und Positive Lebenseinstellung

In Tabelle 33 ist die deskriptive Statistik für die Skalen zum Elternverhalten und zur *Positiven Lebenseinstellung* abgebildet. Bei den Indikatoren zum Elternverhalten wird die Zustimmungsskala mit den Werten von 1 bis 4 in der Regel ausgeschöpft. Nur die Skala *Autoritärer Leistungsdruck* erhielt mit einem maximalen Wert von 3,80 nicht die maximal mögliche Zustimmung. Die Mittelwerte der Indikatoren der *Autoritativen Lernförderung* (*Unterstützung bei Misserfolg*, *Unterstützung im Lernprozess*) liegen mit 2,37 und 2,86 nahe am theoretischen Mittelwert (2,5) und die Werte einer Standardabweichung sind mit .70 und .86 für eine vierstufige Skala relativ hoch. In Relation zur Skalierung erreichen die Indikatoren der *Autoritativen Lernförderung* sogar die höchsten Streuungswerte unter allen Messwerten dieser Studie.

Bei den Indikatoren der *Autoritären Leistungskontrolle* (*Autoritäre Reaktion bei Misserfolg*, *Autoritärer Leistungsdruck*) liegen die Mittelwerte mit 1,83 und 1,76 im eher niedrigen Zustimmungsbereich und die Standardabweichung ist vor allem bei dem Indikator *Autoritärer Leistungsdruck* mit .54 geringer als bei den Indikatoren zur *Autoritativen Lernförderung*. Die eher niedrigen Zustimmungswerte bei den Indikatoren zur *Autoritären Leistungskontrolle* stehen im Einklang mit den Befunden, dass autoritäres Verhalten im elterlichen Verhaltensrepertoire in Deutschland nicht mehr so häufig anzutreffen ist wie in der Vergangenheit (vgl. Kapitel 2.2.5). Die niedrigen Werte der Skalen zum autoritären Verhalten sind daher nicht als Hinweis für eine Schwäche des Messinstruments zu verstehen.

Tabelle 33: Elternverhalten und Positive Lebenseinstellung

	Skala	N	Min.	Max.	Mittelwert	SD
Autoritative Lernförderung						
Unterstützung bei Misserfolg	1–4	392	1.00	4.00	2.37	.70
Unterstützung im Lernprozess	1–4	392	1.00	4.00	2.86	.84
Autoritäre Leistungskontrolle						
Autoritäre Reaktion bei Misserfolg	1–4	392	1.00	4.00	1.83	.68
Autoritärer Leistungsdruck	1–4	392	1.00	3.80	1.76	.54
Positive Lebenseinstellung						
Positive Lebenseinstellung	1–6	389	1.75	5.75	4.55	.72

Die Skala *Positive Lebenseinstellung* wird vor allem am unteren Rand nicht voll ausgeschöpft und der Mittelwert liegt mit einem Wert von 4,55 für eine sechsstufige Skala verhältnismäßig hoch. Dieser positive Bias wird in der Wohlbefindensforschung immer wieder festgestellt. Die Streuung der Daten ist mit einer Standardabweichung in Höhe von .72 zwar mehr als ausreichend, aber in Relation zur Skalierung geringer als bei den Indikatoren zum elterlichen Verhalten. In der Eichstichprobe des *Berner Fragebogens zum Wohlbefinden Jugendlicher* (Grob, Lüthi, Kaiser, Flammer, Mackinnon & Wearing 1991, S. 74) wird für die durchschnittlich älteren Jugendlichen zwischen 14 und 20 Jahren (n = 1.779) ein ähnlich hoher Mittelwert in Höhe von 4,49 festgestellt. Der Wert einer Standardabweichung liegt mit .61 aber etwas niedriger als in der vorliegenden Stichprobe.

4.1.2 Schulleistungen

Die Skala der Zeugnisnoten der Klassenstufe 7 (vgl. Tabelle 34) wird in den Fächern Deutsch und Englisch nach oben nicht voll ausgeschöpft, während in Mathematik und Biologie auch die Note 6 (ungenügend) vergeben wurde. Die Mittelwerte der Zeugnisnoten liegen zwischen 2,75 im Fach Biologie und 2,92 im Fach Deutsch, wobei die Noten in den sprachlichen Fächern Deutsch und Englisch geringfügig schlechter sind als in den mathematisch-naturwissenschaftlichen Fächern Mathematik und Biologie. Die Werte für eine Standardabweichung liegen im Bereich von .74 für das Fach Deutsch bis .89 für das Fach Mathematik und damit unterhalb einer ganzen Note.

Die Schulleistungsdaten aus den Unterrichtseinheiten in der Klassenstufe 8 sind Punktwerte der Klassenarbeiten. Für das Fach Physik erfolgt die Darstellung getrennt nach Schulformen, da die Klassenarbeiten und die Unterrichtseinheiten zur Elektrizitätslehre lehrplankonform sein mussten und daher kein einheitlicher Leistungstest für alle Schulformen entwickelt werden konnte. Im Fach Deutsch war es trotz der curricular unterschiedlich anspruchsvollen Unterrichtseinheiten in den beiden Schulformen möglich, die Klassenarbeit zur Inhaltsangabe einheitlich – sowohl hinsichtlich der verwendeten Textgrundlagen als auch bezüglich der Leistungsbewertung – für alle Schulformen zu konstruieren.

Tabelle 34: Schulleistungen

	Skala	N	Min.	Max.	Mittelwert	SD
Zeugnisnoten in Klassenstufe 7						
Deutsch	1–6	375	1.00	5.00	2.92	.74
Englisch	1–6	375	1.00	5.00	2.90	.81
Mathematik	1–6	375	1.00	6.00	2.79	.89
Biologie	1–6	375	1.00	6.00	2.75	.82
Leistungstests in Klassenstufe 8						
Klassenarbeit in Physik (Gymnasium)	0–18	195	4.50	18.00	13.57	2.79
Klassenarbeit in Physik (Realschule)	0–14	191	0.00	13.00	7.89	3.00
Klassenarbeit in Deutsch	0–30	374	4.00	27.50	16.93	4.44

Die Physikklassenarbeit im Gymnasium scheint im Hinblick auf den Ausschöpfungsgrad etwas zu leicht ausgefallen zu sein: Die Skala wird nach unten nicht ausgeschöpft und der Mittelwert liegt bei einem Anteil von ungefähr drei Viertel richtiger Antworten, dennoch ist die Standardabweichung mit einem Wert von 2,79 relativ zur 19-stufigen Skalierung nicht kleiner als die Werte einer Standardabweichung bei den Zeugnisnoten. Ein deutlicher Ceiling-Effekt eines zu leichten Leistungstest kann aufgrund der Breite der Streuung ausgeschlossen werden.

In der Realschule scheint die Physikklassenarbeit eher zu schwer gewesen zu sein. Kein Schüler hat die volle Punktzahl erreicht und im Mittel wurde nur gut die Hälfte der Aufgaben richtig gelöst. Der Wert einer Standardabweichung liegt mit 3,00 für eine 15-stufige Skalierung recht hoch und stellt relativ zur Skalierung den höchsten Streuungswert unter allen erhobenen Schulleistungsdaten dar. Diese hohe Streuung spricht aber andererseits gegen einen Bottom-Effekt, der bei einem generell zu schweren Leistungstest festzustellen sein müsste. Möglicherweise ist eine ausgeprägte Leistungsheterogenität in der Realschule für die hohe Streuung bei der doch etwas schwierigen Klassenarbeit mit verantwortlich. Wenn diese Annahme richtig ist, dann könnten in der Realschule die leistungsstarken Schüler besonders gefordert und die leistungsschwachen Schüler überfordert gewesen sein. Um die Vergleichbarkeit der nach Inhalt und Schwierigkeit unterschiedlichen Leistungstests in Realschule und Gymnasium für die weiteren Analysen zu sichern, werden die Werte der Klassenarbeiten im Fach Physik separat für jede Schulform z-standardisiert.

In der Klassenarbeit zur Inhaltsangabe im Fach Deutsch wird die Skala von 0–30 Punkten an beiden Rändern nicht voll ausgeschöpft; der Mittelwert liegt mit 16,93 Punkten leicht über dem theoretischen Mittelwert und der Wert einer Standardabweichung ist mit 4,44 in Relation zur Skalierung vergleichbar mit den Streuungen der Zeugnisnoten. Zur Einschätzung der durchschnittlichen Punktzahl ist zu berücksichtigen, dass Schülerinnen und Schüler aus Realschule und Gymnasium nach dem gleichen Maßstab beurteilt wurden, wobei in der Realschule ein Mittelwert von 14,81 und im Gymnasium ein Mittelwert von 19,12 erzielte wurde (vgl. Tabelle 38 im Schulformvergleich). Die Leistung im Gymnasium liegt also eine knappe Standardabweichung über dem Wert der Realschule. Die schulformspezifischen Mittelwerte deuten darauf hin, dass die Bewertung im Gymnasium angemessen ist, während sie in der Realschule als zu anspruchsvoll erscheint. Zur Bewertung der Klassenarbeit, die zeugnis- und somit versetzungsrelevant war, ist allerdings noch zu erwähnen, dass die Lehrkräfte im Fach Deutsch die Punkteanzahl zwar nach standardisierten Vorgaben festlegten, aber in der Benotung der Klassenarbeiten frei waren und somit die unterschiedliche Schwierigkeit der Leistungstests berücksichtigen konnten. Um die Bewertungen in beiden Schulformen für die weiteren Analysen vergleichbar zu machen, werden die Punktzahlen der Klassenarbeit zur Inhaltsangabe separat für jede Schulform z-standardisiert.

4.1.3 Emotionen im Fach Physik

In Tabelle 35 sind die Werte für die Indikatoren der *Allgemeinen Angst vor dem Fach Physik* (*Aufgeregtheit* und *Besorgtheit*) sowie die Werte für die Emotionen im Physikunterricht aufgeführt. Die Skalen der Indikatoren der Fachangst werden voll ausgeschöpft und die Werte für die Streuungen sind mit .55 und .62 für eine vierstufige Skala relativ hoch. Der Mittelwert der Skala *Besorgtheit (Trait)* liegt mit 2,39 knapp unter dem theoretischen Mittelwert, während der Mittelwert der Skala *Aufgeregtheit (Trait)*, deren Items die physiologischen Reaktionen der Angst, wie Zittern, Beklemmungsgefühle und ein „komisches Gefühl im Magen" abfragen, mit 1,47 deutlich niedriger liegt.

Tabelle 35: Emotionen im Fach Physik

	Skala	N	Min.	Max.	Mittelwert	SD
Allgemeine Angst vor dem Fach						
Aufgeregtheit (Trait)	1–4	389	1.00	4.00	1.47	.55
Besorgtheit (Trait)	1–4	389	1.00	4.00	2.39	.62
Positives Unterrichtserleben						
Interesse im Unterricht	1–5	391	1.58	5.00	3.28	.61
Wohlbefinden im Unterricht	1–5	391	1.70	5.00	3.30	.60
Angst im Unterricht						
Aufgeregtheit im Unterricht	1–5	391	1.00	3.10	1.36	.44
Besorgtheit im Unterricht	1–5	391	1.00	3.83	1.49	.56

Die Skalen der Indikatoren des *Positiven Unterrichtserlebens* (*Interesse* und *Wohlbefinden im Physikunterricht*) werden nur am unteren Rand nicht voll ausgeschöpft. Dabei ist allerdings zu berücksichtigen, dass es sich bei allen Skalen zu den Emotionen im Unterricht um gemittelte Werte über mehrere Unterrichtsstunden handelt. In einzelnen Stunden (o.Abb.) wird die Skala in der Regel voll ausgeschöpft. Die

Mittelwerte der Skalen des *Positiven Unterrichtserlebens* liegen mit Werten um 3,3 deutlich über dem theoretischen Mittelwert und die Streuungen sind mit Werten um .60 in Relation zur Skalierung als hoch zu bewerten.

Die Mittelwerte für die Indikatoren der *Angst im Physikunterricht* sind mit 1,36 und 1,49 sehr niedrig. Die fünfstufige Skala wird mit Maximalwerten von 3,10 und 3,83 nicht einmal annähernd ausgeschöpft, da es sich auch hier um gemittelte Werte über mehrere Unterrichtsstunden handelt. In einzelnen Stunden (o.Abb.) wird jedoch auch bei den Angstindikatoren die Skala weitgehend ausgeschöpft. Die Streuungen der Messwerte sind bei den einzelnen Indikatoren der *Angst im Physikunterricht* unterschiedlich. Während der Wert einer Standardabweichung bei der Skala *Besorgtheit im Physikunterricht* mit .56 in Relation zur Skalierung noch nicht besonders auffällig ist, ist die Streuung des Indikators *Aufgeregtheit im Physikunterricht* mit dem Wert einer Standardabweichung von .44 die zweitniedrigste in der Untersuchung. Eine noch geringere Streuung ist nur noch bei der *Aufgeregtheit im Deutschunterricht* festzustellen (vgl. Tabelle 36).

4.1.4 Emotionen im Fach Deutsch

Die Mittelwerte und die Werte der Standardabweichungen der Emotionsskalen im Fach Deutsch (vgl. Tabelle 36) ähneln zum Teil den Werten im Fach Physik, obwohl die Schülerinnen und Schüler von unterschiedlichen Fachlehrkräften unterrichtet werden. Die Mittelwerte der beiden Indikatoren der *Allgemeinen Angst vor dem Fach Deutsch* (*Aufgeregtheit* und *Besorgtheit*) liegen mit Werten von 1,57 und 2,45 minimal höher als im Fach Physik und die Streuung ist mit Werten einer Standardabweichung von .54 und .57 zwar etwas geringer, aber dennoch relativ hoch. Die vierstufige Skala der gemessenen Indikatoren der Fachangst wird auch im Fach Deutsch voll ausgeschöpft.

Tabelle 36: Emotionen im Fach Deutsch

	Skala	N	Min.	Max.	Mittelwert	SD
Allgemeine Angst vor dem Fach						
Aufgeregtheit (Trait)	1–4	389	1.00	4.00	1.57	.54
Besorgtheit (Trait)	1–4	389	1.00	4.00	2.45	.57
Positives Unterrichtserleben						
Interesse im Unterricht	1–5	364	1.13	4.56	3.01	.63
Wohlbefinden im Unterricht	1–5	364	1.32	4.84	3.14	.55
Angst im Unterricht						
Aufgeregtheit im Unterricht	1–5	364	1.00	3.50	1.33	.40
Besorgtheit im Unterricht	1–5	364	1.00	3.50	1.44	.51

Die fünfstufige Skala der Indikatoren zum *Positiven Erleben des Deutschunterrichts* wird im Vergleich zum Fach Physik nicht nur bei den Minimalwerten, sondern auch bei den Maximalwerten nicht ausgeschöpft. Wie im Fach Physik handelt es sich hier ebenfalls um gemittelte Werte über mehrere Unterrichtsstunden; in einzelnen Stunden (o.Abb.) wird die Skala in der Regel auch im Deutschunterricht ausgeschöpft. Die Mittelwerte der Skalen zu *Interesse* und *Wohlbefinden im Deutschunterricht* sind mit 3,01 und mit 3,14 niedriger als im Fach Physik; der Mittelwert für das *Interesse im Deutschunterricht* liegt sogar um fast eine halbe Standardabweichung niedriger als der Mittelwert für das *Interesse im Physikunterricht*. Die Standardabweichungen der Indikatoren des *Positiven Erlebens des Deutschunterrichts* sind als gut beim *Interesse* (.63) und als zufriedenstellend beim *Wohlbefinden* (.55) zu bewerten. Die Streuung des *Wohlbefindens im Deutschunterricht* ist etwas niedriger ist als die vergleichbare Streuung im Physikunterricht.

Die Messskala der Indikatoren der *Angst im Deutschunterricht* (*Aufgeregtheit* und *Besorgtheit*) wird – wie im Fach Physik – durch die Mittelung mehrerer Unterrichtsstunden nach oben nicht ausgeschöpft. Die Mittelwerte und die Werte der Standardabweichungen der *Aufgeregtheit* (1,33 / 0,40) und der *Besorgtheit* (1,44 / 0,51) sind im Deutschunterricht noch niedriger als die vergleichbaren Werte im Physikunterricht. Der Wert einer Standardabweichung der Skala *Aufgeregtheit im Deutschunterricht* ist mit .40 – auch relativ zur Skalierung – der niedrigste aller Messwerte.

4.1.5 Zusammenfassung

Die Streuungen der meisten Messwerte sind einerseits mehr als ausreichend und andererseits auch nicht extrem hoch. Die einzige Ausnahme stellt die Skala *Aufgeregtheit im Unterricht* dar, deren Streuung in beiden Fächern nur mäßig ist. Die in Relation zur Skalierung zweitniedrigste Streuung zeigt der zweite Indikator der *Angst im Unterricht* ebenfalls in beiden Fächern: die *Besorgtheit im Unterricht*. Auch die Mittelwerte beider Indikatoren zur *Angst im Unterricht* liegen in beiden Fächern in Relation zur Skalierung am niedrigsten und die Skalen werden nach oben nicht ausgeschöpft. Ein Grund dafür ist, dass es sich bei den Skalen zu den Emotionen im Unterricht um gemittelte Werte mehrerer Unterrichtsstunden handelt; in einzelnen Unterrichtsstunden werden die Skalen ausgeschöpft.[62] Der Befund, dass im Mittel mehrerer Unterrichtsstunden kein Schüler die maximale Zustimmung zu den Angstskalen im Unterricht angibt, stellt zwar einen Verlust an Varianz durch die Mittelung dar, ist andererseits aber auch plausibel zu erklären, da dauerhaft hohe Angstwerte im Unterricht nicht zu erwarten sind. Die geringe Varianz bei den Indikatoren der *Angst im Unterricht* kommt auch dadurch zustande, dass im Mittel mehrerer Unterrichtsstunden der häufigste Wert (o.Abb.) die 1 ist („keine Zustimmung"). Für einen großen Teil der Schülerinnen und Schüler scheint die Angst also weder im Deutsch- noch im Physikunterricht eine bedeutsame Emotion zu sein. Die Häufigkeitswerte der Indikatoren der *Angst im Unterricht* sind daher auch fern von einer Normalverteilung.

---

62 Auf die Darstellung der Messwerte einzelner Stunden wird hier verzichtet, da in diesem Kontext das emotionale Erleben einzelner Unterrichtsstunden nicht relevant ist, sondern das durchschnittliche Erleben des Unterrichts.

Von den Indikatoren der *Allgemeinen Fachangst* zeigt in beiden Fächern nur der Indikator *Aufgeregtheit* relativ niedrige Mittelwerte und die *Aufgeregtheit* erhält sehr häufig überhaupt keine Zustimmung (o.Abb.) und ist daher auch nicht normalverteilt, während der eher kognitive Aspekt der habituellen Angst, die *Besorgtheit*, nahe am theoretischen Mittelwert der Skala liegt. Aufgeregtheit als emotionaler Aspekt der Angst scheint in dieser Stichprobe also keine große Rolle zu spielen. Das mag auch daran liegen, dass die Lehrkräfte nicht zufällig ausgesucht werden konnten und die Stichprobe möglicherweise die wahre Angstausprägung in der Population unterschätzt.

Alle Indikatoren des schulbezogenen elterlichen Verhaltens zeigen relativ hohe Streuungswerte. Dies kann als ein Hinweis für die Güte der Durchführung der Untersuchung gewertet werden, da bei einem heiklen Thema, wie bei Fragen zum elterlichen Verhalten, mit Verzerrungen zu rechnen ist – insbesondere bei fehlender Unterstützung oder bei autoritärem Verhalten der Eltern. Die Streuungen der Messwerte der Indikatoren der *Autoritativen Lernförderung* sind sogar die höchsten von allen Messungen und die Streuungen der Indikatoren der *Autoritären Leistungskontrolle* sind ebenfalls gut bis sehr gut. Die Mittelwerte der Indikatoren der *Autoritären Leistungskontrolle* liegen allerdings deutlich unter dem theoretischen Mittelwert und sind – wie die meisten Indikatoren der Angst – nicht normalverteilt, da etwa 70 Prozent der Schüler nur eine geringe oder gar keine Zustimmung zu den Indikatoren der *Autoritären Leistungskontrolle* geben (o.Abb.). Es ist allerdings auch nicht zu erwarten, dass am Ende des 20. Jahrhunderts in Deutschland das autoritäre Verhalten der Eltern sowie die fach- und unterrichtsbezogenen Ängste der Schülerinnen und Schüler normalverteilt sind.

Das Problem der nicht unerwarteten Verletzungen der Normalverteilungsannahme bei den Variablen zu den Ängsten und zum autoritären Verhalten der Eltern betrifft weniger die bivariaten statistischen Tests (Korrelation nach Pearson; t-Tests), da diese bei genügend großen Fallzahlen relativ robust gegenüber Verletzungen der Normalverteilungsannahme und der Annahme der Intervallskalierung sind (vgl. Bortz 1999, S. 138, S. 142 u. 205). In den linearen Strukturgleichungsmodellen kann es dagegen zu erhöhten Standardfehlern – insbesondere bei den Pfadkoeffizienten zwischen den nicht normalverteilten Variablen – kommen. Hohe Standardfehler führen dann zum Beispiel zu hohen Werten bei einzelnen Koeffizienten, obwohl diese nur schwach signifikant sind. Entsprechende Koeffizienten in den linearen Strukturgleichungsmodellen sind also mit Vorsicht zu interpretieren. Die zur Modellprüfung verwendete Maximum-Likelihood-Statistik in den linearen Strukturgleichungsmodellen reagiert ebenfalls empfindlich auf Verletzungen der Normalverteilungsannahme. Zur Beurteilung der Güte der Modelle können jedoch weitere Prüfkriterien (RMSEA, GFI, AGFI) herangezogen werden, die weniger empfindlich sind gegenüber Verletzungen der Annahmen (vgl. Kapitel 3.4.1.1).

4.2 Vergleich der Gruppen

In den Kapiteln 4.2.1 und 4.2.2 wird mit Hilfe von t-Tests für unabhängige Stichproben geprüft, ob sich zwischen den untersuchten Schulformen (Realschule vs. Gymnasium) und zwischen den Geschlechtern signifikante Gruppenunterschiede in den Merkmalsausprägungen der Variablen zum schulbezogenen Elternverhalten, zu den Emotionen und den Schulleistungen aufzeigen lassen. Die Testung der Signifikanz erfolgt generell zweiseitig. In den Tabellen werden die Mittelwerte der einzelnen Gruppen und der Stichprobenumfang der einzelnen Gruppen aufgeführt. Signifikante Unterschiede zwischen den Gruppen werden durch Asterisken gekennzeichnet, die das Signifikanzniveau repräsentieren: * = p < .05, ** = p < .01, *** = p < .001.

Das Ziel der Prüfung auf Gruppenunterschiede ist einerseits die Testung der theoretisch formulierten Hypothesen und andererseits die Untersuchung der Frage, ob durch systematische Gruppenunterschiede Verzerrungen in den Zusammenhangsanalysen zu erwarten sind. Wenn zum Beispiel Mädchen signifikant höhere Werte bei den Skalen zur emotionalen und sozialen Unterstützung durch die Eltern und gleichzeitig signifikant niedrigere Leistungswerte im Fach Physik zeigen als Jungen, dann kann bei gemeinsamer Analyse der Geschlechter im Extremfall ein signifikant positiver Zusammenhang entstehen, der zu der erwartungswidrigen Ergebnis führen würde, dass elterliche Unterstützung mit schwachen Physikleistungen einhergeht.

4.2.1 Vergleich von Gymnasiasten mit Realschülern

Der Vergleich von Gymnasiasten mit Realschülern ist vor allem aus soziologischer Perspektive wichtig. Aus der Perspektive der sozialstrukturellen Sozialisationsforschung (vgl. Kapitel 2.2.2) kann angenommen werden, dass das Verhalten der Eltern von Gymnasiasten autoritativer und weniger autoritär ist als das Verhalten der Eltern von Realschülern.

Aufgrund der vermuteten unterschiedlichen Sozialisationsbedingungen und den unterschiedlichen Zukunftschancen von Realschülern und Gymnasiasten kann angenommen werden, dass Gymnasiasten dem Leben gegenüber positiver eingestellt sind als Realschüler.

Da autoritäres Verhalten im Vergleich mit autoritativem Verhalten der Eltern eher mit Angst, verringertem Explorationsverhalten und geringerem Wohlbefinden der Kinder verbunden ist (vgl. Kapitel 2.2), kann bei Gültigkeit der vermuteten unterschiedlichen Sozialisationsbedingungen angenommen werden, dass Realschüler über mehr negative Emotionen und über weniger positive Emotionen berichten als Gymnasiasten.[63]

In Bezug auf die Schulleistungen ist anzunehmen, dass durch die leistungsorientierte Selektion am Ende der Primarstufe die objektiven Schulleistungen von Gymnasiasten höher sind als die von Realschülern. Unterschiede bei den Zeugnisnoten wer-

---

63 Ein Teil dieser Vorannahmen wird in den Zusammenhangsanalysen geprüft.

den nicht erwartet, da angenommen wird, dass in den einzelnen Schulformen die Bewertungen dem Fähigkeitsniveau der Schülerinnen und Schüler angepasst sind.

4.2.1.1 Elternverhalten und Positive Lebenseinstellung

Unterscheiden sich Gymnasiasten und Realschüler hinsichtlich ihres wahrgenommenen Elternverhaltens sowie in ihrer positiven Lebenseinstellung? Die Hypothesen lauten, dass Gymnasiasten höhere Werte auf der autoritativen Dimension des Elternverhaltens und höhere Werte hinsichtlich der positiven Lebenseinstellung sowie niedrigere Werte bei der autoritären Dimension des Elternverhaltens aufweisen als Realschüler.

Die Ergebnisse der t-Tests (Tabelle 37) zeigen, dass nur eine Hypothese beibehalten werden kann. Die Gymnasiasten stimmen signifikant geringer bei den Indikatoren der *Autoritären Leistungskontrolle* zu. Zur Einschätzung der signifikant höheren Werte der Realschüler bei der *Autoritären Leistungskontrolle* ist allerdings zu beachten, dass die Mittelwerte der Indikatoren zum autoritären Verhalten auch bei den Realschülern noch unterhalb des Zustimmungswerts 2 („stimmt etwas") liegen. Die signifikanten Unterschiede im Bereich unterhalb einer halben Standardabweichung bewegen sich also insgesamt auf einem eher niedrigen Niveau.

Die Hypothesen, dass Realschüler niedrigere Werte sowohl bei der autoritativen Unterstützung als auch bei der positiven Lebenseinstellung aufweisen, müssen zurückgewiesen werden, weil die Unterschiede zu gering sind, um eine Irrtumswahrscheinlichkeit von kleiner als fünf Prozent zu erhalten.

Tabelle 37: Elternverhalten und Positive Lebenseinstellung im Schulformenvergleich

	Gymnasium		Realschule		
	N	Mittelwert	N	Mittelwert	Sign.
Autoritative Lernförderung					
Unterstützung bei Misserfolg	197	2.39	195	2.34	-
Unterstützung im Lernprozess	197	2.87	195	2.84	-
Autoritäre Leistungskontrolle					
Autoritäre Reaktion bei Misserfolg	197	1.73	195	1.92	**
Autoritärer Leistungsdruck	197	1.63	195	1.88	***
Positive Lebenseinstellung					
Positive Lebenseinstellung	196	4.61	193	4.48	-

4.2.1.2 Schulleistungen

Haben Gymnasiasten bessere Schulleistungen als Realschüler? Hinsichtlich der Zeugnisnoten war dies nicht zu erwarten, da angenommen werden kann, dass die Bewertungen in den einzelnen Schulformen dem jeweiligen Leistungsniveau angepasst sind. Tabelle 38 zeigt jedoch, dass die Gymnasiasten in allen erhobenen Abschlusszeugnisnoten der Klassenstufe 7 signifikant bessere Noten aufweisen als die Realschüler.

Zusätzliche Analysen der Verteilungen (o.Abb.) zur Erklärung dieses nicht erwarteten Befunds zeigen, dass die Noten *gut* und *sehr gut* in der Realschule weniger häufig erteilt werden und der Anteil der Noten *ausreichend* und schlechter in der Realschule höher ist als im Gymnasium. Bei allen Zeugnisnoten ist aber auch die Streuung in der Realschule höher als im Gymnasium. Aus diesen Ergebnissen ergibt sich die neue Hypothese, dass der Anteil der Schüler mit Erfolgserlebnissen in der Realschule geringer und der Anteil der Schüler mit Misserfolgserlebnissen höher ist als im Gymnasium.

Tabelle 38: Schulleistungen

	Gymnasium		Realschule		
	N	Mittelwert	N	Mittelwert	Sign.
Zeugnisnoten in Klassenstufe 7					
Deutsch	188	2.80	187	3.04	**
Englisch	188	2.77	187	3.02	**
Mathematik	188	2.59	187	2.99	***
Biologie	188	2.68	187	2.81	***
Leistungstests in Klassenstufe 8					
Klassenarbeit in Physik	195	-	191	-	-
Klassenarbeit in Deutsch	184	19.12	190	14.81	***

Für die Klassenarbeit im Fach Physik war ein Vergleich der Schulformen nicht möglich, da die Klassenarbeiten vollständig lehrplankonform waren und damit schulformspezifisch unterschiedlich sein mussten. Daher wurden die Klassenarbeiten in jeder Schulform einer z-Transformation unterzogen, die zur Folge hat, dass für jede Schulform die Standardabweichung auf den Wert 1 und der Mittelwert auf den Wert 0 gesetzt wird. Ein Vergleich der Mittelwerte ist daher nicht sinnvoll, weil beide Schulformen den Mittelwert 0 haben.

Im Fach Deutsch wurden die Auswertungen der Klassenarbeit zur Inhaltsangabe nach einheitlichen Kriterien durchgeführt, wodurch ein Vergleich der Schulformen möglich ist. Die Gymnasiasten erzielen mit 19,12 Punkten hoch signifikant bessere Ergebnisse in der Klassenarbeit zur Inhaltsangabe als die Realschüler mit 14,81 Punkten. Der Unterschied zwischen den Schulformen ist hoch und beträgt fast eine ganze Standardabweichung. Dieses Ergebnis ist allerdings trivial, weil es die im Durchschnitt deutlich besseren sprachlichen Fähigkeiten der Gymnasiasten gegenüber den Realschülern belegt.

Aufgrund der Unterschiede zwischen den Schulformen, werden für die weiteren Zusammenhangsanalysen (Kapitel 4.3 u. 4.4) auch die Zeugnisnoten sowie die Klassenarbeitsergebnisse im Fach Deutsch für jede Schulform separat z-standardisiert, um die Vergleichbarkeit aller Leistungsdaten über die Schulformen hinweg zu ermöglichen.

4.2.1.3 Emotionen im Fach Physik

Haben Realschüler mehr Angst vor dem Fach Physik als Gymnasiasten? Aufgrund der Befunde zu den Unterschieden in den Zeugnisnoten kann vermutet werden, dass die generell schlechteren Zeugnisnoten in der Realschule mit insgesamt häufigeren Misserfolgserfahrungen korrespondieren und zu höheren Ängsten im Vergleich mit dem Gymnasium führen. Ebenso kann aus der bisherigen Befundlage angenommen werden, dass die höheren Werte der Realschüler bei den Indikatoren der *Autoritären Leistungskontrolle* durch die Eltern mit erhöhten Ängsten einhergehen, wie es auch allgemein als Folge autoritärer Erziehung zu erwarten war (vgl. Kapitel 2.2.3).

Tabelle 39 zeigt, dass die Realschüler hinsichtlich der *Allgemeinen Angst vor dem Fach Physik* bei dem Indikator *Besorgtheit* hoch signifikant höhere Werte als die Gymnasiasten aufweisen, während der Unterschied bei dem Indikator *Aufgeregtheit* nur schwach signifikant ist. Es ist also vor allem die kognitive Komponente der Fachangst (Besorgtheit im Sinne von Sorgen über eigene Leistungen und Fähigkeiten im Fach Physik) und weniger die emotionale Komponente (Aufgeregtheit im Sinne von physiologischen Reaktionen), die für die höheren Angstwerte der Realschüler im Fach Physik verantwortlich sind. Die Mittelwerte zur *Aufgeregtheit* sind außerdem in beiden Schulformen relativ niedrig. Das Fach Physik scheint also auch in der der untersuchten Realschulstichprobe nicht auffällig starke physiologische Reaktionen hervorzurufen. Der Vergleich mit dem Fach Deutsch (vgl. Tabelle 40) zeigt darüber hinaus, dass die Indikatoren der *Allgemeinen Angst vor dem Fach Physik* in beiden Schulformen keine höheren Werte annehmen als die Indikatoren der *Allgemeinen Angst vor dem Fach Deutsch*. Es gibt folglich keine Anzeichen für allgemein erhöhte Ängste im Fach Physik.

Tabelle 39: Emotionen im Fach Physik

	Gymnasium		Realschule		
	N	Mittelwert	N	Mittelwert	Sign.
Allgemeine Angst vor dem Fach					
Aufgeregtheit (Trait)	196	1.40	193	1.54	*
Besorgtheit (Trait)	196	2.25	193	2.52	***
Positives Unterrichtserleben					
Interesse im Unterricht	196	3.24	195	3.32	-
Wohlbefinden im Unterricht	196	3.19	195	3.41	***
Angst im Unterricht					
Aufgeregtheit im Unterricht	196	1.33	195	1.39	-
Besorgtheit im Unterricht	196	1.42	195	1.56	*

Erleben Gymnasiasten den Physikunterricht in positiverer Weise und haben sie weniger Angst im Physikunterricht als Realschüler? Die Ergebnisse (vgl. Tabelle 39) hierzu sind uneindeutig und auf den ersten Blick widersprüchlich. Der Mittelwert zum *Wohlbefinden im Physikunterricht* als ein Indikator für das *Positive Erleben des Unterrichts* ist in der Realschule signifikant höher als im Gymnasium, während für das *Interesse im Unterricht* – als zweitem Indikator des *Positiven Unterrichtserlebens* – kein Unterschied nachweisbar war. Für die Indikatoren zur *Angst im Physikunterricht* zeigen sich zwar geringfügig höhere Werte bei den Realschülern, wobei aber nur für den Indikator der *Besorgtheit im Unterricht* ein schwach signifikanter Unterschied feststellbar war.

Dass Realschüler sowohl ein höheres *Wohlbefinden im Unterricht* als auch eine höhere *Besorgtheit im Unterricht* angeben, muss kein Widerspruch sein, da einerseits zu erwarten ist, dass positive und negative Emotionen relativ unabhängig voneinander sind (vgl. Kapitel 2.3). Andererseits ist zu erwarten, dass in den Messwerten der einzelnen Emotionen im Unterricht auch jeweils unterschiedlich hohe Trait-Varianz (z.B. Fachinteresse, positive Lebenseinstellung, Schulangst oder Fachangst) enthalten ist. Möglicherweise ist das *Interesse im Unterricht* stärker von der Persönlichkeit der Schüler abhängig als das *Wohlbefinden im Unterricht*, weil das situativ geäußerte Interesse einer Person in höherem Maße von seinem habituellen Interesse an einem Sachverhalt bestimmt ist, während das Wohlbefinden in einer Situation vermutlich stärker vom aktuellen sozialen Interaktionskontext bestimmt wird. Es ist daher auch eine plausible Annahme, dass die Messwerte des *Wohlbefindens im Physikunterricht* in höherem Maße von der Lehrperson abhängig sind als die Messwerte des *Interesses im Physikunterricht*. Wenn diese Annahme richtig ist, dann sind die höheren Werte der Realschüler beim *Wohlbefinden im Unterricht* durch Lehrereffekte erklärbar.

Lehrereffekte könnten auch für den Befund eine Rolle spielen, dass die Realschüler bei den Indikatoren der *Angst im Unterricht* nur geringfügig höhere Werte als die Gymnasiasten aufweisen, obwohl sie bei den Indikatoren der *Allgemeinen Fachangst* höhere Werte als die Gymnasiasten angeben.

Beide Indikatoren zur *Angst im Physikunterricht* weisen darüber hinaus in beiden Schulformen relativ niedrige absolute Mittelwerte aus und sind auch im Vergleich zur *Angst im Deutschunterricht* (vgl. Tabelle 40) nur geringfügig höher.

Zusammenfassend kann zu den Emotionen im Fach Physik gesagt werden, dass die Realschüler vor allem bei der *Allgemeinen Fachangst* höhere Werte angeben als die Gymnasiasten, während die Werte der *Angst im Unterricht* in der Realschule substanziell kaum höher sind. Das *Wohlbefinden im Physikunterricht* weist in der Realschule sogar hoch signifikant höhere Werte auf als im Gymnasium, während der Unterschied beim *Interesse im Physikunterricht* nicht signifikant ist.

4.2.1.4 Emotionen im Fach Deutsch

Für die Emotionen im Fach Deutsch fallen die Unterschiede zwischen Gymnasium und Realschule eindeutig aus (vgl. Tabelle 40). Bei allen Indikatoren der Angst sind in der Realschule signifikant höhere Werte als im Gymnasium nachweisbar, sowohl bei der *Allgemeinen Fachangst* als auch bei der *Angst im Unterricht*. Für die Indikatoren zum *Positiven Unterrichtserleben* ist kein Unterschied zwischen den beiden Schulformen feststellbar.

Tabelle 40: Emotionen im Fach Deutsch

	Gymnasium		Realschule		
	N	Mittelwert	N	Mittelwert	Sign.
Allgemeine Angst vor dem Fach					
Aufgeregtheit (Trait)	196	1.45	193	1.69	***
Besorgtheit (Trait)	196	2.29	193	2.61	***
Positives Unterrichtserleben					
Interesse im Unterricht	195	2.97	169	3.06	-
Wohlbefinden im Unterricht	195	3.11	169	3.19	-
Angst im Unterricht					
Aufgeregtheit im Unterricht	195	1.28	169	1.39	**
Besorgtheit im Unterricht	195	1.35	169	1.54	***

Im Vergleich der Schulformen gibt es bei den Emotionen eine klare Tendenz. Die Realschüler geben in den Fächern Physik und Deutsch signifikant höhere Werte bei den *Fachängsten* und bei den meisten Indikatoren der *Angst im Unterricht* an als die Gymnasiasten. Die erhöhten Angstwerte der Realschüler finden aber keinen Niederschlag beim *Positiven Unterrichtserleben*. Die Realschüler geben bei keinem Indikator des *Positiven Unterrichtserleben* niedrigere Werte als die Gymnasiasten an. Auffällig ist der hohe Wert des *Wohlbefindens im Physikunterricht* bei den Realschülern, der die Annahme stützt, dass es sich hierbei um positive Lehrpersoneneffekte handelt.

4.2.1.5 Zusammenfassung

Die Realschüler geben sowohl höhere Werte bei beiden Indikatoren der *Autoritären Leistungskontrolle* durch die Eltern als auch bei beiden Indikatoren der *Allgemeinen Fachangst* in beiden Fächern an und erzielen im Abschlusszeugnis der Klassenstufe 7 in allen untersuchten Fächern schlechtere Noten als die Gymnasiasten. Auch die *Angst im Unterricht* ist in der Realschule im Fach Deutsch bei beiden Indikatoren und im Fach Physik bei einem Indikator signifikant höher als im Gymnasium.

Die systematischen Gruppenunterschiede zwischen Realschule und Gymnasium hinsichtlich der Indikatoren des autoritären Verhaltens und den Indikatoren zu den schulbezogenen Ängsten können einerseits das Ergebnis eines kausalen Zusammenhangs sein. Der Zusammenhang kann andererseits aber auch ein Artefakt sein, wenn die Ängste aufgrund schulformspezifischer Bedingungen in der Realschule – z.B. Lehrer-Schüler-Interaktionen – höher sind als im Gymnasium. Aufgrund dieser systematischen Gruppenunterschiede werden die linearen Strukturgleichungsmodelle zusätzlich für beide Schulformen getrennt berechnet.

In der Realschule finden sich aber nicht nur signifikant schlechtere Werte im Vergleich mit dem Gymnasium. So sind in der Realschule die Werte für die *Autoritative Lernförderung* durch die Eltern, die Werte für die *Positive Lebenseinstellung* und auch die Werte der Indikatoren des *Positiven Unterrichtserlebens* in beiden Fächern nicht niedriger als im Gymnasium; für das *Wohlbefinden im Physikunterricht* sind in der Realschule sogar signifikant höhere Werte als im Gymnasium zu verzeichnen. Die emotionale Lage der Realschüler kann daher zwar nicht generell, aber doch tendenziell als negativer eingeschätzt werden als die der Gymnasiasten.

4.2.2 Vergleich von Mädchen und Jungen

Da die Fragestellung dieser Arbeit nicht auf geschlechtsspezifische Sozialisationsbedingungen abzielt, ist der Vergleich von Mädchen und Jungen nicht durch sozialisationstheoretische Überlegungen gestützt. Daher sind keine Hypothesen über unterschiedliches Verhalten der Eltern gegenüber Jungen und Mädchen berücksichtigt. Auch die Frage, ob es geschlechtsspezifische Unterschiede in der positiven Lebenseinstellung gibt, ist in Bezug auf die Fragestellung von geringerem Interesse. Der Vergleich zwischen Mädchen und Jungen wird dennoch durchgeführt, um mögliche Artefakte zu identifizieren.

Der Hauptgrund für die geschlechtsspezifische Analyse ergibt sich aus den Ergebnissen der Lehr-Lernforschung, die in Bezug auf die Schulfächer Physik und Deutsch wiederholt Unterschiede bei den Interessen, Emotionen und Fähigkeiten von Mädchen und Jungen festgestellt hat.

4.2.2.1 Elternverhalten und Positive Lebenseinstellung

Die Mädchen geben im Vergleich zu den Jungen eine insgesamt positivere Einschätzung der Eltern ab (vgl. Tabelle 41). Die Mittelwerte der Indikatoren der *Autoritativen Lernförderung* sind bei den Mädchen signifikant höher, während die Mittelwerte der Indikatoren der *Autoritären Leistungskontrolle* signifikant niedriger sind als die der Jungen. Hinsichtlich der *Positiven Lebenseinstellung* lassen sich keine signifikanten Unterschiede zwischen den Geschlechtern finden.

Tabelle 41: Elternverhalten und Positive Lebenseinstellung

	Mädchen		Jungen		
	N	Mittelwert	N	Mittelwert	Sign.
Autoritative Lernförderung					
Unterstützung bei Misserfolg	213	2.46	179	2.26	**
Unterstützung im Lernprozess	213	2.96	179	2.74	**
Autoritäre Leistungskontrolle					
Autoritäre Reaktion bei Misserfolg	213	1.68	179	1.99	***
Autoritärer Leistungsdruck	213	1.67	179	1.86	***
Positive Lebenseinstellung					
Positive Lebenseinstellung	211	4.54	178	4.55	-

4.2.2.2 Schulleistungen

Bei den Schulleistungen haben die Mädchen im sprachlichen Bereich durchgehend signifikant bessere Leistungswerte, während im mathematisch-naturwissenschaftlichen Bereich keine eindeutigen Beziehungen zwischen Geschlecht und Leistung belegbar sind (vgl. Tabelle 42). Die Mädchen erhalten im Abschlusszeugnis der Klassenstufe 7 in den Fächern Deutsch, Englisch und Biologie signifikant bessere Noten, während bei der Mathematiknote kein Unterschied zwischen den Geschlechtern feststellbar ist.

Der geschlechtsspezifische Unterschied ist bei der Deutschnote mit knapp vier Zehntel einer Note besonders kräftig, während die mittleren Notenunterschiede in den weiteren Fächern maximal bei 0,22 (Biologie) liegen. Da der Wert einer Standardabweichung bei der Deutschnote 0,74 beträgt (vgl. Kapitel 4.1.2), liegt der Vorsprung der Mädchen gegenüber den Jungen bei etwas mehr als einer halben Standardabweichung.

Tabelle 42: Schulleistungen

	Mädchen		Jungen		
	N	Mittelwert	N	Mittelwert	Sign.
Zeugnisnoten in Klassenstufe 7					
Deutsch	205	2.74	170	3.13	***
Englisch	205	2.81	170	2.99	*
Mathematik	205	2.78	170	2.81	-
Biologie	205	2.63	170	2.85	*
Leistungstests in Klassenstufe 8					
Klassenarbeit in Physik (z-Scores)	208	-0.07	178	0.24	**
Klassenarbeit in Deutsch (z-Scores)	204	0.25	170	-0.22	***

In der Klassenarbeit am Ende der Unterrichtseinheit Inhaltsangabe zeigen die Mädchen ebenfalls signifikant höhere Leistungswerte (z-Scores) als die Jungen; die Differenz beträgt hier eine knappe halbe Standardabweichung. In der Klassenarbeit am Ende der Unterrichtseinheit zur Elektrizitätslehre sind die Unterschiede zwischen den Geschlechtern umgekehrt; der Vorsprung der Jungen gegenüber den Mädchen beträgt etwa ein Drittel einer Standardabweichung. Die Klassenarbeit zur Elektrizitätslehre ist also der einzige Leistungswert in dieser Studie, bei dem die Jungen signifikant bessere Werte als die Mädchen haben. Die geschlechtsspezifischen Differenzen sind bei den Leistungen im Fach Deutsch – (Zeugnisnote und Klassenarbeit) zu Gunsten der Mädchen – mit etwa einer halben Standardabweichung besonders ausgeprägt.

4.2.2.3 Emotionen im Fach Physik

Mädchen haben nicht nur signifikant niedrigere Leistungswerte in der Klassenarbeit zur Elektrizitätslehre im Fach Physik, sondern zeigen auch signifikant höhere Werte bei den Indikatoren der *Allgemeinen Angst vor dem Fach Physik* und signifikant niedrigere Werte bei den Indikatoren des *Positiven Unterrichtserlebens* innerhalb der Unterrichtseinheit zur Elektrizitätslehre (vgl. Tabelle 43). Für die Indikatoren der *Angst im Physikunterricht* sind allerdings keine signifikanten Unterschiede zwischen den Geschlechtern belegbar.

Die emotionsbezogenen Unterschiede zwischen Mädchen und Jungen sind bei beiden Indikatoren des *Positiven Unterrichtserlebens* in der Unterrichtseinheit zur Elektrizitätslehre mit deutlich mehr als einer halben Standardabweichung außerordentlich hoch. Der Unterschied zwischen Jungen und Mädchen ist bei keiner anderen Variablen dieser Studie so ausgeprägt wie bei den Indikatoren des *Positiven Unterrichtserlebens* in der Unterrichtseinheit zur Elektrizitätslehre.

Tabelle 43: Emotionen im Fach Physik

	Mädchen		Jungen		
	N	Mittelwert	N	Mittelwert	Sign.
Allgemeine Angst vor dem Fach					
Aufgeregtheit (Trait)	211	1.54	178	1.39	**
Besorgtheit (Trait)	211	2.49	178	2.27	***
Positives Unterrichtserleben					
Interesse im Unterricht	213	3.11	178	3.48	***
Wohlbefinden im Unterricht	213	3.11	178	3.53	***
Angst im Unterricht					
Aufgeregtheit im Unterricht	213	1.36	178	1.36	-
Besorgtheit im Unterricht	213	1.50	178	1.47	-

Dass die Mädchen höhere Werte bei der *Allgemeinen Angst vor dem Fach Physik* haben, nicht aber bei der *Angst im Unterricht* zur Elektrizitätslehre, belegt zunächst, dass die theoretische Unterscheidung (vgl. Kapitel 2.3) zwischen emotionalen Dispositionen auf der Persönlichkeitsebene (Trait) und dem subjektiven Erleben einzelner Unterrichtsstunden (State) zumindest bei der Emotion Angst sinnvoll und notwendig ist. Möglicherweise liegt es auch am Unterricht der beteiligten Lehrkräfte, dass die Mädchen im Physikunterricht keine höheren Angstwerte als die Jungen angeben. Diesem Argument widersprechen aber anscheinend die deutlich niedrigeren Werte der Mädchen bei den Indikatoren zum *Positiven Unterrichtserleben*.

Im Vergleich der Emotionen im Fach Physik (Tabelle 43) mit den Emotionen im Fach Deutsch (Tabelle 44) zeigen zusätzliche Signifikanztests (o.Abb.), dass die Mädchen keine signifikant niedrigeren Werte bei den Indikatoren des *Positiven Erlebens des Physikunterrichts* zeigen als bei den Indikatoren des *Positiven Erlebens des Deutschunterrichts*. Vielmehr zeigen diese zusätzlichen Befunde, dass die Jungen signifikant höhere Werte beim *Positiven Unterrichtserleben* in der Elektrizitätslehre angeben als im Unterricht zur Inhaltsangabe. Diese Befunde belegen deutlich, dass von einem generellen Desinteresse oder Unwohlbefinden der Mädchen im Physikunterricht keine Rede sein kann, sondern dass der Anfangsunterricht im Fach Physik für Jungen besonders attraktiv zu sein scheint. Weitere Analysen zu den geschlechtsspezifischen Unterschieden in den einzelnen Schulformen finden sich in einem ausführlicheren Artikel (Gläser-Zikuda & Fuß 2003), in dem zusätzlich Hauptschulklassen analysiert werden.

Sowohl in dieser Stichprobe als auch in den nach Schulformen geteilten Stichproben der gesamten Untersuchung (Gläser-Zikuda & Fuß 2003, S. 9) geben die Mädchen keine signifikant höheren Werte bei der *Angst im Unterricht* zur Elektrizitätslehre an als die Jungen, obwohl die Mädchen am Ende der Unterrichtseinheit in der Regel schlechtere Leistungswerte erzielen.

4.2.2.4 Emotionen im Fach Deutsch

Bei den Emotionen im Fach Deutsch finden sich in dieser Stichprobe (vgl. Tabelle 43) und in den Subgruppen nach Schulformen (vgl. Gläser-Zikuda & Fuß 2003, S. 9) nur vereinzelte und schwach signifikante Unterscheide zwischen den Geschlechtern. Auf der Basis der hier untersuchten Stichprobe zeigen die Jungen nur bei der *Besorgtheit im Deutschunterricht* signifikant höhere Werte als die Mädchen. Bei allen anderen Indikatoren der Emotionen im Fach Deutsch kann kein Unterschied zwischen den Geschlechtern festgestellt werden.

Tabelle 44: Emotionen im Fach Deutsch

	Mädchen		Jungen		
	N	Mittelwert	N	Mittelwert	Sign.
Allgemeine Angst vor dem Fach					
Aufgeregtheit (Trait)	211	1.55	178	1.59	-
Besorgtheit (Trait)	211	2.46	178	2.44	-
Positives Unterrichtserleben					
Interesse im Unterricht	203	3.04	161	2.98	-
Wohlbefinden im Unterricht	203	3.13	161	3.16	-
Angst im Unterricht					
Aufgeregtheit im Unterricht	203	1.30	161	1.37	-
Besorgtheit im Unterricht	203	1.39	161	1.50	*

Die Angstwerte der Jungen im Deutschunterricht sind auf der Basis dieser Stichprobe nur marginal höher als die der Mädchen und am Rande der Nachweisgrenze, während die Leistungswerte der Jungen im Fach Deutsch (Zeugnisnote, Klassenarbeit) etwa eine halbe Standardabweichung niedriger sind als die der Mädchen (vgl. Tabelle 42). Die deutlich niedrigeren Leistungswerte der Jungen im Fach Deutsch gehen also nicht mit stark erhöhten Angstwerten einher. Auch die Werte des *Positiven Unterrichtserlebens* sind nicht niedriger als die der Mädchen.

4.2.2.5 Zusammenfassung

Die Mädchen geben sowohl höhere Werte bei der *Autoritativen Lernförderung* als auch niedrigere Werte bei der *Autoritären Leistungskontrolle* an als die Jungen. Auch die Studie von Wild hat gezeigt, dass Mädchen das schulbezogene Verhalten der Eltern weniger autoritär[64] bewerten als die Jungen, wobei allerdings in der Studie von Wild keine geschlechtsspezifischen Unterschiede auf der autoritativen Dimension erkennbar waren (Wild 1999, S. 164). Hinsichtlich der *Positiven Lebenseinstellung* sind keine Unterschiede zwischen Mädchen und Jungen festzustellen.

Bei den Schulleistungen erzielen die Mädchen im sprachlichen Bereich sowie in der Zeugnisnote Biologie bessere Werte als die Jungen. Die kräftigsten Unterschiede zu Gunsten der Mädchen sind insgesamt bei den Leistungen im Fach Deutsch (Zeugnisnote, Klassenarbeit) festzustellen. In keinem anderen Variablenbereich dieser Studie ist der Vorteil der Mädchen gegenüber den Jungen so hoch wie bei den Deutschleistungen.

Die höheren Leistungswerte der Mädchen im Fach Deutsch korrespondieren jedoch nicht mit Gruppenunterschieden bei den Emotionen. Die Unterschiede zwischen Mädchen und Jungen sind bei den Emotionen im Fach Deutsch praktisch bedeutungslos; nur der Wert der *Besorgtheit im Deutschunterricht* ist bei den Mädchen geringfügig niedriger als bei den Jungen.

Obwohl die Jungen keine signifikant besseren Mathematiknoten im Abschlusszeugnis der Klassenstufe 7 aufweisen, erreichen sie am Ende der Unterrichtseinheit Elektrizitätslehre in der Klassenstufe 8 signifikant höhere Leistungswerte in der Klassenarbeit zur Elektrizitätslehre. Die höchsten Unterschiede zu Gunsten der Jungen finden sich aber nicht im Leistungsbereich, sondern bei den Indikatoren zum *Positiven Erleben des Physikunterrichts*, bei denen sich die insgesamt größten geschlechtsspezifischen Unterschiede bei den Variablen dieser Studie zeigen. Während bei der *Angst im Physikunterricht* kein signifikanter Unterschied zwischen den Geschlechtern auftritt, zeigen die Mädchen allerdings höhere Werte bei beiden Indikatoren der *Allgemeinen Angst vor dem Fach Physik*.

Die geschlechtsspezifischen Unterschiede im Fach Physik legen es nahe, die linearen Strukturgleichungsmodelle nicht nur separat nach Schulformen, sondern auch geschlechtsspezifisch zu analysieren, um lineare Artefakte durch systematische Gruppenunterschiede auszuschließen. Artefakte in den Zusammenhangsanalysen könnten entstehen, weil Mädchen positivere Werte auf beiden Dimensionen des elterlichen Verhaltens zeigen, aber niedrigere Werte bei den Indikatoren des *Positiven Erleben des Physikunterrichts* und niedrigere Leistungswerte in der Klassenarbeit zur Elektrizitätslehre als die Jungen. Es könnten also in einem geschlechtsunspezifischen Gesamtmodell signifikant negative Zusammenhänge zwischen der positiven Bewertung des Elternverhaltens, den positiven Emotionen und den Klassenarbeitsergebnissen

---

64 In der Studie von Wild werden die hier der autoritären Dimension zugeordneten Skalen als *Responsivität* (im Sinne eines Mangels) und als *Ergebnisorientierte-direktive Instruktion* (bereichsspezifische Kontrolle) bezeichnet (vgl. Wild 1999, S. 163 sowie das Kapitel 3.2.1.3 in der vorliegenden Arbeit).

zur Elektrizitätslehre entstehen, die auf die systematischen Unterschiede zwischen den Geschlechtern zurückgehen und damit nicht auf kausale Zusammenhänge. Da aber andererseits auch nicht a priori auszuschließen ist, dass die systematischen Geschlechterunterschiede kausal miteinander zusammenhängen, lässt sich das Problem möglicher Artefakte nur durch Berücksichtigung des Faktors Geschlecht lösen. Ähnliches gilt für das Fach Deutsch, in dem allerdings nur die Leistungswerte der Mädchen höher sind als die der Jungen.

Die systematischen Gruppenunterschiede bezüglich Schulform und Geschlecht sind ein Hinweis darauf, dass beide Gruppenfaktoren in den Zusammenhangsanalysen kumulieren. Aufgrund der Ergebnisse zu den Gruppenunterschieden und weitergehenden Gruppenanalysen zu Schulform und Geschlecht (vgl. Gläser-Zikuda & Fuß 2003), die zusätzliche Hinweise für die Kumulation der Gruppenfaktoren liefern, liegt es nahe, bei der Berechnung der linearen Strukturgleichungsmodelle auch geschlechtsspezifische Unterschiede innerhalb der einzelnen Schulformen zu berücksichtigen. Diese weitergehende Differenzierung kann hier aber nicht durchgeführt werden, weil die Stichprobenumfänge nicht groß genug sind, um geschlechtsspezifische lineare Strukturgleichungsmodelle für das Gymnasium und die Realschule jeweils separat zu berechnen, da in einzelnen Subgruppen – aufgrund der Komplexität der Modelle – die Anzahl der linearen Zusammenhänge zwischen den Indikatorvariablen höher wäre als die Anzahl der beobachteten Fälle.

4.3 Korrelationen

Wie bei der Analyse der Mittelwerte werden in den bivariaten Korrelationsanalysen nur die Schülerinnen und Schüler berücksichtigt, für die Werte zum elterlichen Verhalten vorliegen und die somit die Grundlage für die weiteren Analysen mit Hilfe der linearen Strukturgleichungsmodelle bilden. Der Korrelationskoeffizient r wird nach der Methode von Pearson berechnet – und der Signifikanztest erfolgt immer zweiseitig.

Der Informationsgehalt des bivariaten Korrelationskoeffizienten zwischen den gemessenen Indikatoren ist zwar geringer als der Informationsgehalt des partialisierten Pfadkoeffizienten zwischen den latenten Variablen im linearen Strukturgleichungsmodell, dennoch bietet der bivariate Korrelationskoeffizient eine erste Information über die absolute Höhe der Zusammenhänge zwischen den beobachteten Variablen. Aufgrund der einfachen statistischen Technik und der Berücksichtigung von nur zwei Variablen ist der Korrelationskoeffizient praktisch nicht anfällig gegen Modellierungsfehler, korrelierte Messfehler und andere Multikollinearitätsprobleme, die bei komplexen Techniken der Zusammenhangsanalyse auftreten können.

Im Folgenden werden alle Korrelationskoeffizienten dargestellt, die für die Analyse der linearen Strukturgleichungsmodelle der gesamten Stichprobe relevant sind. Auf die separate Darstellung der Korrelationskoeffizienten für Realschule und Gymnasium einerseits sowie für Mädchen und Jungen andererseits muss verzichtet werden, um den Umfang des Kapitels zu begrenzen. Ebenfalls nicht dargestellt sind die Korrelationen zwischen den gemeinsamen Indikatoren eines postulierten Konstrukts, da die Höhe der Faktorladungen in den Messmodellen des linearen Strukturgleichungsmodells erschöpfende Auskunft über den Varianzbeitrag der Indikatoren zur Bildung der latenten Variablen liefern.

4.3.1 Zeugnisnoten, Elternverhalten und Positive Lebenseinstellung

In Tabelle 45 sind die Korrelationskoeffizienten zwischen den Indikatoren des schulbezogenen Elternverhaltens und den Zeugnisnoten am Ende der Klassenstufe 7 dargestellt.

Die Zusammenhänge zwischen den Indikatoren der *Autoritativen Lernförderung* und den Zeugnisnoten sind entweder relativ schwach oder nicht nachweisbar. Die Zeugnisnote im Fach Deutsch korreliert mit beiden Indikatoren der *Autoritativen Lernförderung* ($r = .15 / .16$); der Anteil der gemeinsamen Varianz (r^2) liegt aber jeweils unter drei Prozent. Die Zeugnisnote im Fach Englisch korreliert noch schwächer ($r = .11$) und nur mit einem Indikator der *Autoritativen Lernförderung* (*Unterstützung bei Misserfolg*), die gemeinsame Varianz liegt bei etwas mehr als einem Prozent. Die Mathematik- und die Biologienote als Indikatoren der mathematisch-naturwissenschaftlichen Schulleistung stehen in keinem signifikanten Zusammenhang mit den Indikatoren der *Autoritativen Lernförderung*.

Nur die sprachlichen Zeugnisnoten korrelieren in dieser Studie signifikant mit den Indikatoren der autoritativen Dimension des schulbezogenen elterlichen Verhaltens. Neben einem unmittelbar kausalen Zusammenhang (in beide Richtungen) könnte der korrelative Zusammenhang einerseits allein durch das kulturelle Kapital der Familie als Drittvariable konfundiert sein, wenn mit steigendem kulturellen Kapital sowohl ein Steigen des sozialen (und emotionalen) Kapitals der Familie als auch eine Zunahme bei den sprachlichen Fähigkeiten der Kinder verbunden ist. Andererseits könnte der Zusammenhang auch ein geschlechtsspezifisches Artefakt sein, weil Mädchen bei allen beteiligten Messwerten systematisch höhere Werte aufweisen als Jungen.

Weil davon auszugehen ist, dass die Zusammenhänge zwischen dem schulbezogenen Verhalten der Eltern und der Schulleistung der Kinder am Ende der siebten Klassenstufe sich im Verlauf der schulischen Bildungsbiografie auch durch kausale Wechselwirkungen herausgebildet haben, ist die Frage nach den kausalen Zusammenhängen zwischen Elternverhalten und Zeugnisnoten in dieser Studie nicht valide überprüfbar. Zur Beantwortung dieser Frage sind Studien notwendig, die langfristige Entwicklungsprozesse in der Bildungsbiografie untersuchen. Da diese bildungsbiografischen Wechselwirkungen zwischen Elternverhalten und Schulleistungen in dieser Studie nicht untersucht werden können, werden in allen linearen Strukturgleichungsmodellen die Zeugnisnoten aus dem Anschlusszeugnis der Klassenstufe 7 als Kontrollvariablen benutzt, um die linearen Effekte der Variablen zum Elternverhalten auf Emotionen und Schulleistungen in der Klassenstufe 8 unabhängig von den bisherigen Schulleistungen zu halten (vgl. Kapitel 4.4.1).

Tabelle 45: Korrelationen von Zeugnisnoten mit Elternverhalten (n = 375) und Positiver Lebenseinstellung (n = 372)

	Zeugnisnoten Klassenstufe 7 (Vornoten)							
	Deutsch		Englisch		Mathematik		Biologie	
Autoritative Lernförderung								
Unterstützung bei Misserfolg	.16	**	.11	*	-.01	-	.01	-
Unterstützung im Lernprozess	.15	**	.00	-	.00	-	.07	-
Autoritäre Leistungskontrolle								
Autoritäre Reaktion bei Misserfolg	-.18	***	-.17	***	-.25	***	-.15	**
Autoritärer Leistungsdruck	-.10	-	-.05	-	-.11	*	-.10	-
Positive Lebenseinstellung								
Positive Lebenseinstellung	.05	-	.09	-	.09	-	.10	*

Von den beiden Indikatoren der *Autoritären Leistungskontrolle* steht die Skala *Autoritäre Reaktion bei Misserfolg* in einem signifikanten Zusammenhang mit allen Zeugnisnoten ($r_{min.}$ = -.15 / $r_{max.}$ = -.25). Mit steigenden Werten der *Autoritären Reaktion bei Misserfolg*, mit der das Ausmaß elterlicher Vorwürfe, Drohungen und Strafen als Reaktion auf eine schlechtere Klassenarbeit erfasst wird, sinken die Schulleistungen – oder umgekehrt. Die Messwerte des Indikators *Autoritäre Reaktion bei Misserfolg* und die erfassten Zeugnisnoten enthalten ungefähr zwei bis sechs Prozent an gemeinsamer Varianz.

Der Indikator *Autoritärer Leistungsdruck* steht dagegen nur mit der Mathematiknote in einem signifikanten, aber schwachen Zusammenhang (r = -.11). Alle weiteren Koeffizienten haben zwar ebenfalls ein negatives Vorzeichen, sind aber nicht signifikant.

Zusammenfassend kann gesagt werden, dass nur die Skala *Autoritäre Reaktion bei Misserfolg* in einem durchgehenden, und zwar negativen Zusammenhang mit allen Zeugnisnoten steht – und dass beide Indikatoren der *Autoritativen Lernförderung* vor allem mit der Deutschnote in positivem Zusammenhang stehen.

Die *Positive Lebenseinstellung* korreliert nur schwach positiv mit den Zeugnisnoten des Vorjahres. Signifikant ist aber nur der Zusammenhang zwischen Biologienote und *Positiver Lebenseinstellung*, der mit r = .10 allerdings sehr schwach ist.

Wenn die Annahme richtig ist, dass die Skala zur Messung der positiven Lebenseinstellung ein relativ stabiles Persönlichkeitsmerkmal erfasst und ein wichtiger Indikator für das generelle Wohlbefinden ist, dann liefern diese ersten Befunde nur dürftige Hinweise darauf, dass die Schulleistungen von baden-württembergischen Schülerinnen und Schülern aus Realschulen und Gymnasien der achten Klassenstufe in einem substanziellen Zusammenhang mit dem allgemeinen Wohlbefinden stehen.

Dass die Korrelationskoeffizienten zwischen der *Positiven Lebenseinstellung* und den Zeugnisnoten grundsätzlich einen positiven Wert annehmen, deutet darauf hin, dass das allgemeine Wohlbefinden den Schulleistungen zumindest nicht generell abträglich sein kann.

4.3.2 Elternverhalten, Klassenarbeiten und Positive Lebenseinstellung

In Tabelle 46 sind in den ersten beiden Spalten die Korrelationen zwischen den Indikatoren des elterlichen Verhaltens und den Klassenarbeiten am Ende der Unterrichtseinheiten zur Elektrizitätslehre und zur Inhaltsangabe in Klassenstufe 8 abgebildet. Die Zusammenhänge zwischen den Indikatoren des Elternverhaltens und den Klassenarbeitsergebnissen sind relativ schwach und – wenn überhaupt – nur auf dem Fünfprozentniveau signifikant, gehen aber prinzipiell in die gleiche Richtung wie die Zusammenhänge mit den Zeugnisnoten.

Tabelle 46: Korrelationen von Elternverhalten mit Klassenarbeiten in Physik (n = 386) und Deutsch (n = 374) und mit der Positiven Lebenseinstellung (n = 389)

	Klassenarbeit				Positive Lebenseinstellung	
	Physik		Deutsch			
Autoritative Lernförderung						
Unterstützung bei Misserfolg	.04	-	.11	*	.21	***
Unterstützung im Lernprozess	.10	-	.07	-	.23	***
Autoritäre Leistungskontrolle						
Autoritäre Reaktion bei Misserfolg	-.12	*	-.09	-	-.25	***
Autoritärer Leistungsdruck	-.00	-	-.11	*	-.18	***

Als Indikator der *Autoritativen Lernförderung* steht nur die *Unterstützung bei Misserfolg* in einem Zusammenhang (r = .11) mit der Klassenarbeit zur Inhaltsangabe, während in Bezug auf die Klassenarbeit zur Elektrizitätslehre kein signifikanter Zusammenhang mit den Indikatoren der *Autoritativen Lernförderung* nachweisbar ist. Zwischen den Indikatoren der *Autoritären Leistungskontrolle* und den Klassenarbeitsergebnissen sind zwei von vier Koeffizienten signifikant. Der Indikator *Autoritäre Reaktion bei Misserfolg* korreliert mit der *Physikleistung* (r = -.12) und der Indikator *Autoritärer Leistungsdruck* korreliert mit der *Deutschleistung* (r = -.11).

Die Zusammenhänge zwischen den Indikatoren des Elternverhaltens und den Klassenarbeitsergebnissen sind noch schwächer als die Zusammenhänge mit den Zeugnisnoten. Die gemeinsame Varianz der Elternindikatoren mit den Ergebnissen der Klassenarbeiten beträgt maximal 1,5 Prozent.

Hoch signifikante und relativ konsistente Zusammenhangsmaße lassen sich jedoch zwischen allen Indikatoren des schulbezogenen Elternverhaltens und der *Positiven Lebenseinstellung* nachweisen. Je höher die Werte bei den Indikatoren der *Autoritativen Lernförderung* und je niedriger die Werte bei den Indikatoren der *Autoritären Leistungskontrolle* sind, umso höher sind die Werte bei der *Positiven Lebenseinstellung*. Der Anteil der gemeinsamen Varianz liegt ungefähr zwischen drei und sechs Prozent und ist damit zwei- bis viermal höher als bei den Korrelationen der Elternvariablen mit den objektiven Klassenarbeitsergebnissen.

Während die Zusammenhänge zwischen den Indikatoren des Elternverhaltens und den Schulleistungsvariablen nicht durchgehend signifikant oder in der kausalen Richtung eher unklar sind (wie der fast durchgehend negative Zusammenhang zwischen der *Autoritären Reaktion bei Misserfolg* und den Schulleistungen), deuten die konsistenten Zusammenhänge zwischen den Elternvariablen und der *Positiven Lebenseinstellung* auf die positiven emotionalen Wirkungen des Familienklimas auf die Kinder hin.

Dass die Korrelationen zwischen Elternverhalten und Klassenarbeitsergebnissen niedriger als die Korrelationen zwischen Elternverhalten und Zeugnisnoten sind, ist erklärungsbedürftig. Ein Grund für die niedrigeren Zusammenhangswerte zwischen den Indikatoren zum Elternverhalten und den nach einheitlichen Kriterien bewerteten Klassenarbeitsergebnissen könnte sein, dass bei den Ergebnissen der Klassenarbeiten größere Unterschiede zwischen den einzelnen Schulklassen bestehen als bei den Zeugnisnoten. Mit zunehmenden Leistungsunterschieden zwischen den einzelnen Schulklassen ist ein Rückgang von Herkunftseffekten zu erwarten, weil die Varianz der Schulleistung zunehmend vom Effekt unterschiedlicher Schulklassenzugehörigkeit geprägt wird. Eine zusätzlich berechnete, einfaktorielle Varianzanalyse (o.Abb.) belegt diese Hypothese. Unabhängig von der Schulform sind die Unterschiede zwischen den Schulklassen bei allen vier Zeugnisnoten jeweils deutlich niedriger ($F_{min.}$ = 2,41, $F_{max.}$ = 3,74) als die Unterschiede bei den Klassenarbeiten ($F_{min.}$ = 8,20, $F_{max.}$ = 8,33).

Die Tatsache, dass am Ende der standardisierten Unterrichtseinheiten zur Inhaltsangabe und zur Elektrizitätslehre die objektiven Leistungsunterschiede zwischen den einzelnen Schulklassen höher sind als bei den vorhergehenden Zeugnisnoten, ist ein deutlicher Beleg für differenzielle Effekte des Unterrichts, die zum großen Teil von der Lehrperson abhängig sein dürften. Dieser Befund ist ein Beleg für die Hypothese, dass objektive Leistungsunterschiede in der Sekundarstufe stärker von den Lehrpersonen abhängig sind als von Faktoren des Elternhauses.

4.3.3 Elternverhalten und fachbezogene Emotionen

In Tabelle 47 sind die Korrelationen zwischen den Indikatoren des Elternverhaltens und den Indikatoren der *Allgemeinen Fachangst* in den Fächern Physik und Deutsch aufgeführt. Zwischen den Indikatoren der *Autoritativen Lernförderung* und der *Aufgeregtheit* und *Besorgtheit* bezüglich beider Schulfächer ist kein signifikanter Zusammenhang feststellbar. Die Ergebnisse auf bivariater Ebene liefern an dieser Stelle keine Hinweise für die Hypothese der schulbezogenen Angstverminderung der Kinder durch emotionale und soziale Unterstützung durch die Eltern.

Ein signifikanter und relativ konsistenter Zusammenhang ist allerdings zwischen dem *Autoritären Leistungsdruck* und allen Indikatoren der Fachangst in beiden Fächern festzustellen ($r_{min.}$ =.15 / $r_{max.}$ = .21). Der Anteil gemeinsamer Varianz liegt zwischen gut zwei und etwa viereinhalb Prozent. Die *Autoritäre Reaktion bei Misserfolg* – als zweiter Indikator der *Autoritären Leistungskontrolle* – korreliert signifikant nur mit den Angstindikatoren im Fach Deutsch. Die Messwerte enthalten zwischen zweieinhalb und knapp vier Prozent an gemeinsamer Varianz. Die Befunde stützen die Hypothese, dass schulbezogenes autoritäres Verhalten der Eltern zur Erhöhung schulischer Ängste der Kinder beiträgt.

Tabelle 47: Korrelationen von Elternverhalten mit Allgemeiner Fachangst in den Fächern Physik und Deutsch (n = 389)

	Allgemeine Angst vor dem Fach Physik				Allgemeine Angst vor dem Fach Deutsch			
	Aufgeregtheit		Besorgtheit		Aufgeregtheit		Besorgtheit	
Autoritative Lernförderung								
Unterstützung bei Misserfolg	.04	-	.04	-	.01	-	.03	-
Unterstützung im Lernprozess	-.07	-	-.03	-	.07	-	-.00	-
Autoritäre Leistungskontrolle								
Autoritäre Reaktion bei Misserfolg	.09	-	.08	-	.19	***	.16	**
Autoritärer Leistungsdruck	.15	**	.17	***	.21	***	.20	***

Da aber der überwiegende Teil der Varianz der Angstindikatoren nicht durch die Indikatoren des Elternverhaltens zu erklären ist, müssen andere Faktoren zur Entstehung der Angstindikatoren beitragen. Hinweise zur Beantwortung der Frage nach der Rolle stabiler Persönlichkeitseigenschaften bei den Fachängsten finden sich in der Analyse der Korrelationen der Fachängste untereinander (vgl. Tabelle 50).

Bemerkenswert an den relativ konsistenten Zusammenhängen zwischen dem *Autoritären Leistungsdruck* und den Indikatoren der Fachängste ist der Vergleich mit den überwiegend nicht signifikanten Zusammenhängen zwischen dem *Autoritären Leistungsdruck* und den Schulleistungen. Dieser Vergleich führt zu der neuen Hypothese, dass subjektiv erlebter Leistungsdruck einen stärkeren Einfluss auf die Ängste als auf die Schulleistungen hat.

4.3.4 Elternverhalten und Emotionen im Physikunterricht

In Tabelle 48 sind die Zusammenhänge zwischen den Indikatoren des Elternverhaltens und den Emotionen im Physikunterricht dargestellt. Überwiegend können keine signifikanten Zusammenhänge nachgewiesen werden. Die signifikanten Zusammenhänge sind meist am Rande der Nachweisgrenze und insgesamt schwach.

Tabelle 48: Korrelationen von Elternverhalten mit Emotionen im Unterricht im Fach Physik (n = 391)

	Positives Unterrichtserleben				Angst im Unterricht			
	Interesse		Wohlbefinden		Aufgeregtheit		Besorgtheit	
Autoritative Lernförderung								
Unterstützung bei Misserfolg	.07	-	.03	-	-.07	-	-.06	-
Unterstützung im Lernprozess	.11	*	.07	-	-.12	*	-.10	-
Autoritäre Leistungskontrolle								
Autoritäre Reaktion bei Misserfolg	.06	-	.08	-	.08	-	.06	-
Autoritärer Leistungsdruck	.04	-	.06	-	.09	-	.13	**

Die *Unterstützung im Lernprozess* korreliert positiv mit dem *Interesse* (r = .11) und negativ mit der *Aufgeregtheit* (r = -.12) im Physikunterricht. Der letztere Zusammenhang ist ein Hinweis darauf, dass die Hypothese der Angstverminderung durch emotionale und soziale Unterstützung durch die Eltern nicht falsch ist. Der *Autoritäre Leistungsdruck* korreliert nur mit der *Besorgtheit* im Physikunterricht (r = .13).

4.3.5 Elternverhalten und Emotionen im Deutschunterricht

Die Korrelationen zwischen den Indikatoren des Elternverhaltens und den Emotionen im Deutschunterricht sind in Tabelle 49 abgebildet. Die *Unterstützung bei Misserfolg* steht in einem signifikanten Zusammenhang mit dem *Interesse* (r = .17) und dem *Wohlbefinden* (r = .12) im Deutschunterricht.

Tabelle 49: Korrelationen von Elternverhalten mit Emotionen im Unterricht im Fach Deutsch (n = 364)

	Positives Unterrichtserleben		*Angst im Unterricht*	
	Interesse	Wohlbefinden	Aufgeregtheit	Besorgtheit
Autoritative Lernförderung				
Unterstützung bei Misserfolg	.17 ***	.12 *	-.05 -	-.08 -
Unterstützung im Lernprozess	.07 -	.02 -	-.08 -	-.08 -
Autoritäre Leistungskontrolle				
Autoritäre Reaktion bei Misserfolg	-.03 -	-.03 -	.09 -	.11 *
Autoritärer Leistungsdruck	.00 -	.02 -	.09 -	.15 **

Beide Indikatoren der *Autoritären Leistungskontrolle* korrelieren signifikant mit der *Besorgtheit im Deutschunterricht* (r = .11 / .15). Die Zusammenhänge zwischen den Indikatoren des Elternverhaltens und den Emotionsvariablen sind im Deutschunterricht mit maximal drei Prozent an gemeinsamer Varianz etwas höher als im Physikunterricht.

Die Zusammenhänge zwischen den Indikatoren des Elternverhaltens und den Indikatoren des emotionalen Erlebens des Unterrichts sind zwar in beiden Fächern eher schwach, dennoch ist es bemerkenswert, dass die Emotionen im Unterricht nicht unabhängig vom elterlichen Verhalten sind. Die einzige Ausnahme ist das *Positive Unterrichtserleben* in beiden Unterrichtseinheiten, das in keinem Fall signifikant negativ mit den Indikatoren der *Autoritären Leistungskontrolle* in Beziehung steht.

Es lassen sich also keine Belege für die Hypothese finden, dass elterlicher Leistungsdruck und elterliche Vorwürfe, Drohungen und Strafen als Reaktionen auf eine schlechtere Klassenarbeit (*Autoritäre Reaktion bei Misserfolg*) das positive Erleben des Unterrichts beeinträchtigen.

In beiden Fächern steht jeweils ein Indikator der *Autoritativen Lernförderung* in einem signifikanten Zusammenhang mit dem *Interesse* im Unterricht. Dies kann als ein Indiz für die Hypothese gewertet werden, dass autoritatives Verhalten der Eltern das Explorationsverhalten der Kinder und somit generell deren Interesse fördert. Eine

Erklärung im negativen Sinne wäre, dass ein Mangel an elterlicher Unterstützung mit schulischem Desinteresse einhergeht.

4.3.6 Positive Lebenseinstellung und Fachängste

In Tabelle 50 sind die Zusammenhänge zwischen der *Positiven Lebenseinstellung* und den Indikatoren der *Allgemeinen Fachangst* in den Fächern Physik und Deutsch sowie alle Interkorrelationen zwischen den Indikatoren der *Allgemeinen Fachangst* dargestellt. Alle Zusammenhänge sind mindestens auf dem Einprozentniveau signifikant.

Tabelle 50: Korrelationen von Positiver Lebenseinstellung mit Allgemeiner Fachangst in den Fächer Physik und Deutsch (n = 389)

	Allgemeine Angst vor dem Fach Physik		*Allgemeine Angst vor dem Fach Deutsch*	
	Aufgeregtheit	Besorgtheit	Aufgeregtheit	Besorgtheit
Positive Lebenseinstellung				
Positive Lebenseinstellung	-.30 ***	-.15 **	-.29 ***	-.14 **
Allgemeine Angst vor Deutsch				
Besorgtheit Deutsch	.38 ***	.73 ***	.58 ***	
Aufgeregtheit Deutsch	.65 ***	.41 ***		
Allgemeine Angst vor Physik				
Besorgtheit Physik	.56 ***			

Die *Positive Lebenseinstellung* korreliert stärker mit der *Aufgeregtheit im Fach Physik* (r = -.30) und mit der *Aufgeregtheit im Fach Deutsch* (r = -.29) als mit der *Besorgtheit im Fach Physik* (r = -.15) und der *Besorgtheit im Fach Deutsch* (r = -.14). Die Werte der *Aufgeregtheit* als emotionaler Komponente der Fachangst, die vor allem die körperlichen Reaktionen erfasst, haben mit den Werten der *Positiven Lebenseinstellung* einen gemeinsamen Varianzanteil von ungefähr neun Prozent in beiden Fächern, während der gemeinsame Varianzanteil der *Positiven Lebenseinstellung* mit den Werten der *Besorgtheit* in beiden Fächern nur bei etwa zwei Prozent liegt.

Die – in Bezug auf die Fächer Physik und Deutsch – praktisch gleich starken Zusammenhänge der *Positiven Lebenseinstellung* mit den jeweiligen Indikatoren der *Fachangst* lassen die Vermutung zu, dass sich ein Teil der gemeinsamen Varianz auf stabile Persönlichkeitsmerkmale (Trait-Faktoren) zurückführen lässt. Hinweise für die Gültigkeit dieser Hypothese lassen sich ansatzweise untersuchen, wenn die Angstkomponenten fachübergreifend hoch korrelieren und fachübergreifend gemittelt werden, um die Zusammenhänge zwischen den fachübergreifenden Angstindikatoren und der *Positiven Lebenseinstellung* zu prüfen.

Der gemeinsame Varianzanteil der Angstkomponenten kann fachübergreifend bestimmt werden, weil beiden Fächern die gleiche Stichprobe zugrunde liegt. Der fachübergreifende Zusammenhang ist sowohl bei der *Aufgeregtheit* (r = .65) als auch bei der *Besorgtheit* (r = .73) sehr hoch; der Anteil der gemeinsamen Varianz liegt ungefähr zwischen 42 und 53 Prozent. Umgekehrt bedeutet dieses Ergebnis, dass nur gut die Hälfte der Varianz der Angstwerte fachspezifisch sein kann.

Die zusätzlich berechneten Zusammenhänge (o.Abb.) zwischen der *Positiven Lebenseinstellung* und der fachübergreifend gemittelten *Aufgeregtheit* (-.32 ***) sowie der fachübergreifend gemittelten *Besorgtheit* (-.16 **) zeigen, dass die linearen Effekte durch die Mittelung über die Fächer nicht geringer sind als die Zusammenhänge bei den fachspezifischen Ängsten (vgl. Tabelle 50). Dies ist ein Hinweis, dass die Korrelationen zwischen der *Positiven Lebenseinstellung* und den Indikatoren der *Allgemeinen Fachängste* die fachunabhängigen Varianzkomponenten der *Fachangst* betreffen.

Die Angstkomponenten *Aufgeregtheit* und *Besorgtheit* korrelieren innerhalb des Faches Physik (r = .56) und innerhalb des Faches Deutsch (r = .58) hoch; der gemeinsame Varianzanteil von *Aufgeregtheit* und *Besorgtheit* liegt bei einem knappen Drittel in jedem der beiden Fächer und ist somit etwas geringer als die gemeinsame Varianz der einzelnen Angstkomponenten zwischen den Fächern.

Abschließend sind noch die Korrelationen zwischen *Aufgeregtheit* in dem einen Fach und der *Besorgtheit* in dem anderen Fach zu erwähnen. *Aufgeregtheit im Fach Physik* korreliert mit der *Besorgtheit im Fach Deutsch* (r = .38) und die *Aufgeregtheit im Fach Deutsch* korreliert mit der *Besorgtheit im Fach Physik* (r = .41) jeweils hoch signifikant. Der gemeinsame Varianzanteil von circa 14 bis 17 Prozent zwischen der *Aufgeregtheit* in dem einen Fach und der *Besorgtheit* in dem anderen Fach ist erstaunlich hoch, weil die gemeinsame Varianz von *Aufgeregtheit* und *Besorgtheit* innerhalb eines Faches mit einem Anteil von gut 30 Prozent nur etwa doppelt so hoch ist. Dieses Ergebnis ist ein weiterer Hinweis für den Einfluss stabiler Persönlichkeitsmerkmale auf die Ausprägung der Angstindikatoren.

4.3.7 Emotionen im Fach Physik

In Tabelle 51 sind die Zusammenhänge zwischen den Trait-Emotionen (*Positive Lebenseinstellung* und *Allgemeine Angst vor dem Fach Physik*) und den Emotionen im Physikunterricht dargestellt. Die *Positive Lebenseinstellung* steht in einem hoch signifikant positiven Zusammenhang mit dem *Interesse* (r = .29) und dem *Wohlbefinden* (r = .22) im Physikunterricht sowie in einem hoch signifikant negativen Zusammenhang mit der *Aufgeregtheit* (r = -.26) und der *Besorgtheit* (r = -.25) im Physikunterricht; der Anteil gemeinsamer Varianz beträgt zwischen knapp 5 und gut 8 Prozent.

Die Indikatoren der *Allgemeinen Angst vor dem Fach Physik* korrelieren hoch signifikant mit den Indikatoren der *Angst im Physikunterricht*. Die *Aufgeregtheit vor dem Fach Physik* hängt mit der *Aufgeregtheit* (r = .36) und der *Besorgtheit* (r = .37) *im Physikunterricht* zusammen; der gemeinsame Varianzanteil beträgt ungefähr 13 bis 14 Prozent. Etwas schwächer korreliert die *Besorgtheit vor dem Fach Physik* mit der *Aufgeregtheit* (r = .27) und der *Besorgtheit* (r = .30) *im Physikunterricht*; der Anteil gemeinsamer Varianz liegt hier bei 7 bis 9 Prozent.

Tabelle 51: Korrelationen von Positiver Lebenseinstellung und Allgemeiner Fachangst mit Emotionen im Physikunterricht (n = 388)

	Positives Unterrichtserleben				Angst im Unterricht			
	Interesse		Wohlbefinden		Aufgeregtheit		Besorgtheit	
Positive Lebenseinstellung								
Positive Lebenseinstellung	.29	***	.22	***	-.26	***	-.25	***
Allgemeine Angst vor dem Fach								
Aufgeregtheit	-.12	*	-.11	*	.36	***	.37	***
Besorgtheit	-.02	-	-.06	-	.27	***	.30	***

Die *Aufgeregtheit vor dem Fach Physik* hängt nur schwach signifikant mit dem Interesse (r = -.12) und mit dem Wohlbefinden (r = -.11) im Physikunterricht zusammen; die gemeinsame Varianz liegt unter 1,5 Prozent. Weil darüber hinaus die *Besorgtheit vor dem Fach Physik* in keinem signifikanten Zusammenhang mit den Indikatoren des *Positiven Erleben des Physikunterrichts* steht, ist die Hypothese vom generell negativen Einfluss der Fachangst auf das positive Emotionen im Unterricht nur mit schwachen Befunden zu stützen – zumindest im Physikunterricht zur Elektrizitätslehre.

4.3.8 Emotionen im Fach Deutsch

Die Korrelationskoeffizienten zwischen den Variablen zu den Trait-Emotionen und den Unterrichtsemotionen im Fach Deutsch finden sich in Tabelle 52. Auch im Fach Deutsch steht die fachunabhängig erhobene *Positive Lebenseinstellung* in einem hoch signifikant positiven Zusammenhang mit dem *Interesse* (r = .27) und dem *Wohlbefinden* (r = .19.) sowie in einem hoch signifikant negativen Zusammenhang mit der *Aufgeregtheit im Deutschunterricht* (r = -.24) und der *Besorgtheit im Deutschunterricht* (r = -.27).

Tabelle 52: Korrelationen von Positiver Lebenseinstellung und Allgemeiner Fachangst mit Emotionen im Deutschunterricht (n = 361)

	Positives Unterrichtserleben				Angst im Unterricht			
	Interesse		Wohlbefinden		Aufgeregtheit		Besorgtheit	
Positive Lebenseinstellung								
Positives Lebenseinstellung	.27	***	19	***	-.24	***	-.27	***
Allgemeine Angst vor dem Fach								
Aufgeregtheit	-.01	-	-.00	-	.32	***	.34	***
Besorgtheit	.08	-	.05	-	.13	*	.15	**

Die *Aufgeregtheit* und die *Besorgtheit* als Indikatoren der *Allgemeinen Angst vor dem Fach Deutsch* stehen in keinem signifikanten Zusammenhang mit den Indikatoren des *Positiven Unterrichtserlebens* im Fach Deutsch. Die *Aufgeregtheit vor dem Fach*

Deutsch korreliert hoch signifikant mit der *Aufgeregtheit* (r = .32) und der *Besorgtheit im Deutschunterricht* (r = .34), während die *Besorgtheit vor dem Fach Deutsch* deutlich schwächer mit der *Aufgeregtheit* (r = .13) und der *Besorgtheit im Deutschunterricht* (r = .15) korreliert.

Im Vergleich der Fächer Physik und Deutsch sind zwei Sachverhalte bemerkenswert. In beiden Fächern korreliert die *Positive Lebenseinstellung* höher mit dem *Interesse im Unterricht* als mit dem *Wohlbefinden im Unterricht*. Möglicherweise ist es die Neugierkomponente des Interesses, die hier eine Rolle spielt. Der zweite bemerkenswerte Sachverhalt ist, dass in beiden Fächern die *Aufgeregtheit vor dem Fach* (die die körperlichen Reaktionen erfasst) in einem höheren Zusammenhang mit den Indikatoren der *Angst im Unterricht* steht als die *Besorgtheit vor dem Fach*.

Zusammenfassend ist festzustellen, dass in beiden Fächern die *Positive Lebenseinstellung* sowohl mit dem *Positiven Unterrichtserleben* als auch mit der *Angst im Unterricht* zusammenhängt. Die *Allgemeine Fachangst* korreliert dagegen im Wesentlichen nur mit den Angstindikatoren im Unterricht, aber kaum bis gar nicht mit den Indikatoren der positiven Emotionen im Unterricht. Dass die *Allgemeine Fachangst* in beiden Fächern keinen substanziellen Beitrag zur Erklärung der positiven Emotionen im Unterricht liefert, ist ein Hinweis für die höhere Situationsabhängigkeit der positiven Emotionen im Unterricht im Vergleich mit den negativen Emotionen im Unterricht.

4.3.9 Exkurs: Unterrichtsemotionen in den Fächern Deutsch und Physik

Um die Hypothese der höheren Situationsabhängigkeit der positiven Emotionen im Unterricht zu prüfen, sind in Tabelle 52 die Indikatoren des emotionalen Erlebens im Unterricht über die Fächer hinweg miteinander korreliert. Die Indikatoren des *Positiven Erlebens des Physikunterrichts* korrelieren mit den entsprechenden Indikatoren im Deutschunterricht – und die Angstindikatoren korrelieren sogar sehr hoch über die Fächer hinweg.

Für die einzelnen Indikatoren gilt: *Interesse im Physikunterricht* korreliert mit dem *Interesse im Deutschunterricht* (r = .36) mit einem gemeinsamen Varianzanteil von 13 Prozent und das *Wohlbefinden in Physik* korreliert mit dem *Wohlbefinden in Deutsch* (r = .29) mit einem gemeinsamen Varianzanteil von etwa 8,5 Prozent.

Die unterrichtsbezogenen Angstindikatoren hängen fachübergreifend noch sehr viel stärker miteinander zusammen als die Indikatoren des *Positiven Unterrichtserlebens*. Die *Aufgeregtheit im Unterricht* (r = .55) und die *Besorgtheit im Unterricht* (r = .54) korrelieren jeweils zwischen den Fächern hoch signifikant miteinander und haben einen gemeinsamen Varianzanteil von etwa 30 Prozent. Die Angstwerte im Unterricht enthalten zwar einen geringeren fachunabhängigen Varianzanteil als die Indikatoren der *Allgemeinen Fachangst* (vgl. Kapitel 4.3.6), dennoch ist dieses Ergebnis ein deutliches Indiz für die höhere interindividuelle Stabilität der Angst im Unterricht im Vergleich mit den positiven Emotionen im Unterricht.

Tabelle 53: Korrelationen von Unterrichtsemotionen in den Fächern Physik und Deutsch (n = 364)

	Positives Erleben im Physikunterricht		Angst im Physikunterricht	
	Interesse	Wohlbefinden	Aufgeregtheit	Besorgtheit
Positives Unterrichtserleben				
Interesse im Deutschunterricht	.36 ***	.22 ***	-.02 -	-.00 -
Wohlbefinden im Deutschunterricht	.19 ***	.29 ***	-.03 -	-.03 -
Angst im Unterricht				
Aufgeregtheit im Deutschunterricht	-.01 -	.02 -	.55 ***	.51 ***
Besorgtheit im Deutschunterricht	-.01 -	.01 -	.51 ***	.54 ***

4.3.10 Emotionen und Klassenarbeiten

In Tabelle 54 sind die Zusammenhänge zwischen allen Emotionswerten und den Klassenarbeitsergebnissen in den Fächern Physik und Deutsch im Überblick abgebildet. Die Koeffizienten zwischen den fachbezogenen Emotionsvariablen und den Klassenarbeitsergebnissen beziehen sich immer auf das jeweilige Fach. Die *Positive Lebenseinstellung* korreliert signifikant mit der Klassenarbeit zur Elektrizitätslehre (r = .15), die gemeinsame Varianz liegt aber nur bei etwa 2 Prozent. Im Fach Deutsch besteht kein signifikanter Zusammenhang zwischen der *Positiven Lebenseinstellung* und der Klassenarbeit zur Inhaltsangabe; das Vorzeichen des Koeffizienten ist sogar negativ.

Tabelle 54: Korrelationen von Trait- und State-Emotionen mit Klassenarbeiten in Physik (n = 384 / 385) und Deutsch (n = 371 / 347)

	Klassenarbeit	
	Physik	Deutsch
Positive Lebenseinstellung		
Positive Lebenseinstellung	.15 **	-.06 -
Allgemeine Angst vor dem Fach		
Aufgeregtheit vor dem Fach Physik bzw. Deutsch	-.08 -	-.02 -
Besorgtheit vor dem Fach Physik bzw. Deutsch	-.12 *	-.08 -
Positives Unterrichtserleben		
Interesse im Physik- bzw. Deutschunterricht	.27 ***	.16 **
Wohlbefinden im Physik- bzw. Deutschunterricht	.26 ***	.10 -
Angst im Unterricht		
Aufgeregtheit im Physik- bzw. Deutschunterricht	.01 -	-.12 *
Besorgtheit im Physik- bzw. Deutschunterricht	.04 -	-.13 *

Die Korrelationen der Indikatoren der *Allgemeinen Angst vor dem Fach* mit den Klassenarbeitsergebnissen sind in der Regel nicht signifikant. Nur die *Besorgtheit vor dem Fach Physik* hängt schwach signifikant mit der *Physikleistung* (r = -.12) zusammen.

Die Indikatoren des *Positiven Erlebens des Physikunterrichts* korrelieren hoch signifikant mit der Klassenarbeit in Physik. Sowohl das *Interesse im Physikunterricht* (r = .27) als auch das *Wohlbefinden im Physikunterricht* (r = .26) hängen jeweils substanziell mit der *Physikleistung* zusammen; der gemeinsame Varianzanteil beträgt etwa 7 Prozent. Im Fach Deutsch ist nur der Zusammenhang zwischen dem *Interesse im Deutschunterricht* und der Klassenarbeit zur Inhaltsangabe signifikant (r = .16), der aber mit ungefähr 2,5 Prozent an gemeinsamer Varianz nicht besonders ausgeprägt ist.

Die Indikatoren der *Angst im Unterricht* hängen insgesamt nur schwach mit den Klassenarbeitsergebnissen am Ende der Unterrichtseinheiten zusammen. Für den Physikunterricht ist kein signifikanter Zusammenhang nachweisbar. Schwach signifikant negative Korrelationen mit der Klassenarbeit zur Inhaltsangabe sind für die *Aufgeregtheit* (r = -.12) und die *Besorgtheit im Deutschunterricht* (r = -.13) erkennbar, der gemeinsame Varianzanteil liegt aber deutlich unter 2 Prozent.

Zusammenfassend lässt sich konstatieren, dass die signifikanten Zusammenhänge zwischen den Emotionen und den Schulleistungen in den Unterrichtseinheiten zur Elektrizitätslehre und zur Inhaltsangabe zwar in keinem Fall erwartungswidrig sind, aber die Stärke der Zusammenhänge ist – mit Ausnahme der Indikatoren des *Positiven Erlebens des Physikunterrichts* – überwiegend eher schwach. Insbesondere die Zusammenhänge der Angstindikatoren mit den Klassenarbeitsergebnissen liegen an der Nachweisgrenze, wenn sie überhaupt signifikant sind.

4.3.11 Zeugnisnoten, Emotionen und Klassenarbeit im Fach Physik

Zum Abschluss sind noch die bivariaten Zusammenhänge zwischen den Zeugnisnoten auf der einen Seite und den Emotionen und den Klassenarbeitsergebnissen auf der anderen Seite dargestellt. Die Zeugnisnoten dienen in den weiteren Analysen mit Hilfe der linearen Strukturgleichungsmodelle als Kontrollvariablen, um die Zusammenhänge zwischen Elternverhalten, Emotionen und Klassenarbeiten unabhängig von der vorhergehenden Schulleistung zu halten. Die Zeugnisnoten sind für alle Zusammenhangsanalysen separat für jede Schulform z-standardisiert, weil sich die Zeugnisnoten der Schulformen systematisch voneinander unterscheiden (vgl. Kapitel 4.2.1.2).

In den linearen Strukturgleichungsmodellen werden aus theoretischen Gründen und aufgrund der Ergebnisse aus Kapitel 4.3.1 für das Fach Physik nur die mathematisch-naturwissenschaftlichen Vornoten (Zeugnisnote Mathematik und Biologie) und für das Fach Deutsch nur die sprachlichen Vornoten (Zeugnisnote Deutsch und Englisch) als Kontrollvariablen verwendet. Auf die Darstellung der Interkorrelationen der Zeugnisnoten kann daher verzichtet werden, weil an den Faktorladungen in den linearen Strukturgleichungsmodellen der Varianzbeitrag der Zensuren zu den latenten Variablen abgelesen werden kann. Auf der bivariaten Ebene werden im Folgenden also nur die Zusammenhänge zwischen den Vornoten und den Emotionen sowie die Zusammenhänge zwischen den Vornoten und den Klassenarbeiten dargestellt. Die Zusammenhänge zwischen den Zeugnisnoten und den Physikvariablen sind in Tabelle 55 aufgeführt.

Tabelle 55: Korrelationen von Zeugnisnoten, Emotionen und Klassenarbeit im Fach Physik (n = 372, 374, 370)

	Zeugnisnoten Klassenstufe 7 (Vornoten)							
	Deutsch		Englisch		Mathematik		Biologie	
Allgemeine Angst vor dem Fach								
Aufgeregtheit Fach Physik	.14	**	.08	-	-.09	-	-.03	-
Besorgtheit vor dem Fach Physik	.10	*	.01	-	-.11	*	-.09	-
Positives Unterrichtserleben								
Interesse im Physikunterricht	-.05	-	.09	-	.10	*	.08	-
Wohlbefinden im Physikunterricht	-.07	-	-.03	-	.11	*	.04	-
Angst im Unterricht								
Aufgeregtheit im Physikunterricht	.09	-	.06	-	.03	-	.01	-
Besorgtheit im Physikunterricht	.11	*	.07	-	.02	-	.07	-
Klassenarbeit in Physik	.25	***	.18	**	.48	***	.31	***

Insgesamt sind die Zusammenhänge zwischen den Zeugnisnoten und den emotionsrelevanten Variablen im Fach Physik eher schwach. Die Zeugnisnote Deutsch korreliert erwartungswidrig signifikant positiv mit der *Aufgeregtheit* (r = .14) und der *Besorgtheit vor dem Fach Physik* (r = .10) und ebenfalls signifikant positiv mit der *Besorgtheit im Physikunterricht* (r = .11).

Weil die Mädchen bessere Deutschleistungen und höhere Ängste im Fach Physik zeigen, könnte der erwartungswidrige Zusammenhang ein Artefakt sein. Der erwartungswidrige Zusammenhang zeigt sich aber auch bei einer separaten Zusammenhangsanalyse für die Mädchen, zumindest hinsichtlich der *Besorgtheit im Physikunterricht* mit r = .14 * (o.Abb.); alle weiteren geschlechtsspezifischen Koeffizienten sind nicht signifikant, haben aber ebenfalls ein positives Vorzeichen. Daher kann die Vermutung, dass es sich bei den erwartungswidrig positiven Zusammenhängen zwischen der Deutschnote und den Angstindikatoren im Fach Physik um geschlechtsspezifische Artefakte handelt, nicht zutreffen. Möglicherweise korrespondiert – unabhängig vom Geschlecht – ein Teil der sprachlichen Begabungen mit einem Mangel an technisch-physikalischem Verständnis; und die Erfahrung dieses Mangels erhöht wiederum die Ängste vor dem Fach Physik. Eine Überprüfung dieser Hypothese ist an dieser Stelle aber nicht möglich. Das Ergebnis bestätigt allerdings die a priori vorgenommene Entscheidung, die sprachlichen Vornoten nicht als Kontrollvariablen für die komplexeren Zusammenhangsanalysen im Fach Physik zu verwenden.

Die Zeugnisnoten der Fächer Englisch und Biologie hängen mit keinem einzigen Emotionsindikator im Fach Physik signifikant zusammen. Die Zeugnisnote Mathematik steht dagegen prinzipiell erwartungskonform, aber nur in einem schwach signifikant negativen Zusammenhang mit der *Allgemeinen Besorgtheit vor dem Fach Physik* (r = -.11) und in einem schwach signifikant positiven Zusammenhang mit dem

Interesse (r = .10) und dem *Wohlbefinden im Physikunterricht* (r = .11). Diese Zusammenhänge sind aber mit gut einem Prozent an aufgeklärter Varianz als schwach zu bezeichnen.

Alle Zeugnisnoten stehen jedoch in einem signifikanten Zusammenhang mit dem Klassenarbeitsergebnis zur Elektrizitätslehre. Die höchsten Zusammenhänge weisen die mathematisch-naturwissenschaftlichen Zeugnisnoten auf. Insbesondere die Mathematiknote (r = .48), aber auch die Biologienote (r = .31) stehen in einem hoch signifikanten Zusammenhang mit der Physikklassenarbeit. Während die Biologienote nur gut 9 Prozent der Varianz der Klassenarbeit in Physik aufklärt, trägt allein die Mathematiknote 23 Prozent zur Aufklärung der Varianz der *Physikleistung* bei.

Aber auch die Zeugnisnoten der Fächer Deutsch (r = .25) und Englisch (r = .18) korrelieren signifikant mit der Klassenarbeit in Physik, der Anteil aufgeklärter Varianz liegt aber nur zwischen 3 und gut 6 Prozent. Dass die Zeugnisnote im Fach Deutsch mit der *Physikleistung* in Zusammenhang steht, könnte einerseits dadurch erklärt werden, dass sprachliche Fähigkeiten auch im Physikunterricht eine Rolle spielen. Allerdings kann mit dem Argument der sprachlichen Fähigkeiten nicht der Zusammenhang zwischen der Englischnote und der *Physikleistung* erklärt werden, weil die vorgegebenen physikalischen Sachverhalte in der Unterrichtseinheit zur Elektrizitätslehre keine Fremdsprachenkenntnisse voraussetzen und es praktisch ausgeschlossen ist, dass die beteiligten Lehrkräfte den Unterricht oder Teile davon in englischer Sprache abgehalten haben. Entsprechendes gilt für den Zusammenhang zwischen der Biologienote und der *Physikleistung*. Zur Erklärung des Zusammenhangs zwischen den Zeugnisnoten und der *Physikleistung* spricht viel mehr das Argument, dass die Intelligenz der Schülerinnen und Schüler eine wichtige Varianzkomponente in den Zeugnisnoten darstellt. Es wird davon ausgegangen, dass insbesondere die Zeugnisnoten der Fächer Deutsch und Mathematik etwa 25 Prozent an gemeinsamer Varianz mit IQ-Werten aufweisen (vgl. Funke & Vaterrodt-Plünnecke 1998, S. 80).

4.3.12 Zeugnisnoten, Emotionen und Klassenarbeit im Fach Deutsch

In Tabelle 56 sind die Zusammenhänge zwischen den Zeugnisnoten und den Emotionen und der Klassenarbeit im Fach Deutsch aufgeführt. Die Indikatoren der *Allgemeinen Angst vor dem Deutsch* stehen zum Teil in einem signifikant negativen, aber eher schwachen Zusammenhang mit den Zeugnisnoten Englisch, Mathematik und Biologie, aber erstaunlicherweise nicht mit der Zeugnisnote im Fach Deutsch. Die *Allgemeine Aufgeregtheit vor dem Fach Deutsch* korreliert signifikant nur mit der Mathematiknote (r = -.11). Die *Allgemeine Besorgtheit vor dem Fach Deutsch* steht in Zusammenhang mit der Englischnote (r = -.12), der Mathematiknote (r = -.15) und der Biologienote (r = -.12); keine Zeugnisnote erklärt allein deutlich mehr als 2 Prozent der Varianz der allgemeinen Angstindikatoren im Fach Deutsch.

Tabelle 56: Korrelationen von Zeugnisnoten, Emotionen und Klassenarbeit im Fach Deutsch (n = 372 / 348 / 358)

	Zeugnisnoten Klassenstufe 7 (Vornoten)							
	Deutsch		Englisch		Mathematik		Biologie	
Allgemeine Angst vor dem Fach								
Aufgeregtheit Fach Deutsch	-.03	-	-.06	-	-.11	*	-.09	-
Besorgtheit Fach Deutsch	-.07	-	-.12	*	-.15	**	-.12	*
Positives Unterrichtserleben								
Interesse im Deutschunterricht	.15	**	.21	***	.05	-	.06	-
Wohlbefinden im Deutschunterricht	.17	**	.07	-	.06	-	.07	-
Angst im Unterricht								
Aufgeregtheit im Deutschunterricht	-.03	-	-.02	-	-.07	-	-.09	-
Besorgtheit im Deutschunterricht	-.11	*	-.04	-	-.08	-	-.12	*
Klassenarbeit in Deutsch	.42	***	.34	***	.13	*	.15	**

Signifikante Korrelationen zwischen den Zeugnisnoten des Vorjahres und den Indikatoren des *Positiven Erlebens des Deutschunterrichts* sind nur für die Zeugnisnoten der sprachlichen Fächer Deutsch und Englisch festzustellen. Sowohl das *Interesse im Deutschunterricht* (r = .15) als auch das *Wohlbefinden im Deutschunterricht* (r = .12) korrelieren mit der Deutschnote; die aufgeklärte Varianz der Einzelindikatoren des *Positiven Erlebens des Deutschunterrichts* durch die Deutschnote liegt allerdings nur zwischen 2 und 3 Prozent. Die Englischnote korreliert hoch signifikant mit dem *Interesse im Deutschunterricht* (r = .21) und erklärt damit etwas mehr als 4 Prozent der Varianz der Interessevariablen. Die Koeffizienten zwischen den mathematisch-naturwissenschaftlichen Vornoten und den Indikatoren des *Positiven Erlebens des Deutschunterrichts* haben zwar alle ein positives Vorzeichen, sind aber nicht signifikant.

Diese Befunde stützen nur teilweise die Hypothese, dass der Schulerfolg von Schülerinnen und Schülern generell mit dem Ausmaß positiver Emotionen im Unterricht verknüpft ist. Möglicherweise tendiert der kausale Zusammenhang zwischen Zeugnisnoten und dem positiven Erleben des Deutschunterrichts sogar gegen Null, wenn die Annahme richtig ist, dass die sprachlichen Zeugnisnoten ein sprachbezogenes Interesse als Varianzkomponente enthalten und das sprachbezogene Interesse die korrelativen Zusammenhänge zwischen den sprachlichen Vornoten und dem *Interesse im Deutschunterricht* erzeugt. Der hoch signifikante Zusammenhang zwischen der Englischnote und dem *Interesse im Deutschunterricht* ist ein Indiz für diese Vermutung.

Der Zusammenhang zwischen den Zeugnisnoten im Fach Deutsch und dem *Wohlbefinden im Deutschunterricht* könnte in ähnlicher Weise auch durch die intrinsische Fachmotivation als Varianzkomponente der Deutschnoten erklärt werden. Die Freude an der Beschäftigung mit der deutschen Sprache könnte als Drittvariable einerseits die Motivation zu lernen und damit den Lernerfolg erhöhen und so die Zensuren verbessern sowie andererseits zu erhöhten Wohlbefindenswerten im Unterricht führen, ohne dass ein kausaler Zusammenhang zwischen der Zeugnisnote und dem Wohlbefinden im Unterricht vorliegt.

Die Zusammenhänge zwischen den Zeugnisnoten und den Indikatoren der *Angst im Deutschunterricht* sind entweder nicht signifikant oder am Rande der Nachweisgrenze. Schwach signifikant korrelieren nur die Zeugnisnoten Deutsch (r = -.11) und die Zeugnisnoten Biologie (r = -.12) mit der *Besorgtheit im Deutschunterricht*. Die Zeugnisnoten erklären aber nicht mehr als 1,5 Prozent der Varianz der *Besorgtheit im Deutschunterricht*. Die Befundlage ist ähnlich wie im Physikunterricht: Die Zeugnisnoten stehen in einem kaum nachweisbaren Zusammenhang mit den Angstindikatoren im Unterricht.

Zwischen den sprachlichen Vornoten und der Klassenarbeit zur Inhaltsangabe bestehen hoch signifikante Zusammenhänge. Die Deutschnote korreliert mit r = .42 und die Englischnote korreliert mit r = .34 mit der Klassenarbeit in Deutsch. Der Anteil der aufgeklärten Varianz der Klassenarbeitsergebnisse durch die sprachlichen Vornoten liegt zwischen 11 Prozent (Englischnote) und 18 Prozent (Deutschnote). Aber auch die mathematisch-naturwissenschaftlichen Zeugnisnoten korrelieren zumindest noch schwach signifikant mit der Klassenarbeit in Deutsch. Die Mathematiknote hängt mit r = .13 und die Biologienote mit r = .15 mit den *Deutschleistungen* in der Unterrichtseinheit zur Inhaltsangabe zusammen. Die Varianzaufklärung der Klassenarbeitsergebnisse im Fach Deutsch durch die mathematisch-naturwissenschaftlichen Zeugnisnoten des Vorjahres liegt aber unter 2,5 Prozent; die Zusammenhänge sind also relativ schwach.

Zusammenfassend lässt sich sagen, dass die Zeugnisnoten aus der Klassenstufe 7 insgesamt eher schwach mit den Emotionen in den Unterrichtseinheiten zur Elektrizitätslehre und zur Inhaltsangabe in der Klassenstufe 8 zusammenhängen. Die Zusammenhänge mit den Angstvariablen sind zum Teil widersprüchlich: Die Zusammenhänge mit den Zeugnisnoten sind teils – wie erwartet – negativ und teils aber auch positiv. Gute Noten schützen also möglicherweise nicht nur vor Angst, sondern können möglicherweise auch Angst vor dem Verlust des Leistungsniveaus hervorrufen.

Bei den Indikatoren des *Positiven Unterrichtserlebens* ist die Befundlage dagegen eindeutig. Wenn signifikante Zusammenhänge mit den Zeugnisnoten bestehen, dann sind sie positiv. Die Zeugnisnoten erklären aber maximal 4 Prozent der Varianz eines Indikators des *Positiven Unterrichtserlebens*.

Mittlere bis starke Zusammenhänge sind zwischen den bereichsspezifischen Zeugnisnoten am Ende der Klassenstufe 7 und den Ergebnissen der Klassenarbeiten in den Unterrichtseinheiten in Klassenstufe 8 festzustellen. Die Mathematiknote ist der beste Prädiktor für die *Physikleistung* (23 Prozent Varianzaufklärung) und die Deutschnote der beste Prädiktor für die *Deutschleistung* (18 Prozent Varianzaufklärung).

4.3.13 Zusammenfassung

Die Indikatoren zum Elternverhalten stehen zum Teil in Zusammenhang mit den Zeugnisnoten. Die Indikatoren des autoritativen Elternverhaltens korrelieren nicht mit den mathematisch-naturwissenschaftlichen Zeugnisnoten, sondern nur mit den sprachbezogenen Noten, insbesondere mit der Deutschnote. Die Zusammenhänge sind allerdings nicht hoch: Kein Indikator des autoritativen Verhaltens enthält mehr als drei Prozent an gemeinsamer Varianz mit der Deutschnote. Etwas stärker sind die Zusammenhänge zwischen einem Indikator des autoritären Elternverhaltens und den Zeugnisnoten. Die *Autoritäre Reaktion bei Misserfolg* korreliert signifikant negativ mit allen Zeugnisnoten; der Anteil an gemeinsamer Varianz beträgt bis zu sechs Prozent. Die Frage nach dem kausalen Zusammenhang zwischen Elternverhalten und Zeugnisnoten kann in dieser Untersuchung allerdings nicht geklärt werden, weil mit bildungsbiografischen Wechselwirkungen zwischen den Schulleistungen und dem Elternverhalten zu rechnen ist. Die Zusammenhänge zwischen der *Autoritären Reaktion bei Misserfolg* und den Zeugnisnoten ($r_{min.}$ = -.15 / $r_{max.}$ = -.25) sind die höchsten Zusammenhänge zwischen einem Elternindikator und den Schulleistungen in dieser Studie.

Die Korrelationskoeffizienten zwischen den Elternindikatoren und den Klassenarbeitsergebnissen sind mit Maximalwerten von r = .12 auf einem sehr niedrigen Niveau. Die Hypothese, dass autoritatives Elternverhalten zu besseren und autoritäres Verhalten der Eltern zu schlechteren Schulleistungen der Kinder führt, wird durch die bivariaten Korrelationen zwar nicht falsifiziert und kann daher grundsätzlich beibehalten werden, wenngleich die Befunde nicht die Hypothese eines starken Elterneffekts stützen. Hinweise auf positive Leistungseffekte durch erhöhte elterliche Leistungsanforderungen sind nicht zu finden. Die korrelativen Befunde deuten insgesamt nicht darauf hin, dass das Elternverhalten ein gewichtiger Einflussfaktor zur Erklärung der objektiven Schulleistung in der Sekundarstufe I ist.

Alle Elternindikatoren korrelieren dagegen systematisch und hoch signifikant mit der *Positiven Lebenseinstellung*. Die positiven Zusammenhänge mit der *Autoritativen Lernförderung* ($r_{min.}$ = .21 / $r_{max.}$ = .23) und die negativen Zusammenhänge mit der *Autoritären Leistungskontrolle* ($r_{min.}$ = -.18 / $r_{max.}$ = -.25) stützen die Hypothese, dass autoritatives Elternverhalten das Wohlbefinden der Kinder erhöht und autoritäres Verhalten der Eltern das Wohlbefinden ihrer Kinder verschlechtert.

Die korrelativen Befunde stützen auch die Hypothese, dass autoritäres Verhalten der Eltern die Angst der Kinder erhöht. Der Indikator *Autoritärer Leistungsdruck* steht in einem systematischen Zusammenhang mit den Indikatoren der *Allgemeinen Fachangst* in beiden Fächern und der Indikator *Autoritäre Reaktion bei Misserfolg* korreliert mit den allgemeinen Angstindikatoren in Bezug auf das Fach Deutsch ($r_{min.}$ =.15 / $r_{max.}$ = .21). Die Indikatoren der *Angst im Unterricht* stehen dagegen in beiden Fächern nur vereinzelt und etwas schwächer in einem signifikanten Zusammenhang mit den Indikatoren der *Autoritären Leistungskontrolle* ($r_{min.}$ =.11 / $r_{max.}$ =.15).

Ein empirischer Beleg für die vermutete Schutzfunktion der emotionalen und sozialen Unterstützung im Hinblick auf die Angstausprägung ist nur bei einem Koeffizienten (*Unterstützung im Lernprozess* und *Aufgeregtheit im Physikunterricht*) zu finden; weitere Belege für diese Hypothese finden sich allerdings bei den linearen Strukturgleichungsmodellen.

Die Indikatoren der *Autoritativen Lernförderung* korrelieren zum Teil signifikant positiv mit den Indikatoren des *Positiven Unterrichtserlebens* in beiden Fächern

($r_{min.} = .11$ / $r_{max.} = .17$). Bemerkenswert ist, dass in beiden Fächern das *Interesse im Unterricht* höher mit dem jeweiligen Indikator der *Autoritativen Lernförderung* korreliert als das *Wohlbefinden im Unterricht*. Dies kann einerseits ein Beleg für die bindungstheoretische Annahme sein (vgl. Kapitel 2.1.4.3.2), dass sicher gebundene Kinder ein erhöhtes Explorationsverhalten zeigen, also generell neugieriger sind. Andererseits könnte der Zusammenhang auch durch das kulturelle Kapital der Familie konfundiert sein, wenn die Annahme richtig ist, dass mit steigendem Bildungsgrad der Eltern sowohl ein zunehmend autoritativeres Verhalten der Eltern als auch ein allgemein steigendes Bildungsinteresse in der Familie verbunden ist.

Kein signifikanter Zusammenhang besteht bei der bivariaten Betrachtung der Zusammenhänge zwischen den Indikatoren der *Autoritären Leistungskontrolle* und den Indikatoren des *Positiven Unterrichtserlebens* in beiden Fächern. Die linearen Strukturgleichungsmodelle zeigen allerdings zum Teil gegenläufige lineare Effekte.

Die *Positive Lebenseinstellung* korreliert in beiden Fächern negativ mit den Indikatoren der *Allgemeinen Fachangst* ($r_{min.} = -.14$ / $r_{max.} = -.30$) und mit den Indikatoren der *Angst im Unterricht* ($r_{min.} = -.24$ / $r_{max.} = -.27$) sowie positiv mit den Indikatoren des *Positiven Unterrichtserlebens* ($r_{min.} = .19$ / $r_{max.} = .29$). Besonders hoch sind die Zusammenhänge mit der Aufgeregtheitskomponente der *Allgemeinen Fachangst* und mit dem *Interesse im Unterricht*, die ungefähr 7 bis 9 Prozent an gemeinsamer Varianz mit der *Positiven Lebenseinstellung* aufweisen.

Darüber hinaus steht die *Positive Lebenseinstellung* mit den Ergebnissen der Klassenarbeit zur Elektrizitätslehre in einem positiv signifikanten Zusammenhang ($r = .15$), nicht aber mit den Klassenarbeitsergebnissen zur Inhaltsangabe – der Koeffizient hat hier sogar ein negatives Vorzeichen. Wider Erwarten steht die *Positive Lebenseinstellung* auch in keinem substanziellen Zusammenhang mit den Zeugnisnoten; nur die Biologienote korreliert signifikant mit $r = .10$ und erklärt damit ein Prozent der Varianz der *Positiven Lebenseinstellung*. Die *Positive Lebenseinstellung* ist also eine Variable, die systematisch mit den Indikatoren des Elternverhaltens und den Indikatoren der fach- und unterrichtsbezogenen Emotionen zusammenhängt, aber weniger bis gar nicht mit den Schulleistungen.

Ein wichtiges Ergebnis bei den Angstindikatoren ist die hohe gemeinsame Varianz über die Fächer hinweg. Die jeweiligen Indikatoren der *Allgemeinen Fachangst* haben fachübergreifend eine gemeinsame Varianz von etwa 42 Prozent bei der *Aufgeregtheit* und knapp 53 Prozent bei der *Besorgtheit*. Dieser Befund ist ein Hinweis auf relativ stabile Persönlichkeitseigenschaften bei der Messung der Fachangst. Die gemeinsame Varianz könnte durch eine allgemeine Ängstlichkeit oder durch eine allgemeine Schulangst, aber auch durch differenzielle Angsteffekte einzelner Schulen verursacht sein. Der zusätzlich berechnete Zusammenhang zwischen den fachübergreifend gemittelten Indikatoren der *Allgemeinen Angst* und der *Positiven Lebenseinstellung* zeigt, dass insbesondere die über die Fächer gemittelte *Allgemeine Aufgeregtheit* gut 10 Prozent an gemeinsamer Varianz mit der *Positiven Lebenseinstellung* aufweist. Dies ist ein weiterer Hinweis für den Einfluss situationsübergreifender Persönlichkeitskomponenten zur Erklärung der gemeinsamen Varianz der Fachängste.

Die gemeinsame Varianz der Indikatoren der *Angst im Unterricht zur Elektrizitätslehre* mit den Indikatoren der *Angst im Unterricht zur Inhaltsangabe* beträgt ungefähr 30 Prozent. Die gemeinsame Varianz der Indikatoren der *Allgemeinen Fachängste* mit den fachspezifischen Indikatoren der *Angst im Unterricht* ist dagegen deutlich geringer. Vor allem die *Aufgeregtheit vor dem Fach* erklärt 10 bis 14 Prozent der Varianz der Indikatoren der *Angst im Unterricht* in beiden Fächern. In den Messwerten der Indikatoren der *Angst im Unterricht* sind also auch Trait-Komponenten enthalten.

Die Noten aus dem Zeugnis des Vorjahres erklären maximal gut 2 Prozent eines Indikators der *Allgemeinen Fachangst* und maximal 1,5 Prozent der Varianz der Indikatoren der *Angst im Unterricht*. Hinter den schwachen Zusammenhängen können sich aber auch gegenläufige Effekte verbergen; die signifikant positiven Zusammenhänge zwischen der Deutschnote und den Indikatoren der *Allgemeinen Angst vor dem Fach Physik* sind ein Hinweis dafür, dass zwischen Ängsten und Schulleistungen komplexere Zusammenhänge bestehen.

Die Indikatoren *Interesse* und *Wohlbefinden im Unterricht* haben jeweils *fachübergreifend* nur eine gemeinsame Varianz von gut 8 Prozent beim *Wohlbefinden* und 13 Prozent beim *Interesse*. Das positive Erleben des Unterrichts scheint also insgesamt weniger von Persönlichkeitsfaktoren der Schüler abzuhängen als die Angst im Unterricht. Die höhere gemeinsame Varianz beim *Interesse* deutet darauf hin, dass das Interesse im Unterricht in einem etwas höheren Maß von der Persönlichkeit der Schüler abhängt als das Wohlbefinden im Unterricht.

Das *Positive Erleben des Physikunterrichts* in der Unterrichtseinheit zur Elektrizitätslehre hängt praktisch kaum von den Zeugnisnoten des Vorjahrs ab; nur die Mathematiknote erklärt etwa 1 Prozent der Varianz der beiden Indikatoren. Im Fach Deutsch erklären die sprachbezogenen Vornoten ungefähr 2 bis 4,5 Prozent der Indikatoren des *Positiven Unterrichtserlebens* in der Unterrichtseinheit zur Inhaltsangabe. Diese Befunde sprechen für eine eher schwache Koppelung zwischen den Schulleistungen des Vorjahres und den aktuellen positiven Unterrichtsemotionen, die im Fach Deutsch etwas deutlicher ausgeprägt ist als im Fach Physik. Die Zeugnisnoten erklären insgesamt aber weniger Varianz des *Positiven Unterrichtserlebens* in beiden Fächern als die *Positive Lebenseinstellung*, die besonders auffällig mit dem *Interesse im Unterricht* zusammenhängt (7 bis 9 Prozent gemeinsame Varianz). Da die *Positive Lebenseinstellung* weitgehend unabhängig von den Zeugnisnoten variiert, scheint sie der bessere Prädiktor für das *Positive Unterrichtserleben* zu sein als die Zeugnisnoten.

Die Klassenarbeitsergebnisse im Fach Deutsch hängen – wenn überhaupt – nur schwach mit den Emotionen zusammen. Die Indikatoren der *Angst im Unterricht* erklären weniger als 2 Prozent der Varianz der *Deutschleistung*. Das *Interesse im Deutschunterricht* liefert mit 2,5 Prozent Varianzaufklärung den bisher höchsten Beitrag und erklärt damit etwa zweimal mehr Varianz der Klassenarbeit zur Inhaltsangabe als die Koeffizienten der Indikatoren des Elternverhaltens. Weder die Indikatoren der Emotionen noch die Indikatoren des Elternverhaltens liefern also substanzielle Einzelbeiträge zur Erklärung der Varianz der *Deutschleistung*.

Die stärksten Zusammenhänge zur Vorhersage der *Deutschleistung* finden sich bei den sprachbezogenen Zeugnisnoten des Vorjahres. Die Deutschnote erklärt 18 Prozent der Varianz und die Englischnote immerhin noch 11 Prozent der Varianz der Klassenarbeitsergebnisse zur Inhaltsangabe. Die mathematisch-naturwissenschaftlichen Zeugnisnoten erklären dagegen weniger als 2,5 Prozent der *Deutschleistung*.

Zur Erklärung der Varianz der *Physikleistung* ergibt sich mit einer Ausnahme ein ähnliches Bild wie im Fach Deutsch. Die Indikatoren der Trait-Emotionen, die *Positive Lebenseinstellung* und die *Besorgtheit vor dem Fach Physik* hängen zwar im Gegensatz zum Fach Deutsch signifikant und erwartungsgetreu mit der *Physikleistung* zusammen, aber die aufgeklärte Varianz ist nicht höher als 2,5 Prozent. Im Gegensatz zum Fach Deutsch spielen die Indikatoren des *Positiven Unterrichtserlebens* eine wichtige Rolle im Fach Physik. Die Indikatoren *Interesse* und *Wohlbefinden im Physikunterricht* erklären jeweils ungefähr 7 Prozent der Varianz der Klassenarbeitsergebnisse zur Elektrizitätslehre. Dass die Indikatoren des *Positiven Erlebens des Physikunterrichts* aber nur schwach von den bisherigen Zeugnisnoten abhängen (etwa 1 Prozent gemeinsame Varianz mit der Mathematiknote), belegt in hervorragender Weise die Hypothese, dass das positive Erleben des Physikunterricht zu besseren Physikleistungen führt, da der Zusammenhang zwischen den positiven Unterrichtsemotionen und der *Physikleistung* nur in geringem Maße durch die Zeugnisnoten konfundiert sein kann.

Der wichtigsten Einflussgrößen zur Vorhersage der *Physikleistung* sind – wie im Fach Deutsch – die bereichsspezifischen Vornoten. Die Mathematiknote aus Klasse 7 erklärt allein 23 Prozent der Varianz der Klassenarbeitsergebnisse zur Elektrizitätslehre; die Biologienote erklärt 9 Prozent und die sprachbezogenen Vornoten noch 3 bis 6 Prozent der Varianz.

Zusammenfassend ergibt sich das Bild, dass das Elternverhalten zwar emotionale Effekte bis in den Unterricht hinein hat, aber nur schwache Effekte auf die objektiven Leistungsunterschiede in den Unterrichtseinheiten zur Elektrizitätslehre und zur Inhaltsangabe. Im Übrigen zeigt sich, dass die Emotionen mit den Emotionen und die Schulleistungen mit den Schulleistungen zusammenhängen, während die Emotionen und die Schulleistungen vergleichsweise schwach, aber in der Regel erwartungsgetreu miteinander in Zusammenhang stehen. Festzuhalten bleibt noch, dass die positiven Emotionen wichtiger für die Klassenarbeit in Physik zu sein scheinen als für die Klassenarbeit in Deutsch.

4.4 Ergebnisse der linearen Strukturgleichungsmodelle

In den linearen Strukturgleichungsmodellen werden im Unterschied zu den bivariaten Ergebnissen des vorhergehenden Kapitels nicht mehr die Beziehungen zwischen den beobachteten Messgrößen analysiert, sondern es werden die linearen Zusammenhänge zwischen den postulierten latenten Variablen geprüft. Im Unterschied zu den bivariaten Techniken der Zusammenhangsanalyse werden darüber hinaus die Koeffizienten zwischen zwei latenten Variablen jeweils unabhängig von weiteren latenten Variablen im Modell geschätzt.

In den vorliegenden Strukturmodellen werden zum Beispiel alle Beziehungen zwischen den Elternvariablen, den Emotionsvariablen und den Klassenarbeitsergebnissen unabhängig von den bereichsspezifischen Zeugnisnoten des vorherigen Schuljahrs geschätzt. Die Pfadkoeffizienten eines linearen Strukturgleichungsmodells sind folglich wesentlich aussagekräftiger als die bivariaten Zusammenhangskoeffizienten. Das Kapitel zu den Ergebnissen der LISREL-Modelle stellt daher das zentrale Ergebniskapitel der Studie dar.

Das Kapitel ist wie folgt gegliedert. In Kapitel 4.4.1 wird zunächst die Konstruktion der LISREL-Modelle und deren grafische Darstellung erläutert. Aufgrund der Komplexität der Modelle und der großen Anzahl der berechneten Koeffizienten wird die Darstellung der Ergebnisse in drei Kapiteln behandelt.

In Kapitel 4.4.2 werden die Ergebnisse der LISREL-Modelle für das Fach Physik und in Kapitel 4.4.3 die Ergebnisse der LISREL-Modelle für das Fach Deutsch vorgestellt. Für jedes Fach wird zunächst das auf der gesamten Stichprobe basierende Gesamtmodell dargestellt und darauf folgend die separaten Modelle für Gymnasiasten, Realschüler, Mädchen und Jungen. Die Zusammenhangsanalyse in den Untergruppen wird ausschließlich mit Hilfe der LISREL-Modelle vorgenommen, da der Umfang des Ergebniskapitels begrenzt ist und weil die multivariate Analyse der Zusammenhänge deutlich informativer als die bivariate Analyse ist. In dieser ersten Darstellung der Ergebnisse der Ergebnisse der linearen Strukturgleichungsmodelle liegt der Fokus auf der Präsentation der signifikanten Pfadkoeffizienten.

Im Anschluss an die separate Darstellung der Modelle werden die Ergebnisse aus den insgesamt zehn Modellen in Kapitel 4.4.4 zusammengefasst. In der Zusammenfassung werden die Gemeinsamkeiten und die Unterschiede in den Modellen systematisch in einzelnen Unterkapiteln herausgearbeitet. In dieser Zusammenschau werden auch diejenigen Pfade berücksichtigt, die regelmäßig nicht signifikant sind. Das Kapitel 4.4.4 ist besonders geeignet für den Überblick über die zentralen Ergebnisse der vorliegenden Studie.

4.4.1 Konstruktion und Darstellung der LISREL-Modelle

Alle Strukturmodelle sind nach dem gleichen Schema konstruiert. Auf der linken Seite der Modelle befinden sich die drei exogenen Variablen (KSI), die nicht im Modell erklärt werden. Neben den beiden latenten Variablen zum Elternverhalten (*Autoritative Lernförderung, Autoritäre Leistungskontrolle*) stellen die bereichsspezifischen *Vornoten* die dritte exogene Variable dar. Da die exogenen Variablen nicht im Modell erklärt werden, sind keine Pfade zwischen den drei latenten Variablen zugelassen.

Diese Modellkonstruktion, in der die bereichsspezifischen *Vornoten* als dritte exogene Variable verwendet werden, ist zunächst begründet durch die Forschungsfrage nach den Bedingungsfaktoren von Emotionen und Schulleistungen in der achten Klassenstufe. Schülerinnen und Schüler sind in ihren Eingangsvoraussetzungen zu Beginn eines Schuljahres nicht nur durch interindividuelle Unterschiede hinsichtlich des Verhaltens ihrer Eltern gekennzeichnet, sondern auch durch interindividuelle Unterschiede in Bezug auf ihre bisherigen Schulleistungen. Durch diese Modellkonstruktion wird der Einfluss des Elternverhaltens auf die Emotionen und die Schulleistungen in der achten Klassenstufe unabhängig von den bereichsspezifischen Zeugnisnoten aus der siebten Klassenstufe geschätzt.

Die von den Zeugnisnoten des vorherigen Schuljahrs unabhängige Schätzung der Zusammenhänge zwischen den Variablen zum Elternverhalten und den Variablen zu den Emotionen und den Schulleistungen im untersuchten Schuljahr bietet den entscheidenden Vorteil, dass bildungsbiografische Wechselwirkungen zwischen dem Elternverhalten und den Zeugnisnoten des vorherigen Schuljahrs im linearen Modell eliminiert werden können. Diese Konstruktion der Modelle ist notwendig, weil die bildungsbiografischen Wechselwirkungen zwischen Elternverhalten und Schulleistung in der vorliegenden Studie nicht rekonstruiert werden können. Aufgrund der vorliegenden Daten ist einerseits nicht zu entscheiden, ob zum Beispiel nachlassende Schulleistung des Kindes im Verlauf der Sekundarstufe I zu erhöhtem autoritären Verhalten der Eltern oder zu steigender oder vielleicht sogar zu nachlassender autoritativer Unterstützung des Kindes durch die Eltern geführt hat. Aber auch über die – in der Kausalrichtung umgekehrte – Frage nach dem Einfluss des Elternverhaltens auf die Schulleistungsentwicklung des Kindes kann in dieser Studie keine Aussage getroffen werden. Weil diese Fragen aufgrund der Untersuchungsanlage nicht entscheidbar sind, werden im LISREL-Modell die Elternvariablen und die bereichsspezifischen Zeugnisnoten des Vorjahres als exogene Variablen definiert, deren Effekte im Modell wechselseitig unabhängig sind.

Der Nachteil dieser Modellkonstruktion liegt in der möglichen Unterschätzung des *wahren* Einflusses des Elternverhaltens auf die endogenen Variablen, da die Zeugnisnoten durch das Elternverhalten kausal beeinflusst sein können. Die Analyse der Korrelationen zeigt allerdings keine hohen Zusammenhänge zwischen den Zeugnisnoten und den Variablen zum Elternverhalten (vgl. Kapitel 4.3.1), so dass nicht mit groben Unterschätzungen der Effekte des Elternverhaltens in den Modellen zu rechnen ist.

Zusammenfassend kann gesagt werden, dass diese Modellkonstruktion eher konservativ ist, da die Gefahr einer Überschätzung der Effekte des Elternverhaltens gering gehalten wird. Mit Hilfe dieses Modells soll auch nicht der Einfluss des Elternverhaltens auf die Schulleistung insgesamt abgeschätzt werden, sondern es soll die Fragestellung überprüft werden, welche Wirkungen durch ein autoritatives oder ein autoritäres Verhalten der Eltern in der Klassenstufe 8 zu erwarten sind – und zwar unabhängig von der bereichsspezifischen Schulleistung in der Klassenstufe 7.

Im Modell werden sämtliche Pfadkoeffizienten von den drei exogenen Variablen (*Autoritative Lernförderung*, *Autoritäre Leistungskontrolle*, *Vornoten*) zu allen endogenen Variablen (Emotionen und Klassenarbeit) geschätzt. Die endogenen Variablen sind im Modell folgendermaßen geordnet. Zunächst kommen die Variablen zu den Trait-Emotionen (*Positive Lebenseinstellung*, *Allgemeine Fachangst*), danach die Variablen zu den fachspezifischen Unterrichtsemotionen in den Unterrichtseinheiten Elektrizitätslehre bzw. Inhaltsangabe (*Positives Unterrichtserleben*, *Angst im Unterricht*) und am Ende des Modells die fachspezifische Schulleistungsvariable am Ende der jeweiligen Unterrichtseinheit (*Physikleistung* bzw. *Deutschleistung*). In dieser Reihenfolge (*Positive Lebenseinstellung*, *Allgemeine Fachangst*, *Positives Unterrichtserleben*, *Angst im Unterricht*, *Fachleistung*) werden auch im Bereich der endogenen Variablen sämtliche Pfadkoeffizienten auf alle nachfolgenden Variablen geschätzt.

Die *Positive Lebenseinstellung* ist als bereichsübergreifende Emotionsvariable der fachspezifischen *Allgemeinen Fachangst* vorangestellt. Die Entscheidung, den Pfad vom *Positiven Unterrichtserleben* auf die *Angst im Unterricht* zu richten und nicht umgekehrt, ist durch die Annahme begründet, dass die Lehrpersonen im Unterricht eher durch die Förderung von positiven Emotionen Einfluss auf die Angst im Unterricht nehmen können als ungekehrt. Diese Annahme ist durch die Vermutung begründet, dass die Angst im Unterricht stärker von Persönlichkeitsmerkmalen der Schüler abhängt als das Wohlbefinden im Unterricht. Diese Vermutung wird durch die Befunde gestützt, dass die Indikatoren der *Angst im Unterricht* zwischen den Fächern stärker zusammenhängen als die Indikatoren des *Positiven Unterrichtserleben*s (vgl. Kapitel 4.3.9).

Das Modell ist theoriegeleitet entwickelt und es werden im Strukturmodell keine nachträglichen Modifikationen durchgeführt, um die Anpassungswerte der Modelle zu verbessern. Es werden also keine nicht-signifikanten Pfade weggelassen, um die Anzahl der Freiheitsgrade im Modell zu erhöhen, da es für das postulierte Strukturmodell keine theoretische Begründung gibt, einen Pfad wegzulassen und damit den Pfadkoeffizienten auf den Wert Null zu setzen, weil für die Beziehungen aller Variablen[65] im Modell ein kausaler Zusammenhang angenommen werden kann. Nur im Messmodell der endogenen Variablen wurde nach den ersten Berechnungen aufgrund der Modifikationsindizes von LISREL der Indikator *Wohlbefinden im Unterricht* als zusätzlicher Indikator für die *Angst im Unterricht* in allen Modellen zugelassen, da es theoretisch plausibel ist, dass mit steigenden Wohlbefindenswerten im Unterricht auch niedrigere Angstwerte im Unterricht indiziert werden. Von dieser einen Ausnahme abgesehen, wird bei der Berechnung der Modelle versucht, den konfirmatorischen Ansatz der Studie so wenig wie möglich zu verletzen.

Das Fixieren von Ladungskoeffizienten in den Messmodellen wird nur dann vorgenommen, wenn LISREL keine Ausgangslösung findet. Korrelierte Messfehler zwischen den Messvariablen sind nicht zugelassen, obwohl zum Beispiel die Variablen

---

65 Im Grunde enthalten die Modelle nur zwei Typen von Daten: Schulleistungsdaten auf der einen Seite und subjektive Einschätzungen der Schülerinnen und Schüler zum Verhalten ihrer Eltern und zum Erleben ihrer eigenen Emotionen auf der anderen Seite.

zu den Ängsten als Messwiederholungen angesehen werden können. Im postulierten Modell werden insgesamt 55 Parameter geschätzt. Die Messfehlervariablen der Indikatoren sowie die Messfehlervariablen der fünf latenten endogenen Variablen sind nicht in den Modellen abgebildet, da sie nur Auskunft über die in den Modellen nicht berücksichtigte Varianz geben und inhaltlich nicht diskutiert werden. Die Werte der Messfehlervariablen können aber aus den ausgegebenen Parametern zurückgerechnet werden. Die Werte der 38 frei geschätzten Parameter (Ladungskoeffizienten und Pfadkoeffizienten) sind in den Abbildungen zu finden. Da im postulierten Modell 105 Gleichungen zwischen den 14 beobachteten Messindikatoren berücksichtigt sind und 55 Parameter geschätzt werden, sind 50 Freiheitsgrade im postulierten Modell vorhanden. Alle Modelle mit 50 Freiheitsgraden entsprechen also exakt dem postulierten Modell ohne jede Modifikation.

Als Eingabematrix wird eine Kovarianzmatrix verwendet. Da nicht in allen Modellen die vollständig standardisierte Lösung erzielt werden konnte, wird in allen Modellen die Korrelationsmatrix analysiert. Ausgegeben werden also die standardisierten Pfadkoeffizienten.

Die Ergebnisse aller linearen Strukturgleichungsmodelle werden jeweils in einer Abbildung und in einer darauf folgenden Tabelle dargestellt. In den Abbildungen (Abbildung 2 bis Abbildung 11) ist das vollständige lineare Strukturgleichungsmodell mit den Ladungskoeffizienten für die Messmodelle und den Pfadkoeffizienten im Strukturmodell dargestellt. Signifikante Pfadkoeffizienten werden mit Asterisken ausgezeichnet. Die Berechnung der Signifikanz erfolgt grundsätzlich zweiseitig. Da für einen Teil der Pfade die Annahme der einseitigen Signifikanzprüfung gerechtfertigt ist, werden auch Pfadkoeffizienten mit einer Irrtumswahrscheinlichkeit von zehn Prozent (zweiseitig) als tendenziell signifikant (t) ausgezeichnet. Unter der Rubrik *Fit Indizes* befinden sich im unteren rechten Teil der Abbildungen ausgewählte Modellanpassungswerte (Chi-Quadrat-Statistik, RMSEA sowie CFI, GFI und AGFI).

Für die exogenen Variablen auf der linken Seite der Modelle sind wechselseitige Korrelationen zugelassen, deren Werte aber nicht abgebildet sind. Die höchsten Korrelationskoeffizienten bestehen in der Regel zwischen der *Autoritativen Lernförderung* und der *Autoritären Leistungskontrolle* mit einem Maximalwert von r = -.52. Die gemeinsame Varianz zweier exogener Variablen beträgt also maximal 27 Prozent.

Wichtig zum Verständnis der grafischen Darstellung auf der linken Seite der Modelle ist, dass – abweichend von der Konvention – die direkten Pfade von den drei exogenen Variablen zu den unterrichtsbezogenen Emotionsvariablen (*Positives Unterrichtserleben, Angst im Unterricht*) und zur Leistung am Ende der Unterrichtseinheiten (*Physik- bzw. Deutschleistung*) – aus Rücksicht auf Darstellbarkeit – grafisch in zwei bzw. drei Pfaden zusammengefasst sind. Auf der linken Seite der Modelle werden insgesamt neun einzelne Pfade in zwei bzw. drei Pfaden grafisch dargestellt. Die Pfeile neben den Pfadkoeffizienten geben in diesen Fällen die Richtung des einzelnen Pfades an.

In den Tabellen (Tabelle 57 bis Tabelle 66) sind die sogenannten *totalen* und *indirekten Effekte* dargestellt. Die indirekten Effekte geben Auskunft über lineare Mediatoreneffekte. Die totalen Effekte ergeben sich aus der Summe der direkten und der indirekten Effekte. Die totalen Effekte sind zum Teil identisch mit den direkten Pfadkoeffizienten, wenn es keine indirekten Pfade im Modell gibt. Die totalen Effekte sind dennoch vollständig in den Tabellen aufgeführt, um einen einfacheren Überblick über die zentralen linearen Effekte im Modell zu erhalten. Im unteren Bereich der Tabellen ist noch der Stabilitätsindex (SI) aufgeführt, der eine Information über die Zuverlässigkeit der Pfadkoeffizienten zwischen den endogenen Variablen (ETA) bietet und der den Wert 1 nicht überschreiten sollte.

Im Folgenden wird für jedes Modell eine Zusammenschau der wichtigsten direkten, indirekten und totalen linearen Effekte versucht. Die Informationen über die direkten Effekte finden sich in der jeweiligen Abbildung und die Werte der indirekten und totalen Effekte sind den darauf folgenden Tabellen zu entnehmen.

4.4.2 Ergebnisse der LISREL-Modelle für das Fach Physik

In den folgenden fünf Unterkapiteln werden die fünf LISREL-Modelle für das Fach Physik vorgestellt. Zunächst werden die Ergebnisse für die gesamte Stichprobe dargestellt und danach folgen die Ergebnisse für die vier Untergruppen (Gymnasiasten, Realschüler, Mädchen und Jungen).

In den nachstehenden Kapiteln erfolgt die Darstellung der LISREL-Modelle nach einem einheitlichen Schema. Zunächst werden die Anpassungswerte der Modelle und die Modellspezifikationen vorgestellt. Danach werden im Text vor allem die signifikanten Pfade dargestellt, die von den latenten Variablen ausgehen. Es werden sowohl die direkten Pfadkoeffizienten aus den Abbildungen als auch die indirekten Pfadkoeffizienten aus den Tabellen aufgeführt. Die totalen Effekte, die aus der Summe der direkten und indirekten Effekte gebildet werden und deren Werte in den Tabellen zu finden sind, finden vor allem dann Erwähnung, wenn signifikante Tendenzen in der Gesamtvarianz angezeigt werden sollen, die nach der Zerlegung der Varianz in direkte und indirekte Effekte nicht mehr nachweisbar sind oder wenn erwartungswidrige direkte oder indirekte Effekte auftreten.

Die einzelnen Variablen werden immer in der gleichen Reihenfolge vorgestellt. Zunächst werden die Effekte der exogenen Variablen (*Autoritative Lernförderung, Autoritäre Leistungskontrolle, Mathematisch-naturwissenschaftliche Vornoten*) und danach die Effekte der Emotionsvariablen dargestellt. Abschließend werden noch einmal die Leistungseffekte im Modell zusammengefasst.

4.4.2.1 Gesamte Stichprobe

In Abbildung 2 sind die direkten Pfade und in Tabelle 57 die totalen und die indirekten Effekte im linearen Strukturgleichungsmodell der gesamten Stichprobe für das Fach Physik abgebildet.

Die Anpassungswerte des Gesamtmodells für das Fach Physik (Abbildung 2) sind insgesamt als gut zu bewerten. Nach der Chi-Quadrat-Statistik passen die Daten mit

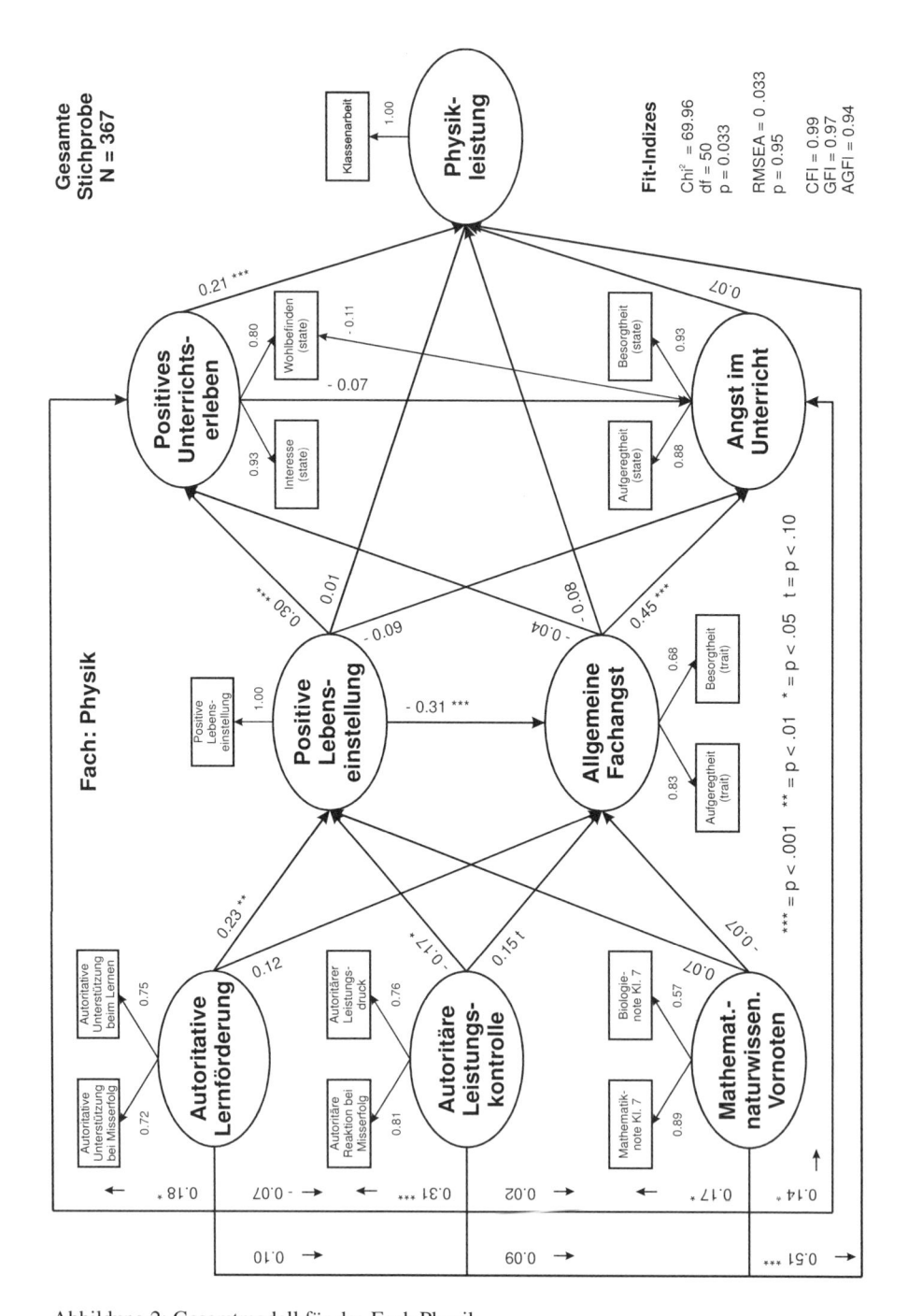

Abbildung 2: Gesamtmodell für das Fach Physik

p = 0.033 zwar signifikant nicht auf das Modell, aber der geschätzte RMSEA liegt mit einem Wert von ε = 0.033 unterhalb der Grenze von ε = 0.05, bis zu der die approximative Anpassung der Daten an das Modell als gut zu bezeichnen ist. Der wahre Wert des RMSEA liegt mit einer hohen Wahrscheinlichkeit von p = 0.95 unterhalb der Grenze von ε = 0.05.

Die weiteren Anpassungswerte des Modells (CFI = .99, GFI = .97, AGFI = .94) sowie der in Tabelle 57 aufgeführte Stabilitätsindex (SI = .265) sprechen für eine gute Anpassung der Daten an das Modell. Die Anzahl der Freiheitsgrade (df = 50) entspricht der maximalen Anzahl der frei zu schätzenden Parameter im Modell. Alle Ladungskoeffizienten in den Messmodellen sind signifikant.[66]

Die *Autoritative Lernförderung* steht im Gesamtmodell für das Fach Physik in einem direkten Zusammenhang mit der *Positiven Lebenseinstellung* (p = .23) und mit dem *Positiven Unterrichtserleben* (p = .18). Neben dem direkten Effekt der *Autoritativen Lernförderung* auf das *Positive Unterrichtserleben* ist auch ein indirekter Effekt nachweisbar (p = .07), der vor allem durch die *Positive Lebenseinstellung* vermittelt wird. Ein weiterer indirekter Effekt ist zwischen der *Autoritativen Lernförderung* und der *Allgemeinen Fachangst* erkennbar (p = -.07), der allein über die *Positive Lebenseinstellung* vermittelt wird. Der Zusammenhang zwischen der *Autoritativen Lernförderung* und der *Physikleistung* ist nur als totaler Effekt (p = .15) auf dem Fünfprozentniveau signifikant. Der indirekte Effekt auf die *Physikleistung* ist tendenziell signifikant (p = .04) und kommt vor allem durch den indirekten Pfad zustande, der unmittelbar über das *Positive Unterrichtserleben* vermittelt wird.

Die *Autoritäre Leistungskontrolle* zeigt zum Teil gegenläufige Effekte in Bezug auf die Emotionsvariablen. Die *Autoritäre Leistungskontrolle* geht im direkten Pfad mit niedrigeren Werten bei der *Positiven Lebenseinstellung* (p = -.17) und auf indirektem Wege mit höheren Werten bei der *Allgemeinen Fachangst* (p = .05) einher. Tendenziell ist auch der direkte Pfad auf die *Allgemeine Fachangst* (p = .15) sowie der indirekte Pfad auf die *Angst im Unterricht* (p = .09) signifikant. Die *Autoritäre Leistungskontrolle* hängt indirekt negativ mit dem *Positiven Unterrichtserleben* (p = -.06) und erwartungswidrig direkt positiv mit dem *Positiven Unterrichtserleben* (p = .31) zusammen. Der erwartungswidrig positive direkte Effekt ist stärker als der indirekt negative Effekt, so dass der totale Effekt ebenfalls positiv ist (p = .26). Zur Bewertung des erwartungswidrigen positiven Effekts der *Autoritären Leistungskontrolle* auf das *Positive Unterrichtserleben* ist zu beachten, dass der direkte Effekt nicht nur unabhängig von der *Autoritativen Lernförderung* und den *Vornoten* ist, sondern auch unabhängig von der *Positiven Lebenseinstellung* und der *Allgemeinen Fachangst*. Das bedeutet, dass der positive Effekt der *Autoritären Leistungskontrolle* auf das *Positive Unterrichtserleben* weder mit dem negativen Effekt auf die *Positive Lebenseinstellung* noch mit dem positiven Effekt auf die *Allgemeine Fachangst* verbunden ist. Zwischen der *Autoritären Leistungskontrolle* und der *Physikleistung* ist nur ein tendenzieller Gesamteffekt (p = .13) nachweisbar, der schwach positiv ist.

---

[66] Aus Rücksicht auf Darstellbarkeit werden in den Abbildungen die Signifikanzen der Ladungskoeffizienten nicht angeführt.

Tabelle 57: Totale und indirekte Effekte im Gesamtmodell für das Fach Physik

KSI auf ETA	Autoritative Lernförderung		Autoritäre Leistungskontrolle		Vornoten	
	Total	Indirekt	Total	Indirekt	Total	Indirekt
Pos. Lebenseinstellung	.23 **		-.17 *		.07	
Allg. Fachangst	.05	-.07 *	.21 *	.05 *	-.09	-.02
Pos. Unterrichtserleben	.24 **	.07 *	.26 **	-.06 *	.19 **	.02
Angst im Unterricht	-.08	-.02	.11	.09 t	.08	-.06
Physikleistung	.15 *	.04 t	.13 t	.04	.56 ***	.05 **

ETA auf ETA (SI = .265)	Positive Lebenseinstellung		Allgemeine Fachangst		Positives Unterrichtserleben		Angst im Unterricht	
	Total	Indirekt	Total	Indirekt	Total	Indirekt	Total	Indirekt
Allg. Fachangst	-.31 ***							
Pos. Unterrichts.	.31 ***	.01	-.04					
Angst im Unter.	-.25 ***	-.16 ***	.45 ***	.00	-.07			
Physikleistung	.09 t	.07 **	-.06	.02	.21 ***	.00	.07	

Die *mathematisch-naturwissenschaftlichen Vornoten* sind nur von geringer Bedeutung für die Ausprägung der Emotionsvariablen im Physikmodell. Direkte Zusammenhänge bestehen mit dem *Positiven Unterrichtserleben* (p = .17) und ebenfalls positiv mit der *Angst im Unterricht* (p = .14). Die *mathematisch-naturwissenschaftlichen Vornoten* stehen aber in einem sehr starken direkten Zusammenhang mit der *Physikleistung* (p = .51). Der Zusammenhang zwischen den beiden Leistungsvariablen stellt den stärksten Effekt im Gesamtmodell für das Fach Physik dar. Der direkte Effekt zwischen den *mathematisch-naturwissenschaftlichen Vornoten* am Ende der Klassenstufe 7 und der *Physikleistung* in Klassenstufe 8 ist unabhängig von allen anderen Variablen im Modell. Neben dem starken direkten Effekt ist noch ein schwacher indirekter Effekt zwischen den *mathematisch-naturwissenschaftlichen Vornoten* und der *Physikleistung* festzustellen (p = .05), der über die Emotionsvariablen – vor allem unmittelbar über das *Positive Unterrichtserleben* – vermittelt wird.

Die *Positive Lebenseinstellung* steht – unabhängig von den Elternvariablen und den *Vornoten* – in einem direkten positiven Zusammenhang mit dem *Positiven Unterrichtserleben* (p = .30) und in einem indirekten positiven Zusammenhang mit der *Physikleistung* (p = .07), der vor allem durch das *Positive Unterrichtserleben* zustande kommt, welches wiederum mit der *Physikleistung* in einem direkt positiven Zusammenhang steht (p = .21). Das *Positive Unterrichtserleben* ist also eine Mediatorvariable für den indirekten Zusammenhang zwischen der *Positiven Lebenseinstellung* und der *Physikleistung*. Die *Positive Lebenseinstellung* spielt im Physikmodell nicht nur bei den positiven Emotionen eine wichtige Mediatorrolle, sondern auch bei den Angstvariablen. Die *Positive Lebenseinstellung* steht direkt mit der *Allgemeinen Fachangst* (p = -.31) und indirekt mit der *Angst im Unterricht* (p = -.16) in einem negativen Zusammenhang. Der indirekte Zusammenhang zwischen der *Positiven Lebenseinstellung* und der *Angst im Unterricht* wird vor allem durch die *Allgemeine Fachangst* vermittelt, die in hohem Maße direkt mit der *Angst im Unter-*

richt (p = .45) zusammenhängt. Die *Positive Lebenseinstellung* zeigt also substanzielle lineare Effekte vor allem bei den Emotionsvariablen im Fach Physik und weniger bei der Leistung in der Klassenarbeit zur Elektrizitätslehre.

Die *Physikleistung* hängt im Gesamtmodell in erster Linie von den *mathematisch-naturwissenschaftlichen Vornoten* ab. Der totale Effekt der *Vornoten* auf die *Physikleistung* (p = .56) entsteht vor allem durch den direkten Effekt (p = .51), der unabhängig von allen anderen Variablen im Modell zustande kommt. Die zweitstärkste Erklärungskraft für die Unterschiede in der *Physikleistung* hat das *Positive Unterrichtserleben*, das unabhängig von allen weiteren Variablen im Modell in einem positiven Zusammenhang mit der *Physikleistung* steht (p = .21). Ein positiver Gesamteffekt auf die *Physikleistung* ist für die *Autoritative Lernförderung* (p = .15) belegbar und tendenziell auch für die *Autoritäre Leistungskontrolle* (p = .13). Die Variablen zum Elternverhalten spielen aber im Vergleich mit den *Vornoten* nur eine marginale Rolle für die Vorhersage der *Physikleistung*. Ein schwach positiver Leistungseffekt wird ansonsten nur noch durch die *Positive Lebenseinstellung* hervorgerufen (p = .07), der indirekt vor allem über das *Positive Unterrichtserleben* vermittelt wird. Für beide Angstvariablen sind keine Zusammenhänge mit der *Physikleistung* belegbar.

4.4.2.2 Gymnasium

In Abbildung 3 ist das lineare Strukturgleichungsmodell für die gymnasiale Stichprobe im Fach Physik abgebildet und in Tabelle 58 sind die totalen und die indirekten linearen Effekte des Modells dargestellt.

Die Anpassungswerte des Modells (Abbildung 3) sind insgesamt nur befriedigend und etwas schlechter als das Modell für die gesamte Stichprobe. Nach der Chi-Quadrat-Statistik passen die Daten signifikant nicht auf das Modell. Der geschätzte RMSEA liegt mit $\varepsilon = .057$ geringfügig oberhalb der Grenze von $\varepsilon = .05$, aber immer noch deutlich unterhalb der Grenze von $\varepsilon = .08$, bis zu der die approximative Anpassung der Daten als akzeptabel gilt. Auch die weiteren Werte zur Beurteilung der Modellanpassung (CFI = .96, GFI = .94, AGFI = .88) liegen nicht im optimalen Bereich. Der Stabilitätsindex (SI = .364) liegt dagegen in einem Bereich, der zuverlässige Parameterschätzer zwischen den endogenen Variablen erwarten lässt. Die Anzahl der Freiheitsgrade ist mit df = 51 um einen Grad höher als im Gesamtmodell, da der Ladungskoeffizient zwischen dem Indikator *Mathematiknote* und dem Faktor *Vornoten* fixiert werden musste, damit LISREL eine Ausgangslösung finden konnte. Alle Ladungskoeffizienten sind signifikant.

Vor allem zwei Gründe sind für die im Vergleich mit dem Gesamtmodell etwas schlechteren Modellanpassungswerte verantwortlich. Einerseits bilden die Indikatoren die latenten Variablen nicht so gut ab wie im Gesamtmodell. Prominentestes Beispiel ist die Biologienote, die nur mit einem Ladungskoeffizienten von .42 in den Faktor *Vornoten* eingeht.

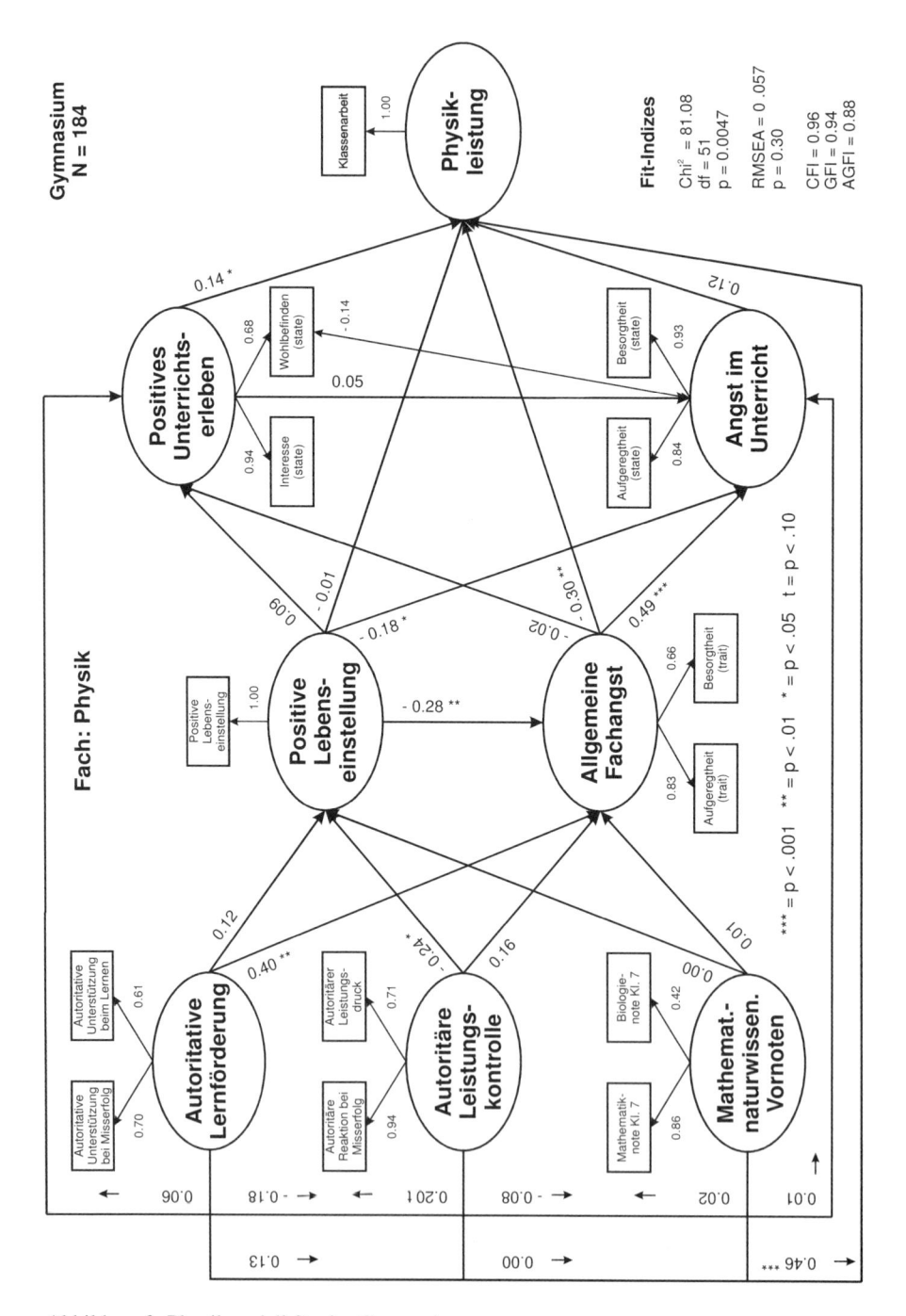

Abbildung 3: Physikmodell für das Gymnasium

Dies ist in den Modellen dieser Arbeit der absolut niedrigste Varianzbeitrag einer einzelnen Messvariablen. Mit einem ebenfalls relativ niedrigen Ladungskoeffizienten von .61 geht auch der Indikator *Autoritative Unterstützung beim Lernen* in beiden Gymnasialmodellen (vgl. auch Abbildung 8) nur teilweise in den Faktor *Autoritative Lernförderung* ein und liefert damit weniger als 40 Prozent seiner Ausgangsvarianz für das Modell. Der zweite Grund für die etwas schlechteren Modellanpassungswerte ist darin zu sehen, dass im Gymnasialmodell 17 Pfadkoeffizienten im Strukturmodell nicht signifikant sind, während es im Gesamtmodell nur 14 Pfadkoeffizienten sind.

Im Vergleich mit dem Gesamtmodell treten im Gymnasialmodell im Fach Physik zum Teil deutliche Unterschiede auf. Die *Autoritative Lernförderung* hängt direkt (vgl. Abbildung 3) nur mit einer einzigen Variablen zusammen, und zwar erwartungswidrig positiv mit der *Allgemeinen Fachangst* (p = .40). Der totale lineare Effekt (vgl. Tabelle 58) ist ebenfalls positiv (p = .37). Die Höhe der beiden erwartungswidrigen Koeffizienten und das im Vergleich dazu relativ niedrige Signifikanzniveau hängt mit erhöhten Standardfehlern (SE = .15 / o.Abb.) bei den Parameterschätzungen zusammen. Die leicht überhöhten Standardfehler dürften vor allem zu Lasten der nicht normal verteilten Häufigkeiten der Angstvariablen gehen. Die absolute Höhe der Koeffizienten ist also mit erheblicher Vorsicht zu betrachten.

Aufgrund des hohen direkt positiven Zusammenhangs zwischen der *Autoritativen Lernförderung* und der *Allgemeinen Fachangst* ist sogar tendenziell ein indirekt positiver Effekt der *Autoritativen Lernförderung* auf die *Angst im Unterricht* (p = .16) und ein tendenziell indirekt negativer Effekt auf die *Physikleistung* (p = -.10) im Modell zu verzeichnen. Auf diese erwartungswidrigen Effekte der *Autoritativen Lernförderung* wird in der Diskussion der Hypothesen (vgl. Kapitel 5.2) näher eingegangen.

Tabelle 58: Totale und indirekte Effekte im Physikmodell für das Gymnasium

KSI auf ETA	Autoritative Lernförderung		Autoritäre Leistungskontrolle		Vornoten	
	Total	Indirekt	Total	Indirekt	Total	Indirekt
Pos. Lebenseinstellung	.12		-.24 *		.00	
Allg. Fachangst	.37 *	-.03	.23 t	.07 *	.01	.00
Pos. Unterrichtserleben	.07	.00	.18	-.03	.02	.00
Angst im Unterricht	-.01	.16 t	.08	.16 *	.01	.00
Physikleistung	.03	-.10 t	-.03	-.03	.46 ***	.00

ETA auf ETA (SI = .364)	Positive Lebenseinstellung		Allgemeine Fachangst		Positives Unterrichtserleben		Angst im Unterricht	
	Total	Indirekt	Total	Indirekt	Total	Indirekt	Total	Indirekt
Allg. Fachangst	-.28 **							
Pos. Unterrichts.	.09	.01	-.02					
Angst im Unter.	-.31 ***	-.13 *	.49 ***	.00	.05			
Physikleistung	.05	.06	-.24 **	.06	.14 *	.01	.12	

Die *Autoritäre Leistungskontrolle* zeigt einen signifikant negativen Effekt (p = -.24) auf die *Positive Lebenseinstellung* sowie – vermittelt über die *Positive Lebenseinstellung* – einen indirekt positiven Effekt auf die *Allgemeine Fachangst* (p = .07). Darüber hinaus ist ein indirekt positiver Effekt der *Autoritären Leistungskontrolle* auf die *Angst im Physikunterricht* (p = .16) festzustellen, der über eine Reihe von Pfaden vermittelt wird. Neben den Angsteffekten der *Autoritären Leistungskontrolle* deutet sich tendenziell auch ein direkter positiver Zusammenhang mit dem *Positiven Unterrichtserleben* (p = .20) an, der im Gesamtmodell für das Fach Physik sogar hoch signifikant ist. Auf diesen erwartungswidrigen Zusammenhang wird in der Diskussion der Hypothesen eingegangen (vgl. Kapitel 5.3), da der Effekt noch in weiteren Modellen auftritt. Ein Leistungseffekt der *Autoritären Leistungskontrolle* ist im Physikmodell für das Gymnasium nicht zu belegen.

Die *Positive Lebenseinstellung* geht auf direktem Wege mit sinkenden Werten bei der *Allgemeinen Fachangst* (p = -.28) und bei der *Angst im Unterricht* (p = -.18) einher. Neben dem direkten Effekt der *Positiven Lebenseinstellung* auf die *Angst im Unterricht* ist auch ein indirekter Effekt auf die *Angst im Unterricht* (p = -.13) zu verzeichnen, der durch die *Allgemeine Fachangst* vermittelt wird. Insgesamt ergibt sich ein deutlicher Gesamteffekt der *Positiven Lebenseinstellung* auf die *Angst im Physikunterricht* (p = -.31). Fast zehn Prozent der Varianz der *Angst im Physikunterricht* wird also im Gymnasium durch die *Positive Lebenseinstellung* vorhergesagt, und zwar unabhängig von den Elternvariablen und den Zeugnisnoten. Es sind aber keine signifikanten Zusammenhänge der *Positiven Lebenseinstellung* mit dem *Positiven Unterrichtserleben* und der *Physikleistung* nachweisbar. Die *Positive Lebenseinstellung* ist im Gymnasium ausschließlich ein Prädiktor der Angstvariablen im Fach Physik.

Die *Allgemeine Fachangst* hängt direkt und sehr hoch mit der *Angst im Unterricht* (p = .49) und ebenfalls noch recht deutlich mit der *Physikleistung* (p = -.30) zusammen, jedoch nicht mit dem *Positiven Unterrichtserleben*. Die hohe gemeinsame Varianz der Angstvariablen, die im linearen Strukturgleichungsmodell unabhängig von den Elternvariablen, den *Vornoten* und der *Positiven Lebenseinstellung* zustande kommt, belegt noch einmal die wichtige Rolle von stabilen Persönlichkeitseigenschaften bei den Angstmessungen. Der direkte negative Effekt der *Allgemeinen Fachangst* auf die *Physikleistung* im Gymnasium, der unabhängig von allen anderen Variablen im Modell ist, ist ein Hinweis dafür, dass die Trait-Angst auch unabhängig von den Emotionen im Unterricht einen negativen Leistungseffekt hervorrufen kann.

Das *Positive Unterrichtserleben* steht im Gymnasium in einem schwach positiven Zusammenhang mit der *Physikleistung* (p = .14), nicht aber mit der *Angst im Unterricht*, die wiederum nicht signifikant mit der *Physikleistung* zusammenhängt.

Für die Leistung in der Klassenarbeit zur Elektrizitätslehre spielt das *Positive Unterrichtserleben* mit einer Varianzaufklärung von etwa 2 Prozent nur eine geringe Rolle, während die *Allgemeine Fachangst* auf direktem Wege etwa 9 Prozent der Varianz der gymnasialen *Physikleistung* im negativen Sinne erklärt. Der wichtigste Faktor zur Erklärung der Physikleistung sind die *Mathematisch-naturwissenschaftlichen Vornoten*, die unabhängig von den Variablen zu den Emotionen und unabhängig von den Elternvariablen etwa 21 Prozent der Varianz der *Physikleistung* erklären.

Für die Variablen zum Elternverhalten ist im Gymnasium kein signifikanter Zusammenhang mit der *Physikleistung* auf dem Fünfprozentniveau nachweisbar. Der tendenziell negative indirekte Effekt der *Autoritativen Lernförderung* auf die *Physikleistung* kommt durch den relativ hohen und erwartungswidrig positiven Zusammenhang zwischen der *Autoritativen Lernförderung* und der *Allgemeinen Fachangst* zustande, der in der Diskussion der Ergebnisse (vgl. Kapitel 5.2) behandelt wird.

4.4.2.3 Realschule

In Abbildung 4 ist das lineare Strukturgleichungsmodell für die Realschule im Fach Physik abgebildet und in Tabelle 59 finden sich die totalen und die indirekten linearen Effekte des Modells.

Die Werte für die Modellanpassung sind insgesamt als gut zu bewerten. Nach der Chi-Quadrat-Statistik ist das Modell nicht signifikant und daher kann die Nullhypothese beibehalten werden, dass die Daten perfekt auf das Modell passen. Der geschätzte RMSEA liegt mit ε = .0043 unterhalb der Fünfprozentmarke und der wahre Wert des RMSEA liegt mit einer Wahrscheinlichkeit von 66 Prozent unterhalb der Grenze für eine gute approximative Anpassung der Daten an das Modell. Auch die weiteren Fit-Indizes (CFI = .98, GFI = .95, AGFI = .90) sowie der Stabilitätsindex (SI = .320) sprechen für eine gute Anpassung des Modells. Die Anzahl der Freiheitsgrade ist mit df = 51 um einen Grad höher als im Grundmodell, da auch hier – wie im Gymnasialmodell – die Ladung des Indikators *Mathematiknote* auf den Faktor *Mathematisch-naturwissenschaftlichen Vornoten* fixiert werden musste. In den Messmodellen sind alle Ladungskoeffizienten signifikant.

Die *Autoritative Lernförderung* steht in der Realschule in einem direkt positiven Zusammenhang mit der *Positiven Lebenseinstellung* (p = .29) und vermittelt über die *Positive Lebenseinstellung* sowohl in einem indirekt negativen Zusammenhang mit der *Allgemeinen Physikangst* (p = -.10) als auch in einem indirekt positiven Zusammenhang mit dem *Positiven Erleben des Physikunterrichts* (p = .13). Darüber hinaus steht die *Autoritative Lernförderung* in einem indirekten Zusammenhang mit der *Physikleistung* (p = .08), der über die Emotionsvariablen vermittelt wird, wobei allerdings auch nicht signifikante Pfade berücksichtigt sind. Tendenziell ist auch ein indirekter Effekt der *Autoritativen Lernförderung* auf die *Angst im Unterricht* erkennbar (p = -.10), der über verschiedene Pfade zusammenkommt. Die *Autoritative Lernförderung* beeinflusst also im Physikmodell für die Realschule – zumindest tendenziell – alle Emotionsvariablen sowie die *Physikleistung*.

Die *Autoritäre Leistungskontrolle* steht erwartungswidrig in einem direkt positiven Zusammenhang mit dem *Positiven Unterrichtserleben* (p = .25) und ist damit noch etwas stärker als im Physikmodell für das Gymnasium. Der totale Effekt der *Autoritären Leistungskontrolle* auf das *Positive Unterrichtserleben* ist ebenfalls positiv (p = .19), wenngleich nur tendenziell signifikant.

Neben dem positiven Effekt der *Autoritären Leistungskontrolle* auf das *Positive Unterrichtserleben* zeigt sich auch ein totaler positiver Effekt auf die *Physikleistung*

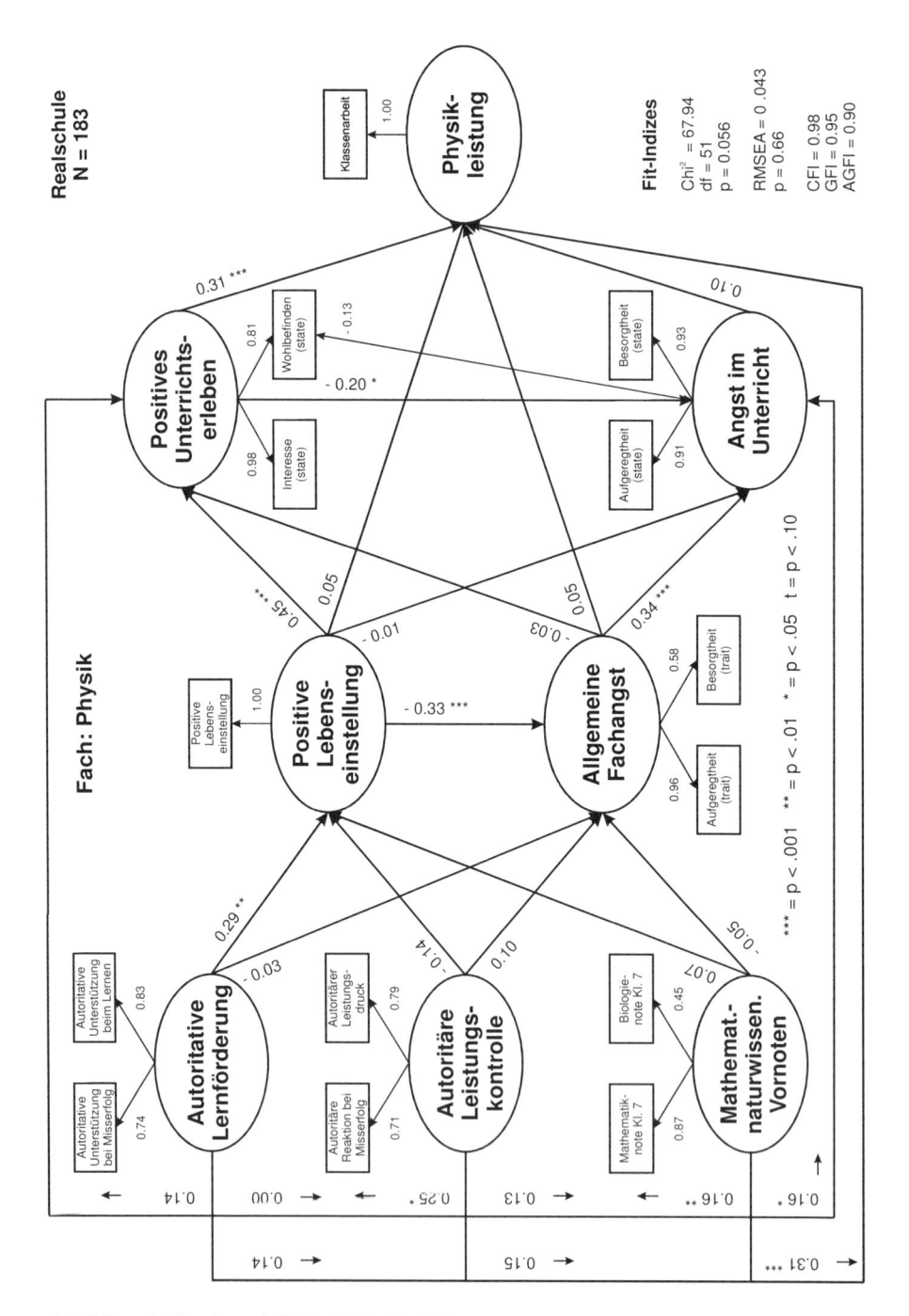

Abbildung 4: Physikmodell für die Realschule

mit p = .22, wobei allerdings nur der indirekte Effekt (p = .07), der vor allem über das *Positive Unterrichtserleben* vermittelt wird, tendenziell signifikant ist, während der direkte Effekt der *Autoritären Leistungskontrolle* auf die *Physikleistung* nicht signifikant ist.

Die *Mathematisch-naturwissenschaftlichen Vornoten* zeigen in der Realschule im Gegensatz zum Gymnasium emotionale Effekte, und zwar einen direkt positiven Zusammenhang mit dem *Positiven Unterrichtserleben* (p = .16) und einen ebenfalls direkt positiven Zusammenhang mit der *Angst im Unterricht* (p = .16). Tendenziell deutet sich aber auch noch ein indirekt negativer Effekt der *Vornoten* auf die *Angst im Unterricht* an (p = -.06), der zur Hälfte auf direktem Wege über das *Positive Unterrichtserleben* zustande kommt. Mit zunehmend besseren *Vornoten* ist in der Realschule also nicht nur eine Zunahme des *Positiven Unterrichtserlebens*, sondern auch eine Zunahme der *Angst im Physikunterricht* und tendenziell auch eine Abnahme der *Angst im Physikunterricht* verbunden. Da beide Variablen zu den Emotionen im Unterricht auch positiv mit der *Physikleistung* zusammenhängen, ist – vor allem über das *Positive Unterrichtserleben* vermittelt – ein positiver indirekter Effekt der *Vornoten* auf die *Physikleistung* (p = .07) zu konstatieren.

Der direkte Effekt der *Vornoten* auf die *Physikleistung* ist mit p = .31 deutlich geringer als im Gymnasium. Zusammen mit dem indirekten Effekt ist auch der totale Effekt mit p = .38 (14,5 Prozent Varianzaufklärung) geringer als im Gymnasium, wo gut 21 Prozent der Varianz der Klassenarbeitsergebnisse zur Elektrizitätslehre durch die *Vornoten* aufgeklärt werden.

Tabelle 59: Totale und indirekte Effekte im Physikmodell für die Realschule

KSI auf ETA	Autoritative Lernförderung		Autoritäre Leistungskontrolle		Vornoten	
	Total	Indirekt	Total	Indirekt	Total	Indirekt
Pos. Lebenseinstellung	.29 **		-.14		.07	
Allg. Fachangst	-.12	-.10 *	.14	.05	-.07	-.02
Pos. Unterrichtserleben	.27 *	.13 **	.19 t	-.07	.19 **	.03
Angst im Unterricht	-.10	-.10 t	.14	.01	.10	-.06 t
Physikleistung	.22 *	.08 *	.22 *	.07 t	.38 ***	.07 *

ETA auf ETA (SI = .320)	Positive Lebenseinstellung		Allgemeine Fachangst		Positives Unterrichtserleben		Angst im Unterricht	
	Total	Indirekt	Total	Indirekt	Total	Indirekt	Total	Indirekt
Allg. Fachangst	-.33 ***							
Pos. Unterrichts.	.46 ***	.01	-.03					
Angst im Unter.	-.21 *	-.20 **	.34 ***	.01	-.20 *			
Physikleistung	.15 *	.10 *	.07	.03	.29 ***	-.02	.10	

Die *Positive Lebenseinstellung* steht in der Realschule im Gegensatz zum Gymnasium in einem sehr hohen direkten Zusammenhang mit dem *Positiven Erleben des Physikunterrichts* (p = .45). Die *Positive Lebenseinstellung* hat zusätzlich noch einen indirekten Effekt auf die *Physikleistung* (p = .10), der vor allem über das *Positive*

Unterrichtserleben vermittelt wird, da das *Positive Unterrichtserleben* direkt mit der *Physikleistung* zusammenhängt (p = .31). Die *Positive Lebenseinstellung* steht, ähnlich wie im Gymnasium, in einem direkt negativen Zusammenhang mit der *Allgemeinen Fachangst* (p = -.33) und in einem indirekt negativen Zusammenhang mit der *Angst im Unterricht* (p = -.20). Der indirekte Zusammenhang zwischen der *Positiven Lebenseinstellung* und der *Angst im Unterricht* wird in der Realschule nicht nur über die *Allgemeine Fachangst*, sondern auch über das *Positive Unterrichtserleben* vermittelt wird, das mit p = -.20 direkt mit der *Angst im Unterricht* zusammenhängt.

Die *Allgemeine Fachangst* hängt in der Realschule ausschließlich direkt und im Vergleich mit dem Gymnasium relativ schwach mit der *Angst im Unterricht* (p = .34) zusammen; die gemeinsame Varianz der beiden Angstvariablen ist mit knapp 12 Prozent in der Realschule nur etwa halb so hoch wie im Gymnasium. Für die *Allgemeine Fachangst* ist – im Gegensatz zum Gymnasium – kein negativer Leistungseffekt zu konstatieren.

Die *Physikleistung* hängt auch in der Realschule insgesamt am stärksten von den *Mathematisch-naturwissenschaftlichen Vornoten* ab, wenngleich nicht in einem so hohen Maße wie im Gymnasium. Der zweitwichtigste Faktor zur Erklärung der *Physikleistung* in der Realschule ist das *Positive Unterrichtserleben*. Im Gegensatz zum Gymnasium gibt es vor allem aufgrund der totalen Effekte Hinweise, dass sowohl die *Autoritative Lernförderung* als auch die *Autoritäre Leistungskontrolle* leicht positive Effekte auf die *Physikleistung* ausüben. Darüber hinaus beeinflusst in der Realschule die *Positive Lebenseinstellung* die *Physikleistung* in einem geringen Ausmaß.

4.4.2.4 Mädchen

In Abbildung 5 ist das Physikmodell für die Mädchen abgebildet und in Tabelle 60 sind die indirekten und die totalen Effekte des Modells aufgeführt.

Die Werte für die Modellanpassung sind insgesamt als sehr gut zu bewerten. Nach der Chi-Quadrat-Statistik ist das Modell nicht signifikant (p = .12). Der geschätzte RMSEA liegt mit ε = .0035 unterhalb der Fünfprozentmarke und der wahre Wert des RMSEA liegt mit einer Wahrscheinlichkeit von 81 Prozent unterhalb der Grenze für eine gute approximative Anpassung der Daten an das Modell. Auch die weiteren Fit-Indizes (CFI = .98, GFI = .96, AGFI = .91) sowie der Stabilitätsindex (SI = .372) sprechen für eine gute bis sehr gute Modellanpassung. Die Anzahl der Freiheitsgrade entspricht mit df = 50 dem Grundmodell; es mussten also keine Ladungskoeffizienten fixiert werden. Alle Ladungskoeffizienten sind signifikant.

Die *Autoritative Lernförderung* zeigt keinen direkt signifikanten Einfluss auf die Emotionsvariablen. Signifikant ist nur der totale Effekt auf die *Physikleistung* (p = .22), der vor allem durch den tendenziell direkten Effekt (p – .18) zustande kommt. Des Weiteren gibt es Hinweise auf positive Zusammenhänge der *Autoritativen Lernförderung* mit dem *Positiven Unterrichtserleben*, wobei allerdings der indirekte Effekt (p = .07) und der totale Effekt (p = .23) nur tendenziell signifikant sind. Das Physikmodell für die Mädchen zeigt die bisher geringsten Effekte, die von der *Autoritativen Lernförderung* auszugehen.

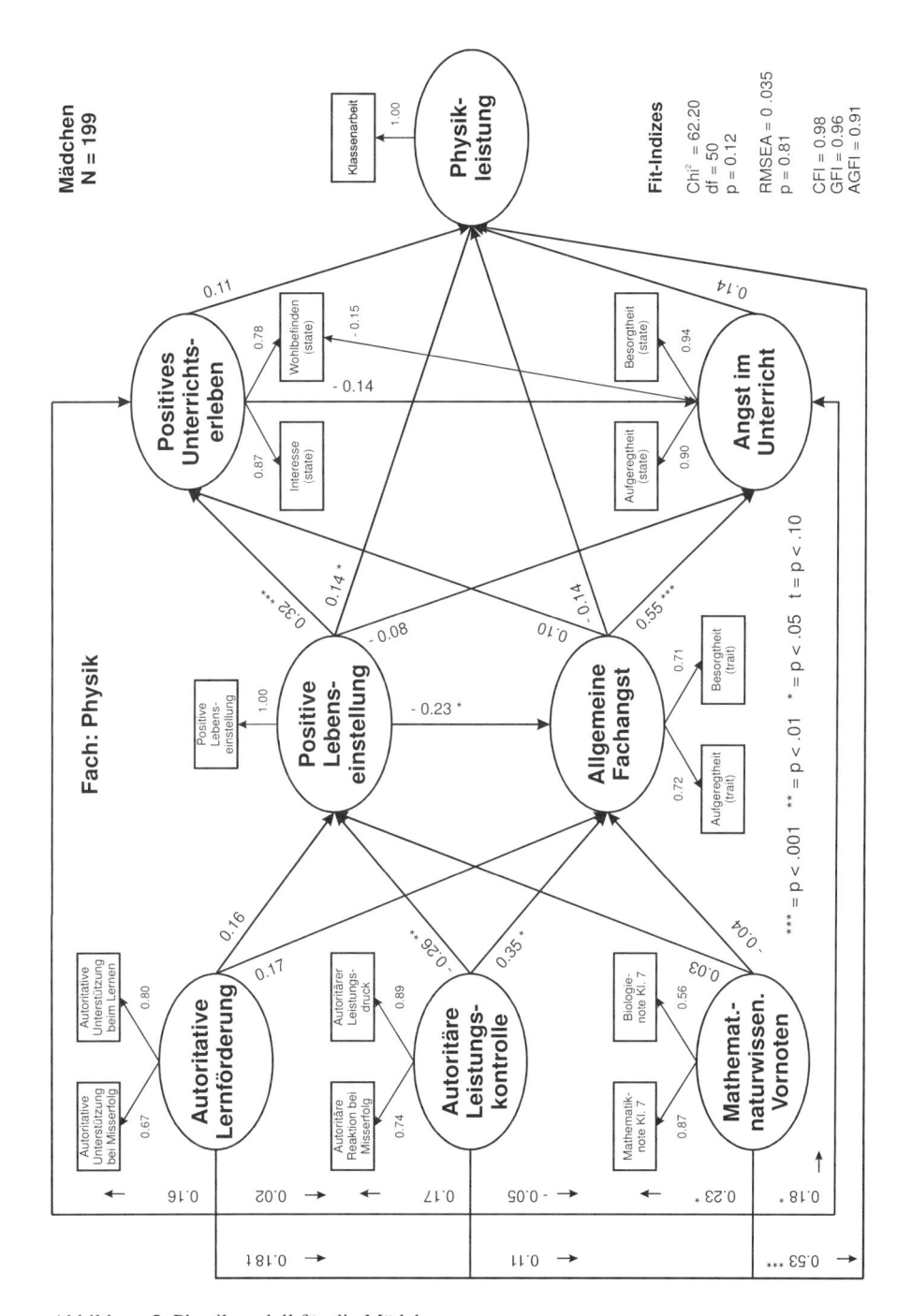

Abbildung 5: Physikmodell für die Mädchen

Die *Autoritäre Leistungskontrolle* steht direkt in einem negativen Zusammenhang mit der *Positiven Lebenseinstellung* (p = -.26) sowie direkt in einem positiven Zusammenhang mit der *Allgemeinen Fachangst* (p = .35) und tendenziell auch in einem indirekten Zusammenhang (p = .06). Der totale Effekt der *Autoritären Leistungskontrolle* auf die *Allgemeine Fachangst* beträgt daher p = .41. Die hohen Werte der Koeffizienten des direkten und des totalen Effekts sollten aber nicht überbewertet werden, da der jeweilige Standardfehler mit SE = .14 (o.Abb.) ähnlich hoch ist wie im Physikmodell für das Gymnasium. Der indirekte Effekt der *Autoritären Leistungskontrolle* auf die *Allgemeine Fachangst*, der über die *Positive Lebenseinstellung* vermittelt wird, ist ein weiterer Hinweis für die Mediatorenrolle der *Positiven Lebenseinstellung* für die Ausprägung der *Allgemeinen Fachangst*, die auch im Gesamtmodell und im Gymnasialmodell für das Fach Physik feststellbar ist.

Die *Autoritäre Leistungskontrolle* geht bei den Mädchen im Fach Physik nicht nur mit erhöhten Werten bei der *Allgemeinen Fachangst*, sondern auch auf indirektem Wege mit erhöhten Werten bei der *Angst im Physikunterricht* einher (p = .23). Der indirekte Zusammenhang wird vor allem über die *Allgemeine Fachangst* vermittelt, welche in einem sehr hohen Maße direkt mit der *Angst im Unterricht* zusammenhängt (p = .55).

Tabelle 60: Totale und indirekte Effekte im Physikmodell für die Mädchen

KSI auf ETA	Autoritative Lernförderung		Autoritäre Leistungskontrolle		Vornoten	
	Total	Indirekt	Total	Indirekt	Total	Indirekt
Pos. Lebenseinstellung	.16		-.26 **		.03	
Allg. Fachangst	.13	-.04	.41 **	.06 t	-.04	-.01
Pos. Unterrichtserleben	.23 t	.07 t	.12	-.04	.24 *	.01
Angst im Unterricht	.04	.03	.18 t	.23 *	.12	-.06
Physikleistung	.22 *	.04	.05	-.06	.58 ***	.05 t

ETA auf ETA (SI = .372)	Positive Lebenseinstellung		Allgemeine Fachangst		Positives Unterrichtserleben		Angst im Unterricht	
	Total	Indirekt	Total	Indirekt	Total	Indirekt	Total	Indirekt
Allg. Fachangst	-.23 *							
Pos. Unterrichts.	.29 ***	-.02	.10					
Angst im Unter.	-.25 **	-.17 *	.54 ***	-.01	-.14			
Physikleistung	.17 **	.03	-.06	.08	.10	-.02	.14	

Die *Mathematisch-naturwissenschaftlichen Vornoten* stehen – wie in allen bisherigen Physikmodellen – in keinem signifikanten Zusammenhang mit der *Positiven Lebenseinstellung* und mit der *Allgemeinen Fachangst*. Wie im Gesamtmodell und im Realschulmodell stehen die *Mathematisch-naturwissenschaftlichen Vornoten* in einem positiven Zusammenhang sowohl mit dem *Positiven Unterrichtserleben* (p = .23) als auch mit der *Angst im Unterricht* (p = .18). Mit besseren Noten sind also auch im Modell für die Mädchen nicht nur positivere Emotionen im Physikunterricht, sondern auch höhere Angstwerte im Unterricht verbunden. Der wichtigste Effekt der *Mathe-*

matisch-naturwissenschaftlichen Vornoten ist jedoch – wie in allen bisherigen Physikmodellen – der direkte Effekt auf die *Physikleistung* (p = .53), der unabhängig von allen anderen Variablen im Modell ist. Darüber hinaus ist tendenziell noch ein positiver indirekter Effekt der *Vornoten* auf die *Physikleistung* im Modell vorhanden (p = .05), der aber unter Beteiligung nicht-signifikanter Pfade zustande kommt und somit nur ein schwacher Hinweis für eine Mediatorrolle der Emotionsvariablen ist.

Die *Positive Lebenseinstellung* steht im Physikmodell der Mädchen in Zusammenhang mit allen Emotionsvariablen und der *Physikleistung*. Die *Positive Lebenseinstellung* steht in einem direkten Zusammenhang mit dem *Positiven Unterrichtserleben* (p = .32) und der *Physikleistung* (p = .14). Darüber hinaus besteht ein direkt negativer Effekt auf die *Allgemeine Fachangst* (p = -.23) und ein indirekt negativer Effekt (p = -.17) auf die *Angst im Unterricht*, der zum großen Teil durch die *Allgemeine Fachangst* vermittelt wird. Die *Allgemeine Fachangst* hängt ausschließlich mit der *Angst im Unterricht* zusammen (p = .55). Die unterrichtsbezogenen Emotionsvariablen zeigen keine signifikanten Effekte.

Die aufgeklärte Varianz der *Physikleistung* der Mädchen wird weitgehend durch den direkten Effekt der *Mathematisch-naturwissenschaftlichen Vornoten* (p = .53) bestimmt. Außerdem sind noch der direkte Effekt der *Positiven Lebenseinstellung* (p = .14) sowie der totale Effekt der *Autoritativen Lernförderung* (p = .22) relevant für die interindividuell unterschiedlichen Physikleistungen der Mädchen, wobei der totale Effekt der *Autoritativen Lernförderung* auf die *Physikleistung* vor allem durch den nur tendenziell signifikanten direkten Effekt (p = .18) zustande kommt.

4.4.2.5 Jungen

In Abbildung 6 ist das Physikmodell für die Jungen abgebildet und in Tabelle 61 sind die indirekten und die totalen Effekte des Modells aufgeführt.

Die Werte für die Modellanpassung sind – wie im Modell für die Mädchen – insgesamt als sehr gut zu bewerten. Nach der Chi-Quadrat-Statistik ist das Modell nicht signifikant (p = .17). Der geschätzte RMSEA (ε = .0033) befindet sich unterhalb der Fünfprozentmarke und der wahre Wert des RMSEA liegt mit einer Wahrscheinlichkeit von 81 Prozent unterhalb der Grenze für eine gute approximative Anpassung der Daten an das Modell. Auch die weiteren Fit-Indizes (CFI = .99, GFI = .95, AGFI = .90) sowie der Stabilitätsindex (SI = .236) sprechen für eine gute bis sehr gute Anpassung der Daten an das Modell.

Die Anzahl der Freiheitsgrade ist mit df = 51 um einen Freiheitsgrad höher als im Grundmodell, da der Ladungskoeffizient des Indikators *Aufgeregtheit* auf den Faktor *Allgemeine Fachangst* fixiert werden musste. Der Ladungskoeffizient des Indikators *Wohlbefinden im Unterricht* auf den Faktor *Angst im Unterricht* (-.09) ist im Gegensatz zu allen anderen Physikmodellen nicht signifikant. Alle weiteren Ladungskoeffizienten sind jedoch signifikant.

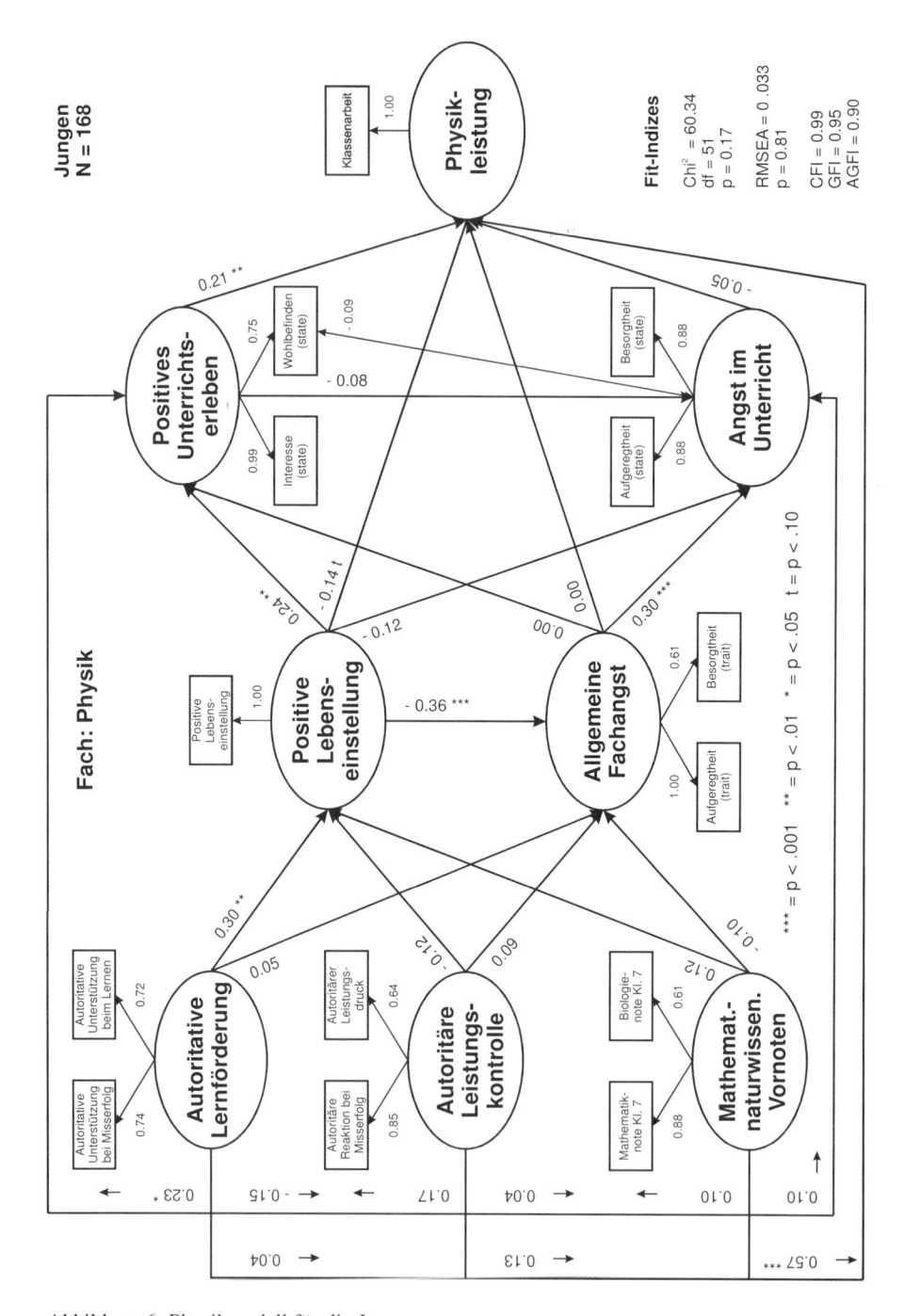

Abbildung 6: Physikmodell für die Jungen

Die *Autoritative Lernförderung* hängt direkt sowohl mit der *Positiven Lebenseinstellung* (p = .30) als auch mit dem *Positiven Unterrichtserleben* (p = .23) zusammen. Neben dem direkten Effekt existiert auch ein indirekter Effekt der *Autoritativen Lernförderung* auf das *Positive Unterrichtserleben* (p = .07), der über die *Positive Lebenseinstellung* zustande kommt, die direkt mit dem *Positiven Unterrichtserleben* zusammenhängt (p = .24).

Die *Autoritative Lernförderung* beeinflusst indirekt – vermittelt über die *Positive Lebenseinstellung* – auch noch die *Allgemeine Fachangst* (p = -.11), weil die *Positive Lebenseinstellung* relativ hoch mit der *Allgemeinen Fachangst* zusammenhängt (p = -.36). Insgesamt ist auch noch ein totaler Effekt der *Autoritativen Lernförderung* auf die *Angst im Unterricht* zu erkennen (p = -.23), welcher sich allerdings aus nichtsignifikanten direkten und indirekten Effekten zusammensetzt.

Die *Autoritäre Leistungskontrolle* zeigt im Physikmodell für die Jungen keinerlei signifikante Effekte auf dem Fünfprozentniveau. Tendenziell ist nur der totale Effekt auf die *Physikleistung* (p = .17) signifikant.

Tabelle 61: Totale und indirekte Effekte im Physikmodell für die Jungen

KSI auf ETA	Autoritative Lernförderung		Autoritäre Leistungskontrolle		Vornoten	
	Total	Indirekt	Total	Indirekt	Total	Indirekt
Pos. Lebenseinstellung	.30 **		-.12		.12	
Allg. Fachangst	-.06	-.11 *	.14	.04	-.14	-.04
Pos. Unterrichtserleben	.30 **	.07 *	.14	-.03	.12	.03
Angst im Unterricht	-.23 *	-.08	.08	.04	-.03	-.07 t
Physikleistung	.07	.03	.17 t	.04	.58 ***	.01

ETA auf ETA (SI = .236)	Positive Lebenseinstellung		Allgemeine Fachangst		Positives Unterrichtserleben		Angst im Unterricht	
	Total	Indirekt	Total	Indirekt	Total	Indirekt	Total	Indirekt
Allg. Fachangst	-.36 ***							
Pos. Unterrichts.	.24 **	.00	.00					
Angst im Unter.	-.25 **	-.13 **	.30 ***	.00	-.08			
Physikleistung	-.08	.06	-.01	-.01	.21 **	.00	-.05	

Die *Mathematisch-naturwissenschaftlichen Vornoten* zeigen auf dem Fünfprozentniveau keine signifikanten Zusammenhänge mit den Emotionsvariablen; tendenziell ist ein indirekt negativer Effekt auf die *Angst im Unterricht* (p = -.07) vorhanden. Die *Vornoten* zeigen aber wieder einen sehr hohen direkten Zusammenhang mit der *Physikleistung* (p = .57). Dies ist nicht nur der höchste Wert eines Pfadkoeffizienten im Physikmodell der Jungen, sondern auch der höchste direkte Zusammenhang zwischen den *Mathematisch-naturwissenschaftlichen Vornoten* und der *Physikleistung* in allen Modellen.

Die *Positive Lebenseinstellung* hängt direkt oder indirekt mit allen Emotionsvariablen zusammen. Ein direkter Effekt ist sowohl auf das *Positive Unterrichtserleben* (p = .24) als auch auf die *Allgemeine Fachangst* (p = -.36) zu erkennen. Vor allem über die *Allgemeine Fachangst* vermittelt, hängt die *Positive Lebenseinstellung* indirekt auch mit der *Angst im Unterricht* zusammen (p = -.13). Zwischen der *Positiven Lebenseinstellung* und der *Physikleistung* besteht kein signifikanter Zusammenhang auf dem Fünfprozentniveau. Tendenziell signifikant ist allerdings der direkt negative Zusammenhang zwischen der *Positiven Lebenseinstellung* und der *Physikleistung* (p = -.14). Ein direkt negativer Zusammenhang zwischen der *Positiven Lebenseinstellung* und der *Physikleistung* tritt in den weiteren Physikmodellen dagegen nicht auf. Im Physikmodell für die Mädchen ist der direkte Zusammenhang dagegen sogar signifikant positiv. Der tendenziell direkt negative Effekt der *Positiven Lebenseinstellung* auf die *Physikleistung* der Jungen ist allerdings kein zufälliger Effekt, da er auch in zwei Deutschmodellen in Bezug auf die *Deutschleistung* auftritt (vgl. Abbildung 7 und Abbildung 8). Mögliche Gründe für diesen erwartungswidrigen Effekt werden in der Diskussion der Ergebnisse (vgl. Kapitel 5.6) erörtert.

Die *Allgemeine Fachangst* hängt direkt mit der *Angst im Unterricht* zusammen (p = .30) und ist deutlich geringer als im Physikmodell für die Mädchen. Ansonsten sind keine Zusammenhänge erkennbar, die von der *Allgemeinen Fachangst* ausgehen. Das *Positive Unterrichtserleben* hat einen direkten Effekt auf die *Physikleistung* (p = .21), während die *Angst im Unterricht* keinen Leistungseffekt zeigt.

Ein knappes Drittel der Varianz der *Physikleistung* der Jungen hängt von den *Mathematisch-naturwissenschaftlichen Vornoten* ab – und zwar unabhängig von den Eltern- und den Emotionsvariablen. Hinzu kommt noch ein positiver Leistungseffekt durch das *Positive Unterrichtserleben*, der zusätzlich noch gut 4 Prozent der *Physikleistung* der Jungen erklärt. Tendenziell deutet sich ein schwach negativer Effekt der *Positiven Lebenseinstellung* auf die Physikleistung der Jungen an. Die Elternvariablen zeigen auf dem Fünfprozentniveau keine signifikanten Zusammenhänge mit der *Physikleistung* der Jungen; tendenziell ist nur ein schwach positiver, totaler Effekt der *Autoritären Leistungskontrolle* zu verzeichnen.

4.4.3 Ergebnisse der LISREL-Modelle für das Fach Deutsch

Die Modelle für das Fach Deutsch beziehen sich grundsätzlich auf die gleiche Stichprobe wie im Fach Physik In den linearen Strukturgleichungsmodellen für das Fach Deutsch musste allerdings auf eine Realschulklasse verzichtet werden, da die Daten zu den Unterrichtsemotionen nicht verwertbar waren (vgl. Kapitel 3.1.3). Die Messmodelle und das Strukturmodell sind grundsätzlich vergleichbar mit den Modellen für das Fach Physik. Die Variablen zum Elternverhalten und die *Positive Lebenseinstellung* sind identisch, während die Variablen zu den Emotionen und den Schulleistungen fach- bzw. bereichsspezifisch sind.

4.4.3.1 Gesamte Stichprobe

In Abbildung 7 ist das Modell für das Fach Deutsch abgebildet und in Tabelle 62 sind die indirekten und die totalen Effekte des Modells aufgeführt.

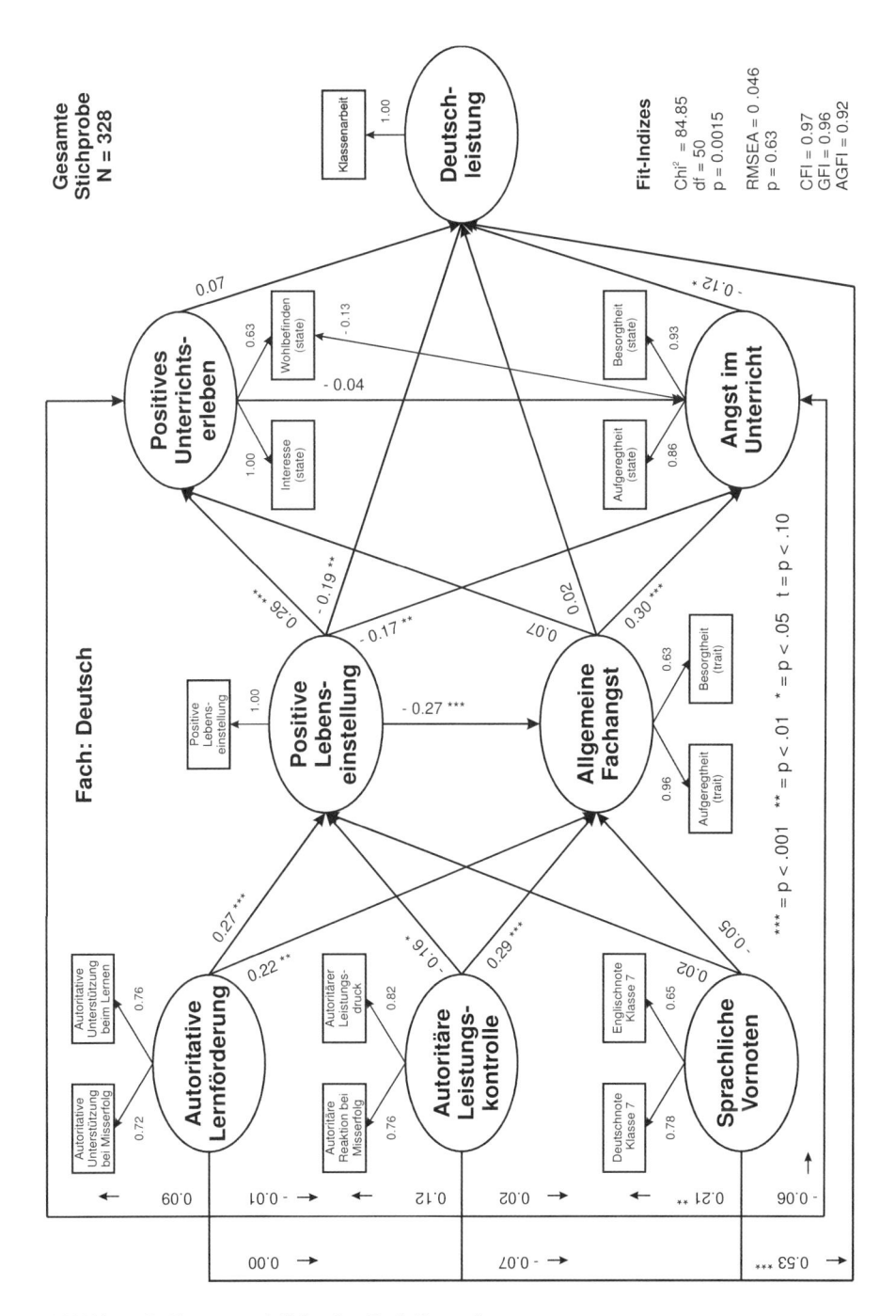

Abbildung 7: Gesamtmodell für das Fach Deutsch

Die Werte für die Modellanpassung sind insgesamt noch als gut zu bewerten. Nach der Chi-Quadrat-Statistik passen die Daten zwar signifikant nicht auf das Modell (p = .0015), aber der geschätzte RMSEA liegt mit ε = .0046 unterhalb der Fünfprozentmarke und der wahre Wert des RMSEA liegt mit einer Wahrscheinlichkeit von 63 Prozent unterhalb der Grenze für eine gute approximative Anpassung der Daten an das Modell. Die weiteren Fit-Indizes (CFI = .97, GFI = .96, AGFI = .92) sowie der Stabilitätsindex (SI = .224) sprechen aber für eine gute Anpassung der Daten. Die Anzahl der Freiheitsgrade entspricht mit df = 50 dem Grundmodell; es musste also kein Ladungskoeffizient fixiert werden. Alle Ladungskoeffizienten sind signifikant.

Die *Autoritative Lernförderung* hängt direkt positiv mit der *Positiven Lebenseinstellung* zusammen (p = .27) und vermittelt über die *Positive Lebenseinstellung* indirekt negativ mit der *Allgemeinen Fachangst* (p = -.07). Beide Effekte sind ähnlich hoch wie im Physikmodell für die gesamte Stichprobe. Parallel zu diesem negativen Effekt besteht aber auch ein direkt positiver Effekt der *Autoritativen Lernförderung* auf die *Allgemeine Fachangst* (p = .22), der bereits im Physikmodell für das Gymnasium aufgefallen war (vgl. Kapitel 4.4.2.2). Da der indirekt negative Effekt eher schwach ist, ist der totale Effekt positiv und zumindest tendenziell signifikant (p = .15). Der erwartungswidrig positive Effekt der *Autoritativen Lernförderung* auf die *Allgemeine Fachangst* wird in Kapitel 5.2 diskutiert. Das Gesamtmodell für das Fach Deutsch ist das erste Modell, in welchem sowohl der direkt positive als auch der indirekt negative Effekt der *Autoritativen Lernförderung* auf die *Allgemeine Fachangst* auftritt. Die *Autoritative Lernförderung* hängt indirekt auch noch mit dem *Positiven Unterrichtserleben* zusammen (p = .08), wobei der Effekt vor allem über die *Positive Lebenseinstellung* zustande kommt. Ein linearer Zusammenhang zwischen der *Autoritativen Lernförderung* und der *Deutschleistung* ist nicht nachweisbar; der direkte Pfadkoeffizient tendiert gegen Null und der indirekte Pfadkoeffizient hat sogar ein negatives Vorzeichen (p = -.03).

Die *Autoritäre Leistungskontrolle* steht in einem direkt negativen Zusammenhang mit der *Positiven Lebenseinstellung* (p = -.16) und – vermittelt über die *Positive Lebenseinstellung* – in einem indirekt positiven Zusammenhang mit der *Allgemeinen Angst vor dem Fach Deutsch* (p = .04). Zusätzlich steht die *Autoritäre Leistungskontrolle* in einem direkt positiven und relativ hohen Zusammenhang mit der *Allgemeinen Fachangst* (p = .29). Wie im Gesamtmodell im Fach Physik steht die *Autoritäre Leistungskontrolle* direkt und indirekt in einem positiven Zusammenhang mit der *Allgemeinen Fachangst*. Der direkte Effekt auf die *Allgemeine Fachangst* ist jedoch im Fach Deutsch deutlich höher als im Fach Physik. Indirekt beeinflusst die *Autoritäre Leistungskontrolle* auch die *Angst im Deutschunterricht* (p = .12), wobei der überwiegende Anteil des indirekten Effekts über die *Allgemeine Fachangst* vermittelt wird. Signifikante Leistungseffekte der *Autoritären Leistungskontrolle* sind im Gesamtmodell für das Fach Deutsch nicht nachweisbar.

Die *Sprachlichen Vornoten* hängen direkt mit dem *Positiven Unterrichtserleben* zusammen (p = .21); ansonsten sind keine emotionalen Effekte der *Sprachlichen Vornoten* zu beobachten. Dagegen besteht ein sehr starker direkter Effekt der *Vornoten* auf die *Deutschleistung* (p = .53). Das bedeutet, dass mehr als 28 Prozent der Varianz der Klassenarbeit zur Inhaltsangabe am Ende der Unterrichtseinheit in der

Klassenstufe 8 durch die *Sprachlichen Vornoten* aus der Klassenstufe 7 vorhergesagt wird – und zwar unabhängig von den Elternvariablen und den Emotionsvariablen im Modell.

Tabelle 62: Totale und indirekte Effekte im Gesamtmodell für das Fach Deutsch

KSI auf ETA	Autoritative Lernförderung		Autoritäre Leistungskontrolle		Vornoten	
	Total	Indirekt	Total	Indirekt	Total	Indirekt
Pos. Lebenseinstellung	.27 ***		-.16 *		.02	
Allg. Fachangst	.15 t	-.07 **	.33 ***	.04 *	-.05	.00
Pos. Unterrichtserleben	.17 *	.08 **	.10	-.02	.21 **	.00
Angst im Unterricht	-.02	-.01	.15 t	.12 **	-.08	-.03
Deutschleistung	-.03	-.03	-.04	.03	.55 ***	.02

ETA auf ETA (SI = .224)	Positive Lebenseinstellung		Allgemeine Fachangst		Positives Unterrichtserleben		Angst im Unterricht	
	Total	Indirekt	Total	Indirekt	Total	Indirekt	Total	Indirekt
Allg. Fachangst	-.27 ***							
Pos. Unterrichts.	.24 ***	-.02	.07					
Angst im Unter.	-.26 ***	-.09 **	.30 ***	.00	-.04			
Deutschleistung	-.15 **	.04 t	-.01	-.03	.07	.00	-.12 *	

Die *Positive Lebenseinstellung* steht in Zusammenhang mit allen weiteren Emotionsvariablen und mit der *Deutschleistung*. Es besteht ein direkter Effekt auf das *Positive Unterrichtserleben* (p = .26) und ein direkt negativer Effekt auf die *Deutschleistung* (p = -.19), der unabhängig von allen weiteren Variablen im Modell ist. Tendenziell ist andererseits auch ein indirekt positiver Effekt der *Positiven Lebenseinstellung* auf die *Deutschleistung* vorhanden (p = .04), der vor allem über die *Angst im Unterricht* vermittelt wird. Der negative Effekt ist jedoch stärker, so dass der totale Effekt der *Positiven Lebenseinstellung* auf die *Deutschleistung* signifikant negativ ist (p = -.15). Des Weiteren hängt die *Positive Lebenseinstellung* direkt negativ sowohl mit der *Allgemeinen Fachangst* (p = -.27) als auch mit der *Angst im Unterricht* (p = -.17) zusammen. Zusätzlich ist noch ein indirekter Effekt der *Positiven Lebenseinstellung* auf die *Angst im Unterricht* feststellbar (p = -.09), der zum größten Teil über die *Allgemeine Fachangst* vermittelt wird, so dass der totale Effekt (p = 26) ähnlich hoch ist wie im Physikmodell. Die *Positive Lebenseinstellung* geht im Modell für das Fach Deutsch also mit höheren Werten beim *Positiven Unterrichtserleben* und niedrigeren Werten bei der *Allgemeinen Fachangst* und der *Angst im Unterricht* einher; ein Teil der restlichen Varianz der *Positiven Lebenseinstellung* ist allerdings auch mit niedrigeren Leistungswerten im Fach Deutsch verbunden – und zwar unabhängig von den Elternvariablen und den Zeugnisnoten des Vorjahres. Dieser erwartungswidrige Effekt wird in Kapitel 5.6 diskutiert.

Die *Allgemeine Fachangst* hängt ausschließlich, und zwar direkt, mit der *Angst im Unterricht* (p = .30) zusammen und die *Angst im Unterricht* zeigt einen direkt negativen Effekt auf die *Deutschleistung* (p = -.12), während das *Positive Unterrichtserleben* im Gegensatz zu den meisten Physikmodellen keinen Leistungseffekt zeigt.

Die *Deutschleistung* hängt insgesamt vor allem von den *Sprachlichen Vornoten* ab; und zwar unabhängig von allen anderen Variablen im Modell. Leichte emotionale Effekte auf die Deutschleistung zeigen die *Angst im Unterricht* und – ebenfalls mit negativem Vorzeichen – die *Positive Lebenseinstellung*. Zwischen den Elternvariablen und der *Deutschleistung* ist kein signifikanter Zusammenhang festzustellen.

4.4.3.2 Gymnasium

In Abbildung 8 ist das Modell für das Fach Deutsch abgebildet und in Tabelle 63 sind die indirekten und die totalen Effekte des Modells aufgeführt.

Die Werte für die Modellanpassung sind insgesamt noch als befriedigend zu bewerten. Nach der Chi-Quadrat-Statistik passen die Daten signifikant nicht auf das Modell (p = .0067) und der geschätzte RMSEA (ε = .057) liegt oberhalb der Fünfprozentmarke, aber noch deutlich unterhalb der Grenze von ε =.08, bis zu der die approximative Anpassung der Daten an das Modell als akzeptabel gilt. Der wahre Wert des RMSEA liegt mit einer Wahrscheinlichkeit von 30 Prozent unterhalb der Fünfprozentgrenze. Auch die weiteren Fit-Indizes (CFI = .95, GFI = .94, AGFI = .87) sind allenfalls akzeptabel. Allein der Stabilitätsindex (SI = .268) ist vollkommen unproblematisch. Die Anzahl der Freiheitsgrade ist mit df = 51 um einen Grad höher als im Grundmodell, da der Ladungskoeffizient des Indikators *Besorgtheit* auf den Faktor *Angst im Unterricht* fixiert werden musste. Mit Ausnahme des *Wohlbefindens im Unterricht* als Indikator für die *Angst im Unterricht* sind alle Ladungskoeffizienten signifikant.

Die *Autoritative Lernförderung* hängt auf direktem Wege nur mit der *Allgemeinen Fachangst* zusammen, und zwar positiv (p = .29), wie bereits im Physikmodell für das Gymnasium. Die Höhe des Koeffizienten ist allerdings mit Vorsicht zu interpretieren, da der Standardfehler mit .13 (o.Abb.) ähnlich hoch ist wie im Physikmodell. Der totale und positive Effekt der *Autoritativen Lernförderung* auf das *Positive Unterrichtserleben* (p = .28) ist aber zumindest ein Indiz dafür, dass auch positive Emotionen mit der *Autoritativen Lernförderung* einhergehen, wenngleich der totale Effekt nur Hinweischarakter hat, da weder der direkte noch der indirekte Effekt signifikant ist. Im Gymnasialmodell ist kein Zusammenhang zwischen der *Autoritativen Lernförderung* und der *Deutschleistung* erkennbar.

Die *Autoritäre Leistungskontrolle* steht in direktem Zusammenhang mit der *Positiven Lebenseinstellung* (p = -.25) und tendenziell direkt mit der *Allgemeinen Fachangst* (p = .20). Tendenziell hängt die *Autoritäre Leistungskontrolle* auch indirekt mit der *Allgemeinen Fachangst* (p = .05) zusammen. Der indirekte Effekt läuft hierbei über die *Positive Lebenseinstellung*. Der totale Zusammenhang zwischen der *Autoritären Leistungskontrolle* und der *Allgemeinen Fachangst* ist auf dem Fünfprozentniveau signifikant (p = .25). Tendenziell besteht auch ein indirekter Zusammenhang zwischen der *Autoritären Leistungskontrolle* und der *Angst im Unterricht* (p = .06),

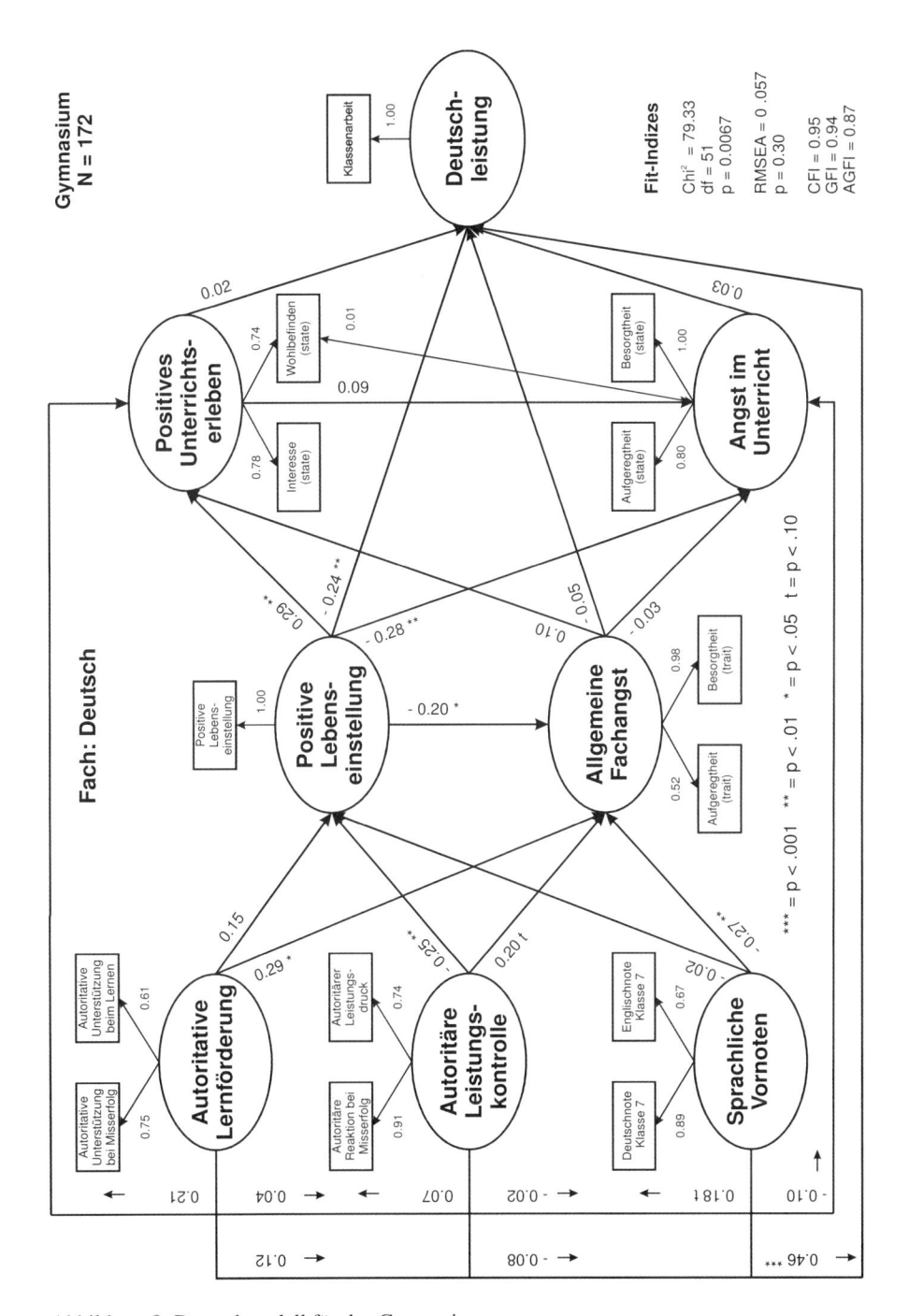

Abbildung 8: Deutschmodell für das Gymnasium

der vor allem unmittelbar über die *Positive Lebenseinstellung* vermittelt wird. Für die Gymnasiasten sind keine linearen Effekte der *Autoritären Leistungskontrolle* auf die *Deutschleistung* nachweisbar.

Die *Sprachlichen Vornoten* stehen im Gegensatz zu allen bisherigen Modellen in direktem Zusammenhang mit der *Allgemeinen Fachangst* (p = -.27). Tendenziell ist auch ein direkter Zusammenhang mit dem *Positiven Unterrichtserleben* erkennbar (p = .18). Dieser tendenzielle Zusammenhang ist insofern erwähnenswert, weil der direkt positive Zusammenhang zwischen den *Vornoten* und dem *Positiven Unterrichtserleben* in allen anderen Modellen für das Fach Deutsch und auch in der Mehrzahl der Physikmodelle signifikant ist. Der wichtigste Effekt der *Sprachlichen Vornoten* ist aber der direkte Zusammenhang mit der *Deutschleistung* am Ende der Unterrichtseinheit zur Inhaltsangabe (p = .46), der unabhängig von allen weiteren Variablen im Modell ist.

Tabelle 63: Totale und indirekte Effekte im Deutschmodell für das Gymnasium

KSI auf ETA	Autoritative Lernförderung		Autoritäre Leistungskontrolle		Vornoten	
	Total	Indirekt	Total	Indirekt	Total	Indirekt
Pos. Lebenseinstellung	.15		-.25 **		-.02	
Allg. Fachangst	.26 *	-.03	.25 *	.05 t	-.26 *	.00
Pos. Unterrichtserleben	.28 *	.07	.02	-.05	.15	-.03
Angst im Unterricht	.02	-.02	.04	.06 t	-.08	.03
Deutschleistung	.08	-.04	-.03	.05	.48 ***	.02

ETA auf ETA (SI = .268)	Positive Lebenseinstellung		Allgemeine Fachangst		Positives Unterrichtserleben		Angst im Unterricht	
	Total	Indirekt	Total	Indirekt	Total	Indirekt	Total	Indirekt
Allg. Fachangst	-.20 *							
Pos. Unterrichts.	.27 **	-.02	.10					
Angst im Unter.	-.25 **	.03	-.02	.01	.09			
Deutschleistung	-.23 **	.01	-.05	.00	.02	.00	.03	

Die *Positive Lebenseinstellung* steht in direktem Zusammenhang mit allen weiteren Emotionsvariablen und mit der *Deutschleistung*. Die *Positive Lebenseinstellung* zeigt erwartungskonform einen direkt positiven Effekt auf das *Positive Unterrichtserleben* (p = .29) und direkt negative Effekte auf die *Allgemeine Fachangst* (p = -.20) und die *Angst im Unterricht* (p = -.28). Ein Teil der restlichen Varianz der *Positiven Lebenseinstellung* steht jedoch – wie im Gesamtmodell für das Fach Deutsch – in einem negativen Zusammenhang mit der *Deutschleistung* (p = -.24). Da der indirekte Effekt der *Positiven Lebenseinstellung* auf die *Deutschleistung* im Modell gegen Null tendiert (p = .01), entspricht der totale Effekt der *Positiven Lebenseinstellung* auf die *Deutschleistung* (p = -.23) weitgehend dem indirekten Effekt und ist somit – wie der indirekte Effekt – als ein negativer Leistungseffekt der *Positiven Lebenseinstellung* zu interpretieren, der unabhängig von den erwartungskonformen Emotionseffekten ist. Der erwartungswidrig negative Effekt der *Positiven Lebenseinstellung* auf die *Deutschleistung* wird in Kapitel 5.6 diskutiert.

Die *Allgemeine Fachangst* steht im Gymnasium im Gegensatz zu allen anderen Modellen in keinem signifikanten Zusammenhang mit der *Angst im Unterricht*. Es ist auch kein negativer Leistungseffekt durch die *Allgemeine Angst vor dem Fach Deutsch* erkennbar. Ein Grund für den nicht signifikanten Zusammenhang zwischen den beiden Angstvariablen könnte darin liegen, dass die Varianz der *Allgemeinen Fachangst* im Gymnasialmodell für das Fach Deutsch vor allem durch den Indikator *Besorgtheit* (.98) und nur relativ schwach durch den Indikator *Aufgeregtheit* (.52) zustande kommt. In allen anderen Modellen im Fach Deutsch (und auch im Gymnasialmodell für das Fach Physik) ist der Indikator *Aufgeregtheit* der deutlich wichtigere Indikator für die *Allgemeine Fachangst*. Auf korrelativer Ebene (vgl. Kapitel 4.3.8) zeigt sich nämlich, dass im Fach Deutsch vor allem der Indikator *Aufgeregtheit vor dem Fach Deutsch* mit den Indikatoren der *Angst im Deutschunterricht* korreliert, während der Indikator *Besorgtheit vor dem Fach Deutsch* nur schwache Zusammenhänge mit den Indikatoren der *Angst im Deutschunterricht* zeigte. In ähnlicher Weise korreliert auch die *Positive Lebenseinstellung* generell in viel stärkerem Maße mit der *Aufgeregtheit vor dem Fach* als mit der *Besorgtheit vor dem Fach*. Die relativ geringe Berücksichtigung der *Aufgeregtheit* als emotionaler Komponente der Fachangst (physiologische Reaktionen) im Modell könnte darüber hinaus ein Grund für den schwachen Zusammenhang zwischen der *Positiven Lebenseinstellung* und der *Allgemeinen Fachangst* im Deutschmodell für das Gymnasium sein.

Weder das *Positive Unterrichtserleben* noch die *Angst im Unterricht* zeigen signifikante Leistungseffekte – und die *Angst im Unterricht* ist unabhängig vom *Positiven Unterrichtserleben*.

Wichtigster Prädiktor für die *Deutschleistung* der Gymnasiasten ist der direkte Effekt durch die *Sprachlichen Vornoten* (p = .46), der gut 21 Prozent der *Deutschleistung* unabhängig von den Eltern- und Emotionsvariablen erklärt. Knapp 6 Prozent der *Deutschleistung* wird durch den direkten Effekt der *Positiven Lebenseinstellung* erklärt, und zwar im negativen Sinne. Ansonsten sind keine signifikanten Effekte durch die Emotions- und Elternvariablen auf die *Deutschleistung* der Gymnasiasten erkennbar.

4.4.3.3 Realschule

In Abbildung 9 ist das Modell für das Fach Deutsch abgebildet und in Tabelle 64 sind die indirekten und die totalen Effekte des Modells aufgeführt.

Die Werte für die Modellanpassung sind insgesamt als gut zu bewerten. Nach der Chi-Quadrat-Statistik ist das Modell nicht signifikant (p = .14) und der geschätzte RMSEA liegt mit ε = .0037 unterhalb der Fünfprozentmarke und der wahre Wert des RMSEA liegt mit einer Wahrscheinlichkeit von 74 Prozent unterhalb der Grenze für eine gute approximative Anpassung der Daten an das Modell. Auch die weiteren Fit-Indizes (CFI = .98, GFI = .95, AGFI = .89) sowie der Stabilitätsindex (SI = .243) sprechen für eine relativ gute Anpassung der Daten.

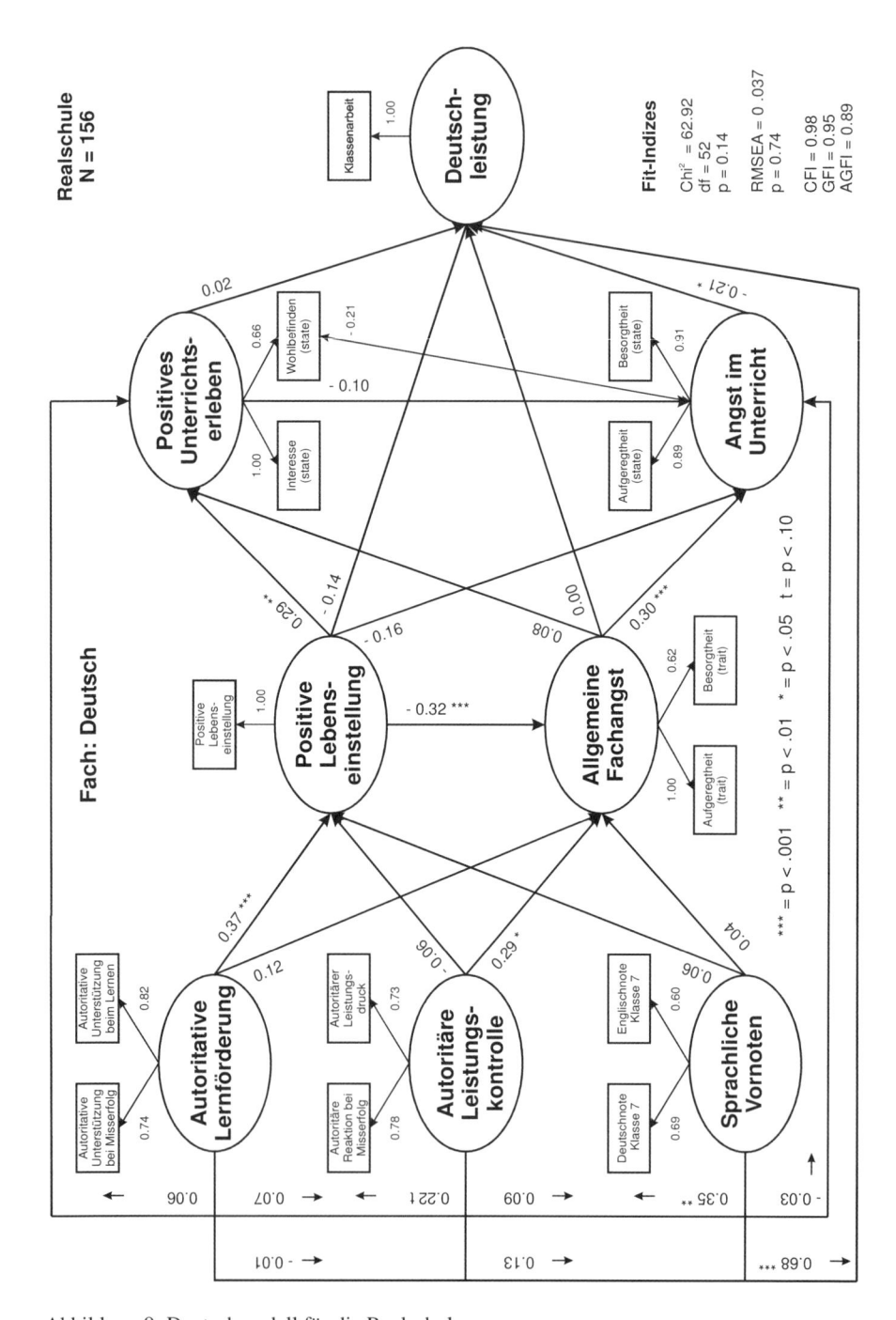

Abbildung 9: Deutschmodell für die Realschule

Die Anzahl der Freiheitsgrade ist mit df = 52 um zwei Grade höher als im Grundmodell, da sowohl die Ladung des Indikators *Aufgeregtheit (trait)* auf den Faktor *Allgemeine Fachangst* als auch die Ladung des Indikators *Interesse (state)* auf den Faktor *Positives Unterrichtserleben* fixiert werden mussten. In den Messmodellen sind alle Ladungskoeffizienten signifikant. Auffällig ist die relativ geringe Faktorladung des Indikators *Deutschnote* auf den Faktor *Sprachliche Vornoten* (.69), wodurch – wie beim Indikator *Englischnote* – weniger als 50 Prozent der Ausgangsvarianz der Indikatoren der *Vornoten* im Modell berücksichtigt werden.

Die *Autoritative Lernförderung* steht in einem relativ hohen direkten Zusammenhang mit der *Positiven Lebenseinstellung* (p = .37) und in einem indirekten Zusammenhang sowohl mit der *Allgemeinen Fachangst* (p = -.12) als auch mit dem *Positiven Unterrichtserleben* (p = .11), wobei die *Positive Lebenseinstellung* jeweils die zentrale Mediatorvariable für die indirekten Effekte darstellt. Ein signifikanter Zusammenhang der *Autoritativen Lernförderung* mit der *Deutschleistung* ist nicht feststellbar.

Tabelle 64: Totale und indirekte Effekte im Deutschmodell für die Realschule

KSI auf ETA	Autoritative Lernförderung		Autoritäre Leistungskontrolle		Vornoten	
	Total	Indirekt	Total	Indirekt	Total	Indirekt
Pos. Lebenseinstellung	.37 ***		-.06		.06	
Allg. Fachangst	.00	-.12 *	.31 *	.02	.02	-.02
Pos. Unterrichtserleben	.17	.11 *	.22 t	.01	.37 **	.02
Angst im Unterricht	.00	-.07	.17	.08	-.07	-.04
Deutschleistung	-.06	-.05	.11	-.02	.70 ***	.01

ETA auf ETA (SI = .243)	Positive Lebenseinstellung		Allgemeine Fachangst		Positives Unterrichtserleben		Angst im Unterricht	
	Total	Indirekt	Total	Indirekt	Total	Indirekt	Total	Indirekt
Allg. Fachangst	-.32 ***							
Pos. Unterrichts.	.27 **	-.03	.08					
Angst im Unter.	-.28 **	-.12 **	.29 ***	-.01	-.10			
Deutschleistung	-.08	.06	-.06	-.06 t	.04	.02	-.21 *	

Die *Autoritäre Leistungskontrolle* hängt direkt mit der *Allgemeinen Fachangst* (p = .29) und tendenziell ebenfalls positiv mit dem *Positiven Unterrichtserleben* (p = .22) zusammen, wobei die Höhe der Koeffizienten aufgrund leicht erhöhter Standardfehler (SE = .12 / .13) mit Vorsicht zu bewerten ist. Der tendenzielle Zusammenhang ist insofern interessant, da im Physikmodell für die Realschule der Zusammenhang zwischen *Autoritärer Leistungskontrolle* und *Positivem Unterrichtserleben* ebenfalls positiv und darüber hinaus signifikant ist. Die Diskussion des erwartungswidrigen Effekts erfolgt in Kapitel 5.3. Signifikante Leistungseffekte der *Autoritären Leistungskontrolle* sind nicht vorhanden.

Die *Sprachlichen Vornoten* stehen direkt sowohl mit dem *Positiven Unterrichtserleben* (p = .35) als auch mit der *Deutschleistung* in Zusammenhang (p = .68), wobei auch hier relativ hohe Standardfehler (SE = .12 / .13) zu berücksichtigen sind, die durch die geringen Varianzbeiträge der Indikatoren der *Sprachlichen Vornoten* bedingt sein könnten. Indirekte Effekte der *Sprachlichen Vornoten* sind nicht nachweisbar.

Die *Positive Lebenseinstellung* hat einen direkten Effekt sowohl auf das *Positive Unterrichtserleben* (p = .29) als auch auf die *Allgemeine Fachangst* (p = -.32). Indirekt ist ein Effekt der *Positiven Lebenseinstellung* auf die *Angst im Unterricht* feststellbar (p = -.12), der vor allem über die *Allgemeine Fachangst* vermittelt wird. Es besteht kein signifikanter Zusammenhang zwischen der *Positiven Lebenseinstellung* und der *Deutschleistung*.

Die *Allgemeine Fachangst* steht in einem direkten Zusammenhang mit der *Angst im Unterricht* (p = .30) und tendenziell in einem indirekten Zusammenhang mit der *Deutschleistung* (p = -.06), da die *Angst im Unterricht* mit der *Deutschleistung* zusammenhängt (p = -.21). Das *Positive Unterrichtserleben* zeigt keinen signifikanten Zusammenhang mit der *Deutschleistung* und der *Angst im Unterricht*.

Die Varianz der *Deutschleistung* in der Realschule wird im Modell zu mehr als 40 Prozent durch die *Sprachlichen Vornoten* aufgeklärt, und zwar unabhängig von den Eltern- und den Emotionsvariablen. Weniger als 5 Prozent der Varianz der *Deutschleistung* werden zusätzlich durch die negativen Effekte der Angstvariablen aufgeklärt. Die Variablen zum Elternverhalten und zu den positiven Emotionen liefern keine signifikanten Beiträge zur Erklärung der Varianz der *Deutschleistung* in der Realschule.

4.4.3.4 Mädchen

In Abbildung 10 ist das Modell für die Mädchen im Fach Deutsch abgebildet und in Tabelle 65 sind die indirekten und die totalen Effekte des Modells aufgeführt.

Die Werte für die Modellanpassung sind insgesamt als noch ausreichend zu bewerten. Nach der Chi-Quadrat-Statistik passen die Daten signifikant nicht auf das Modell (p < .001). Der geschätzte RMSEA liegt mit ε = .0067 oberhalb der Fünfprozentmarke und der wahre Wert des RMSEA liegt mit einer Wahrscheinlichkeit von knapp 10 Prozent unterhalb der Grenze für eine gute approximative Anpassung der Daten an das Modell. Da der geschätzte RMSEA aber noch unter 8 Prozent liegt, kann das Modell approximativ noch als akzeptabel gelten. Auch die weiteren Fit-Indizes (CFI = .93, GFI = .93, AGFI = .86) sprechen für eine eher suboptimale Anpassung der Daten. Das Deutschmodell für die Mädchen zeigt insgesamt die schlechtesten Anpassungswerte aller Modelle dieser Arbeit. Nur der Stabilitätsindex zeigt einen unproblematischen Wert (SI = .231).

Die Anzahl der Freiheitsgrade entspricht mit df = 50 dem Grundmodell. In den Messmodellen sind alle Ladungskoeffizienten signifikant. Auffällig ist – wie im Realschulmodell – die relativ geringe Faktorladung des Indikators *Deutschnote* auf den Faktor *Sprachliche Vornoten* (.68), wodurch – wie beim Indikator *Englischnote* – weniger als 50 Prozent der Ausgangsvarianz im Modell berücksichtigt werden und somit die Messfehleranteile der Indikatoren der *Sprachlichen Vornoten* relativ hoch sind. Des Weiteren befinden sich noch drei weitere Indikatoren im Modell (*Autoritative Unterstützung bei Misserfolg, Trait-Besorgtheit, State-Wohlbefinden*), bei denen weniger als 50 Prozent der Ausgangsvarianz in das Modell mit einfließen, so dass bei insgesamt fünf Indikatoren der jeweilige Messfehleranteil höher ist als der Varianzbeitrag für das Strukturmodell. Diese Probleme in den Messmodellen sind ein entscheidender Grund für die weniger guten Anpassungswerte der Daten an das Modell.

Die *Autoritative Lernförderung* steht in direktem und positivem Zusammenhang mit der *Positiven Lebenseinstellung* (p = .21) und erwartungswidrig positiv auch mit der *Allgemeinen Fachangst* (p = .32), wobei der letztgenannte Pfadkoeffizient allerdings mit einem relativ hohen Standardfehler (SE = .14) geschätzt wurde und daher mit Vorsicht zu bewerten ist. Der erwartungswidrig positive Zusammenhang zwischen der *Autoritativen Lernförderung* und der *Allgemeinen Fachangst* tritt nicht nur hier auf, sondern auch in beiden Fächern im Gymnasium sowie im Gesamtmodell für das Fach Deutsch. Die Diskussion dieses erwartungswidrigen Effekts erfolgt in Kapitel 5.2. Keine signifikanten Effekte der *Autoritativen Lernförderung* sind in Bezug auf die Variablen zu den Unterrichtsemotionen und zur *Deutschleistung* festzustellen.

Die *Autoritäre Leistungskontrolle* hängt erwartungskonform direkt negativ mit der *Positiven Lebenseinstellung* (p = -.22) und direkt positiv mit der *Allgemeinen Fachangst* (p = .38) zusammen, wobei im letztgenannten Fall ein relativ hoher Standardfehler (SE = .13) zu verzeichnen ist. Die *Autoritäre Leistungskontrolle* geht indirekt auch mit erhöhten Werten bei der *Angst im Unterricht* einher (p = .19), wobei gut die Hälfte des Effekts direkt über die *Allgemeine Fachangst* und fast ein Drittel des Effekts direkt über die *Positive Lebenseinstellung* vermittelt wird. Im Fach Deutsch ist bei den Mädchen – wie im Fach Physik – kein signifikanter Leistungseffekt durch die *Autoritäre Leistungskontrolle* festzustellen.

Die *Sprachlichen Vornoten* zeigen einen direkt positiven Zusammenhang mit dem *Positiven Unterrichtserleben* (p = .24) und mit der *Deutschleistung* (p = .58). Indirekte Effekte der *Sprachlichen Vornoten* sind nicht zu verzeichnen.

Die *Positive Lebenseinstellung* hängt direkt positiv mit dem *Positiven Unterrichtserleben* (p = .29) und direkt negativ mit der *Angst im Unterricht* (p = -.27) und tendenziell auch indirekt negativ mit der *Angst im Deutschunterricht* (p = -.07) zusammen. Im Vergleich mit dem Fach Physik erweist sich bei den Mädchen im Fach Deutsch vor allem der direkte Effekt der *Positiven Lebenseinstellung* auf die *Angst im Unterricht* als signifikant, während im Fach Physik nur der indirekte Zusammenhang der *Positiven Lebenseinstellung* mit der *Angst im Unterricht* signifikant ist, der vor allem über die *Allgemeine Fachangst* vermittelt wird. Tendenziell zeigt sich außerdem ein direkt negativer Zusammenhang zwischen der *Positiven Lebenseinstellung* und der *Deutschleistung* der Mädchen (p = -.15); der totale Effekt ist ebenfalls tendenziell signifikant (p = -.14). Dies ist insofern bemerkenswert, da im Physikmodell der Mädchen sowohl der direkte als auch der totale Zusammenhang zwischen der *Positiven Lebenseinstellung* und der *Physikleistung* signifikant positiv ist.

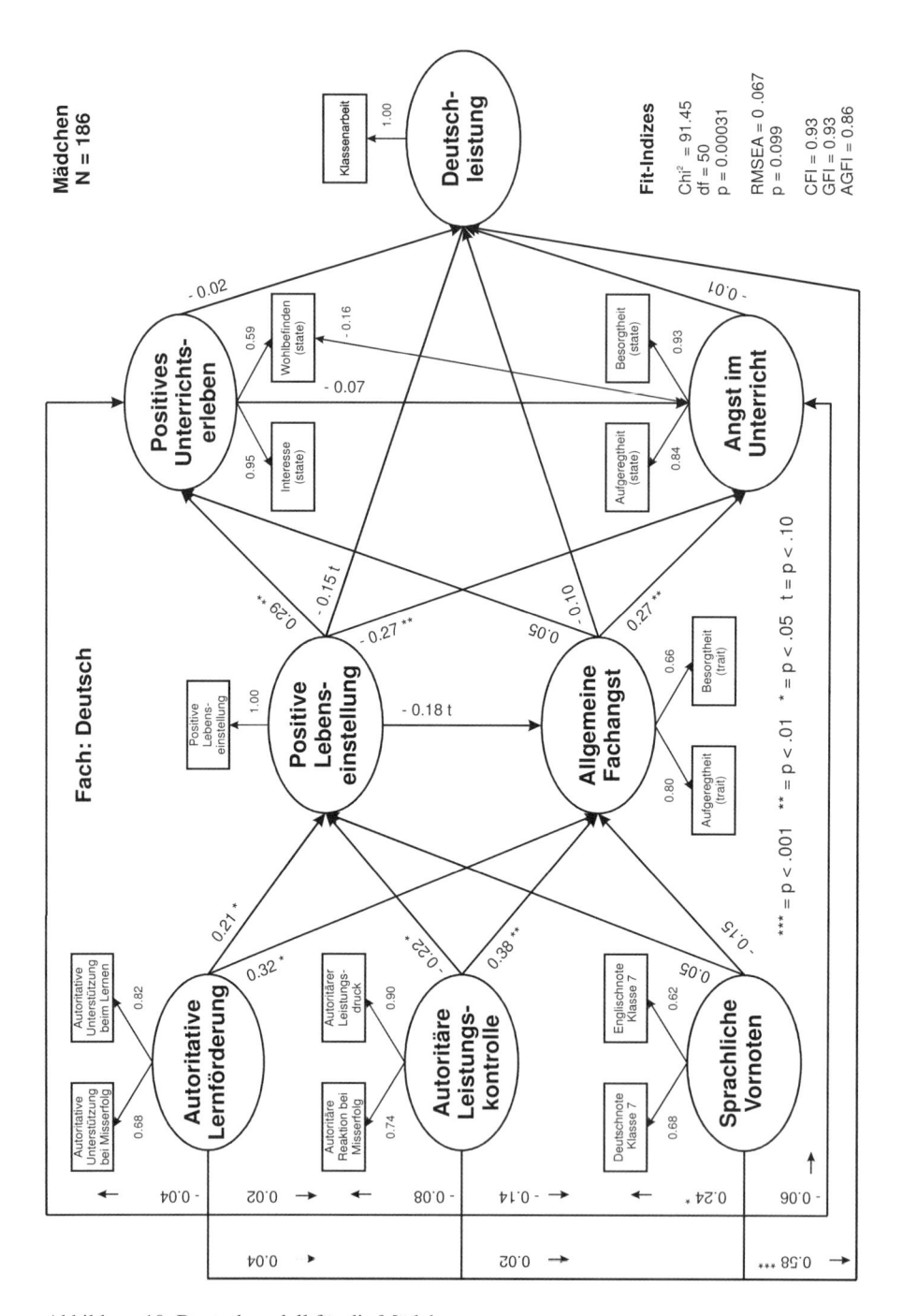

Abbildung 10: Deutschmodell für die Mädchen

Tendenziell ist auch ein direkter Zusammenhang zwischen der *Positiven Lebenseinstellung* und der *Allgemeinen Fachangst* (p = -.18) zu erkennen, der allerdings in allen anderen Modellen signifikant ist.

Die *Allgemeine Fachangst* hängt ausschließlich, und zwar direkt positiv, mit der *Angst im Unterricht* zusammen (p = .27). Das *Positive Unterrichtserleben* und die *Angst im Unterricht* zeigen keinerlei signifikante Effekte.

Tabelle 65: Totale und indirekte Effekte im Deutschmodell für die Mädchen

KSI auf ETA	Autoritative Lernförderung		Autoritäre Leistungskontrolle		Vornoten	
	Total	Indirekt	Total	Indirekt	Total	Indirekt
Pos. Lebenseinstellung	.21 *		-.22 *		.05	
Allg. Fachangst	.28 *	-.04	.42 **	.04	-.16	-.01
Pos. Unterrichtserleben	.03	.07	-.13	-.04	.25 *	.01
Angst im Unterricht	.04	.02	.04	.19 **	-.14	-.08
Deutschleistung	-.02	-.06	.01	-.01	.58 ***	.00

ETA auf ETA (SI = .231)	Positive Lebenseinstellung		Allgemeine Fachangst		Positives Unterrichtserleben		Angst im Unterricht	
	Total	Indirekt	Total	Indirekt	Total	Indirekt	Total	Indirekt
Allg. Fachangst	-.18 t							
Pos. Unterrichts.	.28 **	-.01	.05					
Angst im Unter.	-.34 ***	-.07 t	.27 *	.00	-.07			
Deutschleistung	-.14 t	.01	-.10	.00	-.02	.00	-.01	

Die *Deutschleistung* der Mädchen wird im Modell vor allem durch die *Sprachlichen Vornoten* bestimmt, die unabhängig von den Eltern- und den Emotionsvariablen ein Drittel der Varianz der *Deutschleistung* aufklären. Ansonsten ist nur der tendenziell negative Effekt der *Positiven Lebenseinstellung* zu erwähnen, der aber auch nur gut 2 Prozent der Varianz der *Deutschleistung* der Mädchen erklärt. Für einen Einfluss der Elternvariablen auf die *Deutschleistung* gibt es noch nicht einmal Hinweise wie im Modell für das Fach Physik, in dem zumindest die totalen Effekte der *Autoritativen Lernförderung* und der *Autoritären Leistungskontrolle* jeweils signifikant positive Koeffizienten aufweisen.

4.4.3.5 Jungen

In Abbildung 11 ist das Modell für die Jungen im Fach Deutsch abgebildet und in Tabelle 66 sind die indirekten und die totalen Effekte des Modells aufgeführt. Die Werte für die Modellanpassung sind insgesamt als gut zu bewerten. Nach der Chi-Quadrat-Statistik ist das Modell nicht signifikant (p = .22). Der geschätzte RMSEA liegt mit ε = .0032 deutlich unterhalb der Fünfprozentmarke und der wahre Wert des RMSEA liegt mit einer Wahrscheinlichkeit von 79 Prozent unterhalb der Grenze für eine gute approximative Anpassung der Daten an das Modell.

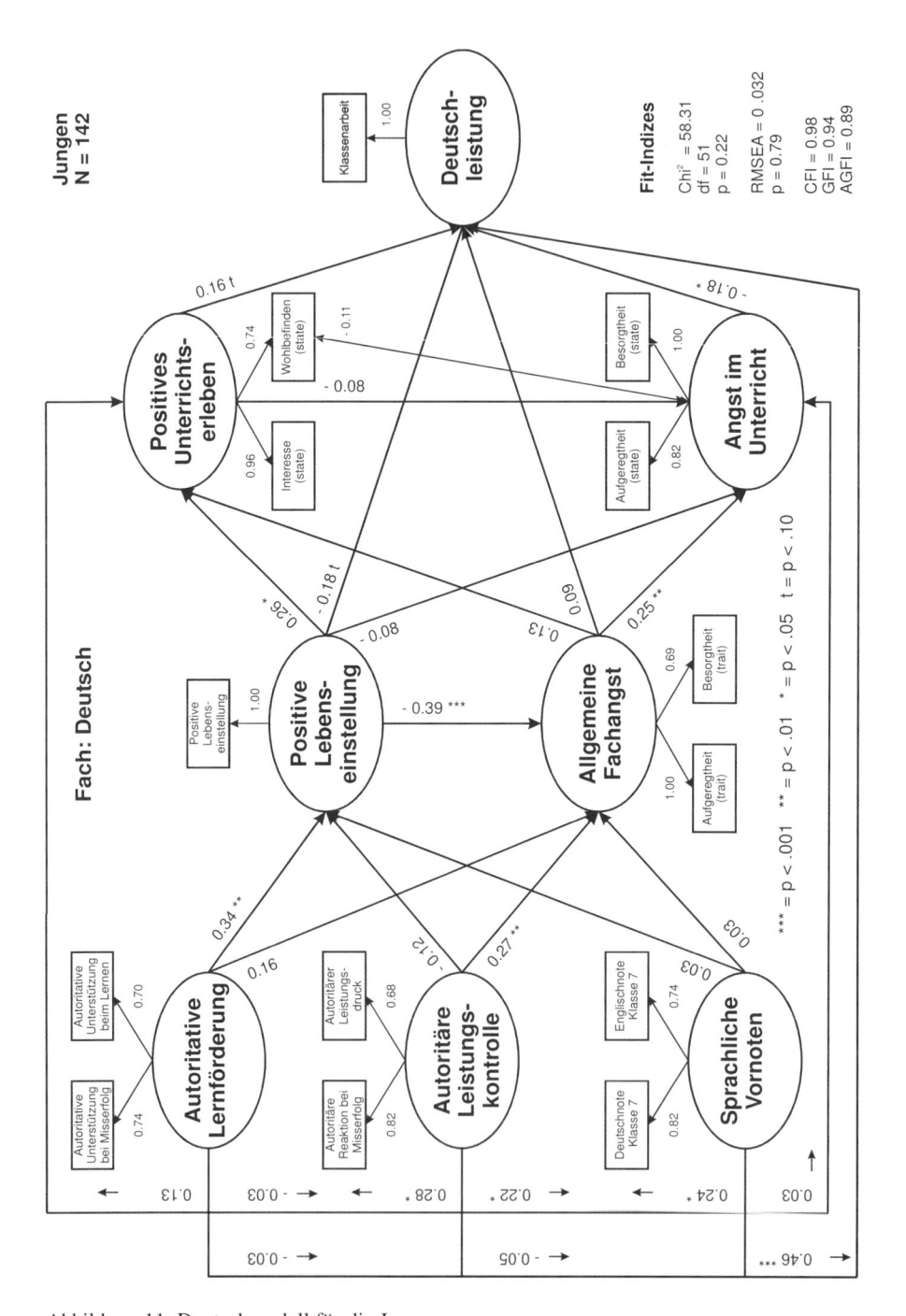

Abbildung 11: Deutschmodell für die Jungen

Auch die weiteren Fit-Indizes (CFI = .98, GFI = .94, AGFI = .89) sowie der Stabilitätsindex (SI = .260) sprechen für eine gute Anpassung der Daten. Die Anzahl der Freiheitsgrade liegt mit df = 51 um einen Grad höher als im Grundmodell, da der Ladungskoeffizient des Indikators *Aufgeregtheit (trait)* auf den Faktor *Allgemeine Fachangst* fixiert werden musste. Der Ladungskoeffizient des Indikators *Wohlbefinden im Unterricht* auf den Faktor *Angst im Unterricht* (-.11) ist als einziger Ladungskoeffizient in den Messmodellen nur tendenziell signifikant.

Die *Autoritative Lernförderung* steht direkt nur mit der *Positiven Lebenseinstellung* in Zusammenhang (p = .34). Des Weiteren besteht ein indirekt negativer Effekt auf die *Allgemeine Fachangst* (p = -.13), der über die *Positive Lebenseinstellung* vermittelt wird, sowie ein indirekt positiver Effekt auf das *Positive Unterrichtserleben* (p = .09), der in erster Linie ebenfalls über die *Positive Lebenseinstellung* vermittelt wird. Die *Autoritative Lernförderung* zeigt im Modell für die Jungen keine signifikanten Effekte auf die *Deutschleistung*.

Die *Autoritäre Leistungskontrolle* steht erwartungswidrig in einem direkt positiven Zusammenhang mit dem *Positiven Unterrichtserleben* (p = .28) sowie erwartungsgetreu in einem positiven, direkten Zusammenhang mit der *Angst im Unterricht* (p = .22) und der *Allgemeinen Fachangst* (p = .27). Mit höheren Werten bei der *Autoritären Leistungskontrolle* gehen im Deutschmodell für die Jungen nicht nur höhere Angstwerte, sondern auch höhere Werte beim *Positiven Unterrichtserleben* einher. Die Diskussion dieses erwartungswidrigen Zusammenhangs erfolgt in Kapitel 5.3. Ein signifikanter Leistungseffekt durch die *Autoritäre Leistungskontrolle* ist auch im Deutschmodell für die Jungen nicht belegbar.

Tabelle 66: Totale und indirekte Effekte im Deutschmodell für die Jungen

KSI auf ETA	Autoritative Lernförderung		Autoritäre Leistungskontrolle		Vornoten	
	Total	Indirekt	Total	Indirekt	Total	Indirekt
Pos. Lebenseinstellung	.34 **		-.12		.03	
Allg. Fachangst	.03	-.13 *	.32 **	.05	.01	-.01
Pos. Unterrichtserleben	.22 t	.09 *	.30 *	.01	.25 *	.01
Angst im Unterricht	-.07	-.04	.29 **	.07	.01	-.02
Deutschleistung	-.04	-.01	.00	.05	.49 ***	.03

ETA auf ETA (SI = .260)	Positive Lebenseinstellung		Allgemeine Fachangst		Positives Unterrichtserleben		Angst im Unterricht	
	Total	Indirekt	Total	Indirekt	Total	Indirekt	Total	Indirekt
Allg. Fachangst	-.39 ***							
Pos. Unterrichts.	.20 *	-.05	.13					
Angst im Unter.	-.19 *	-.11 *	.24 *	-.01	-.08			
Deutschleistung	-.15 t	.03	.07	-.02	.17 t	.01	-.18 *	

Die *Sprachlichen Vornoten* stehen in einem direkt positiven Zusammenhang mit dem *Positiven Unterrichtserleben* (p = .24) und vor allem mit der *Deutschleistung* (p = .46). Wie in allen anderen Modellen für das Fach Deutsch, ist der direkte Effekt der *Vornoten* aus der Klassenstufe 7 auf die *Deutschleistung* in der Klassenstufe 8 der stärkste Effekt im gesamten Modell.

Die *Positive Lebenseinstellung* hat einen direkt positiven Effekt auf das *Positive Unterrichtserleben* (p = .26) und einen direkt negativen Effekt auf die *Allgemeine Fachangst* (p = -.39). Ein indirekt negativer Effekt der *Positiven Lebenseinstellung* ist in Bezug auf die *Angst im Unterricht* feststellbar (p = -.11), wobei der Effekt vor allem über die *Allgemeine Fachangst* vermittelt wird. Tendenziell ist auch der direkt negative Zusammenhang zwischen der *Positiven Lebenseinstellung* und der *Deutschleistung* signifikant (p = -.18); der totale Zusammenhang ist ebenfalls tendenziell negativ (p = -.15). Im Physikmodell für die Jungen ist der direkt negative Effekt der *Positiven Lebenseinstellung* auf die *Physikleistung* ebenfalls tendenziell signifikant. Eine mögliche Erklärung für diesen erwartungswidrigen Effekt wird in Kapitel 5.6 diskutiert.

Die *Allgemeine Fachangst* hängt direkt positiv mit der *Angst im Unterricht* zusammen (p = .25) und die *Angst im Unterricht* hängt direkt negativ mit der *Deutschleistung* zusammen (p = -.18). Tendenziell ist ein direkt positiver Zusammenhang zwischen dem *Positiven Unterrichtserleben* und der *Deutschleistung* zu konstatieren (p = .16); der totale Zusammenhang ist ebenfalls positiv (p = .17). Das Deutschmodell für die Jungen ist das einzige Modell für das Fach Deutsch, in welchem ein Zusammenhang zwischen dem *Positiven Unterrichtserleben* und der *Deutschleistung* zumindest ansatzweise vorhanden ist.

Die *Deutschleistung* der Jungen wird in erster Linie durch die *Sprachlichen Vornoten* bestimmt, die direkt – also unabhängig von den Eltern- und den Emotionsvariablen – etwa 21 Prozent der Varianz der *Deutschleistung* erklären. Die *Angst im Unterricht* erklärt allein gut 3 Prozent der Varianz der *Deutschleistung* im negativen Sinne. Tendenziell ist noch ein schwach positiver Leistungseffekt durch das *Positive Unterrichtserleben* zu erkennen, der etwa 2,5 Prozent der Leistungsvarianz aufklärt. Die *Positive Lebenseinstellung* liefert tendenziell einen schwach negativen direkten Effekt, der gut 3 Prozent der Varianz der *Deutschleistung* aufklärt. Auch im Deutschmodell für die Jungen sind keine signifikanten Leistungseffekte durch die Elternvariablen nachweisbar.

4.4.4 Die Ergebnisse der LISREL-Modelle im Überblick

Im folgenden Kapitel werden die Ergebnisse aus den insgesamt zehn Modellen zusammengefasst. Die Diskussion der Hypothesen folgt in Kapitel 5. Zunächst wird die Güte der Modelle diskutiert und es werden Vorschläge zur methodischen Optimierung der Modelle gemacht.

4.4.4.1 Modellanpassung

Die Daten der einzelnen Stichproben passen in Anbetracht der Tatsache, dass die einzelnen Modelle nicht nachträglich modifiziert werden, überwiegend relativ gut auf das postulierte lineare Strukturgleichungsmodell. Nach der Chi-Quadrat-Statistik, die von der strengen und für sozialwissenschaftliche Daten eher unrealistischen Annahme (Jöreskog & Sörbom 1993, S. 123) ausgeht, dass das Modell exakt in der Population gilt, ist immerhin die Hälfte der Modelle so gut, dass die Nullhypothese der Passung der Daten in der Population nicht aufgegeben werden muss.

Die Prüfung der approximativen Passung des Modells in der Population mit Hilfe des RMSEA ergibt, dass bei sieben Modellen von einer guten Passung ($\varepsilon < .05$) und bei drei Modellen von einer befriedigenden Passung ($\varepsilon < .08$) ausgegangen werden kann. Auffällig sind die Unterschiede zwischen den Schulformen. Während beide Realschulmodelle zu den gut angepassten Modellen gehören, sind beide Modelle für das Gymnasium allenfalls befriedigend. Die Modelle für die Jungen zeigen in beiden Fächern gute bis sehr gute Anpassungswerte. Bei den Mädchen weist das Physikmodell sehr gute Anpassungswerte auf, während das Deutschmodell für die Mädchen die am wenigsten befriedigenden Anpassungswerte aller Modelle hat.

Der Stabilitätsindex ($.22 > SI < .38$) ist in allen Modellen unproblematisch und zeigt, dass im Bereich der endogenen Variablen (Emotionsvariablen und Physik- bzw. Deutschleistung) nicht mit gravierenden Multikollinearitätsproblemen zu rechnen ist. Dies ist auch ein Indiz dafür, dass sowohl die Trennung von positiven und negativen Emotionsvariablen als auch die Trennung von Emotionsvariablen auf der Unterrichtsebene und der Trait-Ebene in einem linearen Strukturgleichungsmodell unproblematisch ist.

Ein Grundproblem vieler Modelle ist, dass die Ausgangsvarianz bei einzelnen oder mehreren Messvariablen in zu geringem Maße in das Modell einfließen, was vor allem an suboptimalen Werten bei GFI und AGFI zu beobachten ist. Die *Biologienote* ist in allen Physikmodellen und die *Englischnote* ist in fast allen Deutschmodellen ein suboptimaler Indikator für die jeweiligen *Vornoten*. In zukünftigen Modellen könnten diese Indikatoren durch fachspezifische Vortests ersetzt werden, die in dieser Studie aber nicht für das Fach Deutsch verfügbar waren. Auch die *Besorgtheit* als Indikator der *Allgemeinen Fachangst* zeigt überwiegend relativ niedrige Ladungskoeffizienten und sollte in zukünftigen Modellen weggelassen oder aber durch einen anderen Indikator ersetzt werden. Die Indikatoren der *Autoritativen Lernförderung* laden insgesamt und insbesondere in den Gymnasialmodellen nicht optimal. Vor allem der Ladungskoeffizient des Indikators *Autoritative Unterstützung beim Lernen* ist in beiden Gymnasialmodellen auffallend niedrig (.61). Für die Indikatoren der *Autoritären Leistungskontrolle* ist zu beobachten, dass der Indikator *Autoritärer Leistungsdruck* vor allem in den Modellen für die Jungen (aber nicht bei den Mädchen) einen eher niedrigen Ladungskoeffizienten aufweist. Das Instrument zum schulbezogenen Elternverhalten zeigt zwar keine grundsätzlichen Schwächen, sollte aber weiterentwickelt werden, um die Ladungen für alle Modelle zu optimieren.

Die Modifikationsindizes von LISREL (o.Abb.) liefern teilweise Hinweise auf verbesserte Modellanpassungswerte durch zu korrelierende Messfehler zwischen den Indikatoren der Emotionsvariablen, die bei echten Messwiederholungen mit exakt gleichen Instrumenten auch zulässig sind. Es wäre daher empfehlenswert, die Fachemotionen und die Unterrichtsemotionen mit den gleichen Skalen und Items zu messen, um den Messwiederholungscharakter zu stärken und gegebenenfalls die Messfehler der Indikatoren zu korrelieren.

4.4.4.2 Effekte der Autoritativen Lernförderung

4.4.4.2.1 Autoritative Lernförderung und Positive Lebenseinstellung

Der Zusammenhang zwischen der *Autoritativen Lernförderung* und der *Positiven Lebenseinstellung* ist nicht fachspezifisch und liegt nur als direkter Effekt vor. Aus zwei Gründen können dennoch Unterschiede zwischen den Deutsch- und den Physikmodellen auftreten. Erstens sind die Stichproben nicht identisch, da in den Deutschmodellen eine Realschulklasse nicht berücksichtigt wird, weil keine verwertbaren Daten zu den Emotionen im Unterricht vorliegen. Zweitens wird für den Zusammenhang zwischen der *Autoritativen Lernförderung* und der *Positiven Lebenseinstellung* nicht nur die Varianz der *Autoritären Leistungskontrolle*, sondern auch die Varianz der bereichsspezifischen *Vornoten* auspartialisiert. In den Physikmodellen ist daher der Zusammenhang der *Autoritativen Lernförderung* mit der *Positiven Lebenseinstellung* unabhängig von den *Mathematisch-naturwissenschaftlichen Vornoten* und in den Deutschmodellen ist er unabhängig von den *Sprachlichen Vornoten*.

Die *Autoritative Lernförderung* steht in beiden Gesamtmodellen in einem positiven Zusammenhang mit der *Positiven Lebenseinstellung*. Insgesamt erklärt die *Autoritative Lernförderung* etwa 5 bis 7 Prozent der Varianz der *Positiven Lebenseinstellung* in den Gesamtmodellen. Unterschiede zeigen sich im Vergleich der Schulformen und im Vergleich der Geschlechter.

In den Realschulmodellen sind die Effekte signifikant und die *Autoritative Lernförderung* erklärt 8 bis 14 Prozent der Varianz der *Positiven Lebenseinstellung*. In den Gymnasialmodellen sind die Vorzeichen der Koeffizienten zwar ebenfalls positiv, die Zusammenhänge sind aber nicht signifikant.

Der Zusammenhang zwischen der *Autoritativen Lernförderung* und der *Positiven Lebenseinstellung* ist in den Modellen für die Jungen signifikant und die gemeinsame Varianz liegt zwischen 9 und knapp 12 Prozent. In den Modellen für die Mädchen ist der Zusammenhang deutlich schwächer und nur im Deutschmodell signifikant, wobei allerdings nur gut 4 Prozent der Varianz der *Positiven Lebenseinstellung* durch die *Autoritative Lernförderung* aufgeklärt wird.

Der interindividuelle Zusammenhang zwischen der *Autoritativen Lernförderung* und der *Positiven Lebenseinstellung* ist also für die Realschüler und für die Jungen bedeutsam, aber nicht nachweisbar für die Gymnasiasten und eher schwach bedeutsam bis gar nicht nachweisbar für die Mädchen. Effekte der Zugehörigkeit zu Schulform und Geschlecht könnten sich teilweise überlagern. Möglicherweise sind es die Mädchen aus dem Gymnasium, bei denen der positive Zusammenhang zwischen der *Autoritativen Lernförderung* und der *Positiven Lebenseinstellung* keine Rolle spielt. Aufgrund der geringen Stichprobengrößen können diese differenziellen Effekte aber hier nicht weiter verfolgt werden.

4.4.4.2.2 Autoritative Lernförderung und Allgemeine Fachangst

Der Zusammenhang zwischen der *Autoritativen Lernförderung* und der *Allgemeinen Fachangst* kann sowohl direkt als auch indirekt vorliegen. Der indirekte Effekt wird im Modell über die *Positive Lebenseinstellung* vermittelt. Ein direkt negativer Zusammenhang zwischen der *Autoritativen Lernförderung* und der *Allgemeinen Fachangst* ist in keinem Modell nachweisbar.

Der indirekt negative Effekt ist jedoch in den Gesamtmodellen, in den Realschulmodellen und in den Modellen für die Jungen in beiden Fächern signifikant. Mit steigenden Werten der *Autoritativen Lernförderung* gehen also – vermittelt über steigende Werte der *Positiven Lebenseinstellung* – sinkende Werte der jeweiligen *Allgemeinen Fachangst* einher. Der indirekte Effekt ist allerdings mit 0,5 bis 1,7 Prozent an aufgeklärter Varianz der *Allgemeinen Fachangst* eher schwach. Da der Effekt der *Autoritativen Lernförderung* einerseits mit der *Positiven Lebenseinstellung* verbunden ist und andererseits in beiden Fächern auftritt, kann angenommen werden, dass der Effekt der *Autoritativen Lernförderung* mit interindividuell stabilen Persönlichkeitsmerkmalen hinsichtlich der *Positiven Lebenseinstellung* und der allgemeinen Angstausprägung verbunden ist.

Der indirekte Effekt ist in den Modellen für das Gymnasium und in den Modellen für die Mädchen in beiden Fächern nicht signifikant. Ein Grund dafür ist, dass in beiden Gruppen die direkten Zusammenhänge zwischen *Autoritativer Lernförderung* und *Positiver Lebenseinstellung* nur schwach oder nicht nachweisbar sind. Der zweite Grund liegt darin, dass bei den Mädchen kein bzw. nur ein schwacher Zusammenhang zwischen der *Positiven Lebenseinstellung* und den *Fachängsten* auftritt.

In beiden Gymnasialmodellen sowie im Deutschmodell für die Mädchen und im Gesamtmodell für das Fach Deutsch tritt dagegen erwartungswidrig ein direkter positiver Zusammenhang zwischen der *Autoritativen Lernförderung* und den *Fachängsten* auf. Der Anteil der gemeinsamen Varianz liegt im Gesamtmodell für das Fach Deutsch bei etwa 5 Prozent. In den Deutschmodellen für die Gymnasiasten und für die Mädchen liegt der Anteil der gemeinsamen Varianz zwischen ungefähr 8 und 10 Prozent, wobei allerdings relativ hohe Standardfehler (SE = .13 / .14) zu verzeichnen sind. Im Physikmodell für das Gymnasium beträgt der Anteil der gemeinsamen Varianz sogar 16 Prozent, wobei der Standardfehler aber noch höher ist (SE = .15). Die absolute Höhe der Zusammenhänge ist also mit Vorsicht zu bewerten.

Festzuhalten bleibt, dass im Gymnasium in beiden Fächern und bei den Mädchen im Fach Deutsch ein positiver Zusammenhang zwischen der *Autoritativen Lernförderung* und der *Allgemeinen Fachangst* besteht, der unabhängig von den *Vornoten*, von *Positiver Lebenseinstellung* und von der *Autoritären Leistungskontrolle* ist. Dieser erwartungswidrige Zusammenhang wird in Kapitel 5.2 diskutiert. Für die Realschüler und die Jungen ist dagegen ein negativer Effekt der *Autoritativen Lernförderung* auf die *Fachängste* festzustellen, der über die *Positive Lebenseinstellung* vermittelt wird.

4.4.4.2.3 Autoritative Lernförderung und Positives Unterrichtserleben

Die *Autoritative Lernförderung* steht in den meisten Modellen in einem positiven Zusammenhang mit dem *Positiven Unterrichtserleben*; negative Effekte sind nicht zu verzeichnen. Nur im Physikmodell für das Gymnasium und im Deutschmodell für die Mädchen sind keine Effekte feststellbar.

Der Zusammenhang zwischen der *Autoritativen Lernförderung* und dem *Positiven Unterrichtserleben* tritt vor allem als indirekter Effekt auf, der über die *Positive Lebenseinstellung* vermittelt wird. Der indirekte Effekt tritt in den Realschulmodellen, aber nicht in den Gymnasialmodellen auf. Im Gymnasium ist nur der totale Effekt im Deutschmodell signifikant. In beiden Modellen für die Jungen ist der indirekte Effekt signifikant, während bei den Mädchen der Effekt nur im Physikmodell und auch nur tendenziell signifikant ist. Der indirekte Effekt ist in allen Modellen allerdings schwach und erklärt maximal 1,7 Prozent der Varianz des *Positiven Unterrichtserlebens*. Da der indirekte Effekt über die *Positive Lebenseinstellung* vermittelt wird, ist auch hier damit zu rechnen, dass interindividuell stabile Persönlichkeitsmerkmale für den positiven Effekt der *Autoritativen Lernförderung* auf das *Positive Unterrichtserleben* eine Rolle spielen.

Der direkte Effekt der *Autoritativen Lernförderung* auf das *Positive Unterrichtserleben* ist nur im Gesamtmodell für das Fach Physik und im Physikmodell für die Jungen signifikant. In beiden Modellen ist zusätzlich auch der indirekte Effekt und damit auch der totale Effekt der *Autoritativen Lernförderung* signifikant, der im Physikmodell der Jungen sein Maximum erreicht und 9 Prozent der Varianz des *Positiven Unterrichtserlebens* erklärt. Im Gesamtmodell für das Fach Physik sind es noch knapp 6 Prozent der Varianz des *Positiven Unterrichtserleben*, die durch die *Autoritative Lernförderung* aufgeklärt werden.

Insgesamt ergeben die Befunde das Bild, dass das *Positive Unterrichtserleben* im Fach Physik etwas stärker von der *Autoritativen Lernförderung* abhängt als im Fach Deutsch und der Zusammenhang bei den Realschülern und bei den Jungen etwas höher ist als bei den Gymnasiasten und bei den Mädchen. Die Differenzen zwischen den Schulformen und den Geschlechtern hängen auch damit zusammen, dass in den Modellen für die Realschüler und für die Jungen der Zusammenhang zwischen der *Autoritativen Lernförderung* und der *Positiven Lebenseinstellung* deutlicher ausgeprägt ist und somit eine Voraussetzung für den indirekten Effekt der *Autoritativen Lernförderung* auf das *Positive Unterrichtserleben* geschaffen ist.

4.4.4.2.4 Autoritative Lernförderung und Angst im Unterricht

Die *Angst im Unterricht* hängt in keinem Deutschmodell signifikant mit der *Autoritativen Lernförderung* zusammen. Signifikant ist der totale negative Zusammenhang im Physikmodell für die Jungen (gut 5 Prozent gemeinsame Varianz), wobei aber weder der direkte noch der indirekte Effekt signifikant ist. Tendenziell zeigen sich in den Physikmodellen der beiden Schulformen gegenläufige Effekte. Während in der Realschule tendenziell ein indirekter, schwach negativer Effekt zu verzeichnen ist (1 Prozent gemeinsame Varianz), ist der indirekte Zusammenhang im Gymnasium tendenziell positiv (2,5 Prozent gemeinsame Varianz). Wie bei der *Allgemeinen Fachangst*, hängt tendenziell auch die Ausprägung der *Angst im Physikunterricht* im Gymnasium positiv mit der *Autoritativen Lernförderung* zusammen.

Insgesamt sind die Zusammenhänge zwischen der *Autoritativen Lernförderung* und der *Angst im Unterricht* nur in einzelnen Modellen signifikant und – abgesehen vom Sonderfall Gymnasium – negativ und relativ schwach.

4.4.4.2.5 Autoritative Lernförderung und Schulleistung

In den Deutschmodellen besteht kein signifikanter Zusammenhang zwischen der *Autoritativen Lernförderung* und der *Deutschleistung*. Im Fach Physik sind vereinzelt positive Effekte der *Autoritativen Lernförderung* auf die *Physikleistung* zu erkennen und im Gymnasium – als Sonderfall – tendenziell ein indirekt negativer Effekt. Der totale Effekt ist im Fach Physik im Gesamtmodell, im Realschulmodell und im Modell für die Mädchen positiv und erklärt etwa 2 Prozent (Gesamtmodell) bis knapp 5 Prozent der Varianz der *Physikleistung* in den Modellen für die Mädchen und die Realschüler.

Ein positiv indirekter Effekt der *Autoritativen Lernförderung* auf die *Physikleistung*, der über die Emotionsvariablen vermittelt wird, ist im Realschulmodell und tendenziell im Gesamtmodell für das Fach Physik signifikant, aber sehr schwach (weniger als 1 Prozent gemeinsame Varianz) – und wird vor allem direkt oder indirekt über das *Positive Unterrichtserleben* vermittelt.

Ein direkter Effekt der *Autoritativen Lernförderung* auf die *Physikleistung*, der nicht über die Emotionsvariablen vermittelt wird, ist nur tendenziell – und zwar positiv – im Modell der Mädchen vorhanden, die auch insgesamt den höchsten positiven Zusammenhang zwischen der *Autoritativen Lernförderung* und der *Physikleistung* aufweisen. Möglicherweise sind es die Mädchen aus der Realschule, auf die der totale Effekt zurückgeht, da im Gymnasialmodell tendenziell ein indirekt negativer und somit erwartungswidriger Zusammenhang zwischen der *Autoritativen Lernförderung* und der *Physikleistung* besteht, der direkt über die *Allgemeine Fachangst* vermittelt wird, aber relativ schwach ist (1 Prozent gemeinsame Varianz).

Insgesamt sind die positiven Leistungseffekte der *Autoritativen Lernförderung* nur im Fach Physik nachweisbar und dort auch nur in den Modellen für die Mädchen und für die Realschüler.

4.4.4.3 Effekte der Autoritären Leistungskontrolle

4.4.4.3.1 Autoritäre Leistungskontrolle und Positive Lebenseinstellung

Der Zusammenhang zwischen der *Autoritären Leistungskontrolle* und der *Positiven Lebenseinstellung* liegt nur als direkter Effekt vor und ist nicht fachspezifisch. Der Pfadkoeffizient hat in allen Modellen ein negatives Vorzeichen und ist in beiden

Fächern in den Gesamtmodellen sowie in den Modellen für das Gymnasium und in den Modellen für die Mädchen signifikant. Die gemeinsame Varianz liegt in den Gesamtmodellen unterhalb von 3 Prozent und in den Modellen für das Gymnasium und in den Modellen für die Mädchen ungefähr zwischen 5 und 7 Prozent. Der negative Effekt der *Autoritären Leistungskontrolle* auf die *Positive Lebenseinstellung* betrifft also die Mädchen und die Gymnasiasten, nicht aber die Jungen und die Realschüler.

4.4.4.3.2 Autoritäre Leistungskontrolle und Allgemeine Fachangst

Der Zusammenhang zwischen der *Autoritären Leistungskontrolle* und der *Allgemeinen Fachangst* liegt einerseits als direkter Effekt und zum anderen als indirekter Effekt vor, der über die *Positive Lebenseinstellung* vermittelt wird.

Der direkte Effekt hat in allen Modellen ein positives Vorzeichen und ist vor allem in den Deutschmodellen signifikant, während im Fach Physik der direkte Effekt tendenziell und schwach im Gesamtmodell (gut 2 Prozent gemeinsame Varianz) sowie signifikant im Modell der Mädchen nachzuweisen ist. Im Physikmodell der Mädchen ist der direkte Pfadkoeffizient zwar hoch (p = .35), der Standardfehler aber ebenfalls (SE = .14). Die gemeinsame Varianz von gut 12 Prozent ist also mit einem erhöhten Schätzrisiko verbunden.

In den Deutschmodellen ist der direkt positive Effekt nur im Gymnasialmodell knapp an der Fünfprozenthürde gescheitert und daher nur tendenziell signifikant (4 Prozent gemeinsame Varianz), während in allen anderen Deutschmodellen der Effekt signifikant ist. Im Gesamtmodell erklärt die *Autoritäre Leistungskontrolle* auf direktem Wege gut 8 Prozent der Varianz der *Allgemeinen Angst vor dem Fach Deutsch* und ist damit fast viermal so hoch wie im Gesamtmodell Physik. Im Realschulmodell und im Modell für die Jungen liegt die gemeinsame Varianz des direkten Effekts ebenfalls um die 8 Prozent, während im Modell der Mädchen die gemeinsame Varianz bei gut 14 Prozent liegt und damit noch höher ist als im Fach Physik.

Der indirekte Effekt der *Autoritären Leistungskontrolle* auf die *Allgemeine Fachangst* ist in den Gesamtmodellen beider Fächer zwar signifikant, aber sehr schwach. Im Physikmodell für das Gymnasium ist der stärkste indirekte Effekt festzustellen, wobei die gemeinsame Varianz der *Autoritären Leistungskontrolle* mit der *Positiven Lebenseinstellung* und der *Allgemeinen Fachangst* aber nur 0,5 Prozent beträgt. Im Deutschmodell für das Gymnasium ist der indirekte Effekt zumindest tendenziell signifikant. Da der indirekte Effekt der *Autoritären Leistungskontrolle* auf die *Allgemeine Fachangst* über sinkende Werte bei der *Positiven Lebenseinstellung* vermittelt wird, aber unabhängig von den *Vornoten* ist, kann angenommen werden, dass er vor allem auf die habituelle Wirkung der autoritären Erziehung zurückzuführen ist.

In den Gesamtmodellen beider Fächer ist neben dem direkten Effekt auch der indirekte Effekt signifikant und dies führt zu einem totalen Effekt im Fach Physik mit knapp 7 Prozent gemeinsamer Varianz und im Fach Deutsch mit fast 11 Prozent gemeinsamer Varianz von *Autoritärer Leistungskontrolle* und *Allgemeiner Fachangst*.

Zusammenfassend kann gesagt werden, dass mit Ausnahme der Physikmodelle für die Realschule und für die Jungen ein positiver Effekt der *Autoritären Leistungskon-*

trolle auf die *Allgemeine Fachangst* nachweisbar ist. Grundsätzlich ist der Zusammenhang im Fach Deutsch höher als im Fach Physik. Besonders auffällig sind in beiden Fächern die Modelle für die Mädchen, in denen die *Autoritäre Leistungskontrolle* allein auf direktem Wege 12 bis 14 Prozent der Varianz der jeweiligen *Fachangst* aufklärt. Da der direkte Effekt nicht nur unabhängig von den *Vornoten*, sondern auch unabhängig von der *Positiven Lebenseinstellung* ist, ist zu vermuten, dass für diesen Zusammenhang weniger eine autoritäre Erziehung im Allgemeinen, sondern eher das schulbezogene Verhalten der Eltern eine Rolle spielt. Die Mädchen scheinen also auf autoritär durchgesetzte Leistungsanforderungen der Eltern in besonderem Ausmaß mit Ängsten zu reagieren.

4.4.4.3.3 Autoritäre Leistungskontrolle und Positives Unterrichtserleben

Der direkte Effekt der *Autoritären Leistungskontrolle* auf das *Positive Unterrichtserleben* ist einem Teil der Modelle signifikant, und zwar erwartungswidrig positiv. Im Fach Deutsch ist der Effekt im Modell der Jungen und tendenziell im Realschulmodell signifikant und erklärt ungefähr 5 bis 8 Prozent der Varianz des *Positiven Erlebens des Deutschunterrichts*. Im Fach Physik ist der direkt positive Effekt im Gesamtmodell besonders hoch, so dass fast 10 Prozent an gemeinsamer Varianz zwischen der *Autoritären Leistungskontrolle* und dem *Positiven Erlebens des Physikunterrichts* im Gesamtmodell zu beobachten ist, wobei der Wert allerdings durch geschlechtsspezifische Artefakte leicht überschätzt sein könnte, da Jungen auf beiden Dimensionen höhere Werte zeigen als Mädchen. In den weiteren Physikmodellen ist der direkte Pfadkoeffizient mit einem Mindestwert von p = .17 zwar immer positiv, allerdings nur im Realschulmodell signifikant und im Gymnasialmodell tendenziell signifikant, bei einer Varianzaufklärung von etwa 4 bis 6 Prozent.

Ein indirekter Effekt der *Autoritären Leistungskontrolle* auf das *Positive Unterrichtserleben* ist nur im Gesamtmodell für das Fach Physik festzustellen. Der indirekte Effekt ist negativ – aber sehr schwach (weniger als 0,5 Prozent an gemeinsamer Varianz) – und wird vor allem über die *Positive Lebenseinstellung* vermittelt. Dass der Effekt mit sinkenden Werten bei der *Positiven Lebenseinstellung* verbunden ist, spricht für die habituell negative Wirkung der autoritären Erziehung. Im Gesamtmodell für das Fach Physik sind damit gegenläufige Effekte der *Autoritären Leistungskontrolle* auf das *Positive Unterrichtserleben* nachweisbar.

Insgesamt lässt sich festhalten, dass die *Autoritäre Leistungskontrolle* eher positive als negative Effekte auf das *Positive Unterrichtserleben* hat und dass das *Positive Erleben des Physikunterrichts* tendenziell in einem etwas höheren Maße positiv von der *Autoritären Leistungskontrolle* beeinflusst wird als das *Positive Erleben des Deutschunterrichts*.

4.4.4.3.4 Autoritäre Leistungskontrolle und Angst im Unterricht

Die *Autoritäre Leistungskontrolle* kann in einem direkten und in einem indirekten Zusammenhang mit der *Angst im Unterricht* stehen, wobei der indirekte Zusammenhang über alle anderen Emotionsvariablen vermittelt sein kann.

Der direkte Zusammenhang ist nur im Deutschmodell für die Jungen signifikant, und zwar erwartungskonform positiv, mit einem gemeinsamen Varianzanteil von knapp 5 Prozent. Da der direkte Zusammenhang zwischen der *Autoritären Leistungskontrolle* und der *Angst im Unterricht* unabhängig von allen anderen Variablen im Modell ist, bietet das Modell selbst keine Anhaltspunkte zur Erklärung des Zusammenhangs.

Indirekt positive Effekte der *Autoritären Leistungskontrolle* auf die *Angst im Unterricht* lassen sich im Physikmodell für das Gymnasium (2,5 Prozent gemeinsame Varianz), im Physikmodell der Mädchen (5,3 Prozent gemeinsame Varianz), im Deutschmodell der Mädchen (3,6 Prozent gemeinsame Varianz) und im Gesamtmodell für das Fach Deutsch (1,4 Prozent gemeinsame Varianz) feststellen. Tendenziell ist der indirekt positive Effekt auch im Gesamtmodell Physik sowie im Deutschmodell für das Gymnasium zu erkennen.

Der indirekte Zusammenhang ist mit den Trait-Emotionen verbunden, in erster Linie mit der *Allgemeinen Fachangst*, zum Teil aber auch direkt mit der *Positiven Lebenseinstellung* (z.B. im Gesamtmodell Deutsch und im Deutschmodell der Mädchen). Diese gemeinsame Varianz zwischen *Autoritärer Leistungskontrolle*, *Allgemeiner Fachangst* und/oder *Positiver Lebenseinstellung* sowie der *Angst im Unterricht* deutet auf sehr stabile interindividuelle Unterschiede hin, da die Variablen zum Elternverhalten, zu den Trait-Emotionen und zu den Unterrichtsemotionen zu unterschiedlichen Zeitpunkten erhoben wurden.

Im Physikmodell für die Jungen und in den Modellen für die Realschüler in beiden Fächern existieren keine signifikante Zusammenhänge zwischen der *Autoritären Leistungskontrolle* und der *Angst im Unterricht*. In den Physikmodellen für die Jungen und für die Realschüler ist darüber hinaus kein Nachweis eines Zusammenhangs zwischen der *Autoritären Leistungskontrolle* und einer Angstvariablen gelungen, da in beiden Gruppen auch kein signifikanter Zusammenhang zwischen der *Autoritären Leistungskontrolle* und der *Allgemeinen Fachangst* auftritt.

In allen sieben Modellen, in denen ein positiver Effekt der *Autoritären Leistungskontrolle* auf die *Angst im Unterricht* zu verzeichnen ist, kann auch ein positiver Effekt auf die *Allgemeine Fachangst* festgestellt werden.

4.4.4.3.5 Autoritäre Leistungskontrolle und Schulleistung

Die *Autoritäre Leistungskontrolle* steht in keinem Zusammenhang mit der *Deutschleistung*. Direkte Effekte der *Autoritären Leistungskontrolle* auf die *Physikleistung* sind ebenfalls nicht erkennbar. Ein schwacher, indirekt positiver Effekt, der über die Emotionsvariablen vermittelt wird, deutet sich tendenziell allein im Physikmodell für die Realschule an und wird vor allem direkt über das *Positive Unterrichtserleben* vermittelt, das im Realschulmodell in einem positiven Zusammenhang mit der *Autoritären Leistungskontrolle* steht. Der totale Effekt ist im Realschulmodell signifikant positiv und erklärt knapp 5 Prozent der Varianz der *Physikleistung*. Tendenziell ist der totale Effekt auch im Physikmodell für die Jungen und im Gesamtmodell für das Fach Physik signifikant und ebenfalls positiv, setzt sich aber jeweils aus einem nichtsignifikanten direkten und indirekten Effekt zusammen.

Zusammenfassend lässt sich sagen, dass keinerlei negative Effekte der *Autoritären Leistungskontrolle* auf die Leistungen am Ende der Unterrichtseinheiten zur Inhaltsangabe und zur Elektrizitätslehre nachweisbar waren. Hinweise auf positive Leistungseffekte liefern vor allem das Physikmodell für die Realschule und tendenziell auch die Physikmodelle für die Jungen und die gesamte Stichprobe. Im Fach Deutsch sind weder positive noch negative Effekte zu verzeichnen. Für die Mädchen und die Gymnasiasten sind in beiden Fächern keine Zusammenhänge zwischen der *Autoritären Leistungskontrolle* und den Klassenarbeitsergebnissen belegbar.

4.4.4.4 Effekte der Zeugnisnoten

4.4.4.4.1 Zeugnisnoten und Positive Lebenseinstellung

Aufgrund der Modellspezifikation kann nur ein direkter Effekt der bereichsspezifischen *Vornoten* auf die *Positive Lebenseinstellung* vorliegen. Es besteht aber nicht einmal tendenziell ein Zusammenhang zwischen den *Vornoten* und der *Positiven Lebenseinstellung* – weder in den Physikmodellen noch in den Deutschmodellen. Die *Positive Lebenseinstellung* wird in allen Modellen ausschließlich von den Variablen zum Elternverhalten beeinflusst.

4.4.4.4.2 Zeugnisnoten und Allgemeine Fachangst

Der Einfluss der *Vornoten* auf die *Fachangst* kann sowohl als direkter Effekt als auch als indirekter Effekt vorliegen, der über die *Positive Lebenseinstellung* vermittelt wird. Der indirekte Effekt ist in keinem Modell signifikant. Dies war zu erwarten, da kein signifikanter Effekt der *Vornoten* auf die *Positive Lebenseinstellung* nachweisbar war. Der direkte Effekt der *Vornoten* ist nur im Deutschmodell für das Gymnasium signifikant und erwartungsgemäß negativ. Die *Vornoten* erklären gut 7 Prozent der Varianz der *Allgemeinen Angst vor dem Fach Deutsch* im Modell für das Gymnasium. Die erwartete Hypothese, dass mit besseren Zeugnisnoten auch niedrigere Werte bei den fachbezogenen Ängsten einhergehen, kann also nur in einem von zehn Modellen belegt werden.

4.4.4.4.3 Zeugnisnoten und Positives Unterrichtserleben

Ein direkt positiver Effekt der *Vornoten* auf das *Positive Unterrichtserleben* ist in allen Deutschmodellen zu erkennen. Der direkt positive Effekt der *Sprachlichen Vornoten* auf das *Positive Erleben des Deutschunterrichts* ist tendenziell im Gymnasialmodell und in allen weiteren Deutschmodellen auf dem Fünfprozentniveau signifikant. Die aufgeklärte Varianz des *Positiven Erlebens des Deutschunterrichts* durch die *Sprachlichen Vornoten* liegt zwischen gut 4 Prozent im Gesamtmodell und gut 12 Prozent im Realschulmodell.

Der direkte Zusammenhang zwischen den *Vornoten* und dem *Positiven Unterrichtserleben* ist im Fach Physik deutlich schwächer und nur im Gesamtmodell sowie in den Modellen für die Realschule und die Mädchen nachweisbar. Die aufgeklärte Varianz des *Positiven Erlebens des Physikunterrichts* durch die *Mathematisch-naturwissenschaftlichen Vornoten* liegt zwischen gut 2,5 Prozent im Realschulmodell und gut 5 Prozent im Modell für die Mädchen.

Ein indirekter Effekt der *Vornoten* auf das *Positive Unterrichtserleben* ist in keinem Modell nachweisbar.

Zusammenfassend lässt sich feststellen, dass der direkt positive Effekt der *Vornoten* auf das *Positive Unterrichtserleben*, der unabhängig von den Elternvariablen, der *Positiven Lebenseinstellung* und der *Allgemeinen Fachangst* ist, generell im Fach Deutsch etwas höher ist als im Fach Physik. In der Realschule ist der Effekt in beiden Fächern nachweisbar, während im Gymnasium nur das Fach Deutsch betroffen ist.

4.4.4.4.4 Zeugnisnoten und Angst im Unterricht

In den Deutschmodellen sind keine signifikanten Zusammenhänge zwischen den *Sprachlichen Vornoten* und der *Angst im Deutschunterricht* erkennbar. In den Physikmodellen sind sowohl negative als auch positive Effekte der *Mathematisch-naturwissenschaftlichen Vornoten* auf die *Angst im Physikunterricht* festzustellen. Im Gesamtmodell sowie in den Modellen für die Realschule und für die Mädchen ist ein schwach positiver Direkteffekt vorhanden, der ungefähr 2 bis 2,5 Prozent der Varianz der *Angst im Physikunterricht* erklärt. Im Realschulmodell und im Modell für die Jungen ist der indirekte Effekt tendenziell schwach negativ und erklärt weniger als 0,5 Prozent der Varianz der *Angst im Physikunterricht*. Der tendenziell indirekte und negative Effekt wird im Realschulmodell vor allem direkt über das *Positive Unterrichtserleben* vermittelt. Das Physikmodell für die Realschule ist also ein Modell, in dem sich – zumindest tendenziell – gegenläufige Effekte der *Vornoten* auf die *Angst im Unterricht* erkennen lassen, wobei aber – wie im Fach Physik generell – die positiven Effekte stärker sind als die negativen Effekte. Bessere *Vornoten* gehen also eher mit höheren Werten bei der *Angst im Unterricht* einher als mit niedrigeren Werten. Nur im Physikmodell für das Gymnasium sind überhaupt keine Effekte der *Mathematisch-naturwissenschaftlichen Vornoten* auf die Emotionsvariablen feststellbar.

Insgesamt sind die Effekte der *Vornoten* auf die *Angst im Unterricht* deutlich geringer als die Effekte auf das *Positive Unterrichtserleben*. Im Fach Deutsch sind keine Effekte auf die *Angst im Unterricht* feststellbar und im Fach Physik sind eher die positiven Effekte von Bedeutung, die insgesamt aber auch nicht sehr stark sind.

Zusammenfassend ist zu konstatieren, dass die *Vornoten* aus der Klassenstufe 7 keine sehr hohen Zusammenhänge mit den untersuchten Unterrichtsemotionen aufweisen. Mit Ausnahme des Deutschmodells für die Realschule erklären die *Vornoten* nie mehr als 6 Prozent der Varianz des *Positiven Unterrichtserleben*. Die *Angst im Unterricht* hat dagegen nur eine maximale gemeinsame Varianz von etwa 2,5 Prozent mit den *Vornoten* – und zwar nur im Fach Physik.

4.4.4.4.5 Zeugnisnoten und Schulleistung

Indirekte Effekte der *Sprachlichen Vornoten* auf die *Deutschleistung* sind nicht zu erkennen. Im Fach Physik ist der indirekte und positive Effekt der *Mathematisch-naturwissenschaftlichen Vornoten* auf die *Physikleistung* im Gesamtmodell sowie im Realschulmodell signifikant und im Modell für die Mädchen tendenziell signifikant, aber jeweils sehr schwach. Die aufgeklärte Varianz der *Physikleistung* durch den indirekten Effekt der *Mathematisch-naturwissenschaftlichen Vornoten* liegt bei maximal 0,5 Prozent. Leistungsrelevante Mediatoreneffekte durch die Emotionsvariablen spielen also praktisch keine Rolle in den Modellen.

Der wichtigste Effekt der *Vornoten* der Klassenstufe 7 ist der direkte Effekt auf die *Physik-* bzw. *Deutschleistung* am Ende der Unterrichtseinheiten in Klassenstufe 8, der unabhängig von den Eltern- und den Emotionsvariablen zustande kommt. Im Gesamtmodell für das Fach Physik erklären die *Mathematisch-naturwissenschaftlichen Vornoten* 26 Prozent der *Physikleistung* und im Gesamtmodell für das Fach Deutsch erklären die *Sprachlichen Vornoten* 28 Prozent der *Deutschleistung*. In den anderen Deutschmodellen schwankt der Anteil der aufgeklärten Varianz der *Deutschleistung* durch den direkten Effekt der *Sprachlichen Vornoten* zwischen 21 Prozent im Gymnasium und 46 Prozent in der Realschule. Im Fach Physik beträgt der Anteil der direkt aufgeklärten Varianz der *Physikleistung* durch die *Mathematisch-naturwissenschaftlichen Vornoten* im Gymnasium ebenfalls 21 Prozent, aber in der Realschule nur knapp 10 Prozent. Bei den Mädchen sagen die *Vornoten* etwa 28 Prozent der Varianz der *Physikleistung* und knapp 34 Prozent der Varianz der *Deutschleistung* voraus, während bei den Jungen nur 21 Prozent der Varianz der *Deutschleistung*, aber gut 32 Prozent der Varianz der *Physikleistung* durch die jeweiligen *Vornoten* bestimmt wird.

4.4.4.5 Effekte der Positiven Lebenseinstellung

4.4.4.5.1 Positive Lebenseinstellung und Allgemeine Fachangst

Die *Allgemeine Fachangst* hängt mit Ausnahme des nur tendenziellen Zusammenhangs im Deutschmodell für die Mädchen in allen Modellen direkt negativ von der *Positiven Lebenseinstellung* ab. Indirekte Effekte sind aufgrund der Modellkonstruktion nicht möglich. In den Gesamtmodellen erklärt die *Positive Lebenseinstellung* gut 7 Prozent der Varianz der *Allgemeinen Angst vor dem Fach Deutsch* und fast 10 Prozent der Varianz der *Allgemeinen Angst vor dem Fach Physik*.

Auffällige Unterschiede gibt es in den geschlechtspezifischen Modellen. Während bei den Mädchen die aufgeklärte Varianz der *Fachängste* durch die *Positive Lebenseinstellung* mit gut 5 Prozent im Fach Deutsch und gut 3 Prozent im Fach Physik eher niedrige Werte einnimmt, wird die Varianz der *Fachängste* der Jungen zu 15 Prozent im Fach Deutsch und zu 13 Prozent im Fach Physik durch die *Positive Lebenseinstellung* bestimmt.

Schulformbezogene Unterschiede sind vor allem im Fach Deutsch erkennbar. Während im Gymnasium nur 4 Prozent der Varianz der *Allgemeinen Fachangst* durch die *Positive Lebenseinstellung* erklärt wird, beträgt der aufgeklärte Varianzanteil in der Realschule gut 10 Prozent. Im Fach Physik ist der Anteil der gemeinsamen Varianz der *Positiven Lebenseinstellung* mit der *Allgemeinen Fachangst* in der Realschule mit 11 Prozent etwa genau so hoch wie im Fach Deutsch, während im Gymnasium der gemeinsame Varianzanteil mit knapp 8 Prozent im Fach Physik fast doppelt so hoch ist wie im Fach Deutsch.

4.4.4.5.2 Positive Lebenseinstellung und Positives Unterrichtserleben

Die *Positive Lebenseinstellung* kann aufgrund der Modellspezifikation nicht nur direkt Einfluss auf das *Positive Unterrichtserleben* nehmen, sondern auch indirekt, vermittelt über die *Allgemeine Fachangst*. Der indirekte Effekt ist jedoch in keinem Modell signifikant. Der direkte Zusammenhang ist – mit Ausnahme des Physikmodells für das Gymnasium – in allen weiteren Modellen signifikant und das Vorzeichen des Koeffizienten ist generell positiv. In den Gesamtmodellen erklärt die *Positive Lebenseinstellung* 9 Prozent der Varianz des *Positiven Erlebens des Physikunterrichts* und knapp 8 Prozent der Varianz des *Positiven Erlebens des Deutschunterrichts*.

Auffällige Unterschiede zeigen sich vor allem zwischen den Schulformen im Fach Physik. Während im Fach Deutsch der Effekt in beiden Schulformen gleich hoch ist, ist der Einfluss der *Positiven Lebenseinstellung* auf das *Positive Erleben des Physikunterrichts* im Gymnasium nicht signifikant und in der Realschule mit einem aufgeklärten Varianzanteil von 20 Prozent extrem hoch. Leichte Unterschiede zeigen sich auch zwischen den Geschlechtern. Während bei den Jungen knapp 6 bis 7 Prozent der Varianz des *Positiven Unterrichtserlebens* durch die *Positive Lebenseinstellung* aufgeklärt wird, sind es bei den Mädchen gut 8 bis 10 Prozent.

4.4.4.5.3 Positive Lebenseinstellung und Angst im Unterricht

Die *Positive Lebenseinstellung* beeinflusst die *Angst im Unterricht* in allen Modellen direkt oder indirekt signifikant negativ. Der direkte Effekt ist in allen Deutschmodellen mit Ausnahme der Modelle für die Realschule und für die Jungen signifikant und erklärt 3 Prozent (Gesamtmodell) bzw. 7 bis 8 Prozent der Varianz der *Angst im Deutschunterricht* (Mädchen und Gymnasium). Im Fach Physik ist der direkte Effekt nur im Gymnasialmodell signifikant – mit einer Varianzaufklärung von gut 3 Prozent.

Der indirekte Effekt der *Positiven Lebenseinstellung* auf die *Angst im Unterricht* ist in allen Physikmodellen und in drei von fünf Deutschmodellen signifikant und mit einem negativen Vorzeichen versehen wie der direkte Effekt. Im Deutschmodell für die Mädchen ist der indirekte Effekt tendenziell signifikant und nur im Gymnasialmodell des Faches Deutsch tendiert der indirekte Effekt gegen Null.

Der indirekte Effekt der *Positiven Lebenseinstellung* auf die *Angst im Unterricht* kann im Strukturmodell prinzipiell auf drei Wegen zustande kommen. Erstens als indirekter Effekt, der direkt über die *Allgemeine Fachangst* läuft und die wichtigste Rolle für den signifikant indirekten Effekt spielt. Der zweite indirekte Pfad verläuft direkt über das *Positive Unterrichtserleben* und ist nur im Physikmodell der Realschule relevant. Der dritte indirekte Pfad verläuft über die *Allgemeine Fachangst* und das *Positive Unterrichtserleben*, ist aber praktisch bedeutungslos, da der Pfad von der *Allgemeinen Fachangst* zum *Positiven Unterrichtserleben* in keinem Modell signifikant ist. In den meisten Modellen ist daher der indirekte Effekt der *Positiven Lebenseinstellung* auf die *Angst im Unterricht* mit der *Allgemeinen Fachangst* verknüpft.

Der indirekte Effekt der *Positiven Lebenseinstellung* auf die *Angst im Unterricht* erklärt im Gesamtmodell Deutsch 1 Prozent und im Gesamtmodell Physik 2,5 Prozent der Varianz der *Angst im Unterricht*. Da im Gesamtmodell Deutsch auch der direkte Effekt signifikant ist, steigt die Varianzaufklärung auf knapp 4 Prozent. In den weiteren Modellen erklärt der signifikante indirekte Effekt zwischen 1 und 4 Prozent der Varianz der *Angst im Unterricht*. Der stärkste indirekte Effekt ist im Physikmodell für die Realschule zu finden (4 Prozent), in der im Fach Deutsch ebenfalls nur der indirekte Effekt signifikant ist (1,5 Prozent). Im Physikmodell für das Gymnasium erklärt der indirekte Effekt 2,5 Prozent der Varianz, wodurch der totale Effekt knapp 6 Prozent an Varianzaufklärung liefert. Im Deutschmodell der Mädchen steigt durch den tendenziell indirekten Effekt die totale Varianzaufklärung auf knapp 8 Prozent.

Zusammenfassend kann gesagt werden, dass in allen Modellen ein negativer Effekt der *Positiven Lebenseinstellung* auf die *Angst im Unterricht* festgestellt werden kann.

4.4.4.5.4 Positive Lebenseinstellung und Schulleistung

Die *Positive Lebenseinstellung* kann sowohl auf direktem als auch auf indirektem Wege Einfluss auf die *Leistung* nehmen. Der indirekte Effekt kann über insgesamt sieben Pfade verlaufen, die direkt oder indirekt über die *Allgemeine Fachangst*, das *Positive Unterrichtserleben* sowie über die *Angst im Unterricht* laufen.

Der indirekte Effekt ist in den Deutschmodellen nicht signifikant auf dem Fünfprozentniveau. Im Gesamtmodell für das Fach Deutsch ist der indirekte Effekt der

Positiven Lebenseinstellung auf die *Deutschleistung* zwar tendenziell signifikant und positiv und geht mit sinkenden Angstwerten einher, ist aber sehr schwach. In den Physikmodellen ist der indirekte Effekt im Gesamtmodell und im Realschulmodell signifikant positiv und verläuft vor allem über das *Positive Unterrichtserleben*, wobei die aufgeklärte Varianz der *Physikleistung* durch die *Positive Lebenseinstellung* maximal 1 Prozent beträgt. Neben dem Hinweis aus dem Gesamtmodell des Faches Deutsch liefert auch das Physikmodell für das Gymnasium einen Hinweis auf einen positiven Leistungseffekt der *Positiven Lebenseinstellung* durch verringerte Werte bei der *Allgemeinen Fachangst*, wobei die aufgeklärte Varianz des indirekten Pfades weniger als 1 Prozent beträgt.

Die indirekt positiven Leistungseffekte durch die *Positive Lebenseinstellung* sind auch im Fach Physik insgesamt schwach und nur in zwei Physikmodellen nachweisbar, in denen die *Positive Lebenseinstellung* mit steigenden Werten der *Physikleistung* einhergeht – vor allem durch steigende Werte beim *Positiven Unterrichtserleben*. Ansonsten sind nur tendenzielle Hinweise auf schwach positive Leistungseffekte der *Positiven Lebenseinstellung* durch sinkende Angstwerte zu verzeichnen.

Der direkte Effekt der *Positiven Lebenseinstellung* auf die *Deutschleistung* ist im Gesamtmodel und im Gymnasialmodell erwartungswidrig signifikant negativ und erklärt 3,5 bzw. 6 Prozent der *Deutschleistung*. In den geschlechtsspezifischen Modellen im Fach Deutsch ist der direkte Leistungseffekt tendenziell signifikant und negativ, mit einer Varianzaufklärung von gut 2 Prozent bei den Mädchen und gut 3 Prozent bei den Jungen. In den geschlechtsspezifischen Physikmodellen ist der direkte Effekt der *Positiven Lebenseinstellung* auf die *Physikleistung* tendenziell signifikant und negativ bei den Jungen, aber positiv bei den Mädchen mit einer Varianzaufklärung von jeweils 2 Prozent. Bei den Jungen ist der direkte Effekt schwach negativ in beiden Fächern, während bei den Mädchen die *Positive Lebenseinstellung* einen schwach positiven Effekt auf die *Physikleistung*, aber einen schwach negativen Effekt auf die *Deutschleistung* hat.

Insgesamt sind die direkt negativen Leistungseffekte der *Positiven Lebenseinstellung* – die vor allem im Fach Deutsch auftreten – stärker als die indirekt positiven Effekte, die vor allem im Fach Physik nachweisbar sind. Die Leistungseffekte der *Positiven Lebenseinstellung* sind in den meisten Modellen allerdings eher schwach. Nur der direkt negative Effekt im Deutschmodell für das Gymnasium ist mit einem aufgeklärten Varianzanteil von knapp 6 Prozent besonders hervorzuheben.

4.4.4.6 Effekte der Allgemeinen Fachangst

4.4.4.6.1 Allgemeine Fachangst und Positives Unterrichtserleben

Die *Allgemeine Fachangst* kann das *Positive Unterrichtserleben* im Strukturmodell nur direkt beeinflussen. Der direkte Effekt ist allerdings in keinem Modell signifikant. Die *Allgemeine Fachangst* steht also in keinem Zusammenhang mit dem *Positiven Unterrichtserleben*.

4.4.4.6.2 Allgemeine Fachangst und Angst im Unterricht

Der direkte Effekt der *Allgemeinen Fachangst* auf die *Angst im Unterricht* ist mit Ausnahme des Deutschmodells für das Gymnasium signifikant positiv. In den Gesamtmodellen erklärt die *Allgemeine Fachangst* direkt 20 Prozent der Varianz der *Angst im Physikunterricht* und 9 Prozent der Varianz der *Angst im Deutschunterricht*. Im Gymnasium ist der direkte Effekt mit einer Varianzaufklärung von 24 Prozent im Fach Physik sehr hoch, aber im Fach Deutsch nicht einmal signifikant. In der Realschule ist der Effekt mit einer Varianzaufklärung von 9 Prozent im Fach Deutsch etwas niedriger als mit 11,5 Prozent im Fach Physik. In den Modellen für die Jungen ist der direkte Effekte der *Allgemeinen Fachangst* auf die *Angst im Unterricht* im Fach Deutsch mit einer Varianzaufklärung von gut 6 Prozent ebenfalls etwas geringer als mit 9 Prozent im Fach Physik. Bei den Mädchen ist der Effekt im Fach Deutsch mit gut 7 Prozent drastisch geringer als im Fach Physik mit 30 Prozent. Möglicherweise tritt der stärkste Effekt bei den Mädchen im Gymnasium auf. Die *Allgemeine Fachangst* ist im Fach Physik generell stärker mit der *Angst im Unterricht* gekoppelt als im Fach Deutsch.

4.4.4.6.3 Allgemeine Fachangst und Schulleistung

Die *Allgemeine Fachangst* kann im Strukturmodell direkt und – vermittelt über die Variablen zu den Unterrichtsemotionen – indirekt Einfluss auf die Leistung nehmen. Der indirekte Effekt spielt jedoch praktisch keine Rolle. Nur im Deutschmodell für die Realschule gibt es einen tendenziellen Hinweis auf einen sehr schwachen negativen Effekt, der direkt über die *Angst im Unterricht* vermittelt wird. Der direkte Effekt ist nur im Physikmodell für das Gymnasium signifikant und negativ mit einer Varianzaufklärung von 9 Prozent.

4.4.4.7 Effekte des Positiven Unterrichtserlebens

4.4.4.7.1 Positives Unterrichtserleben und Angst im Unterricht

Das *Positive Unterrichtserleben* kann im Strukturmodell nur einen direkt Effekt auf die *Angst im Unterricht* aufweisen. Der direkte Effekt ist nur im Physikmodell der Realschule signifikant, und zwar negativ mit einer Varianzaufklärung von 4 Prozent.

4.4.4.7.2 Positives Unterrichtserleben und Schulleistung

Das *Positive Unterrichtserleben* hat keinen indirekten Einfluss auf die Leistung, der im Modell über die *Angst im Unterricht* vermittelbar ist. In den Deutschmodellen ist der direkte Effekt tendenziell positiv im Modell der Jungen und erklärt 2,5 Prozent der Varianz der Deutschleistung. In den Physikmodellen ist mit Ausnahme des Modells für die Mädchen der direkte Effekt signifikant und positiv. Im Gesamtmodell erklärt das *Positive Unterrichtserleben* knapp 4,5 Prozent der Varianz der *Physikleistung*. Deutliche Unterschiede bestehen im Schulformvergleich. Während im Gymnasium nur knapp 2 Prozent der Varianz durch das *Positive Unterrichtserleben* erklärt werden, sind es in der Realschule fast 10 Prozent. Im Modell für die Jungen werden knapp 4,5 Prozent der Varianz erklärt und im Modell der Mädchen ist der direkte Effekt nicht signifikant. Der stärkste Effekt des *Positiven Unterrichtserlebens* besteht also im Physikmodell der Realschule. Im Vergleich der Geschlechter ist vor allem der Befund interessant, dass die *Physikleistungen* der Mädchen und – tendenziell signifikant – die *Deutschleistungen* der Jungen vom *Positiven Unterrichtserleben* abhängig sind.

4.4.4.8 Effekt der Angst im Unterricht

4.4.4.8.1 Angst im Unterricht und Schulleistung

Die *Angst im Unterricht* kann im Modell nur direkt Einfluss auf die *Leistung* nehmen. In den Deutschmodellen ist der negative Effekt der *Angst im Unterricht* auf die *Deutschleistung* im Gesamtmodell (1,5 Prozent Varianzaufklärung) und in den Modellen für die Realschule (4,5 Prozent Varianzaufklärung) und für die Jungen (gut 3 Prozent Varianzaufklärung) signifikant. In den Physikmodellen sind keine signifikanten Zusammenhänge zwischen der *Angst im Unterricht* und der *Physikleistung* feststellbar.

5 Diskussion

5.1 Validitätshypothesen

Die Validitätshypothesen lauten folgendermaßen: *Das schulbezogene autoritative Erziehungsverhalten der Eltern hängt in hohem Maße vom bereichsübergreifenden Erziehungsverhalten ab, während schulbezogenes autoritäres Erziehungsverhalten nicht in gleichem Ausmaß vom bereichsübergreifenden autoritären Erziehungsverhalten abhängt.*

Diese Hypothesen wurden im Methodenteil überprüft und können vollauf bestätigt werden. Die *bereichsübergreifende autoritative Erziehung* hat mit der *schulbezogenen autoritativen Erziehung* eine gemeinsame Varianz von 74 Prozent (vgl. Kapitel 3.2.1.4).

Dabei zeigte sich auch, dass die latente Variable zum kulturellen Kapital der Familie (hauptsächlich durch den Indikator *Stimulation* erzeugt) keinen signifikanten Effekt auf die *schulbezogene autoritative Erziehung* hat. Dieses Ergebnis entspricht der Erwartung, dass das kulturelle und das soziale Kapital der Familie weitgehend unabhängig voneinander sind. Allerdings war diese Berechnung insofern ungeplant, da sich erst bei der Analyse des Instruments zum bereichsübergreifenden Elternverhalten von Wild (1999) zeigte, dass die Skala *Stimulation* (Anregung zu kulturellen Aktivitäten) von den anderen Skalen zum bereichsübergreifenden autoritativen Verhalten der Eltern zu trennen ist (vgl. Kapitel 3.2.1.2.2.1).

Die *bereichsübergreifende autoritäre Erziehung* hat mit der *schulbezogenen autoritären Erziehung* nur eine gemeinsame Varianz von 37 Prozent. Das bedeutet, dass elterlicher Leistungsdruck und autoritäres elterliches Verhalten bei Schulleistungen, die schlechter als erwartet ausfallen, nur zum kleineren Teil durch ein allgemeines Erziehungsverhalten erklärt werden kann, das auf Gehorsam und Unterordnung setzt.

5.2 Einfluss des autoritativen Erziehungsverhaltens

Das erste Hypothesenbündel zum autoritativen Erziehungsverhalten lautet: *Autoritatives Erziehungsverhalten fördert die Lebensfreude und das positive Erleben des Unterrichts und die Schulleistungen.*

Die Hypothese, dass das autoritative Verhalten der Eltern die Lebensfreude fördert, kann nach den Ergebnissen der beiden Gesamtmodelle für die Fächer Physik und Deutsch aufrechterhalten werden. Insgesamt erklärt die *Autoritative Lernförderung* etwa 5 bis 7 Prozent der Varianz der *Positiven Lebenseinstellung* in den Gesamtmodellen – und zwar unabhängig von den bereichsspezifischen Zeugnisnoten.

Im Vergleich der Schulformen zeigt sich jedoch, dass der Zusammenhang vor allem für die Schülerinnen und Schüler aus der Realschule gilt. In den Realschulmodellen erklärt die *Autoritative Lernförderung* 8 bis 14 Prozent der Varianz der *Positiven Lebenseinstellung*, während in den Gymnasialmodellen die Koeffizienten zwar ebenfalls positiv, aber nicht signifikant sind. Mit 9 bis knapp 12 Prozent an aufgeklärter Varianz ist der Effekt in den Jungenmodellen deutlich höher als in den Mädchenmodellen, in denen maximal 4 Prozent der Varianz aufgeklärt werden.

Die Hypothese, dass das autoritative Verhalten der Eltern das positive Unterrichtserleben fördert, kann in acht von zehn Modellen belegt werden und liegt vor allem als schwacher indirekter Effekt der *Autoritativen Lernförderung* vor, der über die *Positive Lebenseinstellung* vermittelt wird und weniger als 2 Prozent an Varianz des *Positiven Unterrichtserlebens* aufklärt. Dabei könnte es sich um einen schwachen dispositionalen Effekt eines generell positiven Familienklimas handeln, das zu einer erhöhten Lebensfreude und zu einer generellen Lernfreude führt, die zur Ausprägung der Lernfreude im Unterricht beiträgt.[67]

Für die Jungen im Fach Physik kann allerdings zusätzlich noch ein direkter Effekt der *Autoritativen Lernförderung* auf das *Positive Erleben des Physikunterrichts* belegt werden, der gut 5 Prozent an Varianz aufklärt und unabhängig von den eher dispositionalen Variablen (*Positive Lebenseinstellung, Allgemeine Fachangst, Vornoten*) ist. Der Effekt könnte daher tatsächlich durch die elterliche emotionale und soziale Unterstützung der Kinder im Lernprozess zustande kommen. Dass der direkte Effekt nur im Fach Physik belegbar ist, könnte durch Wechselwirkungen erklärbar sein, weil das erfolgreiche Lernen und damit die Lernfreude in der Unterrichtseinheit zur Elektrizitätslehre von einem schwierig zu vollziehenden Konzeptwechsel von den Alltagsvorstellungen zu den physikalischen Vorstellungen begleitet sein muss. Dieser Konzeptwechsel könnte durch elterliche Unterstützung – und sei es nur durch die Diskussion der Probleme – erleichtert werden und damit die Lernfreude in der Schule erhöhen. Als totaler Effekt erklärt die *Autoritative Lernförderung* im Physikmodell für die Jungen sogar 9 Prozent der Varianz des *Positiven Erlebens des Physikunterrichts* auf.

Im Fach Deutsch ist ein Effekt der *Autoritativen Lernförderung* auf die *Deutschleistung* in der Klassenarbeit zur Inhaltsangabe nicht belegbar. Die Hypothese, dass autoritatives Erziehungsverhalten die Deutschleistung fördert, muss also zurückgewiesen werden.

Ein positiv indirekter Effekt der *Autoritativen Lernförderung* auf die *Physikleistung*, der über die Emotionsvariablen vermittelt wird, ist im Realschulmodell für das Fach Physik signifikant, aber sehr schwach (weniger als 1 Prozent gemeinsame Varianz) und wird vor allem direkt oder indirekt über das *Positive Unterrichtserleben* vermittelt. Im Realschulmodell für das Physik führen höhere Werte der *Autoritativen Lernförderung* zu höheren Werten der *Positiven Lebenseinstellung* (p = .29 **), die zu höheren Werten des *Positiven Unterrichtserleben* (p = .45 ***) führen, die wiederum höhere Werte der *Physikleistung* (p = .31 ***) zur Folge habe; und zwar unabhängig von den bereichsspezifischen *Vornoten*. Im Modell der Mädchen ist der direkte Effekt tendenziell signifikant und dies ist ein Hinweis dafür, dass die Mädchen unabhängig von allen erhobenen Emotionen zu besseren Physikleistungen durch elterliche Unterstützung kommen. Der totale Effekt der *Autoritativen Lernförderung*

---

67 Mit Halo-Effekten ist nicht zu rechnen, da alle Effekte der *Autoritativen Lernförderung* generell unter Kontrolle der *Autoritären Leistungskontrolle* – und im Fall der Effekte auf das *Positive Unterrichtserleben* auch unter Kontrolle der *Allgemeinen Fachangst* und der *Angst im Unterricht* berechnet werden. Systematische Effekte durch positive oder negative Verzerrungen im Antwortverhalten der Befragten sind daher wenig wahrscheinlich.

erklärt in den Physikmodellen für die Realschule und für die Mädchen weniger als 5 Prozent der Varianz der *Physikleistung*, wobei nicht-signifikante Pfade berücksichtigt sind und der totale Effekt somit nur ein Hinweis auf die maximale gemeinsame Varianz in den Modellen ist.

Das zweite Hypothesenbündel zum autoritativen Erziehungsverhalten lautet: *Autoritatives Erziehungsverhalten schützt vor der Ausbildung von schulbezogenen Ängsten.*

Ein direkt negativer Zusammenhang zwischen der *Autoritativen Lernförderung* und der *Allgemeinen Fachangst* ist in keinem Modell nachweisbar. In sechs von zehn Modellen ist ein schwacher negativer Effekt belegbar, der über die *Positive Lebenseinstellung* vermittelt wird. Eine autoritative Erziehung scheint also nur dann vor Ängsten zu schützen, wenn sie mit einer Erhöhung der allgemeinen Lebensfreude einhergeht.

In den Gymnasialmodellen beider Fächer sowie in den Deutschmodellen für die Mädchen und für die gesamte Stichprobe ist der direkte Effekt der *Autoritativen Lernförderung* auf die *Allgemeine Fachangst* erwartungswidrig positiv und zum Teil relativ stark, wenngleich auch mit hohen Standardfehlern verbunden. Ängstlichkeitsfördernde Effekte elterlicher Unterstützung werden auch von Krohne und Hock (1994, S. 40 f.) berichtet, die als kausale Erklärung die Überbehütungshypothese diskutieren, aber auch darauf hinweisen, dass Unterstützungshandlungen der Eltern umgekehrt auch eine Reaktion auf die Ängstlichkeit der Kinder darstellen könnten.

Krohne und Hock (1994, S. 41) gehen davon aus, dass die Überbehütung insbesondere ein Problem von Mutter-Sohn-Beziehungen ist. Diese Annahme wird in den Modellen allerdings nicht gestützt, da in den Modellen für die Jungen keine positiven Effekte nachweisbar sind, die einen ängstlichkeitsfördernden Effekt elterlicher Unterstützung bei den Jungen belegen könnten. Der Effekt tritt im Gegenteil nur bei den Mädchen auf, signifikant allerdings nur im Deutschmodell. Gegen die Hypothese der Angstförderung durch Überbehütung spricht in der vorliegenden Studie auch, dass der direkt positive Effekt in den Modellen unabhängig von der *Positiven Lebenseinstellung* ist, da die Überhütung nach Krohne und Hock mit Verhaltensunsicherheit einhergehen sollte und daher auch niedrigere Werte bei der *Positiven Lebenseinstellung* zu erwarten wären.

Zusätzliche, nach Geschlecht und Schulform getrennte Analysen der Korrelationen auf der Indikatorenebene (o.Abb.) zeigen, dass ein positiver Zusammenhang nur bei den Mädchen aus dem Gymnasium auftritt und in erster Linie zwischen den Indikatoren *Autoritative Unterstützung bei Misserfolg* (z.B. Hilfsangebote der Eltern bei unerwartet schlechten Klassenarbeiten) und *Aufgeregtheit vor dem Fach* (z.B. Zittern, Beklemmungsgefühle). Diese Befunde bleiben auch dann stabil (r = .29 **), wenn zusätzlich (o.Abb.) die Zeugnisnoten kontrolliert werden und die *Aufgeregtheit* fachübergreifend gemittelt wird. Es sind also die Gymnasiastinnen, bei denen generell die *Aufgeregtheit*, aber nicht die *Besorgtheit* mit elterlicher Unterstützung bei unerwartet schlechten Klassenarbeitsergebnissen einhergeht, und zwar unabhängig von den Zeugnisnoten. Dies spricht auch dafür, dass die elterliche Unterstützung bei unerwartet schlechten Noten in den Klassenarbeiten nicht Ausdruck elterlicher Leistungserwartungen oder Bildungsaspirationen sein kann, da in diesem Falle auch eine zunehmende Besorgtheit bezüglich der eigenen Leistungsfähigkeit zu erwarten wäre. Gegen die Überbehütungshypothese spricht auch, dass bei den Gymnasiastinnen kein generell positiver Zusammenhang zwischen dem zweiten Indikator *Autoritative Unterstützung beim Lernen* und den fachübergreifend gemittelten Angstindikatoren auftritt, da bei Überbehütung die elterliche Unterstützung auf allen Ebenen zu erwarten wäre.

Letztendlich ist der positive Effekt der elterlichen Unterstützung auf die Fachangst auch in dieser Studie nicht hinreichend zu erklären, aber möglicherweise spielt für dieses Phänomen eine Rolle, dass ein Teil der aufgeregten (oder möglicherweise sensiblen Gymnasiastinnen) bei schulischen Leistungsproblemen besonders umsorgt wird. Im Gymnasialmodell für das Fach Physik ist sogar ein indirekt negativer Effekt (p = -.12) der *Autoritativen Lernförderung* auf die *Physikleistung* festzustellen, der über die *Allgemeine Fachangst* vermittelt wird, der unabhängig von den bereichsspezifischen *Vornoten* ist und wohl durch die (möglicherweise aufgeregten) Mädchen verursacht wird. Eventuell spielt auch der – immer noch wenig an den Interessen von Mädchen orientierte – traditionelle Physikunterricht eine Rolle für dieses Phänomen.

Für die Hypothese, dass die elterliche Unterstützung durch Angstreduktion zu einem positiveren Erleben des Unterrichts führt, sind keine empirischen Belege zu finden.

Die Hypothese, dass die elterliche Unterstützung vor Angst im Unterricht schützt, kann für das Fach Deutsch nicht belegt werden. Im Fach Physik gibt es schwache Belege für die Realschüler und die Jungen, wobei im Falle der Realschüler der tendenzielle Effekt mit den Trait-Emotionen – vor allem mit der *Positive Lebenseinstellung* – verbunden ist und somit nur die Hypothese belegt wird, dass elterliche Unterstützung die Disposition der Angstausprägung im Unterricht verringert. Im Physikmodell der Jungen ist nur der negative Gesamteffekt signifikant, der aber nur einen Hinweis auf die angstreduzierende Funktion der elterlichen Unterstützung darstellt, da weder der direkte noch der indirekte Effekt signifikant ist. Im Gymnasialmodell ist der indirekte Effekt schwach positiv und wird über die *Allgemeine Fachangst* als Trait-Emotion vermittelt und hat somit eher dispositionalen Charakter. Dieser Befund belegt noch einmal, dass im Gymnasialmodell die elterliche Unterstützung mit der Angstausprägung verbunden ist, wobei die Kausalrichtung vermutlich von der Angst zur Unterstützung geht.

Insgesamt sind die Belege für die Hypothese eines kausalen Einflusses der elterlichen Unterstützung auf die Angst im Unterricht sehr schwach und weisen vor allem auf dispositionale Effekte bei den Realschülern hin.

Zusammenfassend kann gesagt werden, dass die Hypothese einer positiven emotionalen Wirkung der autoritativen Erziehung vor allem für Schülerinnen und Schüler aus der Realschule belegt werden kann – und generell eher bei den Jungen als bei den Mädchen. Der positive Einfluss der autoritativen Erziehung scheint stärker auf die allgemeine Lebensfreude als auf die Lernfreude im Unterricht zu wirken. Die positiven Auswirkungen auf die schulischen Leistungen lassen sich nur für das Fach Physik belegen – allerdings nur in drei von fünf Modellen. Für das Fach Deutsch muss die Hypothese eines Effekts der autoritativen Erziehung auf die Schulleistungen in der Klassenstufe 8 dagegen generell zurückgewiesen werden. Die Hypothese einer protektiven Wirkung der autoritativen Erziehung auf die Ausprägung von fachbezogenen Ängsten kann zum Teil belegt werden. Die Effekte sind aber insgesamt eher schwach und deuten auf eher dispositionale Wirkungen hin, da sie über die Lebensfreude (*Positive Lebenseinstellung*) vermittelt werden.

Ganz allgemein lässt sich feststellen, dass die Effekte der autoritativen Erziehung auf Merkmalsausprägungen der Kinder umso niedriger werden, je weiter die untersuchten Merkmale der Kinder im Einflussbereich von Schule und Unterricht stehen.

Die Befunde dieser Arbeit stehen überwiegend im Einklang mit den amerikanischen und den deutschen Befunden zu den Wirkungen des autoritativen Erziehungsstils. Die positiven Effekte auf Persönlichkeitsmerkmale der Kinder, die inhaltlich der hier verwendeten *Positiven Lebenseinstellung* ähneln – wie zum Beispiel Selbstvertrauen, Selbstwertgefühl oder Selbstakzeptierung – werden in allen Studien bestätigt. Aber auch weitere dispositionale Merkmale, die in anderen Studien untersucht wurden und im weitesten Sinne dem Bereich von Lebens- und Lernfreude zugeordnet werden können, wie Anstrengungsbereitschaft und positive Einstellungen zu Schule und Unterricht liegen in Bezug auf die Varianzaufklärung auf einem ähnlich hohen Niveau. Insgesamt kann nach dem Forschungsstand davon ausgegangen werden, dass die autoritative Erziehung durchschnittlich 10 Prozent der Varianz von dispositionalen Persönlichkeitsmerkmalen aufklärt, die dem Bereich der allgemeinen Lebens- und Lernfreude zugerechnet werden können (vgl. Kapitel 2.2.6).

Ähnlich niedrig wie in der Arbeit von Helmke und Väth-Szusdziara (1980) sind in der vorliegenden Arbeit die negativen Effekte des autoritativen Erziehungsverhaltens auf die fachbezogenen Ängste (vgl. Kapitel 2.2.6.2). Die Angst im Unterricht, die in der vorliegenden Studie am Ende einer Reihe von einzelnen Unterrichtsstunden erhoben wurde und somit zeitlich sehr nah an den erlebten Unterrichtssituationen eingeschätzt werden konnte, scheint dagegen – wenn überhaupt – in einem sehr geringen Ausmaß von der autoritativen Erziehung abzuhängen. Das positive Unterrichtserleben, das auf gleichem Wege wie die Angst im Unterricht erhoben wurde, hängt überwiegend in einem geringeren Ausmaß von der autoritativen Erziehung ab, als in denjenigen Untersuchungen, die Lernfreude generalisiert abfragen.

Im Gegensatz zur Studie von Wild (2002), in der nur geringe Unterschiede zwischen Gymnasium und Realschule hinsichtlich der Stärke des Zusammenhangs zwischen autoritativer Erziehung und schulbezogener Lernfreude in Nordrhein-Westfalen gefunden wurden, zeigt die vorliegende Studie nur geringe Effekte im Gymnasium. Dies ähnelt den Ergebnissen der älteren Gymnasialstudien aus den 1970er Jahren, die kaum Effekte der sozialen Herkunft auf schulbezogene Variablen gefunden haben und dies auf eine relative Homogenität bei der Eingangselektionen im Gymnasium zurückführen (vgl. Kapitel 2.1.2). In der vorliegenden Untersuchung lassen sich zwar keine Unterschiede in der Ausprägung der Indikatoren der *Autoritativen Lernförderung* zwischen Realschule und Gymnasium feststellen, aber die Streuungen unterscheiden sich signifikant und sind im Gymnasium niedriger als in der Realschule (o.Abb.).

5.3 Einfluss des autoritären Erziehungsverhaltens

Das erste Hypothesenbündel zum autoritären Erziehungsverhalten heißt: *Autoritäres Erziehungsverhalten wirkt negativ auf die Lebensfreude und das positive Erleben des Unterrichts und die Schulleistungen.*

Die Hypothese, dass die Lebensfreude durch schulbezogenes autoritäres Elternverhalten gesenkt wird, kann für die Gymnasiasten und die Mädchen, nicht aber für die Realschüler und die Jungen empirisch bestätigt werden. Die signifikanten Effekte bewegen sich auf einem niedrigen bis knapp mittleren Niveau (5 bis 7 Prozent Varianzaufklärung).

Die Hypothese, dass schulbezogenes autoritäres Erziehungsverhalten sich negativ auf das positive Erleben des Unterrichts auswirkt, ist nach den Befunden kaum zu halten. Nur in einem einzigen Modell (Gesamtmodell Physik) ist ein negativer Effekt belegbar, der über sinkende Werte der *Positive Lebenseinstellung* vermittelt wird.

Unabhängig von den negativen emotionalen Wirkungen des autoritären Verhaltens lassen sich auch erwartungswidrige, direkt positive Effekte auf das positive Erleben des Unterrichts finden, vor allem in den Physikmodellen der gesamten Stichprobe, der Realschule und tendenziell auch im Gymnasium sowie in den Deutschmodellen für die Jungen und tendenziell auch der Realschule. Diese positiven Effekte finden sich eher im Lernfach Physik und eher in der Realschule sowie eher bei den Jungen. Die aufgeklärte Varianz liegt zwischen 4 und 10 Prozent. Weitere, nachträglich angefertigte Analysen (o.Abb.) lassen die Hypothese zu, dass es die männlichen Realschüler sind, bei denen positive Effekte der *Autoritären Leistungskontrolle* auf das *Positive Unterrichtserleben* zu erwarten sind.

Dabei ist allerdings zu berücksichtigen, dass die Mittelwerte der Indikatoren der *Autoritären Leistungskontrolle* auf einem sehr niedrigen Niveau liegen und die Streuungen relativ gering sind (vgl. Kapitel 4.1.1). Daher könnten die positiven Effekte durch Unterschiede in der Merkmalsausprägung verursacht werden, die sich zwischen einem sehr niedrigen und einem allenfalls mittleren Niveau bei den Werten der *Autoritäre Leistungskontrolle* bewegen. Die Befunde könnten auch bedeuten, dass der positive Effekt der *Autoritären Leistungskontrolle* auf das *Positive Unterrichtserleben* nicht durch ein autoritäres Verhalten zustande kommt, sondern durch Vernachlässigung, wenn eine Reihe von den vielen Schülerinnen und Schülern, die sehr niedrige Werte bei den Indikatoren der *Autoritäre Leistungskontrolle* aufwiesen, ebenfalls niedrige Werte bei den Indikatoren des *Positiven Unterrichtserlebens* aufzeigen. Die Vernachlässigung von Kindern in der Familie ist nach den Ergebnissen der amerikanischen Erziehungsstilforschung mit besonders ungünstigen Werten bei allen schulrelevanten Variablen verbunden (vgl. Kapitel 2.2.6.1). Wenn die erwartungswidrigen Zusammenhänge in der geplanten, eigenen Replikationsstudie erneut auftreten, dann muss der Frage nachgegangen werden, ob die Vernachlässigung eine Rolle für diese Effekte spielt.

Da die *Autoritäre Leistungskontrolle* keinerlei signifikante Zusammenhänge mit der *Deutschleistung* aufweist, sind alle Hypothesen zu den Leistungseffekten des autoritären Elternverhaltens – zumindest im Fach Deutsch – zurückzuweisen. In den Physikmodellen für die Realschüler und für die Jungen gibt es schwache Hinweise für einen schwach leistungssteigernden Effekt des autoritären Elternverhaltens. Die gemeinsame Varianz des totalen Effekts der *Autoritären Leistungskontrolle* auf die *Physikleistung* liegt zwischen 3 Prozent im Modell der Jungen und knapp 5 Prozent im Modell für die Realschüler, bei denen auch der indirekt positive Effekt – vermittelt über das *Positive Unterrichtserleben* – zumindest tendenziell signifikant ist.

Die Hypothese von der leistungsmindernden Wirkung des schulbezogenen autoritären Elternverhaltens in den Fächern Deutsch und Physik ist nach diesen Befunden für baden-württembergische Realschüler und Gymnasiasten der achten Klassenstufe generell zurückzuweisen. Die Annahme von generell positiven Effekten des schulbezogenen autoritären Elternverhaltens ist ebenfalls kaum haltbar. Möglicherweise beziehen sich die positiven Effekte vor allem auf die Jungen aus der Realschule und sind unter Umständen eher Nicht-Vernachlässigungseffekte, da ein wichtiger Teil des positiven Effekts in der Realschule über das *Positive Unterrichtserleben* vermittelt wird. Insgesamt lässt sich festhalten, dass für das autoritäre wie für das autoritative Erziehungsverhalten in den LISREL-Modellen im Fach Deutsch kein einziger signifikanter Effekt zu verzeichnen ist, während in den Physikmodellen gelegentlich schwache Effekte erscheinen, die – wenn sie signifikant sind – immer ein positives Vorzeichen haben.

Das zweite Hypothesenbündel zum autoritären Erziehungsverhalten lautet: *Autoritäres Erziehungsverhalten fördert die Ausbildung schulbezogener Ängste und senkt die Schulleistungen*.

Die angstfördernde Wirkung des autoritären Verhaltens kann vor allem für die *Allgemeine Fachangst* im Fach Deutsch belegt werden, da in allen Deutschmodellen zumindest tendenziell ein direkt positiver Effekt nachweisbar ist. Im Fach Deutsch sind die Realschüler stärker als die Gymnasiasten und die Mädchen stärker als die Jungen von dem Effekt betroffen. Im Fach Physik kann die direkt angstfördernde Wirkung der *Autoritären Leistungskontrolle* nur für die Mädchen belegt werden, deren Angst vor einem Fach insgesamt am stärksten und mit deutlichen Effekten von der *Autoritären Leistungskontrolle* abhängt (12 bis 14 Prozent Varianzaufklärung, bei allerdings relativ hohen Standardfehlern).

Ein indirekter, aber eher schwacher Effekt ist im Physikmodell für das Gymnasium und tendenziell bei den Mädchen in Physik sowie tendenziell im Deutschmodell für das Gymnasium feststellbar. Dies zeigt, dass die durch das autoritäre Verhalten erzeugte Angst vor einem Schulfach auch dispositionalen Charakter hat, da die steigenden Werte der *Allgemeinen Fachangst* mit sinkenden Werten bei der *Positiven Lebenseinstellung* einhergehen. Die Verbindung zwischen der *Autoritären Leistungskontrolle*, der *Positiven Lebenseinstellung* und der *Angst im Unterricht* könnte auf das klassische Muster der autoritären Erziehung (Strafen, Mangel an Selbstwertgefühl, Angst) hinweisen. In diesem Zusammenhang ist noch aber noch einmal darauf zu verweisen, dass die Varianz der *Autoritären Leistungskontrolle* nur zu 37 Prozent durch die bereichsübergreifende *Autoritäre Erziehung* (Forderung nach Gehorsam und Unterordnung) zustande kommt. Daher könnte der dispositionale Angsteffekt bei Verwendung der Variablen zum bereichsübergreifenden autoritären Erziehung noch höher sein.

Die Hypothese, dass das autoritäre Elternverhalten die Angst im Unterricht erhöht, wird in den Modellen für die Gymnasiasten und für die Mädchen in beiden Fächern bestätigt. Bei den Mädchen geht dieser indirekte Effekt vor allem mit der Erhöhung der *Fachangst* und bei den Gymnasiasten insbesondere mit einer verringerten *Positiven Lebenseinstellung* einher, wobei der Effekt im Fach Physik etwas höher ist als im Fach Deutsch. Da der Effekt über die Trait-Emotionen verläuft, bestätigt sich für die Mädchen und für die Gymnasiasten die dispositionale Wirkung des autoritären Verhaltens der Eltern auf die Angst der Kinder im Unterricht. Nur im Deutschmodell für die Jungen hängt die *Angst im Unterricht* direkt von der *Autoritären Leistungskontrolle* ab und ist somit unabhängig von den erhobenen Trait-Emotionen. Die Effekte sind jedoch insgesamt eher gering und liegen bei maximal 5 Prozent gemeinsamer Varianz zwischen der *Autoritären Leistungskontrolle* und der *Angst im Unterricht* und führen zu der Annahme, dass die primäre Quelle der Angst im Unterricht nicht das Verhalten der Eltern ist, sondern durch das Verhältnis des Kindes zu Schule und Unterricht hervorgerufen wird.

Die Hypothese, dass schulbezogenes autoritäres Verhalten der Eltern – vermittelt über höhere Angstwerte der Kinder – zu schlechteren Schulleistungen führt, kann zurückgewiesen werden, da generell keine negativen Leistungseffekte des Erziehungsverhaltens belegbar sind. In drei von fünf Deutschmodellen lässt sich allerdings eine erwartungsgetreue signifikante Kette von Pfaden belegen. *Autoritäre Leistungskontrolle* geht mit erhöhten Werten der *Allgemeinen Fachangst* einher, die wiederum mit erhöhten Werten bei der *Angst im Unterricht* zusammenhängen und diese dann zu niedrigeren Werten der *Deutschleistung* führen. Der indirekte Effekt, der über zwei Mediatorvariablen (Trait- und State-Angst) verläuft, ist aber zu schwach, um signifikant zu werden.

Das dritte Hypothesenbündel, das aussagt, *dass autoritäres Erziehungsverhalten Schulleistungen dann fördert, wenn keine Ängste erzeugt werden und keine positiven Emotionen beeinträchtigt werden*, kann generell zurückgewiesen werden, da keine direkten Effekte auf die Leistungsvariablen – die unabhängig von den erhobenen Emotionsvariablen sind – belegt werden können. Die erwähnten positiven Leistungseffekte der *Autoritären Leistungskontrolle* auf die *Physikleistung* werden erwartungswidrig vor allem über das *Positive Unterrichtserleben* vermittelt – und dieser Effekt scheint vor allem auf die männlichen Realschüler zurückzugehen.

Zusammenfassend kann über die Hypothesen zur Wirkung des schulbezogenen autoritären Erziehungsverhaltens gesagt werden, dass vor allem die generell angstfördernde Wirkung empirisch belegt werden kann. Generell gilt die gleiche Beobachtung wie bei der autoritativen Erziehung. Je mehr die erhobenen Variablen in den Einflussbereich der Lehrpersonen fallen (Emotionen im Unterricht, Schulleistungen), umso niedriger scheinen auch die Effekte der autoritären Erziehung zu sein. Im Vergleich mit dem Forschungsstand (vgl. Kapitel 2.2.6) fallen die Effekte der *Autoritären Leistungskontrolle* auf die Angstvariablen mit einer gemeinsamen Varianz von 5 bis gut 10 Prozent in einer erwarteten Größenordnung auf. Die negativen Effekte der *Autoritäre Leistungskontrolle* auf positive Emotionsvariablen und die Schulleistungswerte sind in dieser Arbeit deutlich schwächer und fallen auch im Vergleich mit dem Forschungsstand etwas geringer aus. Der Grund dafür liegt wohl darin, dass die *Autoritäre Leistungskontrolle* nur zum Teil Ausdruck einer bereichsübergreifenden Erziehung zu Gehorsam und Unterordnung ist. Leistungseffekte der schulbezogenen autoritären Erziehung sind meist nicht nachweisbar.

5.4 Differenzielle Effekte des elterlichen Erziehungsverhaltens

Das erste Hypothesenbündel zu den differenziellen Effekten des elterlichen Erziehungsverhaltens, *dass der Einfluss des elterlichen Erziehungsverhaltens auf fachspezifische Emotionen und Schulleistungen im Fach Deutsch geringer ist als im Fach Physik*, kann für die Emotionen nicht generell bestätigt werden, aber für die Schulleistungen. Im Fach Deutsch sind keine Effekte des elterlichen Erziehungsverhaltens auf die Unterschiede in der Klassenarbeit zur Inhaltsangabe nachweisbar, während im Fach Physik schwach positive Effekte auf die Klassenarbeit zur Elektrizitätslehre zu verzeichnen sind, die vor allem über das *Positive Unterrichtserleben* vermittelt werden.

Das zweite Hypothesenbündel zu den differenziellen Effekten des elterlichen Erziehungsverhaltens besagt, *dass der Einfluss des elterlichen Erziehungsverhaltens auf Emotionen und Schulleistungen im Schulformvergleich (Gymnasium vs. Realschule) unterschiedlich hoch ist.*

Diese ungerichtete Hypothese kann für die Emotionen bestätigt werden. Während die *Positive Lebenseinstellung* und in der Folge auch das *Positive Unterrichtserleben* in der Realschule von der *Autoritativen Lernförderung* abhängt, sind im Gymnasium keine Effekte zu verzeichnen. Dagegen scheint die *Positive Lebenseinstellung* im Gymnasium im negativen Sinne von der *Autoritären Leistungskontrolle* abhängig zu sein, während dies in der Realschule nicht gilt. Da keine gerichteten Hypothesen vorlagen, können hier nur neue Hypothesen formuliert werden. Sie lauten: In der Realschule ist das Ausmaß der Lebensfreude im positiven Sinne von der autoritativen Erziehung abhängig, während im Gymnasium das Ausmaß der Lebensfreude im negativen Sinne von der autoritären Erziehung abhängig ist. Möglicherweise spielen in der Realschule familiale Vernachlässigungseffekte eine Rolle, während vielleicht gerade für die Familien der Gymnasiasten die Angst vor dem Statusverlust eine Rolle spielt.

Für die Schulleistungen ergibt sich kein klares Bild, da im Fach Deutsch in beiden Schulformen keinerlei Effekte der elterlichen Erziehung auf die Deutschleistungen zu verzeichnen sind. Im Fach Physik sind die Leistungen in der Realschule in einem geringen positiven Maß von der autoritativen Erziehung abhängig, während dies im Gymnasium nicht gilt.

Das dritte Hypothesenbündel zu den differenziellen Effekten des elterlichen Erziehungsverhaltens, *dass der Einfluss des elterlichen Erziehungsverhaltens auf Emotionen und Schulleistungen im Vergleich der Geschlechter unterschiedlich hoch ist*, kann nicht sinnvoll beantwortet werden, da die Modelle aufgrund des geringen Stichprobenumfangs nicht getrennt für Gymnasium und Realschule geschätzt werden können. Da die Unterschiede in den Zusammenhängen zwischen Gymnasium und Realschule zum Teil erheblich sind, ist davon auszugehen, dass die Modelle für die Jungen und die Mädchen durch differenzielle Schulformeffekte konfundiert sind. Auffällig sind zudem die erwartungswidrigen positiven und hohen Zusammenhänge vor allem bei den Gymnasiastinnen (*Autoritative Lernförderung* und *Allgemeine Fachangst*) und bei den männlichen Realschülern (*Autoritäre Leistungskontrolle* und *Positives Unterrichtserleben*), für die möglicherweise Drittvariableneffekte verantwortlich sind.

5.5 Einfluss der Vornoten

Die erste Hypothese zum Einfluss der Vornoten, dass *die Schulnoten des Vorjahres die besten Prädiktoren für die aktuellen Schulleistungen sind*, kann ausnahmslos für alle zehn Modelle bestätigt werden. Schulische Leistungen zeichnen sich also durch eine hohe interindividuelle Stabilität aus. Dieser Befund entspricht dem Stand der Forschung und kann in der SCHOLASTIK-Studie sogar schon für die Grundschulzeit belegt werden (vgl. Kapitel 2.1.3.2).

In den Gesamtmodellen für die Fächer Physik und Deutsch erklären die bereichsspezifischen Zeugnisnoten der siebten Klassenstufe insgesamt etwa 30 Prozent der Leistungsunterschiede der untersuchten Klassenarbeiten der Klassenstufe acht – und zwar unabhängig von den Variablen zum Elternverhalten! Die korrelativen Befunde zeigen, dass die Variablen zum Elternverhalten nur relativ schwach mit den Zeugnisnoten des Vorjahres zusammenhängen (vgl. Kapitel 4.3.1). Die Stabilitätseffekte der Leistungsunterschiede in den LISREL-Modellen sind also nur in geringem Ausmaß durch die Variablen zum Erziehungsverhalten konfundiert.

Ein wichtiger, neuer Befund in der vorliegenden Arbeit ist, dass diese Stabilitätseffekte in den schulischen Leistungen auch weitgehend unabhängig von allen anderen emotionalen Variablen im Modell sind. Diese Befunde deuten darauf hin, dass kognitive Unterschiede zwischen Schülerinnen und Schülern erheblich wichtiger sind für schulische Leistungen als das Elternverhalten und die Emotionen.

Das zweite Hypothesenbündel zum Einfluss der Vornoten lautet, *dass die Schulnoten des Vorjahres mit erhöhter Lebens- und Lernfreude verbunden sind und mit niedrigeren schulbezogenen Angstwerten einhergehen*. Die Hypothese, dass Schulnoten die Lebensfreude beeinträchtigten oder erhöhen, kann in dieser Studie nicht belegt werden. Auch negative Effekte auf die *Allgemeinen Fachängste* können überraschenderweise in der Regel nicht belegt werden. Ausnahme ist nur die *Allgemeine Angst vor dem Fach Deutsch* im Gymnasium. In acht von zehn Modellen sind positive Effekte der *Vornoten* auf das *Positive Unterrichtserleben* belegbar, die aber meist eher schwach sind. Schwache Effekte zeigen sich zum Teil auch in Bezug auf die *Angst im Physikunterricht*, wobei eher positive als negative Effekte auftreten. Die *Angst im Deutschunterricht* ist dagegen nicht abhängig von den *Vornoten*. Insgesamt scheinen also die Emotionen von Schülerinnen und Schülern in der achten Klassenstufe nur in einem geringen Ausmaß von den Zeugnisnoten des Vorjahres abzuhängen.

5.6 Einfluss der Emotionen

Die erste Hypothese zu den Wirkungen von Emotionen lautet, *dass mit zunehmender Lebensfreude die schulbezogenen Angstwerte sinken*. Diese Hypothese kann generell für die Trait-Angst bestätigt werden und in acht von zehn Modellen auch für die Angst im Unterricht, da die *Positive Lebenseinstellung* signifikant negative Effekte auf die Angstvariablen ausübt.

Die zweite Hypothese zu den Wirkungen von Emotionen, *dass mit zunehmender Lebensfreude die Schulleistungen und das Wohlbefinden im Unterricht steigen*, kann im Ganzen vor allem für die Realschüler im Fach Physik belegt werden, bei denen auch die Mediatorrolle des *Positiven Unterrichtserlebens* für den Zusammenhang zwischen *Positiver Lebenseinstellung* und *Physikleistung* deutlich wird. In neun von zehn Modellen lässt sich zumindest der positive Effekt der *Positiven Lebenseinstellung* auf das *Positive Unterrichtserleben* belegen, der unabhängig von den Variablen zum Elternverhalten, den Vornoten und den Angstvariablen ist. Die Leistungseffekte sind dagegen uneinheitlich. Während im Fach Physik eher positive Effekte der *Positiven Lebenseinstellung* auf die Leistung zu verzeichnen sind, treten vor allem im Fach Deutsch und in den Modellen für die Jungen auch negative direkte Effekte auf, die aber insgesamt eher schwach sind. Eine Vermutung ist, dass die Lebensfreude dann negativ auf Schulleistungen wirkt, wenn sie nicht zu einer erhöhten Lernfreude im Unterricht führt.

Insgesamt zeigt die vorliegende Studie sehr deutlich, dass die *Positive Lebenseinstellung* von Schülerinnen und Schülern in fast allen Modellen ein wichtiger Prädiktor für alle unterrichtsbezogenen Emotionsvariablen ist. Die Lebensfreude scheint also unabhängig vom schulbezogenen Elternverhalten und den Zeugnisnoten des Vorjahres auf das Befinden von Schülerinnen und Schülern zu wirken, wobei in dieser Arbeit nicht einmal annähernd geklärt werden kann, worin die Ursachen für diese Befunde liegen.

Das dritte Hypothesenbündel zu den emotionalen Effekten besagt, *dass mit zunehmender Fachangst (Trait) die Angst im Unterricht steigt und die Wohlbefindenswerte im Unterricht und die Schulleistungen sinken*. Der erste Teil der Hypothese ist empirisch gut belegbar. In neun von zehn Modellen zeigt die *Allgemeine Fachangst* zum Teil sehr starke Effekte auf die *Angst im Unterricht*. Die Ergebnisse deuten aber darauf hin, dass die *Angst im Unterricht* zum Teil auch in einem erheblichen Maß von den Lehrpersonen abhängen könnte, da im Gymnasium die beiden Angstvariablen im Fach Physik eine gemeinsame Varianz von fast 25 Prozent haben, während im Fach Deutsch für die weitgehend gleichen Schülerinnen und Schüler kein signifikanter Zusammenhang besteht! Der zweite Teil der Hypothese kann zurückgewiesen werden, da die *Allgemeine Fachangst* keine signifikanten Effekte auf das *Positive Unterrichtserleben* zeigt. Dies könnte wiederum ein Hinweis sein, dass die Emotionen im Unterricht von den Lehrpersonen abhängen. Auch die Hypothese der Leistungsminderung durch die Trait-Angst kann nur in zwei Modellen belegt werden, vor allem für das Gymnasialmodell im Fach Physik. Die korrelativen Befunde zeigen auch nur schwache Zusammenhänge zwischen den Indikatoren der Trait-Angst und allen Schulleistungsvariablen (vgl. Kapitel 4.3.11 bis Kapitel 4.3.12).

Das vierte Hypothesenbündel zu den Wirkungen von Emotionen lautet: *Positives Unterrichtserleben fördert Schulleistungen und die Angst im Unterricht mindert Schulleistungen.* Die Annahme, dass das positive Erleben des Unterrichts zu besseren Ergebnissen in den Klassenarbeiten führt, wird vor allem für das Fach Physik bestätigt. Mit Ausnahme des Modells für die Mädchen ist der Zusammenhang zwischen dem *Positiven Unterrichtserleben* und der *Physikleistung* positiv. Der Zusammenhang zwischen dem *Positiven Erleben des Deutschunterrichts* und der *Deutschleistung* tendiert in den meisten Modellen gegen Null. Da keine negativen Effekte zwischen dem *Positiven Unterrichtserleben* und den Ergebnissen der Klassenarbeiten zu verzeichnen sind, sprechen die Befunde auf jeden Fall gegen die Annahme eines negativen Leistungseffekts durch positive Emotionen im Unterricht. Die populäre Kritik, die behauptet, dass Wohlbefinden im Unterricht nur auf Kosten geringerer Schulleistungen möglich ist, wird nach diesen Befunden deutlich widerlegt. Die Hypothese, dass die Angst im Unterricht einen negativen Leistungseffekt ausübt, kann für das Fach Physik nicht bestätigt und für das Fach Deutsch nur für einen Teil der Modelle belegt werden. In den Physikmodellen ist – mit Ausnahme des Modells für die Jungen – das Vorzeichen des Pfadkoeffizienten sogar positiv, wenngleich nicht signifikant.

Zusammenfassend kann gesagt werden, dass die positiven Unterrichtsemotionen zum Teil mit besseren Physikleistungen einhergehen und die negativen Unterrichtsemotionen zum Teil mit schlechteren Deutschleistungen einhergehen. Allgemein sind die linearen Effekte zwischen Unterrichtsemotionen und Klassenarbeitsergebnissen aber eher gering. Nur die *Physikleistung* in der Realschule wird durch einen erheblichen Teil durch das *Positive Unterrichtserleben* vorhergesagt. Nicht geklärt werden kann, inwieweit die Zusammenhänge durch Interklasseneffekte beeinflusst werden.

6 Zusammenfassung und Ausblick

Die vorliegende Studie untersucht den Einfluss des schulbezogenen elterlichen Erziehungsverhaltens auf Emotionen und Schulleistungen von Schülerinnen und Schülern der achten Klassenstufe aus baden-württembergischen Realschulen und Gymnasien. Elterliches Erziehungsverhalten wurde durch eine autoritative und eine autoritäre Dimension erfasst. Die Emotionen wurden sowohl auf habitueller Ebene (Persönlichkeitsmerkmale) als auch auf der Ebene von eher situationsabhängigen Unterrichtsemotionen untersucht, wobei jeweils positive und negative Emotionen berücksichtigt werden.

Weil die Qualität und das Ausmaß des elterlichen Erziehungsverhaltens auch von der sozialen Position der Familie in der Gesellschaft abhängen könnte, aber keine dementsprechende Daten zur sozialen Herkunft der Schülerinnen und Schüler vorlagen, wurde im theoretischen Teil der Arbeit zunächst der bildungssoziologische Forschungsstand zum Einfluss der sozialen Herkunft auf die Bildung von Kindern in Deutschland aufgearbeitet. Dies erschien deshalb als notwendig, um im empirischen Teil der Studie mögliche Effekte des Erziehungsverhaltens auf Emotionen und Schulleistungen besser einschätzen zu können.

Es kann angenommen werden, dass die Bildung der Eltern (kulturelles Kapital der Familie) einerseits Einfluss auf ihr Erziehungsverhalten und andererseits – vermittelt über die besseren Berufchancen der Eltern durch die höhere Bildung – Einfluss auf die gesamte Lebensqualität der Familie, auf ihr Wohlbefinden und ihren Wohlstand hat. Wenn das kulturelle Kapital der Eltern und die Lebensqualität der gesamten Familie wiederum Einfluss auf Bildungsaspirationen, Lernmotivation und Lernbedingungen in der Familie nehmen und bessere Schulleistungen der Kinder begünstigen, dann könnten empirische Befunde zu den Effekten des elterlichen Erziehungsverhaltens auf Emotionen und Schulleistungen durch die Bildung der Eltern und die soziale Position der Familie in der Gesellschaft konfundiert sein.

Die Ergebnisse der Bildungsforschung zeigen sehr deutlich, dass die Bildung der Eltern und die berufliche Position des Familienvorstands in Deutschland einen erheblichen Einfluss nehmen auf die Chance von Schülerinnen und Schülern, nach der Grundschule in eine weiterführende Schule wechseln. In der Sekundarstufe sind die sozioökonomischen Herkunftseffekte auf die Bildung der Kinder in Deutschland aber nur sehr schwach oder gar nicht nachweisbar. Die Begründung kann darin gesehen werden, dass die soziale Selektion in Deutschland beim Übergang von der Grundschule auf die weiterführenden Schulen so ausgeprägt ist, dass sie innerhalb der Schulformen der Sekundarstufe nicht mehr vorgefunden wird, weil die soziale Selektion eben bedeutet, dass Kinder aus höheren Gesellschaftsschichten bei gleichen Fähigkeiten eine höhere Bildungslaufbahn einschlagen als Kinder aus niedrigeren Sozialschichten. Dies hat zur Folge, dass zu Beginn der Sekundarstufe I in der Realschule und im Gymnasium zu erwarten ist, dass die jeweils leistungsschwächeren Schülerinnen und Schüler pro Schulform mit höherer Wahrscheinlichkeit aus einer relativ höheren sozialen Sozialschicht stammen als aus einer relativ niedrigen Sozialschicht.

Weil der Zugang zu den sozialen Positionen in modernen Gesellschaften in einem hohen Maß durch die Qualität der Bildungstitel von Schulen und Hochschulen bestimmt wird, kann die Angst vor dem sozialen Abstieg ein wichtiges Bildungs- und Leistungsmotiv von Eltern sein, deren soziale Position und Wohlstand durch einen bildungstitelabhängigen Beruf gewährleistet sind. Aufgrund der gewachsenen Konkurrenz um die Bildungstitel kann auch erwartet werden, dass selbst nicht autoritäre Eltern mit hohen Bildungsaspirationen dann zu schulbezogenen autoritären Erziehungsmitteln greifen können, wenn die schulischen Leistungen einen sozialen Abstieg befürchten lassen. Deshalb ist es notwendig, schulbezogenes autoritäres Elternverhalten zur Überprüfung der vorliegenden Hypothesen zu erfassen.

Als theoretisches Rahmenmodell zur Beschreibung der familialen Ressourcen, die den Schülerinnen und Schülern in schulbezogenen Lernprozessen zur Verfügung stehen oder denen sie sich – in Form von elterlichen Anforderungen – gegenübergestellt sehen, wird das kapitaltheoretische Modell des französischen Bildungssoziologen Bourdieu verwendet. Die drei zentralen Kapitalarten familialer Ressourcen für Kinder sind das *kulturelle Kapital*, das *soziale Kapital* und das *ökonomisches Kapital* der Familie. Das ökonomische Kapital der Familie verliert nach der Reproduktionstheorie von Bourdieu in allen modernen Gesellschaften an Gewicht für die Verteilung sozialer Positionen, die vor allem über die Vergabe von Bildungstiteln geregelt wird. Daher geht Bourdieu davon aus, dass das kulturelle Kapital der Familie zu einem zentralen Faktor für die Reproduktion sozialer Positionen in modernen Gesellschaften wird, weil das schulische Bildungssystem die Leistungen von Schülerinnen und Schülern unabhängig von ihrem sozialen Status und damit unabhängig vom kulturellen Kapital ihrer Familien beurteilt. Dadurch werden Kinder aus Familien mit einem niedrigen kulturellen Kapital eher als unbegabt beurteilt, während Kinder aus Familien mit einem höheren kulturellen Kapital nicht nur als begabter erscheinen, sondern durch die in den Familien erworbenen Kompetenzen, Bildungsaspirationen und Bildungsmotivationen entscheidende Vorteile für die Konkurrenz um die Bildungstitel mitbringen. Kinder aus Familien mit einem höheren kulturellen Kapital verfügen über eine bessere Passung in Bezug auf die Anforderungen des Bildungssystems als Kinder aus Familien mit einem geringeren kulturellen Kapital.

Der Stand der Bildungsforschung in Deutschland bestätigt, dass das ökonomische Kapital der Familie nur geringe Effekte auf die Bildung der Kinder hat und dass das kulturelle Kapital der Familie ein entscheidender Faktor für die Bildungsbeteiligung in der Sekundarstufe ist. Die Selektion am Ende der Grundschulzeit ist nicht nur eine Selektion nach Leistungen (die aber wiederum vom kulturellen Kapital der Familie abhängen), sondern auch eine soziale Selektion. Die Bildungsforschung zeigt aber auch, dass die Indikatoren des sozioökonomischen Status der Familie (Bildung, Beruf und Einkommen) in Deutschland nur einen sehr geringen Einfluss auf die Schulleistungen von Schülerinnen und Schülern innerhalb der Sekundarstufe haben. Auch sind weitere soziale Selektionsprozesse bei den nachfolgenden Bildungsübergängen in Deutschland meist nicht nachweisbar. Die entscheidende Selektion findet also am Ausgang der Grundschulzeit statt.

Vor diesem Hintergrund gewinnt die Frage nach dem Einfluss des elterlichen Erziehungsverhaltens auf das Lernen und die Schulleistungen der Kinder in der Sekundarstufe besonderes Gewicht. Hinzu kommt, dass nicht nur der populärwissenschaftliche Diskurs in Deutschland, sondern auch der amerikanische Bildungssoziologe Coleman davon ausgehen, dass das soziale Kapital der Familie – und damit ihre Fähigkeit zur Erziehung – in modernen Gesellschaften im Rückgang begriffen ist und es Kindern daher an elterlicher Unterstützung im Lernprozess, aber auch an elterlichen Leistungsanforderungen mangelt, um den schulischen Anforderungen gerecht zu werden. Wenn also die soziale Herkunft der Schülerinnen und Schüler innerhalb der Sekundarstufe noch eine Rolle spielt, dann ist zu erwarten, dass insbesondere Unterschiede im sozialen Kapital – im elterlichen Erziehungsverhalten – von besonderer Bedeutung sind.

Im ressourcentheoretischen Rahmenmodell von Bourdieu ist die Funktionsweise des sozialen Kapitals der Familie für die Kinder nicht sehr elaboriert, da Bourdieu vor allem das extrafamiliale Sozialkapital der Familie (also die Beziehungen zu Personen außerhalb der Familie) im Blick hat. In dieser Arbeit wird daher vorgeschlagen, *extrafamiliales und intrafamiliales Sozialkapital* konzeptionell zu trennen. Aus der strukturfunktionalen Perspektive des amerikanischen Sozialisationstheoretikers Parsons können die Funktionen der Familie durch einen emotionalen Aspekt (Aufrechterhaltung des wechselseitigen emotionalen Gleichgewichts aller Familienmitglieder) und durch einen sozialisatorischen Aspekt beschrieben werden. Daher kann das intrafamiliale Sozialkapital der Familie konzeptionell durch das *emotionale Kapital* und durch das *sozialisatorische oder normative Kapital* gefasst werden.

Das emotionale Kapital der Familie besteht vor allem in der Aufrechterhaltung des wechselseitigen Wohlbefindens in der Familie und seine Funktionsweise für den Sozialisationsprozess wurde bereits von der Bindungsforschung nach Bowlby so weit untersucht, dass von einer einzigen Form der sicheren Bindung zwischen Eltern und Kindern ausgegangen werden kann, die auf wechselseitigem Wohlbefinden beruht.

Das sozialisatorische oder normative Kapital der Familie beruht im Wesentlichen auf der erfolgreichen Vermittlung von Normen und Werten. In diesem Sinne kann Sozialisation oder Erziehung als eine Form der Ausübung von Herrschaft im Sinne von Max Weber gesehen werden. Herrschaft wird bei Weber generell als legitime Herrschaft betrachtet und von illegitimen Formen der Machtausübung unterschieden. Herrschaft setzt im Gegensatz zur Machtausübung immer eine Art von freiwilliger Folgebereitschaft der Beherrschten voraus, weil sie die Legitimität des Herrschaftsverhältnisses anerkennen. Weber unterscheidet zwischen charismatischer, traditionaler und rationaler Legitimierung von Herrschaft. Diese Unterscheidung wird in der vorliegenden Arbeit als weitere Differenzierung des sozialisatorischen Kapitals der Familie betrachtet – als charismatische, traditionale oder rationale Erziehung.

Da Weber bei der rationalen Herrschaft vor allem den öffentlichen Verwaltungsapparat im Blick hatte (und elterliche Erziehung keine formale Verwaltung mit Antragsformularen darstellt), wird die rationale Erziehung vor allem durch Grundzüge der praktischen Philosophie von Kant formuliert. Zwei praktische Pflichten sind hier im Besonderen zu nennen: die Liebespflicht und die Pflicht der Achtung der anderen Person. Beide Pflichten sind vernünftige (rationale) Pflichten, weil alle Personen wollen können, dass diese Pflichten generell gelten. Es handelt es sich also um einsichtsfähige soziale Normen und die zugrunde liegenden Handlungsmaximen sind generalisierbar.

Eine Erziehung, die der Liebespflicht folgt (emotionales Kapital) und der Pflicht der Achtung anderer Personen auch bei der Vermittlung von weiteren Normen und Werten nachkommt – insbesondere durch die rationale Legitimierung von Erziehungshandlungen – sowie die Pflicht der Achtung anderer Personen als Erziehungsziel setzt (sozialisatorisches oder normatives Kapital), kann als rationale Erziehung bezeichnet werden. Dagegen kann eine Erziehung, in der die Heiligkeit der Tradition vor der Liebespflicht steht und in der die Pflicht der Achtung des Einzelnen hinter den nicht vernünftig legitimierbaren Pflichten der Tradition steht, als *legitime autoritäre Erziehung* charakterisiert werden. Sie ist deshalb legitim, weil die Erziehungshandlungen im Gegensatz zu einer familialen Willkürherrschaft (Machtausübung im Sinne Webers) legitimiert werden und daher für die Erzogenen eine Chance auf Anerkennung der traditionalen Autorität besteht und somit eine eher freiwillige Unterordnung möglich ist. Daher wird in dieser Arbeit vorgeschlagen, zukünftig genauer zwischen legitimer und illegitimer autoritärer Erziehung zu unterscheiden.

Rationale Erziehung setzt also auf Selbstbestimmung und selbstreflexives normatives Handeln (*Autonomie*), während autoritäre Erziehung durch traditional legitimierte Fremdbestimmung und rigide Normenkontrolle bezüglich der Unverletzlichkeit der Tradition gekennzeichnet ist (*Heteronomie*).

Der erziehungsstiltheoretische Ansatz von Baumrind typisiert Elternverhalten entlang zweier Dimensionen, die einerseits das emotionale Kapital und andererseits das sozialisatorische Kapital der Familie repräsentieren. Das emotionale Kapital wird mit einer Dimension abgebildet, die Responsivität (*responsiveness*) genannt wird und den Grad bestimmt, inwieweit die Eltern auf Bedürfnisse des Kindes reagieren oder wörtlich genommen: antworten. Das sozialisatorische Kapital der Familie wird durch die elterlichen Anforderungen (*demandingness*) – also durch die Normen, die sie setzen – gekennzeichnet. Hohe Werte auf beiden Dimensionen repräsentieren ein autoritatives Verhalten, während ein autoritäres Verhalten sich durch hohe Anforderungen und niedrige Responsivität auszeichnet. In der Folge wurde von Baumrind deutlich herausgearbeitet, dass autoritative und autoritäre Formen elterlicher Anforderungen qualitativ zu unterscheiden sind.

In dieser Arbeit wird vorgeschlagen, im Sinne der herrschaftssoziologischen Annahmen von Weber zwischen rationaler (*universaler*) und traditionaler (*partikularer*) Legitimierung elterlicher Herrschaft bezüglich der normativen Sozialisation in der Familie zu unterscheiden sowie die Überlegungen von Kant zu den rationalen Maximen der praktischen Vernunft mit einzubeziehen. Mit Hilfe der Theorien von Weber und Kant kann zukünftig eine Theorie der Erziehungsstile entwickelt werden, die sowohl einen rationalen oder autoritativen Erziehungsstil – vor allem mit Kant begründet – als auch einen legitimen autoritären Erziehungsstil (im Gegensatz zu elterlicher Willkürherrschaft als Form der illegitimen elterlichen Herrschaft) im Sinne der traditionalen Legitimierung von Herrschaft (Weber) beschreibt.

Für eine Theorie der Erziehungsstile scheint es auch unabdingbar zu sein, Annahmen über den kindlichen Internalisierungsprozess elterlicher Normen zu integrieren, weil sowohl autoritativ als auch autoritäre erzogene Kinder spätestens mit dem

Eintritt in die Schule ein mehr oder weniger hohes Maß an einem selbstgesteuerten (wenn auch nicht unbedingt selbstbestimmten) Verhalten entwickeln müssen.

Der ursprünglich induktiv entwickelte Ansatz von Baumrind lässt sich durch die Hinzunahme sozialisationstheoretischer Annahmen in das kapitaltheoretische Modell von Bourdieu integrieren. Responsivität und die damit verbundene emotionale und soziale Unterstützung des Kindes durch die Eltern kann ressourcentheoretisch dem *emotionalen Kapital der Familie* und die elterlichen Anforderungen (*demandingness*) dem sozialisatorischen oder *normativen Kapital der Familie* zugeordnet werden.

In der Forschungspraxis bestehen vor allem hinsichtlich der Erfassung des normativen Kapitals der autoritativen Erziehung noch erhebliche Probleme. In der amerikanischen Erziehungsstilforschung wurden zum Teil Skalen zur autoritären Kontrolle einfach rekodiert, um über die Abnahme autoritärer Kontrolle einen Indikator für autoritative Erziehung zu bilden. Oder es wurden Skalen zum *Monitoring* entwickelt, in denen das Ausmaß der Kontrolle des Freizeitverhaltens als Indikator für autoritative Kontrolle benützt wurde.

Da in der vorliegenden Arbeit der Einfluss des schulbezogenen Elternverhaltens auf Emotionen und Schulleistungen von Kindern untersucht wird und keine bereichsspezifische Erziehungsstiltheorie zum schulbezogenen Elternverhalten vorliegt, wurden im theoretischen Teil der Arbeit einige Annahmen über schulbezogenes Elternverhalten diskutiert. Eine Grundannahme ist, dass schulbezogenes Elternverhalten vor allem eine Reaktion auf schulbezogene Krisen des Kindes im Lernverhalten oder in den Leistungsergebnissen ist, weil die Kinder mehr oder weniger erfolgreich die elterlichen Normen internalisiert haben. Aus handlungstheoretischer Perspektive können Eltern mit vorhandenen Bildungsaspirationen für ihr Kind auf schulbezogene Krisen des Kindes entweder mit emotionaler und sozialer Unterstützung oder mit negativen Sanktionen reagieren. Für ein dimensionales Modell schulbezogenen Elternverhaltens spielt also die Unterscheidung zwischen autoritativer und autoritärer Erziehung eine besondere Rolle. Auf normativer Ebene könnten die elterlichen Anforderungen durch eine primäre Lernorientierung (*lernprozessorientierte Normen*) in der autoritativen Erziehung und durch eine primäre Leistungsorientierung (*ergebnisorientierte Normen*) in der autoritären Erziehung gekennzeichnet sein. Während autoritäre Normen sich auf das Erreichen vorgegebener Leistungsziele beziehen, bestehen autoritative Normen vor allem darin, dass regelmäßige Lernzeiten eingehalten werden und dass dem Kind die Bedeutung des Erreichens bestimmter Leistungsziele vermittelt wird.

Die Erziehungsstiltheorie wird in dieser Arbeit – wie im Zweikomponenten-Konzept der elterlichen Bekräftigung von Stapf und Mitarbeitern – mit Annahmen der Leistungsmotivationstheorie verknüpft. Autoritative Erziehung führt demnach durch die emotionale und soziale Unterstützung zu einer *positiven Einstellung zum Leben und zum Lernen* (allgemeine und bereichsspezifische Erfolgszuversichtlichkeit) und deshalb auch zu besseren Schulleistungen, während autoritäre Erziehung zu einer allgemeinen und bereichsspezifischen *Angst vor Misserfolg* führt. Weil Angst nach dem Stand der Forschung eher mit schlechteren Schulleistungen verbunden ist, wird angenommen, dass autoritäre Erziehung zu schlechteren Schulleistungen führt.

Da bislang aber noch keine umfassende Theorie zu den Auswirkungen des *schulbezogenen* elterlichen Erziehungsverhaltens vorliegt, ist noch ein erheblicher Bedarf an theoretischer Weiterentwicklung zu konstatieren.

Im methodischen Teil der Arbeit konnte aus dem Instrument zum Elternverhalten von Wild ein reliables und theoretisch begründetes Instrument zur Erfassung des schulbezogenen autoritativen und autoritären Elternverhaltens konstruiert werden. Für die Indikatoren des autoritativen Elternverhaltens konnte belegt werden, dass der Aspekt der emotionalen und sozialen Unterstützung im Lernprozess zu trennen ist von dem Aspekt der Unterstützung bei der Bewältigung von schulbezogenen Leistungskrisen. Der normative Aspekt des autoritativen Erziehungsstils konnte einerseits nicht abgebildet werden, da die entsprechende Skala *Struktur* von Wild (die internalisierte elterliche Leistungserwartungen abfragt) eher mit dem autoritären Erziehungsverhalten korrelierte und deshalb von der Untersuchung ausgeschlossen wurde, wofür auch messtheoretische Überlegungen maßgeblich waren. Andererseits fehlt noch ein Instrument, mit dessen Hilfe universal legitimierte elterliche Leistungsanforderungen erfasst werden können, um den normativen Aspekt des autoritativen Elternverhaltens abzubilden. Im methodischen Bereich ist daher noch ein erheblicher Forschungsbedarf festzustellen.

Zur Konstruktion der schulbezogenen Indikatoren des autoritären Erziehungsverhaltens wurde der normative Aspekt der (über-)hohen Leistungsanforderungen berücksichtigt sowie die autoritäre Reaktion der Eltern auf Leistungskrisen. Für das schulbezogene autoritäre Erziehungsverhalten könnte noch ein Indikator der autoritären Anforderungen im häuslichen Lernprozess (partikulare Lernanforderungen) entwickelt werden.

Da vor den Arbeiten von Wild noch kein elaboriertes, erziehungsstiltheoretisch begründbares Instrument zur Erfassung schulbezogenen Elternverhaltens im deutschsprachigen Raum vorgelegen hatte, ist auch im methodischen Bereich ein Bedarf an Weiterentwicklung festzustellen, wofür die vorliegende Arbeit eine Reihe von Hinweisen gibt.

Die Ergebnisse der vorliegenden Arbeit lassen sich wie folgt zusammenfassen. Für die Hypothese, dass die autoritative Erziehung positiv mit der Lebensfreude und der Lernfreude zusammenhängt, konnten in den linearen Strukturgleichungsmodellen – trotz konservativer Modelltestung durch Konstanthaltung der Zeugnisnoten des vorangegangenen Schuljahres – empirische Belege aufgezeigt werden. Insbesondere in der Realschule scheinen die positiven Emotionen bis in den Unterricht hinein vom Ausmaß der autoritativen Erziehung abzuhängen. Auch die Hypothese, dass autoritäres Erziehungsverhalten mit Ängsten verbunden ist, kann aufrechterhalten werden. Signifikante Zusammenhänge zeigten sich vor allem bei den Gymnasiasten.

Die Hypothese, dass elterliches Erziehungsverhalten Einfluss auf die Schulleistungen von Schülerinnen und Schülern der achten Klassenstufe hat, muss für das Fach Deutsch vollständig zurückgewiesen werden, da keine statistischen Zusammenhänge nachweisbar waren, und zwar weder für das autoritative noch für das autoritäre Erziehungsverhalten. Im Fach Physik muss die Hypothese von der positiven Leistungswirkung der autoritativen Erziehung nicht vollständig fallen gelassen werden, da insbesondere in der Realschule ein signifikanter Zusammenhang belegbar war, der vor allem über die positiven Emotionen vermittelt wurde.

Für die überwiegend schwachen, beziehungsweise fehlenden empirischen Belege für die Effekte des elterlichen Verhaltens auf die Schulleistungen scheint ein Grund besonders bedeutsam zu sein. Die Befunde dieser Arbeit zeigen wieder einmal, dass die bereichsspezifischen Zeugnisnoten des Vorjahres die stärksten Prädiktoren für die Leistungsunterschiede in den Klassenarbeitsergebnissen sind – und zwar in der vorliegenden Arbeit unabhängig von den Variablen des Elternverhaltens *und* von den erhobenen Emotionsvariablen. Aufgrund der Ergebnisse der SCHOLASTIK-Studie, deren Ergebnisse darauf hindeuten, dass sich bereits in der Grundschule stabile Leistungsunterschiede entwickeln, könnte es sein, dass die Chancen von Schuljahr zu Schuljahr geringer werden, dass in der Population noch signifikante Effekte des elterlichen Erziehungsverhaltens auf Schulleistungsunterschiede nachweisbar sind. Die vorliegenden Untersuchungsergebnisse deuten sogar daraufhin, dass die relativ stabilen Leistungsunterschiede vor allem durch kognitive Unterschiede zustande kommen könnten, da die Zeugnisnoten des Vorjahres in einem erstaunlich geringen Ausmaß mit den Emotionsvariablen in der Klassenstufe acht in Zusammenhang stehen. Zur Überprüfung der Stärke des gesamten kausalen Effekts des elterlichen Erziehungsverhaltens auf die Schulleistungen der Kinder wäre es daher wünschenswert, eine Längsschnittsstudie vom Zeitpunkt der Einschulung bis zum Übergang in die Sekundarstufe durchzuführen.

Insgesamt ergibt sich nach den Befunden der vorliegenden Arbeit ein Bild, das darauf hindeutet, dass das elterliche Erziehungsverhalten in der achten Klassenstufe vor allem mit emotionalen Effekten verbunden ist. In der vorliegenden Untersuchung konnten die statistischen Effekte der Variablen zum elterlichen Erziehungsverhalten selbst auf die Emotionen der Schülerinnen und Schüler im Unterricht belegt werden – und zwar bei sehr konservativer Modelltestung durch bei Kontrolle der Zeugnisnoten des vorherigen Schuljahrs, wenngleich die Effekte auf die Emotionen im Unterricht nicht sehr hoch sind. Generell lassen sich also die Hypothesen aufrechterhalten, dass autoritative Erziehung zu einem positiveren Erleben des Unterrichts führt, während autoritäre Erziehung eher die Angst im Unterricht erhöht – und zwar unabhängig von den Schulleistungen des Vorjahres.

7 Anhang

7.1 Abbildungsverzeichnis

Abbildung 1:	Allgemeines und schulbezogenes Verhalten der Eltern	205
Abbildung 2:	Gesamtmodell für das Fach Physik	268
Abbildung 3:	Physikmodell für das Gymnasium	272
Abbildung 4:	Physikmodell für die Realschule	276
Abbildung 5:	Physikmodell für die Mädchen	279
Abbildung 6:	Physikmodell für die Jungen	282
Abbildung 7:	Gesamtmodell für das Fach Deutsch	285
Abbildung 8:	Deutschmodell für das Gymnasium	289
Abbildung 9:	Deutschmodell für die Realschule	292
Abbildung 10:	Deutschmodell für die Mädchen	296
Abbildung 11:	Deutschmodell für die Jungen	298

7.2 Tabellenverzeichnis

Tabelle 1:	Zusammenhang zwischen sozialer Herkunft (EGP-Klassen) und Kompetenzen innerhalb der Schulformen (kategorialer η-Koeffizient)	30
Tabelle 2:	Struktur der Erziehungsstile nach Baumrind	123
Tabelle 3:	Erziehungsstile nach dem Kontrollmuster-Modell von Heilbrun	127
Tabelle 4:	Typisierung der Erziehungsstile nach Hurrelmann	143
Tabelle 5:	Regionale Verteilung der Schulen und Klassen	166
Tabelle 6:	Regionale Verteilung der Schülerinnen und Schüler	167
Tabelle 7:	Verteilung der Geschlechter	167
Tabelle 8:	Alter der Schülerinnen und Schüler nach Schuljahrgang	168
Tabelle 9:	Items der Skala Stimulation (Anregung)	172
Tabelle 10:	Items der Skala Autonomieunterstützung	173
Tabelle 11:	Items der Skala Kontrolle	174
Tabelle 12:	Items der Skala Struktur	175
Tabelle 13:	Items der Skala Zuwendung	177
Tabelle 14:	Faktoreninterkorrelationen des 5-Faktoren-Modells von Wild (n = 431)	178
Tabelle 15:	Testung der theoretisch postulierten Faktorenstruktur	179
Tabelle 16:	Faktoren- und Reliabilitätsanalyse des neuen Instruments (n = 431)	180
Tabelle 17:	Faktoreninterkorrelationen des neuen 5-Faktoren-Modells	181
Tabelle 18:	Testung der neu postulierten Faktoren	182
Tabelle 19:	Faktorladungen und Anpassungswerte von Sekundärfaktorenanalysen	184
Tabelle 20:	Items der Skala Zuwendung (α = .78 / n = 438)	187
Tabelle 21:	Items der Skala Autonomieunterstützung (α = .82 / n = 436)	189
Tabelle 22:	Items der Skala Kontrolle (α = .71 / n = 437)	190
Tabelle 23:	Items der Skala Struktur (α = .61 / n = 437)	192

Tabelle 24:	Modifizierte Skalen von Wild (Teil 1)	195
Tabelle 25:	Modifizierte Skalen von Wild (Teil 2)	196
Tabelle 26:	Faktoreninterkorrelationen des modifizierten 4-Faktoren-Modells	197
Tabelle 27:	Modifizierte Skalen in dieser Arbeit	201
Tabelle 28:	Faktoreninterkorrelationen des neuen 4-Faktoren-Modells (n = 439)	202
Tabelle 29:	Testung der Modelle	203
Tabelle 30:	Skalen der Trait-Emotionen	208
Tabelle 31:	Reliabilität der Skalen zu den State-Emotionen	209
Tabelle 32:	Bewertungspunkte der Klassenarbeiten	211
Tabelle 33:	Elternverhalten und Positive Lebenseinstellung	225
Tabelle 34:	Schulleistungen	226
Tabelle 35:	Emotionen im Fach Physik	227
Tabelle 36:	Emotionen im Fach Deutsch	228
Tabelle 37:	Elternverhalten und Positive Lebenseinstellung im Schulformenvergleich	232
Tabelle 38:	Schulleistungen	233
Tabelle 39:	Emotionen im Fach Physik	234
Tabelle 40:	Emotionen im Fach Deutsch	236
Tabelle 41:	Elternverhalten und Positive Lebenseinstellung	237
Tabelle 42:	Schulleistungen	238
Tabelle 43:	Emotionen im Fach Physik	239
Tabelle 44:	Emotionen im Fach Deutsch	240
Tabelle 45:	Korrelationen von Zeugnisnoten mit Elternverhalten (n = 375) und Positiver Lebenseinstellung (n = 372)	244
Tabelle 46:	Korrelationen von Elternverhalten mit Klassenarbeiten in Physik (n = 386) und Deutsch (n = 374) und mit der Positiven Lebenseinstellung (n = 389)	245
Tabelle 47:	Korrelationen von Elternverhalten mit Allgemeiner Fachangst in den Fächern Physik und Deutsch (n = 389)	247
Tabelle 48:	Korrelationen von Elternverhalten mit Emotionen im Unterricht im Fach Physik (n = 391)	247
Tabelle 49:	Korrelationen von Elternverhalten mit Emotionen im Unterricht im Fach Deutsch (n = 364)	248
Tabelle 50:	Korrelationen von Positiver Lebenseinstellung mit Allgemeiner Fachangst in den Fächer Physik und Deutsch (n = 389)	249
Tabelle 51:	Korrelationen von Positiver Lebenseinstellung und Allgemeiner Fachangst mit Emotionen im Physikunterricht (n = 388)	251
Tabelle 52:	Korrelationen von Positiver Lebenseinstellung und Allgemeiner Fachangst mit Emotionen im Deutschunterricht (n = 361)	251
Tabelle 53:	Korrelationen von Unterrichtsemotionen in den Fächern Physik und Deutsch (n = 364)	253
Tabelle 54:	Korrelationen von Trait- und State-Emotionen mit Klassenarbeiten in Physik (n = 384 / 385) und Deutsch (n = 371 / 347)	253
Tabelle 55:	Korrelationen von Zeugnisnoten, Emotionen und Klassenarbeit im Fach Physik (n = 372, 374, 370)	255
Tabelle 56:	Korrelationen von Zeugnisnoten, Emotionen und Klassenarbeit im Fach Deutsch (n = 372 / 348 / 358)	257

Tabelle 57:	Totale und indirekte Effekte im Gesamtmodell für das Fach Physik	270
Tabelle 58:	Totale und indirekte Effekte im Physikmodell für das Gymnasium	273
Tabelle 59:	Totale und indirekte Effekte im Physikmodell für die Realschule	277
Tabelle 60:	Totale und indirekte Effekte im Physikmodell für die Mädchen	280
Tabelle 61:	Totale und indirekte Effekte im Physikmodell für die Jungen	283
Tabelle 62:	Totale und indirekte Effekte im Gesamtmodell für das Fach Deutsch	287
Tabelle 63:	Totale und indirekte Effekte im Deutschmodell für das Gymnasium	290
Tabelle 64:	Totale und indirekte Effekte im Deutschmodell für die Realschule	293
Tabelle 65:	Totale und indirekte Effekte im Deutschmodell für die Mädchen	297
Tabelle 66:	Totale und indirekte Effekte im Deutschmodell für die Jungen	299
Tabelle 67:	Items der Skala Positive Lebenseinstellung	339
Tabelle 68:	Items der Skala Aufgeregtheit	340
Tabelle 69:	Items der Skala Besorgtheit	340
Tabelle 70:	Items der Skala Wohlbefinden im Unterricht	341
Tabelle 71:	Items der Skala Interesse im Unterricht	341
Tabelle 72:	Items der Skala Aufgeregtheit im Unterricht	341
Tabelle 73:	Items der Skala Besorgtheit im Unterricht	341

7.3 Items der Skalen zu den Emotionen

7.3.1 Die Skala Positive Lebenseinstellung

Als Indikator für das *Allgemeine Wohlbefinden* wird die Skala *Positive Lebenseinstellung* aus dem *Berner Fragebogen zum Wohlbefinden von Kindern und Jugendlichen* (Grob, Lüthi, Kaiser, Flammer, Mackinnon & Wearing 1991) verwendet. Die Items werden mit den Worten eingeleitet, dass es um die „Zufriedenheit mit Deinem Leben" geht und – wie im Original – auf einer sechsstufigen Skala abgefragt

Tabelle 67: Items der Skala Positive Lebenseinstellung

1	Meine Zukunft sieht gut aus.
2	Ich habe mehr Freude am Leben als die meisten anderen Menschen.
3	Ich bin zufrieden mit der Art und Weise, wie sich meine Lebenspläne verwirklichen.
4	Ich komme gut zu Recht mit den Dingen, die in meinem Leben nicht zu verändern sind.
5	Was auch immer passiert, ich kann die gute Seite daran sehen.
6	Ich freue mich zu leben.
7	Mein Leben scheint mir sinnvoll.
8	Mein Leben verläuft auf der rechten Bahn.

7.3.2 Die Skalen zur Allgemeinen Fachangst

Als Indikatoren der *Allgemeinen Fachangst* werden die Skalen *Aufgeregtheit* und *Besorgtheit* aus der deutschen Fassung des *Test Anxiety Inventory* (TAI) benutzt (Hodapp 1991), die zur Messung von Prüfungsängstlichkeit entwickelt wurde. Im Forschungsprojekt *Emotionen und Lernen* wurden die Skalen allerdings zur Messung der allgemeinen Ängstlichkeit vor dem Fach eingesetzt. Die schriftliche Instruktion lautete: „Denke an den Unterricht in Deutsch / Physik." In der mündlichen Instruktion wurde darauf hingewiesen, dass es um generelle Gefühle gegenüber dem Fach geht und nicht um den Unterricht einer bestimmten Lehrperson. Die Items wurden – wie im Original – auf einer vierstufigen Skala abgefragt.

Tabelle 68: Items der Skala Aufgeregtheit

1 Ich spüre ein komisches Gefühl im Magen.
2 Ich bin am ganzen Körper verkrampft.
3 Ich fühle mich unbehaglich.
4 Das Herz schlägt mir bis zum Hals.
5 Ich fühle mich ängstlich.
6 Ich zittere vor Aufregung.
7 Ich habe ein beklemmendes Gefühl.
8 Ich bin aufgeregt.

Tabelle 69: Items der Skala Besorgtheit

1   Ich denke darüber nach, wie wichtig mir die Klassenarbeit oder Prüfung ist.
2   Ich denke über meine Fähigkeit oder Begabung nach.
3   Ich mache mir Sorgen, ob ich auch alles schaffe.
4   Ich denke über die möglichen Konsequenzen eines Misserfolges nach.
5   Ich frage mich, ob meine Leistung ausreicht.
6   Ich denke daran, wie wichtig mir ein gutes Ergebnis ist.
7   Ich mache mir Gedanken über mein Abschneiden.
8   Ich mache mir Gedanken, wie mein Zeugnis aussehen wird.
9   Ich bin besorgt, dass etwas schief laufen könnte.
10 Ich denke daran, was passiert, wenn ich schlecht abschneide.

7.3.3 Die Skalen zu den Emotionen im Unterricht

Die Fragebögen zum Erleben des Unterrichts in den einzelnen Unterrichtssunden hatten die Überschrift „Deine Meinung zur Unterrichtsstunde" mit dem Thema … . Im Fach Physik war das Thema auf dem Fragebogen bereits vorgedruckt und im Fach Deutsch wurde es von den Befragten selbst eingetragen. Die Skalen wurden mit der Aufforderung „Denke an die Unterrichtsstunde und kreuze bitte an!" eingeleitet und auf einer fünfstufigen Skala abgefragt.

Tabelle 70: Items der Skala Wohlbefinden im Unterricht

1 Die Stunde hat mir Freude gemacht.
2 Der Unterricht hat mir Spaß gemacht.
3 Ich war mit der Stunde zufrieden.
4 Es war für mich eine gute Stunde.
5 Der Unterricht hat mich interessiert.

Das fünfte Item war ursprünglich als Item zur Messung des *Interesses* formuliert, zeigte aber stets höhere Ladungen auf den Faktor *Wohlbefinden* und wurde deshalb in dieser Untersuchung dem Faktor *Wohlbefinden* zugeordnet.

Tabelle 71: Items der Skala Interesse im Unterricht

1 Ich fand das Thema wichtig.
2 Was ich über das Thema erfahren habe, bringt mir etwas.
3 Ich möchte noch mehr über das Thema erfahren.

Tabelle 72: Items der Skala Aufgeregtheit im Unterricht

1 Der Unterricht hat mir Angst gemacht.
2 Ich habe mich in der Stunde unter Druck gefühlt.

Tabelle 73: Items der Skala Besorgtheit im Unterricht

1 In der Stunde haben mich einige Dinge beunruhigt.
2 Der Unterricht hat mich verunsichert.

8 Literatur

Adorno, Th.W. (1971). *Erziehung zur Mündigkeit.* Frankfurt am Main: Suhrkamp.
Adorno, Th.W. (1999). *Studien zum autoritären Charakter.* 3. Auflage. Frankfurt am Main: Suhrkamp.
Allehoff, W.H. (1985). *Berufswahl und berufliche Interessen.* Göttingen: Hogrefe.
Backhaus, K., Erichson, B., Plinke, W. & Weiber, R. (2000). *Multivariate Analysemethoden.* 9. Auflage. Berlin: Springer.
Bargh, J.A. & Chartrand, T.L. (1999). The unbearable automaticity of being. *American Psychologist,* 54, 462–479.
Baumert, J. & Köller, O. (1998). Nationale und internationale Schulleistungsstudien. Was können sie leisten, wo sind ihre Grenzen? *Pädagogik,* 50, 12–18.
Baumert, J., Köller, O. & Schnabel, K.U. (2000). Schulformen als differentielle Entwicklungsmilieus – Eine ungehörige Frage? In: Gewerkschaft Erziehung und Wissenschaft GEW (Hrsg.), *Messung sozialer Motivation. Eine Kontroverse,* S. 28–68. Frankfurt am Main: Bildungs- und Förderungswerk der GEW.
Baumert, J., Roeder, P.M. & Watermann, R. (2003). Das Gymnasium – Kontinuität im Wandel. In: K.S. Cortina, J. Baumert, A. Leschinsky, K.U. Mayer & L. Trommer (Hrsg.), *Das Bildungswesen in der Bundesrepublik Deutschland. Strukturen und Entwicklungen im Überblick,* S. 487–524. Vollständig überarbeitete und erweiterte Neuausgabe. Reinbek bei Hamburg: Rowohlt.
Baumert, J. & Schümer, G. (2001). Familiäre Lebensverhältnisse, Bildungsbeteiligung und Kompetenzerwerb. In: Deutsches PISA-Konsortium, *PISA 2000. Basiskompetenzen von Schülerinnen und Schülern im internationalen Vergleich,* S. 323–407. Opladen: Leske + Budrich.
Baumert, J. & Schümer, G. (2002). Familiäre Lebensverhältnisse, Bildungsbeteiligung und Kompetenzerwerb im nationalen Vergleich. In: Deutsches PISA-Konsortium, *PISA 2000. Die Länder der Bundesrepublik Deutschland im Vergleich,* S. 159–202. Opladen: Leske + Budrich.
Baumert, J., Trautwein, U. & Artelt, C. (2003) Schulumwelten – institutionelle Bedingungen des Lehrens und Lernens. In: Deutsches PISA-Konsortium, *PISA 2000. Ein differenzierter Blick auf die Länder der Bundesrepublik Deutschland,* S. 261–331. Opladen: Leske + Budrich.
Baumrind, D. (1966). Effects of authoritative parental control on child behavior. *Child Development,* 37, 887–907.
Baumrind, D. (1971). Current patterns of parental authority. *Developmental Psychology Monographs,* 4 (1), 1–103.
Baumrind, D. (1991). Parenting styles and adolescent development. In: R.M. Lerner, A.C. Petersen & J. Brooks-Gunn (Hrsg.), *Encyclopedia of Adolescence,* Vol. II, S. 746–758. New York: Garland.
Baumrind, D. (1996). The discipline controversy revisited. *Family Relations,* 45, 405–414.
Baur, R. (1972). *Elternhaus und Bildungschancen.* Eine Untersuchung über die Bedeutung des Elternhauses für die Schulwahl nach der 4. Klasse Grundschule. Weinheim: Beltz.
Beck, U. (1983). Jenseits von Stand und Klasse? Soziale Ungleichheiten, gesellschaftliche Individualisierungsprozesse und die Entstehung neuer sozialer Formationen und Identitäten. In: R. Kreckel (Hrsg.), *Soziale Ungleichheiten* (Soziale Welt, Sonderband 2), S. 35–74. Göttingen: Schwartz.
Beck, U. (1986). *Risikogesellschaft.* Frankfurt am Main: Suhrkamp.
Becker, G.S. (1964). *Human capital.* New York: Columbia University Press.
Becker, R. (2000). Bildungsexpansion und Bildungsbeteiligung. *Zeitschrift für Erziehungswissenschaft,* 3 (3), 447–479.
Bentler, P.M. (1989). *EQS. Structural equation program manual.* Los Angeles: BMDP Statistical Software Inc.
Berger, P.L. & Luckmann, T. (1984). *Die gesellschaftliche Konstruktion der Wirklichkeit.* Frankfurt am Main: Fischer.
Bernstein, B. (1977). *Beiträge zu einer Theorie des pädagogischen Prozesses.* Frankfurt am Main: Suhrkamp. Originaltitel: *Class, codes and control* (Vol. 3). Towards a theory of educational transmissions. London 1975: Routledge and Kegan Paul.

Blankertz, H. (1982). *Die Geschichte der Pädagogik: Von der Aufklärung bis zur Gegenwart.* Wetzlar: Büchse der Pandora.
Bleicher, M., Fix, M., Fuß, S., Gläser-Zikuda, M., Laukenmann, M., Mayring, Ph., Melenk, H. & Rhöneck, Ch. v. (2001). Einfluss emotionaler Faktoren auf das Lernen in den Fächern Physik und Deutsch. In: C. Finkbeiner & G.W. Schnaitmann (Hrsg.), *Lehren und Lernen im Kontext empirischer Forschung und Fachdidaktik,* S. 518–546. Donauwörth: Auer-Verlag.
Bohrhardt, R. (2000). Familienstruktur und Bildungserfolg. Stimmen die alten Bilder? *Zeitschrift für Erziehungswissenschaft,* 2, 189–207.
Bortz, J. (1999). *Statistik für Sozialwissenschaftler.* 5. Auflage. Berlin: Springer.
Bortz, J. & Döring, N. (1995). *Forschungsmethoden und Evaluation.* 2. Auflage. Berlin: Springer.
Bourdieu, P. (1966a). Wie die Kultur zum Bauern kommt. In: P. Bourdieu (2001), *Wie die Kultur zum Bauern kommt. Über Bildung, Schule und Politik,* S. 14–24. Hamburg: VSA-Verlag.
Bourdieu, P. (1966b). Die konservative Schule. In: P. Bourdieu (2001), *Wie die Kultur zum Bauern kommt. Über Bildung, Schule und Politik,* S. 25–52. Hamburg: VSA-Verlag.
Bourdieu, P. (1979). Die drei Formen des kulturellen Kapitals In: P. Bourdieu (2001), *Wie die Kultur zum Bauern kommt. Über Bildung, Schule und Politik,* S. 112–120. Hamburg: VSA-Verlag.
Bourdieu, P. (1983a). Ökonomisches Kapital, kulturelles Kapital, soziales Kapital. In: R. Kreckel (Hrsg.), *Soziale Ungleichheiten* (Soziale Welt, Sonderband 2). Göttingen: Schwartz, S. 183–198.
Bourdieu, P. (1983b). *Zur Soziologie der symbolischen Formen.* 2. Auflage. Frankfurt am Main: Suhrkamp.
Bourdieu, P. (1993a). *Soziologische Fragen.* Frankfurt am Main: Suhrkamp. Titel der Originalausgabe: Questions de sociologie. Paris 1980: Les Éditions de Minuit.
Bourdieu, P. (1993b). *Sozialer Sinn. Kritik der theoretischen Vernunft.* Frankfurt am Main: Suhrkamp. Titel der Originalausgabe: Les sens pratiques. Paris 1980: Les Éditions de Minuit.
Bourdieu, P. (1998). *Praktische Vernunft. Zur Theorie des Handelns.* Frankfurt am Main: Suhrkamp. Titel der Originalausgabe: Raisons pratiques. Sur la théorie de l'action. Paris 1994: Éditions du Seuil.
Bourdieu, P. (1999a). *Die feinen Unterschiede: Kritik der gesellschaftlichen Urteilskraft.* 11. Auflage. Frankfurt am Main: Suhrkamp. Titel der Originalausgabe: La distinction. Critique sociale du jugement. Paris 1979: Les Éditions de Minuit.
Bourdieu, P. (1999b). Wie die Politik zum Intellektuellen kommt. In: P. Bourdieu (2001), *Wie die Kultur zum Bauern kommt. Über Bildung, Schule und Politik,* S. 174–204. Hamburg: VSA-Verlag.
Bourdieu, P. (2000). Habitus, Herrschaft und Freiheit. In: P. Bourdieu (2001), *Wie die Kultur zum Bauern kommt. Über Bildung, Schule und Politik,* S. 162–173. Hamburg: VSA-Verlag.
Bourdieu, P. & Passeron, J.C. (1964). *Les héritiers, les étudiants et la culture.* Paris: Les Éditions de Minuit. In deutscher Übersetzung in: P. Bourdieu & J.C. Passeron (1971), *Die Illusion der Chancengleichheit.* Stuttgart: Klett.
Bourdieu, P. & Passeron, J.C. (1971). *Die Illusion der Chancengleichheit.* Stuttgart: Klett.
Bowlby, J. (2001). *Frühe Bindung und kindliche Entwicklung.* 4., neu gestaltete Auflage. München: Reinhardt. Titel der Originalausgabe: Child care and the growth of love. New York 1953: Penguin Books.
Bradburn, N.M. (1969). *The structure of psychological well-being.* Chicago: Aldine.
Browne, M.W. & Cudeck, R. (1993). Alternative ways of assessing model fit. In: K.A. Bollen & J. S. Long (Hrsg.), *Testing structural equation models.* Thousand Oaks: Sage Publications.
Bundesregierung (2001). Armuts- und Reichtumsbericht.
Carter, C.S. & Keverne, E.B. (2002). The neurobiology of social affiliation and pair bonding. In: D.W. Pfaff, A.P. Arnold, A.M. Etgen, S.E. Fahrbach & R.T. Rubin (Hrsg.), *Hormones, brain, and behaviour,* Vol. 1, S. 299–337. San Diego, CA: Academic Press.
Coleman, J.S. (1987). Families and schools. *Educational Researcher,* 16, 32–38.
Coleman, J.S. (1991). *Grundlagen der Sozialtheorie.* Band 1: Handlungen und Handlungssysteme. München: Oldenbourg.

Coleman, J.S. (1996). Der Verlust sozialen Kapitals und seine Auswirkungen auf die Schule. In: A. Leschinsky (Hrsg.), *Die Institutionalisierung von Lehren und Lernen. Beiträge zu einer Theorie der Schule* (34. Beiheft der Zeitschrift für Pädagogik), S. 99–106. Weinheim: Beltz.

Cortina, K.S. & Trommer, L. (2003). Bildungswege und Bildungsbiographien in der Sekundarstufe I. In: K.S. Cortina, J. Baumert, A. Leschinsky, K.U. Mayer & L. Trommer (Hrsg.), *Das Bildungswesen in der Bundesrepublik Deutschland. Strukturen und Entwicklungen im Überblick*, S. 342–391. Vollständig überarbeitete und erweiterte Neuausgabe. Reinbek bei Hamburg: Rowohlt.

Cyprian, G. & Franger G. (1995). *Familie und Erziehung in Deutschland.* Kritische Bestandsaufnahme der sozialwissenschaftlichen Forschung. Schriftenreihe des Bundesministeriums für Familie, Senioren, Frauen und Jugend (Hrsg.), Bd. 46. Stuttgart: Kohlhammer.

Dahrendorf, R. (1966). *Bildung ist Bürgerrecht.* Plädoyer für eine aktive Bildungspolitik. Durchgesehene Neuauflage. Hamburg: Nannen.

Dahrendorf, R. (1977). *Homo Sociologicus.* 15. Auflage. Opladen: Westdeutscher Verlag.

Damasio, A.R. (1997). *Descartes' Irrtum. Fühlen, Denken und das menschliche Gehirn.* 3. Auflage. München: List.

Damasio, A.R. (2002). *Ich fühle, also bin ich. Die Entschlüsselung des Bewusstseins.* 3. Auflage. München: List (Ullstein TB). Titel der amerikanischen Originalausgabe: The feeling of what happens. Body and emotion in the making of consciousness.

Deci, E.L. & Ryan, R.M. (1985). *Intrinsic motivation and self-determination in human behavior.* New York: Plenum Press.

Deci, E.L. & Ryan, R.M. (1993). Die Selbstbestimmungstheorie der Motivation und ihre Bedeutung für die Pädagogik. *Zeitschrift für Pädagogik*, 39, 223–238.

Deutsches PISA-Konsortium (2001). *PISA 2000. Basiskompetenzen von Schülerinnen und Schülern im internationalen Vergleich.* Opladen: Leske + Budrich.

Deutsches PISA-Konsortium (2002). *PISA 2000. Die Länder der Bundesrepublik Deutschland im Vergleich.* Opladen: Leske + Budrich.

Deutsches PISA-Konsortium (2003). *PISA 2000. Ein differenzierter Blick auf die Länder der Bundesrepublik Deutschland.* Opladen: Leske + Budrich.

Diekmann, A. (2000). *Empirische Sozialforschung.* 6. Auflage. Reinbek bei Hamburg: Rowohlt.

Dorn, F. & Bader, F. (1976). *Physik in einem Band.* Hannover: Schroedel.

Dornbusch, S.M., Ritter, P.L., Leiderman, P.H.; Roberts, D.F. & Fraleigh, M.J. (1987). The relation of parenting style to adolescent school performance. *Child Development*, 58, 1244–1257.

Einsiedler, W. (2003). Unterricht in der Grundschule. In: K.S. Cortina, J. Baumert, A. Leschinsky, K.U. Mayer & L. Trommer (Hrsg.), *Das Bildungswesen in der Bundesrepublik Deutschland. Strukturen und Entwicklungen im Überblick*, S. 285–341. Vollständig überarbeitete und erweiterte Neuausgabe. Reinbek bei Hamburg: Rowohlt.

Ekman, P. (Hrsg.) (1973). *Darwin and facial expression. A century of research in review.* New York, NY: Academic Press.

Erdmann, G., Ising, M. & Janke, W. (2000). Chemopsychologische Methoden. In: J.H. Otto, H.A. Euler & H. Mandl (Hrsg.), *Emotionspsychologie.* Ein Handbuch, S. 438–468. Weinheim: Beltz.

Erikson, R., Goldthorpe, J.H. & Portocarero, L. (1979). Intergenerational class mobility in three western european societies: England, France and Sweden. *British Journal of Sociology*, 30, 341–415.

Ettrich, K.U., Krause, R., Hofer, M. & Wild, E. (1996). Der Einfluß familienbezogener Merkmale auf die Schulleistungen ost- und westdeutscher Jugendlicher. *Unterrichtswissenschaft*, 2, 106–127.

Euler, H.A. (2000). Evolutionstheoretische Ansätze. In: J.H. Otto, H.A. Euler & H. Mandl (Hrsg.), *Emotionspsychologie.* Ein Handbuch, S. 45–63. Weinheim: Psychologie Verlags Union.

Fauser, R. (1983). *Bildungserwartungen von Eltern für Kinder.* Familiäre Faktoren für Schulwünsche vor dem Übergang in den Sekundarbereich. Projekt: Bildungsverläufe in Arbeiterfamilien. Arbeitsbericht 7. Konstanz: Universität.

Fauser, R. (1984). *Der Übergang auf weiterführende Schulen.* Soziale und schulische Bedingungen der Realisierung elterlicher Bildungserwartungen. Projekt: Bildungsverläufe in Arbeiterfamilien. Abschlussbericht. Konstanz: Universität.

Fischer, E.P. (2004). *Die andere Bildung.* Was man von den Naturwissenschaften wissen sollte. 3. Auflage. Berlin. Ullstein.

Fix, M. (2000). *Textrevisionen in der Schule.* Prozessorientierte Schreibdidaktik zwischen Instruktion und Selbststeuerung; empirische Untersuchungen in achten Klassen. Baltmannsweiler: Schneider.

Fix, M. & Melenk H. (2000). *Schreiben zu Texten – Schreiben zu Bildimpulsen.* Das Ludwigsburger Aufsatzkorpus; mit 2300 Schülertexten, Befragungsdaten und Bewertungen auf CD-ROM. Baltmannsweiler: Schneider.

Flam, H. (2002). *Soziologie der Emotionen.* Konstanz: UVK Verlagsgesellschaft (UTB).

Frech-Becker, C. (1995). *Fördern heißt Fordern. Die heimliche Sehnsucht der Schüler nach Drill.* Frankfurt am Main: Eichborn.

Freud, A. (1984). *Das Ich und die Abwehrmechanismen.* Frankfurt am Main: Fischer.

Freud, S. (1915). *Triebe und Triebschicksale.* In: S. Freud (1994), Studienausgabe, Band 3, 12. Auflage, S. 75–102. Frankfurt am Main: Fischer.

Freud, S. (1921). *Massenpsychologie und Ich-Analyse.* In: S. Freud (1994), Studienausgabe, Band 9, 12. Auflage, S. 61–134. Frankfurt am Main: Fischer.

Freud, S. (1933). *Neue Folge der Vorlesungen zur Einführung in die Psychoanalyse.* In: S. Freud (1994), Studienausgabe, Band 1, 12. Auflage, S. 447–608. Frankfurt am Main: Fischer.

Fröhlich, D. (1973). *Arbeit, Beruf und Bildungsverhalten.* Köln: Institut zur Erforschung sozialer Chancen.

Fromm, E. (1932). Über Methode und Aufgabe einer analytischen Sozialpsychologie: Bemerkungen über Psychoanalyse und historischen Materialismus. In: E. Fromm (1980), *Analytische Sozialpsychologie und Gesellschaftstheorie.* 6. Auflage, Frankfurt am Main: Suhrkamp, S. 9–40.

Fromm, E. (1936). Der autoritäre Charakter. In: E. Fromm (1993), *Die Gesellschaft als Gegenstand der Psychoanalyse.* Frühe Schriften zur Sozialpsychologie. Hrsg. von R. Funk, S. 69–132. Frankfurt am Main: Suhrkamp. Originaltitel: „Sozialpsychologischer Teil" in: M. Horkheimer (Hrsg.), *Studien über Autorität und Familie,* S. 77–135. Paris: Félix Alcan.

Fromm, E. (1937). Zum Gefühl der Ohnmacht. In: E. Fromm (1993), *Die Gesellschaft als Gegenstand der Psychoanalyse.* Frühe Schriften zur Sozialpsychologie. Hrsg. von R. Funk, S. 133–157. Frankfurt am Main: Suhrkamp.

Fromm, E. (1981a). *Jenseits der Illusionen.* Die Bedeutung von Marx und Freud. Reinbek bei Hamburg: Rowohlt. Titel der Originalausgabe: Beyond the chains of illusion. My encounter with Marx and Freud. New York 1962: Simon & Schuster.

Fromm, E. (1981b). *Haben oder Sein.* Die seelischen Grundlagen einer neuen Gesellschaft. 9. Auflage, München: DTV. Titel der Originalausgabe: To Have or to Be? New York 1976: Harper and Row.

Fromm, E. (1983). *Arbeiter und Angestellte am Vorabend des Dritten Reiches.* Hrsg. von W. Bonß. München: DTV. Titel des Originalmanuskripts von 1937/1938: German Workers 1929. A survey, its methods and results.

Fromm, E. (1993). *Die Furcht vor der Freiheit.* 3. Auflage, München: DTV. Titel der Originalausgabe: Escape from freedom. New York 1941: Holt, Rinehart and Winston.

Funke, J. & Vaterrodt-Plünnecke, B. (1998). *Was ist Intelligenz?* Originalausgabe. München: Beck.

Fuß, S. (2003). The influence of parental behavior on students' motivation and achievement: An empirical study in german secondary school. In: Ph. Mayring & Ch. v. Rhöneck (Hrsg.), *Learning emotions.* The influence of affective factors on classroom learning, S. 81–102. Frankfurt am Main: Peter Lang.

Fuß, S. & Rhöneck, Ch. v. (2001). Einfluss sozialer Faktoren auf motivationale und emotionale Aspekte des Lernens im Fach Physik: Erziehungsverhalten der Eltern und pädagogisches Verhalten des Lehrers aus Schülersicht. *Zeitschrift für Didaktik der Naturwissenschaften,* 7, 167–175.

Gaschke, S. (2001). *Die Erziehungskatastrophe.* Stuttgart: Deutsche Verlagsanstalt.

Gecas, V (1979). The influence of social class on socialization. In: W. Burr, R. Hill, F.I. Nye & J. Reiss (Hrsg.), *Contemporary theories about the family,* Vol. 1, S. 365–404. New York: The Free Press.

Gläser-Zikuda, M. (2001). *Emotionen und Lernstrategien in der Schule.* Eine empirische Analyse mit Qualitativer Inhaltsanalyse. Weinheim: Beltz.

Gläser-Zikuda, M. & Fuß, S. (2003). Emotionen und Lernleistungen in den Fächern Deutsch und Physik. Unterscheiden sich Mädchen und Jungen in der 8. Klasse? *Lehren und Lernen*, 29 (4), 5–11.

Gläser-Zikuda, M. & Laukenmann, M. (2001). Emotionen und Lernen im Physikunterricht der Sekundarstufe I. *unterrichten/erziehen*, (3), 315–318.

Gloger-Tippelt, G. (2000). Familienbeziehungen und Bindungstheorie. In: K.A. Schneewind (Hrsg.), *Familienpsychologie im Aufwind*: Brückenschläge zwischen Forschung und Praxis, S. 50–63. Göttingen: Hogrefe.

Greiffenhagen, M. (1984). Vom Obrigkeitsstaat zur Demokratie: Die politische Kultur in der Bundesrepublik Deutschland. In: P. Reichel (Hrsg.), *Politische Kultur in Westeuropa*, S. 52–76. Frankfurt am Main: Campus.

Grob, A., Lüthi, R., Kaiser, F. G., Flammer, A., Mackinnon, A. & Wearing, A. J. (1991). Berner Fragebogen zum Wohlbefinden Jugendlicher (BFW). *Diagnostica,* 37, 66–75.

Grolnick, W.S. & Ryan, R.M. (1989). Parent styles associated with children's self regulation and competence in school. *Journal of Educational Psychology*, 81, 143–154.

Gruber, H., Prenzel, M. & Schiefele, H. (2001). Spielräume für Veränderung durch Erziehung. In: A. Krapp & B. Weidenmann (Hrsg.), *Pädagogische Psychologie*. 4., vollständig überarbeitete Auflage, S. 99–135. Weinheim: Beltz.

Haumer, H. (1998). *Emotionales Kapital*. Wien: Orac.

Heilbrun, A.B. (1973). *Aversive maternal control: A theory of schizophrenic development*. New York: Wiley.

Helmke, A. (1993). Die Entwicklung der Lernfreude vom Kindergarten bis zur 5. Klassenstufe. *Zeitschrift für Pädagogische Psychologie*, 7, 77–86.

Helmke, A. (1997). Individuelle Bedingungsfaktoren der Schulleistung: Ergebnisse aus dem SCHOLASTIK-Projekt. In: F.E. Weinert & A. Helmke (Hrsg.), *Entwicklung im Grundschulalter*, S. 203–216. Weinheim: Psychologie Verlags Union.

Helmke, A. & Schrader, F.-W. (1998). Determinanten der Schulleistung. In: D.H. Rost (Hrsg.), *Handwörterbuch Pädagogische Psychologie*. Studienausgabe, S. 60–67. Weinheim: Psychologie Verlags Union.

Helmke, A. & Väth-Szusdziara, R. (1980). Familienklima, Leistungsangst und Selbstakzeptierung bei Jugendlichen. In: H. Lukesch, M. Perrez & K.A. Schneewind (Hrsg.), *Familiäre Sozialisation und Intervention*, S. 199–219. Bern: Huber.

Herrmann, T., Stapf, A. & Deutsch, W. (1975). Datensammeln ohne Ende? Anmerkungen zur Erziehungsstilforschung. *Psychologische Rundschau*, 176–182.

Hill, P.B. & Kopp, J. (2002). *Familiensoziologie*. 2., überarbeitete und erweiterte Auflage. Wiesbaden: Westdeutscher Verlag.

Hodapp, V. (1991). Das Prüfungsängstlichkeitsinventar TAI-G: Eine erweiterte und modifizierte Version mit vier Komponenten. *Zeitschrift für Pädagogische Psychologie,* 5 (2), 121–130.

Hodapp, V., Laux L. & Spielberger, C.D. (1982). Theorie und Messung der emotionalen und kognitiven Komponenten der Prüfungsangst. *Zeitschrift für Differentielle und Diagnostische Psychologie*, 3, 169–184.

Hofer, M. (2002a). Familienbeziehungen in der Entwicklung. In: M. Hofer, E. Wild & P. Noack (Hrsg.), *Lehrbuch Familienbeziehungen. Eltern und Kinder in der Entwicklung.* 2., vollständig überarbeitete und erweiterte Auflage, S. 4–27. Göttingen: Hogrefe.

Hofer, M. (2002b). Familienbeziehungen im institutionellen Umfeld. In: M. Hofer, E. Wild & P. Noack (Hrsg.), *Lehrbuch Familienbeziehungen. Eltern und Kinder in der Entwicklung.* 2., vollständig überarbeitete und erweiterte Auflage, S. 50–69. Göttingen: Hogrefe.

Hofer, M. (2002c). Familienbeziehungen im gesellschaftlichen Umfeld. In: M. Hofer, E. Wild & P. Noack (Hrsg.), *Lehrbuch Familienbeziehungen. Eltern und Kinder in der Entwicklung.* 2., vollständig überarbeitete und erweiterte Auflage, S. 70–93. Göttingen: Hogrefe.

Hofer, M. und Pikowsky, B. (2002). Familien mit Jugendlichen. In: M. Hofer, E. Wild & P. Noack (Hrsg.), *Lehrbuch Familienbeziehungen. Eltern und Kinder in der Entwicklung.* 2., vollständig überarbeitete und erweiterte Auflage, S. 241–264. Göttingen: Hogrefe.

Hoffmann, M.L. & Saltzstein, H.D. (1967). Parent discipline and the child's moral development. *Journal of Personality and Social Psychology*, 5, 45–57.
Horkheimer, M. (Hrsg.) (1936). *Studien über Autorität und Familie*. Paris: Félix Alcan.
Hox, J.J. & Bechger, T.M. (1998). An introduction to structural equation modelling. *Family Science Review*, 11 (4), 354–373.
Hradil, S. (2001). *Soziale Ungleichheit in Deutschland*. 8. Auflage. Opladen: Leske + Budrich.
Hurrelmann, K. (2002). *Einführung in die Sozialisationstheorie*. 8., vollständig überarbeitete Auflage. Weinheim: Beltz.
Jaspers, K. (1999). *Was ist Erziehung?* Herausgegeben v. H. Horn. 2. Auflage. München: Piper.
Jerusalem, M. & Mittag, W. (1999). Selbstwirksamkeit, Bezugsnormen, Leistung und Wohlbefinden in der Schule. In: M. Jerusalem & R. Pekrun (Hrsg.), *Emotion, Motivation und Leistung*, S. 223–245. Göttingen: Hogrefe.
Jöreskog, K. & Sörbom, D. (1993). *LISREL 8: Structural equation modeling with the SIMPLIS command language*. Chicago: Scientific Software.
Jöreskog, K. & Sörbom, D. (1996). *LISREL 8: User's reference guide*. Chicago: Scientific Software.
Jugendwerk der Deutschen Shell (Hrsg.) (2000). *Jugend 2000*. 13. Shell Jugendstudie. Opladen: Leske + Budrich.
Jugendwerk der Deutschen Shell (Hrsg.) (2002). *Jugend 2002*. 14. Shell Jugendstudie. Frankfurt am Main: Fischer.
Kant, I. (1784). *Beantwortung der Frage: Was ist Aufklärung?* Erstdruck in: Berlinische Monatsschrift, Dezember 1784, S. 481–494. In: I. Kant (1977), Werkausgabe, Band 11, S. 53–61. W. Weischedel (Hrsg.). Frankfurt am Main: Suhrkamp.
Kant, I. (1786a). *Grundlegung zur Metaphysik der Sitten*. 2., verbesserte Auflage der Erstauflage von 1785. Riga: Hartknoch. In: I. Kant (1977), Werkausgabe, Band 7, S. 7–102. W. Weischedel (Hrsg.). Frankfurt am Main: Suhrkamp.
Kant, I. (1786b). *Was heißt: sich im Denken orientieren?* Erstdruck in: Berlinische Monatsschrift, Oktober 1786, S. 304–330. In: I. Kant (1977), Werkausgabe, Band 5, S. 265–283. W. Weischedel (Hrsg.). Frankfurt am Main: Suhrkamp.
Kant, I. (1788). *Kritik der praktischen Vernunft*. Riga: Hartknoch. In: I. Kant (1977), Werkausgabe, Band 7, S. 103–302. W. Weischedel (Hrsg.). Frankfurt am Main: Suhrkamp.
Kant, I. (1797). *Die Metaphysik der Sitten*. Königsberg: Nicolovius. In: I. Kant (1977), Werkausgabe, Band 8, S. 303–634. W. Weischedel (Hrsg.). Frankfurt am Main: Suhrkamp.
Kant, I. (1803). *Über Pädagogik*. Originalausgabe herausgegeben von D.F.T. Rink, Königsberg: Nicolovius. In: I. Kant (1977), Werkausgabe, Band 12, S. 693–761. W. Weischedel (Hrsg.). Frankfurt am Main: Suhrkamp.
Klauer, K. J. (1998). Anlage und Umwelt. In: D.H. Rost (Hrsg.), *Handwörterbuch Pädagogische Psychologie*, S. 1–5. Weinheim: Beltz.
Klöckner, C.A., Beisenkamp, A. & Schröder, R. (2002). Das LBS-Kinderbarometer. In: LBS-Initiative Junge Familie (Hrsg.), *Kindheit 2001 – Das LBS-Kinderbarometer. Was Kinder wünschen, hoffen und befürchten*, S. 21–43. Opladen: Leske + Budrich.
Köhler, H. (1992). *Bildungsbeteiligung und Sozialstruktur in der Bundesrepublik. Zu Stabilität und Wandel der Ungleichheit von Bildungschancen*. Berlin: Max-Planck-Institut für Bildungsforschung.
Kohlmann, C.W. & Krohne, H.W. (1988). Erziehungsstildeterminanten schulischer Leistung und Leistungsängstlichkeit. *Zeitschrift für Pädagogische Psychologie*, 2 (4), 271–279.
Kohn, M.L. (1969). *Class and conformity*. A study in values. Homewood. The Dorsey Press.
Kohn, M.L. (1981). *Persönlichkeit, Beruf und soziale Schichtung*. Stuttgart: Klett-Cotta.
Kracke, B. (2001). *Berufsbezogenes Explorationsverhalten bei Jugendlichen*. Unveröffentlichte Habilitationsschrift. Mannheim: Universität.
Kracke, B. & Hofer, M. (2002). Familie und Arbeit. In: M. Hofer, E. Wild & P. Noack (Hrsg.), *Lehrbuch Familienbeziehungen. Eltern und Kinder in der Entwicklung*. 2., vollständig überarbeitete und erweiterte Auflage, S. 94–123. Göttingen: Hogrefe.

Kreppner, K. & Klöckner, C. (2002). Kinder in der Familie. In: LBS-Initiative Junge Familie (Hrsg.), *Kindheit 2001 – Das LBS-Kinderbarometer.* Was Kinder wünschen, hoffen und befürchten, S. 211–236. Opladen: Leske + Budrich.

Krohne, H.W. (1988). Erziehungsstilforschung: Neuere theoretische Ansätze und empirische Befunde. *Zeitschrift für Pädagogische Psychologie*, 2 (3), 157–172.

Krohne, H.W. & Hock, M. (1994). *Elterliche Erziehung und Angstentwicklung des Kindes.* Untersuchungen über die Entwicklungsbedingungen von Ängstlichkeit und Angstbewältigung. 1. Auflage. Bern: Huber.

Krohne, H.W. & Hock, M. (1998). Erziehungsstil. In: D.H. Rost (Hrsg.), *Handwörterbuch Pädagogische Psychologie.* Studienausgabe, S. 105–110. Weinheim: Psychologie Verlags Union.

Krohne, H.W., Kiehl, G.E., Neuser, K.W. & Pulsack, A. (1984). Das „Erziehungsstil-Inventar" (ESI): Konstruktion, psychometrische Kennwerte, Gültigkeitsstudien. *Diagnostica*, 30 (4), 299–318.

Krumm, V. (1990). Ein blinder Fleck der Unterrichtswissenschaft: Die Vernachlässigung außerschulischer Faktoren in der Unterrichtsforschung. *Unterrichtswissenschaft*, 18, 40–44.

Krumm, V. (1996). Über die Vernachlässigung der Eltern durch Lehrer und Erziehungswissenschaft. Plädoyer für eine veränderte Rolle der Lehrer bei der Erziehung der Kinder. In: A. Leschinsky (Hrsg.), *Die Institutionalisierung von Lehren und Lernen. Beiträge zu einer Theorie der Schule* (34. Beiheft der Zeitschrift für Pädagogik), S. 119–137. Weinheim: Beltz.

Lademann, H.-R. (1979a). Eine Untersuchung über die Zusammenhänge weiterer sozialer Hintergrundvariablen und deren Auswirkungen auf die Schulpraxis. *Zeitschrift für erziehungswissenschaftliche Forschung*, 13 (1), 34–46.

Lademann, H.-R. (1979b). Die Bedeutung sozialer Umweltvariablen für die Schulleistung einer homogenen Schülergruppe. *Zeitschrift für erziehungswissenschaftliche Forschung*, 13 (3), 169–182.

Laplanche, J. & Pontalis, J.-B. (1986). *Das Vokabular der Psychoanalyse.* 7. Auflage. Frankfurt am Main: Suhrkamp.

Laukenmann, M., Bleicher, M., Fuß, S., Gläser-Zikuda, M., Mayring, Ph. & Rhöneck, Ch. v. (2000). Eine Untersuchung zum Einfluss emotionaler Faktoren auf das Lernen im Physikunterricht. *Zeitschrift für Didaktik der Naturwissenschaften*, 6, 139–156.

Laukenmann, M., Bleicher, M., Fuß, S., Gläser-Zikuda, M., Mayring, Ph. & Rhöneck, Ch. v. (2003). An investigation of the influence of emotional factors on learning in physics instruction. *International Journal of Science Education*, 25 (4), 489–507.

Lazarus, R.S. (1991). *Emotion and adaptation.* London: Oxford University Press.

Lazarus, R.S. & Folkman, S. (1984). *Stress, appraisal, and coping.* New York: Springer.

Lehmann, R.H., Peek, R. & Gänsfuß, R. (1997). *Aspekte der Lernausgangslage von Schülerinnen und Schülern der fünften Klassen an Hamburger Schulen.* Hamburg: Behörde für Schule, Jugend und Berufsausbildung.

Lersch, R. (2001). Bildungschancen in Deutschland. Ihre Entwicklung in den letzten vier Jahrzehnten. *Die deutsche Schule*, 93 (2), 139–154.

Leschinsky, A. (2003). Der institutionelle Rahmen des Bildungswesens. In: K.S. Cortina, J. Baumert, A. Leschinsky, K.U. Mayer & L. Trommer (Hrsg.), *Das Bildungswesen in der Bundesrepublik Deutschland.* Strukturen und Entwicklungen im Überblick, S. 148–213. Vollständig überarbeitete und erweiterte Neuausgabe. Reinbek bei Hamburg: Rowohlt.

Leu, H.R. & Krappmann, L. (Hrsg.) (1999). *Zwischen Autonomie und Verbundenheit.* Bedingungen und Formen der Behauptung von Subjektivität. Frankfurt am Main: Suhrkamp.

Lewin, K., Lippitt, R. & White, R.K. (1939). Patterns of aggressive behavior in experimentally created „social climates". *The Journal of Social Psychology*, 10, 271–299.

Lienert, G.A. & Raatz, U. (1998). *Testaufbau und Testanalyse.* 6. Auflage. Weinheim: Psychologie Verlags Union.

Lukesch, H. (Hrsg.) (1975). *Auswirkungen elterlicher Erziehungsstile.* Göttingen: Hogrefe.

Lukesch, H. (1980). Forschungsstrategien im Bereich der Erziehungsstilforschung. Paradigmata oder Paradoxa? In: K.A. Schneewind & T. Herrmann (Hrsg.), *Erziehungsstilforschung. Theorien, Methoden und Anwendung der Psychologie elterlichen Erziehungsverhaltens*, S. 57–88. Bern: Huber.

Lukesch, H., Perrez, M. & Schneewind, K.A. (Hrsg.) (1980). *Familiäre Sozialisation und Intervention*. Bern: Huber.
Ludwig, P.H. (1998). Pygmalioneffekt. In: D.H. Rost (Hrsg.), *Handwörterbuch Pädagogische Psychologie*. Studienausgabe, S. 415–419. Weinheim: Psychologie Verlags Union.
Maccoby, E.E. & Martin, J.A. (1983). Socialisation in the context of the family: Parent child interaction. In: E.M. Hetherington (Hrsg.), *Handbook of child psychology, Vol. 4: Socialization, personality and social development*, S. 1–101. New York, NY: Wiley.
Mansel, J. (1986). *Auswirkungen der Arbeitsbedingungen auf die familiale Erziehungssituation*. Frankfurt am Main: Peter Lang.
May, M. & Oestermayer, U. (Hrsg.) (1999). *Workshop „Kausalität"*. 4. Fachtagung der Gesellschaft für Kognitionswissenschaft an der Universität Bielefeld, 28. September – 1. Oktober 1999. GMD Report 60. Sankt Augustin: GMD.
Mayer, K.U. (2003). Das Hochschulwesen. In: K.S. Cortina, J. Baumert, A. Leschinsky, K.U. Mayer & L. Trommer (Hrsg.), *Das Bildungswesen in der Bundesrepublik Deutschland*. Strukturen und Entwicklungen im Überblick, S. 581–624. Vollständig überarbeitete und erweiterte Neuausgabe. Reinbek bei Hamburg: Rowohlt.
Mayr, T. & Ulich, M. (2002). Wohlbefinden im späten Kindes- und frühen Jugendalter – Wie erleben Kinder/Jugendliche Familie, Freunde und Schule? In: LBS-Initiative Junge Familie (Hrsg.), *Kindheit 2001 – Das LBS-Kinderbarometer*. Was Kinder wünschen, hoffen und befürchten, S. 45–69. Opladen: Leske + Budrich.
Mayring, Ph. (1991). *Psychologie des Glücks*. Stuttgart: Kohlhammer.
Mayring, Ph. (2000). Freude und Glück. In: J.H. Otto, H.A. Euler & H. Mandl (Hrsg.), *Emotionspsychologie*. Ein Handbuch, S. 221–230. Weinheim: Psychologie Verlags Union.
Mayring, Ph. & Rhöneck, Ch. v. (Hrsg.) (2003). *Learning emotions*. The influence of affective factors on classroom learning. Frankfurt am Main: Peter Lang.
Metzger, Ch. (1994). *Wie lerne ich?* Sankt Gallen: Hochschule.
Müller, H.-P. (1997). *Sozialstruktur und Lebensstile*. Der neuere theoretische Diskurs über soziale Ungleichheit. 2. Auflage. Frankfurt am Main: Suhrkamp.
Nave-Herz, R. (2002). *Familie heute*. Wandel der Familienstrukturen und Folgen für die Erziehung. 2., überarbeitete und ergänzte Auflage. Darmstadt: Primus Verlag.
Neidhardt, F. (1975). *Die Familie in Deutschland*. Gesellschaftliche Stellung, Struktur und Funktion. 4. überarbeitete und erweiterte Auflage. Opladen: Leske.
Neill, A.S. (2004). *Theorie und Praxis der antiautoritären Erziehung*. 46. Auflage. Reinbek bei Hamburg: Rowohlt.
Niegemann, H. (1998). Lehr-Lernforschung. In: D.H. Rost (Hrsg.), *Handwörterbuch Pädagogische Psychologie*. Studienausgabe, S. 278–282. Weinheim: Psychologie Verlags Union.
Nunner-Winkler, G. (1999). Sozialisationsbedingungen moralischer Motivation. In: H.R. Leu & L. Krappmann (Hrsg.), *Zwischen Autonomie und Verbundenheit*. Bedingungen und Formen der Behauptung von Subjektivität, S. 299–329. Frankfurt am Main: Suhrkamp.
Nunner-Winkler, G. (2004). Sozialisation und Lernprozesse am Beispiel der moralischen Entwicklung. In: Geulen, D. & Veith, H. (Hrsg.), *Sozialisationstheorie interdisziplinär*. Aktuelle Perspektiven, S. 131–154. Stuttgart: Lucius & Lucius.
Otto, J.H., Euler, H.A. & Mandl, H. (Hrsg.) (2000). *Emotionspsychologie*. Ein Handbuch. Weinheim: Psychologie Verlags Union.
Papastefanou, Ch. & Hofer, M. (2002). Familienbildung und elterliche Kompetenzen. In: M. Hofer, E. Wild & P. Noack (Hrsg.), *Lehrbuch Familienbeziehungen. Eltern und Kinder in der Entwicklung*. 2., vollständig überarbeitete und erweiterte Auflage, S. 168–191. Göttingen: Hogrefe.
Parsons, T. (1954). Das Inzesttabu und seine Beziehung zur Sozialstruktur und zur Sozialisation des Kindes. In: T. Parsons (1999), *Sozialstruktur und Persönlichkeit*, S. 73–98. Eschborn: Klotz.
Parsons, T. (1958). Sozialstruktur und Persönlichkeitsentwicklung: Freuds Beitrag zur Integration von Psychologie und Soziologie. In: T. Parsons (1999), *Sozialstruktur und Persönlichkeit*, S. 99–139. Eschborn: Klotz.
Parsons, T. & Bales, R.F. (1955). *Family, socialization and interaction process*. New York: The Free Press of Glencoe.

Pauli, P. & Birbaumer, N. (2000). Psychophysiologische Ansätze. In: J.H. Otto, H.A. Euler & H. Mandl (Hrsg.), *Emotionspsychologie*. Ein Handbuch, S. 75–84. Weinheim: Psychologie Verlags Union.

Peisert, H. (1967). *Soziale Lage und Bildungschancen in Deutschland*. München: Piper.

Pekrun, R. (1998). Schüleremotionen und ihre Förderung: Ein blinder Fleck der Unterrichtsforschung. *Psychologie in Erziehung und Unterricht*, 44, 230–248.

Pekrun, R. (1999). Sozialisation von Leistungsemotionen: Eine kritische Literaturübersicht und ein sozialkognitives Entwicklungsmodell. *Zeitschrift für Sozialisationsforschung und Erziehungssoziologie*, 19 (1), 20–34.

Pekrun, R. (2000). Persönlichkeit und Emotion. In: J.H. Otto, H.A. Euler & H. Mandl (Hrsg.), *Emotionspsychologie*. Ein Handbuch, S. 334–348 Weinheim: Psychologie Verlags Union.

Pekrun, R. (2002). Psychologische Bildungsforschung. In: R. Tippelt (Hrsg.), *Handbuch Bildungsforschung*, S. 61–79. Opladen: Leske + Budrich.

Pekrun, R. & Hofmann, H. (1999). Lern- und Leistungsemotionen. In: M. Jerusalem & R. Pekrun (Hrsg.), *Emotion, Motivation und Leistung*, S. 247–267. Göttingen: Hogrefe.

Pekrun, R. & Jerusalem, M. (1996). Leistungsbezogenes Denken und Fühlen. In: J. Möller & O. Köller (Hrsg.), *Emotionen, Kognitionen und Schulleistung*, S. 3–22. Weinheim: Psychologie Verlags Union.

Pekrun, R. & Schiefele, U. (1996). Emotions- und motivationspsychologische Bedingungen der Lernleistung. In: F.E. Weinert (Hrsg.), *Psychologie des Lernens und der Instruktion*. Enzyklopädie der Psychologie: Pädagogische Psychologie, Bd. 2, S. 153–180. Göttingen: Hogrefe.

Peuckert, R. (2002). *Familienformen im sozialen Wandel*. 4., überarbeitete und erweiterte Auflage. Opladen: Leske + Budrich (UTB).

Picht, G. (1964). *Die deutsche Bildungskatastrophe*: Analyse und Dokumentation. Olten: Walter.

Popper, K.R. (1994). *Logik der Forschung*. 10. Auflage. Tübingen: Mohr.

Reuband, K.-H. (1992). Veränderungen in den familialen Lebensbedingungen Jugendlicher seit der Jahrhundertwende. Eine Analyse auf der Basis retrospektiver Daten. *Zeitschrift für Sozialisationsforschung und Erziehungssoziologie*, 12, 99–113.

Rheinberg, F. (1997). *Motivation*. 2., überarbeitete und erweiterte Auflage. Stuttgart: Kohlhammer.

Rheinberg, F. (1999). Motivationen und Emotionen im Lernprozeß: Aktuelle Befunde und Forschungsperspektiven. In: M. Jerusalem & R. Pekrun (Hrsg.), *Emotion, Motivation und Leistung*, S. 189–204. Göttingen: Hogrefe.

Rheinberg, F., Bromme, R., Minsel, B., Winteler, A. & Weidenmann, B. (2001). Die Erziehenden und die Lehrenden. In: A. Krapp & B. Weidenmann (Hrsg.), *Pädagogische Psychologie*. 4., vollständig überarbeitete Auflage, S. 271–355. Weinheim: Beltz.

Roeder, P.M., Baumert, J., Sang, F. & Schmitz, B. (1986). Expansion des Gymnasiums und Leistungsentwicklung. *Zeitschrift für Soziologie*, 15 (3), 210–220.

Rost, D.H. & Schermer, F.J. (1998). Leistungsängstlichkeit. In: D.H. Rost (Hrsg.), *Handwörterbuch Pädagogische Psychologie*. Studienausgabe, S. 298–304. Weinheim: Psychologie Verlags Union.

Rost, J. (1996). *Lehrbuch Testtheorie, Testkonstruktion*. Bern: Huber.

Rowe, D.C. & Jacobson, K.C. (2000). Familieneinflüsse: Anlage und Umwelt. In: K.A. Schneewind (Hrsg.), *Familienpsychologie im Aufwind – Brückenschläge zwischen Forschung und Praxis*, S. 32–46. Göttingen: Hogrefe.

Ryan, R.M. & Deci, E.L. (2000). Intrinsic and extrinsic motivations: Classic definitions and new directions. *Contemporary Educational Psychology*, 25, 54–67.

Sarason, B.R., Pierce, G.R. & Sarason, I.G. (1990). Social support: The sense of acceptance and the role of relationships. In: B.R. Sarason, I.G. Sarason & G.R. Pierce (Hrsg.), *Social support. An interactional view*. New York: Wiley.

Schäfers, B. (Hrsg.) (2000). *Grundbegriffe der Soziologie*. 6. Auflage. Opladen: Leske + Budrich.

Scheuch, E.K. (1960). Family cohesion in leisure time. *The Sociological Review*, Vol. 8.

Schiefele, U. & Schreyer, I. (1994). Intrinsische Lernmotivation und Lernen. Ein Überblick zu Ergebnissen der Forschung. *Zeitschrift für Pädagogische Psychologie*, 8, 1–13.

Schimpl-Neimanns, B. (2000a). Soziale Herkunft und Bildungsbeteiligung. *Kölner Zeitschrift für Soziologie und Sozialpsychologie*, 52 (4), 637–669.
Schimpl-Neimanns, B. (2000b). Hat die Bildungsexpansion zum Abbau der sozialen Ungleichheit in der Bildungsbeteiligung geführt? Methodische Überlegungen zum Analyseverfahren und Ergebnisse multinomialer Logit-Modelle für den Zeitraum 1950–1989. *ZUMA-Arbeitsbericht 2000/02.* Mannheim: ZUMA.
Schnabel, K.U. & Schwippert, K. (2000). Einflüsse sozialer und ethnischer Herkunft beim Übergang in die Sekundarstufe II und den Beruf. In: J. Baumert, W. Bos. & Lehmann, R. (Hrsg.), *TIMSS/III*, Band 1, S. 261–300. Opladen: Leske + Budrich.
Schneewind, K.A. (1999). *Familienpsychologie.* 2., überarbeitete Auflage. Stuttgart: Kohlhammer.
Schneewind, K.A. & Herrmann, T. (Hrsg.) (1980). *Erziehungsstilforschung.* Theorien, Methoden und Anwendung der Psychologie elterlichen Erziehungsverhaltens. Bern: Huber.
Schneewind, K.A. & Pekrun, R. (1994). Theorien der Erziehungs- und Sozialisationspsychologie. In: K.A. Schneewind (Hrsg.), *Psychologie der Erziehung und Sozialisation.* Enzyklopädie der Psychologie: Pädagogische Psychologie, Bd. 1, S. 3–39. Göttingen: Hogrefe.
Schwanitz, D. (2002). *Bildung.* Alles, was man wissen muss. 16. Auflage. München: Goldmann TB.
Schwarzer, R. (1993). Streß, Angst und Handlungsregulation. 3. überarbeitete und erweiterte Auflage. Stuttgart: Kohlhammer.
Schwarzer, R. & Jerusalem, M. (Hrsg.) (1999). *Skalen zur Erfassung von Lehrer- und Schülermerkmalen.* Dokumentation der psychometrischen Verfahren im Rahmen der Wissenschaftlichen Begleitung des Modellversuchs Selbstwirksame Schulen. Berlin: Freie Universität.
Schwarzer, R. & Leppin, A. (1994). Soziale Unterstützung und Wohlbefinden. In: A. Abele & P. Becker (Hrsg.), *Wohlbefinden. Theorie – Empirie – Diagnostik*, S. 175–189. 2. Auflage. Weinheim: Juventa.
Simmel, G. (1890). *Über sociale Differenzierung.* Sociologische und psychologische Untersuchungen. Leipzig: Duncker & Humblot. In: G. Simmel (1989), Gesamtausgabe, Bd. 2: Aufsätze 1887–1890. Hrsg. v. H.-J. Dahme, S. 109–295. Frankfurt am Main: Suhrkamp.
Simmel, G. (1992). *Soziologie.* Untersuchungen über die Formen der Vergesellschaftung. Frankfurt am Main: Suhrkamp. Originalausgabe: Leipzig 1908: Duncker & Humblot.
Spangler, G. & Zimmermann, P. (1999). Emotion, Motivation und Leistung aus entwicklungs- und persönlichkeitspsychologischer Perspektive. In: M. Jerusalem & R. Pekrun (Hrsg.), *Emotion, Motivation und Leistung*, S. 85–103. Göttingen: Hogrefe.
Spielberger, C.D. (1972). Anxiety as an emotional state. In: C.D. Spielberger (Hrsg.), *Anxiety: Current trends in theory and research*, Vol. 1, S. 23–49. New York: Academic Press.
Spitzer, M. (2004). *Selbstbestimmen.* Gehirnforschung und die Frage: Was sollen wir tun? München: Elsevier.
Stanat, P. & Kunter, M. (2001). Geschlechterunterschiede in Basiskompetenzen. In: Deutsches PISA-Konsortium, *PISA 2000. Basiskompetenzen von Schülerinnen und Schülern im internationalen Vergleich*, S. 251–269. Opladen: Leske + Budrich.
Stapf, A. (1975). Neuere Untersuchungen zur elterlichen Strenge und Unterstützung. In: H. Lukesch, (Hrsg.), *Auswirkungen elterlichen Erziehungsstile*, S. 28–39. Göttingen: Hogrefe.
Stapf, K.H. (1980). Methoden und Verfahrenstechniken im Bereich der Erziehungsstilforschung. In: K.A. Schneewind & T. Herrmann (Hrsg.), *Theorien, Methoden und Anwendung der Psychologie elterlichen Erziehungsverhaltens*, S. 89–120. Bern: Huber.
Stapf, K.H., Herrmann, T., Stapf, A. & Stäcker, K.H. (1972). *Psychologie des elterlichen Erziehungsstils.* Stuttgart: Klett.
Stecher, L. (1998). Schulhabitus und soziales Kapital in der Familie. In: J. Zinnecker & R.K. Silbereisen (Hrsg.), *Kindheit in Deutschland.* Aktueller Survey über Kinder und ihre Eltern, S. 267–289. 2. Auflage. Weinheim: Juventa.
Steiger, J.H. (1990). Structural model evaluation and modification: An interval estimation approach. *Multivariate Behavioral Research*, 25, 173–180.
Steinberg, L., Elmen, J.D. & Mounts, N.S. (1989). Authoritative parenting, psychosocial maturity, and academic success among adolescents. *Child Development*, 60, 1424–1436.

Steinberg, L., Lamborn, S.D., Darling, N., Mounts, N.S. & Dornbusch, S.M. (1994). Overtime changes in adjustment and competence among adolescents from authoritative, authoritarian, indulgent and neglectful families. *Child Development,* 65, 754–770.

Steinberg, L., Lamborn, S.D., Dornbusch, S.M. & Darling, N. (1992). Impact of parenting practices on adolescent achievement: Authoritative parenting, school involvement, and encouragement to succeed. *Child Development,* 63, 1266–1281.

Steinberg, L., Mounts, N.S., Lamborn, S.D. & Dornbusch, S.M. (1991). Authoritative parenting and adolescent adjustment across various ecological niches. *Journal of Research on Adolescence*, 1(1), 19–36.

Steinkamp, G. (1998). Sozialstruktur und Sozialisation. In: K. Hurrelmann & D. Ulich (Hrsg.), *Handbuch der Sozialisationsforschung*. 5., neu ausgestattete Auflage. Weinheim: Beltz. S. 251–277.

Stöber, J. & Schwarzer, R. (2000). Angst. In: J.H. Otto, H.A. Euler & H. Mandl (Hrsg.), *Emotionspsychologie*. Ein Handbuch, S. 189–198. Weinheim: Psychologie Verlags Union.

Störig, H. J. (2000). *Kleine Weltgeschichte der Philosophie*. 2. Auflage der überarbeiteten Neuausgabe. Frankfurt am Main: Fischer.

Tent, L. (1998). Zensuren. In: D.H. Rost (Hrsg.), *Handwörterbuch Pädagogische Psychologie*. Studienausgabe, S. 580–584. Weinheim: Psychologie Verlags Union.

Tillmann, K.-J. & Meier, U. (2001). Schule, Familie und Freunde – Erfahrungen von Schülerinnen und Schülern in Deutschland. In: Deutsches PISA-Konsortium, *PISA 2000. Basiskompetenzen von Schülerinnen und Schülern im internationalen Vergleich*, S. 468–505. Opladen: Leske + Budrich.

Tillmann, K.-J. & Meier, U. (2003). Familienstrukturen, Bildungslaufbahnen und Kompetenzerwerb. In: Deutsches PISA-Konsortium, *PISA 2000. Ein differenzierter Blick auf die Länder der Bundesrepublik Deutschland*, S. 361–392. Opladen: Leske + Budrich.

Tolstoj, L.N. (1978). *Anna Karenina*. Übersetzt v. H. Lorenz. Klagenfurt: Kaiser.

Treiman, D.J. (1970). Industrialization and social stratification. In: E.O. Laumann (Hrsg.), *Social stratification. Research and theory for the 1970s*, S. 207–234. Indianapolis: Bobbs-Merrill.

Tucholsky, K. (1923). Die Familie. In: K. Tucholsky (1984), *Das Lächeln der Mona Lisa*. 5. Auflage. Berlin: Volk und Welt.

Vaskovics, L.A. (Hrsg.) (1982). *Umweltbedingungen familialer Sozialisation*. Beiträge zur sozialökologischen Sozialisationsforschung. Stuttgart: Enke.

Watzlawick, P., Beavin, J.H. & Jackson, D.D. (1985). *Menschliche Kommunikation*. 7. Auflage. Bern: Huber. Titel der Originalausgabe: Pragmatics of human communication. New York 1967: Norton.

Weber, M. (1980). *Wirtschaft und Gesellschaft*. Grundriß der verstehenden Soziologie. 5., revidierte Auflage der Studienausgabe. Winckelmann, J. (Hrsg.). Tübingen: Mohr. Originalausgabe von 1921/22.

Weber, M. (2000). *Die protestantische Ethik und der „Geist" des Kapitalismus*. 3. Auflage der Neuausgabe von K. Lichtblau & J. Weiß (Hrsg.). Weinheim: Beltz. Originalveröffentlichung: 1904/05.

Weinstein, C.E. (1987). *Learning and study strategies inventory (LASSI)*. Clearwater: H & H Publishing Company.

Wild, E. (1999). *Elterliche Erziehung und schulische Lernmotivation*. Unveröffentlichte Habilitationsschrift. Mannheim: Universität.

Wild, E. (2002). Lebensraum Schule – Analysen zum Wohlbefinden von Schülern und ihren Einstellungen zu Schule und Lernen. In: LBS-Initiative Junge Familie (Hrsg.), *Kindheit 2001 – Das LBS-Kinderbarometer*. Was Kinder wünschen, hoffen und befürchten, S. 237–255. Opladen: Leske + Budrich.

Wild, E. & Hofer, M. (2002). Familien mit Schulkindern. In: M. Hofer, E. Wild & P. Noack (Hrsg.), *Lehrbuch Familienbeziehungen. Eltern und Kinder in der Entwicklung*. 2., vollständig überarbeitete und erweiterte Auflage, S. 216–240. Göttingen: Hogrefe.

Wild, E. & Wild, K.-P. (1997). Familiale Sozialisation und schulische Lernmotivation. *Zeitschrift für Pädagogik,* 43, 55–77.

Wissenschaftlicher Beirat für Familienfragen beim BMFSFJ (2002). *Die bildungspolitische Bedeutung der Familie – Folgerungen aus der PISA-Studie*. Schriftenreihe des Bundesministeriums für Familie, Senioren, Frauen und Jugend, Band 224. Stuttgart: Kohlhammer.

Zentner, M.R. & Scherer, K.R. (2000). Partikuläre und integrative Ansätze. In: J.H. Otto, H.A. Euler & H. Mandl (Hrsg.), *Emotionspsychologie. Ein Handbuch*, S. 151–164. Weinheim: Psychologie Verlags Union.

Zinnecker, J. (1992). Skala Schulzentriertes Elternhaus. In: Jugendwerk der Deutschen Shell (Hrsg.), *Jugend '92: Lebenslagen, Orientierungen und Entwicklungsperspektiven im vereinigten Deutschland*, Band 4. Opladen: Leske + Budrich.

Zinnecker, J. & Georg, W. (1998). Soziale Interaktion in der Familie und ihre Wirkung auf Schuleinstellung und Schulerfolg des Kindes. In: J. Zinnecker & R.K. Silbereisen (Hrsg.), *Kindheit in Deutschland. Aktueller Survey über Kinder und ihre Eltern*, S. 303–314. 2. Auflage. Weinheim: Juventa.

Studien zur International und Interkulturell Vergleichenden Erziehungswissenschaft

Diese international vergleichende Studie problematisiert diese Annahme und untersucht am Beispiel des englischen und schwedischen Bildungssystems die qualitätsfördernde Wirkung von Schulevaluation. Die Besonderheit der Arbeit besteht in der Integration einer wissenschaftlich fundierten Analyse der schulischen Evaluationskonzepte und -instrumente und der Untersuchung ihrer praktischen Wirkungen auf systemischer und schulischer Ebene.

Band 1

Hans-Georg Kotthoff

Bessere Schulen durch Evaluation?
Internationale Erfahrungen

2003, 452 Seiten, br., 29,90 €
ISBN 3-8309-1302-8

In vielen Bildungssystemen wird nach Möglichkeiten gesucht, schulische Arbeitsresultate vergleichend zu testen, um die Qualität des Lehrens und des Lernens auf einem hohen Niveau zu entwickeln. Vor diesem Hintergrund werden Testziele und -strukturen einschließlich ihrer Effekte in testerfahrenen Nachbarländern untersucht. Diese Studie beruht auf Dokumenten- und Literaturrecherchen sowie auf Interviews mit Fachleuten aus Wissenschaft und Administration in den ausgewählten Ländern. Für die deutsche Situation wird diskutiert, wie eine Evaluationspolitik gestaltet werden könnte, die Leistung nicht nur misst, sondern auch deren Entwicklung fördert.

Band 2

Isabell van Ackeren

Evaluation, Rückmeldung und Schulentwicklung
Erfahrungen mit zentralen Tests, Prüfungen und Inspektionen in England, Frankreich und den Niederlanden

2003, 310 Seiten, br., 29,90 €
ISBN 3-8309-1377-X

Waxmann

This volume contains country studies on the school systems in Canada, England, Finland, France, Germany, the Netherlands and Sweden. Important characteristics of the specific social and policy contexts, of the school system and of educational practise are described and analysed by renowned researchers of educational studies, based on a common analytical framework. The reports are original surveys, describing the characteristics of the conditions underlying each country's school systems as viewed by national experts. The country studies served as a basis for a comparative analysis of school systems, to be published under the title *Features of Successful School Systems – A Comparison of Schooling in Six Countries* within this series.

Band 3

Hans Döbert, Eckhard Klieme, Wendelin Sroka (Eds.)

Conditions of School Performance in Seven Countries

A Quest for Understanding the International Variation of PISA Results

2004, 484 Seiten, br., 34,00 €
ISBN 3-8309-1373-7

Waxmann

The study reported in this volume is focused on a systematic comparison of the school systems in Canada, England, Finland, France, the Netherlands and Sweden. It aims to identify factors of education systems as well as cultural and socio-economic factors that are responsible for the international variation of student performance as demonstrated in PISA 2000. Therefore, in addition to the systematic comparison of the school systems, hypotheses are formulated identifying factors with a major impact on student performance.

This publication addresses specifically the scientific community in the areas of comparative education, school effectiveness research and school system governance. The country studies that served as a basis for the analysis were published under the title *Conditions of School Performance in Seven Countries – A Quest for Understanding the International Variation of PISA Results* as volume 3 within this series.

Band 4

Hans Döbert,
Wendelin Sroka (Eds.)

Features of Successful School Systems

A Comparison of Schooling in Six Countries

2004, 168 Seiten, br., 24,90 €
ISBN 3-8309-1364-8

MÜNSTER · NEW YORK · MÜNCHEN · BERLIN

Band 5

Hans-Uwe Otto,
Thomas Coelen (Hrsg.)

Ganztägige Bildungssysteme

Innovation durch Vergleich

2005, 220 Seiten, br., 28,00 €
ISBN 3-8309-1483-0

Mit der aktuellen Bildungssystemdebatte in ihrer Orientierung auf ganztägige Organisationsformen ist ein entscheidender Schritt getan, der zu einem erheblichen Innovationsgewinn in unserer Schul-, Lern- und Bildungskultur führen kann. Die Veröffentlichung unterstützt die Suche nach adäquaten und fortschrittlichen Modellen durch sorgfältige Inspektionen ausländischer Lösungsvorschläge. Bei diesem themenzentrierten und problemorientierten Vergleich geht es um das Ziel, Grundtypen ganztägiger Systeme zu verdeutlichen und entsprechende Anregungen für die notwendigen Überlegungen in Deutschland zu liefern.

Am Beginn des Bandes stehen mit Ausführungen zur *knowledge economy* und zum *informal learning* grundlegende Rahmungen des Themas. Die sechs dargestellten Ganztagssysteme sind gruppiert in Ganztagsschulsysteme (Japan, Frankreich), Systeme mit Ansätzen zur Ganztagsbetreuung (Italien, Finnland) und solchen mit Elementen von Ganztagsbildung (Niederlande, Russland). Ergänzend werden die neuesten Umsetzungen in Deutschland sowohl empirisch als auch konzeptionell betrachtet. Kommentare und Analysen aus verschiedenen teildisziplinären Perspektiven sowie eine erste Synopse ganztägiger Bildungssysteme runden den Band ab.

Band 6

Hans Döbert,
Hans-Werner Fuchs (Hrsg.)

Leistungsmessungen und Innovationsstrategien in Schulsystemen

Ein internationaler Vergleich

2005, 174 Seiten, br., 28,00 €
ISBN 3-8309-1509-8

In vielen Staaten, die in den vergangenen Jahren an internationalvergleichenden Untersuchungen teilnahmen, gingen von diesen Untersuchungen starke Impulse nicht nur zur Analyse, sondern auch zur Reform des Schulwesens aus. Schulleistungsstudien und ihre Ergebnisse gaben und geben Anlass, Innovationsstrategien mit dem Ziel zu entwerfen, die Qualität schulischen Unterrichts zu verbessern, um Schülerleistungen nicht nur in den untersuchten Gegenstandsbereichen, sondern in der gesamten Breite unterrichteter Fächer und Inhalte zu verbessern.

Vor dem allgemeinen Hintergrund der durch die aktuellen *large scale assessments* ausgelösten Reformdebatte analysieren die Autorinnen und Autoren der in diesem Band versammelten Beiträge die Folgen der Leistungsmessungen und des Umgangs mit ihnen in den Bildungssystemen ausgewählter Staaten, unter ihnen Deutschland, Österreich, Frankreich, Schweden, Polen und Finnland. Insbesondere werden die Rolle und Bedeutung von Bildungsstandards und nationalen (Kern-)Curricula, die Wirkungen regelmäßiger Evaluationen, zentraler Tests und der Rückmeldung ihrer Resultate, die innere und äußere Differenzierung schulischer Bildungsangebote sowie Fragen einer besseren, gezielten Unterstützung von Lehrenden und Lernenden im Unterrichtsprozess einer kritisch-bilanzierenden Prüfung unterzogen.